San Juan (

MW01067897

HOMILÍAS SOBRE EL
EVANGELIO SEGÚN SAN JUAN

CONTENIDOS

PREFACIO

Los editores de la presente edición advierten que en las Homilías sobre el evangelio de San Juan nos encontramos con un género de predicación en que, aun siendo idéntico el estilo y la expresión más o menos igual al de las anteriores, hay, en cambio, gran diversidad en cuanto a las ideas y al modo y orden de argumentar. Como en todas las Homilías sobre las Sagradas Escrituras, aquí también sigue el santo su método de explicar verso por verso o bien algún pasaje más o menos completo; pero en vez de fijarse tanto e insistir en la enmienda de las costumbres, parece querer enderezarlo todo a la instrucción de los herejes de su tiempo en Antioquía, en especial los anomeos, tocando los puntos doctrinales controvertidos. El total de las Homilías es de ochenta y ocho. En algunos editores llevan doble numeración, porque no cuentan la primera como de esta colección. Aquí irán numeradas partiendo desde la primera, que hace las veces de introducción. Fueron predicadas en Antioquía; pero, según parece, no todas el mismo año, sino entre el 388 y el 398. Quizá con más precisión, entre el 390 y el 395. Las predicaba, como cosa especial, al amanecer (sub aurora) para los más fervorosos. Abundan los argumentos contra los anomeos, y fue notable que ellos mismos exhortaran al santo a la discusión. Es muy de notar que el santo omite la pericopa que trata de la mujer adúltera. Puede ser o porque en su ejemplar no la tenía, pues a muchos en Oriente a los comienzos les causó escándalo tan inmensa misericordia de Jesús; o también para que no se creyera que justificaba en cierto modo ese crimen tan dominante y escandaloso en Antioquía.

C.M.,Oriel College
Feast of Saint Andrew, 1848

HOMILÍA I (Prefacio)

Los espectadores de los juegos de los paganos, si ven que se acerca algún campeón distinguido y ya anteriormente coronado, corren al punto con el objeto de presenciar el combate y su arte, y su fuerza; y se ve entonces una inmensa reunión de hombres que hechos todos ojos, con los del cuerpo y con los de la mente se aplican en absoluto al espectáculo, de manera de no perder ninguno de sus pormenores. Si se trata de un excelente músico que se presenta, todos igualmente llenan el teatro; y haciendo a un lado todo lo que traen entre manos, aun cuando se trate de cosas urgentes y necesarias, suben al teatro y toman asiento; y captando cuidadosamente el canto y el sonido de los instrumentos, discuten luego acerca de la sinfonía de ambos. Muchos lo hacen así. Y lo mismo proceden los oradores respecto de los sofistas. Porque también entre éstos hay reuniones y oyentes y aplausos y estrépito y examen cuidadoso de lo que dicen. Pues bien: si los espectadores y los que son a la vez espectadores y oyentes permanecen sentados con grande atención ¿con cuánto cuidado, con cuánta diligencia debéis vosotros atender, cuando no ya un flautista, ni un sofista, sino un hombre celestial, lanzando una voz más penetrante que un trueno os convoca a este espectáculo? Porque esa voz llenó el universo todo y lo saturó; y lo llenó no con la grandeza del clamor, sino porque su lengua hablaba movida por la gracia divina. Y lo más maravilloso es que semejante clamor, no siendo ni áspero ni desagradable, sino más agradable y más amable que cualquier música, a causa de su armonía, y teniendo una fuerza mayor para captar al oyente, es al mismo tiempo santísimo y sumamente tremendo, y lleno de tan grandes arcanos y que confiere tantos bienes a quienes lo aceptan y guardan con diligencia que son ya no hombres, ni viven sobre la tierra, sino que participando, levantados sobre todo lo terreno, de la suerte de los ángeles, habitan en la tierra como si fuera en el cielo.

Porque ese hijo del trueno, amado de Cristo, columna de todas las iglesias que hay en el orbe, que tiene las llaves del cielo, que participó del cáliz de Cristo y fue bautizado con su mismo bautismo, que con grande confianza se recostó en el pecho del Señor, éste es el que nos ha convocado; y nos ha convocado no para representar fábulas, ni para eso se acerca; y no viene disfrazado (porque no va a pronunciar cosas teatrales), ni sube a una tribuna, ni golpea con el pie la orquesta, ni viene con vestiduras de oro; sino que se presenta con una veste de singular belleza. Se le ve revestido de Cristo, calzados sus hermosos pies con la preparación del evangelio de la paz, ceñido con el cinturón no al pecho sino a los riñones, no con pieles purpúreas adornadas por encima de oro, sino tejidas y fabricadas con la sincera verdad. Se nos ofrece así, sin disfraces. En él no hay simulación alguna, ninguna ficción, ninguna fábula: con la cabeza desnuda viene anunciando la verdad desnuda. Ni aun cuando en realidad él sea otro, nos persuadirá cosas distintas ni con su presentación ni con su mirada ni con su voz. Para anunciar la verdad no necesita de instrumento alguno, ni cítara, ni lira, pues todo lo hace por medio de su lengua y lanza voces más suaves que cualquier cítara o música y más agradables y útiles. Tiene como proscenio el cielo todo; su teatro de espectadores es el orbe; espectadores y oyentes son todos los ángeles y de entre los hombres todos los que son ángeles o desean serlo. Porque solamente éstos pueden percibir con exactitud en sus oídos semejante armonía y demostrarla luego en sus obras, y ser oyentes tales como conviene que sean los que tal armonía han de oír. Todos los demás, a la manera de infantes (que oyen pero no entienden lo que oyen), andan ocupados en juegos agradables pero pueriles. También los que se han entregado a las risotadas, a los placeres, a las riquezas, al poder, y viven para el vientre, de vez en cuando oyen lo que se dice, pero en sus obras no demuestran nada grande ni alto, porque se han ocupado del todo en construir con lodo y ladrillos. A este apóstol están presentes las Virtudes de lo alto, admiradas de la hermosura de su alma, de su prudencia y de las muestras de virtud con que atrajo al mismo Cristo y recibió la gracia espiritual. A la manera de una lira bellísima, adornada de piedras preciosas y de broches de oro, dispuso su alma y logró que resonara con el Espíritu Santo algo grande y excelso. Escuchémoslo, pues, no como a un pescador ni como a un hijo del Zebedeo, sino como a quien conoce las profundidades de Dios, digo al Espíritu Santo, que es quien pulsa esa lira. Nada humano dirá, sino que todo cuanto anuncie será extraído de los abismos del Espíritu Santo, de los arcones aquellos que ni los ángeles conocieron antes de que se verificaran en la realidad. Porque los ángeles junto con nosotros, por la boca de Juan y por nosotros, conocieron lo que ahora conocemos. Esto significó el apóstol con estas palabras: Para que se manifieste a los Principados y Potestades, por medio de la Iglesia, la multiforme sabiduría de Dios. Si pues los Principados, las Potestades, los Querubines y los Serafines conocieron tales arcanos por medio de la Iglesia, es manifiesto que sin duda los escucharon con suma atención. No es esto pequeño honor para nosotros: que los ángeles oigan con nosotros lo que ellos ignoraban. Cómo lo hayan sabido por nosotros, no lo explicaré todavía. Hagamos, pues, un silencio grande y modesto, no solamente hoy o en el día en que oímos, sino durante toda la vida; porque es útil escuchar a este apóstol durante toda nuestra existencia terrena. Si anhelamos saber lo que en palacio se trata, o sea qué hace el emperador, qué consulta acerca de sus súbditos (y esto aun cuando con frecuencia para nada nos toque), con mayor anhelo hemos de querer oír lo que Dios ha dicho, sobre todo porque muy de cerca e íntimamente nos interesa. Pues bien, todo eso Juan nos lo va a referir cuidadosamente, pues es amigo del Rey y tiene en sí mismo al Rey que por su medio nos habla, y escucha de su boca todo lo que el Rey recibe de su Padre. Porque dice: Os he llamado amigos porque os he dado a conocer todo lo que oí de mi Padre. En consecuencia, así como si viéramos a uno que repentinamente se asomara e inclinara desde el cielo y que nos prometiera referirnos en pormenor las cosas celestiales, todos al punto correríamos, así también ahora estemos con igual disposición de ánimo. Juan nos habla desde el cielo, porque no es de este mundo, como lo dijo Cristo: Vosotros no sois de este mundo y tiene en sí al Paráclito que habla y está presente en todas partes y conoce lo de Dios como el alma humana conoce lo suyo propio. Es decir al Espíritu Santo, Espíritu de santidad, al Espíritu de rectitud que rige y conduce al cielo todo y cambia en otros nuestros ojos, y hace que veamos como presentes las cosas futuras, y viviendo en carne contemplemos las cosas celestiales. Presentémonos a él durante toda la vida con ánimo tranquilo y calmado: nadie perezoso, nadie soñoliento, nadie manchado permanezca aquí. Trasladémonos al cielo en donde el evangelista va a hablar a los que viven acá. Si permanecemos en la tierra, ninguna ventaja sacaremos de aquí. La enseñanza de Juan nada tiene que ver con los que no se apartan de un modo de vivir digno de los cerdos; así como a Juan para nada le tocan las cosas humanas. Nos aterroriza el trueno con su ronco sonido; pero la voz de Juan a ninguno de los fieles conturba; más aún, por el contrario, los libra del tumulto y desorden, y solamente para los demonios y los esclavos del demonio es terrible. Y para que podamos ver cómo los aterroriza, callemos con la boca y con el ánimo; y más aún con el ánimo. Porque ¿qué utilidad puede haber en que calle la boca, pero en el alma haya tumulto? Busco el silencio del alma porque anhelo que el alma escuche. Que no nos sobresalte codicia alguna de dineros, ningún amor a la vanagloria, ni la tiranía de la ira, ni el desorden de otras pasiones. Porque no puede un oído no purificado captar como es conveniente la alteza de las sentencias, ni el fondo temible de estos misteriosos arcanos, ni conocer con exactitud todas las virtudes que están en estos oráculos contenidas. Si nadie puede aprender a tocar la lira o la flauta si a ello no aplica su ánimo,

¿cómo podrá alguno sentarse a escuchar las místicas voces, dejando inoperante a su ánimo? Por tal motivo Cristo nos amonesta con estas palabras: No deis lo santo a los perros, ni arrojéis las margaritas a los cerdos. A estas sentencias llamó margaritas aunque son de mucho mayor precio que las margaritas con mucho, porque no hay materia más preciosa. Por tal motivo suele compararse a la miel la suavidad de estos discursos: no porque la suavidad de la miel pueda igualarla, sino porque no tenemos cosa más dulce que la miel. Y que supere con mucho a la dulzura de la miel y al precio de las margaritas y piedras preciosas, oye cómo lo afirma el profeta con estas palabras: Son deseables más que el oro y la piedra preciosa, más dulces que la miel y el panal. Pero sólo lo son para quienes gozan de salud. Por eso añade: Porque tu siervo las guarda. Y en otra parte, tras de haber dicho que esos discursos son dulces, continuó: Para mi boca: cuán dulces para mi boca son tus palabras. Y exaltando su excelencia dijo: Más que la miel y el panal. Porque tenía sano el entendimiento. En consecuencia, no nos acerquemos así enfermos, sino una vez purificados del ánimo tomemos este alimento. Para esto fui echando por delante tan largo discurso y no había aún llegado a esto; para que cada cual, quitadas todas las enfermedades, como si entrara al cielo, penetre sin la ira, sin los cuidados y solicitudes, sin las demás pasiones. Nada podremos lucrar aquí si antes no purificamos el alma. Ni me oponga alguno ser breve el lapso entre ésta y la siguiente explicación; puesto que no ya en el término de cinco días, sino en un solo instante podemos cambiar toda nuestra vida. Pregunto: ¿quién hay más criminal que un ladrón y homicida? ¿Acaso no está aquí el extremo de la perversidad? Y sin embargo, el ladrón aquel en un instante llegó a la cumbre de la virtud y penetró en el paraíso y no necesitó de muchos días; ni siquiera de medio día, sino de sólo un momento. Se puede, pues, cambiar repentinamente y de lodo convertirse en oro. Como no tengamos innatos ni la virtud ni el vicio, resulta fácil el cambio, libremente y no por necesidad. Si queréis, dice, y me oyereis, comeréis los bienes de la tierra.

Ves cómo sólo se necesita la buena voluntad. Pero no de una voluntad vulgar como la que muchos tienen, sino de una voluntad diligente. Yo sé que todos anhelan volar al cielo; pero semejante anhelo es en las obras en donde hay que manifestarlo. El mercader desea enriquecerse, pero semejante deseo no se le queda en sólo el pensamiento, sino que va y prepara la nave, junta marineros, llama al piloto, pone en la nave los aparejos, cambia su dinero, atraviesa el mar, va a tierras extrañas, pasa por muchos peligros y padece muchas otras cosas que saben bien los que acostumbran navegar. Pues una voluntad así conviene que demostremos. También nosotros navegamos; y no de un país a otro, sino de la tierra al cielo. Pues bien, preparémonos con el pensamiento a esta navegación que nos ha de llevar al cielo; y seamos marineros dóciles, y procurémonos una nave firme, no sea que naufraguemos a causa de alguna desgracia del siglo o de la tristeza, o que nos desvíe el viento de la arrogancia; sino que vayamos ligeros y expeditos. Si así nos preparamos nave, marineros y piloto, navegaremos prósperamente; y nos haremos benévolo al verdadero piloto que es el Hijo de Dios, el cual no dejará que nuestra barquilla se hunda; pues aun cuando soplen infinitos vendavales, él increpará a los vientos y al mar y convertirá la tormenta en grande tranquilidad. Así preparados os acercaréis a la siguiente explicación, si es que deseáis algo útil y poder guardarlo en la memoria. Que nadie sea camino, que nadie sea piedra, que nadie esté repleto de espinas. Hagámonos campos novales. Así echaremos nosotros en vuestras almas gustosamente la semilla; es decir, si encontramos una tierra limpia y pura. Si, por el contrario, la hallamos pedregosa y áspera, perdonadnos que no queramos trabajar en vano. Si desistiendo de sembrar, habernos de comenzar por desbrozar las espinas, sería cosa de extrema locura esparcir la semilla en tierra inculta. Al oyente de esta explicación no le es lícito ser partícipe de la mesa de los demonios. Porque ¿qué consorcio puede haber entre la justicia y la iniquidad? Te presentas como oyente de Juan y por medio de él aprendes lo que es propio del Espíritu Santo ¿y luego te vas a escuchar a las prostitutas que hablan obscenidades y representan cosa más obscena aún y a afeminados que mutuamente se abofetean?

¿Cómo podrás luego purificarte bien tras de revolverte en cieno tan grande? ¿Para qué es necesario recordar ahora en pormenores tal obscenidad? Todo ahí son risotadas, todo oprobios, injurias y dicterios; todo disolución, todo ruina. Os lo digo de antemano: ninguno de los que disfrutan de la mesa presente corrompa su alma con esos perniciosos espectáculos. Todos los dichos y hechos son ahí pompas satánicas. Y todos cuantos habéis sido iniciados ¿sabéis los pactos que con nosotros habéis celebrado, o mejor dicho con Cristo, puesto que es El quien os inicia?

¿Sabéis lo que le prometisteis y lo que le dijisteis de las pompas satánicas y que renunciasteis a Satanás y a sus ángeles y prometisteis no adheriros jamás a ellos? Pero es de temer que alguno, violando estos compromisos, se torne indigno de los presentes misterios. ¿No has advertido cómo en los palacios son llamados a participar en los concejos, no los que se han hecho culpables en algo, sino los que están en honor y son colocados entre los amigos del rey? Pues ahora viene a nosotros un legado del rey, directamente enviado por Dios, para hablarnos de asuntos necesarios. Pero vosotros sin cuidaros de escuchar ni saber lo que desea, permanecéis allá sentados, escuchando a los comediantes. ¿De cuántos y cuán terribles rayos no será digno semejante proceder? Así como no es lícito participar en la mesa de los demonios, tampoco es lícito escuchar las cosas demoníacas, ni presentarse con vestidos sucios a la mesa espléndida, tan colmada de bienes y por el mismo Dios preparada. Tanta es su fuerza que instantáneamente nos arrebata al cielo, con tal de que con mentes despiertas pongamos atención. Porque no permanece en este vil estado quien con frecuencia es instruido en la palabra divina, sino que es necesario que vuele y busque aquel altísimo sitio y goce de inmensos tesoros. Tesoros que ojalá todos nosotros consigamos por gracia y benignidad del Señor nuestro Jesucristo, por el cual y con el cual sea al Padre la gloria, en unión con el Espíritu Santo, ahora y siempre y por los siglos de los siglos. Amén.

HOMILÍA II (I). Al principio existía la Palabra (*Jn 1,1*)

Si hubiera de hablarnos Juan y contarnos cosas suyas, lo oportuno sería referiros acerca de su linaje, patria y educación. Pero como no habla él sino Dios por su medio a la humana naturaleza, me parece superfluo discurrir sobre eso. Y sin embargo, no sólo no es superfluo, sino muy necesario. Pues una vez que sepas de dónde y de quiénes fue nacido y cuál fue su vida, cuando luego oigas su voz y doctrina íntegra, advertirás claramente que tales palabras no son suyas, sino del divino poder que mueve su alma. ¿Cuál fue su patria? Ninguna clara ciudad, sino un pueblecillo, región despreciada, que nada podía llevar que fuese de algún valor.

Desprecian a Galilea los escribas cuando dicen: Pregunta y ve que de Galilea no viene ningún profeta. Tampoco le da valor alguno aquel verdadero israelita, cuando dice: ¿De Nazaret puede salir algo bueno? No era pues Juan oriundo de ninguna ciudad importante de aquella región. Tampoco era allá esclarecido su nombre, pues era su padre un pobre pescador; tan pobre que ejercitaba a sus hijos en el mismo arte de pescar. Y todos saben que no hay oficial que quiera dejar a su hijo como heredero de su mismo oficio, a no ser obligado por la extrema pobreza; sobre todo si es un oficio vulgar. Y nada más pobre que los pescadores, nada más bajo; más aún, nadie hay más ignorante. Sin embargo entre ellos los hay de más o de menos valer. Pues bien, este apóstol se contaba entre los menores, pues no pescaba en el mar, sino en un pequeño lago. Y de ahí lo llamó Cristo cuando vivía con su padre y su hermano Santiago, junto con los cuales remendaba sus redes: indicio de extrema pobreza.

Ya por aquí se deja entender cuán ajeno estaba a la enseñanza de las escuelas, pues nunca había asistido a ellas. Por lo demás Lucas testifica acerca de él haber sido sujeto ignorante y sin letras. Y con razón. Pues quien era tan pobre que ni siquiera acudía al foro, ni convivía con los ciudadanos notables, sino con solos los vendedores de peces y con los cocineros ¿en qué podía ser superior a las fieras y a los brutos animales? ¿Cómo no iba a ser más mudo que los mismos peces? Y sin embargo, este pescador que pasaba su vida en torno del lago, de las redes y de los peces, originario de Betsaida en Galilea, nacido de padre pescador y trabajado por la excesiva penuria, rudo y del todo imperito, y que no aprendió letras ni antes ni después de haber seguido a Cristo, veamos qué cosas dice y de qué materias diserta. ¿Acaso de los campos, de los ríos, del comercio de peces? Porque de un pescador tales son las cosas de que espera uno que le hable.

Mas no temáis. Nada de eso escucharemos, sino solamente cosas celestiales y de tal naturaleza que nadie hasta ahora las ha lucubrado. Porque nos trae dogmas tan sublimes, nos enseña tan preclaro género de vida, con tan gran sabiduría cuanta conviene a quien lo ha sacado de los tesoros del Espíritu Santo, a quien ha bajado hace poco del Cielo: en una palabra, tales que, como ya dije, es verosímil que ni todos los habitantes del Cielo las supieran. Pregunto yo: ¿era esto propio de un pescador, de un retórico, de un sofista, de un filósofo, de alguno de los peritos en la ciencia profana? ¡De ningún modo! Porque no es propio de la mente humana el expresarse así acerca de aquella naturaleza inmortal y bienaventurada, ni de aquellas Potestades que luego siguen, ni de la inmortalidad y la vida eterna, ni de los cuerpos mortales que luego serán inmortales, ni del castigo, ni del tribunal futuro, ni de la cuenta que se habrá de dar acerca de las obras, las palabras y los pensamientos, ni el saber qué sea el hombre y qué sea el mundo, y lo que verdaderamente es el hombre, y qué es lo que de él se ve, pero no es él, y qué la perversidad y qué la virtud.

Platón y Pitágoras algo de eso inquirieron. De los otros filósofos no hay ni para qué acordarse: ¡tan ridículos fueron todos! Esos son los de entre ellos más admirables y príncipes de la ciencia: escribieron algunas cosas acerca de la república y de las leyes; y sin embargo, en todo eso se les tuvo como niños dignos de risa. Afirmaron ser las mujeres comunes a todos, destrozando la vida y manchando el honor del matrimonio, y establecieron otras cosas igualmente risibles, y en eso gastaron toda su vida. Acerca del alma determinaron la más torpe doctrina de todas, al afirmar que las almas de los hombres se convierten en moscas, mosquitos y arbustos, y al alma misma la hicieron Dios. Ni sólo por esto se les ha de culpar, sino además porque su lenguaje es un Euripo de enredos. Fluctuando como si estuvieran entre los flujos y reflujos del Euripo, nunca sostuvieron unas mismas afirmaciones, pues andaban con el pensamiento incierto y vacilante.

No procedió así este nuestro pescador, quien todo lo afirma con certeza, y como quien se apoya en roca firme jamás titubea. Habiendo sido digno de ser introducido al santuario mismo, y teniendo en sí a Dios que por su medio habla, no sufre las deficiencias humanas. En cambio esos otros sabios, no de otra manera que quienes ni en sueños han sido admitidos a los reales palacios, sino que andan en el foro mezclados con los demás hombres, al conjeturar con su propio ingenio acerca de las cosas invisibles, cayeron en imperdonables errores, por haberse atrevido a disertar de cosas inefables. A la manera de ciegos o de ebrios, se embrollaron mutuamente dentro del error; y no solamente unos con otros entre sí, sino aun cada cual consigo mismo, sin ponerse de acuerdo acerca de unas mismas cuestiones.

En cambio Juan, el iletrado, el rudo, el nacido en Betsaida, el hijo del Zebedeo... aun cuando los helenos se burlen de la aspereza de tales nombres, sin embargo no con menor sino con mayor libertad me expresaré, pues cuanto más bárbara les parezca aquella nación y más extraña a la educación helena, tanto más resplandecerán nuestras cosas. Cuando siendo un bárbaro y un indocto el que habla, dice cosas que nadie antes de ningún hombre había escuchado; y no sólo las dice, sino que las persuade (porque ya aun sólo lo primero sería un gran milagro, pero ahora se nos viene a la mano un argumento todavía mayor de que tales cosas eran divinamente inspiradas, pues a todos los oyentes y siempre les persuadía lo que enseñaba) ¿quién no se admirará de la interna virtud que en él convivía?

Como ya dije, es esto una gran señal de que no sacaba de sí mismo ni la enseñanza ni las leyes. Ahora bien, este hombre bárbaro llenó el universo con su evangelio, corporalmente recorrió media Asia, es decir esa región en donde antes brotaban todos los doctos en las disciplinas helenas. Y por tal motivo se hace temible a los demonios, pues en medio de ellos resplandece y deshace sus oscuridades y derriba sus acrópolis; y en espíritu se retiró y subió a las regiones del cielo, como convenía a quien tales hazañas a cabo llevaba. Las opiniones de los griegos murieron, mientras que las doctrinas de Juan se hacen cada día más fúlgidas.

Desde que existieron éste y los demás pescadores, las enseñanzas de Pitágoras y Platón, que antes obtenían el primer lugar, han quedado en silencio, y la mayor parte de la gente ni siquiera conoce esos nombres. Y eso que Platón, según se refiere, se trasladó al país de los tiranos llamado por ellos y tuvo muchos amigos y navegó hasta Sicilia. Pitágoras se encaminó a la Magna Grecia, e inventó gran cantidad de brujerías. Porque lo que de él se cuenta, que hablaba con los bueyes, no podía hacerlo sino por medio de la magia. Y por aquí queda aún más en claro, pues quien se comunicaba con los brutos animales, no podía prestar a los hombres utilidad alguna, sino muchos daños.

Para filosofar, ciertamente era mejor hacerlo con la naturaleza humana. Pero aseguran que él con sus hechicerías hablaba con los bueyes y las águilas. Claro es que no hizo participante de la razón a la naturaleza irracional, pues esto no puede hacerlo el hombre; pero en cambio con sus hechicerías engañaba a los necios. No instruía a los hombres en alguna doctrina útil, sino que afirmaba ser lo mismo comer habas que devorar la cabeza de sus padres; y persuadía a sus discípulos de que el alma de su maestro se hacía unas veces arbusto, otras muchacha, otra pez.

¿No es verdad que con toda justicia tales doctrinas se extinguieron y olvidaron? Justa y razonablemente en verdad se extinguieron: así lo pedía la razón. En cambio, no ha sucedido lo mismo con las doctrinas del iletrado Juan, el hombre rudo. Al contrario: sirios, egipcios, indios, persas, etíopes y otras infinitas naciones, tradujeron a sus idiomas las enseñanzas por éste introducidas, y aun siendo bárbaros aprendieron a vivir virtuosamente.

De modo que no en vano dije que todo el orbe fue público y espectador de Juan. No se empeñó en educar a los brutos, dejando a un lado a sus propios congéneres: hubiera sido empeño inútil y gran necedad; sino que libre de ese y de los demás vicios, sólo cuidaba de que el orbe entero aprendiera algo útil y tal que pudiera trasportarlo de la tierra a los cielos. Por esto no envolvió su enseñanza entre velos de oscuridades, como lo hicieron aquellos otros, que echaron sobre su depravada doctrina la oscuridad, como un velo que la encubriera. Las enseñanzas de Juan son más claras que los rayos solares, y por eso han quedado manifiestas a todos los hombres por todo el orbe de la tierra.

A quienes se le acercaban no les ordenaba Juan guardar silencio durante cinco años, como Pitágoras, ni enseñaba como si estuviera entre piedras insensibles, ni contaba fábulas como si todas las cosas consistieran en números; sino que, quitada de en medio toda esa ingrata y satánica doctrina y daño, usó de palabras tan fáciles que no sólo para los varones y los sabios, sino también para los adolescentes y las mujeres eran del todo claras todas sus sentencias. Y todo el tiempo subsiguiente confirmó que eran útiles y verdaderas para los oyentes, pues arrastró a todo el orbe tras sí, y libró nuestra vida, con oír sus palabras, de todas aquellas extrañas fábulas y tragedias. Por esto, cuantos las escuchamos preferimos perder la vida a separarnos de los dogmas que él nos entregó. Porque es manifiesto por todas las razones dichas que los dogmas recibidos de él nada tienen de humano, sino que las enseñanzas que por medio de él nos han llegado de esa alma celeste, son divinas y del cielo.

No encontraremos ahí palabras altisonantes, ni ornato de dicciones ni artificio de nombres y sentencias, ni nada inútil o superfluo (cosas todas por lo demás ajenas a la verdadera sabiduría), sino una fuerza y virtud invencibles y de lo alto, y la fuerza de dogmas verdaderos; y una espléndida abundancia y comunicación de bienes. Superflua sería en la predicación la nimia exquisitez de palabras, digna de los sofistas; y ni aun de los sofistas, sino de los muchachos necios. Pues ante ellos mismos, el filósofo Platón introduce a Sócrates, su maestro, como avergonzado de un arte semejante y afirmando a los jueces que oirían de él palabras libres de todo artificio, y dichas como se fueran ofreciendo, pero de ningún modo sentencias compuestas de selectas dicciones, ni adornadas con palabras y dichos acicalados.

Porque a los jueces les decía: No es en forma alguna conveniente a un hombre de mi edad usar ante vosotros, oh jueces, palabras propias de muchachos. Sin embargo, observad cuán ridícula cosa sea ésa, pues lo que Platón afirmaba que i maestro rehuía como propio de muchachos, como torpe e indigno de la filosofía, fue a lo que él mismo se aplicó. (Y nada se encuentra en Platón digno de admirarse, sino eso). Así como si abres los sepulcros blanqueados por de fuera, los encontrarás llenos de podredumbre, hedor y huesos podridos, así si a las sentencias de ese filósofo las desnudas del ornato en las expresiones, encontrarás muchas cosas que redundan en abominación, sobre todo cuando trata del alma, a la que prodiga honores que tocan en blasfemias.

Aquí está el engaño diabólico: en no guardar la conveniente medida, sino arrastrar a esos filósofos a falsas doctrinas, llevándolos a extremos por ambos términos de más o de menos. Porque unas veces afirma Platón ser ella de origen divino y de substancia de Dios; pero otras, a esa alma así hiperbólicamente ensalzada, y en forma impía, con otra hipérbole la mancha, pues la coloca incluso en cerdos, asnos y animales más viles aún. Pero baste ya de esto, que aun en exceso nos hemos en ello detenido. Si de esos autores pudiera sacarse algo útil, convendría detenernos más aún en ellos; pero si lo conveniente era no decir de ellos sino lo suficiente para ponerlos en vergüenza, lo dicho es más que bastante. Dejando, pues, a un lado sus ficciones, vengamos a nuestros dogmas, los que del cielo nos han venido por boca de este pescador, y que nada tienen de humano. Traigamos al medio sus sentencias; y así como al principio os exhortamos a que escucharais con atención, así de nuevo os recomendamos lo mismo. ¿Qué dice el evangelista al comienzo?: En el principio existía el Verbo; y el Verbo estaba en Dios.

¿Adviertes la seguridad y la fuerza suprema de las palabras? ¿Ves cómo se expresa al modo como lo hace quien afirma sin poner duda ni usar conjeturas? Esto es lo propio de un maestro: no mostrar que vacila en lo que dice. Si quien enseña a todos, él a su vez necesita de quien pueda confirmar lo que enseña, con todo derecho de maestro pasa a discípulo. Y si alguno preguntara ¿por qué aquí, dejando a un lado la causa primera, al punto nos habla de la segunda? desde luego rechazaremos en esto eso de primera y segunda; porque la divinidad está por encima de esas sucesiones de número y de tiempo. Rechazado eso, afirmamos y confesamos que el Padre de nadie procede y que el Hijo es engendrado por el Padre.

Bien ¿está, dirás. Pero ¿por qué el evangelista, dejando a un lado al Padre, nos habla del Hijo? Porque el Padre ya era conocido de todos, si no como Padre, sí como Dios; mientras que el Unigénito era desconocido. Por esto razonablemente el evangelista se apresura a dar noticia de Él, a quienes no lo conocían. Por lo demás, no calló al Padre al expresarse así. Observa su prudencia espiritual. Sabe que los hombres ya de antes daban culto a Dios por sobre todas las cosas, y que así lo afirmaban. Por tal motivo partió de ahí, y avanzando vino a llamar Dios al Hijo. No como Platón que a uno lo llamó Mente (Nous) y al otro Alma (psije) Pues esto es del todo ajeno a aquella divina naturaleza inmortal. Ella nada tiene de común con nosotros, sino que se halla muy lejos de esa comunicación con las criaturas. Me refiero a la substancia, no al comportamiento al exterior. Por tal motivo Juan lo llamó Verbo. Habiendo de enseñar que este Verbo es el Hijo Unigénito de Dios, con el objeto de que nadie fuera a pensar en una generación sensible, echó por delante el nombre de Verbo y suprimió así toda mala sospecha; pues declara al mismo tiempo que el Hijo procede del Padre y que es Hijo no en forma pasible y sensible.

¿Ves cómo, según dije antes, hablando del Hijo no calla al Padre? Pero si esto no es suficiente para aclarar todo el misterio, no te extrañes; porque estamos hablando de Dios, de quien no podemos decir ni aun pensar nada que iguale y sea conforme a lo que su dignidad merece. Por esto el evangelista no habla aquí de la substancia ni de su nombre, pues nadie puede decir lo que es Dios según su substancia; pero en todas partes nos lo demuestra por las obras. Porque vemos que enseguida este Verbo es llamado Luz y luego la Luz es llamada Vida. Ni lo llamó así por solo este motivo. Porque éste es el primero. Pero el segundo es porque en seguida nos va a comunicar lo referente al Padre. Porque dice: Todo lo que oí de mi Padre os lo he dado a conocer. Lo llama Vida y Luz porque Él nos dio el conocimiento y por la luz del conocimiento nos dio la vida. En absoluto no hay un nombre, ni dos, ni tres ni muchos que basten para declarar lo tocante a Dios. Anhelamos, sin embargo, aunque sea mediante muchos nombres, aunque sea oscuramente, abarcar lo que toca a Dios.

No lo llamó sencillamente Verbo, sino que poniéndole el artículo, lo distinguió de todos los demás. ¿Observas cómo no en vano dije que este evangelista nos ha hablado desde el cielo? Advierte a qué sublimes alturas, ya desde el comienzo, ha levantado la mente y el alma de sus oyentes. Una vez que la llevó más allá de cuanto cae bajo los sentidos, más allá de la tierra y del mar y del cielo, la persuade a que avance todavía más arriba de los Querubines, de los Serafines, de los Tronos, de los Principados, de las Potestades, y en fin, de todas las criaturas. Pero ¿qué? Una vez que nos elevó a tan alta sublimidad ¿pudo ya dejarnos reposar en ella? ¡De ningún modo! Sino que así como si alguno a quien se halla en la ribera del mar y observa las ciudades, los litorales, los puertos, una vez que lo ha llevado por en medio del piélago, luego lo aparta de esos particulares y no pone ya límites a la mirada, sino que le expande delante el espectáculo de aquella inmensidad, así el evangelista, tras de habernos trasportado sobre todas las criaturas y habernos conducido a los siglos anteriores a todas las criaturas, deja ahí al ojo así sublimado, pues no puede éste llegar a tocar los límites de lo celestial, porque lo celestial no tiene límites.

En cuanto la mente se ha elevado hasta el Principio, investiga cuál sea ese Principio. Y una vez que encuentra ese existía, yendo siempre adelante, no halla en dónde detenerse y hacer pie; sino que atentamente mirando y no encontrando límites, luego se torna a los seres inferiores, ya fatigados. Porque ese "Al principio existía" no significa otra cosa sino que desde siempre existía y que es eterno.

¿Observas la verdadera sabiduría y el dogma divino; no como la de los griegos que señalaban tiempos y hablaban de dioses unos más antiguos y otros más recientes? Nada de eso hay en nuestros dogmas. Si Dios existe, como en realidad existe, nada hay antes que él. Si es el Creador de todas las cosas, Él es sin duda primero que ellas. Si es Señor y Dominador de todo, todo es posterior a Él, tanto las criaturas como los siglos.

Quería yo descender a nuevos certámenes, pero quizá vuestro espíritu se siente fatigado. Por esto, tras de algunas advertencias que os sean útiles para comprender lo dicho, y lo que luego se dirá, terminaré. ¿Cuáles son esas advertencias? Yo sé que muchos sienten fastidio a causa de lo largo de las exhortaciones. Pero esto sólo sucede cuando, sobrecargada el alma de infinitos cuidados y penas del siglo, queda derribada. Así como el ojo cuando está limpio y claro agudamente distingue los objetos y no le cuesta trabajo observar aun los cuerpos más pequeños; pero cuando desde la cabeza fluye un humor maligno, o también cuando una densa neblina sube desde los valles y se interpone entre la pupila y los objetos, no puede ella distinguir ni aun los cuerpos grandes, lo mismo sucede con el alma. Pues cuando ya purificada no hay pasiones del ánimo que la conturben, ve con claridad lo que se ha de ver; pero cuando manchada con muchas pasiones, pierde su primera virtud, no puede fácilmente elevarse a lo sublime, sino que al punto se cansa y desfallece y se entrega al sueño y a la desidia, y deja de lado lo que toca a llevar una vida honrada y virtuosa, y ya no escucha con diligencia.

Para que esto no os acontezca (no me cansaré de repetirlo), esforzad vuestro ánimo, para que no tengáis que oír lo que Pablo dijo a los fieles hebreos: Os habéis tornado torpes de oídos. Quien es torpe de oído y débil, lo mismo se cansa con un discurso largo que con uno corto; y piensa ser difíciles de entender las cosas que de suyo son claras y manifiestamente fáciles. Que nadie aquí sea de éstos; sino que, habiendo echado de sí todos los cuidados del siglo, escuche esta enseñanza. Cuando el oyente está poseído de la codicia del dinero, no puede ser codicioso de oír; porque el alma, por ser única, no puede bastar para muchas afecciones a la vez. Una codicia echa fuera a la otra; y el alma así dividida, se torna más débil, porque al fin la pasión prevalece y se apodera totalmente de ella y la arrastra. Lo mismo suele suceder respecto de los hijos; el padre que solamente tiene uno, lo ama sobremanera; pero si tiene muchos, el amor así dividido es amor para cada uno de ellos. Pues si esto sucede en donde existe esa fuerza tiránica y los que se aman son del mismo linaje ¿qué diremos del amor que procede del afecto de la voluntad; sobre todo teniendo en cuenta que semejantes pasiones mutuamente se combaten y estorban? El amor del dinero es contrario al amor a esta enseñanza. Cuando para ésta entramos, al cielo entramos. Y no me refiero al lugar, sino al efecto; porque puede quien vive en la tierra, estar en el cielo y pensar cosas del cielo y aun oírlas. En consecuencia, que nadie introduzca cosas terrenas en el cielo; nadie, mientras aquí está, esté solícito de los asuntos domésticos. Lo conveniente sería llegar al hogar y al foro con las ganancias aquí logradas y no sobrecargar estas reuniones con cargas propias del hogar y del foro.

Para esto nos acercamos a esta cátedra y trono de la sabiduría, para echar fuera esas otras inmundicias. De modo que si hemos de aniquilar este pequeño descanso con esos procederes propios de allá afuera, sería preferible en absoluto abstenernos de venir acá. En conclusión: que nadie acá en la reunión esté pensando en sus problemas domésticos, sino más bien allá en el hogar piense en lo que oye acá en la reunión. Que lo oído acá nos sea más precioso que otra cosa cualquiera, porque esto toca al alma, mientras que aquellas otras cosas atañen al cuerpo. O por mejor decir, lo que aquí se explica, ayuda al alma y al cuerpo. Ocupémonos, pues, de éstas a fondo; queden aquéllas como de pasada. Estas tocan a la vida futura; aquéllas en cambio para ninguna aprovechan si no se disponen conforme a los mandamientos de Dios. Aquí aprendemos no solamente quiénes seremos allá en la vida futura y cómo viviremos, sino también cómo habemos de vivir aquí.

Fábrica de medicinas espirituales es la iglesia, para que aquí curemos las heridas que allá afuera recibimos; pero no para que de aquí salgamos a recibir nuevas heridas. Si no atendemos al Espíritu Santo, que nos habla, no sólo no nos limpiaremos de los pecados pasados, sino que contraeremos otros nuevos. Atendamos, pues, con gran diligencia a este libro que se nos ha entregado por medio de la revelación. Si desde el principio penetramos bien los comienzos y la materia, luego no necesitaremos ya de mucho estudio. Si desde el principio nos imponemos un pequeño trabajo, incluso luego podremos enseñar a otros, como lo hizo Pablo. Porque este apóstol es grandemente elevado y está lleno de verdades dogmáticas, en las cuales se entretiene más que en otras. Os ruego, pues, que oigamos no a la ligera. Por tal motivo nosotros explicamos despacio y lentamente, para que todo os sea fácil de entender y no se os vaya de la memoria. Temamos, no sea que se nos culpe conforme a la sentencia que dice: Si no hubiera venido y no hubiera hablado, no tendrían culpa. Al fin y al cabo ¿qué más lucramos que los que no oyeron, si después del discurso nada llevamos a nuestros hogares y nos contentamos con haber admirado lo que se dijo? Proporcionadnos el sembrar en buena tierra; proporcionádnoslo para que mejor nos atraigáis. Si alguno en su campo tiene espinas, póngales fuego, el fuego del Espíritu Santo. Si alguno tiene corazón duro y contumaz, con ese mismo fuego ablándelo y vuélvalo tratable. Si alguno es acometido en su camino por una multitud de pensamientos, entre a su interior y no dé oídos a esos que quieren introducirse para la rapiña. Todo para que podamos ver frondosas vuestras sementeras. Si así cuidamos de nosotros mismos, si con gran empeño atendemos a la exhortación espiritual, poco a poco, si no se puede de un golpe, nos veremos libres de todas las cosas del siglo.

Atendamos, pues, para que no se diga de nosotros: Son sus oídos un áspid sordo. Porque ¿en qué se diferencia, pregunto yo, de una fiera el oyente que no atiende? ¿Cómo no ha de ser más irracional que cualquier irracional el que, cuando habla Dios, no pone atención? Si agradar a Dios es ser hombre, quien no quiere oír para obtener ese fin, no puede llamarse sino fiera. Piensa cuán malo es que, queriendo Cristo hacernos de hombres, iguales a los ángeles, nosotros nos cambiemos en fieras. Servir al vientre, estar poseído de la codicia de riquezas, irritarse, morder, patear, no son cosas propias de hombres sino de bestias feroces.

Por otra parte, las fieras tienen cada cual su propia pasión, según su naturaleza. Pero el hombre que ha renunciado a usar de su razón y a disponer su vida según la ley de Dios, se entrega a todas las enfermedades del alma. De modo que no sólo se convierte en fiera, sino en un monstruo multiforme, y no merece perdón ni aun según la naturaleza. Porque toda perversidad nace de la voluntad y del libre albedrío. Pero lejos de nosotros juzgar así de la Iglesia de Cristo, pues ciertamente pensamos de vosotros cosas mejores en lo referente a la salud eterna y a lo que a ella conduce.

Sin embargo, cuanto más confiamos en que así sea, tanto mayor cautela procuraremos tener en nuestras palabras; para que habiendo llegado a la cumbre de las virtudes, consigamos luego los bienes eternos que nos están prometidos. Ojalá los alcancemos por gracia y benignidad de nuestro Señor Jesucristo, por el cual y con el cual, sea la gloria al Padre juntamente con el Espíritu Santo, por los siglos de los siglos. Amén.

HOMILÍA III (I). Al principio existía la Palabra

Inútil es ya amonestaros acerca de poner atención al discurso, pues tan rápidamente habéis demostrado con las obras el fruto de la exhortación. Porque el concurso, la diligente atención, la precipitación anhelante por ocupar dentro del templo un sitio en donde poder oír con facilidad nuestra voz, la perseverancia con que, aun puestos en estrecheces no queréis apartaros hasta que se haya terminado la reunión espiritual, los aplausos estrepitosos y todas las demás demostraciones parecidas, están declarando el fervor de vuestras almas, y dicen que vuestro pensamiento está enclavado en atender al discurso. De modo que resultaría superfluo amonestaros acerca de eso. En cambio, sí valdría la pena exhortaros a que perseveréis en esa disposición de ánimo; y a que no sólo aquí demostréis ese empeño, sino también en el hogar, exponiendo el esposo a la esposa, el padre a los hijos la materia y tratando de ella lo que ellos entienden, y exigiendo lo mismo de ellos, poniendo en medio esta y prenda común. Nadie me diga que no conviene ocupar en esto a los niños; pues lo necesario sería que no sólo aquí nos ocupáramos de ello, sino además de sólo esto preocuparse. Sin embargo, atendiendo a vuestra fragilidad, no lo exijo ni quiero apartar a los niños de los estudios escolares, así como tampoco a vosotros quiero apartaros de los negocios civiles. Lo que os ruego es que de los siete días de la semana, consagréis uno a nuestro común Señor. ¿No sería un absurdo que nosotros exijamos a nuestros criados el diario servicio continuamente y en cambio no dediquemos a nuestro Dios ni siquiera un poquito de nuestro día de descanso; sobre todo siendo así que el servicio que a nuestro Señor hacemos, para nada le aumenta sus bienes, pues de nada necesita, y por el contrario todo redunda en utilidad nuestra? Por cierto que cuando lleváis a vuestros hijos al teatro, no oponéis ni las clases ni otra cosa alguna; pero si se trata de lograr alguna ganancia espiritual, entonces invocáis las ocupaciones. ¿Cómo es posible que no provoquéis la ira de Dios cuando a todo lo demás le dais el tiempo conveniente, y en cambio pensáis que ocuparse de las cosas de la religión es molesto e inoportuno para vuestros hijos?

¡No, hermanos míos! ¡no procedáis así! Esa edad de los niños es la más necesitada del estudio de la religión: tierna como es, asimila rápidamente lo que se le dice; y la enseñanza se imprime en ella como un sello en la cera. Por otra parte, en esa edad primera, los niños se inclinan o al vicio o a la virtud. De modo que si alguno ya desde los principios y como desde el vestíbulo, los aparta de los vicios y los endereza por el recto camino de la virtud, los establece y radica como en cierto hábito y modo correcto de vida. Con lo que luego no fácil ni espontáneamente se inclinarán a lo malo, pues la buena costumbre los atrae a las buenas obras.

Entonces nos resultarán más venerables que los mismos ancianos y serán más aptos para el manejo de los negocios seglares, pues ya en su juventud demostrarán las virtudes de la edad madura. Porque, como ya dije, no es posible que quienes disfrutan de estas reuniones y oyen con frecuencia a este tan gran apóstol, no saquen algún muy grande provecho, ya se trate de un varón o de una mujer o de un joven que de esta mesa participa. Si mediante la palabra amansamos y aun dominamos a las bestias feroces ¿cuánto mejor llevaremos a la moderación a los hombres, mediante la enseñanza espiritual, habiendo tan gran diferencia entre la doctrina medicinal tan alta y el enfermo que con ella se cura? No somos nosotros tan feroces por naturaleza como las bestias; porque ellas lo son por su natural, mientras que en nosotros la ferocidad nace del libre albedrío; aparte de que tampoco es igual la virtud de unas palabras y de otras. Puesto que unas provienen del humano pensamiento y las otras de la gracia y fuerza del Espíritu Santo.

Si pues alguno desespera de poder vencerse a sí mismo, piense en esas fieras amansadas y así jamás caerá en la desesperación. Venga con frecuencia a este laboratorio de medicinas; oiga constantemente las leyes divinas; y vuelto a su hogar fije en su memoria las cosas que oyó. Así se afirmará en la buena esperanza; y con la experiencia sentirá que aprovecha. Cuando el demonio ve la ley de Dios grabada en el alma, y que el corazón sirve de tablillas, ya en adelante no se acerca. En donde están las letras del Rey, no esculpidas en columnas de bronce, sino formadas por el Espíritu Santo en el alma religiosa y que brillan con gracia abundante, el demonio ni aun a mirarlas se atreve de frente, sino que vuelve las espaldas y mucho se aleja. Porque nada hay tan temible para él y los pensamientos que inculca, como una mente ocupada en meditar en lo divino, y que continuamente a tal manantial se adhiere. A un alma así no la perturbará ningún suceso de la vida presente, por molesto que sea, ninguno la ensoberbecerá e hinchará por próspero que acontezca: en medio de tan grandes tormentas y tempestades, gozará de suma tranquilidad. Al fin y al cabo nuestra perturbación no procede de la naturaleza de las cosas, sino de nuestra debilidad de ánimo. Si nos turbáramos por los sucesos mismos, todos los hombres andarían necesariamente turbados, puesto que todos navegamos por un mismo piélago y no es posible que vivamos exentos de tormentas. Por consiguiente, si algunos viven fuera de las tempestades y andan libres del mar embravecido, es manifiesto que las tormentas no provienen de los negocios mismos, sino de la disposición de nuestros ánimos. De modo que si disponemos el ánimo en forma tal que todo lo lleve con facilidad, tendremos perpetua tranquilidad y ninguna tormenta ni oleaje.

Mas, no sé cómo ni cómo no, he venido a dar en tan grande amonestación, cuando no pretendía hablar de estas cosas. Perdonad, os ruego, que me haya alargado. Pues temí, sí, temo que este empeño mío no tenga un éxito feliz: si yo estuviera seguro de ello, ni siquiera os habría hablado de estas cosas. Por lo demás, lo dicho ciertamente basta para que todo se os facilite. Y tiempo es ya de que vengamos a la materia que nos propusimos, de manera que no acontezca que vosotros entréis a este certamen ya fatigados. Pues tenemos un certamen delante, que es contra los enemigos de la verdad; contra esos que no dejan piedra por mover para disminuir gloria al Hijo de Dios, o mejor dicho por perderla ellos mismos. Puesto que la gloria de Dios permanece siempre igual a sí misma y en nada la disminuyen las lenguas de los blasfemos. En cambio ellos, al tratar de derribar al mismo a quien proclaman adorar, cubren de vergüenza sus caras y sujetan a castigo sus almas.

¿Qué responden ellos cuando nosotros les decimos estas cosas? Que ese "En el principio existía el Verbo" no indica sencillamente una eternidad, puesto que lo mismo se ha dicho del cielo y de la tierra. ¡Oh impudencia, oh impiedad enorme! Yo te estoy hablando de Dios ¿y tú me traes al medio la tierra y a los hombres en la tierra nacidos? Entonces, puesto que Cristo se llama Hijo de Dios y Dios y también el hombre es llamado hijo de Dios y dios, pues dice la Escritura: Yo dije: dioses sois y todos hijos del Altísimo, ¿vas a igualarte en la filiación con el Unigénito y a decir que nada tiene El que tú no lo tengas también? Responden: ¡De ningún modo! Sin embargo, aun cuando no lo afirmes explícitamente, procedes como si lo fueras. ¿Cómo es eso? Pues afirmas que tú recibiste la filiación por adopción, mediante la gracia; y que lo mismo la recibió El. Cuando aseguras que Él no es Hijo por naturaleza, no afirmas otra cosa, sino que lo es por gracia. Pero examinemos ya los textos que nos oponen: En el principio creó Dios los cielos y la tierra. Y la tierra era algo caótico y vacío. Y también: Existía un hombre de Ramatayim, sufita. Esto les parece firme argumento. Y de verdad que es argumento firme, pero para demostrar la verdad de nuestra doctrina; mientras que para probar la blasfemia que ellos profieren, es debilísimo.

Pregunto yo: ¿qué tiene que ver creó con existía? ¿qué tiene que ver lo divino con lo humano? ¿Por qué mezclas lo que no puede mezclarse? ¿Por qué confundes en uno lo que está dividido? ¿por qué pones arriba lo que es de abajo? Porque en nuestro texto no va ese existía así solo, sino con la añadidura: En el principio y la otra: el Verbo existía. Así como el existir, si se trata del hombre, indica únicamente el tiempo presente, pero tratándose de Dios indica la eternidad, así el existía, si se dice de nuestra humana naturaleza, indica un tiempo pasado y ciertamente finito, pero si se dice de Dios indica la eternidad. De modo que le bastaba a quien oyera tierra y hombre, para no pensar nada que a la naturaleza creada no conviniera. Lo que ha sido hecho, sea lo que fuere, ha sido hecho en el tiempo y en el siglo; mientras que el Hijo de Dios es superior a todo tiempo y a todos los siglos, puesto que es el creador de ellos y su artífice. Así dice la Escritura: Por quien creó los siglos. Ahora bien, quien es artífice indudablemente existe antes que su obra.

Mas ya que algunos son tan insensatos que en seguida piensan algo superior a la dignidad del Artífice, la Sagrada

Escritura con la palabra creó y con la otra existía un hombre, se adelanta al entendimiento del oyente y corta toda impudencia. Pues todo lo que ha sido hecho: cielos, tierra, ha sido hecho en el tiempo y tiene un principio en el tiempo; y nada que haya sido hecho hay que no tenga principio, puesto que ha sido hecho. Por esto, cuando oyes que El hizo la tierra y que Él es hombre, vanamente bromeas y dices cosas inútiles. Porque yo te puedo presentar otra hipérbole.

¿Cuál es? Aun cuando se hubiera dicho de la tierra: La tierra existía al principio; y del hombre se hubiera dicho: El hombre existía en el principio, ni aun así se había de sospechar algo superior a lo que ahora de ellos conocemos. Pues habiendo echado por delante las palabras tierra y hombre, por lo que luego se diga de ellos no se puede imaginar el alma algo superior a lo que de ellos sabemos. Por el contrario, acerca del Verbo, por poquísimo que sea lo que de Él se diga, no permite su naturaleza que se piense de El nada bajo ni vil. Ahora bien: de la tierra se añade enseguida: Y la tierra era algo caótico y vacío. Una vez que la Escritura afirmó que Él había hecho la tierra, y a ésta le fijó su término propio, con seguridad prosigue su narración, sabiendo que nadie habrá tan necio que la juzgue sin principio en el tiempo o piense que no ha sido hecha. Las palabras tierra y creó son suficientes para persuadir aun al más necio de que ella no es eterna ni increada, sino que pertenece al número de los seres que · en el tiempo han sido creados.

Por otra parte, eso de existía, dicho de la tierra y del hombre, no indica simplemente la existencia. Dicho del hombre significa que era de tal o tal sitio; dicho de la tierra significa que ella es de tal o tal manera. Porque la Escritura no dijo simplemente existía la tierra y enseguida guardó silencio, sino que añadió la forma en que existía, diciendo: Era algo caótico y vacío, mezclada aún con las aguas y por ellas cubierta. Igualmente acerca del hombre Elcano no dijo únicamente que existía un hombre, sino que añadió de dónde era y dijo: de Ramatayim, sufita. Del Verbo, en cambio, no se expresa así. Me avergüenzo de examinar semejante prueba, haciendo comparación. Si reprendemos a los hombres que andan estableciendo comparaciones, cuando la diferencia entre los comparados es demasiada, aun cuando sean de la misma naturaleza y substancia ¿cómo no ha de ser propio de una extrema locura el hacer la comparación cuando la diferencia de naturalezas y demás es de todo lo infinita?

¡Séanos propicio el mismo Señor a quien éstos acometen con sus blasfemias! Al fin y al cabo, la necesidad de usar de semejantes modos de hablar no la indujimos nosotros; sino que nos han puesto en ella esos que combaten contra su propia salvación. ¿Qué es pues lo que afirmo? Que ese existía, dicho acerca del Verbo, significa que Él es eterno. Porque dice: Al principio existía el Verbo. En consecuencia, debía existir en alguien. Como sea lo propio de Dios el ser eterno y sin principio, por aquí comenzó el evangelista. Y para que no sucediera que alguno al oír: Al principio existía, lo creyera Ingénito, al punto le sale al encuentro; y antes de decir qué era el Verbo, añade: Existía en Dios. Y luego, para que tampoco pensara alguno que se trataba de un Verbo prolaticio o interno, apartó semejante interpretación anteponiendo el artículo y añadiendo luego la siguiente expresión. Pues no dijo que estaba dentro de Dios, sino con Dios, declarando de este modo la eternidad de su hipóstasis. Y luego más claramente lo explicó diciendo que el Verbo era Dios. Alegarás que sí es Dios, pero un Dios hecho. Respondo: ¿Qué impedía a Juan decir: Al principio Dios hizo al Verbo? Moisés, hablando de la tierra, por temor de que la creyeran no hecha, usó de esa expresión. Convenía con mucha mayor razón que Juan temiera lo mismo respecto del Verbo, si es que el Verbo había sido creado. El mundo, por ser visible, por el mismo hecho proclama a su Creador, pues dice la Escritura: Los cielos proclaman la gloria de Dios, mientras que el Hijo es invisible y dista en infinito y es superior a toda criatura. Si pues cuando no se necesitaban ni palabras ni explicaciones para que se comprendiera que el mundo es creado, sin embargo el profeta lo asienta claramente y antes que todo lo demás, con mayor razón convenía que Juan, si el Verbo era creado, al punto lo declarara.

Instarás alegando que Pedro clara y abiertamente lo dijo. ¿En dónde y cuándo? Cuando al hablar a los judíos, les dijo: A él Dios lo hizo Señor y Cristo. Mas, ¡oh hereje!: ¿por qué no has completado la frase, que dice: A este Jesús a quien vosotros crucificasteis? ¿Ignoras por ventura que, según lo ya dicho, unas cosas se afirman de El en su naturaleza inmortal, mientras que otras se refieren a su Encarnación? Si fuera como tú dices y todo lo refiriera Pedro a la divinidad, tendrías que decir que Dios es pasible. Pero si no es pasible, tampoco es creado. Si de la divina e inefable naturaleza manó sangre; si en lugar de la carne fue ella la clavada en la cruz y destrozada, será entonces razonable tu sofisma. Pero si ni el diablo se ha atrevido a blasfemar de ese modo ¿por qué finges tú una imperdonable ignorancia, tal que ni los demonios jamás la han usado?

Por lo demás, eso de "Señor y Cristo" no expresa substancias sino dignidades: lo primero indica el poder, lo segundo la unción. Además ¿qué puedes tú decir del Hijo de Dios? Si es creado, como vosotros afirmáis, ninguno de esos apelativos tiene lugar. Porque no fue primero hecho y luego así dignificado por Dios; ni tiene un principio despreciable que luego se ennoblezca, sino que procede de la substancia misma y naturaleza divina. Como se le preguntara si era Rey, respondió: Para esto he nacido yo. En cambio Pedro habla como de alguien que ha sido dignificado y ordenado, puesto que viene tratando de la economía de la redención, o sea de la Humanidad del Hijo de Dios.

¿Por qué te admiras de que Pedro se exprese de ese modo? También Pablo, hablando a los atenienses, lo llama simplemente varón, diciendo: Por medio del varón que El designó, dando a todos garantía para creer, resucitándolo de entre los muertos y para nada se refiere a su divinidad, ni dice que es igual a Dios, ni que es el resplandor de su gloria. Y con razón, porque no había llegado el tiempo de hablar de esas cosas. Por entonces bastaba con que admitieran que era verdadero hombre y que había resucitado. Así procedió Cristo; y Pablo, enseñado por Cristo, seguía el mismo camino. Cristo no nos reveló desde el principio su divinidad, sino que primero se le creía profeta y el Ungido y simple hombre; y hasta después con sus palabras y sus obras demostró lo que en realidad era.

Tal fue el motivo de que Pedro al principio usara de ese modo de expresarse; porque fue en su primer discurso ante los judíos. Y como éstos no podían aún ser instruidos acerca de la divinidad, les habló de la naturaleza humana de Cristo, para que, hechos ya los oídos de ellos a esta verdad, quedaran aptos para comprender el resto de la enseñanza. Y si alguno quisiera recorrer desde más arriba todo su discurso, vería que es clara verdad lo que afirmo. Lo llama varón, y largamente trata de su Pasión, resurrección y genealogía según la carne. Y cuando Pablo nos enseña y dice: Nació del linaje de David según la carne no nos enseña otra cosa sino que ese "Lo hizo" de Pedro, se refiere a la economía de la redención, cosa que también nosotros confesamos.

En cambio, el Hijo del Trueno ahora nos habla de su existencia inefable y de antes que todos los siglos. Por eso, dejando a un lado la expresión "Lo hizo", usó de la otra: Existía. Cierto que si el Verbo fuera creado, era de suma importancia el definirlo desde luego. Temía Pablo que algún necio sospechara ser el Hijo superior al Padre y que había de tener bajo su sujeción a su Engendrador. Por lo cual, escribiendo a los de Corinto, les explicaba: Y al decir: Todo le ha sido sometido, es claro que todo, excepto aquel que le sometió todas las cosas. Pero ¿quién podía imaginar que el Padre, juntamente con todas las cosas, estaría sujeto al Hijo? Y sin embargo, si Pablo temió tal cosa, y tan absurda imaginación, y por tal motivo dijo: Excepto el que le sujetó todas las cosas, con mucha mayor razón Juan podía temer si el Verbo fuera creado, el Hijo de Dios, que alguno lo imaginara increado; y así debía desde luego declararlo creado antes que todo lo demás. Pero siendo el Verbo engendrado, con toda razón ni Juan ni otro algún apóstol o profeta lo llama creado.

Más aún, ni el mismo Unigénito, si verdaderamente hubiera sido creado, lo habría pasado en silencio. Quien hablando de sí se abajaba y tan humildes cosas decía de sí, mucho menos habría callado esto. Por mi parte creo ser más verosímil que hubiera podido callar la excelencia que poseía, que no pasar en silencio que no la poseía, y declarar francamente que no la poseía. Para lo primero, suficiente causa habría sido el enseñar a los hombres la humildad y por tal motivo encubrir su excelencia; lo segundo no tiene ni la más mínima probabilidad que razonablemente puedas alegar.

¿Qué motivo podía haber, si fuera creado, para callar que había sido hecho? Pues pasaba en silencio muchas preeminencias que sí le tocaban. De modo que quien con frecuencia, para enseñarnos la humildad, dijo de sí cosas humildes y que no decían con El, con mucha mayor razón, si hubiera sido creado, no lo habría callado.

No adviertes cómo a fin de que nadie pensara de El que era Ingénito, no deja piedra por mover en obras y palabras; y aun dice cosas no propias de su dignidad y substancia, y ¿cómo se abaja a la simple dignidad de profeta? Aquello de "Como oigo así juzgo" y aquello otro: "Él me dijo lo que he de decir", y otras expresiones semejantes, son dignas solamente de un profeta.

Si pues para suprimir aquella imaginación no se desdignó de proferir tan humildes palabras, con mucha mayor razón, si fuera creado, habría multiplicado las expresiones para que no se le creyera Increado. Por ejemplo, podía haber dicho: No penséis que soy engendrado por el Padre, pues soy hecho y no engendrado, ni soy de su misma substancia. Pero hace precisamente todo lo contrario. Por ejemplo: Yo estoy en el Padre y el Padre está en mí. Y luego a Felipe: Hace tanto tiempo que estoy con vosotros ¿y no me has conocido? Quien me ha visto a Mí, también ha visto al Padre. Y luego: Para que honren todos al Hijo como honran al Padre. Y poco antes: Pues así como el Padre resucita los muertos y los hace volver a la vida, así el Hijo da la vida a quien le place. Y además: Mi Padre en todo momento trabaja y yo también trabajo. Y más adelante: Como me conoce el Padre, así yo conozco al Padre. Yo y el Padre somos una misma cosa.

Y en todas partes pone ese así y del mismo modo; y afirma que El y el Padre son una misma cosa, y declara que no hay diferencia. Y por lo que hace a la autoridad, la demuestra par lo dicho y también en otros muchos lugares, como cuando dice: Calla, enmudece; quiero, sé limpio; a ti te lo ordeno, demonio sordo y mudo: sal de él. Y en aquello otro: Habéis oído que se dijo a los antiguos: No matarás; mas yo os digo: quien se irrita sin motivo contra su hermano es reo. En una palabra, establece tales leyes y obra tales milagros que demuestra bien su poder. Más aún: aun la mínima parte de ellos podría persuadir y arrastrar a quienes no carecen del todo de juicio razonable.

Pero es tan grande la fuerza de la vanagloria, que puede cegar la mente de aquellos de quienes se apodera aun en las cosas más evidentes; y llevarlos a discutir aun lo que está más manifiesto; e incita a otros que tienen bien conocida la verdad a fingir y disimular y recalcitrar. Fue lo que les sucedió a los judíos. Estos no negaban por ignorancia al Hijo de Dios, sino sólo para adquirir gloria entre el vulgo. Pues dice la Escritura que creían en Elpi pero temían ser expulsados de la sinagoga; y así, por dar gusto a otros, traicionaban su salvación propia. Porque ¡no! no puede quien de ese modo anda anhelando la gloria de los hombres, alcanzar la que proviene de Dios. Por lo cual Cristo los increpaba diciendo: ¿Cómo podéis creer vosotros que captáis la gloria unos de otros y renunciáis a la gloria que viene del único Dios?). Embriaguez profunda es ésa, por lo cual quien ha quedado preso en ella difícilmente se recupera. Enfermedad es que sujeta a la tierra los ánimos de aquellos a quienes hace cautivos, y aparta del cielo sus almas, y no las deja percibir la luz de la verdad, sino que procura que perpetuamente se revuelquen en el cieno, y les prepara tiranos tan poderosos que sin necesidad de dar órdenes los subyugan. Quien sufre semejante enfermedad, aun cuando nadie se lo ordene, espontáneamente hace cuanto piensa que a semejantes tiranos les será agradable. Para agradarlos se reviste de bellos ropajes y adorna su rostro no por sí, sino para agradar a otros; y lleva por el foro en torno turbas de esclavos, para causar admiración; y en una palabra, cuanto hace, por agradar a otros lo practica.

¿Podrá haber cosa peor que semejante enfermedad del alma? Para causar admiración a los demás, con frecuencia se arroja al precipicio. Bastaría con lo dicho por Cristo para demostrar la tiranía de tal enfermedad; pero también por aquí puede conocerse. Pues si a uno de esos ciudadanos que derrochan en gastos enormes le preguntas por qué emplean así tan crecidas cantidades de oro, y cuál es la finalidad de semejantes derroches, no podrán señalarse otra sino que lo hacen para agradar al pueblo. Y si enseguida les preguntas qué es eso de "el pueblo" te responden: es algo lleno de tumultos y desórdenes, y que de ordinario se compone de necios que a la ventura son traídos y llevados de una cosa en otra, a la manera de los oleajes del mar, y que las más veces oscila entre contradicciones.

Pero quien tal señor tiene ¿cómo no será el hombre más miserable de todos? Sin embargo, no es cosa tan grave que los seglares anden anhelando esa vanagloria, aunque ya es cosa grave. Pero que quienes hacen profesión de renunciar al mundo anden enfermos de padecimiento semejante y aun mayor, eso sí es cosa gravísima. Los seglares sólo pierden sus dineros, mas los otros ponen en peligro su alma. Cuando a causa de la vanagloria se apartan de la recta fe, y en busca de la propia glorificación deshonran a Dios, ¿cuán grave tibieza no será, pregunto yo, y cuán manifiesta locura?

Los otros vicios, aun cuando causen grave daño, por lo menos llevan consigo algún deleite, aun cuando éste sea breve y pasajero. El ebrio, el que ama las mujeres, juntamente con su daño lleva mezclado algún placer aunque pequeño; pero los cautivos de esta enfermedad llevan una vida perpetuamente vacía de placer y llena de amargura. Puesto que no consiguen lo que más anhelan, o sea la gloria y aura popular. Parece que la gozan, pero no la disfrutan, porque aquello no es gloria verdadera. Por tal motivo semejante vicio no se llama gloria, sino vanagloria; y justamente todos los antiguos la llamaron gloria vana. Al fin y al cabo vana es y no contiene en sí nada que glorioso y espléndido sea. Así como las máscaras de las comedias parecen hermosas y amables, pero por dentro están vacías y son vanas; y por lo mismo, aun cuando sean más hermosas que los cuerpos, nunca suscitan el amor de nadie, lo mismo sucede con esa gloria vana del vulgo.

Y es aún más mísera, puesto que engendra en nosotros esa enfermedad tiránica, de tan difícil curación. Tan sólo es bella en su exterior, pero en su interior no sólo está vacía, sino que redunda en tiranía cruel y en deshonra. Preguntarás que entonces de dónde viene y cómo se forma y nace tan absurda enfermedad, que ningún placer reporta. ¿Qué de dónde? Pues no de otra parte, sino de la vileza y apocamiento del ánimo. El que de ella es prisionero, no puede fácilmente concebir pensamientos generosos y magnánimos, sino que necesariamente se convierte en vil, torpe, sin gloria, pequeño. El que en todo procede, no por ejercitar la virtud, sino por agradar a los hombrecillos de nada, y por todas partes anda captando su erróneo y engañoso parecer ¿cómo ha de ser digno de la verdadera gloria?

Por lo demás, advierte cómo, si alguien le pregunta: ¿qué juzgas tú del vulgo? te dice que es una multitud de perezosos y desidiosos. Entonces ¿qué? ¿Anhelarías tú ser uno de éstos? Pienso que si enseguida tal pregunta se le hiciera, respondería no anhelar en absoluto cosa semejante. ¿Cómo no será, pues, el colmo de la ridiculez anhelar el aplauso de tales hombres a quienes jamás querrías tú igualarte? Si alegas que son muchos y se unen en multitudes, precisamente por esto conviene despreciarlos. Pues si tomados uno a uno son despreciables, cuando se multiplican, también se multiplica su necedad. Si uno por uno se toman, serán capaces de enmienda; pero ya reunidos, no es cosa fácil, puesto que crece su necedad: a la manera de rebaños de ovejas son traídos y llevados y siguen los pareceres ajenos.

Pero yo pregunto: ¿anhelarás el aplauso y gloria de semejante multitud? ¡No, por favor! ¡te lo suplico! Porque eso todo lo pone en desorden; eso da origen a la avaricia, a la envidia, a las querellas, a las asechanzas; eso arma a quienes ninguna injuria han recibido contra los que nunca han injuriado, y los toma feroces. Quien sufre tal enfermedad no sabe de amistades ni de parentescos ni respeta a nadie, sino que, rechazados de su alma todos los bienes, guerrea contra todos y se torna inconstante e inhumano. La ira, aun siendo enfermedad tiránica e intolerable, no suele encenderse constantemente, ni excitarse sino cuando alguien contra alguno se enoja. En cambio el amor de la vanagloria perpetuamente está en vigor; y por así decirlo, no hay tiempo en que se pueda apagar, si la razón no lo refrena y cohíbe. Porque perpetuamente se hace presente, no sólo incitando al pecado, sino también arrancándonos de las manos lo bueno que hacemos. Y a veces ni siquiera nos deja obrar el bien.

Si Pablo llama a la avaricia servidumbre de ídolos ¿con qué nombre designaremos a la vanagloria, que es madre, raíz y fuente de la avaricia? No podremos hallar alguno digno de perversidad tan grande. ¡Ea, pues, carísimos! Apartémonos de ella y despojémonos de tan dañina vestidura. Rasguémosla, hagámosla pedazos y seamos finalmente libres con la libertad verdadera, y volvámonos a sentir tan libres como Dios nos hizo: ¡despreciemos el aura popular! Nada hay más vergonzoso ni más ridículo que semejante enfermedad; nada que así rebose de infamia y deshonra.

Y puede esto verse por muchas razones: vergüenza ignominiosa es andar anhelando semejante gloria: el despreciarla o tenerla en nada es gloria verdadera. Es necesario proceder en todo conforme a la voluntad de Dios, en dichos y en hechos. Así podremos recibir la recompensa de manos del Señor, que observa todo lo nuestro, cuando nos contentemos de tenerlo a sólo El por espectador. ¿Para qué necesitamos de otros ojos, pues contempla continuamente todas nuestras obras Aquel que nos ha de conceder el honorífico premio? ¿Cómo no ha de ser absurdo que el criado todo lo haga para agradar a su dueño y no busque otra cosa sino que el amo lo vea, y no procure que lo vean ojos extraños, aun cuando los espectadores sean gente distinguida y grande, sino que no tenga delante otro objetivo que ser visto de su señor, mientras que nosotros, teniendo tan gran Señor andamos buscando espectadores que para nada pueden ayudarnos, y que, al revés, con vernos pueden dañarnos y tornar vanos todos nuestros afanes? ¡No procedamos así, os lo ruego! Más bien, invoquemos y llamemos como espectador y alabador nuestro a Aquel de quien hemos de recibir la recompensa.

Que nada nos importen los ojos de los hombres. Pues si semejante gloria queremos alcanzar, la alcanzaremos cuando procuremos únicamente la gloria de Dios. Pues dice la Escritura: A los que me honran yo los honro. Así como sobre todo abundamos en riquezas cuando las despreciamos y solamente buscamos las que de Dios provienen (pues dice: Buscad el reino de Dios y esas otras cosas se os darán por añadidura"), lo mismo se ha de decir de la gloria. Cuando conceder las riquezas o la gloria es sin peligro del alma, Dios abundantemente las concede. Pero es sin peligro solamente cuando ellas no nos dominan ni sujetan ni se valen de nosotros como de esclavos, sino que nos acompañan como a seres libres y señores de ellas. Por tal motivo Dios no quiere que las amemos con amor desordenado, para que no les quedemos sujetos. Si esto logramos, entonces Dios nos las concede en abundancia grande. Yo pregunto: ¿quién más esclarecido que Pablo? Pues bien, éste dice: No buscamos la gloria humana ni de vosotros ni de otrosí ¿Quién más rico que aquel que nada tiene y todo lo posee? Porque, como ya dije, cuando no nos sujetamos a las riquezas, entonces es cuando las poseemos y las recibiremos. Si pues anhelamos la gloria, huyamos de la vanagloria. Así podremos, tras de cumplir con los mandamientos de Dios, conseguir los bienes presentes y también los futuros, por gracia de Cristo, al cual, juntamente con el Padre y a una con el Espíritu Santo, sea la gloria, por los siglos de los siglos. Amén.

HOMILÍA IV. Al principio existía la Palabra y la Palabra estaba con Dios (*Jn 1,1*)

Cuando se entregan los niños a los maestros éstos no les imponen al punto cargas pesadas, ni lo hacen todo de una sola vez, sino poco a poco; y con frecuencia les repiten las mismas cosas, para que más fácilmente los niños las impriman en su mente; no sea que aterrorizados desde el principio los alumnos por la muchedumbre de las enseñanzas, que apenas logran retener en la memoria, se tornen más perezosos en recopilar lo que se les ha enseñado, pues por la dificultad les sobreviene la desidia. Pues bien: a esa costumbre me acomodaré yo para así aligeraros el trabajo y pondré en vuestras almas poco a poco y por partes repartido la sagrada enseñanza.

En consecuencia, os pondré delante nuevamente las mismas palabras, no para repetir exactamente lo mismo, sino para completar lo dicho anteriormente con lo que entonces omitimos. ¡Ea, pues! Repitamos las palabras comenzando desde el principio: En el principio existía el Verbo y el Verbo estaba con Dios. ¿Por qué habiendo los otros evangelistas comenzado por la economía de la Encarnación (pues Mateo dice: Libro de la generación de Jesucristo, Hijo de David; y Lucas nos refiere al comienzo lo relativo a María; y Marcos se entretiene en los mismos hechos, tejiendo su narración a partir de la historia del Bautista), Juan, en cambio, apenas brevemente indicado todo eso, después de su introducción, mediante las palabras: El Verbo se hizo carne, pasa en silencio lo demás, como es la concepción, el parto, la educación y crecimiento de Cristo; y al punto nos narra la generación eterna del Verbo? Voy a exponeros desde luego los motivos.

Como ya los otros evangelistas habían expuesto por la mayor parte lo tocante a la Encarnación, podría temerse que algunos, demasiado rastreros, pensando bajamente, se detuvieran en solas esas verdades, como le sucedió a Pablo de Samosata. De modo que Juan, sacando de antemano de su baja opinión a quienes en esa forma habían de errar, y levantándolos hasta el cielo, justamente dio principio a su narración por la celeste y eterna existencia del Verbo. Habiendo comenzado Mateo su narración por el rey Herodes y Lucas por Tiberio César y Marcos por el bautismo de Juan, nuestro evangelista, omitiendo todo eso, asciende al punto sobre todo tiempo y sobre todos los siglos, y en cierta manera dispara la mente de su auditorio como una saeta, hasta aquellas regiones, diciendo: En el principio existía.

De modo que no pone sitio de partida ni término tampoco, como lo hicieron los otros evangelistas al señalar a Herodes, a Tiberio y al Bautista. Y lo sobremanera admirable es que aun habiendo Juan dado tan alto principio a su discurso, no descuidó lo referente a la economía de la Encarnación; ni tampoco los otros, que la narraron, callaron la existencia del Verbo antes de los siglos. Y todo con razón; pues uno mismo era el Espíritu que a todos los movía, por lo cual convienen perfectamente en lo que narran.

Pero tú, carísimo, cuando oyes hablar del Verbo, no toleres a quienes afirman que fue creado, ni a quienes afirman que es únicamente Palabra. Porque hay muchas palabras de Dios que ejecutan los ángeles, pero ninguna de ellas es Dios. Son solamente profecías o mandamientos de Dios, pues así suele denominar la Escritura las leyes de Dios: mandatos, profecías. Y así dice de los ángeles: Héroes poderosos, agentes de sus órdenes. En cambio este Verbo o Palabra es una substancia cuya hipóstasis o persona procede del Padre, sin que el Padre padezca nada. A esta persona, como ya lo tengo dicho, la significó el evangelista mediante la palabra Verbo. De modo que así como la expresión "En el principio existía el Verbo" denota la eternidad, así la otra Estaba en el principio en Dios nos significa la coeternidad.

Para que no sucediera que en oyendo tú que: En el principio existía el Verbo, fueras a pensar que sí era eterno, pero que el Padre era más antiguo que él por algún tiempo de vida, y lo tuvieras como de edad mayor que la del Verbo; ni tampoco señalaras al Unigénito algún comienzo de vivir, añadió: Estaba en el principio con Dios, tan eterno como el Padre, ya que éste nunca estuvo sin el Verbo; sino que siendo Dios eterno estaba con Dios con su propia persona. Preguntarás: ¿Por qué, entonces, añadió Juan: estaba en el mundo, siendo así que estaba con Dios? Porque estando con Dios era Dios, y también estaba en el mundo, ya que ni el Padre ni el Hijo están circunscritos por término alguno. Si su grandeza no tiene límites, ni su misericordia medida, es manifiesto que tampoco su substancia tiene comienzo ni tiempo.

¿Has oído que en el principio hizo Dios el cielo y la tierra? Pues bien: ¿qué piensas acerca de ese En el principio? Que ciertamente fueron hechos antes que las demás cosas visibles. Pues bien, del mismo modo cuando oyes acerca del Unigénito: Al principio existía, conviene que entiendas que existía antes de todo lo inteligible y de todo lo temporal. Y si alguno dijere: ¿cómo puede ser que siendo Hijo no sea más joven que el Padre? Puesto que quien nace de otro necesariamente es posterior a aquel de quien nace, le responderemos: eso proviene de tus pensamientos humanos. Y por lo mismo, quien tal cosa pregunta, preguntará cosas aún más absurdas, a las que no se las han de prestar oídos. Nosotros hablamos de Dios y no de la humana naturaleza, que está sujeta a esas consecuencias y raciocinios necesariamente. Sin embargo, para confirmar a los que estén algún tanto débiles, vamos a contestar directamente.

Dime: los rayos del sol ¿nacen de su naturaleza o de otra parte? Necesariamente contestaremos, si no estamos destituidos de sentidos, que nacen de su misma naturaleza. Pues bien, a pesar de que nacen de su misma naturaleza, nunca podremos decir que son posteriores a la dicha naturaleza, pues jamás se ha visto el sol sin sus rayos. Si en estas cosas visibles y sensibles hay algo que nace de otro y sin embargo no le es posterior a aquel de quien nace ¿por qué no crees lo mismo acerca de aquella naturaleza invisible e inefable? De modo que así es y así conviene a aquella substancia. Por esto Pablo llama al Hijo con el nombre de Esplendor, declarando de este modo que procede del Padre y es coeterno con El.

Pero ¿qué, dime, acaso los siglos todos y todos los espacios no fueron hechos por El? Necesariamente lo ha de confesar quienquiera que no esté loco. De manera que no hay intersticio de tiempo entre el Padre y el Hijo. Y si no lo hay, el Hijo es coeterno y no posterior al Padre. Eso de antes y después connota tiempo, pues tales palabras no pueden entenderse sino hablando de siglos y tiempos. Y si en absoluto afirmas que el Hijo tiene principio, mira no sea que por eso mismo te veas obligado a señalar principio también al Padre diciendo que es más antiguo ese Principio, pero al fin y al cabo es principio.

Porque, dime: ¿acaso, al señalar al Hijo un principio y término y decir que de tal principio procede con anterioridad, no estás afirmando que el Padre existe de antemano? Esto parece claro. Dime pues: ¿por cuánto lapso preexiste el Padre? Ya señales un tiempo pequeño o grande, al fin y al cabo pones un principio al ser del Padre. Una vez que introduzcas esa medida, tendrás que decir si es grande o pequeña. Ahora bien, semejante medida no puede señalarse a no ser que de ambas partes, Padre e Hijo, haya un principio y comienzo. En conclusión, habrás dado un principio al Padre. Y así, según vosotros, los herejes, tampoco el Padre es sin principio.

Observas ¿cómo es verdad lo que dijo el Salvador, y cómo su sentencia en todo tiempo declara su poder? ¿Cuál es esa sentencia?: El que no honra al Hijo tampoco honra al Padre Yo sé bien que estas cosas resultan incomprensibles para muchos. Por esto con frecuencia dudamos en introducir estos raciocinios, pues no están al alcance del vulgo; y si llega a entenderlos, sin embargo no los mantiene con firme certeza. Dice la Escritura: Los raciocinios de los mortales son tímidos y sus pensamientos inseguros. Con gusto preguntaría yo a los adversarios qué significa lo que dijo el profeta: Antes de mí no ha habido otro Dios ni lo habrá después de Mí. Si el Hijo es más joven que el Padre ¿cómo dice: ni lo habrá después de mí? Haréis desaparecer la substancia del Hijo. Porque se hace necesario o lanzarse a semejante audacia, o confesar una sola substancia en las propias hipóstasis y personas del Padre y del Hijo.

Y ¿cómo será verdadero aquello de Todo ha sido hecho por él? Si los siglos y el tiempo son más antiguos que el Hijo ¿cómo han sido hechos por El, ya que existieron antes que El? ¿Veis a qué absurdos y abismos de temeridad se han arrojado los herejes, una vez que han rechazado la verdad? Porque no dijo el evangelista que el Hijo fue hecho de la nada, como Pablo lo afirma de todas las demás cosas cuando dice: El que llamó a existir aquello que no existía sino que Juan afirma que En el principio existía. Y esto es contrario a lo que dice Pablo. Mas con razón lo dice Juan, puesto que Dios ni es hecho ni hay algo que sea más antiguo que Él. Sólo los gentiles se expresan de ese otro modo.

Respóndeme además a esto otro: ¿No afirmarás que el Creador es sin comparación más excelente que las criaturas? Pero ¿en dónde quedaría esa mayor excelencia, e incomparable, si el Hijo fuera creado, como ellas, de la nada? Y también, ¿qué significa Yo el primero y con los últimos yo el mismo? ¿Y también: Antes de Mí no hubo otro Dios? Porque si el Hijo no es de la misma substancia del Padre, entonces es otro Dios; y si no es coeterno, es posterior; y si no es de la misma substancia, es claro que fue hecho. Y si alegaran los herejes que tales expresiones se dijeron para diferenciarlo de los ídolos ¿por qué no conceden que para diferenciarlo de los ídolos se le llama Dios único? Y si también esto se dice para diferenciarlo de los ídolos ¿cómo interpretarán la sentencia íntegra? Porque dice: Y después de Mí no hay otro. Ciertamente no lo dice Dios para excluir por aquí al Hijo, sino que significa: después de Mí, el Hijo, no hay ídolo ni alguno que sea Dios.

Responderás: es verdad. Pero lo otro: Antes de Mí no hubo otro Dios ¿lo tomarás como si significara que no hubo otro ídolo que fuera Dios? ¿O que a lo menos no lo hubo antes que el Hijo? Pero ¿habrá demonio que tal diga? Yo pienso que ni el diablo en persona diría eso. Y si no es coeterno con el Padre ¿cómo dirás que su vida es infinita? Si tiene un principio anterior a él, aun cuando sea infinito no es inmenso. Porque lo inmenso debe serlo por ambos extremos o lados. Así lo explicó Pablo diciendo: Sin comienzo y sin término en su existencia, es decir, sin principio ni fin. Pues así como por un extremo no tiene fin, tampoco lo tiene por el otro: ni de un lado tiene fin ni del otro comienzo.

Por otra parte, siendo Él la Vida ¿cómo pudo haber un tiempo en que no existiera? Porque todo el mundo confiesa que la Vida perpetuamente vive y no tiene principio ni fin. Y Él es la Vida y verdaderamente lo es. Pero si hubo un tiempo en que no existiera ¿cómo puede ser Vida de otros el que alguna vez no fue Vida? Objetarán: Entonces ¿cómo es que Juan comenzó diciendo: En el principio existía? Respondo: de modo que tú te fijas en lo de "En el principio" y en lo de existía, pero no piensas en la frase: El Verbo existía. Además, cuando acerca del Padre dijo el profeta: Desde siempre hasta siempre tú eres Dios ¿acaso le fijó términos de tiempo? De ninguna manera, sino que significó la eternidad. Pues bien, acá piensa tú lo mismo. No habló el evangelista poniendo términos de tiempo, pues no dijo: Tuvo principio, sino: En el principio existía, para llevarte con esa palabra existía a que pensaras en que el Hijo no tuvo principio.

Objetarás que en el texto el Padre lleva artículo y no lo lleva el Hijo. Pero entonces ¿por qué el apóstol dice: Del gran Dios y Salvador nuestro Jesucristo, y también: Dios sobre todas las cosas, en donde nombra al Hijo sin artículo? Y lo mismo puedes ver que hace respecto del Padre. Porque escribiendo a los filipenses dice: El cual subsistiendo en la naturaleza divina, no consideró codiciado botín que debía retener esa su igualdad con Dios, y a los romanos escribe: A vosotros gracia y paz de parte de Dios Padre, nuestro y del Señor Jesucristo. Por lo demás, habría sido inútil anteponerle el artículo, puesto que ya anteriormente con frecuencia se lo había antepuesto.

Cuando dice Pablo acerca del Padre: Dios es Espíritu no porque no tenga el artículo el sustantivo Espíritu, negamos ser Dios incorpóreo. Lo mismo acá: aunque la palabra Hijo no lleve artículo, no deja el Verbo de ser Hijo de Dios, ¿por qué? Porque al decir Dios al uno y Dios al otro, no señala diferencia en la divinidad. Más aún: hace todo lo contrario. Pues habiendo dicho antes: Y el Verbo era Dios, para que nadie pensara que la divinidad del Hijo era de menor categoría que la del Padre, al punto pone las pruebas de ser verdadera su divinidad. Indica su eternidad diciendo: Él estaba con Dios en el principio; y luego indica su poder creador cuando dice: Todo por Él fue hecho y ni una sola cosa de cuantas existen ha llegado a la existencia sin Él. Que es lo mismo que en todas partes y por encima de todo afirma de Él, el Padre, diciendo por los profetas ser de su misma substancia.

Con frecuencia los profetas tratan este argumento demostrativo; y no sólo para esto, sino también para apartar y quitar el culto de los ídolos. Así dicen: Unos dioses que no hicieron el cielo y la tierra, perecerán y también: Yo por mi mano extendí los cielos, y en todas partes pone esto como argumento de su divinidad. El evangelista, no contento con eso, lo llamó Luz y Vida. De modo que si siempre estuvo con el Padre, si todo lo creó, lo produjo y lo sostiene -pues esto significa Juan al llamarlo Vida- si todo lo ilumina ¿quién será tan necio que opine haber usado el evangelista de todas estas expresiones para disminuir la divinidad del Verbo: expresiones con que precisamente se puede demostrar la igualdad y paridad suya con el Padre? Así, pues, os ruego no confundamos la criatura con el Creador, para que no vayamos a tener que oír lo que dice Pablo: Adoraron la criatura por sobre el Creador, pues aun cuando Pablo hable acerca de los cielos, al decirlo prohibió en absoluto adorar a la criatura, lo cual es un error propio de gentiles. ¡No nos impliquemos en semejante maldición!

Para esto vino el Hijo de Dios, para apartarnos de ese culto. Para eso tomó la forma de siervo, para librarnos de esa servidumbre; para eso fue deshonrado con salivazos y bofetadas; para eso sufrió tan ignominiosamente la muerte. Os ruego que no inutilicemos todo eso, ni regresemos a la antigua impiedad, o mejor dicho, a una peor. Porque no es lo mismo adorar a la criatura y rebajar cuanto está de nuestra parte al Creador a la vileza de la criatura. El sigue siendo el que es, pues dice la Escritura: Tú siempre el mismo, no tienen fin tus años. Glorifiquemos al Hijo así como lo hemos recibido por tradición de nuestros Padres. Glorifiquémoslo con la fe y con las obras, pues para la salvación de nada nos servirán los dogmas piadosos si nuestra vida está en corrupción. Ordenémosla según el beneplácito de Dios, echando lejos de nosotros toda torpeza, injusticia, avaricia, y portándonos como huéspedes extraños y adventicios y muy lejanos de las cosas presentes.

Si alguno posee muchas riquezas y predios, use de ellos como un peregrino que un poco más tarde, quiéralo o no, tendrá que apartarse de ellos. Si alguno ha sido injuriado, no se irrite como si fuera inmortal: más aún, ni siquiera por un poco de tiempo. El apóstol Pablo no nos concede para la ira más allá del término de un día, pues dice: No se ponga el sol sobre vuestra ira. Razonable es esto. Pues no es de desear, y apenas se puede evitar, el que en tan pequeño lapso no ocurra sin embargo algo molesto. Pero si nos coge la noche, las cosas se tornarán más graves, porque la memoria hace estallar una muy grande llama, y con el transcurso del tiempo sentimos nosotros más agriamente las ofensas.

En consecuencia, antes de que ocupemos en eso las horas del descanso y encendamos una pira mayor, nos ordena el apóstol adelantarnos al mal y apagar esa llama. Vehementes son los movimientos de la ira y más penetrantes que cualquier llama. Por esto necesitamos ser muy veloces para adelantarnos a su llamarada y no permitir que se alce, porque esta enfermedad es origen de muchos males. Destruye muchos hogares, deshace antiguas amistades y en un momento y tiempo muy breve engendra tragedias que no admiten consuelo. Dice la Escritura: El impulso momentáneo de su furor lo hace caer. No dejemos sin freno fiera semejante, sino pongámosle por todas partes, como firmísimo tramojo de hierro, el terror del juicio futuro.

Cuando tu amigo te hiera o alguno de tus familiares te incite a la cólera, piensa en lo mucho que tú has ofendido a Dios, y advierte que si tú te portas con moderación, tendrás un juicio más suave. Porque dice Cristo: Perdonad y se os perdonará. Con esto se apartará tan grave enfermedad. Además yo deseo que consideres si acaso en otras ocasiones enfurecido has sabido dominarte o si acaso te has dejado llevar de la ira, pues la comparación de ambos casos te ayudará mucho para enmendarte.

Dime: ¿cuándo te alabaste a ti mismo? ¿cuándo te dominó la ira o cuando tú la dominaste? ¿Acaso cuando ella nos dominó no nos reprendimos con vehemencia, no nos avergonzamos, aunque nadie nos acusara, y no nos arrepentimos en gran manera de nuestros dichos y gesticulaciones? Pero, en cambio, cuando la dominamos, entonces nos gozamos y exultamos como vencedores. Y victoria sobre la ira es no devolver injuria por injuria, pues esto, al revés, es ruina eterna; sino oírlo y soportarlo todo con igualdad de ánimo. Esto es ser vencedor: no el causar males, sino tolerarlos. Así pues, cuando te irrites, no digas: ¡Tengo en absoluto que oponérmele; tengo en absoluto que acometerlo! Tampoco a los que tratan de aplacar tu ira les digas: ¡No permitiré que ése, una vez que se ha burlado de mí, se vaya impune! En verdad que nunca se burlará de ti sino cuanto tú trates de vengarte.

Y si te burla, con permanecer tú tranquilo, es él quien procede a lo necio. Y luego, una vez que hayas obtenido la victoria, no busques la gloria de los necios, sino date por contento con la que obtendrás de los prudentes. Más aún: ¿para qué te pongo delante ese pequeño grupo de hombres? Mira al punto hacia Dios y él te alabará; y cuando Dios alaba, nadie tiene ya para qué buscar la gloria de los hombres. Las alabanzas humanas, las más veces tienen su origen en el favor, o bien si se niegan es por causa del odio; y no producen ninguna ganancia. En cambio el juicio de Dios no sabe de semejantes desigualdades y acarrea para quien es alabado grandes utilidades. Busquemos, pues, esta alabanza. ¿Quieres ver cuán mala sea la ira? Preséntate en el foro cuando otros riñen, porque no te será fácil conocer en ti mismo esa deformidad vergonzosa, por tener el ánimo envuelto en sombras y sepultado en una embriaguez. No estando tú irritado observa los procederes en otros, pues en esas circunstancias tu juicio no se encuentra torcido.

Advierte la turba que los rodea; mira a esos irritados como si fueran locos furiosos, puestos ahí al medio, cómo proceden en forma vergonzosa. Cuando la ira hierve y se enfurece en el pecho, la boca respira fuego, los ojos arrojan llamas, el rostro se hincha por todos lados, las manos se agitan desordenadamente, los pies saltan en forma ridícula, se insulta a quienes intentan dirimir la contienda. En nada se diferencian los irritados de los locos, mientras así proceden, sin razón ni sentido. Más aún: no se diferencian de los onagros que cocean y muerden. El hombre airado no puede proceder con moderación.

Y tras de haber excitado burlas tan grandes, cuando, vueltos ya al hogar, recobran sus sentidos, andan agitados por el dolor y por el miedo a la vez, y recorren en su ánimo las palabras que pronunciaron durante la riña. Después de no haber pensado en los espectadores, ahora, cuando vuelven en sí, consideran en su interior si acaso estuvieron presentes sus amigos o sus enemigos.

Porque igualmente temen de ambos. A los amigos los temen, porque reprueban su proceder y les causan mayor vergüenza; a los enemigos, porque se gozan de su desvergüenza. Y si la riña llegó hasta las mutuas heridas, entonces el miedo es mayor, por pensar no sea que al herido le sobrevenga algún daño mayor y que la fiebre consiguiente a la herida lo lleve hasta la muerte, o la hinchazón difícil de curar lo ponga en los últimos extremos. Y dice: ¿qué necesidad tenía yo de pelearme? ¿qué necesidad había de riñas injurias? ¡Perezcan ambas!

Ahí es el maldecir de todo lo presente y todo lo vano que ocasionó la riña. Los más ignorantes maldicen al demonio, a las horas, a los tiempos. Ignoran que la hora mala no es causa de la riña; y que en realidad no existen horas malas, ni tales riñas provienen del Maligno, sino de la perversidad de los peleantes. Estos son los que atraen a los demonios y a sí mismos se causan males. Dirás que el corazón con la ira se hincha y que las injurias muerden. Lo sé bien y por tal motivo admiro a los que refrenan esa mala bestia de la ira. Pues si queremos, podemos echar de nosotros semejante enfermedad. ¿Cómo es que cuando los príncipes y varones conspicuos nos injurian no procedemos así? ¿Acaso no es porque el temor, que no es menor que la ira, nos detiene y no nos permite, ya desde el principio, dejar que brote la ira? ¿Cómo es que los esclavos, cargados por nosotros de infinitas injurias, todo lo sufren callando? ¿No es acaso porque también ellos se encuentran encadenados por el temor?

Pero tú no pienses únicamente en el temor de Dios; sino en que en esos momentos se irrita Dios mismo contra ti, puesto que te ha ordenado callar. Entonces todo lo sufrirás con paciencia. Di a quien te acometa: ¿Qué puedo hacer en tu contra? Hay otro que contiene mis manos y mi lengua. Tales palabras serán materia de reflexión para ti y para él. Con miras a los hombres soportamos aun lo intolerable; y a quienes nos acometen les decimos con frecuencia: ¡Otro es el que me acometió, no tú! Y en cambio, para con Dios ¿ni siquiera guardaremos esa reverencia? Digamos a nuestra alma: Dios es quien ahora me acomete y ata mis manos. No acometamos nosotros; no tengamos menos reverencia a Dios que a los hombres. Pues ¿qué perdón merecemos?

¿Os habéis horrorizado con estas palabras? Pues yo anhelo que no os horroricéis únicamente por las palabras, sino también por las obras. Ha ordenado el Señor que nosotros, si somos abofeteados, no sólo lo soportemos, sino que nos ofrezcamos a padecer cosas más duras. Pero nosotros tan violentamente nos oponemos, que no sólo no nos ofrecemos al sufrimiento, sino que nos vengamos. Y con frecuencia hasta nos adelantamos a golpear, y creemos quedar vencidos si no tornamos al enemigo daños iguales. Cosa es ésta más grave aún: que pensemos vencer precisamente cuando sufrimos la mayor ruina y quedamos postrados por tierra: tras de recibir del demonio infinitas heridas, creemos haber vencido.

Por tal motivo os exhorto a que conozcamos el modo de semejante victoria y aceptemos estas formas de proceder. Porque en el caso, sufrir es lo mismo que ser coronado. De modo que si queremos que Dios nos proclame vencedores, no guardemos en esta clase de certámenes las leyes de las competencias seculares, sino la ley que Dios puso para estas luchas; o sea que todo lo suframos con igualdad de ánimo. ¡Así venceremos! a nuestros adversarios y seremos superiores a todas las cosas presentes y conseguiremos los bienes prometidos, por gracia y benignidad de nuestro Señor Jesucristo, al cual y con el cual sean al Padre, juntamente con el Espíritu Santo, la gloria, el poder y el honor, ahora y siempre y por los siglos de los siglos. Amén.

HOMILÍA V. Todo por Él fue hecho y ni una sola cosa de cuantas existen ha llegado a la existencia sin Él (*Jn 1,3*)

Moisés comenzó la historia en el Antiguo Testamento por las cosas sensibles y largamente las enumera. Porque dice: En el principio hizo Dios el cielo y la tierra; y añadió luego que fue hecha la luz y el segundo cielo1 y las estrellas y los animales de todas las especies, para no alargarnos recorriendo todos los seres. En cambio nuestro evangelista lo encerró todo en una sola expresión: tanto esos seres como los que les son superiores. Y con razón, porque al fin y al cabo, las cosas sensibles ya son conocidas de sus oyentes, y por otra parte, tenía prisa de pasar a una más alta materia. Emprende pues una obra que tratará no de los seres creados, sino del Hacedor y Creador de todos ellos. Por tal motivo Moisés, aun cuando acomete la narración de la parte inferior de la creación (pues nada nos dijo de las Potestades invisibles), se extiende en enumerarlos. En cambio el evangelista, que se apresura a subir al Creador, justamente deja de lado todo eso, y encierra en brevísimas palabras eso que Moisés dijo y lo que calló: Todas las cosas fueron hechas por Él.

Y para que no pienses que sólo se refiere a las que narró Moisés, añadió: Y ni una sola de cuantas existen ha llegado a la existencia sin Él. Quiere decir que todas las criaturas, así las que caen bajo los sentidos como las que sólo se conocen por el entendimiento, no han recibido el ser sino por el poder del Hijo. Porque nosotros no ponemos punto final después de: Ninguna cosa, como lo hacen los herejes. Porque éstos afirman que el Espíritu Santo es creado; y por consiguiente leen el texto de esta manera: Lo que ha sido hecho, en Él era vida. Pero si así se puntúa, en forma alguna lo podrán entender. Desde luego que aquí es inoportuna la mención del Espíritu Santo. Pues si esto quería decir el evangelista ¿por qué usó de tan grande oscuridad. ¿Por dónde consta que eso se dijo del Espíritu Santo? Por otra parte, según esa puntuación, encontraremos que no el Espíritu Santo, sino el Hijo, se hizo a Sí mismo.

Atended para que esto no se os escape. Y entre tanto sigamos la lectura que ellos hacen, con lo que aparecerá más claro lo absurdo de su sentencia. Lo que fue hecho, en Él era Vida. Afirman que aquí, Vida se entiende el Espíritu Santo. Pero es el caso que aquí mismo esa Vida es llamada Luz, pues continúa: Y la Vida era Luz de los hombres. De modo que, según ellos, aquí llama Luz de los hombres al Espíritu Santo. Pero en este caso es necesario que también en donde dice: Hubo un hombre enviado por Dios para que diera testimonio de la Luz, afirmen que se trata del Espíritu Santo; puesto que al que primeramente llamó Verbo y luego Dios, lo llama ahora Luz y Vida. Pues dice: Era Vida este Verbo, y esa misma Vida era Luz. Si pues el Verbo era Vida; y el Verbo que es Vida se hizo carne, siguese que la Vida se hizo carne, es decir el Verbo; y vimos su gloria que le viene del Padre, como que es su Unigénito. En consecuencia, si afirman que aquí el Espíritu Santo es llamado Vida, mira todos los absurdos que se siguen. Entonces se habría encarnado el Espíritu Santo y no el Hijo; y el Espíritu Santo sería el Hijo Unigénito.

Pero no siendo esto así, caen en otro absurdo mayor, por huir de ése, según su lectura. Pues si confiesan que eso fue dicho del Hijo, y no cambian su puntuación, y no leen como nosotros, les será necesario sustentar que el Hijo se hizo a Sí mismo. Puesto que si el Verbo era Vida; si lo que se hizo, en Él era Vida, según esa puntuación Él en Sí mismo y por Sí mismo se hizo. Poco después dice el evangelista: Y contemplamos su gloria, gloria que le viene del Padre por cuanto es su Unigénito. En resumen, que según la lección de ellos, se encuentra que el Espíritu Santo es el Hijo Unigénito; pues toda la narración viene tratando de Él.

¿Has observado a qué precipicios se lanza el discurso una vez que se ha apartado de la verdad y cuántos absurdos engendra?

Instarás: pero ¿acaso el Espíritu Santo no es luz? Sí es luz, pero aquí no se habla de Él. Dios es espíritu, y por lo mismo es incorpóreo; pero no en todos los sitios en que se habla del espíritu, se le declara como Dios. ¿Te admira que eso afirmemos respecto del Padre? Tampoco del Espíritu Santo diremos que dondequiera que se le llama Espíritu, se ha de entender Paráclito, aunque este nombre le convenga de modo especial; pero es un hecho que no siempre en donde dice la Escritura Espíritu se ha de entender Paráclito. Asimismo también Cristo es llamado Virtud de Dios y Poder de Dios; y sin embargo, no en todos los sitios en que se dice virtud de Dios y poder de Dios, se alude a Cristo. Pues bien, del mismo modo en este sitio, aun cuando el Espíritu Santo ilumine, no por eso habla aquí el evangelista de Él.

Pero, aun rechazadas esas absurdas consecuencias, esos herejes, que siempre se oponen a la verdad, no cesan de repetir: Todo lo que fue hecho en Él era Vida, es decir, que lo que fue hecho era Vida. Pero entonces el castigo de Sodoma, el diluvio, la gehena y mil otras cesas de ese género, ¿también eran ahí Vida? Responden: Nosotros hablamos de la creación. Pero todas esas cosas pertenecen a la creación. En fin, para refutar con mayor fuerza la sentencia de ellos por otro camino, preguntémosles: ¿El árbol es vida? ¿lo son la piedra y los demás seres inanimados e inmóviles? El hombre mismo ¿es vida? Pero ¿quién afirmará tal cosa? Porque el hombre no es la Vida, sino un ser capaz de recibir la vida.

Observa un nuevo absurdo, siguiendo su misma puntuación e interpretación, para que más claramente aparezca la necedad de los herejes, puesto que por ese camino nunca dirán cosa que pueda convenir al Espíritu Santo. Una vez caídos de la verdad, atribuyen a los hombres lo que creían haberse dicho dignamente del Espíritu Santo. Examinemos ya la expresión misma. La criatura se llama vida, luego también será luz; y Juan vino a dar testimonio de la luz. Pero entonces ¿por qué Juan mismo no es luz? Pues dice el evangelista: No era el la luz. Ahora bien, Juan ciertamente es una de las criaturas, ¿cómo es pues que no es luz? ¿Cómo dice el evangelista: En el mundo estaba y el mundo fue hecho por El? ¿Estaba la criatura en la criatura; y la criatura fue hecha por la criatura? Además ¿cómo es que el mundo no lo conoció? ¿La criatura no conoció a la criatura? Mas a cuantos lo acogieron, les dio el poder llegar a ser hijos de Dios.

Pero... ¡basta de risas! En adelante os dejo a vosotros el cuidado de refutar esas monstruosas interpretaciones, para que no parezca que hemos movido esta disquisición con el objeto de burlarnos y reírnos y gastar inútilmente el tiempo. Si el texto no se refiere al Espíritu Santo, como ya queda demostrado, ni tampoco a la criatura; y sin embargo se empeñan ellos en mantener su lección, de eso se seguirá, como ya dijimos, que el Hijo se hizo a Sí mismo. Si el Hijo es Luz verdadera y esta Luz era la Vida, y la Vida fue hecha en El, necesariamente se sigue lo primero, según la lección de ellos.

Dejémosla, pues, y vengamos a la lección legítima y a su interpretación. ¿Cuál es? Que hemos de puntuar con punto final, después de la expresión: Lo que ha sido hecho. Y comencemos con la expresión que sigue: En él estaba la Vida. Quiere decir el evangelista: Y ni una sola cosa de cuantas existen ha llegado a la existencia sin Él. Como si dijera: Si algo ha sido hecho, no lo ha sido sin Él. Mira cómo con esa breve expresión añadida eliminó todos los absurdos que podían engendrarse. Pues con esa añadidura: No ha llegado a la existencia sin Él; y luego: Todo lo que ha sido hecho, incluyó a los seres espirituales, pero excluyó al Espíritu Santo. Porque habiendo dicho: Y ni una sola cosa de cuantas existen ha llegado a la existencia sin Él, para que no fuera a decir alguno: Si todas las cosas, luego también el Espíritu Santo ha sido hecho por El, fue necesario añadir la otra expresión.

Es como si dijera: Yo he dicho que cuanto ha sido hecho, por Él ha sido hecho, ya sea invisible, incorpóreo, en el cielo, lo que se ha hecho. Por eso no dije sencillamente todo, sino: Lo que ha sido hecho; y el Espíritu Santo no ha sido hecho. ¿Adviertes cuál sea la exacta doctrina? Hizo mención de la creación de las cosas sensibles que ya antes Moisés había tratado; y una vez así instruidos los oyentes, los encamina a cosas más altas, como son los seres incorpóreos e invisibles; pero separa de toda criatura al Espíritu Santo. Pablo, inspirado por la misma gracia y cansina, decía: Porque todas las cosas en El fueron creadas.

Quiero que de nuevo observes aquí la misma exactitud en Pablo, pues era el mismo Espíritu el que movía a esta alma. Para que nadie exceptuara de la acción creativa de Dios alguna criatura, por el hecho de ser ella invisible; pero tampoco mezclara con las cosas creadas al Espíritu Santo, dejó a un lado las cosas sensibles, por ser tan conocidas de todos, y enumeró las celestiales con estas palabras: Ora Tronos, ora Dominaciones, ora Principados, ora Potestades. Ese ora antepuesto a cada clase, no significa otra cosa, sino esto: Todo fue hecho por El y ni una sola de cuantas cosas existen ha llegado a la existencia sin Él. Y si crees que ese por El significa inferioridad, oye al profeta que dice: Desde antiguo tú fundaste la tierra, y los cielos son obra de tus manos. Eso que se dijo del Padre como Creador, aquí el evangelista lo afirma del Hijo; y no lo habría afirmado si no lo tuviera por Creador y no simple instrumento y por ministro.

Si aquí él dice: Por El, no lo dice sino para que nadie vaya a pensar que el Hijo es engendrado. Que por lo que se refiere a la dignidad de Creador no es inferior al Padre, oye cómo El mismo lo dice: Así como mi Padre resucita los muertos y los hace revivir, así el Hijo da vida a quienes le place. De modo que si en el Antiguo Testamento se dice del Hijo: En el principio tú, Señor, fundaste la tierra, aparece manifiesto el poder de crear. Y si dices que el profeta lo dijo del Padre, como Pablo atribuye al Hijo lo que dices que se dijo del Padre, la consecuencia es la misma. Pablo no lo habría afirmado del Hijo, si no hubiera estado certísimo de que Padre e Hijo tienen la misma dignidad. Sería extrema audacia atribuir a uno que fuera menor e inferior lo que sólo compete a la incomparable substancia divina.

El Hijo no es menor ni inferior que la substancia divina. Por tal motivo Pablo se atrevió a afirmar del Hijo no solamente eso sino otras cosas semejantes. Por ejemplo: ese por el cual que tú, hereje, adscribes a sola la dignidad del Padre, Pablo lo dice del Hijo con estas palabras: Del cual todo el cuerpo recibe nutrimento y cohesión, por medio de las coyunturas y ligamentos y crece con el crecimiento de Dios. Y no se contentó con eso, sino que por otro camino también os cerró la boca, al adscribir al Padre aquello de por el cual, que tú dices que contiene idea de inferioridad. Pues dice: Fiel es Dios por el cual habéis sido llamados a la comunión de su Hijo Jesucristo nuestro Señor. Y también: Por voluntad del cual. Y en otra parte: Porque de Él, por El y para El son todas las cosas. De manera que adscribe no únicamente al Hijo, sino también al Espíritu Santo aquello: de Él. Y así el ángel dijo a José: No temas recibir en tu casa a María tu esposa, pues lo en ella engendrado es del Espíritu Santo.

Del mismo modo, tampoco rehúsa el profeta atribuir a Dios aquel: en el cual, que es del Espíritu Santo, cuando dice: En Dios haremos proezas. Y Pablo a su vez dice: Suplicando a Dios continuamente en mis oraciones que, por fin, su voluntad me allane los caminos algún día, para llegar a vosotros. Y lo mismo afirma de Cristo en su fórmula: En Cristo Jesús. Esta fórmula frecuentemente la encontramos tomada y aplicada sin distinción, cosa que Pablo no haría si en todas tres personas no hubiera una misma substancia. Y para que no creas que el Todo por él fue hecho se dijo acerca de los milagros -pues de éstos se ocupan otros evangelistas-, añadió enseguida: En el mundo estaba y el mundo fue hecho por El. Pero no fue hecho el Espíritu Santo, el cual no está en el número de las criaturas.

Pero vengamos ya a lo que sigue. Una vez que Juan, tratando de la creación, dijo: Todo por Él fue hecho y ni una sola cosa de cuantas existen ha llegado a la existencia sin Él, añadió lo referente a su providencia diciendo: En Él estaba la Vida. Para que ningún incrédulo dudara pensando cómo tantas y tan grandes cosas se hicieron por El, añadió: En Él estaba la vida. Como si de una fuente que emite infinitos raudales sacas agua, por más que saques no disminuye la fuente, lo mismo se ha de pensar del poder operativo del Unigénito: por más seres que tú pienses hechos por El, jamás se disminuye. O mejor aún, para poner un ejemplo más apropiado, o sea el de la luz, de la cual dijo enseguida el evangelista: Y la vida era Luz: así como la luz, aun cuando ilumine a cuantos miles de hombres se quiera, nada pierde de su esplendor, del mismo modo Dios, antes de producir y crear algo y después de creado, permanece igualmente íntegro, de manera que ni se disminuye, ni por la multiplicidad de operaciones se fatiga. Aunque fuera necesario crear infinitos mundos, poderoso es para crearlos; y no sólo para crearlos, sino también para conservarlos después de creados.

Porque aquí la palabra vida no se refiere únicamente a la creación, sino también a la providencia con que las cosas, una vez creadas, se conservan en su ser. Con lo cual va ya el evangelista dándonos los fundamentos de la resurrección, doctrina que se inicia con estas buenas nuevas. Pues con la venida acá de la Vida, se disipó y deshizo el imperio de la muerte; y con esa Luz iluminados, ya no hay tinieblas, sino que permanece en nosotros la vida; y la muerte no puede ya dominarla. En conclusión: lo dicho acerca del Padre, con toda propiedad ha de decirse del Hijo: En El vivimos, nos movemos y somos. Lo mismo declara Pablo con estas palabras: Porque en El fueron creadas todas las cosas y todas tienen en El su consistencia Motivo por el cual se le llama también raíz y fundamento.

Pero cuando oyes que: En Él estaba la vida, no pienses en un ser compuesto. Porque luego afirma: Así como el Padre tiene vida en Sí mismo, así otorgó al Hijo tener vida en sí mismo. Pues bien, así como al Padre no lo llamas ser compuesto, tampoco así llames al Hijo. Porque en otra parte dice el evangelista: Dios es luz, y Pablo: Habita una luz inaccesible Las expresiones dichas no son para que pensemos en Dios composición, sino para que nos vayan elevando poco a poco a lo más alto de la doctrina. No pudiendo fácilmente el vulgo entender cómo la vida esté en Dios, comienza el evangelista por decir lo menos elevado. Y una vez enseñados los oyentes, los levanta a más profundos conocimientos. El mismo que dijo: Le dio tener vida en Sí mismo, ese mismo dijo: Yo soy la vida; y luego: Yo soy la luz.

Pregunto yo: ¿qué clase de luz es ésta? No es sensible, sino espiritual, que ilumina el alma. Puesto que más adelante Cristo diría: Nadie puede venir a Mí si mi Padre no lo atrae? el evangelista, previniéndolo ya, pone que es El quien ilumina. Todo para que si algo semejante oyes del Padre, confieses que no es privativo del Padre, sino que es también del Hijo.

Dice Cristo: Todo lo que tiene el Padre es mío. De modo que en primer lugar nos enseñó acerca de la creación; luego con una palabra el evangelista dio a entender los bienes que el Verbo nos trajo con su venida cuando dijo: Y la vida era luz de los hombres. No dijo: Era luz de los judíos, sino de todos los hombres, pues alcanzaron su conocimiento no sólo los judíos, sino también los gentiles: esa luz común se propuso a todos los hombres. Mas ¿por qué no añadió: Para los ángeles, sino que solamente hizo mención de los hombres? Porque aquí trataba sólo de la humana naturaleza y el Verbo vino para anunciar los bienes a hombres.

Y la luz brilla en las tinieblas. Llama aquí, tinieblas a la muerte y al error. Nuestra luz sensible no brilla en las tinieblas, pues no tiene tinieblas; pero la predicación brilló en medio del error que todo lo llenaba, y acabó por destruirlo. Vino El a morir, y así venció a la muerte, para arrancarle a los que ya ella tenía encadenados. Y como ni la muerte ni el error la vencieron, sino que por todas partes resplandece con su brillo propio, dice el evangelista: Y las tinieblas nunca la han detenido. Porque es inexpugnable y no habita de buen grado en las almas que no quieren ser iluminadas.

Si semejante luz no ha conquistado a todos, no te perturbes por ello. Dios se acerca a nosotros no por necesidad ni violencia, sino por voluntad libre, por libre albedrío. No cierres tu puerta a esta luz y gozarás de grande placer. Esta luz se acerca mediante la fe; y una vez que llega, sobremanera ilumina a quien la recibe; y si llevas una vida limpia y pura, perpetuamente permanece en tu corazón. Pues dice: Quien me ama guardará mis mandamientos y vendremos a él yo y mi Padre y pondremos en él nuestra morada. Así como no puede uno disfrutar bien de los rayos del sol si no abre los ojos, del mismo modo no puede ampliamente participar del esplendor de esta luz si no abre los ojos del alma y en todas formas prepara su mirada.

¿Cómo podrá hacerse esto? Si limpiamos el alma de todos los vicios. El pecado es tiniebla y tiniebla densa; como se ve claramente en que se le admite sin pensar ni razonar y a ocultas. Pues dice la Escritura: Todo el que obra el mal aborrece la luz y no se acerca a la luz. Y Pablo: Pues lo que a escondidas ellos hacen da rubor aun el decirlo. Así como en la oscuridad no reconocemos al amigo ni al enemigo, y no distinguimos la naturaleza de las cosas, así acontece en el pecado. Quien se da a la avaricia, no distingue al amigo del enemigo; y el envidioso tiene como enemigos aun a sus propios parientes; y el que tiende asechanzas trae guerra con todos: en una palabra, todos los culpables de pecado en nada se diferencian de los ebrios y de los locos, y no se dan cuenta de la naturaleza de las cosas. Así como de noche, no habiendo luz para distinguir, vemos iguales el madero, el plomo, el hierro, la plata, el oro, la piedra preciosa, así el que lleva una vida de impureza no conoce la virtud de la templanza ni la belleza de la sabiduría. Pues, como ya dije: en las tinieblas, ni aun las piedras preciosas muestran su esplendor; y no por defecto de su naturaleza, sino por ignorancia de los espectadores.

Ni es este el único mal que acontece a quienes viven en pecado, sino que además perpetuamente andan en temor. Como los que viajan durante una noche sin luna, continuamente temen aun cuando nada haya que ponga miedo, así los que se han entregado al pecado no pueden vivir confiados, aun cuando nadie haya que los reprenda; pues por el aguijón de la conciencia, de todos temen, de todo sospechan, todo para ellos está Heno de terror y de miedos; y preocupados, a todas partes vuelven sus miradas. Huyamos nosotros de tan molesto modo de vivir. Y luego, tras de tan grave tristeza, vendrá la muerte, muerte inmortal, pues allá no tendrá acabamiento el castigo. Además de que en la vida presente en nada difieren de los locos los que se fingen cosas que en realidad no existen.

Les parece que son ricos, no siéndolo. Les parece que viven en deleites, y no hay tales deleites; y no conocen el engaño que beberían conocer, hasta que quedan libres de semejante locura y de semejante sueño despiertan. Y este es el motivo de que Pablo a todos nos aconseja vivir en sobriedad y vigilantes; y lo mismo hace Cristo. El que así vive y vigila, si acaso cae en pecado, al punto lo echa fuera; mientras que el que duerme o está loco, ni siquiera se da cuenta del modo con que el pecado lo encadena. No durmamos. Ya no es el tiempo de la noche, sino del día. Así pues: Como en pleno día andemos decorosamente. Nada hay más vergonzoso que el pecado por lo que mira a la desvergüenza; peor es andar en pecado y cargado de crímenes que andar desnudos. Puesto que podría ser que esto no tuviera tanto de pecado, como por ejemplo si sucede a causa de la pobreza, como es frecuente que suceda; pero, en cambio, nada hay más torpe que el pecado ni más despreciable.

Pensemos en aquellos que por la rapiña y las usuras son llevados a los tribunales: cuán ridículos y desvergonzados aparecen, puesto que todo lo han llevado a cabo sin pudor, con engaño, con violencia. Pero nosotros somos tan infelices y miserables que, no soportando llevar la capa descuidadamente o atravesada, y aun corrigiendo eso en los demás, ni siquiera nos damos cuenta de que andamos con la cabeza invertida. Pregunto yo: ¿hay algo más torpe que el hombre que se une a una prostituta? ¿Qué hay más ridículo que un maldiciente, un rijoso, un envidioso?

¿Cómo es que tales cosas se tienen por menos vergonzosas que el andar desnudo? La única explicación es por la costumbre. Porque el andar desnudo nadie jamás lo tolera por voluntad propia; mientras que lo otro todos atrevidamente lo ejercitan.

Por cierto que si alguno así se presentara ante los coros angélicos, que nunca han perpetrado cosas semejantes, al punto vería cuán ridículas son. Mas ¿para qué hablar de los coros angélicos? Acá en la tierra, si en las mansiones de los príncipes alguno se entrega a una prostituta o se le coge en ebriedad o en otra cosa torpe cualquiera, se le condena a la pena última. Pues bien, si en los palacios imperiales no es lícito atreverse a tales cosas, mucho menos lo será delante del Rey que está en todas partes presente y todo lo mira: si tales cosas hiciéramos, las expiaremos con el supremo suplicio.

Os ruego, pues, que procedamos en esta vida con grande paz y modestia, y con gran limpieza de alma. Tenemos un Rey que continuamente mira lo que hacemos. De modo que para que aquella luz siempre nos ilumine, atraigamos sobre nosotros sus rayos. Así gozaremos de los bienes presentes y de los futuros, por gracia y benignidad de nuestro Señor Jesucristo, por el cual y con el cual, juntamente con el Espíritu Santo, sea la gloria al Padre, por los siglos de los siglos. Amén.

HOMILÍA VI. Hubo un hombre enviado por Dios, llamado Juan (*Jn 1,6*)

En su doctrina sobre el Dios Verbo, el evangelista, puso las cosas más esenciales y necesarias; y procediendo por su orden, vino luego al Precursor del Verbo, llamado Juan. Pero tú, cuando oyes que fue enviado por Dios, piensa desde luego que nada de lo que dice lo dice al modo humano. Porque no dice cosas suyas, sino del que lo envía. Por tal motivo fue llamado ángel o enviado. El oficio del ángel o enviado es no decir nada suyo. Además, eso de hubo no significa que vino a la existencia, sino que se le dio una misión. Fue enviado por Dios es lo mismo que fue enviado de Dios. Yo pregunto: ¿cómo es que los herejes dicen que aquello de: Subsistiendo en la naturaleza divina no se ha de entender de una igualdad del Hijo con el Padre, porque la palabra Dios no lleva artículo? Tampoco acá hay artículo alguno. Entonces ¿aquí no se refiere al Padre? Pero ¿qué diríamos del profeta que clama: He aquí que yo envié a mi mensajero para allanar el camino delante de ti? Pues las expresiones Mí y ti significan dos personas.

Este vino como testigo para dar testimonio de la luz. Preguntará alguno: ¿Cómo es eso de que el siervo da testimonio del Señor? Pues bien: ¿no te admirarás más aún y dudarás cuando veas que no sólo es testificado por el siervo, sino que Él mismo acude al siervo y es bautizado por el siervo, estando mezclado con los demás judíos? No conviene perturbarse ni alborotarse, sino más bien admirarse de la inefable benignidad del Señor. Si alguno duda y permanece turbado, el Señor le dirá lo que al Bautista: Déjame ahora hacer: pues así conviene que cumplamos toda justicia? Y si más aún se conturba, le añadirá lo que dijo a los judíos: Yo no necesito que un hombre testifique en favor mío. Pero si Jesús no necesita de semejante testimonio, entonces ¿por qué Juan fue enviado por Dios? No fue porque Cristo necesitara de semejante testimonio: afirmarlo sería el colmo de la impiedad. Entonces ¿por qué? Juan mismo nos lo enseña cuando dice: Para que todos creyeran en El.

Cristo, habiendo dicho: Yo no necesito que un hombre testifique en favor mío, para no parecer ante los necios como contradiciéndose, ya que en una ocasión afirma: Es otro el que da testimonio de Mí y sé Yo que su testimonio es verdadero 5 refiriéndose a Juan; y en esta otra dice: Yo no necesito que un hombre testifique en favor mío, El mismo añadió la solución: Lo digo por vosotros, para que os salvéis. Que es como si dijera: Soy Dios y verdadero Hijo de Dios y de su misma substancia inmortal y feliz, y no necesito del testimonio de ningún hombre. Pues aun cuando nadie quisiera testificarlo, no por eso sería yo en nada inferior en naturaleza al Padre. Mas como tengo el cuidado de muchos, me he abajado a esta humillación de un hombre para testificar de Mí.

Atendiendo a la debilidad y bajas apetencias de los judíos, parecía que por este camino sería más fácil que creyeran en El. De manera que así como se revistió de carne para no descender al certamen en su manifiesta divinidad, lo que hubiera sido dar muerte a todos, así envió a un hombre como heraldo, para que escuchando ellos la voz de uno de su mismo linaje, más fácilmente se le acercaran los que entonces lo oyeran. No teniendo necesidad del testimonio del Bautista, cosa que sólo podía demostrarse apareciendo en clara substancia, con lo que habría espantado a todos, no procedió así, como hace un momento lo dije, pues a todos los hubiera perdido, por no poder nadie resistir la fuerza de aquella luz inaccesible. Tal fue el motivo de revestirse de carne y dar a uno de nuestros consiervos el oficio de testimoniar acerca de Él; porque El todo lo hizo buscando siempre la salvación de los hombres. Por lo cual cuidó al mismo tiempo de su propia dignidad y de la capacidad de entender de sus oyentes y de la utilidad de los mismos.

Dando a entender esto, decía: Esto lo digo por vosotros, para que seáis salvos. Y el evangelista, que dice lo mismo que afirma el Señor, una vez que dijo: Para dar testimonio de la luz, añadió: Para que por su medio creyeran todos en El. Como si dijera" No pienses que vino Juan el Bautista para añadir algo a la fe en las palabras del Señor. No vino para eso, sino para que por su medio creyeran sus congéneres los judíos. Y que el evangelista lo haya dicho para suprimir esa imaginación, consta por lo que sigue. Pues añadió: No era él la luz. Si no lo hubiera dicho con el objeto de apartar la imaginación que indiqué, resultaría inútil decirlo y más sería una repetición que no una explicación de la doctrina. Habiendo dicho ya: Fue enviado para que diera testimonio de la luz ¿por qué había de añadir: No era él la luz? No lo hizo sin causa y motivo. Lo que sucede es que como entre nosotros con frecuencia es de mayor dignidad el que testifica que aquel de quien testifica, por lo cual de ordinario se le juzga más digno de fe, para que nadie imaginara eso del Bautista, ya desde el principio lo excluye; y una vez corregido eso de raíz, declara quién es el que testifica y quién aquel del que da testimonio, y cuán grande es la diferencia entre ambos.

Hecho esto, y demostrada la incomparable excelencia del Verbo, prosigue confiadamente con lo demás. Rechazado ya con diligencia lo que de absurdo podría ocurrirse a los necios, se dedica a enseñar la doctrina fácilmente y sin tropiezo. Roguemos, pues, al Señor que, ya que poseemos la revelación de tantas y tan excelentes cosas, y juntamente la recta y sana doctrina, llevemos una vida pura y santa. Pues la doctrina de nada nos aprovecha sin las buenas obras. Aun cuando logremos una fe plena y una inteligencia clara de todas las Escrituras, si no tenemos el patrocinio de una vida buena, nada obstará para que caigamos en la gehena del fuego y nos quememos para siempre en la llama inextinguible. Así como los que obraron el bien resucitarán para vida eterna, así los que se atrevieron a llevar una vida desordenada, resucitarán para un castigo sin acabamiento y eterno.

En consecuencia, empleemos todo nuestro empeño, para que la ganancia lograda mediante la fe correcta, no la perdamos a causa de la perversidad en nuestras obras; sino que tras de vivir acá piadosamente, nos presentemos confiados ante Cristo, felicidad que no tiene igual. Ojalá que nosotros, conseguido todo lo dicho, en todo procedamos para la gloria de Dios; al cual sea la gloria, juntamente con el Hijo Unigénito y el Espíritu Santo, por los siglos de los siglos. Amén.

HOMILÍA VII. La Palabra era la Luz Verdadera, que ilumina a todo hombre, viniendo a este mundo (*Jn 1,9*).

La razón, carísimos, que os apacentamos, suministrándoos las Escrituras por partes brevísimas, y no os explicamos todo de una vez, es a fin de que os sea más fácil guardar en la memoria lo que os decimos. Quien pone unas piedras sobre otras que no han fraguado aún en sus junturas, cuando se trata de edificios, no levanta una firme pared, sino un muro fácilmente caedizo; en cambio, quien espera a que, mediante la cal, queden firmes las piedras, y luego poco a poco va añadiendo otras, levanta un edificio seguro, firme y duradero. Imitemos nosotros a estos constructores de casas, y con el mismo método edifiquemos vuestras almas. Porque tememos no sea que estando aún reciente y tierna la primera estructura, si le añadimos nuevas disquisiciones, se derrumben las anteriores, por no poder vosotros contenerlas juntamente a todas.

¿Qué es pues lo que ahora se nos ha leído?: Existía la luz verdadera, la que viniendo al mundo ilumina a todos los hombres. El evangelista, que antes trató del Bautismo y dijo que éste había venido para dar testimonio de la luz y que ahora había sido enviado, con el objeto de que no sucediera que alguien oyendo eso, por la reciente venida del que daba testimonio, concibiera alguna sospecha acerca de aquel de quien se daba el testimonio, levantó los pensamientos y los llevó de nuevo a la existencia que es anterior a todo principio y que jamás tendrá fin.

Preguntarás: ¿cómo puede ser esto, puesto que es Hijo? Estamos tratando de Dios ¿y tú preguntas el cómo? ¿No temes? ¿no te horrorizas? A propósito de esto, si alguno te pregunta cómo disfrutarán las almas y los cuerpos de una vida inmortal, tú te ríes de semejante pregunta, porque no es propio del entendimiento humano investigar esa verdad, sino creerla es lo necesario, y no se ha de escrutar semejante proposición, para cuya demostración es suficiente el poder del que la lleva a cabo. En cambio, si nosotros aseveramos que aquel que creó las almas y los cuerpos y supera sin comparación en excelencia a toda criatura, no tiene principio ni comienzo ¿te pones a preguntar cómo sea eso? ¿Quién no dirá ser eso propio de quien está loco? ¿quién de quienes no estén enfermos de la mente y fuera de la lógica lo afirmará?

Habéis oído que existía la Luz Verdadera. ¿Para qué os empeñáis en alcanzar vanamente explicación, mediante el raciocinio, de aquella vida sin término, que no es asequible? ¿Por qué investigas lo que es imposible de investigar? ¿Por qué escrutas lo incomprensible? ¿Por qué examinas lo que no puede sujetarse a examen? Escruta la raíz de los rayos solares: no podrás alcanzarla; y sin embargo no te indignas ni te dueles de tu incapacidad. Entonces ¿por qué te muestras audaz en cosas más altas? Juan, el hijo del trueno, que toca la espiritual trompeta, una vez que escuchó del Espíritu Santo aquel existía, ya no inquirió más. En cambio tú, que no gozas de una gracia como la suya, sino que hablas apoyado en tus propios débiles raciocinios ¿te empeñas en pasar más allá de lo que él conoció? Precisamente por ese tu apoyo, jamás podrás tener un conocimiento igual al que tuvo Juan.

Astucia del demonio es hacer que quienes se le sujetan traspasen los límites que Dios nos ha señalado, como si pudiéramos avanzar mucho más allá. Pero una vez que, alimentados con esa vana esperanza, los ha derribado de la gracia divina, entonces finalmente no sólo no añade algo más de conocimiento (¿ni cómo podría hacerlo siendo demonio?), sino que ni siquiera nos deja regresar a los antiguos dogmas, en los que con seguridad creíamos antes. Entonces nos trae y lleva por todos lados, como los vagabundos, y nunca podemos estar firmes.

Así procuró echar del paraíso al primer padre. Lo hinchó con la esperanza de mayor conocimiento y honor, y así lo arrojó de los bienes que ya poseía tranquilamente. Pues no sólo no se hizo igual a Dios, como el demonio le prometía, sino que lo entregó a la tiranía de la muerte; y no solamente nada consiguió con la comida de aquel árbol, sino que aun perdió no poco de la ciencia que ya poseía, precisamente por la esperanza de adquirirla mayor. Entonces comenzó a avergonzarse de su desnudez, siendo así que antes vivía en una esfera superior a todo pudor y vergüenza. Le aconteció entonces caer en la cuenta de que estaba desnudo y de que en adelante necesitaría de vestidos y de otras muchas cosas muy tristes.

Para que a nosotros esto no nos suceda, obedezcamos a Dios, guardemos sus mandamientos y no nos ocupemos en ir adelante en vanas disquisiciones; no sea que perdamos los bienes que ya tenemos concedidos, como les aconteció a los herejes.

Investigando el comienzo y origen de la vida que no tiene comienzo ni principio, perdieron aun los bienes que podían alcanzar. No encontraron lo que buscaban, pues no tenían fuerzas para eso, y erraron acerca de la verdadera doctrina y sana fe sobre el Unigénito. No traspasemos los antiguos límites que nuestros padres nos señalaron, sino que en todo aceptemos las leyes puestas por el Espíritu Santo.

Cuando oímos: existía la luz verdadera no inquiramos más, pues no podemos alcanzar más. Si Dios engendrara al modo humano, necesariamente habría un lapso entre el engendrador y el engendrado. Pero, pues engendra de un modo inefable y a El conveniente, abstente de usar las palabras antes y después. Ellas designan tiempo, pero el Hijo es hacedor de todos los tiempos y siglos. Insistirás diciendo: Entonces el Padre no es padre, sino hermano. Pero yo pregunto: ¿qué necesidad hay de eso? Si dijéramos que el Padre y el Hijo se originan de otra raíz, podría haber lugar razonable para esa objeción. Pero si evitamos tal impiedad y afirmamos que el Padre no tuvo principio ni fue engendrado; y que el Hijo no tuvo principio pero es engendrado por el Padre ¿qué necesidad se sigue por esto de objetar esas impías razones? ¡Ninguna, en verdad!

El Hijo es esplendor del Padre; y se comprende que el esplendor sea simultáneo con la cosa de la cual es esplendor. Y así lo llamó Pablo para que no sospeches que haya lapso entre el Padre y el Hijo. Eso es lo que con el nombre de esplendor se significa. Y tras de poner ese ejemplo, corrige lo erróneo que de él podía seguirse para los necios. Como si dijera: No por haber oído que es esplendor del Padre, vayas a pensar que no es persona sino que está privado de ella. Esto sería una impiedad, una locura propia de los sabelianos y marcelianos. Nosotros no pensamos así, sino que el Hijo tiene su propia persona. Por lo cual Pablo, tras de haberlo llamado esplendor, añadió: Y sello de su substancia, para significar con esto la propia hipóstasis del

Hijo y declarar que es de la misma substancia de que es sello y carácter. Pues, como ya dije, no les es posible a los hombres una palabra única para significar los dogmas acerca de Dios. Por esto anhelamos que, amontonando muchas palabras, nos aprovechemos de cada una de ellas según sea conveniente. Así podremos glorificar a Dios dignamente; es decir dignamente según nuestras posibilidades.

Si alguno piensa que puede hablar cosas dignas de Dios y de su gloria, y afirma que conoce la substancia de Dios como se conoce El a sí mismo, en absoluto ignora lo que es Dios. Sabiendo esto, confirmémonos en lo que nos han comunicado aquellos que con sus ojos vieron desde el principio al Verbo humanado y fueron sus ministros, y no escrutemos más con vana curiosidad. A quienes sufran de enfermedad semejante, o sea, de esa curiosidad, les sobrevendrán dos daños: trabajar en vano en su investigación de lo que no pueden encontrar, y provocar la ira de Dios por querer traspasar los límites que El mismo ha señalado.

No es necesario deciros en qué medida excita la ira de Dios semejante hombre, pues todos lo sabéis. En conclusión, dejando a un lado la arrogancia de los herejes, oigamos con temor santo la palabra de Dios, para que así perpetuamente Él nos patrocine. Porque dice: ¿En quién voy a fijarme? En el manso y humilde y quieto y que tiembla a mi palabra. Dejemos tales curiosidades, quebrantemos nuestros corazones, lloremos nuestros pecados como lo ordena Cristo, compunjámonos de nuestros delitos, y con diligencia reordenemos lo que hasta aquí hemos delinquido, y empeñémonos en lavar nuestras manchas.

Muchos caminos nos abrió Dios para ello. Dice: Di tú primero tus pecados para que seas justificado. Y también: Confesaré ante Dios mis injusticias y tú absolviste la impiedad de mi corazón. No poco ayuda para aminorar la multitud de los pecados el frecuente recuerdo de ellos y acusarlos. Hay además otro camino más eficaz, como es el no irritarnos con nadie de los que nos han ofendido. ¿Quieres conocer un tercer camino? Oye al profeta Daniel que dice: Por lo cual rompe tus pecados con obras de misericordia y tus iniquidades con la limosna a los pobres. Otro camino hay que son las oraciones frecuentes y la perseverancia en elevar a Dios nuestras preces. También nos acarrea no pequeño consuelo y perdón el ayuno, si se une a la mansedumbre para con los demás: esto apaga grandemente la ira de Dios. Pues dice la Escritura: El agua apaga el fuego llameante; la limosna perdona los pecados.

Entremos, pues, todos por estos caminos. Si continuamente anduviéremos por ellos y en ellos pusiéremos nuestro empeño, no sólo borraremos los pecados pasados, sino que lograremos grandes bienes para lo futuro. Porque no daremos al demonio lugar de acometernos, ni caeremos en pereza, ni en la curiosidad dañosa. Esta mete en esas cuestiones inútiles y locas y en dañosas controversias, pues ve el demonio que andamos desidiosos y que para nada cuidamos de una vida santa. Cerrémosle esa puerta, vigilemos, vivamos sobriamente, a fin de que habiendo trabajado este poco de tiempo, disfrutemos de los bienes inmortales por siglos infinitos, por gracia y benignidad de nuestro Señor Jesucristo, por el cual y con el cual sea al Padre juntamente con el Espíritu Santo la gloria, por los siglos de los siglos. Amén.

HOMILÍA VIII. La Palabra era la Luz Verdadera, que ilumina a todo hombre, viniendo a este mundo (*Jn 1,9*).

Nada impide que también hoy consideremos las mismas palabras, pues anteriormente la exposición del dogma no permitió que explicáramos todo lo que se había leído. ¿Dónde están los que afirman que el Verbo no es Dios? Porque el Verbo aquí se llama luz verdadera; y en otra parte la verdad misma, la vida misma. Pero esto lo examinaremos cuando lleguemos a ese texto más claramente. Por el momento es necesario recordarlo a vuestra caridad. Si ilumina a todo hombre que viene a este mundo ¿cómo hay tantos que no son iluminados? Porque no todos conocen y honran a Cristo. Entonces ¿cómo ilumina a todos los hombres? Los ilumina en cuanto está de su parte. Pero si algunos, cerrando voluntariamente los ojos de su entendimiento, se niegan a recibir los rayos de esta luz, no permanecen en tinieblas por la naturaleza de la luz sino por la perversidad de quienes voluntariamente se privan de este don. La gracia se ha derramado para todos. No aparta de sí ni al judío ni al griego, ni al bárbaro ni al escita, ni al libre ni al esclavo, ni al nombre ni a la mujer, ni al anciano ni al joven; sino que a todos los recibe igualmente y los llama a los mismos honores. Pero los que no quieren disfrutar de semejante don, conviene que a sí mismos se culpen de semejante ceguedad. Los que, estando patente la entrada para todos y para nadie cerrada, por voluntaria maldad permanecen fuera, únicamente por defecto propio perecen.

En el mundo estaba, pero no como coetáneo con el mundo ¡lejos tal cosa! Por eso añadió el evangelista: Y el mundo por Él llegó a existir. De modo que nuevamente por aquí te eleva hasta la existencia, antes de todos los siglos, del Unigénito. Quien ha oído que este universo es obra del Verbo, aunque del todo sea obtuso de entendimiento, aunque sea en absoluto enemigo y contrario a la gloria de Dios, sin embargo, quiéralo o no, se verá obligado a confesar que el Hacedor es anterior a su obra.

Por tal motivo continuamente nos admiramos de la locura de Pablo de Samosata y de cómo pudo oponerse a tan manifiesta verdad y voluntariamente lanzarse al precipicio. Pues erró no por ignorancia sino conociendo la verdad; no de otro modo de como lo hicieron los judíos. Pues así como ellos, por halagar a los hombres, traicionaron la recta fe, sabiendo que Cristo era el Unigénito de Dios, pero no queriendo confesarlo por miedo de sus príncipes, para no ser expulsados de las sinagogas, así aquel Pablo, por agradar a cierta mujer, traicionó su salvación, según se dice. ¡Pesada es, por cierto, pesada es la tiranía de la vanagloria y tal que puede cegar aun a entendimientos sabios si no están vigilantes. Pueden hacerlo los regalos y dones, pero mucho más esa pasión, porque es mucho más violenta. Por tal motivo decía Cristo a los judíos: ¿Cómo podéis creer vosotros que captáis la gloria unos de otros y renunciáis a la gloria que viene del único Dios?

Y el mundo no lo conoció. Llama aquí mundo a la multitud corrompida, anhelante de las cosas terrenas, turba, vulgo y pueblo necio. Pues los amigos de Dios y todos los admirables varones antiguos, aun antes de la Encarnación, ya lo conocían. Por tal motivo decía Cristo a los judíos: Abraham vuestro Padre se enardeció por ver mi día. Y lo vio. Y se gozó. Y refutándolos les dijo: Entonces ¿cómo es que David, inspirado por el Espíritu Santo, lo llama Señor, cuando dice: Dijo el Señor a mi Señor: Siéntate a mi diestra? Y con frecuencia, haciéndoles frente, les recuerda a Moisés; y el apóstol Pablo, a los demás profetas. Porque todos los profetas, desde Samuel, lo conocieron y profetizaron de antemano su venida. Como lo dice Pedro con estas palabras: Así también todos los profetas desde Samuel y los que en pos de él vinieron, todos en su mensaje anunciaron también estos tiempos.

Por otra parte, Jacob lo vio y Él le habló, lo mismo que su padre y su abuelo; y a todos ellos les prometió que les daría grandes dones, como en efecto lo llevó a cabo. Preguntarás: entonces ¿cómo El mismo dijo: Muchos profetas quisieron ver lo que vosotros veis y no lo vieron; y oír lo que vosotros oís y no lo oyeron ¿Por ventura no participaron de ese conocimiento?

Participaron, por cierto; y por este mismo texto, por el que algunos los creen privados del dicho conocimiento, procuraré demostrarlo. Porque dice: Muchos quisieron ver lo que veis. Vieron, pues, que vendría El a los hombres y dispondría una economía tal como en realidad la dispuso. Pues si no la hubieran conocido, tampoco habrían anhelado ver, porque nadie queda preso en el anhelo de lo que no conoce. De modo que sí conocieron al Hijo Dios y supieron que vendría entre los hombres.

Entonces ¿qué fue lo que no conocieron y qué lo que no oyeron? Lo que ahora vosotros veis y oís. Sí: ellos lo conocieron y lo vieron, pero no fue en su carne, ni conversando y conviviendo con los hombres en forma tan familiar. Significando esto mismo, no dijo Cristo simplemente: desearon verme, sino ¿qué?: Las cosas que vosotros veis. No dijo: Oírme, sino ¿qué?: Lo que vosotros oís. De modo que aun cuando los profetas no hayan contemplado su venida en carne, sin embargo conocieron que vendría Aquel a quien anhelaban ver y creían en El. Así que, cuando los gentiles nos acusen y digan: ¿Qué hacía Cristo en ese tiempo anterior, cuando aún no cuidaba del género humano? Y también: ¿Por qué vino en los últimos tiempos a cuidar de nuestra salvación que por tanto tiempo había descuidado?, les responderemos: Él estuvo en el mundo aun antes de su advenimiento, y pensaba de antemano en las obras que iba a realizar; y se dio a conocer a cuantos eran dignos de conocerlo. Y si porque entonces no todos lo conocieron, sino solamente los virtuosos y buenos, decís que fue del todo desconocido, por esa misma razón tenéis que afirmar ahora que tampoco lo adoran en este tiempo los hombres, puesto que tampoco ahora todos lo conocen. Así como al presente no porque muchos lo ignoren negará alguien que muchos sí lo conocen, así tampoco se puede dudar de que en aquellos tiempos anteriores fue conocido de muchos: más aún, de todos aquellos virtuosos y admirables varones.

Y si alguno pregunta: entonces ¿por qué no todos aquellos creyeron en El, ni todos lo adoraron, sino solamente los varones justos?, yo a mi vez le preguntaré: ¿Por qué ahora todavía muchos no lo conocen? Mas ¿para qué referirme a Cristo? ¿Por qué al Padre mismo ni entonces ni ahora lo conocen muchos? Puesto que unos aseveran que todo sucede al acaso; otros atribuyen la providencia sobre las cosas del mundo al demonio; y aun otros, aparte de este Dios, se figuran otro; y de entre estos últimos los hay que blasfeman y ponen un Poder contrario a Dios y creen que las leyes divinas provienen de un Genio malo. ¿Diremos por eso que Dios no existe, movidos por lo que tales hombres andan diciendo? ¿Diremos que Dios es perverso por el hecho de que algunos impíamente lo sostienen? ¡Lejos de nosotros tal cosa! ¡lejos semejante necedad y extrema locura!

Si hubiéramos de establecer los dogmas por el juicio de los locos, nada impediría que nosotros mismos cayéramos en horrendísimo extravío. Nadie asegurará que el sol por su naturaleza es dañoso a los ojos, por el hecho de que algunos estén enfermos de la vista: lo llamamos luminoso, siguiendo el juicio de quienes tienen sanos los ojos. Tampoco habrá ningún sano que afirme que la miel es amarga porque así les parezca a unos cuantos enfermos. Y respecto de Dios: ¿por la opinión de unos pocos enfermos aseverarán algunos que no existe o que es perverso o que a veces tiene providencia y a veces no la tiene? Pero ¿quién no los tendrá por locos? ¿quién no los tendrá por furiosos y enfermos de la mente en grado extremo? El mundo no lo conoció, dirás. Pero ciertamente lo conocieron aquellos de quienes no era; digno el mundo. Al traer a la memoria a los que no lo conocieron, brevemente puso la causa de su ignorancia. Porque no dijo simplemente: Nadie lo conoció, sino: El mundo no lo conoció, o sea, los hombres que están adheridos únicamente a este mundo y no gustan sino de las cosas de este mundo, pues así suele llamarlos Cristo, como cuando dice: Padre Santo, el mundo no te ha conocido. De modo que el mundo no conoció, no únicamente al Hijo, sino tampoco a su Padre, como ya dijimos.

Es que nada oscurece y perturba la mente tanto como el ambicionar las cosas presentes. Sabiendo esto, apartaos del mundo, apartaos de las cosas de la carne en cuanto sea posible. El daño no recae en cosas de poca monta, sino en lo capital de todos los bienes. El hombre que excesivamente se apega a los bienes del siglo presente, no puede concebir correctamente las cosas celestiales, pues por necesidad quien a aquéllas se apega, pierde estas otras. Dice Cristo: No podéis servir a Dios y a las riquezas. De modo que necesariamente, si nos apegamos a uno aborrecemos al otro. Así lo proclama la experiencia de las cosas. Los que se burlan de la ambición de riquezas son los que sobre todo aman a Dios como conviene; así como aquellos que ya desde el principio las admiran son los que más tibiamente aman a Dios. Una vez cautiva del amor a las riquezas, no se abstendrá el alma fácilmente de procederes que a Dios irritan en sus obras y en sus palabras, pues se ha entregado al servicio de un señor que en todo ordena lo contrario de lo que Dios manda.

¡Vigilad! ¡vivid despiertos! Y pensando de qué Señor somos siervos, amemos únicamente su reino, lloremos y deploremos el tiempo pasado en que hemos servido a las riquezas; y echemos de nosotros, de una vez por todas, ese yugo, pesado e intolerable, y llevemos perseverantes el suave y ligero yugo de Cristo: ¡no manda El cosas como las que ordenan las riquezas! Estas nos ordenan ser enemigos de todos: y Cristo, al contrario, amar a todos y en caridad abrazarlos. Las riquezas nos enclavan en trabajos de lodo y ladrillos, es decir en el oro; y no nos permiten descansar ni aun durante la noche. Cristo nos libra de semejantes cuidados vanos y superfluos, y nos manda atesorar en el cielo, no mediante injusticias cometidas contra otros, sino mediante la propia justicia. Tras de afligirnos con incontables trabajos y sudores, no podrá la riqueza auxiliarnos cuando seamos condenados al extremo castigo, y por haber seguido sus leyes sufriremos males. Ella enciende las llamas. Cristo, en cambio, si ordena que demos un vaso de agua fresca, no permite que esta pequeña obra quede sin premio, sino que abundante nos dará recompensa.

¿No será, pues, el extremo de la locura abandonar una servidumbre tan suave y colmada de bienes, para servir a un tirano malagradecido que ni en esta vida ni en la otra puede ayudar en nada a quienes lo obedecen? Ni es este únicamente el daño y mal, el que no salve a los que sean condenados al suplicio, sino además el que a sus seguidores los colma de males infinitos. Porque muchísimos de los que en la gehena son atormentados, podemos ver que han sido condenados al castigo por haber servido a las riquezas y haberse encariñado con el oro y no haber hecho limosna a los necesitados.

Para que nosotros no suframos cosas semejantes, repartamos y demos a los pobres y salvemos nuestras almas de los cuidados de este siglo y juntamente del castigo que en lo futuro nos está preparado. Coloquemos nuestra justicia en los Cielos; y en lugar de las opulencias terrenales reunamos tesoros que no pueden consumirse: tesoros que pueden ir con nosotros al Cielo, tesoros que cuando nos encontremos en peligro podrán patrocinarnos y hacernos propicio al Juez eterno. Ojalá tengámoslo propicio ahora y en aquel día. Así disfrutaremos con plena seguridad de los bienes que en el Cielo están preparados para quienes aman a Dios como debe ser amado, por gracia y benignidad del Señor nuestro Jesucristo, al cual, juntamente con el Padre y el Espíritu Santo, sea la gloria ahora y siempre y por los siglos de los siglos. Amén.

HOMILÍA IX. A los suyos vino, y su propio pueblo no lo acogió (*Jn 1,11*)

Si retenéis en la memoria las reflexiones anteriores, con mayor presteza proseguiremos, pues vemos que está a punto un fruto muy grande. Si os acordáis de lo ya dicho, os será más fácil comprender nuestro discurso; y tampoco será excesivo nuestro trabajo, pues vosotros, por el anhelo de más profundos conocimientos, comprenderéis lo demás. El que continuamente echa en olvido lo que se le ha enseñado, necesita también continuamente de maestro y nunca llegará a saber algo; pero el que conserva la enseñanza recibida y va luego añadiendo lo que nuevamente se le da, muy pronto de discípulo pasará a ser maestro, y será útil no sólo para sí mismo, sino también para otros. Yo espero que así suceda con mi discurso ahora; y lo conjeturo por el gran empeño vuestro en escuchar. ¡Ea, pues! echemos en vuestras almas como en seguro depósito la plata del Señor; y expliquemos, en cuanto la gracia del Espíritu Santo nos preste su auxilio, lo que hoy se nos ha propuesto.

Había dicho el evangelista: El mundo no lo conoció, refiriéndose a los tiempos antiguos. Pero luego viene a los tiempos en que Cristo predicaba, y dice: A los suyos vino, y su propio pueblo no lo acogió. Llama suyos a los judíos y pueblo especialmente suyo, o también a todos los hombres que son creaturas suyas. Y así como antes, estupefacto ante la locura de muchos, y como avergonzado de la humana naturaleza, decía: que el mundo por el Creador puesto en existencia no lo conoció, así ahora, molesto por las ingratitudes de los judíos y de muchos hombres, pasa a una más grave acusación, y dice: Y su propio pueblo no lo acogió, a pesar de haber venido El a ellos. Pero no solamente Juan sino también los profetas con admiración dijeron lo mismo. Y también Pablo se extrañó de semejante cosa.

Los profetas, en persona de Cristo, clamaron y dijeron: El pueblo que Yo no conocía, me sirve; con sólo oírme me obedeció. ¡Los hijos extranjeros me engañaron, se afirmaron en su posición y erraron en sus caminos! Y también: Lo verán aquellos a quienes no se les ha hablado de Él; y los que no oyeron, entenderán. Además: He sido encontrado por los que no me buscaban, y claramente me mostré a quienes de Mí no preguntaban. Y Pablo, escribiendo a los romanos, les decía: En conclusión ¿qué? Israel no ha alcanzado lo que buscaba. Lo alcanzó, sí, el resto elegido. Y escribiendo a los mismos romanos, dice: ¿Qué diremos en conclusión? Que los gentiles, que no iban en busca de la justicia, alcanzaron la justicia. Pero Israel, que iba en busca de la ley de justicia, no alcanzó esta ley.

Cosa admirable es que los que fueron educados en los libros de los profetas y que cada día escuchan a Moisés -quien profetiza innumerables cosas acerca de Cristo-, lo mismo que a los profetas subsiguientes y a Cristo que cada día obra milagros y que sólo con ellos convive y no permite a sus discípulos entrar a los gentiles, ni ir a las ciudades de los samaritanos, como tampoco Él iba, sino que con frecuencia decía no haber sido enviado sino a las ovejas que perecieron de la casa de Israel, a pesar de tantos milagros hechos en su favor y escuchando ellos continuamente a Cristo, que los amonestaba, se mostraron tan ciegos y sordos, que ni uno solo pudo ser inducido a creer en Cristo.

En cambio los gentiles nada de eso habían alcanzado y ni en sueños habían oído las palabras divinas, sino que andaban ocupados en fábulas de locos -así me place llamar a la sabiduría pagana-, y en tratar de los delirios de sus poetas, y estaban apegados a los ídolos de madera y piedra, y nada sabían de sano ni útil ni en las doctrinas ni en las costumbres, pues su vida era más impura y más criminal que sus doctrinas. ¿Ni qué otra cosa podía esperarse cuando ellos veían a sus dioses entregarse al placer de todos los pecados, y que se les adoraba con palabras obscenas y prácticas más obscenas aún? Y todo eso era para ellos días de fiesta y de honores. Además, tales dioses eran honrados con asesinatos y muertes de niños; y en todo imitaban ellos a sus dioses. Y sin embargo, sumidos así en el abismo de la perversidad, repentinamente, como levantados mediante algún mecanismo, se nos presentan en las alturas mismas del Cielo.

¿Por dónde y cómo sucedió esto? Oye a Pablo que lo cuenta. Este varón bienaventurado, examinando diligentemente el caso, no cesó hasta dar con la causa, para manifestarla a todos. ¿Cuál es ella y por dónde les vino semejante ceguera? Escucha al varón a quien se le confió el ministerio de los gentiles. ¿Qué es lo que dice, tratando de acabar con la duda de muchos?: Ignorando la justicia de Dios y empeñándose en afirmar la propia, no se rindieron a la justicia de Dios. Ese fue el motivo. Y luego el mismo Pablo, explicándolo de otra manera, dice: ¿Qué diremos en conclusión? Que los gentiles que no iban en busca de la justicia alcanzaron la justicia, a saber: la justicia de la fe. Pero Israel, que iba en busca de una ley de justicia, no alcanzó esta ley. ¿Por qué? Porque no la quiso nacida de la fe, sino cual si fuera fruto de las obras. Se estrellaron contra la piedra de tropiezo.

Es decir que la causa de su daño estuvo en la incredulidad; y la incredulidad fue engendrada por la arrogancia. Como anteriormente poseían más que los gentiles, pues habían recibido la ley, y conocían a Dios y las otras cosas que Pablo enumera, y luego vieron que los gentiles eran llamados por la fe a un honor igual al de ellos; y que tras de recibir la fe, ya el circuncidado nada poseía de más que el que llegaba de entre los gentiles, por envidia y arrogancia decayeron y no soportaron una tan inefable y tan inmensa benignidad del Señor: cosa que les vino, no de otra parte, sino de su arrogancia, perversidad y odio.

¿Qué daño, oh necios en grado sumo, os trae semejante providencia de Dios, abundantemente difundida entre otros?

¿Acaso los bienes vuestros se disminuirían por el consorcio con los gentiles? Eso es simplemente ciega maldad que no alcanza a percibir qué sea lo que conviene. Pereciendo de envidia por encontrarse con compañeros de la misma libertad, contra sí mismos empujaron la espada y se colocaron fuera del campo de la divina benignidad. Es lógico. Pues dice la Escritura: ¡Amigo! no te hago injuria: quiero dar a éstos tanto como a él. Pero a la verdad, ni siquiera son dignos de semejante respuesta. Aquellos obreros contratados, aunque se molestaban, pero podían alegar el trabajo del día íntegro, las dificultades, el calor, los sudores; pero estos otros ¿qué podían decir? ¡Nada de eso! Solamente desidia, intemperancia y vicios sin cuento, que los profetas todos les echaban en cara acusándolos continuamente: vicios con que ellos ofendieron a Dios lo mismo que los gentiles.

Así lo declaró Pablo al decir: Porque no hay distinción (entre judíos y griegos) pues todos pecaron y se hallan privados de la gloria de Dios. Justificados gratuitamente por la gracia. Materia es esta que útil y muy prudentemente trata el apóstol en esa carta suya. Pero antes declara ser ellos dignos de mayor castigo, diciendo: Los que pecaron teniendo la ley, por la ley serán condenados es decir, más gravemente, pues tendrán como acusadores, además de la ley natural, también a la escrita. Y no sólo por eso, sino porque fueron causa de que los gentiles blasfemaran de Dios. Pues dice: Por causa vuestra se blasfema mi nombre entre la gente.

Esto sobre todo les escocía, y a los de la circuncisión que habían creído les parecía cosa extraña; de modo que a Pedro, cuando regresó de Cesárea, lo acusaron de haber entrado en casa de hombres no circuncidados y de haber comido con ellos; y aun habiendo ya entendido la economía de la redención, aún se admiraban de que el Espíritu Santo se hubiera difundido entre los gentiles; y daban a entender, por su estupor, que jamás habían ellos esperado que aconteciera cosa tan fuera de expectación. Como esto supiera Pedro, y que lo llevaban muy a mal, puso todos los medios para reprimirles la hinchazón y sacarlos de su arrogancia.

Advierte en qué forma procede. Tras de haber hablado de los gentiles y haberles demostrado que no tenían defensa alguna ni esperanza de salvación, y de haberlos acusado ásperamente de pervertir la doctrina y de vivir perversamente, se vuelve a los judíos, y les recuerda cuanto los profetas habían dicho de ellos: que eran perversos, engañadores, astutos, inútiles todos, y que no había entre ellos ninguno que buscara a Dios, sino que todos habían equivocado el camino, y otras cosas por el estilo, y finalmente añadió: Bien sabemos que cuanto dice la ley, a los que están bajo la ley lo dice. Para que toda boca enmudezca y todo el mundo se confiese reo ante Dios. Ya que todos pecaron y se hallan privados de la gloria de Dios.

Entonces ¿por qué te ensoberbeces, oh judío? ¿por qué te enalteces? También tu boca ha quedado cerrada y se te ha quitado el motivo de confianza; y lo mismo que todo el mundo, quedas constituido reo, y al igual que los demás necesitas justificarte por la gracia. Convenía, aun en el caso de que hubieras vivido correctamente y hubieras tenido gran entrada con Dios, no envidiar a los gentiles que por misericordia y bondad de Dios habían de alcanzar la salud. Es el colmo de la maldad llevar a mal los bienes ajenos, sobre todo cuando éstos se realizan sin daño tuyo. Si la salvación de otros destruyera tus bienes, justamente te habrías dolido de ello; aun cuando tal cosa no les acontece a quienes han aprendido a ejercitar la virtud. Pero si el castigo ajeno en nada aumenta tu recompensa, ni la felicidad ajena para nada la disminuye ¿por qué te dueles de que a otros gratuitamente conceda el don de la salvación?

Lo conveniente era, pues, como ya dije, no entristecerte ni escocerte por la salvación derramada entre los gentiles, ni aun en el caso de que tú te hubieras portado correctamente. Pero siendo reo de los mismos pecados y habiendo ofendido a Dios, llevas muy a mal el bien de otros, y te ensoberbeces como si tú solo debieras participar de la gracia, y te haces digno de gravísimos castigos no solamente por la envidia y la arrogancia, sino también por tu excesiva locura: has injertado en ti la soberbia, causa de todos los males. Por tal motivo cierto sabio decía: El comienzo del pecado es la soberbia; es decir, su raíz, su fuente, su madre. Por ella cayó el primer hombre del estado de felicidad; por ella cayó el demonio, que lo engañó, de la sublime alteza de su dignidad.

Como el muy malvado conociera ser tal la naturaleza de ese pecado, que es capaz de echar del Cielo mismo, echó por este camino cuando procuró derribar a Adán del gran honor en que estaba. Lo hinchó y ensoberbeció con la esperanza de alcanzar a ser igual a Dios, y así lo derribó y lo precipitó a lo profundo del báratro y del Hades. Porque nada hay que tanto aparte de la bondad de Dios y entregue al suplicio de la gehena de fuego como la tiranía de la soberbia. Si se apodera de nosotros, toda nuestra vida se hace impura, aun cuando ejercitemos la castidad, la virginidad, el ayuno, la oración, la limosna y todas las otras virtudes. Dice la Escritura: Inmundo es ante Dios todo soberbio.

En consecuencia, reprimamos la hinchazón del ánimo; echemos de nosotros la fastuosidad si queremos ser puros y librarnos del castigo que se preparó para el demonio. Que el arrogante será castigado con el mismo suplicio que el demonio, oye cómo lo dice Pablo: No neófito, para que no se ensoberbezca y caiga en juicio y en los lazos del demonio. ¿Qué significa: en juicio? En la misma condenación en el mismo suplicio. Y ¿cómo podrás evitar tamaño mal? Si consideras tu naturaleza, la multitud de tus pecados, la magnitud de los tormentos. Si piensas cuán pasajeras son las cosas de este mundo, aun las que parecen brillantísimas, y cuán fácilmente se marchitan las flores de la primavera.

Si tales pensamientos con frecuencia revolvemos en la mente, si recordamos a los que sobre todo florecieron en la virtud, no podrá el demonio con facilidad ensoberbecernos, por más que se empeñe, ni encontrará camino para vencernos. El Dios de los humildes, benigno y manso, nos dé un corazón contrito y humillado. Con esto podremos con facilidad proceder en lo demás a gloria del Señor nuestro Jesucristo, por el cual y con el cual sea la gloria al Padre, juntamente con el Espíritu Santo, por los siglos de los siglos. Amén.

HOMILÍA X. A los suyos vino, y su propio pueblo no lo acogió (*Jn 1,11*)

Dios, carísimos, como clemente y benéfico que es, no deja cosa por hacer para que nosotros brillemos en la virtud, porque nos quiere perfectos y probados; y esto no por violencia y necesitados, sino por persuasión y voluntarios, a causa de sus beneficios; y así nos arrastra y nos lleva fuertemente hacia Él. Tal es el motivo de que al venir El, unos lo recibieran y otros no. No quiere tener ningún siervo renuente y necesitado por la fuerza, sino que todos se acerquen a El gustosos y por el libre propósito de la voluntad, y así premiar tal servidumbre. Tienen los hombres necesidad de siervos, por lo cual, aun cuando éstos no quieran, se les sujeta a la ley de la esclavitud. Pero Dios, que de nada necesita ni está sujeto a las necesidades que oprimen al hombre, todo lo hace exclusivamente por nuestra salvación, y su servicio lo deja en manos de nuestro libre albedrío; y por lo mismo a quienes se rehúsan, no obliga ni los violenta.

Dirás que entonces: ¿por qué motivo castiga a quienes no quieren obedecerlo? ¿Por qué amenazó con la gehena a quienes no cumplen sus mandamientos? Porque es bueno y cuida grandemente de nosotros, aun desobedeciéndolo nosotros. Más aún: aun huyendo y recalcitrando nosotros, Él no se aparta. Y pues no quisimos entrar por el camino de los beneficios y no cedimos a sus favores y persuasiones, tomó el otro camino, que es el de los castigos y tormentos; camino amarguísimo, pero necesario. Rechazado el primero, no quedaba sino este segundo. También los legisladores decretan graves y grandes penas y castigos contra los que traspasan la ley. Pero no por eso los odiamos, sino que, al revés, más los honramos a causa del castigo establecido; y porque no teniendo ellos necesidad de cosa alguna de las nuestras y aun ignorando muchas veces quiénes serán ayudados por sus leyes, sin embargo se pusieron a vigilar en bien de nuestras vidas y el recto orden de la república, honrando a los virtuosos y reprimiendo mediante los castigos a los perversos y maleantes que perturban la paz de los otros. Pues si a ellos los admiramos y estimamos ¿acaso no es Dios más digno de admiración y de amor, por su gran cuidado del hombre? Inmensa es la diferencia que hay entre la providencia de los legisladores y la que Dios tiene de nosotros: las riquezas de la bondad de Dios son inefables y superan todo entendimiento.

Y en este punto, poned atención. Vino a los suyos, no porque El tuviera necesidad - pues, como ya dije, de nadie necesita-, sino para colmarnos de sus bienes. Pero ni aun así los de su pueblo, que le pertenecían, y viniendo El a lo que era suyo, y viniendo para utilidad de ellos, lo recibieron; y no se contentaron con no recibirlo, sino que lo rechazaron y lo arrojaron de la viña y le dieron muerte. Pero ni aun así los excluyó de poder arrepentirse, sino que les dio facultad para que si quisieran, tras de crimen tan grave, lavaran su pecado mediante la fe en El y se hicieran iguales a quienes no habían cometido aquel pecado, y fueran amicísimos suyos.

Y que yo no me expreso en esta forma por odio y sin motivo, lo testifican claramente todas las cosas que al bienaventurado

Pablo le acontecieron. El persiguió a Cristo después de la muerte de Cristo. Pero, pues hizo penitencia y condenó sus antiguos errores y prontamente se acercó al mismo a quien había perseguido, al punto el mismo Cristo lo contó entre sus amigos, y por cierto entre los más allegados, y lo constituyó heraldo y pregonero suyo y doctor del universo todo: a él que había sido antes blasfemo y perseguidor e insultante, como el mismo Pablo, saltando de gozo por la benignidad de Dios para con él, lo testificó sin avergonzarse. Más aún: él mismo confesó y dejó sus escritos, como en una columna, en cartas, sus pecados anteriores.

Estimó ser preferible que toda su vida anterior quedara manifiesta delante de todos, con tal de que así brillara la magnitud del don de Dios, y no el encubrir la inefable benignidad divina, por no declarar sus propios yerros. Por esto con frecuencia recuerda las persecuciones, asechanzas, batallas contra la Iglesia por él suscitadas. Unas veces dice: No soy digno de ser llamado apóstol, pues perseguí a la Iglesia de Dios} Otras exclama: Vino Jesús a salvar a los pecadores, de los cuales yo soy el primero. Y también: Vosotros sin duda habéis oído de mi conducta anterior en otro tiempo en el judaísmo, cómo desenfrenadamente perseguí a la Iglesia de Dios y la devastaba.

Es que quiere en cierto modo reparar y dar un pago a Cristo por la paciencia que con él tuvo, declarando qué salvación y en qué forma la concedió a su adversario y enemigo: por tal motivo libremente, y a voz de pregón, declara la guerra con que al principio ardorosamente a Cristo acometía. Por este camino dio buenas esperanzas a los que ya desesperaban. Pues dice que Cristo lo recibió, una vez que se hubo arrepentido, para manifestar desde luego en él toda su paciencia y las infinitas riquezas de su bondad, como un ejemplo para los que luego habían de creer en El para conseguir la vida eterna. Pues al fin y al cabo habían cometido pecados tan graves que no merecían perdón. Esto fue lo que declaró el evangelista al decir: Vino a los suyos; y su propio pueblo no lo acogió.

Pero ¿de dónde vino quien todo lo llena, quien en todas partes se halla presente? ¿qué lugar abandonó el que en su mano tiene y sustenta todas las cosas? Ningún lugar abandonó -¿ni cómo podía ser eso?-, sino que lo hizo con su descenso a nosotros. Puesto que estando en el mundo no parecía estar presente, porque aún no era conocido, pero luego se manifestó, una vez que, se hubo dignado revestirse de nuestra carne; a esta manifestación y abajamiento lo llama Juan venida. Y es cosa notable que el discípulo no se avergüence de esa injuria hecha al Maestro, sino que confiadamente la pone por escrito. Prueba es ésta no pequeña de cuánto ama la verdad. Se avergüenza de los injuriantes y no se avergüenza del injuriado. Por lo demás, el injuriado quedó por este camino más esclarecido, pues por medio de las injurias mostró tan gran providencia para con los injuriantes; y en cambio los injuriantes aparecieron delante de todos como ingratos y perversos, pues al que vino para traerles tan grandes bienes, lo echaron de sí como si fuera enemigo y adversario. Y no fue el único mal que sufrieron, sino además el no alcanzar los bienes, los alcanzaron los que lo recibieron. ¿Qué bienes fueron ésos que alcanzaron? Mas a cuantos lo acogieron les dio poder de llegar a ser hijos de Dios, dice el evangelista. Pero, oh bienaventurado Juan, ¿por qué no nos refieres el castigo de los que no lo recibieron? ¿Por qué solamente dices que ellos le pertenecían y eran su pueblo; y que viniendo él a su pueblo, ellos no lo recibieron? ¿Por qué no añadiste lo que por ese motivo tendrían que sufrir y qué género de castigo padecerían? Así los habrías aterrorizado mucho más y con semejante conminación habrías suavizado y quebrantado la arrogancia y dureza de su corazón. ¿Por qué, pues, lo callaste? Nos responde: pero ¿qué mayor suplicio puede haber que dándoles la potestad de hacerse hijos de Dios, no quererlo ellos y privarse voluntariamente de nobleza tan grande y de tan alto honor? Y no se les castigará con solo ese suplicio, de no recibir un bien tan grande, sino que luego les espera el fuego inextinguible, cosa que más tarde con mayor claridad les expuso el evangelista. Por de pronto refiere los bienes inefables que recibirán los que a Él lo recibieron.

Esto es lo que declara con estas palabras: Mas a cuantos lo acogieron, les dio potestad de llegar a ser hijos de Dios. Eran, dice, esclavos o libres, griegos o bárbaros, o escitas, ignorantes o sabios, varones o mujeres, niños o ancianos, nobles o plebeyos, ricos o pobres, príncipes o ciudadanos privados: a todos se les concedió el mismo honor. La fe y la gracia del Espíritu Santo, suprimiendo las desigualdades humanas, los igualó a todos y los distingue con un mismo carácter y sello regio. ¿Qué podrá igualar a semejante benignidad? El rey temporal, hecho de nuestro mismo barro, a consiervos suyos que participan de su misma naturaleza y con frecuencia son de mejores costumbres, no se digna inscribirlos en su ejército real si son esclavos; mientras que el Unigénito Hijo de Dios no se desdeña de inscribir en el número de sus hijos a publicanos, adivinos, esclavos y aun a gente de más baja clase social, y a muchos mutilados en su cuerpo y feamente manchados y defectuosos. Tan grande es el poder de Cristo, tanta la grandeza de su gracia. Como la naturaleza del fuego, si llega a tocar la arcilla la convierte en las minas en oro rápidamente, del mismo modo, y aun mucho mejor, el bautismo a quienes lava los vuelve oro de lodo que eran, porque el fuego del Espíritu Santo, en su ocasión, viniendo a nuestras almas y asentándose en ellas, suprime la imagen de tierra y confiere la celeste, nueva y brillante, que reluce como salida del crisol.

Mas ¿por qué no dijo: los hizo hijos de Dios, sino: Les dio potestad para llegar a ser hijos de Dios? Para declarar que necesitamos gran diligencia para conservar intacta y perpetuamente inmaculada la imagen de la adopción impresa en nosotros mediante el bautismo; y también que semejante potestad nadie puede arrebatárnosla, si de antemano nosotros no la arrojamos y perdemos. Si quienes han recibido de los hombres cierta autoridad la conservan solamente cuanto duran los que la confirieron, con mucha mayor razón nosotros, habiendo alcanzado de Dios honor tan grande, si no hacemos algo indigno de Él, seremos los más poderosos de todos, puesto que quien tal honor nos confirió es el más excelente y grande de todos los seres.

Al mismo tiempo quiere manifestar el evangelista que la gracia no se infunde a cualquiera ni a la ventura, sino sólo en los que con serio propósito de su voluntad anhelan poseerla y ponen en ello su diligencia: en potestad de tales hombres está el hacerse hijos de Dios. Pues si no lo quieren, ese don no viene a ellos ni en ellos opera en modo alguno. De modo que en todas partes evita la violencia y exalta el libre albedrío de la voluntad. Aquí así lo ha afirmado. Porque en estos misterios, de Dios es el comunicar la gracia y del hombre el presentar la fe.

Y luego, en el tiempo subsiguiente, se necesita de gran diligencia. Porque para conservar la limpieza no basta con ser bautizado y creer, sino que, si queremos disfrutar perpetuamente de tan brillante don, es necesario llevar una vida digna de él.

Y esto quiso Dios que estuviera en nuestra mano. Por el bautismo se consigue que renazcamos con una mística generación y nos limpiemos de los pecados anteriormente cometidos; pero que después permanezcamos limpios y no admitamos ya mancha alguna, es lo que toca a nuestra diligencia, y lo podemos. Por tal motivo el evangelista hace referencia al modo de esta generación; y comparándola con el parto carnal, demuestra su excelencia con estas palabras: Cuya generación no es carnal ni fruto del instinto, ni de un plan humano, sino de Dios. Lo hace para que conociendo la bajeza del parto anterior, según la sangre y el instinto de la carne, y la alteza del segundo que es por la gracia, y su alta nobleza, concibamos por aquí la debida grande estima de semejante don y procedamos luego con mucha diligencia en las obras.

Porque es muy de temer no sea que si manchamos esta preciosa vestidura, seamos excluidos del banquete y tálamo por nuestra desidia y pecados, como les sucedió a las vírgenes fatuas, y también al otro que entró sin la vestidura nupcial. Era éste uno de los comensales y había sido invitado. Pero porque después de serlo y de honor tan grande, injurió al invitante, escucha qué castigo sufrió tan mísero y digno de abundantes lágrimas. Admitido a una mesa tan espléndida y abundante, no sólo fue arrojado del banquete, sino echado a las tinieblas exteriores, atado de pies y manos; allá a donde el llanto es eterno y lo mismo el rechinar de dientes.

En consecuencia, carísimos, no pensemos que para la salvación nos basta con la fe. Si no llevamos una vida sin manchas, si nos acercamos envueltos en vestiduras indignas a esta bienaventurada vocación, nada impide que suframos el mismo castigo que aquel miserable. Porque es cosa absurda que cuando el que es Dios y Rey no se avergüenza de llamar a hombrecillos viles y de nada, sino que desde las encrucijadas los invita a su mesa, mostremos nosotros tan gran desidia que no mejoremos nuestras costumbres, ni aun después de tan alto honor; sino que, tras de ser llamados, perseveremos en la misma maldad y echemos por tierra la inefable bondad del que nos ha llamado.

No nos ha llamado a esta terrible espiritual participación de los misterios para que nos presentemos con la misma anterior perversidad, sino para que, rechazada semejante torpeza y fealdad, nos revistamos de otras vestiduras convenientes a quienes han sido invitados al regio banquete. Si no queremos proceder dignamente conforme a semejante vocación, no se ha de imputar eso a quien así nos ha honrado, sino a nosotros mismos. Porque no nos habrá excluido del conjunto admirable de comensales El, sino que nosotros mismos nos habremos excluido. Él puso lo que de su parte estaba: celebró las bodas, preparó la mesa, envió quienes convidaran, recibió a los que llegaban, los colmó de honores; y en cambio nosotros, haciendo injuria a Él, a los comensales, a las bodas, al presentarnos con los vestidos sórdidos o sea con nuestras malas obras, con todo derecho somos excluidos.

Procediendo El en esa forma, honra las bodas y a los invitados con arrojar fuera a semejantes desvergonzados petulantes. Si así vestidos los soportara en la mesa, parecería esto una injuria hecha a los demás. Haga el Señor nuestro que ni nosotros ni nadie haga experiencia de despreciar así tal llamamiento. Todo eso fue puesto por escrito antes de que sucediera para que, mejorados nosotros mediante esas amenazas de las Sagradas Escrituras, jamás incurramos en tan tremenda ignominia ni en castigo tan grave, sino solamente lo oigamos. De manera que cada cual, adornado de espléndidas vestiduras, marche al Cielo a donde hemos sido llamados. Del cual ojalá nos acontezca a todos disfrutar por gracia y benignidad del Señor nuestro Jesucristo, por el cual y con el cual sea al Padre, juntamente con el Espíritu Santo, la gloria, el honor y el poder, ahora y siempre y por los siglos de los siglos. Amén.

HOMILÍA XI. Y la Palabra se hizo carne (*Jn 1,14*)

Deseo pediros un favor antes de comenzar la explicación de las palabras del evangelio; y os suplico que no me neguéis lo que os pido. No pido cosa que gravosa sea ni pesada; y en cambio será útil, si la consigo, no tan sólo para mí, sino también para vosotros, si la concedéis; y aun quizá sea más útil para vosotros que para mí. ¿Qué es lo que pido? Que el primer día de la semana o el sábado mismo, tomando cada uno la parte del evangelio que luego se leerá en la reunión, sentados allá en vuestro hogar repetidamente la leáis y muchas veces la exploréis y examinéis y cuidadosamente peséis su valor y anotéis lo que es claro y las partes que son oscuras; y también lo que en las expresiones parezca contradictorio, aunque no lo sea; iy así, tras de examinarlo todo, luego vengáis a la reunión. De empeño semejante nos vendrá no pequeña ganancia a vosotros y a mí.

En efecto: a nosotros no nos será necesario mucho trabajo para explicar las sentencias y su fuerza, estando ya vuestra mente acostumbrada al conocimiento de las expresiones; y vosotros, por este camino, os tornaréis más perspicaces y más agudos para penetrar, no sólo oír, y entender y enseñar a otros. Tal como ahora procedéis, muchos de vosotros os veis obligados juntamente a conocer el texto de las Sagradas Escrituras y a escuchar nuestra explicación; pero así, ni aun cuando gastemos el año íntegro, sacarán grande provecho. Porque no les será posible, así a la ligera y brevemente, atender a lo que se dice. Y si algunos argumentan sus negocios y preocupaciones del mundo y el mucho trabajo en los asuntos públicos y privados, desde luego no es pequeña culpa eso de sobrecargarse de tan gran multitud de negocios y de tal modo empeñarse y esclavizarse en los negocios seculares, que ni siquiera ocupen un poco de tiempo en las cosas que sobre todo les son necesarias.

Por otra parte, que sólo se trate de argumentos simulados, lo demuestran las conversaciones con los amigos, la frecuencia en acudir al teatro, los interminables tiempos dedicados a las carreras de caballos, en que a veces se consumen los días íntegros; y sin embargo, para todo eso no ponen obstáculo ni argumentan la cantidad de negocios. De manera que para esas cosas de nonada no hay ocupación que estorbe; pero si se ha de poner empeño en las cosas divinas, entonces éstas os parecen superfluas y de tan poca monta que juzgáis no deberse poner en ellas ni el menor empeño. Quienes así piensan ¿merecerán acaso respirar o ver este sol?

Hay otra excusa ineptísima de parte de tales hombres notablemente desidiosos: la falta de ejemplares de la Escritura. Sería cosa ridícula tratar de esto ante los ricos. Pero puesto que muchos pobres usan de tal pretexto, quisiera yo así pacíficamente preguntarles si acaso tienen íntegros y en buen estado los instrumentos de sus oficios respectivos, aun cuando ellos se encuentren en suma pobreza. Pero ¿cómo ha de ser absurdo no excusarse para eso con la pobreza y andar poniendo todos los medios para remover los impedimentos, y en cambio acá, en donde se ha de obtener crecida utilidad, quejarse de la pobreza y las ocupaciones? Por lo demás, aun cuando hubiera algunos tan extremadamente pobres, podrán llegar a no ignorar nada de las Sagradas Escrituras, por sola la lectura aquí acostumbrada. Y si esto también os parece imposible, con razón os lo parece, puesto que muchos no ponen gran cuidado a la dicha lectura: sino que, una vez que a la ligera oyen lo que se lee, inmediatamente se marchan a. sus hogares. Y si algunos permanecen en la reunión, no proceden mejor que los otros que se alejan, pues están presentes únicamente con el cuerpo.

Mas, para no sobrecargaros el ánimo con mis quejas, ni consumir todo el tiempo en reprensiones, empecemos la explicación de las sentencias evangélicas, porque ya es tiempo de entrar en la materia propuesta. Atended para que no se os escape cosa alguna de las que se digan. Y el Verbo se hizo carne y habitó entre nosotros. Habiendo el evangelista afirmado que quienes lo recibieron fueron nacidos de Dios y se hicieron hijos de Dios, pone el otro motivo de tan inefable honor, que no es otro sino haberse hecho carne el Verbo, y haber tomado el Señor la forma de siervo. Porque el Hijo se hizo hombre, siendo verdadero Hijo de Dios, para hacer a los hombres hijos de Dios. Al mezclarse lo que es altísimo con lo que es bajísimo, nada pierde de su gloria, y en cambio eleva lo otro desde lo profundo de su bajeza. Así sucedió con Cristo.

Con su abajamiento, su naturaleza no se disminuyó; y en cambio a nosotros, que prácticamente vivíamos en vergüenza y en tinieblas, nos levantó a una gloria indecible. Cuando el rey le habla con benevolencia y cariño a un pobre mendigo, no hace cosa alguna vergonzosa; y en cambio al pobre lo torna ilustre y esclarecido delante de todos. Pues si en esa pasajera y totalmente adventicia dignidad humana, la conversación y compañía con un hombre de baja clase social para nada perjudica al que es más honorable, con mucha mayor razón no perjudicará a la substancia aquella incorpórea y bienaventurada, que nada tiene de adventicio, nada que ahora tenga y ahora no tenga, sino que posee todos los bienes sin mutaciones y que eternamente permanecen. De modo que cuando oyes: El Verbo se hizo carne, no te perturbes ni decaigas de ánimo. Esa substancia divina no se derribó ni cayó en la carne (sería impiedad aun el solo pensarlo), sino que permaneciendo la forma lo que tomó era de siervo.

Pero entonces ¿por qué el evangelista usó de esa expresión? Lo hizo para cerrar la boca de los herejes. Como los hay que afirman ser toda esa economía de la Encarnación una simple ficción y pura fantasmagoría, para adelantarse a quitar de en medio semejante blasfemia, usó de esa expresión: Se hizo; declarando así no un cambio de substancia ¡lejos tal cosa! sino que verdaderamente se encarnó. Así como cuando dice Pablo: Cristo nos libró de la maldición de la Ley, haciéndose por nosotros maldición, no significa que la substancia divina se apartara y dejara la gloria y se convirtiera en maldición -pues tal cosa no la pensarían ni los demonios, ni los hombres más necios y locos: ¡tan grande sabor de impiedad y de necedad juntamente contiene!-; de modo que Pablo no dice eso, sino que Cristo, habiendo tomado la maldición que había en contra nuestra, no permitió que en adelante fuéramos malditos; del mismo modo acá Juan dice que el Verbo se hizo carne, no porque cambiara en carne su substancia, sino permaneciendo ésta intacta después de haberse encarnado.

Y si alegan que siendo Dios que todo lo puede, también pude convertirse en carne, responderemos que ciertamente todo lo puede, pero permaneciendo Dios. Pues si fuera capaz de cambio, y de cambio en peor, ¿cómo fuera Dios? Sufrir cambio es cosa lejanísima de esa substancia inmortal. Por esto decía el profeta: Todos ellos como la ropa se desgastan, como un vestido tú los mudas y se mudan. Pero tú eres siempre el mismo y tus años no tienen fin. La substancia divina es superior a todo cambio; porque nada hay mejor que ella de manera que pueda esforzándose llegar a eso otro. Pero ¿qué digo mejor? Nada hay igual a ella ni que siquiera un poquito se le acerque. De donde se sigue que si se ha cambiado será en algo peor. Pero en ese caso no puede ser Dios. ¡Caiga semejante blasfemia sobre la cabeza de quienes la profieren!

Ahora bien, que esa expresión: Se hizo, haya sido dicha para que no sospeches una fantasmagoría, adviértelo por lo que sigue: verás cómo esclarece lo dicho y juntamente deshace esa malvada opinión. Porque continúa: Y habitó entre nosotros. Como si dijera: no vayas a sospechar nada erróneo por esa expresión: Se hizo, pues no he significado cambio alguno en la substancia inmutable, sino únicamente he señalado el acampar y la habitación. Y no es lo mismo el habitar que la tienda de campaña en que se habita, sino cosa diferente. Un alguien habita en la otra, pues nadie habita en sí mismo y así la tienda de campaña no sería propiamente habitación. Al decir alguien me refiero a la substancia, pues por la unidad y conjunción del Verbo, Dios y la carne son una misma cosa, sin que se confundan, sin que se pierda la substancia, sino que se hacen una cosa mediante una juntura inefable e inexplicable.

No investigues cómo sea ella: se hizo en una forma que Dios conoce. Mas ¿cuál fue la tienda de campaña en que habitó? Oye al profeta que dice: Yo levantaré la cabaña ruinosa de David. Porque verdaderamente cayó nuestra naturaleza, cayó con ruina irreparable y estaba necesitada de aquella mano, la única poderosa. No podía por otro medio levantarse, si no le tendía la mano Aquel mismo que allá al principio la creó, si no la reformaba celestialmente mediante el bautismo de regeneración y la gracia del Espíritu Santo.

Observa este secretísimo y tremendo misterio. Para siempre habita en nuestra carne; porque no la revistió para después abandonarla, sino para tenerla eternamente consigo. Si no fuera así, no le habría concedido aquel regio solio, ni lo adoraría en ella el ejército entero de los Cielos, los Ángeles, los Arcángeles, los Tronos, las Dominaciones, los Principados, las Potestades. ¿Qué discurso, qué entendimiento podrá explicar este honor sobrenatural y escalofriante, tan excelso, conferido a nuestro linaje? ¿Qué ángel o qué arcángel será capaz de hacerlo? ¡Nadie ni en el Cielo ni en la tierra! Así son las obras de Dios. Tan grandes y sobrenaturales son sus beneficios que superan a lo que puede decir con exactitud no sólo la humana lengua, sino la misma angélica facultad.

Por tal motivo, cerraremos nuestro discurso con el silencio, únicamente amonestándoos a que correspondáis a tan excelente y altísimo Bienhechor; cosa de la cual más tarde nos vendrá toda ganancia. Corresponderemos si tenemos sumo cuidado de nuestra alma. Porque también esta obra es de su bondad: que no necesitando de nada nuestro, tenga por correspondencia el que no descuidemos nuestras almas. Sería el colmo de la locura que, siendo dignos de infinitos suplicios y habiendo alcanzado, por el contrario, tan altísimos honores, no hiciéramos lo que está de nuestra parte; sobre todo cuando toda la utilidad recae en nosotros, y nos están preparados bienes sin cuento como recompensa de que así procedamos.

Por todo ello glorifiquemos al benignísimo Dios, no únicamente con palabras, sino sobre todo con las obras, para que así consigamos los bienes futuros. Ojalá todos los alcancemos, por gracia y benignidad del Señor nuestro Jesucristo, por el cual y con el cual sea la gloria al Padre juntamente con el Espíritu Santo, por los siglos de los siglos. Amén.

HOMILÍA XII. ...Y hemos contemplado su gloria, gloria que le recibe del Padre como Unigénito, lleno de gracia y de verdad (*Jn 1,14*)

Quizá en mi discurso anterior os resulté cargante y pesado en demasía, al extenderme con palabras un tanto duras contra la desidia de muchos. Si esa hubiera sido la única causa, con razón cada cual nos reprendería. Pero, si procurando vuestra salvación, no nos cuidamos de agradar a los oyentes, aun cuando no quisierais vosotros aceptar ese cuidado que tuvimos de vuestro aprovechamiento, será conveniente que a lo menos por el cariño nuestro para vosotros, nos concedáis el perdón. Porque mucho temo no sea que por predicar con sumo empeño, mientras vosotros descuidáis el atender, tengáis que dar luego una cuenta más estrecha. Y tal es el motivo de verme obligado a excitaros y despertaros con frecuencia, para que no caiga en el vacío ninguna de las sentencias. Con esto, podréis vosotros vivir confiadamente en este mundo y confiadamente presentaros ante el tribunal de Cristo en aquel día.

Y pues ya ayer suficientemente os punzamos, entremos ahora desde luego en la materia y expliquemos los textos evangélicos. Y contemplamos su gloria, gloria que le viene del

Padre, por cuanto es su Unigénito. Habiendo el evangelista afirmado que somos hechos hijos de Dios y habiendo declarado que esto no puede suceder por otro camino, sino haciéndose carne el Verbo, afirma de esa encarnación que se siguió otra ganancia además. ¿Cuál es?: Y contemplamos su gloria, gloria que le viene del Padre, por cuanto es su Unigénito. Gloria que no veríamos si no se nos hubiera manifestado por el cuerpo que asumió. Si los hombres coetáneos de Moisés no podían soportar la vista del rostro del profeta, siendo éste de la misma naturaleza humana, por el solo hecho de que lo iluminaba el resplandor de la gloria; sino que tuvo aquel santo hombre que encubrir la gloria grande usando de un velo, con lo que su faz apareciera suave y blanda ¿cómo nosotros, hombres de lodo y terrenos habríamos podido soportar la vista clara de la Divinidad, inaccesible a las mismas Virtudes del cielo? Por eso vino a habitar entre nosotros; para que libremente pudiéramos acercárnosle, hablarle, tratar con El y con El convivir.

¿Qué significa: Gloria que le viene del Padre, *por cuanto* es su Unigénito? Muchos profetas tuvieron su gloria, como Moisés, Elías, Eliseo: Elías fue llevado al cielo en un carro de fuego; el otro fue trasladado con una muerte como la nuestra. Y luego Daniel y los tres jóvenes del horno y muchos otros fueron brillantes por la gloria de los milagros que hicieron. También los ángeles se aparecieron a los hombres y les mostraron el brillo de su gloria. Ni solamente los ángeles, sino también los querubines y los serafines se dejaron ver del profeta. Pero el evangelista, apartándonos de todos éstos y abstrayendo nuestros pensamientos del brillo de las criaturas y de los consiervos nuestros, nos eleva hasta la cumbre misma de todos los bienes. Porque hemos visto la gloria no de un profeta, ni de un ángel, ni de un arcángel, ni de las Virtudes celestes, ni de otra cualquiera naturaleza creada, si la hay, sino la del Señor mismo, la del Rey mismo, la del verdadero Unigénito Hijo, Señor de todos nosotros.

Puesto que la expresión, *por cuanto,* no indica alguna semejanza o comparación, sino una confirmación y definición, no sujeta a duda alguna. Como si dijera el evangelista: Hemos visto la gloria que conviene que posea el auténtico Hijo de Dios y Rey de todos nosotros. Así acostumbran decir muchos; y no rehusaré hablaros conforme a esa costumbre. Porque no es mi propósito hacer demostración de bellas palabras, ni hablar para ornato del discurso, sino únicamente para utilidad vuestra. De manera que nada impide que os explique la materia siguiendo la general costumbre. ¿Cuál es esa costumbre? Algunos cuando ven al rey en toda su pompa, brillando todo por las piedras preciosas, y luego quieren describir su hermosura, ornato y gloria a otros, le pintan a su modo las flores de púrpura, la grandeza de las joyas, la blancura de los mulos, el yugo dorado, el brillo de los tapetes; y una vez que han enumerado todo esto, no pudiendo con palabras expresar todo aquel esplendor, terminan diciendo: ¿Qué más? Lo diré todo con una sola palabra: ¡esplendor como de rey! Y mediante esa palabra como no significan que describen a uno parecido al verdadero rey, sino al Rey.

Del mismo modo el evangelista, con ese, *por cuanto,* quiso significar y presentarnos aquella gloria incomparable y excelentísima. Todos los demás, ángeles, arcángeles, profetas, todo lo hacían mandados por Dios; pero Él lo hacía con una potestad digna de Rey y Señor; cosa de que las turbas mismas se admiraban; o sea de que enseñaba como quien tiene potestad. Como ya dije, aparecieron en la tierra ángeles con grande gloria, por ejemplo a Daniel, a David, a Moisés, pero todo lo llevaban a cabo como siervos, como quienes obedecían a un Señor. En cambio Cristo procedía como Señor y Emperador de todos; y aunque apareció bajo forma y figura tan humillada, sin embargo la criatura reconoció al Creador.

¿Cómo fue eso? Una estrella llamó a los Magos para que lo adoraran; un gran coro de ángeles le servían como a Señor rodeándolo en torno y con himnos lo celebraban; otros se presentaban de pronto como pregoneros; y todos a la vez, buscándose y encontrándose, se comunicaban este misterioso arcano: los ángeles a los pastores; los pastores a los ciudadanos; Gabriel a María y a Isabel; y Simón y Ana a los que estaban en el templo. Y no solamente recibieron sumo gozo los varones y las mujeres, sino también el infante que estaba aún en el vientre de su madre: me refiero al insigne habitante del desierto, del mismo nombre que nuestro evangelista, el cual saltó de gozo en el seno de su madre: y todos esperaban con ansia el futuro nacimiento.

Esto por lo que hace al tiempo del parto. Pero cuando ya El mismo se dio más a conocer, brillaron otros milagros mayores que los primeros. Porque ya no la estrella y los cielos, no los ángeles y arcángeles, no Gabriel y Miguel, sino el Padre celestial en persona lo proclamaba desde las alturas, y juntamente con el Padre también el Espíritu Santo Paráclito, volando, volando hacia él, con la voz y permaneciendo sobre El. Por esto con toda verdad dijo el evangelista: Contemplamos su gloria, gloria que le viene del Padre, por cuanto es su Unigénito. Y no fue sólo por esas demostraciones, sino por las que luego se siguieron además.

Porque ya no lo anuncian únicamente los pastores, las viudas y los ancianos, sino la naturaleza misma, clamando con sonido más penetrante que el de una trompeta y con tan alto clamor que su sonido ha llegado al punto hasta nosotros. Pues dice la Escritura que su fama llegó hasta Siria y lo hizo manifiesto a todos. Todo por todas partes proclamaba haber venido el Rey de los cielos. Pues de todas partes huían los demonios y saltaban de terror; el diablo derrocado se apartaba; la muerte misma, por de pronto rechazada, fue luego destruida del todo; sanó todo género de enfermedades; los sepulcros devolvían sus muertos; los demonios salían de los posesos; los padecimientos huían y abandonaban a los enfermos. Por dondequiera podían contemplarse cosas de maravilla y estupendas que con razón desearon ver los profetas, pero no las vieron.

Podían entonces verse restaurados los ojos; y aquel anhelado espectáculo que todos habrían ansiado ver, o sea cómo Dios había formado del polvo a Adán, ahora en pequeño, pero en la parte más principal del cuerpo, podían ver a Cristo haciendo la demostración y repitiéndolo; y los miembros paralíticos y deshechos eran restituidos a su vigor y unidos al resto del cuerpo; y las manos áridas del todo, dotadas de movimiento; y los pies impedidos, dando saltos repentinamente; y los oídos sordos y cerrados, de pronto abiertos; y la lengua muda antes, lanzando ahora altas voces. Como un excelente arquitecto rehace una casa que por lo vetusta ya se derrumba, así Cristo rehízo la humana naturaleza, soldó las partes quebradas, unió las que se habían dislocado y separado, y puso en vigor las que del todo habían descaecido.

Pero ¿qué diremos acerca de la reforma obrada en las almas, mucho más excelente que la curación de los cuerpos? Gran cosa es por cierto el bienestar corporal, pero mucho más lo es la salud del alma; tanto más cuanto más excelente es ella que el cuerpo. Además porque la naturaleza de los cuerpos, a donde quiera el Creador llevarla, obedece y no se resiste; pero el alma, que por su naturaleza es libre y goza en sus actos del libre albedrío, no siempre obedece a Dios, si no quiere. No quiere Dios hacerla bella y virtuosa por medio de la violencia, pues tal cosa no sería virtud; sino que es necesario que quiera y guste mediante la persuasión de tornarse tal: cosa ésta por cierto mucho más difícil que aquellas otras curaciones. Y sin embargo, esto lo hizo el Verbo, y así echó de las almas todo género de perversidades.

Así como curando los cuerpos no únicamente les daba la salud, sino que los llevaba al máximo de ella, así respecto de las almas, no únicamente las sacó del extremo de la maldad, sino que las llevó a la cumbre de la virtud. El publicano fue hecho apóstol; el perseguidor, blasfemo e injuriante fue hecho predicador del orbe; los Magos fueron convertidos en predicadores de los judíos; el ladrón, ciudadano del Cielo; la prostituta brilló por su gran fe; de las mujeres Cananéa y samaritana, de las que la última era una prostituta, de ellas, repito, una echó sobre sí el predicar a sus clientes y llevó a Cristo la ciudad entera, como cogida en una red; y la otra a su vez, con su fe perseverante, logró que el maligno demonio fuera arrojado de su hija.

Y otros aún peores fueron al punto contados y recibidos en el número de los discípulos. Todo, en una palabra, sufrió un cambio: las enfermedades de los cuerpos y las debilidades de las almas conducidas a buena salud y a virtud perfecta. Y tal transformación se extendía no a dos hombres solamente ni a tres, ni a cinco, ni a diez, ni a veinte, ni a sólo cien, sino que las ciudades íntegras se transformaban con toda facilidad. ¿Quién podrá dignamente describir la sabiduría de sus mandatos, la fuerza de sus leyes divinas, el orden de aquel modo de vivir angélico? Porque El introdujo un género de vida tal, y dio tales leyes, y puso tal moderación en las costumbres, que quienes la practiquen, al punto se convierten en ángeles y en semejantes a Dios, en cuanto el hombre puede; y esto aun tratándose de gentes entregadas a toda perversión.

Reuniendo el evangelista todo este conjunto de milagros verificados en los cuerpos, en las almas, en los elementos, y además las leyes aquellas, dones secretísimos y más sublimes que los mismos cielos; y las ordenaciones y formas de vivir; y la obediencia y las promesas para la vida futura; y sus padecimientos, clamó y proclamó esa sentencia y verdad admirable y altísima en su enseñanza, diciendo: Contemplamos su gloria, gloria que le viene del Padre por cuanto es su Unigénito, lleno de gracia y de verdad. Pues no lo admiramos únicamente por sus milagros, sino también por sus padecimientos, como cuando fue azotado, abofeteado, escupido, herido en su cabeza por aquellos mismos a quienes había hecho beneficios.

Porque la sentencia del evangelista se aplica también con propiedad a los pasos que parecen ignominiosos; puesto que él mismo los llamó gloria, no eran únicamente obras providenciales y de caridad, sino también manifestaciones de infinito poder. Porque en ellas era destruida la muerte, deshecha la maldición, confundidos los demonios; en ellas él triunfaba de ellos, y el documento y escrito sobre nuestros pecados era clavado en la cruz. Y porque estos milagros se verificaban invisiblemente, se obraron otros visibles que probaran ser Él, el Unigénito Hijo de Dios y Señor de toda la naturaleza.

Así, cuando aún estaba su cuerpo clavado en la cruz, el sol retiró sus rayos, la tierra tembló y se cubrió de tinieblas, se abrieron los sepulcros, el suelo fue sacudido, gran cantidad de muertos se levantaron de los sepulcros y entraron en Jerusalén. Y mientras permanecían perfectamente unidas las piedras que cerraban el sepulcro e intactos los sellos, resucitó Aquel que había estado sujeto con clavos en la cruz, y envió a los once discípulos, llenos de una cierta suprema virtud, a los hombres del orbe todo, para enmendarlos en su vida y para que fueran comunes médicos de toda la naturaleza; y para que sembraran por todas partes la noticia de los dogmas del Cielo y destruyeran la tiranía de los demonios y enseñaran a los hombres los grandes y ocultos bienes futuros, y nos predicaran la inmortalidad del alma y la eterna vida del cuerpo y las recompensas que sobrepujan todo entendimiento y que nunca tendrán acabamiento ni fin.

Pensando todo esto aquel bienaventurado evangelista, y otras muchas cosas que él bien conocía, pero no quiso poner por escrito, estimando que el mundo todo no podría contenerlas -pues dice: Si se redactaran una por una, creo yo que ni en todo el mundo cabrían los libros que se habían de escribir-; pensando él, repito, en todas estas cosas, exclamó: Contemplamos su gloria, gloria que le viene del Padre, por cuanto es su Unigénito, lleno de gracia y de verdad. Conviene, pues, que quienes han recibido el don de tan grande número de maravillas, tan celestial doctrina y tan altos honores, manifiesten un género de vida digno de estas verdades, para que logren esos bienes futuros.

Para esto vino el Señor nuestro Jesucristo: para que contemplemos no solamente su gloria en este mundo, sino también su gloria futura. Por esto dijo: Quiero que donde Yo estoy estén también ellos, para que contemplen mi gloria. Pues si su gloria de acá fue tan espléndida, tan brillante ¿qué diremos de la de allá? Porque no lo veremos en esta tierra sujeta a la corrupción, ni permaneciendo nosotros en cuerpos deleznables, sino en una manera de creación inmortal y eterna, y con tan grande esplendor que no hay palabras para explicarlo. ¡Oh felices, tres veces felices y muchas más, los que logren contemplar su gloria! De ella dice el profeta que sea apartado el impío para que no contemple la gloria del Señor. ¡Lejos de nosotros el que alguno sea así apartado de en medio para que nunca la contemple! Si nunca jamás la hubiéramos de contemplar, convenientemente se diría de nosotros que fuera bueno no haber nacido.

Porque ¿con qué fin vivimos? ¿para qué respiramos? ¿qué somos si se nos priva de esa contemplación? ¿si nadie nos concede ver jamás a nuestro Señor? Quienes no ven la luz del sol llevan una vida peor que la muerte. Pero ¿qué piensas que sufrirán los que de aquella otra luz quedan privados? Al fin y al cabo el daño de la ceguera es uno solo: el de no ver; pero el otro no es así. Mas, aun cuando fuera uno solo este daño, el tormento no sería igual, sino tanto mayor cuanto aventaja aquel Sol eterno a este nuestro. Sin embargo, otro castigo además ha de temerse. El que no ve aquella Luz eterna, no sólo es arrojado a las tinieblas exteriores, sino que para siempre arderá en el fuego, de manera que quede como derretido y rechine los dientes y sea atormentado con otros mil géneros de castigos.

En consecuencia, no despreciemos nuestra salvación hasta el punto de que, por nuestro descuido en este brevísimo tiempo, seamos luego arrojados a los eternos suplicios; sino más bien vigilemos, vivamos sobriamente, no dejemos cosa por hacer para gozar de aquellos bienes, y estemos muy lejos de aquel torrente de fuego que correrá con horrendo fragor delante del tribunal divino. Quien en él cayere, permanecerá en él para siempre y no habrá quien de semejante suplicio lo libre: ni su padre, ni su madre, ni su hermano. Así lo proclama el profeta. Y otro dice: No redime el hermano, ¿redimirá el hombre? Y Ezequiel (Ez. 14, 16) añade algo más con estas palabras: Aunque se presenten Noé y Job y Daniel, no librarán a sus hijos e hijas.

Una sola cosa hay que ayude: el patrocinio de las buenas obras; y quien de éste careciere, de ningún otro modo podrá salvarse. Meditando esto continuamente y pesándolo, purifiquemos nuestra vida y tornémosla excelente y esclarecida, para que luego con entera confianza veamos al Señor; y consigamos los bienes eternos que nos están prometidos, por gracia y benignidad del Señor nuestro Jesucristo, por el cual y con el cual sea la gloria al Padre juntamente con el Espíritu Santo, ahora y siempre y por los siglos de los siglos. Amén.

HOMILÍA XIII. Juan da testimonio de él y clama: Este es aquel de quien os dije: El que viene detrás de mí ha sido

constituido superior a mí, porque existía antes que yo (*Jn 1,15*).

¿Acaso en vano corremos? ¿Acaso en vano trabajamos? ¿Sembramos acaso entre piedras? ¿Acaso la simiente permanece oculta junto al camino o entre espinas? Temo, me angustio, no sea que el trabajo de cultivo nos resulte inútil. Aunque en semejante trabajo yo no perderé nada, pues la predicación de los doctores no es de condición igual al trabajo de los agricultores. El agricultor con frecuencia, después del trabajo del año, tras de tan grandes sufrimientos y dolores, si el suelo no produce frutos dignos de semejantes empeños, no puede recibir consuelo de otra parte alguna, sino que regresa de la era a su casa, a su esposa y sus hijos con tristeza y avergonzado y no puede exigir de nadie la recompensa del prolongado trabajo. A nosotros en cambio nada de eso nos acontecerá; pues aun cuando el suelo que cultivemos no produzca fruto alguno, si nosotros ponemos todo nuestro empeño, aquel que es Señor de toda la tierra y del agricultor, no permitirá que quedemos con inútiles esperanzas, sino que nos dará nuestra recompensa.

Porque dice San Pablo (1Co. 3, 8) Cada cual recibirá su propio galardón, conforme a su propio trabajo y no según el éxito. Y que esto sea así, óyelo: Hijo de hombre, tú testifica a este pueblo, por si acaso escuchan, por si acaso entienden. Lo mismo puede conocerse por Ezequiel (Ez. 2, 5) cuando dice que si el vigía anuncia de antemano lo que se ha de evitar y lo que se ha de elegir, él librará y salvará su alma, aunque nadie le atienda. Sin embargo, aun teniendo nosotros seguro semejante consuelo y confiando en la recompensa, al ver que vosotros en nada aprovecháis por lo que hace a las obras, nos afligimos, exactamente como el agricultor gime y se lamenta y se avergüenza y ruboriza. Esto es misericordia en el que enseña; esto es cuidado propio de quien es padre. Así Moisés, pudiendo quedar libre de aquella gente malagradecida de los judíos y llegar a reinar sobre otra nación más espléndida y con mayor dominio, pues Dios le dijo: Déjame ahora que se encienda mi ira contra ellos y los devore; de ti en cambio haré un gran pueblo, como era santo y siervo de Dios, por ser caritativo y bueno con el pueblo, ni siquiera soportó oír aquellas palabras, sino que prefirió morir con el pueblo que se le había encomendado, y no que sin éste se le conservara y fuera levantado a la dignidad más alta. Y tal conviene que sea aquel a quien se le ha encomendado el cuidado de las almas.

Cosa absurda sería que mientras el padre no quiere que se llamen hijos suyos sino los que él engendró, aun cuando sean malos, el doctor y maestro cambiara de discípulos y enlistara ahora a éstos, ahora a aquéllos, y luego otros nuevos, y no tuviera para con ningunos una benévola amistad. Pero lejos de nosotros el que alguna vez sospechemos de vosotros cosas semejantes. Confiamos en que más bien abundaréis en la fe en nuestro Señor Jesucristo y en la caridad para con todos. En conclusión, que nos expresamos así con el objeto de acrecentar vuestro empeño y para cuidar de que día por día crezca vuestra vida en virtudes. Así podréis penetrar con vuestra mente a lo profundo de las sentencias del evangelista, sin que oscurezca los ojos de vuestra mente ninguna lagaña de perversidad, ni obnubile vuestra perspicacia.

¿Cuál es la sentencia que hoy se nos propone?: Juan da testimonio de Él y clama: Este es aquel de quien dije: El que viene detrás de mí ha sido constituido superior a mí, porque existía antes que yo. En este pasaje el evangelista con frecuencia trae y lleva por todos lados el testimonio del Bautista. Y no lo hace sin motivo, sino con prudencia suma. Los judíos admiraban en gran manera a este hombre -así, por ejemplo, Josefo comienza a narrar la guerra de Jerusalén por la muerte del Bautista y a ésta atribuye la destrucción de la capital, y se alarga en alabanzas de él-. Entonces, para avergonzar a los judíos, Juan les pone delante y con frecuencia les recuerda el testimonio del Precursor.

Los otros evangelistas, después de mencionar a los antiguos profetas, a cada paso remiten al oyente a ellos. Así, cuando nació Cristo, dicen (Mt. 1, 22): Todo esto sucedió para que se cumpliera lo dicho por el profeta Isaías (Is. 7, 14): Ved que la Virgen concebirá y dará a luz un hijo. Y cuando le pusieron asechanzas y con tanta diligencia se le buscaba que Herodes aun degolló a los infantes, traen al medio al profeta Jeremías (Jr. 31, 15), que dice: En Rama se escuchan ajes, lloro amarguísimo, Raquel que llora a sus hijos. Y cuando regresó de Egipto recurren a Oseas (Os. 11, 1), que dice: A mi hijo llamé de Egipto. Y en todas partes guardan el mismo modo de proceder.

En cambio nuestro evangelista, pues se eleva mucho más que los otros, profiere un testimonio más claro y más reciente, y no de quienes ya hubieran muerto, sino de uno que vive y que lo vio delante de sí y lo bautizó; y con frecuencia usa Juan de tal testimonio. No lo hace como medio de comprobar que el Señor es digno de fe mediante el dicho testimonio, sino para acomodarse a la debilidad de los oyentes. Así como si el Verbo no hubiera tomado la forma de siervo, no lo habrían aceptado ni recibido, así, si no hubiera Juan acostumbrado los oídos de los consiervos con el testimonio de otro consiervo, la mayor parte de los judíos no habrían hecho caso de sus palabras.

Pero, además, por aquí se preparaba otra cosa grande y admirable. Puesto que quien asegura de sí alguna cosa notable, siempre aparece sospechoso y con frecuencia ofende a la mayor parte de los oyentes, ahora es otro el que viene a dar testimonio de Cristo. Por otra parte, suele la multitud acudir cuando escucha una voz que le es familiar y como connatural, porque la conoce mejor; por lo cual la voz del Cielo se dejó oír dos veces, mientras que la de Juan se escuchó con gran frecuencia. Los que eran superiores a la debilidad popular y vivían como despegados de los sentidos, no necesitaban tanto de la voz humana, pues podían entender las voces del Cielo, ya que a ésta en absoluto la obedecían y ella los guiaba; pero los que aún estaban en los grados inferiores y andaban envueltos en la densa oscuridad de las cosas terrenas, necesitaban una voz más abajada y humilde.

Tal es el motivo de que el Bautista, despojado ya de todos los intereses sensibles, no necesitara de humanos maestros, sino que fuera enseñado del Cielo. Porque dice: El que me envió a bautizar con agua, Ese me dijo: Aquel sobre quien vieres descender el Espíritu Santo, Ese es. En cambio, los judíos, como aún niños y que no pueden levantarse a semejantes alturas, necesitaban de un hombre que les sirviera de maestro y les enseñara no sus propias doctrinas, sino las del cielo. Y ¿qué es lo que ese maestro les dice? El da testimonio de Él y clama diciendo: ¿Qué significa ese clama? Quiere decir que lo predica con entera confianza y libertad y quitado todo temor. Y ¿qué es lo que clama y testifica? Este es, decía, del que os dije: El que viene detrás de mí ha sido constituido superior a mí, porque existía antes que yo.

Oscuro es y por demás humilde semejante testimonio. Puesto que no dijo: Este es el Hijo de Dios Unigénito; sino ¿qué?: Este es del que os dije: El que viene detrás de mí ha sido constituido superior a mí, porque existía antes que yo. Así como las aves no enseñan a sus polluelos en un día ni en un momento el arte íntegro de volar, sino que primero solamente los sacan del nido y luego los dejan descansar del vuelo, y luego los ejercitan en volar más y al día siguiente los obligan a mayor ejercicio, y así poco a poco y lentamente los llevan al fin a la conveniente altura, así el bienaventurado Juan no llevó en un momento a los judíos a las alturas sublimes, sino que primero los despegó de la tierra y los enseñó a volar, diciendo que Cristo le era superior.

Por el momento no era poco que los oyentes pudieran creer que aquel a quien no conocían ni había obrado prodigios era superior al Bautista, varón tan admirable y tan ilustre y hacia el cual todos corrían y lo tenían por un ángel. De modo que Juan por de pronto se esforzaba en persuadir a los oyentes de que Aquel de quien daba testimonio era superior al testificante; superior al que ya había venido Aquel que aún no venía; y que Aquel que aún no aparecía era más excelente que el que ya era ilustre y admirable. Observa cuán prudentemente testifica: No lo muestra ahí presente, sino que lo anuncia antes de que se presente. Porque la expresión: Este es del que os dije, eso significa; lo mismo que en Mateo, cuando dice: Yo os bautizo en agua; pero el que viene en pos de mí es más poderoso que yo, tanto que yo no soy digno de llevar sus sandalias.

¿Por qué testificó así antes de que Cristo apareciera? Para que luego, al mostrarse Cristo, se recibiera su testimonio estando ya los ánimos dispuestos por las palabras del Bautista, y que en nada impidiera la vil vestidura de Cristo su testimonio. Si nada hubieran oído acerca de Cristo, antes de verlo; si no hubieran recibido aquel grande y admirable testimonio acerca de Él, al punto lo vil de las vestiduras de Cristo habría contrariado la alteza de sus palabras. Porque Cristo se presentaba con un vestido tan pobre y vulgar que aun la mujer samaritana, las prostitutas y los publicanos se le acercaban y hablaban con El con gran confianza y libertad.

De manera que, como ya dije, si juntamente lo hubieran visto a Él y oído las palabras de Juan, se habrían burlado de su testimonio. Pero una vez que antes de presentarse Cristo habían ya escuchado ese testimonio, y por tales palabras estaban ya ansiosos de verlo, sucedió todo lo contrario: que no rechazaron la doctrina de Aquel de quien habían oído tal testimonio, sino que por la fe adquirida por aquellas palabras, lo juzgaron como más esclarecido. El que viene en pos de mí. No habla de su nacimiento de María, sino de su llegada para predicar. Pues si se refiriera al nacimiento, no usaría la forma del presente, sino la del pasado, puesto que cuando el Bautista lo decía, ya había nacido Cristo.

¿Qué significa: Ha sido constituido superior a mí? Es decir que es más esclarecido y más espléndido. Como si dijera: No porque yo haya venido a predicar antes que El, vayáis a pensar que le soy superior. Yo le soy muy inferior; y hasta tal punto inferior, que no me juzgo digno de ser su esclavo. Esto significa: Ha sido constituido superior a mí. Lo mismo que declaró Mateo (Mt. 3, 11) con estas palabras: No soy digno de llevar sus sandalias. Y que esa expresión: Ha sido constituido superior a mí no se ha de entender del nacimiento de Cristo, queda manifiesto por lo que añade: Pues si el Bautista hubiera querido este sentido, sería superflua la adición: Existía antes que yo. ¿Quién hay tan necio e ignorante que no sepa ser anterior a él el engendrado antes que ha sido él? Y si se entiende esa expresión acerca de la existencia anterior a todos los siglos, no puede tener otro sentido, sino éste: El que viene detrás de mí ha sido constituido superior a mí. De otro modo eso se habría dicho a la ligera y se habría alegado en vano el motivo que se pone. Por el contrario, si tuviera el otro sentido, convenía que dijera: El que viene detrás de mí existía antes que yo, porque fue engendrado antes que yo. Pues razonablemente daría cualquiera como motivo de que otro existiera antes que él, el haber sido engendrado antes que él. En cambio el haber sido engendrado primero no necesita motivarse en que es anterior.

De manera que lo que nosotros afirmamos se apoya en fuerte razón. Pues todos sabéis que se ha de dar el motivo no de las cosas que son manifiestas, sino de las que presentan oscuridad. Ahora bien: si se tratara aquí de la esencia, nada oscuro habría en la expresión, pues es manifiesto que quien fue engendrado primero necesariamente es anterior. En cambio, refiriéndose el evangelista a la superioridad de honor, con toda razón resuelve al punto la dificultad que en la expresión parecía estar involucrada.

Era verosímil que muchos dudarían de por qué motivo el que vino después será superior, o sea, que aparecerá como más honorable. Por esta razón propone Juan inmediatamente la solución a semejante dificultad: Porque fue constituido superior a mí. Como si dijera: No es que por algún avance, a mí que le iba delante, me haya dejado atrás; sino que es superior a mí aun cuando Él llegue después.

Preguntarás: ¿Por qué afirma como ya sucedido lo que aún no se había consumado, pues trata de su admirable aparición entre los hombres y de la gloria que alcanzará; puesto que no dice: Será constituido, sino: Ha sido constituido superior? Porque fue costumbre antigua de los profetas el hablar de las cosas futuras como ya sucedidas. Isaías (Is. 53, 7), hablando de la muerte de Cristo, no dijo: Será llevado como oveja al matadero, cosa que ciertamente había de acontecer, sino: Como oveja al matadero fue llevado. No había aún encarnado, pero el profeta narra como ya sucedido lo que sucederá. También David (Sal. 22, 16.18), refiriéndose a la crucifixión, no dijo: Traspasarán mis manos y mis pies, sino: Traspasaron mis manos y mis pies; y también: Se dividieron mis vestidos y sobre mi túnica echaron suertes. Y hablando del traidor, que aún no había nacido, se expresa de este modo (Sal. 41, 9): El que mi pan comía, levantó contra mí su calcañar. Y del mismo modo en referencia a lo que sucedió en la crucifixión, dice (Sal. 69, 21): Veneno me han dado por comida; en mi sed me han abrevado con vinagre.

¿Queréis que os expliquemos más, o ya con esto es suficiente? Yo creo que sí. Pues si nos hemos alargado más en la explicación del pasaje, en cambio ciertamente lo hemos examinado con mayor profundidad, y no es esto menor trabajo que eso otro. Por otra parte, temo que si mucho os entretenemos en estas cosas, os engendremos fastidio. Por tal motivo, terminaremos aquí, como es razonable.

Pero ¿qué modo de acabar es el más conveniente? El de referir a Dios toda la gloria, no sólo con las palabras, sino mucho más con las obras. Dice Cristo (Mt. 5, 16): Brille vuestra luz delante de los hombres de tal modo que vean vuestras buenas obras y glorifiquen a vuestro Padre que está en los cielos. Y no hay, carísimos, nada más brillante que un excelente modo de vivir. Así lo declara aquel sabio (Pr. 4, 18): La senda de los justos brilla como la luz.

Brilla no únicamente para aquellos que con sus obras encienden esa luz y conducen así a una vida virtuosa, sino también para sus vecinos. Llenemos, pues, de este óleo nuestras lámparas, para que se levante más la llama y la luz aparezca más abundante. Este óleo posee gran virtud no solamente ahora, sino que ya desde cuando estaban vigentes los sacrificios confirmó y honró la fuerza de ellos en gran manera. Pues dice la Escritura (Mt. 12, 7): Misericordia quiero y no sacrificios. Con razón, pues entonces se trataba de un altar inanimado, acá de otro animado. Allá cuanto en él se ponía era consumido por el fuego y se convertía en ceniza, y se derramaba luego, y el humo, una vez disuelto, se transformaba en la naturaleza del aire. Pero acá nada de eso hay, sino que produce otros frutos.

Así lo declaró Pablo. Pues enumerando los tesoros de los que cuidaban de los pobres entre los corintios, escribió (2Co. 9, 12): Porque el ministerio de este servicio sagrado no sólo satisface la penuria de los santos, sino que también es fuente copiosa de múltiples acciones de gracias. Y también: Glorifican a Dios por vuestra profesión de obediencia al evangelio y por vuestra liberalidad en beneficiarlos a ellos y a todos. Ellos os corresponden con su oración a favor vuestro, y así muestran el amor ardiente que os tienen. ¿Observas cómo termina Pablo con acciones de gracias y alabanza de Dios y en frecuentes oraciones de aquellos que han recibido los beneficios y en ferviente caridad? Pues bien, carísimos: sacrifiquemos día por día, sacrifiquemos en este altar. Este sacrificio es más precioso que las oraciones y el ayuno y que muchas otras buenas obras, con tal de que se haga de justas ganancias, de justos trabajos y esté limpio de toda avaricia, rapiñas y violencias. Esas son las oblaciones que Dios admite; aquellas otras las aborrece y odia.

No quiere ser honrado mediante las desgracias ajenas; un sacrificio así sería impuro y profano; y más bien irritaría a Dios que lo aplacaría. En consecuencia, con todo empeño debemos esforzarnos para que no, bajo apariencias de culto, injuriemos al Señor a quien queríamos honrar. Si Caín, por haber ofrecido lo peor de sus cosas, pero no había ofendido con injusticias a otros, sufrió el extremo castigo, si nosotros ofrecemos lo que es fruto de la rapiña y de la avaricia ¿acaso no sufriremos penas más graves? Por esto el Señor nos declaró el motivo de este precepto, que es para que seamos misericordiosos con nuestros consiervos y no para que los atormentemos. El que roba lo ajeno y lo da a otro, no ejerce la misericordia sino que la hiere y obra con suma perversidad. De semejante raíz jamás puede brotar la limosna.

Os ruego, pues, que no miremos únicamente a hacer limosna, sino también a que no la hagamos mediante la rapiña. Pues dice la Escritura: Hay uno que ruega; otro que maldice. ¿A cuál de ellos escuchará el Señor? Si con diligencia procedemos en esta forma, y a esta norma nos conformamos, mediante la gracia divina podremos alcanzar gran benignidad y misericordia y perdón de los pecados en este largo lapso y evitar el torrente de fuego. Evitado el cual, ojalá todos subamos al reino de los cielos, por gracia y benignidad del Señor nuestro Jesucristo, por el cual y con el cual, sea al Padre, en unión del Espíritu Santo, la gloria, por los siglos de los siglos. Amén.

HOMILÍA XIV. Pues de su plenitud todos recibimos; y nuestra gracia, a proporción de su gracia (*Jn 1,16*)

Dije el otro día cómo Juan, resuelve para quitar la duda de quienes le preguntarían: ¿por qué motivo Cristo, que instituyo su predicación después del Bautista, fue sin embargo más esclarecido y superior al Bautista? dijimos que había añadido: Porque fue constituido superior a mí. Este es uno de los motivos de esa añadidura. Pero hay otro que también pone Juan y que vamos a tratar ahora. ¿Cuál es? Dice: De su plenitud todos hemos recibido; y nuestra gracia, a proporción de su gracia. Enseguida pone un tercer motivo. ¿Cuál? Que la ley, cierto, fue dada por Moisés, pero la gracia y la verdad tuvieron principio en Jesucristo.

Preguntarás: ¿qué significa?: ¿De su plenitud todos recibimos? Porque por de pronto a esto debe dirigirse el discurso. Es como si dijera: No tiene compañero en eso de distribuir el don, sino que es El la fuente y raíz de todos los bienes. Es la vida, es la luz, es la verdad que no retiene en sí la riqueza de los bienes, sino que los derrama en todos los otros; y una vez que los ha derramado en todos los otros, queda sin embargo lleno, sin que tenga muestras de haber dado a todos los demás; pues continuamente brotándolos y comunicándolos a los otros, El permanece en su misma perfección y plenitud.

Lo que yo tengo de bien, de otro lo he recibido y es una pequeña parte del todo y como una gotita en comparación del abismo inefable y piélago inmenso. Pero no, ni este ejemplo puede explicar suficientemente lo que nos esforzamos por declarar. Si del océano quitas una gota, por este mismo hecho has disminuido el océano, aun cuando esa disminución no sea perceptible con la vista. En cambio, tal cosa no puede afirmarse de esta fuente; pues por mucho que sea lo que saques, siempre permanece sin disminución. Se hace, pues, necesario echar mano de otra comparación, aunque sea débil y no pueda demostrar lo que queremos y andamos examinando, pero que sin embargo nos acerque más que la otra a la verdad que nos hemos propuesto.

Supongamos una fuente de fuego, de la cual se enciendan mil, dos mil, tres mil y muchísimas más lámparas. ¿Acaso no permanece igual la fuente de fuego, tras de haber comunicado su fuerza a tantas lámparas? Nadie lo ignora. Pues si en los cuerpos que constan de partes y pueden dividirse y que si algo se les quita disminuyen, encontramos éste que es de tal naturaleza que tras de haber comunicado a otros lo que le es propio, sin embargo no se disminuye, con mucha mayor razón sucederá esto en aquella substancia incorpórea y en aquel poder inmortal. Si cuando lo que se participa es cuerpo y sin embargo se divide, y no se divide, mucho mejor sucederá cuando se trata de un poder de obrar. Y acerca de la substancia incorpórea es averiguada que cosa así acontece.

Por lo cual decía el evangelista: De su plenitud todos recibimos, conectando así su testimonio con el testimonio del Bautista. Porque esas palabras -De su plenitud todos recibimos- no son del Precursor, sino del discípulo Juan. Como si dijera: No penséis que nosotros, los que por largo tiempo convivimos con Cristo y participamos de su mesa, damos ahora testimonio de El por algún favoritismo. Pues el Bautista, que no había visto antes a Cristo ni había convivido con Él, sino únicamente cuando lo bautizó lo vio mezclado entre los demás, exclamó, sacándolo todo de esa fuente: Fue constituido superior a mí. Y nosotros todos, doce, trescientos, quinientos, tres mil, cinco mil, infinitas multitudes de judíos, el conjunto íntegro de los fieles, los que entonces existían, los que ahora existen y los que luego vendrán, todos de su plenitud recibimos.

¿Qué es lo que recibimos? Gracia por gracia. ¿Cuál por cuál? En vez de la antigua la nueva. Pues así como hubo justicia y justicia (ya que Pablo (Flp. 3, 6) dice: Referente a la justicia que se da en la Ley, de conducta irreprensible también hay fe y fe, pues dice Pablo (Rm. 1, 17): De fe en fe, y hay adopción y adopción, pues dice (Rm. 9, 4): La adopción de los cuales, y doble gloria (2Co. 3, 11): Si lo efímero tuvo su gloria transeúnte, mucho más la perdurable tendrá su gloria permanente; y doble ley, pues dice (Rm. 8, 2): La ley del espíritu que es vida, me liberó; y hay un doble culto (Rm. 9, 4): Cuyo servicio, es decir culto; y luego (Flp. 3, 3): Los que en espíritu servimos a Dios; y doble testamento (Jr. 31, 31): Pactaré con vosotros una nueva alianza, no como la alianza que pacté con vuestros padres. Igualmente hay doble santificación, doble bautismo, doble sacrificio, doble templo, doble circuncisión. Y del mismo modo hay doble gracia. Pero los primeros son figuras de los segundos; éstos son la realidad. De manera que son homónimos, pero no sinónimos.

Así sucede en las figuras e imágenes: eso que se pinta mediante los colores negro y blanco, se llama hombre y tiene los mismos colores que el hombre verdadero; y lo mismo sucede en las estatuas: tanto las de oro como las de barro se llaman estatuas. Estas son el tipo y figura, aquéllas son la realidad. Así pues, por la comunidad de nombres no juzgues ser iguales las cosas, pero tampoco que son enteramente diversas. Pues la que es tipo no es enteramente ajena a la realidad, aun cuando conserve su naturaleza de sombra e imagen; pero es siempre inferior a la realidad. Entonces ¿cuál es la diferencia? ¿Os parece que expliquemos una o dos de las cosas enumeradas? Con esto se os aclararán las demás. Veremos entonces cómo las figuras eran enseñanzas para niños, mientras que las realidades lo son para los varones esforzados; aquéllas se instituyeron como para hombres, mientras que estas otras lo fueron para ángeles.

¿Por dónde comenzaremos? ¿Os parece que demos principio por la adopción? ¿Qué diferencia hay entre una adopción y otra?

La primera casi lo era de solo nombre; la segunda lo es de verdad. De aquélla se dice (Sal. 82, 6): Yo dije: dioses sois y todos hijos del Altísimo. De esta otra se dice: Cuya generación es de Dios. ¿Cómo y en qué forma lo es? Por el bautismo de regeneración y renovación del Espíritu Santo. Aquellos antiguos, aun después de ser llamados hijos de Dios, conservaban el espíritu de siervos; de modo que permaneciendo siervos, se les daba esa otra apelación. En cambio nosotros somos hechos libres, recibimos el honor de hijos en realidad y no de solo nombre. Así lo decía Pablo (Rm. 8, 15): Porque no habéis recibido espíritu de siervos para recaer en el temor, sino que habéis recibido espíritu filial, con el cual clamamos: ¡Abba! ¡Padre! Engendrados de lo alto y por decirlo así reformados y recreados, somos llamados hijos.

Y si alguno comprende el modo de santificación y cuál sea éste y cuál sea aquél, encontrará gran diferencia también aquí. Aquéllos, cuando no daban culto a los ídolos, ni fornicaban, ni adulteraban, recibían el nombre de santos. Nosotros en cambio nos santificamos no únicamente absteniéndonos de esos pecados, sino poseyendo dones mejores. Y desde luego el don de la santidad lo alcanzamos por la venida del Espíritu Santo y además con un género de vida excelente mucho más que el de los judíos.

Y para que no creas que se dice esto por jactancia, oye lo que dice Dios a los antiguos (Dt. 18, 10): No ha de haber en ti nadie que haga pasar a su hijo o a su hija por el fuego, porque sois pueblo santo. De modo que para ellos en esto consistía la santidad: en abstenerse del culto de los ídolos. Entre nosotros, no es eso. Dice Pablo: (1Co. 7, 34) Para ser santo en el cuerpo y que seas en el espíritu. Y también (Hb. 12, 14): Buscad la paz y la santificación sin la cual nadie verá a Dios. Y también (2Co. 7, 1): Realizando el ideal de santidad en el temor de Dios. Porque esa palabra santo no tiene el mismo significado en todos aquellos a quienes se aplica. Dios es santo, pero no al modo nuestro. Pues advierte lo que dijo el profeta cuando oyó aquella aclamación de labios de los serafines (Is. 6, 5): ¡Ay de mí, mísero! pues siendo hombre llevo labios impuros y habito en medio de un pueblo de labios impuros. Y sin embargo ese profeta era santo y puro. Es que si comparamos nuestra santidad con aquella de allá arriba, somos impuros. Santos son los ángeles, santos los arcángeles y los querubines y los serafines; pero hay una nueva diferencia de esa santidad de los espíritus superiores con la nuestra.

Podía yo alargarme explicando cosa por cosa; pero veo que el discurso se va prolongando. Haciendo, pues, a un lado un mayor examen, os dejamos a vosotros el explorar lo demás. Pues podéis en vuestros hogares, recopilando todo esto, conocer la diferencia y por el mismo camino investigar lo restante. Pues dice la Escritura (Pr. 9, 9): Da ocasión al sabio y se hará más sabio. Nosotros apuntamos las cosas, vosotros las desenvolveréis hasta su término. Ahora conviene continuar la materia.

Habiendo dicho: De su plenitud todos recibimos, añadió: Y gracia por gracia, declarando que también los judíos se salvaron por gracia. Como si dijera Dios (Dt. 7, 7): No os he elegido porque os hayáis multiplicado y seáis numerosos, sino por vuestros padres. De modo que no fueron elegidos por méritos propios; y es manifiesto que alcanzaron semejante honor por gracia. También nosotros nos hemos salvado, pero no del mismo modo, puesto que no lo hemos sido por las mismas cosas que ellos, sino por otras mucho mayores y más altas. De modo que nuestra gracia es distinta.

Porque no únicamente se nos ha dado el perdón de los pecados, pues en esto no nos diferenciamos de aquéllos, sino que somos sus consocios, pues todos pecaron. Pero a nosotros se nos da además la justicia, la santificación, la adopción y la gracia del Espíritu Santo con mucha mayor esplendidez y abundancia. Por esta gracia somos amados de Dios, no únicamente ya como siervos, sino también como amigos y como hijos. Por esto dice el evangelista: Gracia por gracia. También los ritos legales eran gracia y aun el hecho de haber sido sacados de la nada, ya que no hemos recibido esto como recompensa de méritos precedentes. ¿Cómo podría eso no ser existiendo nosotros?

Dios continuamente se nos adelanta con sus beneficios. No sólo cuando nos sacó de la nada; sino además cuando, una vez creados, nos concede conocer qué es lo que ha de hacerse y qué es lo que no ha de hacerse. Y que este conocimiento lo obtengamos por la ley natural, poniendo en nosotros el tribunal incorruptible de la conciencia, es obra de inmensa gracia y bondad inefable. Y gracia fue que esa ley natural corrompida ya la restaurara mediante la ley escrita. Lo propio habría sido que quienes habían adulterado la ley que al principio se les dio, fueran entregados a la venganza divina y al castigo. Pero no sucedió así, sino que se les concedió la dicha restauración y un perdón no merecido, sino dado de gracia y misericordia. Y que en realidad eso haya sido fruto de gracia y misericordia, oye cómo lo dice David (Sal. 103, 6.7): El Señor que hace misericordia y otorga el derecho a los oprimidos todos, manifestó sus caminos a Moisés, a los hijos de Israel sus hazañas. Y también (Sal. 25, 8): Bueno y recto es Yahvé; por eso muestra a los pecadores el camino.

De modo que el haber recibido la ley fue obra de gracia y de misericordia. Por tal motivo, una vez que dijo el evangelista: Gracia por gracia, insistiendo en la grandeza del don, añadió: La ley fue dada por Moisés, pero la gracia y la verdad tuvieron su principio en Jesucristo. Advertid cuán suavemente y poco a poco, así el Bautista como el discípulo amado, levantan a los oyentes al conocimiento altísimo, tras de haberlos ejercitado en cosas más humildes. El Bautista, una vez que se hubo comparado con Aquel que a todos excede sin comparación, luego declara la excelencia de éste diciendo: El cual ha sido constituido superior a mí; y añadió: Porque existía antes que yo. El evangelista en cambio avanzó más adelante, aunque aún no lo que pedía la dignidad del Unigénito. Porque lo comparó no con el Bautista, sino con Moisés, que era mucho más admirado que el Bautista entre los judíos, cuando dijo: La ley fue dada por Moisés, pero la gracia y la verdad tuvieron su principio por Jesucristo.

Advierte su sabiduría. No se pone a examinar las personas, sino las cosas. Pues siendo mayores las cosas, aquellos malagradecidos debían aceptar su testimonio y sentencia acerca de Cristo. Puesto que las cosas mismas que en sí no tenían ni favoritismo ni odio, así lo testimoniaban y proporcionaban a aquellos impudentes un motivo de certeza. Pues tales cosas permanecen así como las hicieron sus autores y así brillan, de manera que su testimonio está fuera de toda excepción o sospecha. Observa además la modestia en la comparación para bien incluso de los más débiles. Porque no amplifica con palabras la excelencia de Cristo, sino que únicamente demuestra la diferencia con sencillas expresiones, cuando contrapone la gracia y la verdad a la ley; y la expresión: tuvieron su principio, con la otra: fue dada. Porque hay entre ellas gran diferencia. Fue dada es propia de un ministro que da a quien se le ha ordenado lo que de otro ha recibido. En cambio la otra expresión, al decir que la gracia y la verdad tuvieron su principio, es propia del Rey que con potestad suya perdona los pecados todos y prepara un don. Por tal motivo decía Cristo (Mt. 9, 2): Se te perdonan tus pecados y también (Mt. 9, 6): Mas para que sepáis que el Hijo del hombre tiene sobre la tierra potestad de perdonar los pecados, dice al paralítico: Levántate, toma tu lecho y vete a tu casa.

Observas ¿cómo es principio de la gracia? Mira cómo también lo es de la verdad. Las cosas dichas y lo que hizo con el ladrón y el don del bautismo y la gracia conferida del Espíritu Santo demuestran que es principio de la gracia, lo mismo que otros muchos hechos. Que lo sea de la verdad, lo entenderemos mejor si nos fijamos en las figuras. Porque lo que luego se había de instituir en el Nuevo Testamento, de antemano las figuras lo habían delineado; pero Cristo al venir les dio realidad. Veámoslo brevemente, pues no es oportunidad de recorrerlas todas con amplitud. Mas por unas pocas que yo indique entenderéis las demás.

¿Os parece que comencemos por la Pasión? (Ex. 12, 3) Tomad el cordero por familias e inmoladlo y haced como lo ordenó e instituyó el Señor. Cristo no va por ese camino. No ordena que se proceda, sino que El mismo se ofreció al Padre como oblación y hostia. Observa cómo la figura fue dada por Moisés, pero la verdad la realizó Cristo.

Lo mismo fue en el monte Sinaí (Ex. 17, 12). Como los amalecitas emprendieron la batalla contra los hebreos, Arón y Or le sostenían a Moisés por ambos costados las manos extendidas; Cristo, en cambio, El personalmente, mantuvo en la cruz sus manos extendidas. ¿Adviertes cómo la figura dada fue, pero la verdad fue realizada?

También decía la ley (Dt. 27, 26): Maldito aquel que no mantiene en vigor las palabras de esta ley. Pero la gracia ¿qué es lo que dice? (Mt. 11, 28): Venid a Mí todos los que trabajáis y vais cargados, que yo os aliviaré. Y Pablo (Gal. 3, 13): Cristo nos rescató de la maldición de la Ley, haciéndose por nosotros maldición.

En consecuencia, pues disfrutamos de tan grande gracia y verdad, os ruego que la magnitud del don no nos tome más desidiosos. Cuanto es mayor el honor que se nos ha conferido, tanto mayor virtud debemos demostrar. No es reo de culpa el que habiendo recibido pequeños dones corresponde en pequeño; pero quien sube a las más altas cumbres del honor y corresponde vil y apocadamente digno es de muy grave castigo. ¡Lejos de nosotros pensar que vosotros sois así! Más bien confiamos en que habréis levantado hasta el cielo vuestras alas, y os habréis alejado de la tierra; y que viviendo en el mundo ya no os ocupáis de las cosas mundanas. Pero, aunque llenos de tal confianza, no cesamos de amonestaros con frecuencia acerca de estas cosas. También en los juegos paganos, todos los espectadores exhortan no a los caídos, no a los que yacen por tierra, sino a los que diligentemente llevan adelante ardorosos la carrera. Y a los otros, ya excluidos de la victoria y que no pueden levantarse con alguna exhortación que los conmueva, los dejan yacer en el suelo para no fatigarse en vano. Aunque acá en nuestro campo siempre hay que esperar algo no únicamente de vosotros los que vigiláis, sino también de los caídos. Por tal motivo, no omitimos medio alguno, rogando, suplicando, exhortando, reprendiendo, increpando, alabando: ¡todo para que trabajéis en vuestra salvación! Por lo mismo, no llevéis a mal mis frecuentes exhortaciones para una vida virtuosa. No nos expresamos así para acusaros de desidia, sino que os amonestamos apoyados en la buena esperanza.

Por otra parte, lo cierto es que estas cosas y las demás que diremos no tocan únicamente a vosotros, sino también a nosotros, pues también nosotros necesitamos de esta enseñanza: el que seamos nosotros quienes las decimos, no impide el que también a nosotros nos toquen. El discurso corrige al reo de pecados; pero al que está libre de culpa lo aparta más del pecado. Tampoco nosotros estamos limpios de culpas, y la medicina es común: remedios hay para todos. El modo de curar no es el mismo, aun cuando se deje al arbitrio de cada uno el uso de los medicamentos. Por lo cual, el que los usa en modo conveniente, recobra la salud; el que no aplica el remedio a la llaga, aumenta su mal y va por mal camino a peores acabamientos.

En conclusión, no llevemos a mal la medicina. Más bien alegrémonos si el modo de la curación nos causa graves dolores, porque enseguida nos acarreará dulcísimos frutos. No omitamos medio alguno con el objeto de que, libres de las llagas y heridas que nos han causado los dientes del pecado en el alma, vayamos a la vida eterna; y para que, hechos dignos de la vista de Cristo, no seamos entregados en aquel día a los poderes vengadores y cruelísimos, sino a las Potestades que nos conduzcan a la herencia de los Cielos, preparada para los que aman a Dios. Ojalá todos la alcancemos, por gracia y benignidad de nuestro Señor Jesucristo, al cual sean la gloria y el poder, por los siglos de los siglos. Amén.

HOMILÍA XV. A Dios nadie jamás lo vio, el Unigénito de Dios que está en el seno del Padre, Él es quien lo ha dado a conocer (*Jn 1,18*).

Dios no desea que únicamente oigamos las palabras y sentencias de la Escritura Sagrada, sino que con gran reflexión y profundizándolas las comprendamos. Por esto el bienaventurado David con frecuencia intitula así sus salmos (Sal. 32, 42): Para conocimiento. Y decía (Sal. 119, 18): Abre mis ojos y contemplaré las maravillas de tu ley. Y después de él, su hijo enseña que la sabiduría (Pr. 2,4; 3, 14) se ha de buscar como la plata y se ha de adquirir como el oro. Y el Señor exhorta a los judíos a escrutar las Escrituras, y nos lleva así a un examen más profundo. No habría hablado así si a la primera lectura y al punto pudieran ellas entenderse. Nadie se pone a escrutar lo que con sólo presentarlo al punto se entiende (Jn. 5, 39). Solamente se investiga lo que es oscuro y necesita de mucho examen. Por tal motivo llama a la Escritura tesoro escondido (Pr. 2, 4; Mt. 13, 44): para excitarnos a la investigación.

Todo esto lo hemos dicho para que no acometamos la lectura de las Escrituras Sagradas a la ligera y por la superficie, sino muy cuidadosamente. Si alguno escucha las sentencias sin examinarlas y todo lo toma a la letra, pensará de Dios muchas cosas absurdas. Pensará que es hombre, que es de bronce, que se irrita, que se enfurece; y aun acogerá doctrinas peores acerca de Él. Mas si llega a comprender el profundo pensamiento de ellas, estará libre de esas absurdas opiniones. Así, en lo que se acaba de leer se dice que Dios tiene seno, cosa propia de lo corporal. Pero nadie hay tan estulto que vaya a pensar que Dios es un cuerpo incorpóreo. De manera que para entenderlo todo en un sentido espiritual ¡ea! tomemos el agua de más arriba.

A Dios nadie jamás lo vio. ¿Como consecuencia de qué dice esto el evangelista? Una vez que hubo declarado aquella grandeza de dones de Cristo y en cuán gran manera eran diferentes y superaban a los que se recibieron de Moisés, quiere ahora descubrir la causa proporcionada de semejante diferencia. Moisés, como siervo que era, fue instrumento para administrar cosas más humildes; pero Cristo, Señor, Rey, Hijo del Rey, nos trajo dones mayores con mucho, El, que está con el Padre y continuamente lo contempla. Por tal motivo dijo el evangelista: A nadie lo Dios ha visto. Pero ¿qué diremos del grandilocuente Isaías (Is. 6, 1), que dice: Vi al Señor sentado sobre un solio excelso y levantado? ¿Qué diremos de Juan (Jn. 12, 41), que testifica haber oído a Dios y haber contemplado su gloria? ¿Qué de Ezequiel? (Ez. 1 y 10) Porque también éste lo vio sentado sobre querubines. Qué de Daniel, quien a su vez dice (Dn. 7, 9): Se sentó el antiguo en días. Qué del propio Moisés, que decía (Ex. 33, 13): Manifiéstame tu gloria para que te vea claramente. Y de haber visto al Señor tuvo Jacob su nombre y se llamó Israel; porque Israel significa el que ve a Dios. Y otros muchos lo vieron. Entonces ¿cómo dice el evangelista: A Dios nadie lo vio jamás?

Lo hizo para demostrar que todas esas visiones no eran sino un atemperarse Dios al hombre; pero no eran visión simplemente de la substancia misma de Dios. Si hubieran visto la substancia misma de Dios, no la habrían visto cada cual de un modo diverso, puesto que es ella simple, sin figura, sin composición, incircunscripta; de modo que ni se sienta ni está de pie, ni camina; puesto que todo eso es propio de los cuerpos. Cómo sea ella sólo El mismo lo conoce. Así lo declaró Dios Padre por boca del profeta (Os. 12, 10): Yo, dice, multipliqué las visiones y por medio de los profetas hablaré en parábolas. Es decir: me atemperé y no me manifesté cual soy. Puesto que el Hijo suyo había de venir a nosotros en verdadera carne, ya desde antiguo ejercitaba a los profetas haciendo que vieran la substancia de Dios en cuanto podían verla. Porque lo que Dios es en Sí mismo ni los profetas, ni los ángeles, ni los arcángeles lo ven. Si les preguntaras, oirías que nada te dicen de la substancia, sino únicamente los oirás que cantan (Lc. 2, 14): Gloria a Dios en las alturas, en la tierra paz a los hombres de buena voluntad o benevolencia. Y si quieres saber algo de parte de los querubines y serafines, escucharás un canto misterioso de santificación y que dicen (Is. 6, 3): Llenos están los cielos y la tierra de su gloria. Si interrogas a las Virtudes celestes, lo único que descubrirás será que todo su empleo es alabar a Dios. Pues dice: Alabadlo todas sus Virtudes, dijo David (Sal. 148, 2). De manera que lo contemplan solamente el Hijo y el Espíritu Santo. ¿Cómo podría la naturaleza creada ver al que es Increado? Si no podemos nosotros contemplar claramente a ninguna de las Virtudes incorpóreas, aun siendo éstas creadas, como con frecuencia se ha demostrado con los ángeles, mucho menos podremos ver claramente aquella naturaleza incorpórea e increada.

Por lo cual dice Pablo (1Tm. 6, 16): Al cual ningún hombre ha visto ni puede ver. Entonces semejante visión ¿a sólo el Padre compete exclusivamente y no al Hijo? ¡Quita allá! También compete al Hijo. Y que así sea oye cómo lo declara Pablo (Col. 1, 15): El cual es la Imagen de Dios invisible. Ahora bien: quien es Imagen del Invisible, él a su vez tiene que ser invisible, pues de otro modo no sería Imagen del Invisible. Y si Pablo en otro sitio dice: Dios se manifestó en carne no te admires; porque la manifestación en carne no fue manifestación según la substancia. Pablo mismo declara ser Dios invisible no sólo para los hombres, sino para las Virtudes celestes. Pues una vez que dijo: Se manifestó en carne, añadió: Y fue visto por los ángeles. De modo que entonces fue visto por los ángeles, cuando se revistió de carne; pero anteriormente no lo veían así, pues su substancia era invisible para ellos.

Preguntarás, entonces ¿cómo es que Cristo dijo? (Mt. 18, 10): No menospreciéis a uno de estos pequeños; porque os aseguro que sus ángeles contemplan sin cesar el rostro de mi Padre celestial. Yo pregunto: entonces ¿tiene Dios rostro? ¿está circunscrito al cielo? Nadie habrá tan loco que lo afirme. ¿Qué es pues lo que aquí se dice? Así como cuando afirma (Mt. 5, 8): Bienaventurados los limpios de corazón porque ellos verán a Dios, habla de una visión intelectual que sí nos es posible y del pensamiento referente a Dios, así también lo mismo se ha de decir de los ángeles; o sea, que ellos por su naturaleza pura y siempre despierta, no piensan ni imaginan otra cosa sino a Dios. Por esto dice: Nadie conoce al Padre sino el Hijo. Entonces ¿todos permanecemos en la ignorancia? ¡Lejos tal cosa! Sino que nadie conoce al Padre como lo conoce el Hijo. De modo que muchos, según su posibilidad, lo vieron; pero nadie vio su substancia. Del mismo modo ahora, todos conocemos a Dios, pero ninguno conoce su substancia sino solamente el nacido de Él. Llama aquí conocimiento a una visión clara y comprensiva, como la que el Padre tiene del Hijo. Pues dice Cristo: Así como me conoce el Padre, también yo conozco al Padre.

Observa con qué seguridad se expresa el evangelista. Pues habiendo dicho: A Dios nadie jamás lo vio, no añade: El Hijo que lo vio nos lo ha narrado, sino que puso algo más que el solo verlo, diciendo: El cual está en el seno del Padre. Porque mucho más que ver al Padre es estar en el seno del Padre. Quien únicamente ve no tiene exacto conocimiento de la cosa que ve; pero quien está en el seno, nada puede ignorar. De modo que cuando oyes: Nadie conoce al Padre, sino el Hijo, no vayas a decir: Ve más que los otros, pero no lo ve íntegro. Por tal motivo el evangelista dijo que se halla en el seno del Padre. Y Cristo dice que lo conoce tanto como el Padre conoce al Hijo.

Al que contradiga pregúntale: ¿El Padre conoce al Hijo? Si no está loco te responderá que sí. Continuemos preguntándole: ¿Lo conoce y ve con exacta visión y conocimiento y conoce lo que es su substancia? También esto lo confesará, si no está loco. Pues deduce de aquí el exacto conocimiento que el Hijo tiene del Padre. Porque Él dijo: Como me conoce el Padre así también yo conozco al Padre; y luego: A Dios nadie lo ha visto, sino el que viene de Dios. De modo que, como ya dije, este es el motivo de que el evangelista haga mención del seno del Padre, declarándonos todo con sola esta palabra, y que hay entre el Padre y el Hijo gran parentesco de substancia entre ambos, es decir unicidad; puesto que de ambas partes es igual el conocimiento, es igual también el poder.

Ciertamente el Padre no puede tener en su seno una substancia ajena; ni tampoco el Hijo, si fuera de diversa substancia y siervo y uno de tantos otros, se atrevería a estar en el seno del Padre. Porque esto es propio únicamente del Hijo verdadero: que tenga plena cabida con su Padre y no sea menos que Él. ¿Quieres ahora conocer su eternidad? Oye lo que del Padre afirma Moisés. Como éste preguntara a Dios lo que podría responder a los egipcios cuando lo interrogaran acerca de quién lo había enviado, se le ordenó que dijera (Ex. 3, 14): El -que es- me ha enviado. Ahora bien, esa expresión -El que es- significa el que existe siempre, y que verdaderamente y propiamente existe sin tener principio. Es lo mismo que significa la otra: En el principio existía; es decir que él existe siempre. De manera que Juan usó aquí de semejante sentencia para declarar que el Hijo existe en el seno del Padre sin principio y ab aeterno.

Y para que no a causa de la homonimia pensaras ser Él uno de los muchos que son hijos de Dios por la gracia, le pone Juan el artículo que lo distinga de los que son hijos por gracia. Pero si esto no te satisface, y todavía caminas inclinado a la tierra y pensando al modo terreno, oye otro nombre más propio del Hijo: es el Unigénito. Y si aún te empeñas en mirar al suelo, no dudaré en proferir acerca de Dios una palabra humana, o sea, el seno, con tal de que no por eso pienses al modo humano.

¿Has observado la benignidad y providencia del Señor Dios? Se apropia la palabra humana indigna de Él, para que a lo menos por este camino veas y pienses algo supra terreno. Pero tú ¿aún te arrastras por la tierra? Dime: ¿por qué aquí se hace mención del seno, que es palabra tosca y carnal? ¿Es acaso para que pensemos ser Dios un cuerpo? Responderás que de ninguna manera. ¿Por qué? Porque si por esta palabra no se demuestra que es verdadero Hijo, ni tampoco que Dios es incorpóreo, en vano se ha usado. Entonces: ¿por qué se usó? pues no desistiré de mi pregunta. Acaso ¿no queda manifiesto que no por otro motivo se usó sino para que deduzcamos de ella no otra cosa sino que el Hijo es verdadero Unigénito y que es coeterno con el Padre? Continúa el evangelista: Él es quien lo ha dado a conocer.

¿Qué dio a conocer? Que a Dios nadie jamás lo vio. Dios es único (Dt. 6, 4). Pero esto tanto los demás profetas como Moisés frecuentísimamente lo proclaman: El Señor Dios tuyo es único Señor. E Isaías (Is. 43, 10): Antes de Mí no ha existido otro Dios, y después de Mí no lo hay. ¿Qué otra cosa hemos conocido por el Hijo, que existe en el seno del Padre? ¿Qué otra cosa de parte del que es Unigénito? En primer lugar que todo esto lo es por operación del Padre. En segundo lugar, hemos recibido una doctrina más clara con mucho y hemos conocido que Dios es Espíritu, y que quienes lo adoran deben adorarlo en espíritu y en verdad. En tercer lugar, que es imposible ver a Dios y que nadie lo conoce sino el Hijo; y que es Padre del verdadero Unigénito, y todo lo demás que de Él se ha dicho.

La expresión: Lo ha dado a conocer, trae una más clara y abierta enseñanza que entregó El no sólo a los judíos, sino al orbe todo y la perfeccionó. Por cierto que a los profetas ni siquiera todos los judíos les hacían caso; pero al Unigénito de Dios, todo el orbe cedió y le dio fe. De manera que aquí ese dar a conocer significa evidencia en la doctrina; y por esto se llama Verbo y también Ángel del gran consejo. Y pues nos ha dado una doctrina más amplia y más perfecta, habiéndonos hablado en estos últimos tiempos no ya por los profetas, sino por su propio Hijo, instituyamos un modo de vivir mucho más excelente y que sea digno de semejantes honores.

Sería absurdo que habiéndose El abatido en tan gran manera que quiera hablarnos no ya por medio de sus siervos, sino por Sí mismo, no correspondamos por nuestra parte mostrándonos mayores y mejores que aquellos antiguos (Hch. 1, 1). Tuvieron ellos como maestro a Moisés; nosotros tenemos al Señor de Moisés. Demostremos, pues, una virtud digna de semejante honor altísimo; una virtud tan grande que no tengamos ya nada de común con lo terreno. Para eso nos trajo del Cielo la doctrina: para que elevemos al Cielo nuestros pensamientos y seamos imitadores, según nuestras fuerzas, de semejante Maestro. Preguntarás: ¿cómo podemos ser imitadores de Cristo? Haciéndolo todo para común utilidad, sin buscar nuestro propio interés. Puesto que (Rm. 15, 3; Sal. 69, 10): Cristo no buscó complacerse a Sí mismo, sino que como está escrito: Los ultrajes de los que te ultrajan cayeron sobre mí.

En consecuencia, que nadie busque su propio interés, pues en verdad cada cual busca ciertamente su propio interés si procura el del prójimo; porque los intereses del prójimo son nuestros; y somos un solo cuerpo y cada uno en particular, miembros unos de otros. No nos portemos, pues, como si estuviéramos separados. Que nadie diga: fulano no es amigo mío, no es mi pariente, no es mi vecino, nada me liga con él. ¿Cómo me le acercaré? ¿Qué le voy a decir? Aunque no sea tu pariente, aunque no sea tu amigo, pero es un hombre de tu misma naturaleza y tiene el mismo Señor, es tu consiervo, tu compañero de habitación, pues vive en tu mismo mundo.

Y si tiene la misma fe, se ha hecho miembro tuyo. ¿Qué amistad es capaz de operar una unión tan íntima como el parentesco en la fe? Nosotros no debemos demostrar una unión como la que hay entre amigo y amigo, sino la que hay entre un miembro y otro. No encontrarás un género de unión más íntimo que el de esta amistad y parentesco. Así como no puedes decir del amigo: ¿qué lazos de familia y qué parentesco me unen a él? pues sería ridículo, así tampoco puedes decirlo de tu hermano en la fe; pues dice Pablo (1Co. 12, 13): Todos hemos sido bautizados para formar un solo cuerpo. ¿Para qué un solo cuerpo? Para que no nos separemos, sino que mediante un mutuo parentesco y amistad, conservemos el modo de ser de un cuerpo solo. No despreciemos al prójimo para que no nos despreciemos a nosotros mismos. Pues dice la Escritura (Ef. 5, 29): Nadie aborrece su propia carne; sino que la nutre y cuida. Nos dio Dios este mundo como casa común y todo lo distribuyó por parejo; y encendió para todos un mismo sol; y extendió sobre nosotros un mismo techo que es el cielo; y nos preparó una mesa común que es la tierra; y nos proporcionó otra mesa mucho más amplia que ésa, pero que es única, como lo saben los que participan de los divinos misterios. Y nos dio un mismo modo único de generación espiritual a todos; y todos tenemos una patria común que es el cielo; y todos participamos de un mismo cáliz. No se da al rico más, ni algo más precioso; no se da al pobre menos ni cosa de menor precio. El Señor a todos ha llamado igualmente y les ha entregado los dones así espirituales como corporales.

Entonces: ¿de dónde proviene tan gran desigualdad en el modo de vivir? De la avaricia, de la arrogancia. Os ruego, hermanos, que en adelante no se proceda así, pues las cosas comunes y necesarias nos unen a todos. No nos dejemos arrastrar por lo terreno y por las cosas de nonada; como son, digo, las riquezas, la pobreza, los parentescos corporales, el odio, la amistad. Todo eso es sombra y aún más vil que la sombra para quienes están unidos por la caridad del Cielo. Guardemos sin quiebra este vínculo y no podrán los espíritus malignos introducir entre nosotros nada malo y tal que rompa esta unidad. Ojalá podamos todos lograrla, por gracia y benignidad del Señor nuestro Jesucristo, por el cual y con el cual sea la gloria al Padre, juntamente con el Espíritu Santo, ahora y siempre y por los siglos de los siglos. Amén.

HOMILÍA XVI. Este es el testimonio de Juan, cuando los judíos le enviaron desde Jerusalén sacerdotes y levitas para preguntarle: ¿Quién eres tú? (*Jn 1,19*)

Malísima cosa es la envidia, carísimos; grave cosa es, pero no para los envidiados, sino para los que envidian. A éstos, antes que a nadie, es a quienes daña; a éstos destroza antes que a nadie, pues llena su ánimo de un como mortífero veneno. Si daña en algo a los envidiados, el daño es pequeño y de nonada, puesto que les acarrea una ganancia mayor que el daño. Y no sólo en la envidia, sino también en los demás vicios, quien recibe el daño no es el que sufre el mal, sino el que lo causa. Si esto no fuera así, no habría Pablo ordenado a los discípulos sufrir las injurias antes que perpetrarlas, cuando dice (1Co. 6, 7): ¿Por qué no más bien toleráis el atropello? ¿por qué no más bien sufrís el despojo? Sabía perfectamente que en todo caso la ruina sería no para el que sufre el mal, sino para el que lo causa. Todo esto lo he dicho a causa de la envidia de los judíos. Los que de las ciudades habían concurrido y arrepentidos confesaban sus pecados y se bautizaban, movidos a penitencia, envían a algunos que le pregunten: ¿Tú quién eres? Verdadera estirpe de víboras; serpientes y más que serpientes si hay algo más. Generación mala, adúltera y perversa. Tras de haber recibido el bautismo, ahora ¿preguntas e inquieres con vana curiosidad quién sea el Bautista? ¿Habrá necedad más necia que ésta? ¿Habrá estulticia más estulta? Entonces ¿por qué salisteis a verlo? ¿por qué confesasteis vuestros pecados? ¿por qué corristeis a que os bautizara? ¿para qué le preguntasteis lo que debíais hacer? Precipitadamente procedisteis, pues no entendíais ni el origen de qué se trataba.

Pero el bienaventurado Juan nada de eso les echó en cara, sino que les respondió con toda mansedumbre. Vale la pena examinar por qué procedió así. Fue para que ante todos quedara patente la perversidad de ellos. Con frecuencia Juan dio ante ellos testimonio de Cristo; y al tiempo en que los bautizaba muchas veces les hacía mención de Cristo y les decía (Mt. 3, 11): Yo os bautizo en agua. Mas el que viene en pos de mí es más poderoso que yo. Él os bautizará en el Espíritu Santo y fuego. Pensaban ellos acerca de Juan algo meramente humano. Procurando la gloria mundana, y no mirando sino a lo que tenían ante los ojos, pensaban ser cosa indigna de Juan el estar sujeto a Cristo.

Ciertamente muchas cosas recomendaban a Juan. Desde luego el brillo de su linaje, pues era hijo de un príncipe de los sacerdotes. En segundo lugar, la aspereza en su modo de vivir. Luego, el desprecio de todas las cosas humanas, pues teniendo en poco los vestidos, la mesa, la casa, los alimentos mismos, anteriormente había vivido en el desierto. Cristo en cambio era de linaje venido a menos, como los judíos con frecuencia se lo echaban en cara diciendo (Mt. 13, 55): ¿No es éste el hijo del carpintero? ¿No se llama María su madre, y sus hermanos Santiago, José, Simón y Judas? Y la que parecía ser su patria de tal manera era despreciable que aun Natanael vino a decir: ¿De Nazaret puede salir algo bueno? Añadíase el género de vida vulgar y el vestido ordinario. No andaba ceñido con cinturón de cuero ni tenía túnica de pelo de camello, ni se alimentaba de miel silvestre y de langostas, sino que su comida era de manjares ordinarios, y se presentaba incluso en los convites de publicanos y hombres pecadores para atraerlos.

No entendiendo esto los judíos, se lo reprochaban, como El mismo lo advirtió (Mt. 11, 19): Vino el Hijo del hombre que come y bebe y dicen: Ved ahí a un hombre glotón y bebedor, amigo de publicanos y pecadores. Pues como Juan con frecuencia remitiera a quienes se le acercaban de los judíos a Cristo, el cual a ellos les parecía inferior a Juan; y éstos avergonzados y llevándolo a mal, prefirieran tener como maestro a Juan, no atreviéndose a decirlo abiertamente, lo que hacen es enviarle algunos de ellos, esperando que por medio de la adulación lo obligarían a declarar ser él el Cristo.

Y no le envían gente de la ínfima clase social, como a Cristo, cuando querían cogerlo en palabras -pues en esa ocasión le enviaron unos siervos y luego unos herodianos, gente de esa misma clase-, sino que le envían sacerdotes y levitas; y no sacerdotes cualesquiera, sino de Jerusalén, o sea, de los más honorables -pues no sin motivo lo subrayó el evangelista-. Y los envían para preguntarle: ¿Tú quién eres? El nacimiento de Juan había sido tan solemne que todos decían (Lc. 1, 66): Pues ¿qué va a ser este niño? Y se divulgó por toda la región montañosa. Y cuando se presentó en el Jordán, de todas las ciudades volaron a él; y de Jerusalén y de toda Judea iban a él para ser bautizados. De modo que los enviados preguntan ahora no porque ignoren quién es-¿cómo lo podían ignorar, pues de tantos modos se había dado a conocer?-, sino para inducirlo a confesar lo que ya anteriormente indiqué.

Oye, pues, cómo este bienaventurado responde, no a la pregunta directamente, sino conforme a lo que ellos pensaban. Le preguntaban: ¿Tú quién eres? y él no respondió al punto lo que convenía responder: Soy la voz que clama en el desierto sino ¿qué? Rechaza lo que ellos sospechaban. Pues preguntado: ¿Tú quién eres?, dice el evangelista: Lo proclamó y no negó la verdad y declaró (Jn. 1, 20): Yo no soy el Cristo. Observa la prudencia del evangelista. Tres veces repite la afirmación, para subrayar tanto la virtud del Bautista como la perversidad de los judíos.

Por su parte Lucas dice que como las turbas sospecharan si él sería el Cristo, Juan reprimió semejante sospecha. Deber es éste de un siervo fiel: no sólo no apropiarse la gloria de su Señor, sino aun rechazarla si la multitud se la ofrece. Las turbas llegaron a semejantes sospechas por su ignorancia y sencillez; pero los judíos, como ya dije, le preguntaban con maligna intención, esperando obtener de sus adulaciones la respuesta que anhelaban. Si no hubieran intentado eso, no habrían pasado tan inmediatamente a la siguiente pregunta; sino que, indignados porque él no respondía según el propósito que traían, le habrían dicho: ¿Acaso nosotros hemos sospechado eso? ¿Venimos por ventura a preguntarte eso que dices? Pero cogidos en su misma trampa, pasan a otra pregunta.

(Jn. 1, 21) ¿Entonces qué? ¿Eres tú Elías? Y él les respondió: No soy. Porque ellos esperaban la venida de Elías, como lo indicó Cristo. Pues cuando los discípulos le preguntaron (Mt. 17, 10): ¿Cómo es que los escribas dicen que antes debe venir Elías? Él les respondió: Elías, cierto, ha de venir y lo restaurará todo. Luego los judíos preguntan a Juan: ¿Eres tú el profeta? Y respondió: ¡No! Y sin embargo era profeta. Entonces ¿por qué lo niega? Es que de nuevo atiende al pensamiento de los que preguntan. Esperaban éstos que había de venir un gran profeta, pues Moisés había dicho (Dt. 18, 15): Os suscitará un profeta el Señor Dios de entre vuestros hermanos, como yo, al cual escucharéis. Se refería a Cristo. Por eso no le preguntan: ¿Eres un profeta? es decir, uno del número de los profetas, sino que ponen el artículo, como si dijeran: ¿Eres tú aquel profeta? Es decir el anunciado por Moisés. Y por esto Juan negó ser aquel profeta, pero no negó ser profeta.

Insistiéronle (Jn. 1, 22): ¿quién eres, pues? Dínoslo para que podamos dar una respuesta a los que nos han enviado. ¿Qué dices de ti mismo? Observa cómo se empeñan e instan y no desisten; y cómo Juan, una vez descartadas las falsas opiniones, establece la verdad. Pues dice (Jn. 1, 23): Yo soy la voz del que clama en el desierto: Enderezad el camino del Señor, como lo dijo el profeta Isaías. Pues había proclamado algo grande y excelente acerca de Cristo, atemperándose a la opinión de ellos se refugia en el profeta Isaías y por aquí hace creíbles sus palabras.

Y dice el evangelista (Jn. 1, 24-25): Los que se le habían enviado eran algunos de los fariseos. Y le preguntaron y dijeron: ¿Cómo, pues, bautizas, si tú no eres el Cristo, ni Elías, ni el Profeta?

Ves por aquí cómo no procedí yo a la ligera cuando afirmé que ellos querían inducirlo a la dicha confesión? Al principio hablaron así para no ser entendidos de todos. Pero después, como Juan afirmó: No soy el Cristo, enseguida, para encubrir lo que en su interior maquinaban, recurrieron a Elías y al Profeta. Y cuando Juan les dijo que no era ni el uno ni el otro, dudosos, pero ya abiertamente, manifiestan su dolo y le dicen: Entonces ¿cómo es que bautizas si no eres el Cristo? Pero de nuevo encubriendo su pensamiento recurren a Elías y al Profeta. Pues no pudieron vencer al Bautista por la adulación, creyeron que lo lograrían mediante la acusación, para que confesara lo que ellos anhelaban, y que no era verdad.

¡Oh locura, oh arrogancia y curiosidad extemporánea! Se os ha enviado para saber de Juan de dónde sea y de quién es. Y ahora vosotros ¿le pondréis leyes? Porque tales palabras eran propias de quienes lo quieren obligar a que confiese ser Cristo. Y sin embargo, tampoco ahora muestra indignación; ni, como parecía convenir, exclamó algo parecido a esto: ¿Me ponéis mandato y me fijáis leyes? Sino que de nuevo manifiesta suma moderación.

Pues les dice (Jn. 1, 26-27): Yo bautizo con agua; pero en medio de vosotros está ya el que vosotros no conocéis. Ese es el que ha de venir en pos de mí, el que existía antes que yo y del cual no soy digno de desatar la correa de sus sandalias. ¿Qué pueden oponer a esto los judíos? La acusación contra ellos por aquí se torna irrefutable; su condenación no tiene perdón que la pueda apartar; contra sí mismos han pronunciado la sentencia. ¿Cómo y en qué forma? Tenían a Juan como digno de fe y tan veraz, que se le debía creer no solamente cuando diera testimonio de otros, sino también cuando lo diera acerca de sí mismo. Si no hubieran pensado así de él, nunca le habrían enviado quienes le preguntaran acerca de sí mismo. Sabéis bien vosotros que nadie da crédito a quienes hablan de sí mismos, sino cuando se les tiene por sumamente veraces. Y no es esto sólo lo que les cierra la boca, sino además ánimo con el que lo acometieron. Se acercaron a Juan con sumo anhelo, aunque luego cambiaron. Ambas cosas significó Cristo cuando dijo: Juan era una antorcha que brillaba y ardía; y a vosotros os plugo regocijaros momentáneamente con su llamad La respuesta de Juan le procuraba todavía una mayor credibilidad. Pues dice Cristo: El que no busca su gloria es veraz y en él no hay injusticia. Juan no la buscó, sino que los remitió a Cristo. Y los que le fueron enviados eran de los más dignos de fe y principales entre ellos, de modo que no les quedara excusa o perdón por no haber creído en Cristo.

¿Por qué no creéis a lo que Juan afirmaba de Cristo? Enviasteis a vuestros principales. Por boca de ellos vosotros interrogasteis. Oísteis lo que respondió el Bautista. Los enviados desplegaron todo su empeño, toda su diligencia, y todo lo escrutaron, y trajeron al medio a todos los varones de quienes tenían sospecha que fuera Juan. Y sin embargo éste con toda libertad les respondió y confesó no ser el Cristo, ni Elías, ni el famoso Profeta. Y no contento con esto, declaró quién era él y habló de la naturaleza de su bautismo, afirmando ser humilde y poca cosa y que, fuera del agua, ninguna virtud tenía, y proclamó la excelencia del bautismo instituido por Cristo. Trajo además el testimonio del profeta Elías (Is. 40, 3), proferido mucho antes y en el que al otro lo llamaba Señor y a Juan siervo y ministro. ¿Qué más habían de esperar? ¿qué faltaba? ¿Acaso no únicamente que creyeran a aquel de quien Juan daba testimonio, y lo adoraran y lo confesaran como Dios? Y que semejante testimonio no procediera de adulación, sino de la verdad, lo comprobaban las costumbres y la prudencia y demás virtudes del testificante. Lo cual era manifiesto, pues nadie hay que prefiera al vecino a sí mismo, ni que ceda a otro el honor que puede él apropiarse, sobre todo tratándose de tan gran honor. De modo que Juan, si Cristo no fuera verdaderamente Dios, jamás habría proferido tal testimonio. Si rechazó aquel honor porque inmensamente superaba a lo que él era, ciertamente nunca habría atribuido tal honor a otro que le fuera inferior.

En medio de vosotros está ya el que vosotros no conocéis. Habló así Juan porque Cristo, como era conveniente, se mezclaba con el pueblo y andaba como uno de los plebeyos, porque en todas partes daba lecciones de despreciar el fausto y las pompas y vanidades. Al hablar aquí Juan de conocimiento, se refiere a un conocimiento perfecto acerca de quién era Cristo y de dónde venía. Lo otro que dice Juan y lo repite con frecuencia: Vendrá después de mí, es como si dijera: No penséis que con mi bautismo ya está todo perfecto. Si lo estuviera, nadie vendría después de mí a traer otro bautismo nuevo. Este mío no es sino cierto modo de preparación. Lo mío es sombra, es imagen. Se necesita que venga otro que opere la realidad. De modo que la expresión: Vendrá en pos de mí declara la dignidad del bautismo de Cristo. Pues si el de Juan fuera perfecto, no se buscaría otro además.

Es más poderoso que yo. Es decir más honorable, más esclarecido. Y luego, para que no pensaran que esa superioridad en la excelencia la decía refiriéndose a sí mismo, quiso declarar que no había comparación posible y añadió: Yo no soy digno de desatar la correa de sus sandalias. De modo que no solamente ha sido constituido superior a mí, sino que las cosas son tales que no merezco que se me cuente entre los últimos de sus esclavos; puesto que desatar la correa del calzado es el más bajo de los servicios. Pues si Juan no es digno de desatar la correa, Juan, mayor que el cual no ha nacido nadie de mujer ¿en qué lugar nos pondremos nosotros? Si Juan, que era superior a todo el mundo (pues dice Pablo (Hb. 11, 38): De los que el mundo no era digno), no se siente digno de ser contado entre los últimos servidores de Cristo, ¿qué diremos nosotros, cargados de tantas culpas y que tan lejos estamos de Juan en las virtudes cuanto la tierra dista del cielo?

Juan se declara indigno de desatar la correa de su calzado. Pero los enemigos de la verdad se lanzan a tan grande locura que afirman conocer a Cristo como Él se conoce. ¿Qué habrá peor que semejante desvarío? ¿qué más loco que semejante arrogancia? Bien dijo cierto sabio: El principio de la soberbia es no conocer a Dios. No habría sido destronado el demonio, ni convertido en demonio aquel que antes no lo era, si no hubiera enfermado con esta enfermedad. Esto fue lo que lo derribó de su antigua amistad con Dios; esto lo arrojó a la gehena; fue para él cabeza y raíz de todos los males. Este vicio echa a perder todas las virtudes: la limosna, la oración, el ayuno y todas las demás. Dice el sabio: El soberbio entre los hombres, es impuro delante de Dios.

No mancha tanto al hombre ni la fornicación ni el adulterio, cuanto lo mancha la soberbia. ¿Por qué? Porque la fornicación, aun cuando sea indigna de perdón, sin embargo puede alguno poner como pretexto la furia de la pasión. Pero la arrogancia no tiene motivo alguno ni pretexto por el cual merezca ni sombra de perdón. Porque no es otra cosa que una subversión de la mente: enfermedad gravísima nacida de la necedad. Pues nada hay más necio que un hombre arrogante, aun cuando sea opulentísimo; aun cuando esté dotado de suma sabiduría humana; aunque sea sumamente poderoso; aunque haya logrado todas cuantas cosas parecen deseables a los hombres.

Si el infeliz y miserable que se ensoberbece de los bienes verdaderos pierde la recompensa de todos ellos, el que se enorgullece de los bienes aparentes y que nada son; el que se hincha con la sombra y la flor del heno, o sea con la gloria vana ¿cómo no será el más ridículo de los hombres? Porque no hace otra cosa que el pobre y el mendigo que pasa la vida consumido de hambre, pero se gloría de haber tenido un ensueño placentero. Oh infeliz y mísero que mientras tu alma se corrompe con gravísima enfermedad, sufriendo de pobreza suma, tú andas ensoberbecido porque posees tantos más cuantos talentos de oro y tantas más cuántas turbas de esclavos. Pero ¡si esas cosas no son tuyas! Y si a mí no me crees, apréndelo por la experiencia de otros ricos. Si a tanto llega tu embriaguez que con esos ejemplos no quedes enseñado, espera un poco y lo sabrás por propia experiencia. Todo eso de nada te servirá cuando entregues el alma; y sin que puedas ser dueño de una hora ni de un minuto, todo lo abandonarás contra tu voluntad a los que se hallan presentes; y con frecuencia serán aquellos a quienes tú menos querrías abandonarlo.

A muchísimos ni siquiera se les ha concedido disponer de sus bienes, sino que se murieron repentinamente, al tiempo preciso en que anhelaban disfrutarlos. No se les concedió, sino que arrastrados y violentamente arrancados de la vida, los dejaron a quienes en absoluto no querían dejarlos. Para que esto no nos acontezca, ahora mismo, mientras la salud lo permita, enviémoslos desde aquí a nuestra patria y ciudad. Solamente allá podremos disfrutar de ellos y no en otra parte alguna: así los pondremos en sitio segurísimo. Porque nada ¡no! nada puede arrebatarlos de ahí: ni la muerte, ni el testamento, ni la sucesión hereditaria, ni los sicofantes, ni las asechanzas: quien de aquí allá vaya llevando grande cantidad de bienes, disfrutará de ellos perpetuamente.

¿Quién será, pues, tan mísero que no anhele gozar delicias con sus dineros eternamente? ¡Transportemos nuestras riquezas, coloquémoslas allá! No necesitaremos de asnos ni de camellos ni de carros ni de naves para ese transporte: Dios nos libró de semejante dificultad. Solamente necesitamos de los pobres, de los cojos, de los ciegos, de los enfermos. A ellos se les ha encomendado semejante transporte. Ellos son los que transfieren las riquezas al cielo. Ellos son los que conducen a quienes tales riquezas poseen a la herencia de los bienes eternos. Herencia que ojalá nos acontezca a todos conseguir, por gracia y benignidad de nuestro Señor Jesucristo, por el cual y con el cual sea al Padre la gloria, juntamente con el Espíritu Santo, ahora y siempre y por los siglos de los siglos. Amén.

HOMILÍA XVII. Estos sucesos tuvieron lugar en Betania, allende el Jordán, donde Juan bautizaba. Al día siguiente vio a Jesús venir hacia él y dice: He aquí al Cordero de Dios que quita el pecado del mundo (*Jn. 1,28-29*)

Grande virtud es la confianza y la libertad en expresarse y saber posponerlo todo a la confesión de Cristo (Lc. 12, 8): ¡tan grande es y tan admirable que todo el que se declare por mí ante los hombres, también el Hijo del hombre se declarará por él ante Dios, su Padre! Aunque, a decir verdad, la recompensa no es igual. Tú confiesas a Cristo en la tierra, y Él te confiesa en el cielo; tú, delante de los hombres; El, delante del Padre y de los ángeles.

Así era el Bautista: no atendía a la multitud, tampoco a la gloria ni a otra cosa alguna, sino que todo eso lo pisoteaba; y con la libertad que conviene, a todos predicaba lo tocante a Cristo. El evangelista nota el lugar para declarar por aquí la confianza y seguridad del Bautista, quien con resonante y clara voz, no en una esquina, no en una casa, no en el desierto, sino junto al Jordán, ante una multitud, presentes todos cuantos se habían bautizado (pues había ahí aun judíos), hizo su admirable confesión de Cristo, llena de sublimes, arCanás y altas verdades; y dijo que no se sentía digno de desatar la correa de sus sandalias.

¿Cómo lo declaró el evangelista? Con estas palabras: Estos sucesos tuvieron lugar en Betania. Los manuscritos más exactos ponen en Betabara. Porque Betania no está al otro lado del Jordán, ni en el desierto, sino cerca de Jerusalén. Pero también por otro motivo nota el sitio el evangelista. Pues debiendo referir cosas no antiguas, sino recientemente sucedidas, trae como testigos de lo que dice a los que estaban presentes y habían visto los sucesos; y notando el sitio, toma ese testimonio de veracidad. Cosa que, como ya dije, sería luego no pequeña demostración de que decía verdad.

Al día siguiente ve a Jesús venir hacia él y dice: He aquí al Cordero de Dios que carga sobre sí el pecado del mundo. Dividieron el tiempo los evangelistas. Mateo, tras de tocar brevemente el que precedió al encarcelamiento del Bautista, se apresura a referir los sucesos subsiguientes, y en ellos se detiene largamente. El evangelista Juan no sólo no narra brevemente lo de ese tiempo, sino que en ello se alarga. Mateo, después que Jesús regresó del desierto, omitió los sucesos intermedios, por ejemplo lo que dijo el Bautista, lo que dijeron los enviados de los judíos y todo lo demás; y al punto pasa al encarcelamiento, y dice (Mt. 14, 13): Habiendo oído Jesús que Juan había sido aprisionado, se apartó de ahí?

No procede así el evangelista Juan, sino que omite la ida al desierto, pues ya Mateo la había referido y narró lo sucedido después que Jesús bajó del monte; y pasando en silencio muchas cosas, continuó (Jn. 3, 24): Pues Juan aún no había sido encarcelado. Preguntarás: ¿por qué ahora Jesús viene a Juan el Bautista no una sino dos veces? Porque Mateo por fuerza tenía que decir que vino para ser bautizado; y así lo declaró Jesús diciendo (Mt. 3, 15): Así conviene que cumplamos toda justicia. Y Juan afirma que de nuevo fue Jesús al Bautista, después del bautismo. Así lo declara éste con las palabras Yo he visto al Espíritu descender del cielo como paloma y posarse sobre El. Pregunto yo: ¿Por qué vino de nuevo al Bautista? Porque no solamente vino, sino que se le hizo presente. Pues dice el evangelista: Como viniera a él, lo vio. ¿Por qué, pues, vino? Como el Bautista había bautizado a Jesús que se hallaba mezclado con la turba, de manera de que nadie pusiera sospecha en que El por la misma causa que los otros se había acercado a Juan, o sea para confesar sus pecados y con el bautismo en el río lavarlos para penitencia, ahora de nuevo se acerca a Juan para darle oportunidad de corregir semejante opinión y sospecha. Porque al exclamar Juan: He aquí al Cordero de Dios que carga sobre sí el pecado del mundo, deshace toda esa imaginación. Puesto que quien es tan puro que puede lavar los pecados de todos los demás, como es manifiesto, no se acerca para confesar pecados suyos, sino para dar ocasión al eximio pregonero de que por segunda vez repita lo dicho en la primera, y así más profundamente se grabe en el ánimo de los oyentes. Y también para que añadiera otras cosas más.

Profirió la expresión: He aquí porque muchos y muchas veces y desde mucho tiempo antes, por lo que él había dicho, andaban en busca de Jesús. Por esto lo indica ahí presente y dice: He aquí, declarando ser aquel a quien de tiempo atrás andaban buscando. Este es el Cordero. Lo llama Cordero para recordar a los judíos la profecía de Isaías y también la sombra y figura del tiempo de Moisés; y así, mediante una figura mejor, llevarlos a la verdad. Aquel cordero antiguo no tomó sobre sí ningún pecado de nadie; mientras que éste otro cargó con todos los pecados de todo el orbe. Este arrancó rápidamente de la ira de Dios el mundo que ya peligraba.

A éste me refería cuando anunciaba (Jn. 1, 30): Viene en pos de mí un hombre que ha sido constituido superior a mí, porque existía antes que yo. ¿Observas cómo de nuevo interpreta aquí aquella palabra antes? Pues habiendo dicho: El Cordero, y que éste cargaba sobre sí el pecado del mundo, luego añadió: Ha sido constituido superior a mí, declarando de este modo que aquel antes se ha de entender en el sentido de superior, pues carga sobre sí el pecado del mundo y bautiza en el Espíritu Santo. Como si dijera: mi venida no tiene más valor que el haber predicado al común bienhechor del universo y haber administrado el bautismo de agua. En cambio la venida de Este tiene como empresa el limpiar a todos los hombres y darles a todos la operación del Espíritu Santo.

Fue constituido superior a mí, o sea, ha aparecido más resplandeciente que yo. Porque existía antes que yo. ¡Cúbranse de vergüenza todos cuantos siguen el loco error de Pablo de Samosata, el cual tan abiertamente pugna contra la verdad! Yo no le conocía (Jn. 1, 31). Observa cómo con este testimonio quita toda sospecha, declarando que su discurso no ha dimanado de favoritismo ni de amistad, sino de divina revelación. Dice: Yo no le conocía. Pero entonces ¿cómo puedes ser testigo digno de fe? ¿Cómo enseñarás a otros lo que tú ignoras? Es que no afirma: No le conocí, sino: Yo no le conocía, de manera que por aquí sobre todo aparece ser digno de fe. Porque ¿cómo iba a expresarse favorablemente y por favoritismo acerca de quien no conocía? Pero vine yo con mi bautismo de agua para preparar su manifestación a Israel.

De modo que no necesitaba Cristo semejante bautismo, ni hubo otro motivo para preparar ese baño, sino el que se facilitara a todos el camino para creer en Cristo. Pues no dijo: Para tornar puros a los bautizados; ni tampoco: He venido a bautizar para librar de los pecados, sino: Para preparar su manifestación a Israel. Por mi parte pregunto: entonces ¿qué? ¿Acaso sin ese bautismo no se podía predicar a Cristo y atraerle el pueblo? Sí se podía, pero no tan fácilmente. Si la predicación se hubiera hecho sin el bautismo, no habrían concurrido así todos, ni habrían comprendido, mediante la comparación, la preeminencia de Cristo. Porque aquella multitud iba a Juan no para escuchar su predicación, sino ¿para qué? Para confesar sus pecados y ser bautizados. Una vez así reunidos, se les enseñaba lo referente a Cristo y la diferencia de ambos bautismos. Porque el de Juan era superior a los lavatorios de los judíos, y por esto todos acudían a Juan; y sin embargo el bautismo de éste aún era imperfecto.

Pero ¡oh Juan! ¿cómo conociste a Jesús? Por la bajada del Espíritu Santo, nos responde. Mas, para que nadie sospeche que Cristo necesitaba del Espíritu Santo, como lo necesitamos nosotros, oye cómo deshace semejante opinión, declarando que la bajada del Espíritu Santo fue únicamente para anunciar a Cristo. Pues habiendo dicho: Yo no lo conocía, añadió (Jn. 1, 33): Pero el que me envió a bautizar con agua me previno: Aquel sobre quien vieres descender el Espíritu Santo y reposar sobre El, ese es el que bautiza en el Espíritu Santo. ¿Observas cómo para esto vino el Espíritu Santo, para manifestar a Cristo? Tampoco el testimonio de Juan era sospechoso; pero para hacerlo aún más digno de fe, lo añadió al de Dios y al del Espíritu Santo.

Habiendo Juan predicado algo tan grande y tan admirable, y tal que podía dejar estupefactos a los oyentes, como fue que Cristo y sólo El cargaría con el pecado del mundo, y que la grandeza del don bastaría para tan excelsa y universal redención, lo confirma de ese modo. Y lo confirma por tratarse del Hijo de Dios, que no necesita del Bautismo; de modo que el Espíritu Santo únicamente desciende para darlo a conocer. Juan no podía dar el Espíritu Santo; y lo declaran así los mismos que habían recibido el bautismo de Juan diciendo (Hch. 19, 2): Pero ni siquiera hemos oído que exista el Espíritu Santo. De manera que Cristo no necesitaba de bautismo alguno, ni del de Juan ni de ningún otro; más bien era el bautismo el que necesitaba de la virtud de Cristo. Puesto que le faltaba precisamente al bautismo de Juan lo que era lo principal de todos los bienes y origen de ellos; o sea que al bautizado le confiriera el Espíritu Santo. Este don del Espíritu Santo lo añadió Cristo cuando vino.

Y dio testimonio Juan (Jn. 1, 32-34): He visto al Espíritu descender del cielo como paloma y posarse sobre El. Yo no lo conocía; pero el que me envió a bautizar con agua me previno: Aquel sobre quien vieres descender el Espíritu Santo y reposar sobre El, ese es el que bautiza en el Espíritu Santo. Y yo lo he visto y he dado testimonio de que éste es el Hijo de Dios.

Con frecuencia usa Juan de esa expresión: Y yo no le conocía. Y no es sin motivo, sino porque era pariente suyo según la carne. Pues dice el evangelista Lucas (Lc. 1, 36): He aquí que Isabel tu parienta ha concebido también ella un hijo. De modo que para que no pareciera que hablaba movido por el parentesco, frecuentemente dice: Y yo no le conocía. Así era en efecto, pues por toda su vida había morado en el desierto, fuera de la casa paterna.

Pero entonces ¿cómo es que, si antes de la venida del Espíritu Santo no le conocía?, sino que entonces por vez primera le conoció, ya antes de bautizarlo se negaba y decía (Mt. 3, 14): Yo debo ser bautizado por Ti y vienes Tú a mí. Esto parece demostrar que le conocía bien. Sin embargo, no lo conocía de mucho tiempo atrás, y con razón. Porque los milagros hechos durante la infancia de Jesús, cuando la visita de los Magos y otros semejantes, habían acontecido muchos años antes, cuando también Juan era un niño. Y a causa de ese largo lapso, Jesús era desconocido de todos. Si todos lo hubieran conocido, no habría dicho Juan: Para que se manifieste El a Israel, yo vine a bautizar.

Y por aquí queda manifiesto que los milagros que se atribuyen a Cristo niño son falsos e inventados por alguien. Si Cristo niño hubiera hecho milagros, Juan lo habría conocido; y tampoco la demás multitud habría necesitado de Juan, como maestro que se lo mostrara. Ahora bien: el mismo Bautista afirma haber venido: Para que Cristo se manifestara a Israel. Por la misma causa decía: Yo debo ser bautizado por ti. Después, por haberlo conocido con mayor claridad, lo anunciaba a las turbas diciendo: Este es aquel de quien os dije: Viene detrás de mí un hombre que ha sido constituido superior a mí. Porque el que me envió a bautizar en agua, y por lo mismo me envió para que Él se manifestara a Israel, ese mismo, antes de la bajada del Espíritu Santo, a él se lo reveló. Por tal motivo decía Juan antes de que Cristo llegara: Viene detrás de mí un hombre que ha sido constituido superior a mí.

De manera que Juan no conocía a Jesús antes de que Este bajara al Jordán y de que Juan bautizara a las turbas. En el momento en que Jesús iba a bautizarse lo conoció por revelación del Padre al profeta; y porque al tiempo de su bautismo el Espíritu Santo lo manifestó a los judíos, en favor de los cuales descendía. Para que no se menospreciara el testimonio de Juan que decía: Fue constituido superior a mí y que bautiza en el

Espíritu y que juzgará al orbe de la tierra, el Padre da voces proclamando a Jesús por Hijo suyo; y el Espíritu Santo llega y habla sobre la cabeza de Cristo. Y pues Juan lo bautizaba y Cristo era bautizado, para que ninguno de los presentes pensara que la voz se refería a Juan, se presentó el Espíritu Santo, quitando así toda falsa opinión. Así que cuando Juan dice: Yo no le conocía, esto debe entenderse del tiempo pasado y no del próximo al bautismo. De otro modo: ¿cómo podía decir Juan: Yo debo ser bautizado por ti, apartándolo del bautismo? ¿Cómo habría podido decir de El cosas tan excelentes?

Preguntarás: entonces ¿por qué no creyeron los judíos? Pues no fue solamente Juan quien vio al Espíritu Santo en forma de paloma. Fue porque aun cuando también ellos lo habían visto, este género de cosas no necesita únicamente de los ojos corporales, sino mucho más de los ojos de la mente, para que se entienda que no se trata de simples fantasmagorías. Si viéndolo más tarde hacer milagros y tocando El con sus manos los cuerpos de los enfermos y de los muertos y dándoles por este medio la vida y la salud, andaban aquéllos tan presos de la envidia que se atrevían a afirmar lo contrario de lo que veían ¿cómo iban a dejar su incredulidad por el solo hecho de la bajada del Espíritu Santo?

Hay quienes afirman que no todos lo vieron, sino solamente Juan y los mejor dispuestos. Pues aun cuando el Espíritu Santo al descender en figura de paloma, pudiera ser visto sensiblemente por cuantos estuvieran dotados de ojos, sin embargo no había necesidad de que aquello se hiciera manifiesto a todos. Zacarías vio muchas cosas en figuras sensibles y lo mismo Daniel y Ezequiel, mas sin compañero alguno en la visión. Moisés vio también muchas cosas, y tales cuales nunca nadie había visto. Tampoco en la transfiguración del Señor en el monte se concedió a todos los discípulos el contemplar aquella visión. Más aún: no todos participaron en ver la resurrección, como lo dice claramente Lucas: A los testigos de antemano escogidos por Dios.

Y yo lo vi y he dado testimonio de que este es el Hijo de Dios. ¿Cuándo dio semejante testimonio de que Cristo era el Hijo de Dios? Lo llamó Cordero y dijo que bautizaría en el Espíritu Santo; pero en ninguna parte afirmó ser Cristo el Hijo de Dios. Y para después del bautismo, ninguno de los evangelistas escribe que lo haya dicho; sino que omitiendo todo eso que sucedió en el intermedio, pasan a referir los milagros obrados por Jesús tras del encarcelamiento de Juan. Lo que de aquí podemos deducir conjeturando es que tanto ese dicho de Juan como otras muchas cosas las pasaron en silencio, como lo significó nuestro evangelista al fin de su evangelio. Pues tan lejos están de inventar de El cosas grandes, que todos concordes y cuidadosamente narran lo que parecía ser oprobio; y no encontrarás que alguno de ellos haya callado nada de eso. En cambio, omitieron muchos milagros, refiriendo unos unos y otros otros; pero todos a la vez callaron muchos otros.

Y no sin motivo digo estas cosas, sino para rebatir la impudencia de los gentiles. Pues a la verdad, aun sólo esto es ya suficiente para demostrar la exactitud de los evangelistas en la materia, y que nada escribieron por simple favoritismo. Y vosotros, carísimos, armados de estos argumentos y de otros parecidos, podéis combatir contra los dichos gentiles. Pero... ¡atended! Sería un absurdo que el médico tan activamente luchara según su arte, lo mismo que el peletero y el tejedor y los demás profesionistas; y que en cambio el que es cristiano y como tal se profesa, no pudiera decir ni siquiera una palabra en defensa de su fe. Y eso que las artes de esos profesionistas, si se echan a un lado, solamente causan daño en el dinero; mientras que estas otras, si se desatienden, ponen en peligro el alma y la matan. Y sin embargo, tan míseros somos que todos los cuidados los ponemos en aquellas artes y en cambio despreciamos como cosas de ningún valor estas otras que son necesarias y operan nuestra salvación.

Esto es lo que impide que los gentiles fácilmente desprecien sus errores. Ellos, apoyados en mentiras, echan mano de todos los medios para encubrir la vergüenza de sus afirmaciones; y nosotros, los que profesamos la verdad, no nos atrevemos ni aun a abrir la boca. Resulta de aquí que ellos arguyen y condenan nuestros dogmas como cosas sin fundamento. Y tal es el motivo de que sospechen que lo nuestro se reduce a falacias y necedades. Por eso blasfeman de Cristo y lo tratan de engañador y charlatán, que se valió de la necedad de muchos para sus fraudes. Nosotros tenemos la culpa de semejante blasfemia, pues no queremos despertar para defender la religión con argumentos, sino que los hacemos a un lado como inútiles y nos ocupamos exclusivamente de los negocios terrenos.

Los encariñados con un bailarín o con un auriga o con uno que combate con las fieras, ponen todos los medios para que su preferido no salga vencido ni sea inferior en los certámenes; y lo colman de alabanzas y se preparan para defenderlo contra quienes lo vituperan, y a los contrarios los cargan de mil vituperios. Y cuando se trata de defender el cristianismo, todos agachan la cabeza, muestran flojedad, dudan; y si se les recibe con bromas y risas, se alejan. ¿De cuán grande indignación no es digno esto? Tenéis a Cristo en menos que a un bailarín, pues para defender a éste, preparáis miles de razones, aun cuando sea él hasta lo sumo desvergonzado; y cuando se trata de los milagros de Cristo que atrajeron la admiración del orbe todo, parece que ni aun pensáis en ellos ni para nada os cuidáis de ellos.

Creemos en el Padre y en el Hijo y en el Espíritu Santo, en la resurrección de los cuerpos y en la vida eterna. De modo que si alguno de los gentiles pregunta: ¿Quién es ese Padre, quién es ese Hijo, quién es ese Espíritu Santo para que a nosotros nos acuséis de admitir multitud de dioses, qué le responderéis? ¿Cómo resolveréis esta cuestión? Y ¿qué si callando nosotros proponen ellos otra pregunta y dicen: En qué consiste esa resurrección? ¿resucitaremos en nuestro cuerpo o en otro? Si en el nuestro ¿qué necesidad hay de que muera? ¿Qué responderéis a esto? Y ¿qué si se os objeta: por qué Cristo no vino en los tiempos anteriores? ¿Es que le pareció estar bien el acudir al género humano y cuidar de él ahora, pero lo descuidó en todos los siglos anteriores? Y ¿qué si el gentil os examina en otras muchas cosas semejantes? Porque no conviene aquí ahora amontonar otras muchas dificultades y pasar en silencio las respuestas, no sea que esto haga daño a las almas más sencillas. Las que acabamos de proponer son suficientes para sacudir vuestro sueño.

En fin ¿qué sucederá si os pregunta esas cosas a vosotros que ni siquiera queréis escuchar las que nosotros os decimos? Pregunto yo: ¿Acaso nos espera un castigo pequeño siendo nosotros causa tan señalada del error para quienes yacen sentados en las tinieblas? Quisiera yo, si me lo permitiera el tiempo de que disponéis, traer aquí un execrable libro de un filósofo gentil, escrito contra nosotros; y aun el de otro más antiguo aún, para por este medio suscitar vuestra atención y sacudir esa tan gran desidia vuestra. Pues si esos filósofos anduvieran tan despiertos para atacarnos ¿qué perdón mereceremos si ignoramos el modo de redargüir y rechazar los dardos en contra nuestra lanzados?

Mas ¿por qué nos hemos alargado en eso? ¿No escuchas al apóstol que dice (1P. 3, 15): Siempre dispuestos a dar razón a quienes preguntan acerca de la esperanza que profesáis? Y la misma exhortación usa Pablo (Col. 3, 16): Que la palabra de Cristo resida en vosotros opulentamente. Pero ¿qué objetan a esto los hombres más desidiosos que los zánganos?: ¡Bendita sea toda alma sencilla! Y también (Pr. 10, 8): Quien camina con sencillez va seguro. Esta es la causa de todos los males: que muchos no saben usar oportunamente los textos de la Sagrada Escritura. Pues en ese sitio no se entiende de un necio ni de un ignorante que nada sabe, sino de aquel que no es perverso ni doloso, sino prudente. Porque si el sentido fuera aquel otro, en vano nos diría (Mt. 10, 16): Sed prudentes como las serpientes y sencillos como las palomas.

Mas ¿para qué continuar en este tema que de nada aprovechará? Porque aparte de lo ya indicado, hay otras cosas pertinentes a las costumbres y modo de vivir en que procedemos mal. En realidad, en todos aspectos somos míseros, somos ridículos. Siempre dispuestos a corregir a los demás, somos perezosos para enmendar aquello en que somos reprochables. Os ruego, pues, que atendiendo a nosotros mismos, no nos detengamos en sólo lanzar reproches. No basta eso para aplacar a Dios. Esforcémonos en mostrar en todos nuestros procederes un cambio en forma excelentísima; de modo que viviendo para glorificar a Dios, gocemos de la gloria futura también nosotros. Ojalá a todos nos acontezca conseguirla, por gracia y benignidad del Señor nuestro Jesucristo, al cual sean la gloria y el poder por los siglos de los siglos. Amén.

HOMILÍA XVIII. Al día siguiente, de nuevo estaba ahí Juan con dos de sus discípulos. Y fijando la mirada en Jesús, que iba de camino, dice: He aquí el Cordero de Dios. Y los dos discípulos oyeron estas palabras y se fueron tras de Jesús (*Jn 1,35-37*).

La naturaleza humana es perezosa e inclinada al mal; y no, por cierto, por la condición de la misma naturaleza, sino por flojedad de la voluntad. Muy pronto necesita de que se la exhorte. Y así Pablo, escribiendo a los filipenses, les decía (Flp. 3,

1): Escribiros las mismas cosas a mí no me es enojoso y a vosotros os es seguridad y salvaguarda. Las tierras de labranza, en cuanto han recibido la simiente, luego producen fruto y no necesitan esperar nueva siembra. Pero en lo referente a nuestras almas las cosas no van por ahí, sino que es de desear que, una vez lanzada con frecuencia la semilla y tras de poner gran diligencia, a lo menos se pueda recoger el fruto de una vez.

Desde luego, lo que se dice no se imprime fácilmente en el pensamiento, pues hay debajo mucha dureza y el alma se halla oprimida por cantidad de espinas; y tiene muchos que la asechan y le roban y arrebatan la simiente. En segundo lugar, una vez que la semilla ha brotado y arraigado, se necesita de la misma diligencia para que lleguen a sazonar los granos y no sufran daño ni alguien los destruya. En las semillas, una vez que la espiga sazona y alcanza su perfecto vigor, se ríe de los calores y de las otras plagas; pero no sucede lo mismo con las verdades. Porque en éstas, una vez que se ha puesto todo trabajo, echándose encima el invierno y las tormentas, es decir, oponiéndose las dificultades y tramando asechanzas los hombres dolosos y sobreviniendo diversas tentaciones, todo se viene a tierra y se derrumba.

No sin motivo hemos dicho estas cosas; sino para que cuando oyes al Bautista repetir las mismas cosas, no lo juzgues de ligero ni lo tengas por vano y cargante. Hubiera él querido que a la primera se le escuchara; pero como no había muchos que al punto le prestaran oídos a causa de su somnolencia, con repetir lo mismo los despierta. ¡Vamos! ¡poned atención! Dijo él: Viene detrás de mí un hombre que ha sido constituido superior a mí; y también: Yo no soy digno de desatar la correa de sus sandalias; y luego: Él os bautizará en Espíritu Santo y en fuego; y añadió que había visto al Espíritu Santo bajar en forma de paloma y posarse sobre Cristo; y testificó que Jesús era el Hijo de Dios. Pero nadie atendió; nadie le preguntó ¿por qué aseveras eso? ¿qué motivo, qué razón tienes?

Nuevamente dice: He aquí el Cordero de Dios que carga sobre sí el pecado del mundo. Pero ni aun así conmovió a los desidiosos. Por tal motivo se ve obligado a repetir lo mismo, como quien remueve una tierra áspera con el objeto de suavizarla; y con la palabra, a la manera de un arado excitar las mentes oprimidas de cuidados, para poder más profundamente depositar la semilla. No se alarga en su discurso, porque lo único que anhelaba era unirlos a Cristo. Sabía que si ellos recibían esta palabra y la creían, ya no necesitarían de su testimonio, como en efecto sucedió. Si los samaritanos, una vez que hubieron oído a Jesús, decían a la mujer: No es ya por tu declaración por lo que creemos: nosotros mismos lo hemos oído hablar y sabemos que verdaderamente es el Salvador del mundo, Cristo Jesús? indudablemente con mayor presteza habrían sido cautivados los discípulos, como en efecto lo fueron. Porque como se hubieran acercado a Jesús y lo hubieran oído hablar solamente una tarde, ya no regresaron a Juan; sino que en tal forma se unieron a Jesús, que incluso asumieron el ministerio del Bautista y predicaron a su vez a Jesús. Pues dice el evangelista: Este encontró a su hermano Simón y le dijo: Hemos hallado al Mesías, que significa Cristo.

Quiero que adviertas cómo cuando Juan dijo: Detrás de mí viene un hombre que ha sido constituido superior a mí; y cuando dijo: Yo no soy digno de desatar la correa de sus sandalias, no logró para Cristo a nadie; y en cambio cuando habló de la economía de la redención y en su discurso se abajó a cosas más sencillas, entonces fue cuando sus discípulos siguieron a Cristo. Ni sólo es esto digno de considerarse, sino también que cuando se habla de Dios en cosas altas y sublimes, no son tantos los que son atraídos, como cuando el discurso trata de la clemencia y benignidad de Dios con palabras que procuran la salvación de los oyentes. Pues aquellos discípulos, apenas oyeron que Cristo cargaba sobre sus hombros el pecado del mundo, al punto lo siguieron. Como si dijeran: puesto que es necesario lavar las culpas ¿en qué nos detenemos? Presente se halla el que sin trabajo nos liberará; y ¿cómo no sería el extremo de la locura diferir para otro tiempo este don?

Oigan esto los catecúmenos que dejan para el fin de su vida el procurar la salvación. Dice, pues, el evangelista: De nuevo se presentó Juan y dijo: He aquí el Cordero de Dios. Aquí nada dice Cristo sino que Juan lo dice todo. Así suele proceder el Esposo. Nada dice él a la esposa, sino que se presenta callando. Son otros los que lo señalan y le entregan la esposa. Se presenta ella, pero tampoco la toma directamente el Esposo, sino que es otro el que se la entrega. Pero una vez que la han entregado y el Esposo la ha recibido, se aficiona a ella de tal manera que ya para nada se acuerda de los paraninfos. Así sucedió en lo de Cristo. Vino El para desposarse con la Iglesia, pero nada dijo, sino que solamente se presentó. Pero Juan, su amigo, le dio la mano derecha de la esposa, procurándole con sus palabras la amistad de los hombres. Y una vez que El los recibió, en tal forma los aficionó a su persona que ya nunca más se volvieron al paraninfo que a Cristo los había entregado.

Pero no sólo esto hay que advertir aquí, sino además otra cosa. Así como en las nupcias no es la doncella quien busca al esposo y va a él, sino que es él quien se apresura en busca de ella; y aun cuando sea hijo de reyes, aunque ella sea de condición inferior, y aun en el caso de que él haya de desposarse con una esclava, procede siempre del mismo modo, así ha sucedido acá. La naturaleza humana no subió a los cielos, sino que Cristo fue quien bajó a esa vil y despreciable naturaleza; y una vez celebrados los desposorios, no permitió Cristo que ella permaneciera acá, sino la tomó y la condujo a la casa paterna.

Mas ¿por qué Juan no toma aparte a los discípulos y les habla así de estas cosas?

Por qué no los lleva de este modo a Cristo, sino que abiertamente y delante de todos les dice: He aquí el Cordero de Dios. Para que nadie pensara que aquello se hacía por previo mutuo acuerdo. Si Juan los hubiera exhortado en privado, y en esta forma ellos hubieran ido a Cristo, por darle gusto a Juan, quizá muy pronto se habrían arrepentido. Ahora en cambio, persuadidos de ir a Jesús por la enseñanza común, perseveraron con firmeza, puesto que no habían ido a Él por congraciarse con su maestro el Bautista, sino en busca de la propia utilidad.

Profetas, y apóstoles predican a Cristo ausente: aquéllos antes de su advenimiento; éstos tras de su ascensión a los cielos: solamente Juan lo proclamó ahí presente. Por esto Jesús lo llama el amigo del esposo (Jn. 3, 29), pues sólo él estuvo presente a las nupcias. Él lo preparó todo y lo llevó a cabo. El dio principio al negocio. Y fijando la mirada en Jesús que se paseaba, dice: He aquí el Cordero de Dios, demostrando así que no solamente con la voz sino también con los ojos daba testimonio. Lleno de gozo y regocijo, se admiraba de Cristo. Tampoco exhorta al punto a los discípulos, sino que primero solamente mira estupefacto a Cristo presente, y declara el don que Cristo vino a traernos, y también el modo de purificación. Porque la palabra Cordero encierra ambas cosas.

Y no dijo que cargará sobre sí o que cargó sobre sí: Que carga sobre sí el pecado del mundo, porque es obra que continuamente está haciendo. No lo cargó únicamente en el momento de padecer; sino que desde entonces hasta ahora lo carga, no siempre crucificado (pues ofreció solamente un sacrificio por los pecados), sino que perpetuamente purifica al mundo mediante este sacrificio. Así como la palabra Verbo declara la excelencia y la palabra Hijo la supereminencia con que sobrepasa a todos, así Cordero, Cristo, Profeta, Luz verdadera, Pastor bueno y cuanto de Él se pueda decir y se predica poniéndole el artículo, indican una gran distinción y diferencia de lo que significan los nombres comunes. Muchos corderos había, muchos profetas, muchos ungidos, muchos hijos; pero éste inmensamente se diferencia de ellos. Y no lo confirma únicamente el uso del artículo, sino además el añadir el Unigénito, pues el Unigénito nada tiene de común con las criaturas.

Y si a alguno le parece que está fuera de tiempo el decir estas cosas, o sea, a la hora décima (Jn. 1, 39) (pues dice el evangelista que el tiempo era como a la hora décima), ese tal no parece andar muy equivocado. Porque a muchos que se entregan a servir al cuerpo, esa hora, que es enseguida de la comida, no les parece tiempo oportuno para tratar de negocios serios, porque tienen el ánimo sobrecargado con la mole de los alimentos. Pero en este caso, tratándose de un hombre que ni siquiera usaba de los alimentos acostumbrados y que aun por la tarde se encontraba sobrio y ligero, como lo estamos nosotros en las horas matutinas, y aun más que nosotros (pues acá con frecuencia dan vueltas las imaginaciones de los alimentos que tomaremos por la tarde, mientras que en Juan ningún pensamiento tal hacía pesada su nave), con todo derecho hablaba de cosas semejantes por la tarde.

Añádase que habitaba en el desierto y cerca del Jordán, sitio al cual se acercaban todos con sagrado temor para recibir el bautismo, y que en ese tiempo muy poco se cuidaban de los negocios seculares; lo cual consta, pues las turbas llegaron a perseverar con Cristo hasta tres días en ayunas (Mt. 15, 32). Propio es del pregonero celoso y del agricultor diligente no abandonar el campo hasta ver que la palabra sembrada ha echado raíces.

Mas ¿por qué Juan no recorrió íntegra Judea para predicar a Cristo, sino que permaneció en las cercanías del río Jordán y ahí esperó a Cristo para presentarlo cuando llegara? Porque anhelaba mostrar a Cristo por las propias obras de Este; y mientras tanto sólo procuraba darlo a conocer y persuadir a unos pocos y que éstos oyeran hablar de la vida eterna. Por lo demás, dejó que Cristo diera su testimonio propio, confirmado por sus obras, como El mismo lo dice (Jn. 5, 34.36): Yo no necesito que un hombre testifique en favor mío: las obras que el Padre me otorga hacer son testimonio en mi favor. Observa cuánto más eficaz iba a ser semejante testimonio. Encendió una pequeña chispa y de pronto se alzó la llama. Los que al principio no habían atendido a las palabras de Juan, al fin dicen (Jn. 10, 41): Todo lo que Juan dijo es verdadero. Por lo demás, si Juan hubiera dicho esas cosas yendo de ciudad en ciudad, semejante movimiento habría parecido ser efecto de un empeño humano; y luego la predicación habría parecido sospechosa.

Y lo oyeron dos de sus discípulos y se fueron tras de Jesús. Había ahí otros discípulos de Juan; pero éstos no sólo no siguieron a Jesús, sino que lo envidiaron, pues decían (Jn. 3, 26): Maestro: sabe que aquel que estaba contigo al otro lado del Jordán, de quien tú diste testimonio, bautiza y todos acuden a él. Y de nuevo acusando dicen (Mt. 9, 14): ¿Cómo es que nosotros y los fariseos ayunamos con frecuencia, al paso que tus discípulos no ayunan? Pero los que de entre ellos eran los mejores, no sufrían esas pasiones, sino que al punto en que oyeron a Juan, siguieron a Jesús. Y no fue porque despreciaran a su antiguo maestro, sino, al revés, porque le tenían suma obediencia; y el proceder así era la prueba suprema de su recta intención.

Por lo demás, no siguieron a Jesús forzados por exhortaciones, lo cual habría sido sospechoso, sino porque Juan anteriormente había dicho que Jesús bautizaría en Espíritu Santo: tal fue el motivo de que lo siguieran. De modo que hablando con propiedad, no abandonaron a su maestro, sino que anhelaron saber qué más enseñaría Cristo que Juan. Nota la modestia en su diligencia. Porque no interrogaron a Jesús sobre cosas altas y necesarias para su salvación inmediatamente después de acercársele ni lo hicieron delante de todos y a la ligera, sino que procuraron hablarle aparte. Sabían ellos que las palabras de Juan no procedían de la simple modestia sino de la verdad.

(Jn.1, 40) Uno de los dos que habían oído lo que Juan dijo, y habían seguido a Jesús era Andrés, hermano de Simón Pedro. ¿Por qué el evangelista no pone el nombre del otro? Unos dicen que quien esto escribía fue el otro que siguió a Jesús. Otros, al contrario, dicen que no siendo ese otro discípulo ninguno de los notables, no creyó deber decir nada fuera de lo necesario. ¿Qué utilidad habría podido seguirse de declarar el nombre, cuando tampoco se ponen los nombres de los setenta y dos discípulos? La misma práctica puedes ver en Pablo, pues dice (2Co. 8, 18): Con él enviamos al hermano, cuyos méritos en la predicación del evangelio conocen todas las iglesias. En cambio, mencionó a Andrés por otro motivo. ¿Cuál fue? Para que cuando oigas que Simón apenas oyó de Cristo (Mt. 4, 19): Venid en pos de mí y os haré pescadores de hombres, y para nada dudó de tan inesperada promesa, sepas que ya anteriormente su hermano había puesto los fundamentos de la fe.

(Jn. 1, 38) Volvió el rostro Jesús y viendo que lo seguían, les dice: ¿Qué buscáis? Se nos enseña aquí que Dios no se adelanta con sus dones a nuestra voluntad, sino que, habiendo nosotros comenzado, y habiendo echado por delante nuestra buena voluntad, luego Él nos ofrece muchísimas ocasiones de salvación. ¿Qué buscáis? ¿Cómo es esto? El que conoce los corazones de los hombres y a quien están patentes todos nuestros pensamientos, ¿pregunta eso? Es que no lo hace para saber (¿cómo podría ser eso ni afirmarse tal cosa?), sino para mejor ganarlos preguntándoles y para darles mayor confianza y demostrarles que pueden dialogar con El. Porque es verosímil que ellos, como desconocidos que eran, tuvieran vergüenza y temor, pues tan grandes cosas habían oído a su maestro respecto de Jesús. Para quitarles esos afectos de vergüenza y temor, les hace la pregunta, y no permite que lleguen a su morada en silencio. Por lo demás, aun cuando no les hubiera preguntado, sin duda habrían perseverado en seguirlo y habrían llegado con él hasta su habitación.

Entonces ¿cuál es el motivo de que les pregunte? Para lograr lo que ya indiqué; o sea, para dar ánimos a ellos que se avergonzaban y dudaban y ponerles confianza. Ellos demostraron su anhelo no solamente con seguirlo, sino además con la pregunta que le hacen. No sabiendo nada de Él, ni habiendo antes oído hablar de Él, lo llaman Maestro, contándose ya entre sus discípulos y manifestando el motivo de seguirlo, esto es, para aprender de Él lo que sea útil para la salvación. Observa la prudencia con que proceden. Porque no le dijeron: Enséñanos alguna doctrina o algo necesario para la vida eterna, sino ¿qué le dicen?: ¿En dónde habitas? Como ya dije, anhelaban hablar con Él, oírlo, aprender con quietud. Por esto no lo dejan para después ni dicen: Mañana regresaremos y te escucharemos cuando hables en público. Sino que muestran un ardiente deseo de oírlo, tal que ni por la hora ya adelantada se apartan; porque ya el sol iba cayendo al ocaso. Pues era, como dice el evangelista, más o menos la hora décima. Cristo no les dice en dónde está su morada, ni en qué lugar, sino que los alienta a seguirlo, mostrando así que ya los toma por suyos.

Tal es el motivo de que no les diga: La hora es intempestiva para que vosotros entréis en mi casa. Mañana escucharéis lo que deseáis. Por ahora volved a vuestro hogar. Sino que les habla como a amigos ya muy familiares. Entonces, dirás: porque en otra parte dice (Lc. 9, 58): El Hijo del hombre no tiene en dónde reclinar su cabeza, mientras que aquí dice (Jn. 1, 39): Venid y ved en donde habito. La expresión: No tiene en dónde reclinar su cabeza, significa que Cristo no tenía casa propia, pero no que no habitara en alguna casa: así lo da a entender la comparación que usa. Y el evangelista dice que ellos permanecieron con él durante aquel día. No dice la causa de eso, por tratarse de una cosa evidente y clara. Puesto que no habían tenido otro motivo de seguir a Cristo, ni Cristo de acogerlos, sino escucharle su doctrina. Y en esa noche la bebieron tan copiosa y con tan gran empeño, que enseguida ambos se apresuraron a convocar a otros.

Aprendamos nosotros a posponer todo negocio a la doctrina del cielo y a no tener tiempo alguno como inoportuno. Aunque sea necesario entrar en una casa ajena o presentarse como un desconocido ante gentes principales y también desconocidas de nosotros, aunque se trate de horas intempestivas y de un tiempo cualquiera, jamás debemos descuidar este comercio. El alimento, el baño, la cena y lo demás que pertenece a la conservación de la vida, tienen sus tiempos determinados; pero la enseñanza de las virtudes y la ciencia del cielo, no tienen hora señalada, sino que todo tiempo les es a propósito. Porque dice Pablo (2Tm. 4, 2): Oportuna e importunamente, arguye, reprende, exhorta. Y a su vez el profeta dice (Sal. 1, 3): Meditará en su ley (de Yahvé) día y noche. También Moisés ordenaba a los judíos que continuamente lo hicieran. Las cosas tocantes a la vida, me refiero a las cenas, a los baños, aunque son necesarias, si se usan con demasiada frecuencia debilitan el cuerpo; pero la enseñanza espiritual cuanto más se inculca tanto más fortalece al alma. Pero ahora lo que sucede es que todo el tiempo lo pasamos en bromas inútiles: la aurora, la mañana, el mediodía, la tarde, todo lo pasamos en determinado sitio vanamente; en cambio las enseñanzas divinas, si una o dos veces por semana las escuchamos, nos cansan y nos causan náuseas.

¿Por qué sucede esto? Porque nuestro ánimo es malo. Empleamos en cosas de acá bajo todo su anhelo y empeño, y por esto no sentimos hambre del alimento espiritual. Grande señal es ésta de una enfermedad grave: el no tener hambre ni sed, sino el que ambas cosas, comer y beber, nos repugnen. Si cuando esto acontece al cuerpo lo tenemos como grave indicio y causado por notable enfermedad, mucho más lo es tratándose del alma. Pero ¿en qué forma podremos levantar el alma cuando anda caída y debilitada? ¿con qué obras? ¿con qué palabras? Tomando las sentencias divinas, las palabras de los profetas, de los apóstoles, de los evangelistas y todas las otras de la Sagrada Escritura.

Caeremos entonces en la cuenta de que mucho mejor es usar de estos alimentos que de otros no santos, sino impuros; pues así hay que llamar las bromas importunas y las charlas inútiles. Dime: ¿acaso es mejor hablar de asuntos forenses, judiciales, militares, que de los celestes y de lo que luego vendrá cuando salgamos de esta vida? ¿Qué será más útil: hablar de los asuntos y de los defectos de los vecinos, y andar con vana curiosidad inquiriendo las cosas ajenas, o más bien tratar de los ángeles y de lo tocante a nuestra propia utilidad? Al fin y al cabo lo del vecino para nada te toca, mientras que lo del Cielo es propio tuyo. Instarás diciendo: Bueno, pero es cosa lícita tras de hablar de aquellas cosas, cumplir con lo demás. Bien está. Pero ¿qué decir de los que a la ligera y sin utilidad alguna no se ocupan en eso y en cambio gastan el día íntegro en hablar de estas otras cosas y nunca acaban de tratar de ellas?

Y no me refiero aún a cosas más graves. Porque los más modestos hablan entre sí de las cosas dichas; pero los más desidiosos y dados a la pereza, lo que traen continuamente en los labios es lo referente a los actores del teatro, a los bailarines, a los aurigas; y manchan los oídos echando por tierra las almas; y con semejantes conversaciones inclinan al mal la naturaleza y llevan el ánimo a toda clase de feas imaginaciones. Pues apenas se ha pronunciado el nombre de un bailarín, al punto en la imaginación el alma pinta su cara, sus cabellos, su confortable vestido y todo su continente más confortable aún con mucho que cada una de esas cosas.

Otro enciende la llama de la pasión y la alimenta metiendo en la conversación a alguna ramera, sus palabras, su presentación, sus miradas lascivas, su aspecto blando, sus cabellos ensortijados, sus mejillas desfiguradas con los polvoretes. ¿No os ha acontecido conmoveros un tanto mientras yo digo estas cosas? Pero no os dé vergüenza, no os ruboricéis: eso lo lleva consigo y lo exige la natural necesidad, pues así se conmueve el alma de acuerdo con las cosas que se narran. Pues bien: si siendo yo el que os hablo, estando vosotros en la iglesia, lejos de cosas semejantes, con sólo oírlas os sentís un tanto conmovidos, pensad ¿en qué disposición estarán los que en el teatro entran y toman asiento, entre excesivas libertades, fuera de esta venerable y escalofriante asamblea, cuando ven y oyen tales cosas con la mayor desvergüenza?

Dirá quizás alguno de los que no atienden: ¿Por qué, si así lo pide la natural necesidad y en tal forma afecta al alma, no te fijas en esto y en cambio nos acusas a nosotros? Al fin y al cabo, obra es de la naturaleza el sentirse confortable cuando tales cosas oye; pero ponerse a oírlas, no es de la naturaleza, sino falla del libre albedrío. También es de natural necesidad que quien se acerca al fuego se queme, a causa de la delicadeza del organismo; pero no nos acerca al fuego ni hace que nos quememos la natural necesidad, ya que esto depende en absoluto de la voluntad perversa.

En conclusión, lo que yo intento desterrar y corregir es que no os arrojéis voluntariamente al precipicio, no os empujéis vosotros mismos al abismo de la iniquidad, ni corráis voluntariamente a quemaros en la pira; y esto con el objeto de que no nos hagamos reos de las llamas preparadas para el diablo. Ojalá que todos nosotros, liberados de la llama de la lujuria y de la llama de la gehena, seamos acogidos en el seno de Abraham, por gracia y benignidad de nuestro Señor Jesucristo, al cual, juntamente con el Padre y el Espíritu Santo, sea la gloria por los siglos de los siglos. Amén.

HOMILÍA XIX. Encuentra éste primero a su hermano Simón y le dice: Hemos hallado al Mesías, que significa "Cristo: Ungido". Y lo condujo a Jesús (*Jn 1,41*).

Dios, allá al principio, cuando formó al primer hombre, no lo dejó solo, sino que le dio la mujer como auxiliar, para que conviviera con él, porque sabía que de semejante cohabitación se seguiría grande utilidad. Dirás: bueno, pero ¿y si la mujer no ha usado como debía de tan grande beneficio? Sin embargo, si se examina la naturaleza del asunto, se encontrará en efecto una gran utilidad derivada de semejante unión, para bien de quienes no estén locos. Lo mismo se ha de decir no solamente acerca del hombre y su mujer, pues también, si los hermanos viven unidos en caridad, disfrutarán de un beneficio parecido. Por tal motivo decía el profeta (Sal. 132, 1): ¡cuán bueno es y cuán deleitable el habitar los hermanos todos juntos! Y Pablo nos exhorta a no abandonar nuestras asambleas (Hb. 10, 25). En esta sociabilidad es en lo que diferimos de las bestias. Mediante ella construimos ciudades, plazas, habitaciones, con el objeto de encontrarnos reunidos, no únicamente por el edificio, sino también por el vínculo de la caridad.

Ahora bien: habiendo formado nuestro Creador la humana naturaleza de tal modo que necesita de otros y no se basta a sí misma, dispuso de tal manera las cosas que semejante necesidad se satisficiera con la mutua ayuda y las mutuas reuniones. Y con este fin se instituyó el matrimonio, para que supla uno de los cónyuges lo que le falta al otro, y así la naturaleza que estaba necesitada quede satisfecha; y aun cuando sea mortal conserve, mediante la sucesión, una como perpetua inmortalidad. Podría yo alargarme en este tema y demostrar cuán grande utilidad proviene de una íntima y sincera unión. Pero otra materia nos urge hoy que debe tratarse y es la que motivó lo que acabo de decir.

Habiendo estado Andrés con el Señor y aprendido muchas cosas, no escondió su tesoro, ni se lo guardó, sino que se apresura y va corriendo a su hermano para hacerlo partícipe de él. Mas ¿por qué el evangelista no refirió qué fue lo que Cristo les dijo? ¿cómo sabemos que ése fue el motivo de que permanecieran al lado de Jesús? Hace poco lo explicamos. Pero también se puede deducir de lo que hoy se ha leído. Atiende a lo que Andrés dijo a su hermano: Hemos hallado al Mesías que significa Cristo. ¿Adviertes cómo aquí deja ver lo que en ese tiempo había aprendido de Cristo?

Declara la virtud del Maestro que así lo persuadió a ello; y también el empeño y diligencia de los discípulos, que desde el principio se preocuparon por esa cuestión. Porque sus palabras son propias de un alma que en sumo grado anhela la venida del Mesías y que espera que venga del Cielo y que exulta de gozo porque ya se manifestó y que se apresura a comunicar a otros, suceso tan extraordinario. Por lo demás, esto era lo propio del cariño fraterno y del amigable parentesco y del afecto sincero: el ayudarse mutuamente en las cosas espirituales. Fíjate en que usa en su expresión el artículo. Porque no dijo simplemente un Mesías, sino el Mesías. Es que esperaban un Cristo que nada tendría de común con otros cristos o ungidos.

Nota bien desde un principio en Pedro el ánimo fácil de persuadirse y dejarse conducir, pues sin demora corrió a Jesús. Dice el evangelista: Y lo condujo a Jesús. Pero nadie piense mal de semejante facilidad, como si así sin mucho examinar aceptara Pedro las palabras de Andrés. Porque es verosímil que su hermano le haya cuidadosamente referido lo que platicaron y muchas cosas más de lo que dijimos, aunque los evangelistas siempre narran muchas de las cosas en compendio, procurando la brevedad. Por lo demás, el evangelista no asegura que Pedro creyera de inmediato, sino que Andrés lo condujo a Jesús para entregárselo y que de Jesús aprendiera todo; porque estaba ahí el otro discípulo y concurría a lo mismo.

Si el Bautista, habiendo dicho: Es el Cordero y bautiza en el Espíritu Santo, dejó que recibieran de Cristo una más amplia enseñanza y explicación de la materia, con mayor razón procedió así Andrés, pues no se creía capaz de explicarle todo; sino que condujo a su hermano a la fuente misma de la luz, con tan grande gozo y apresuramiento que no dudó ni un instante.

(Jn. 1, 42) Jesús fijó en Pedro su mirada y le dijo: Tú eres Simón, hijo de Juan. Tú te llamarás Cefas, que significa Pedro o Piedra. Comienza aquí Jesús a revelar su divinidad poco a poco y sin sentir, mediante las predicciones. Así procedió con Natanael y con la mujer samaritana. Las profecías mueven no menos que los milagros y portentos, y no llevan consigo estrépito ni pompa. Los milagros pueden ser controvertidos, a lo menos por los necios (pues dice la Escritura que decían (Mt. 12, 24): En nombre de Beelzebul arroja los demonios); pero acerca de las profecías nunca se dijo tal cosa. Cristo en este caso y en el de Natanael echó mano de este género de enseñanza. En cambio con Andrés y con Felipe no echó por ese camino. ¿Por qué? Porque éstos con el testimonio del Bautista habían tenido ya una no pequeña preparación. Por su parte Felipe, con ver a los que se hallaban presentes, tuvo ya un seguro indicio para abrazar la fe.

Tú eres Simón, hijo de Juan. Tú te llamarás Cefas, que se interpreta Piedra, Pedro. Por lo presente hace creíble lo futuro. Pues quien así le dijo el nombre de su padre a Pedro, sin duda que también conocía lo futuro. Y la predicción fue acompañada de una alabanza: alabanza que no era de quien adula, sino de quien predice lo futuro, que por lo presente se hace manifiesto.

Advierte cuán gravemente reprende a la Samaritana, al revelarle su pasado (Jn. 4, 18): Cinco maridos has tenido y el que ahora tienes no es tu marido.

Acerca de la profecía su Padre habla largamente para alejar el culto de los ídolos (Is. 47, 13): ¡Que los ídolos os anuncien lo que ha de suceder! Y también (Is. 43, 12): Yo lo he anunciado, he salvado y no hay entre vosotros ningún extraño. Y por toda la profecía trata de lo mismo. Lo hace, porque ella especialmente es obra de Dios y tal que no pueden los demonios imitarla, aun cuando mucho se esfuercen. En los milagros puede haber cierta apariencia que engañe; pero predecir con exactitud lo futuro, es propio y exclusivo de la naturaleza eterna e inmortal. Y si alguna vez los demonios lo intentaron, lo hicieron engañando a los necios. De manera que los vaticinios de los demonios siempre se han demostrado ser falsos.

Pedro nada respondió a las palabras de Cristo, pues aún no veía claro, sino que entre tanto iba aprendiendo. No veía clara la predicción. Jesús no le dijo: Yo te llamaré Pedro y sobre esta piedra edificaré mi Iglesia, sino únicamente: Tú te llamarás Cefas, o sea, Pedro. Procedió así Jesús, porque lo otro era propio de una potestad mayor y de más grande autoridad; y Cristo no quiso desde un principio manifestar todo su poder, sino que mientras se expresa en forma más humilde. Más tarde, una vez que hubo demostrado su divinidad, entonces despliega una mayor autoridad también, y dice (Mt. 16, 17.18): Bienaventurado eres, Simón, porque mi Padre te lo ha revelado. Y en seguida: Y yo te digo: Tú eres Pedro y sobre esta piedra edificaré mi Iglesia.

De modo que a Simón lo llamó Pedro y a Santiago y a su hermano los llamó Hijos del trueno (Mc. 3, 17). ¿Por qué? Para demostrar que era el mismo que dio el Antiguo Testamento, y cambió nombres y a Abram lo llamó Abraham, a Sarra, Sara, y a Jacob, Israel. Y a muchos les puso nombre ya desde el nacimiento como a Isaac, a Sansón y a otros que refieren Isaías y

Oseas (Is. 8, 3; Os. 4, 6, 9). A algunos les cambió el nombre con que sus parientes los llamaban, como a los que ya mencioné, y a Josué el hijo de Nun. Así lo acostumbraban los antiguos: poner los nombres según los sucesos, como lo hizo Elías. Y esto no sin motivo, sino para que el nombre mismo sirviera de recordatorio de los beneficios divinos y quedara perpetuamente grabada la memoria de ellos en el ánimo de los oyentes, gracias a la predicción contenida en el nombre. Así Dios desde un principio puso a Juan Bautista su nombre. Los que desde niños serían esclarecidos en la virtud, de esto tomarían su nombre; y a los que solamente llegarían a ser preclaros más tarde, también más tarde se les imponía el nombre.

En aquel tiempo cada cual recibía su nombre; pero ahora, todos tenemos un mismo nombre, mucho mayor que todos aquéllos, pues nos llamamos cristianos o sea, hijos de Dios y amigos suyos, y formamos con El un mismo cuerpo. Más que otro alguno este nombre a todos nosotros nos despierta y nos hace más diligentes en el ejercicio de la virtud. En consecuencia no hagamos nada indigno de nombre tan grande, meditando en su dignidad y excelencia, pues por ella nos llamamos con el nombre de Cristo. Así nos llamó Pablo (1Co. 3, 23). Meditemos y reverenciemos la alteza de semejante apelativo.

Si quien profesa ser de algún capitán insigne y de algún eximio varón y ese nombre lo juzga como un gran honor para sí, y con todas sus fuerzas se empeña en que no suceda que por su cobardía caiga sobre tan excelso nombre una nota infamante, nosotros, que hemos recibido nuestro apelativo no de un ángel ni de un arcángel ni de un serafín, sino del Rey de todos ellos ¿no expondremos incluso nuestra vida para que no quede notado de deshonra Aquel que semejante honor nos confirió? No habéis visto de cuán grande honor disfrutan los que rodean al emperador, unos armados de escudos y otros de lanzas. Pues bien: del mismo modo nosotros, que estamos mucho más cercanos a nuestro Rey; tanto más cercanos cuanto el cuerpo lo está de su cabeza ¿no procuraremos poner todos los medios para imitar a Cristo?

¿Qué es lo que Cristo dice? (Lc. 9, 58): Las zorras tienen sus madrigueras y las aves del cielo sus nidos; pero el Hijo del hombre no tiene donde reclinar su cabeza. Si nosotros os exigiéramos eso, quizá a muchos de vosotros les parecería en extremo gravoso. Por lo mismo yo no voy a pediros una imitación tan estricta, condescendiendo con vuestra debilidad. En cambio os suplico que no os apeguéis demasiado a las riquezas; sino que, así como yo atiendo a vuestra debilidad y no os exijo tan grande virtud, así vosotros con un mayor esfuerzo os apartéis de la maldad.

Yo no acuso a quienes poseen mansiones, campos, dineros, criados; sino únicamente anhelo que con toda licitud los poseáis y con toda honradez. ¿Qué significa poseerlos decorosamente? Que no seáis esclavos de esas cosas, sino señores; que vosotros las poseáis y no sean ellas las que se enseñoreen de vosotros; que uséis de ellas, pero que no abuséis. Las riquezas se llaman así 7 para que las usemos en las cosas necesarias y no para que las amontonemos y las tengamos guardadas; porque esto es propio de esclavos mientras que lo otro es propio de amos y señores. El estarlas custodiando, oficio es de esclavos; el gastarlas el de los amos y propietarios.

No te las dieron para que las escondas bajo tierra, sino para que las administres y distribuyas. Si Dios hubiera querido que se guardaran, no las habría puesto en manos de los hombres, sino que las habría dejado ocultas en el seno de la tierra. Alas como quiere que se gasten, permitió que las poseyéramos, para que mutuamente nos las comunicáramos. Si las retenemos, no por eso nos convertimos en dueños de ellas. Y si quieres acrecentarlas: y es ése el motivo de que las guardes, entonces lo mejor es distribuirlas y repartirlas por todas partes. No hay utilidades sin gastos; no hay riquezas sin dispendios, como puede verse en los negocios seculares. Así proceden los mercaderes, así los agricultores. Estos arrojan la simiente; aquéllos, sus dineros. Aquéllos navegan y gastan riquezas; y éstos trabajan durante todo el año y tienen que sembrar y cosechar.

En nuestro caso, nada de eso es necesario: no se necesita aparejo de nave ni uncir la yunta de bueyes; ni hay que temer los cambios atmosféricos, ni tampoco las granizadas. Acá no hay escollos, no hay marejadas. Esta navegación, esta sementera solamente una cosa necesita: repartir los haberes. Todo lo demás lo cuidará aquel Agricultor, del cual dijo Cristo: Mi Padre es viñador (Jn. 15, 1). Pues ¿cómo no será absurdo que en donde podemos alcanzar todas las ganancias sin trabajo, permanezcamos dudando y tendidos en tierra, mientras que en donde hay tantos sudores y trabajos y preocupaciones y además incierta la esperanza ahí pongamos toda diligencia?

Os ruego, por tanto, que tratándose de nuestra salvación no nos engañemos en tan gran manera, sino que, echando a un lado todas esas otras cosas tan llenas de trabajos, corramos en pos de las fáciles y más útiles; para que así consigamos los bienes futuros, por gracia y benignidad del Señor nuestro Jesucristo, al cual sea la gloria juntamente con el Padre y el Espíritu Santo, ahora y siempre y por los siglos de los siglos. Amén.

HOMILÍA XX. Al día siguiente quiso partir para Galilea. Encontró a Felipe y le dice: Sígueme. Felipe era de Betsaida, la ciudad de Andrés y de Pedro (*Jn 1,43-44*)

Todo trabajo rinde beneficios, dice el proverbio (Pr. 14, 23). Por su parte Cristo afirma algo más, pues dice (Mt. 7, 8): El que busca encuentra. Por tal motivo podemos admirarnos de por qué

Felipe siguió a Cristo. Andrés lo siguió por haber oído al Bautista; Pedro después de haber oído a Andrés; pero Felipe, no sabiendo antes nada de Cristo, solamente porque Cristo le dijo: Sígueme, al punto obedeció; y ya no se apartó sino que se convirtió en predicador para otros. Pues corrió hacia Natanael y le dijo: Hemos dado con aquel de quien escribieron Moisés y los profetas. Observa cuán vigilante anduvo y con cuánta frecuencia meditaba los escritos de Moisés y de los profetas; y cómo esperaba la venida de Cristo. Porque esa expresión: Hemos dado con, es propia de quien continuamente busca.

Al día siguiente salió Jesús hacia Galilea. No llama a nadie antes de que ya algunos espontáneamente lo hayan seguido. Y no lo hizo sin motivo, sino con suma prudencia y sabiduría. Si sin que nadie lo siguiera espontáneamente Él se hubiera adelantado a atraerlos, quizá luego se le hubieran apartado; pero una vez que voluntariamente escogieron seguirlo, luego permanecieron firmes. En cambio a Felipe lo llama Él porque le era más conocido, pues era nacido y educado en Galilea. Tomó, pues, Jesús a sus discípulos e inmediatamente se lanzó a la caza de los demás. Y atrajo a Felipe y a Natanael. Esto quizá no sea tan admirable, pues la fama de Jesús había ya volado. Lo admirable es que Pedro, Santiago y Felipe lo hayan seguido, no sólo porque creyeron antes de ver los milagros, sino también porque eran originarios de Galilea, de donde no salía ningún profeta ni cosa alguna buena; porque los galileos eran gente rústica, agreste y ruda.

Pero precisamente en esto demuestra Cristo su poder: en que de esa tierra que ningún fruto producía, sacó Él lo más selecto de sus discípulos. Es verosímil que Felipe, por haber visto a Pedro y haber oído al Bautista, haya seguido a Jesús. También se hace creíble que la voz de Jesús haya operado algo en su interior, pues Cristo conocía quiénes serían luego idóneos apóstoles. Pero el evangelista todo lo narra tomando tan sólo de aquí y de allá algunos rasgos. Sabía él que Cristo había de venir, pero ignoraba que Jesús fuera el Cristo; cosa que, según mi parecer, oyó luego de Pedro o del Bautista. Y el evangelista menciona su patria para que veas cómo eligió Dios lo débil del mundo (1Co. 1, 27).

(Jn. 1, 45) Encontró Felipe a Natanael y le dice: Hemos dado con Aquel de quien escribieron Moisés y los profetas: Jesús el hijo de José de Nazaret. Todo esto le dijo para ganar su fe en lo que le predicaba; o sea, por lo que Moisés y los profetas habían dicho, y para hacer por este medio que el oyente se tornara respetuoso. Porque Natanael era hombre entendido y además empeñoso buscador de la verdad, como luego lo testificó Cristo acerca de él y los hechos lo comprobaron. Por eso razonablemente Felipe lo remitió a Moisés y a los profetas, de modo que por aquí aceptara al que le anunciaba. Y no te conturbe el que lo llame hijo de José, pues aún era tenido Jesús como hijo de José. Pero, oh Felipe: ¿de dónde consta que ese que dices es el Mesías? ¿qué señal nos das? Pues no basta con afirmarlo. ¿Qué milagro has visto? ¿qué prodigio? No se puede dar fe a cosas tan altas como dices sin incurrir en peligro. ¿Qué argumento tienes? Responde: El mismo que tuvo Andrés. Porque éste, no pudiendo por sí declarar el tesoro que había encontrado, ni teniendo palabras para ello, fue a encontrar a su hermano y lo condujo a Jesús. Del mismo modo Felipe no le dice a Natanael por qué es Jesús el Cristo, ni cómo lo anunciaron los profetas; sino lo que hace es conducirlo a Jesús, teniendo por cierto que, una vez que gustara sus palabras y su doctrina, ya no se le apartaría.

(Jn. 1, 46-47) Y Natanael le respondió: ¿Puede de Nazaret salir algo bueno? Dícele Felipe: Ven y ve. Vio Jesús a Natanael que se le acercaba, y dijo refiriéndose a él: He aquí un auténtico israelita, en el cual no hay doblez. Jesús lo alaba y lo admira por haber dicho Natanael: ¿De Nazaret puede salir algo bueno?

Parece que mejor lo había de reprender. Pero no ¡de ninguna manera! Porque tales palabras no eran de incrédulo ni dignas de reproche, sino de alabanza. ¿Cómo y en qué manera? Porque significan que él estaba más versado en las Escrituras que Felipe. Había oído de las Escrituras que el Cristo nacería en Belén, en la villa de David. Esa fama corría entre los judíos y antiguamente el profeta lo había predicho con estas palabras (Mi. 5, 2; Mt. 2, 6): Mas tú, Belén, aunque eres la menor entre las familias de Judá, de ti me nacerá aquel que ha dominar en de Israel. Tal fue la razón de que al oír que Jesús era de Nazaret, Natanael se turbara y dudara, pues veía que las palabras de Felipe no concordaban con la predicción del profeta.

Pero advierte en su misma duda la sabiduría y modestia. Pues no respondió al punto: ¡Oh Felipe! tú te engañas, tú mientes, no lo creo, no iré a ese Jesús. Yo he aprendido de los profetas que el Cristo vendrá de Belén y tú dices que este Jesús viene de Nazaret; luego no es éste el Cristo. Nada de eso dijo, sino ¿qué hizo? También él fue a Cristo. El no admitir que el Cristo viniera de Nazaret demuestra su exacto conocimiento de las Escrituras y también la rectitud de sus costumbres, que no estaban dañadas por el dolo. El que no rechace a quien aquella noticia le comunicaba, manifiesta el gran deseo que tenía de la venida de Cristo. Pensaba que Felipe podía haberse equivocado acerca del sitio del nacimiento de Jesús.

Advierte además la forma tan moderada con que se niega a dar crédito, y cómo luego investiga y pregunta. Porque no dijo: Galilea nada bueno puede dar; sino ¿qué? ¿cómo se expresó?: ¿De Nazaret puede salir algo bueno? También Felipe era muy prudente. Por tal motivo no se indigna con la contradicción ni la lleva a mal, sino que únicamente persiste en conducir a Cristo a Natanael; y ya desde un principio manifiesta una constancia de apóstol. Por esto dice Cristo: He aquí un auténtico israelita en el cual no hay doblez. Como si dijera: Puede un israelita ser mendaz, pero éste no lo es, pues su juicio no sufre acepción de personas y nada dice por ganar favor o movido por el odio.

También los judíos interrogados acerca de dónde nacería el Cristo, respondieron: En Belén, y alegaron el mismo testimonio (Mi. 5, 2; Mt. 2, 5): Y tú, Belén, de ningún modo eres la más pequeña entre los jefes de Judá. Ellos dieron este testimonio antes de ver a Jesús; pero una vez que lo hubieron visto, movidos de envidia callaron el testimonio diciendo (Jn. 9, 29): Pero éste no sabemos de dónde es. No procedió así Natanael, sino que conservó la opinión que de Jesús tenía al principio, o sea, que no era de Nazaret.

Preguntarás: entonces ¿por qué los profetas lo llaman Nazareno? Porque en Nazaret fue educado y allá vivió. Por su parte Cristo no le dice al punto: Yo no soy de Nazaret, como te dijo Felipe, sino de Belén. No se lo dijo para no ponerlo desde luego en dudas. Por lo demás, aun cuando así se lo hubiera persuadido, ese solo indicio no era suficiente de que Jesús fuera el Cristo. Puesto que ¿qué impedía no ser el Cristo, aun habiendo nacido en Belén? Muchísimos había nacidos en Belén. Por esto omite semejante afirmación y pasa a lo que mejor podía atraer a la fe a Natanael, declarándole haber estado El presente cuando él y Felipe conversaban. Y así, como Natanael le dijera: ¿De dónde me conoces?

(Jn. 1, 48) Le contestó Cristo: Antes de que te llamara Felipe, cuando estabas debajo de la higuera, yo te vi.

Observa a este hombre constante y lleno de firmeza. Cuando Cristo le dijo: He aquí un auténtico israelita, no se ablandó con aquella alabanza, no se dejó ganar por el encomio, sino que persistió en inquirir y explorar el asunto con mayor exactitud, anhelando saber algo más con claridad. Natanael, como hombre que es, inquiere; Jesús, como Dios que es, le contesta: Ya te vi anteriormente. Como Dios, ya conocía de antemano la moderación de costumbres de Natanael, aunque no como hombre que le hubiera seguido los pasos. Ahora le dice: Yo te vi debajo de la higuera, cuando nadie estaba presente, sino sólo Felipe. Cuando ahí apartados platicaban acerca de Cristo. Por tal motivo dice el evangelista: Viendo Jesús a Natanael, que se le acercaba, dijo: He aquí un auténtico israelita; para subrayar que antes de que Felipe llegara, Cristo pronunció estas palabras; de manera que su testimonio quedara libre de toda sospecha. Por lo cual Cristo señaló el tiempo y el sitio y el árbol. Si solamente hubiera dicho: Antes de que Felipe viniera yo te había visto, la cosa podía caer en sospecha como si él hubiera enviado a Felipe, y no habría nada de extraordinario ni grande en eso. Ahora, en cambio, con decir el lugar en que hablaba Felipe con Natanael y la clase de árbol y el tiempo de la conversación, no queda ya duda alguna acerca de la profecía hecha.

Pero además de este medio también por otro lo instruye, trayéndole a la memoria las cosas que entonces conversaba con Felipe, o sea: ¿De Nazaret puede salir algo bueno? Con esto sobre todo se lo ganó, pues no le echó en cara el haberse expresado de esa manera, sino que, al revés, lo alabó y admiró. Así que Natanael también por aquí conoció que Jesús verdaderamente era el Cristo: además de la profecía, por el exacto conocimiento de lo que él había dicho, pues con esto manifestaba que El conocía los pensamientos. Añadíase que Cristo no reprendía, sino alababa lo que él allá en su interior habíase dicho. Le advirtió Cristo que Felipe lo había llamado, pero guardó silencio sobre lo que habían hablado, y dejándolo a su conciencia tratando de no convencerlo.

Pero ¿acaso vio a Natanael solamente al tiempo en que Felipe lo llamaba? ¿Acaso antes no lo había visto con aquel Ojo insomne? Lo había visto certísimamente, y nadie hay que de esto dude; pero en esta ocasión solamente dijo lo que era necesario decir. Y ¿qué hace Natanael, tras de haber recibido una señal tan indudable de la presciencia de Cristo? Confiesa inmediatamente.

Manifiesta, con su duda anterior, la exactitud de sus conocimientos y luego por el asentimiento su honradez. Pues dice el evangelio que respondió y dijo:

(Jn. 1, 49) Rabí, tú eres el Hijo de Dios, tú eres el Rey de Israel. ¿Observas cómo esta alma salta de gozo y abraza en cierto modo a Jesús con los brazos de sus palabras? Como si le dijera: Tú eres el anhelado, el esperado. ¿Adviertes cómo este hombre extasiado por el gozo, salta de alegría y da brincos de regocijo?

Conviene que también nosotros, del mismo modo, nos alegremos por el conocimiento que se nos ha dado del Hijo de Dios. Digo que nos regocijemos no únicamente con el pensamiento, sino que mostremos nuestra alegría con las obras.

¿Qué es lo propio de quienes se gozan? Obedecer al que han conocido. Y lo propio de los que han creído es hacer la voluntad de aquel en quien han creído. Pero, si hemos de hacer lo que le mueve a ira ¿cómo mostraremos por ese camino que nos alegramos? Cuando alguno recibe en su casa a un amigo ¿no habéis visto cómo en todo procede gozoso, yendo y viniendo a todos lados, no perdonando cosa alguna, aun cuando le sea necesario derrochar todos sus haberes? Y todo lo lleva a cabo con el fin de agradar a su amigo.

En cambio, si no obedeciera cuando el amigo lo llama ni le diera gusto en todo, aun cuando infinitas veces le repitiera que se alegra de su venida, el hospedado no lo creería, y con razón, puesto que el regocijo hay que demostrarlo en las obras. Ahora bien: Cristo ha venido a nosotros. Demostrémosle que nos alegramos y no hagamos cosa alguna que provoque su ira. Adornemos la casa a donde ha venido. Esto es propio de quienes se alegran. Pongámosle para su alimento lo que a El más agrada. Esto es propio de quienes se regocijan. ¿Cuál es ese alimento? El mismo lo dice (Jn. 4, 34): Mi alimento es hacer la voluntad del que me enviad Démosle de comer como a hambriento; démosle de beber como a sediento. Aun cuando sólo le des un vaso de agua fresca, lo recibirá, porque te ama; y los dones de un amigo, aunque sean pequeños y otros escasos, al amigo le parecen grandes.

No seas tú el único desidioso. Aunque solamente le entregues dos óbolos, no volverá la espalda, sino que los recibirá como si fueran grandes riquezas. Como de nada necesita, y eso mismo que le das no le es necesario, con razón no atiende a la grandeza del don, sino a la voluntad del donante. Basta con que le demuestres cuando llega que lo amas y que haces por él cuanto puedes y que te gozas de que esté presente. Observa el cariño que te tiene. Por ti vino; por ti dio su vida; y tras de tan grandes beneficios, todavía no rehúsa el ponerse a rogarte. Pues dice Pablo (2Co. 5, 20): Traemos un mensaje en nombre de Cristo, cual si Dios os exhortara por medio de nosotros. Como si dijera: ¿Hay alguno tan loco que no ame a su Señor? Pues yo a mi vez lo repito, y pienso que cada uno de nosotros no siente de diferente modo, por lo menos en el pensamiento y en las palabras.

Pero el que es amado no quiere que se le muestre el amor en solas palabras, sino además con las obras. Si nos reducimos a meras palabras y no procedemos como suelen los que aman, será cosa ridícula no sólo ante Dios, sino también ante los hombres. ¿Cómo confesaremos el amor con simples palabras y en los hechos procederemos al contrario? Resultará eso inútil y además dañoso. Os ruego que confesemos nuestro amor a Jesús por las obras, para que El a su vez nos confiese y conozca en aquel último día, cuando declare ante el Padre quiénes son dignos del reino de los cielos, en Cristo Jesús, el Señor nuestro, con el cual y por el cual sea la gloria al Padre juntamente con el Espíritu Santo, ahora y siempre y por los siglos de los siglos. Amén.

HOMILÍA XXI. Respondió Natanael: Rabí, tú eres el Hijo de Dios, tú eres el Rey de Israel. Jesús repuso: ¿Porque te dije que te vi debajo de la higuera crees? Cosas mayores que éstas verás (*Jn 1,49-50*)

Mucha diligencia nos es necesaria, carísimos, y mucho desvelo para poder penetrar lo profundo de las Escrituras. Porque no es cosa sencilla ni propia de gente que dormita encontrar su sentido; sino que es menester un cuidadoso examen y continuas oraciones para lograr penetrar siquiera un poquito en esos sagrados arcanos. Pues también hoy se nos propone una no pequeña cuestión que dilucidar; y tal que necesita mucha diligencia y grande investigación. Cuando Natanael dice: Tú eres el Hijo de Dios, Cristo le responde: ¿Porque te dije que te vi debajo de la higuera crees? Cosas mayores verás. ¿Qué es lo que se investiga acerca de tales palabras? ¿Por qué razón Pedro fue proclamado bienaventurado por haber confesado de Jesús: Tú eres el Hijo de Dios; y esto después de tantos milagros y de haber escuchado tan largas enseñanzas; como a quien el Padre lo ha revelado; mientras que Natanael, quien antes de ninguna enseñanza, antes de ningunos milagros, confesando eso mismo, no escuchó la misma alabanza, sino que, como si apenas hubiera dicho lo que es necesario, se le remite cosas mayores?

¿Cuál es el motivo? La razón es que aunque Pedro y Natanael pronunciaron las mismas palabras, pero no las dijeron con el mismo sentido. Pedro confesó a Cristo Hijo de Dios, pero como verdadero Dios; Natanael lo confesó, pero como a simple y puro hombre. ¿Cómo nos queda esto claro? Por lo que sigue. Pues en cuanto dijo: Tú eres el Hijo de Dios, añadió: Tú eres el Rey de Israel. Pero el Hijo de Dios no es Rey únicamente de Israel, sino de todo el orbe. Por lo demás no solamente queda claro por esto, sino por lo que continúa. A Pedro nada le dijo Cristo, sino que como a quien ya tiene la fe perfecta, le anuncia que sobre su confesión edificará su Iglesia. En cambio, en el caso de Natanael no procede así, sino que puedes observar todo lo contrario. Pues como si a su confesión le faltara algo, Jesús añadió lo demás. ¿Qué es lo que le dice?:

(Jn. 1, 51) En verdad, en verdad te digo que veréis los cielos abiertos y a los ángeles de Dios subir y bajar al servicio del Hijo del hombre. ¿Ves cómo poco a poco lo levanta de lo terreno y lo lleva a no imaginarse un Cristo simple hombre? Porque uno a quien sirven los ángeles y sobre el cual los ángeles ascienden y descienden ¿cómo puede ser un simple hombre? Por eso le dijo Jesús: Verás cosas mayores que éstas. Y para explicarlo, trajo al medio el servicio de los ángeles, como si dijera: ¿Esto te parece grande, oh Natanael; y por esto me has confesado como Rey de Israel? Pues ¿qué dirás cuando veas que los ángeles ascienden y descienden hacia mí? De este modo le persuadía que lo confesara como Señor de los ángeles; puesto que ellos descendían y ascendían como ministros y servidores regios al auténtico Hijo del Rey; como lo hicieran en tiempo de la crucifixión y al tiempo de la resurrección y también antes, cuando en el desierto se le acercaron y le servían; y cuando anunciaron su natividad clamando (Lc. 2, 14): Gloria a Dios en las alturas y en la tierra paz; y cuando se acercaron a la Virgen María en la Anunciación y a José más tarde.

Procede ahora Jesús como muchas veces procedió: predice dos cosas, dando al punto la demostración de una; y por medio de ésta confirmando la otra. Unas cosas ya quedaban demostradas por lo que antes se dijo, como lo que sucedió antes de la vocación de Felipe, o sea: Te vi debajo de la higuera; otras eran futuras, de las cuales unas ya se habían realizado en parte, como era el subir y descender los ángeles; otras se realizaron luego, como en la cruz, en la resurrección, en la Ascensión. A éstas las hace creíbles antes de que se realicen, mediante las ya realizadas. Ciertamente, quien ya conoció el poder de Cristo en las cosas pasadas, más fácilmente aceptará las futuras si oye que se le anuncian.

¿Qué hace Natanael? Nada respondió. Por lo mismo también Cristo aquí terminó, dejándolo que meditara lo dicho y no queriendo declararle todo al punto. Una vez arrojada en tierra buena la semilla, deja que ésta, mediando el tiempo tranquilo, dé su fruto. Así lo declaró en otra ocasión diciendo (Mt. 13, 24-25): Es semejante el reino de los cielos a un hombre que sembró buena simiente. Mas sucedió que mientras dormía, vino su enemigo y sembró cizaña entre el trigo.

(Jn 2, 1-2)Al tercer día tuvo lugar una boda en Caná de Galilea y fue invitado Jesús a la boda. Y la Madre de Jesús y los hermanos de éste, estaban ahí. Ya dije que Jesús era más conocido en Galilea; por esto lo invitan a la boda y El acude. No miraba a su propia dignidad, sino que estaba siempre dispuesto en beneficio nuestro. Porque no desdeñó tomar la forma de siervo (Flp. 2, 7); mucho menos iba a desdeñarse de tomar parte en la boda de los siervos. Quien conversaba y convivía con los publicanos y los pecadores (Mt. 9, 13), no iba a rehusar sentarse a la mesa con los invitados a la boda. Los que lo habían invitado no tenían de El la debida opinión; de manera que no lo invitaban como si se tratara de un gran personaje, sino como si se tratara de un hombre cualquiera del pueblo, conocido de ellos. Así lo dejó entender el evangelista al decir: Estaban ahí su Madre y sus hermanos; pues como a ella y a sus hermanos, habían invitado también a Jesús.

(Jn. 2, 3) Y como se acabara el vino, la Madre de Jesús le dijo: No tienen vino. Justo es preguntar en este punto de dónde le vino a María el pensar cosas grandes acerca de su Hijo, puesto que éste aún no había hecho ningún milagro. Porque dice el evangelista (Jn. 2, 11): Con éste inició Jesús sus milagros en Caná de Galilea. Y si alguno dijere que no es éste suficiente argumento de haber sido aquél el primer milagro de Cristo, puesto que el evangelista añade: en Caná de Galilea, como si fuera el primero en esa ciudad, pero no absolutamente el primero; y que es verosímil que haya hecho otros en otras partes, le responderemos con lo que ya dijimos antes. ¿Qué fue lo que dijimos? Lo que proclamó el Bautista. Yo no lo conocía; pero vine con mi bautismo de agua a preparar su manifestación en Israel.

Si Jesús hubiera hecho milagros en sus primeros años, los israelitas no habrían tenido necesidad de que otro se lo manifestara. Puesto que quien llegado a la edad varonil fue tan celebrado en Judea y aun en Siria y aun más lejos; y esto en el lapso de tres años solamente (Mt. 4, 24); y ni siquiera necesitó su fama de esos tres años para esparcirse, sino que inmediatamente se divulgó por todas partes; pues quien, repito, en tan breve tiempo así se tornó esclarecido por sus milagros que su nombre llegó a ser conocido de todos, con mucha mayor razón, si desde niño hubiera hecho milagros, no habría quedado oculto por tan largo tiempo; tanto más cuanto que sus milagros hechos en la niñez habrían causado mayor admiración, sobre todo habiendo ya transcurrido el doble y aun el triple del tiempo.

No, siendo niño Cristo no hizo sino lo que Lucas refiere (Lc. 2, 46): que siendo un niño de doce años se sentó entre los doctores de la ley oyéndolos y admirándolos por sus propias preguntas. Por lo demás muy razonablemente no comenzó a hacer milagros en su edad de niño. Pues los hombres habrían pensado ser aquéllos pura fantasmagoría. Si cuando ya era todo un hombre, muchos así lo llegaron a sospechar de Él, con mayor razón habrían pensado y creído eso si hubiera hecho milagros siendo excesivamente joven; y además, movidos de envidia más pronto y antes del tiempo prefijado lo habrían llevado a la cruz; y las otras cosas tocantes a la redención no habrían merecido fe.

Preguntarás: ¿de dónde, pues, le vino a María el pensar acerca de El cosas grandes? Es que ya había comenzado a manifestarse, tanto por el testimonio del Bautista, como por lo que El mismo había dicho a los discípulos. Y antes que todo, por el modo maravilloso de su concepción y los sucesos acaecidos cuando su nacimiento, su Madre tenía de El suma estimación. Pues dice un evangelista que ella oyó todo lo referente a su niño: Y lo conservaba en su corazón. Instarás: pero entonces ¿por qué nada dijo anteriormente? Porque como ya dije, fue entonces cuando comenzó Jesús a manifestarse y salir al público. Antes vivía como uno cualquiera del pueblo, por lo cual su Madre no se atrevía a decirle ni pedirle cosas como ahora lo hace en la boda.

Cuando ella supo que el Bautista había venido por causa de Jesús y había dado acerca de Él un testimonio tal que comenzaba ya a tener discípulos, entonces confiadamente le suplica; y como faltara el vino, le dice: No tienen vino. Quería hacer a los esposos un beneficio; y también ella misma hacerse más brillante por medio de su Hijo. Y aun quizá tuvo algún afecto al modo humano, como sucedió a los hermanos de Jesús que a éste le decían: Muéstrate al mundo, pues querían lograr para sí alguna gloria por los milagros de Cristo.

(Jn. 2, 4) ¿Qué tengo yo contigo, Mujer? No ha llegado mi hora todavía. Que Jesús tenía para su Madre un altísimo respeto, consta por Lucas (Lc. 2, 51), quien refiere en qué forma estaba Cristo sujeto a sus padres; y el mismo evangelista narra el gran cuidado que tuvo Jesús por ella estando en la cruz. En lo que los padres no impiden ni prohíben un servicio de Dios, es necesario obedecerlos; y en no hacerlo hay un grave peligro. Pero si piden de nosotros algo inoportuno en ese sentido, y nos estorban para las cosas espirituales, entonces, al contrario, es peligroso obedecerlos. Por tal motivo Jesús responde de esa manera. Y en otra ocasión dice también (Mt. 12, 48): ¿Quién es mi Madre y quiénes son mis hermanos? Respondió, pues, así porque aún no se tenía de El la debida opinión; y su Madre, pues lo había dado a luz, pensaba que podía ordenarle cualquier cosa, como suelen las madres; cuando al revés debería haberlo adorado y tributarle culto. Por eso respondió así.

Quiero que adviertas, en el segundo caso que acabo de mencionar, todas las circunstancias: el pueblo reunido en torno; la turba íntegra con el ánimo enclavado en El para oírlo y percibir sus enseñanzas; su Madre que se acerca por en medio de todos; cómo lo saca aparte de la reunión para hablarle a solas. Por todo esto Él dijo: ¿Quién es mi Madre y quiénes mis hermanos? No lo hace por menospreciar a su Madre ¡lejos tal cosa! sino al revés: mirando por ella del mejor modo, ni permitiendo creer que El pensara de ella alguna vileza ni bajeza. Si de otros cuidaba, si ponía todos los medios para darles la opinión conveniente de sí mismo, con mucha mayor razón lo hacía respecto de su Madre. Puesto que es verosímil que ella, oyendo aquello de su Hijo, no se prestara a obedecerlo, sino que quisiera conservar su superioridad, como su Madre que era: por tal motivo le respondió así. Nunca la habría levantado Jesús a más sublime concepto de sí mismo, desde el que ella tenía, más humilde por cierto, si no fuera porque ella esperaba continuamente que El, como hijo que era, la honrara y que no llegaría a tenerlo por Señor.

Tal es el motivo porque le habló así en esta ocasión y le dijo: ¡Mujer! ¿qué tengo yo contigo? También puede traerse otra razón no menos necesaria. ¿Cuál es? Para que no fuera sospechoso su milagro, pues eran los necesitados quienes debían haberle rogado y no su Madre. ¿Por qué? Porque lo que se alcanza por ruegos de parientes, aunque se trate de grandes favores, generalmente no suele agradar tanto a los que se hallan presentes. En cambio, cuando son los mismos necesitados quienes suplican, el milagro que se verifique queda sin sospecha alguna, las alabanzas quedan limpias de otras intenciones, la utilidad subsiguiente es grande.

Un médico excelente, habiendo entrado en una casa en donde hay muchos enfermos, ve que ninguno de los enfermos ni de los presentes le ruega alguna cosa, sino solamente la mache suya, se hará sospechoso y aun molesto a los enfermos; y ni éstos, ni los que se hallan presentes esperarán de él cesas glandes. Por tal motivo Cristo increpó a su Madre diciéndole: ¡Mujer!, ¿que nos va a ti ni a Mí? enseñándola a que en adelante, no pidiera tales cosas. Cuidaba El del honor de su Madre, pero mucho más de la salud espiritual y de los beneficios que a muchos tenía que hacer, pues por ellos había encarnado. De modo que sus palabras no eran las de quien habla con arrogancia a su Madre, sino las propias de la economía redentora; para que ella quedara enseñada y se proveyera que los milagros se verificaran de un modo digno.

Que Jesús honrara grandemente a su Madre, se puede demostrar, entre otras muchas cosas, para callar las demás, en esto mismo de que parece increparla; de manera que su indignación misma lleva consigo una gran reverencia. Cómo sea esto lo diremos en el siguiente discurso. Por tu parte, meditando en esto, cuando oigas luego a cierta mujer exclamar (Lc. 11, 27): Bienaventurados el seno que te llevó y los pechos que te amamantaron; y a Él lo oigas que responde: Antes bien, dichosos los que hacen la voluntad de mi Padre, piensa que tales palabras se han dicho con la misma intención que aquellas otras. Pues no son una respuesta de quien rechaza a su Madre, sino de quien declara que para nada le habría aprovechado el parto, si no fuera virtuosa y tan, tan fiel a Dios.

Pero si a María en nada le habría aprovechado el haber dado a luz a Cristo, si no hubiera tenido virtudes interiores, mucho menos nos aprovechará a nosotros, si nos faltan las virtudes, el tener un padre, un hermano, un hijo bueno y virtuoso, andando lejos de la virtud. Dice David (Sal. 48, 8): Ninguno de ellos puede redimir a su hermano, ni pagar su rescate. No se ha de tener esperanza de salvación, después de la gracia de Dios, sino en las buenas obras. Si el parto había de aprovechar a la Virgen, también había de aprovechar a los judíos el ser según la carne parientes de Cristo; y había de aprovechar a la ciudad en que fue engendrado, y lo mismo a sus hermanos. Pero a sus hermanos, por no cuidar de sí mismos, para nada les ayudó esa dignidad, sino que juntamente con el mundo sufrirían la condenación; y sólo llegaron a ser admirables cuando brillaron por sus virtudes propias.

En cuanto a la ciudad, fue destruida e incendiada, sin que de la ciudadanía de Cristo obtuviera auxilio alguno. Y los parientes de Cristo según la carne perecieron miserablemente sin sacar provecho para su salvación de ese parentesco, por no hallarse patrocinados por virtudes propias. En cambio los apóstoles brillaron como nadie, porque se hicieron parientes de Cristo con el parentesco más deseable, que fue el de la obediencia. Vemos por aquí cuán necesaria nos es la fe junto con una vida virtuosa, que brille por las buenas obras. Solamente esto nos puede dar la salvación.

Los parientes de Cristo durante mucho tiempo fueron causa de admiración en todas partes; y se les llamó *Desposynos* o sea Dominicos; y sin embargo, ni siquiera conocemos sus nombres; mientras que por todas partes es ensalzado el nombre y la forma de vivir de los apóstoles. En consecuencia, no nos ensoberbezcamos a causa de la nobleza de nuestro linaje, sino que, aun cuando podamos publicar nombres de abuelos y tatarabuelos infinitos e ilustres, lo que debemos hacer es esforzarnos en superar la virtud de ellos, sabiendo que en el juicio futuro nada ganaremos con las virtudes ajenas; y que, por el contrario, nos originarán un juicio más riguroso. Puesto que nosotros, nacidos de virtuosos padres y teniendo en nuestra casa excelentes ejemplos, ni aun así imitamos a nuestros maestros.

Digo esto, porque veo que muchos gentiles, cuando los exhortamos para que abracen la fe y el cristianismo, se refugian en sus abuelos y parientes, y dicen: Todos mis parientes, familiares y compañeros ya son cristianos. ¡Mísero, infeliz!

¿De qué te sirve eso? En daño tuyo se convierte eso de que ni siquiera honres a tus compañeros, corriendo a ejercitar la virtud. Otros, cristianos ya, pero desidiosos, cuando se les incita a la virtud, responden lo mismo: Mi padre, mi abuelo, mi bisabuelo fueron piadosos y virtuosos. Pues eso mismo te condenará sobre todo: el que te portes de un modo indigno de tus padres y de tu linaje. Oye lo que dice el profeta a los judíos (Os. 12, 12): Sirvió Israel por una mujer; por una mujer guardó rebaños. Y Cristo dice (Jn. 8, 56): Abraham vuestro padre se enardeció por ver mi día y lo vio y se gozó. Y por todas partes las Sagradas Escrituras sacan al medio las virtudes de los abuelos, pero no para alabanza, sino para más grave acusación.

Sabiendo esto también nosotros, pongamos todos los medios para conseguir nuestra salvación, con nuestras propias buenas obras, sin fincar la esperanza en las de otros, no sea que allá al fin caigamos en la cuenta de habernos engañado, cuando semejante conocimiento ya no nos sea útil. Pues dice la Escritura: En el seol ¿quién te puede alabar? Hagamos ahora penitencia, para que alcancemos los bienes eternos. Ojalá nos acontezca a todos conseguirlos, por gracia y benignidad de nuestro Señor Jesucristo, por el cual y con el cual sean al Padre, juntamente con el Espíritu Santo, la gloria y el poder, por los siglos de los siglos. Amén.

HOMILÍA XXII. ¡Mujer! ¿qué nos va a mí qué tengo yo contigo? No ha llegado mi hora todavía (*Jn 2,4*)

Hay un cierto trabajo en predicar, como lo testifica Pablo con estas palabras (1Tm. 5, 17): A los presbíteros que gobiernan loablemente, otórgueseles doble honor, mayormente a los que se afanan en la predicación y en la enseñanza. Pero está en vuestra mano el volver ligero semejante trabajo o bien gravoso. Si rechazáis lo que se os dice, o bien sin rechazarlo no mostráis el fruto por las obras, el trabajo nos será gravoso, pues trabajamos en vano; pero si ponéis atención y luego lleváis a las obras lo que se os dice, entonces ni siquiera sentiremos la fatiga; puesto que el fruto logrado mediante el trabajo, no permitirá que el trabajo parezca pesado. De modo que si queréis despertar nuestro empeño y no apagarlo ni disminuirlo, os ruego que nos mostréis el fruto; pues viendo en su frescor las sementeras, apoyados en la esperanza de que todo irá bien, y echando cuentas sobre nuestras riquezas, no desfalleceremos en tan propicia negociación.

No es pequeña la cuestión que ahora se nos propone. Pues como dijera la Madre de Jesús: No tiene vino; y Jesús le respondiera: ¡Mujer! ¿qué tengo yo contigo? No ha llegado mi hora todavía; como Cristo, repito, le respondiera de ese modo, sin embargo hizo lo que su Madre quería. Cuestión es esta de no menor importancia que la anterior. Así pues, una vez que hayamos invocado al que operó el milagro, nos apresuraremos a dar la solución... No es éste el único pasaje en que se hace mención de la hora de Cristo. El mismo evangelista más adelante dice (Jn. 7, 30): No pudieron aprehender a Jesús porque aún no había llegado su hora. Y también: Nadie puso en El las manos porque aún no había llegado su hora. Y también: Ha llegado la hora (Jn. 17, 1): glorifica a tu Hijo. Esto que se dijo y se repitió a lo largo de todo el evangelio, lo he reunido aquí para dar a todas esas expresiones una solución única. ¿Cuál es esa solución? No estaba Cristo sujeto a la sucesión de tiempos, ni lo decía porque hubiera observado las horas y así poder decir: Aún no ha llegado mi hora. ¿Tenía por ventura que andar observando eso el que es

Creador de todos los tiempos, Artífice de los años y de los siglos? Lo que con semejante expresión quiere significar es lo siguiente: que El todo lo hace en el momento que conviene; y que no hace todo a la vez; porque se seguiría una perturbación del orden de las cosas, si no hiciera cada cosa a su tiempo oportuno, sino mezclando unas con otras, generación, resurrección y juicio.

Atiende en este punto. Convino proceder a la creación, pero no crear todo a la vez: hombre y mujer, pero no ambos a la vez. Convino castigar con la muerte al género humano y también que hubiera resurrección; pero con gran intervalo de tiempo entre ambas. Convino dar la Ley, pero no juntamente el tiempo de la gloria, sino disponiendo cada una de esas cosas a su propio tiempo. De modo que Cristo no estaba sujeto a la necesidad de los tiempos, puesto que él mismo había señalado su orden, pues era el Creador. Y sin embargo aquí Juan presenta a Cristo diciendo: Mi hora no ha llegado todavía. Quiso decir que El aún no era conocido de muchos, ni tenía aún completo el grupo de sus discípulos. Lo seguían Andrés y Felipe, pero ninguno de los otros. Más aún: éstos mismos no lo conocían todavía como se le debía conocer, ni aun su Madre, ni aun sus hermanos. Puesto que tras de muchos milagros asegura de sus hermanos el evangelista (Jn. 7, 5): Porque ni sus parientes creían en él. Tampoco lo conocían los que estaban presentes a las bodas; de lo contrario, se le habrían acercado y suplicado en aquella ocasión y necesidad. Tal es el motivo por el que Jesús afirma: No ha llegado mi hora todavía. Como si dijera: Aún no soy conocido de los presentes, y ellos ni siquiera saben que falta el vino y ya se acabó. Espera a que sientan la necesidad. Más aún: ni siquiera sería conveniente que yo escuchara tu súplica. Eres mi Madre y vas a volver sospechoso el milagro. Convenía que fueran ellos, los necesitados, quienes se me acercaran y pidieran; y esto, no porque yo lo necesite, sino para que de este modo ellos recibieran con grande gusto el milagro obrado. Quien conoce que está necesitado, cuando logra lo que pide queda sumamente agradecido; pero aquel que aún no se da cuenta de su necesidad, tampoco dará al beneficio que recibe el peso que tiene.

Preguntarás: ¿por qué, habiendo dicho: Mi hora no ha llegado aún y habiéndose negado a obrar el milagro, sin embargo luego llevó a cabo lo que su Madre le había pedido? Fue para demostrar a quienes piensan que estaba sujeto a horas y tiempos, que no lo estaba. Si hubiera estado así sujeto ¿cómo habría podido convenientemente llevar a cabo un milagro cuya hora aún no había llegado? También lo hizo para honrar a su Madre, a fin de no parecer que en absoluto la rechazaba; y además para que no pareciera que por debilidad y falta de poder no lo hacía; y para no ruborizar a su Madre en presencia de tan grande concurso, pues ella le había presentado ya a los sirvientes. Igual procedió con la mujer Cananéa. Habiéndole dicho (Mt. 15, 26): No es bueno tomar el pan de los hijos y echarlo a los cachorros, sin embargo luego le concedió todo, movido de la constancia de la mujer. También había dicho en esa ocasión: Sólo he sido enviado a las ovejas que perecieron de la casa de Israel, y sin embargo, tras de haberlo dicho, libró del demonio a la hija.

Aprendemos de aquí que nosotros, aun cuando seamos indignos, con frecuencia nos volvemos dignos de recibir los beneficios, mediante la constancia. Por tal motivo la Madre de Jesús esperó y prudentemente movió a los sirvientes a fin de que fueran muchos los que rogaran a Jesús.

(Jn. 2, 5) Y así continuó diciendo: Haced cuanto os dijere.

Sabía ella que Él no se había negado por impotencia, sino porque rehuía la fastuosidad y así no quería sin más ni más proceder a obrar un milagro. Por tal motivo ella le llevó los sirvientes.

(Jn. 2, 6-7) Había ahí seis tinajas para el agua, destinadas a las purificaciones de los judíos, con capacidad cada una de ellas de tres metretas. Y les dijo Jesús: Llenad de agua las tinajas. Y las llenaron hasta el borde.

No sin motivo advirtió el evangelista: Destinadas a las purificaciones de los judíos. Para que no sospechara alguno de los infieles que, habiendo quedado en el fondo de las tinajas algunas heces de vino, al infundir el agua se había formado un vino ligerísimo, dijo el evangelista: Dispuestas para las purificaciones de los judíos, demostrando con esto que jamás habían servido para guardar en ellas vino.

Palestina sufre de escasez de agua y son allá raras las fuentes y los veneros, por lo cual los judíos siempre llenaban de agua las tinajas, a fin de no verse obligados a correr hasta el río, si alguna vez contraían una impureza legal, sino tener a la mano la manera de purificarse. Mas ¿por qué no obró Jesús el milagro antes de que las llenaran de agua, lo que habría sido un milagro más estupendo? Porque una cosa es cambiar una materia ya dada en las cualidades de otra, y otra cosa es crear la materia misma que antes no existía: lo segundo es con mucho más admirable. Fue porque en tal caso el milagro para muchos no habría sido tan creíble. Cristo con frecuencia disminuye la magnitud de los milagros de buena gana, con el objeto de que fácilmente los más crean. Preguntarás: ¿por qué no creó el agua y luego la convirtió en vino, sino que ordenó a los sirvientes llenar las tinajas? Por la misma causa, o sea para que los mismos que las habían llenado sirvieran de testigos, y no se pensara ser aquello obra de hechicerías. Si algunos se hubieran atrevido imprudentemente a negar el milagro, los sirvientes podían haberles dicho: Nosotros mismos trajimos el agua. Por lo demás, al mismo tiempo destruyó las aseveraciones que brotarían en contra de la Iglesia. Perqué unos dicen que el mundo es obra de otro Dios; y que las criaturas visibles no son hechura de nuestro Dios, sino de otro que le es contrario; para de una buena vez reprimir semejante locura, Cristo hizo muchos milagros sobre materia preexistente.

Si el Creador le fuera contrario, no podría usar de las criaturas ajenas para demostrar su poder. Ahora en cambio, para declarar que El mismo es quien en las vides cambia el agua en vino y convierte la lluvia, mediante las raíces, en vino, eso mismo que hace en las plantas tomando largo tiempo, lo hizo en un instante en aquellas bodas.

Una vez que llenaron las tinajas, dice Cristo a los criados: Ahora sacad y presentadlo al maestresala. Así lo hicieron. Apenas gustó el maestresala el agua convertida en vino -él no sabía de dónde procedía; sí, los criados que habían sacado el agua- llama el maestresala al esposo y le dice: Por todos se estila poner primero el vino mejor; y luego, cuando ya los convidados están bebidos, poner el vino menos generoso. Pero tú has guardado hasta ahora el vino mejor. En este punto hay de nuevo quienes se dan a cavilar y dicen que se trata ya de un conjunto de ebrios y con el sentido de los bebedores ya embotado; y que por consiguiente no podían distinguir las cosas ni dar su juicio, pues no sabían si aquello era agua o era vino. El propio maestresala los había declarado ya bebidos.

Es ésta una dificultad en absoluto ridícula. Por lo demás, semejante sospecha la deshizo el evangelista. Porque no dice que los convidados dieran su juicio, sino el maestresala, que, por su sobriedad, aún no había bebido. Pues bien sabéis que todos aquellos a quienes se les encomienda el cuidado de un banquete, permanecen sobrios en todo y ponen su cuidado íntegro en que correctamente se dispongan las cosas. Y así Cristo tomó como testigo al que tenía los sentidos despiertos y sobrios, para el caso del milagro. Porque no dijo: Escanciad vino a los convidados, sino: Llevad al maestresala. Y apenas gustó el maestresala el agua convertida en vino -y no sabía de dónde procedía, pero sí lo sabían los criados-, llama al esposo.

¿Por qué no llama a los criados? Pues de este modo el milagro habría quedado manifiesto. Porque ni el mismo Jesús reveló lo que había sucedido: quería que poco a poco y sin sentir cayeran todos en la cuenta de su poder milagroso. Si al punto se hubiera revelado el milagro, no se habría dado crédito a los criados que lo referían, sino que se habría creído que estaban locos, pues a un hombre que en la opinión de todos era uno de tantos le achacaban tamaña cosa. Ellos claramente y por experiencia propia lo sabían todo, pero no eran testigos idóneos para publicar el milagro, tales que hicieran fe delante de los demás. Tal fue el motivo de que Cristo no revelara el milagro a todos, sino solamente al que de modo especialísimo podía comprenderlo; y reservó la noticia más explícita del hecho para más tarde. Tras de otros insignes milagros también éste se hizo creíble.

Cuando más tarde curó al hijo del reyezuelo, por lo que ahí dice el evangelista quedaba más en claro el presente milagro. El régulo llamó a Jesús porque ya conocía este prodigio, como ya dije. Lo declaró Juan al decir: Vino Jesús a Caná de Galilea donde convirtió el agua en vino (Jn. 4, 46); y no sólo en vino, sino en excelentísimo vino.

Los milagros de Cristo son de tal naturaleza que superan en excelencia las cosas naturales. Por ejemplo, cuando restituyó la salud a alguno en sus miembros dañados, se los dejó más vigorosos que los otros miembros sanos. Ahora bien: que aquello fuera vino, y vino excelentísimo, lo testificarían no sólo los criados sino también el maestresala y el esposo; y que la conversión era obra de Cristo, los que sacaron el agua. De modo que aun cuando entonces no se hubiera descubierto el milagro, sin embargo no podía quedar encubierto para siempre. De este modo se iban echando por delante muchos y necesarios testimonios para el futuro.

De que Jesús convirtió el agua en vino eran testigos los criados; y de que el vino era excelente, el maestresala y el esposo. Es verosímil que el esposo haya respondido algo al maestresala, pero el evangelista, apresurándose a referir cosas más necesarias, únicamente narró el milagro y lo demás lo pasó en silencio. Era necesario que se supiera haber Jesús convertido el agua en vino; pero el evangelista no creyó necesario exponer lo que el esposo contestaría al maestresala. En realidad muchos milagros que al principio quedaron en la oscuridad, con el progreso del tiempo se fueron aclarando, pues los relataron quienes en un principio los presenciaron.

Cambió entonces Jesús el agua en vino, pero ni entonces ni ahora ha cesado de cambiar las voluntades débiles y sin fuerza en algo mejor. Porque hay hombres, sí, los hay tales que no difieren del agua: tan fríos son y tan muelles y que para nada muestran firmeza. Pues bien, acerquemos al Señor a semejantes hombres para que Él les mude las voluntades y les dé la fortaleza del vino, a fin de que en adelante no resbalen ni se reblandezcan, sino que se mantengan firmes y se tornen motivo de alegría para sí mismos y para otros.

¿Quiénes son esos así fríos, sino los que se apegan a las cosas perecederas de esta vida y no desprecian los placeres mundanos y aman el poderío y la gloria vana? Todas esas cosas son pasajeras y no tienen consistencia; y son tales que van de caída y son violentamente arrastradas. El que hoy es rico, mañana es pobre; el que hoy se exalta con su pregonero y su talabarte y su coche y sus lictores, con frecuencia al día siguiente es condenado a la cárcel y deja a otro su fausto, aun a pesar suyo. El que se entrega al placer de los alimentos delicados, una vez que con la crápula ha henchido su vientre hasta reventar, no logra permanecer en semejante abundancia ni siquiera un solo día, sino que evaporada ella, se ve obligado a amontonar otra; y en nada difiere de un torrente. Pues así como en éste, pasada una ola se echan encima las otras, así nosotros nos vemos necesitados de comida tras comida.

Tal es la naturaleza de las cosas presentes en este siglo: jamás se detienen, sino que siempre fluyen y se van. Y por lo que hace a los placeres de los alimentos, no únicamente fluyen y se van, sino que las fuerzas del cuerpo se consumen y lo mismo las del alma. No suelen desbordarse y traspasar sus riberas con tanto ímpetu los oleajes de los ríos, como el de las delicias de los alimentos, que socavan los fundamentos de la salud. Si vas a un médico y le preguntas, sabrás de su boca que de aquí brotan las causas y raíces de todas las enfermedades. La mesa sencilla y simple es madre de la salud, dicen ellos. Y así la llaman los médicos; y al no saciarse lo llaman salud. La parquedad en los alimentos equivale a la salud. Dicen que la mesa frugal es madre del bienestar corporal.

Pues si la frugalidad es madre de la salud, la saciedad claramente será madre de la enfermedad y la débil salud. Ella engendra enfermedades que no ceden al arte de la medicina: las enfermedades de los pies, la cabeza, los ojos, las manos, y los temblores de miembros y la parálisis y la ictericia y las altas y perennes fiebres y muchos otros males que no hay tiempo de enumerar, todos nacen no de la pobreza ni del moderado alimento, sino de la saciedad y la crápula. Y si quieres explorar las enfermedades del alma, que de aquí brotan, encontrarás que de la saciedad nacen la avaricia, la molicie, la ira, la pereza, la liviandad y el entontecimiento: todas toman de aquí su principio. Los que se entregan a las mesas opíparas, son almas no mejores que los asnos, pues por semejantes bestias son destrozadas. No pasaré en silencio el fastidio a que están sujetos quienes a semejantes enfermedades se sujetan; aunque no podemos pasar lista de todas. Mencionaré únicamente una cosa que es principio de todo: que jamás gozan con deleite de las mesas de que venimos hablando. Porque la frugalidad, así como es madre del bienestar corporal, así lo es del deleite; mientras que la hartura, así como es madre de todas las enfermedades, es también raíz y fuente del fastidio. Donde hay saciedad ya no puede haber apetito; y en donde no hay apetito ¿cómo puede existir el deleite? Por eso vemos que los pobres son más prudentes y fuertes que los ricos y que gozan de mayor alegría.

Pensando todo esto, huyamos de la embriaguez y de los placeres; y no solamente de las delicias de la mesa, sino de todas las demás que pueden conseguirse mediante las cosas de este siglo; y en su lugar hallaremos el deleite espiritual y nos deleitaremos en el Señor, como decía el profeta (Sal. 37, 4): Ten tus delicias en Yahvé y te dará lo que tu corazón desead. De este modo gozaremos de los bienes presentes y también de los futuros, por gracia y benignidad del Señor nuestro Jesucristo, por el cual y con el cual sea la gloria al Padre, juntamente con el Espíritu Santo, por los siglos de los siglos. Amén.

HOMILÍA XXIII. Con éste inició Jesús sus milagros en Caná de Galilea (*Jn 2,11*)

Con frecuencia y vehemencia acomete el diablo, y por todas partes pone asechanzas a nuestra salvación. Es pues necesario vigilar y cerrarle por todas partes la entrada. Si encuentra una ocasión, por pequeña que sea, se abrirá enseguida una ancha y poco a poco introducirá en el alma todo su poder. Si pues en algo nos interesamos por nuestra eterna salud, no le permitamos que se acerque, ni aun en cosas mínimas, para estar prestos por este medio en las mayores. Sería cosa de extremada locura el que, mientras él pone tan gran diligencia para perder nuestra alma, nosotros no empleáramos a lo menos la misma diligencia para nuestra salvación.

No sin motivo he dicho lo que precede, sino porque temo no sea que en mitad del redil esté ahora aquí oculto el lobo aquel, y arrebate alguna oveja que se haya apartado del rebaño o por desidia o engañada. Si las llagas espirituales cayeran bajo el dominio de los sentidos y se tratara de ser el cuerpo quien las recibe, no sería necesario precaverse tanto contra semejantes asechanzas. Pero siendo el alma invisible y siendo ella la que es traspasada con las heridas, necesitamos suma vigilancia para que cada uno examine lo que en él hay (1Co. 2, 11): Nadie conoce lo que hay en el hombre, sino el espíritu del hombre que está en él.

Lleva a todos el discurso y ofrece a todos una medicina común; pero toca a cada uno de los creyentes recibir lo que le sea conveniente para curar su propia enfermedad. Por mi parte no conozco ni a los enfermos ni a los sanos. Por tal motivo voy tocando todas las materias y diciendo lo que conviene a cada una de las enfermedades del alma. Unas veces trato de la avaricia, otras de los placeres de la mesa, otras acometo lo referente a la liviandad; más tarde, alabo la limosna y exhorto a que se practique; y enseguida me refiero a otros géneros de buenas obras. Pues temo no sea que mientras me aplico a curar una enfermedad, el remedio que apronto sea para otra, mientras vosotros estáis atacados de enfermedades distintas.

Si estuviera presente una sola persona, no creería yo ser necesario emplear tan variados discursos. Pero como es verosímil que en una multitud tan variada existan también enfermedades variadas, no sin razón voy modificando mis enseñanzas. De esta manera el discurso hecho para todos tendrá sin duda alguna utilidad. Tal es también el motivo de que las Sagradas Escrituras tengan tan gran variedad y hablen de infinitas materias, pues dirigen sus palabras a la común naturaleza. En una multitud tan grande, por fuerza se han de encontrar todas las enfermedades espirituales, aunque no todas estén en todos. Ahora, una vez que así nos hemos justificado, escuchemos con atención las divinas palabras que hoy se nos han leído.

¿Cuáles son?: Con éste inició Jesús sus milagros en Caná de Galilea. Dije ya que algunos piensan no haber sido éste el primer milagro. Porque dicen: Bueno ¿y qué si esto se refiere a los milagros hechos en Caná de Galilea? Pues dice: Con éste inició en Caná de Galilea. Por mi parte, no habría yo hablado más cuidadosamente de esto; pero afirmo que Jesús comenzó a hacer milagros hasta después de su bautismo; y que antes no hizo otro alguno, como ya dejé explicado. Pero sea o no este milagro el primero o haya sido otro, después del bautismo, creo que no vale la pena explicarlo ni discutirlo.

Así manifestó su gloria. ¿De qué modo? Porque no eran muchos los que veían lo que se hacía, sino solamente los criados, el maestresala y el esposo. Entonces ¿en qué forma manifestó su gloria? La manifestó en cuanto estaba de su parte. Pues si no entonces, a lo menos después todos sabrían el milagro, ya que hasta el día de hoy es celebrado y no está oculto. Que en aquel día no todos lo conocieran, queda claro por lo que sigue. Porque una vez que hubo dicho el evangelista: Así manifestó su gloria, prosigue: Y creyeron en El sus discípulos; los discípulos que anteriormente sólo lo admiraban. ¿Observas cómo ya fue necesario proceder a obrar milagros, pues había ya hombres morigerados que atendieran a lo que se les decía? Estos más fácilmente habían de creer y habían de observar cuidadosamente lo que se hacía. Por otra parte ¿cómo habría sido conocido sin los milagros? En cambio ciertamente eran suficientes la enseñanza y la profecía unidas a los milagros para que tales cosas penetraran en el ánimo de los oyentes y para que, como ya dije, estando bien dispuestos, pusieran atención a los hechos. Por esta razón dicen en otra parte los evangelistas (Mt. 12, 38; 13, 58) que Jesús no hizo milagros a causa de la perversidad de aquellos hombres.

(Jn2 ,12) Después de este suceso, descendió a Cafarnaúm El con su Madre, sus hermanos y sus discípulos; y ahí quedó unos pocos días.

¿Por qué descendió a Cafarnaúm con su Madre? Pues acá no verificó ningún milagro; y los habitantes de la ciudad no lo querían bien, sino que estaban en sumo grado corrompidos, como lo significó Cristo cuando dijo (Lc. 10, 15): Y tú, Cafarnaúm, ensoberbecida hasta el cielo, hasta los infiernos serás precipitada. Entonces ¿por qué se encamina a ella? Según me parece, porque muy luego tenía que subir a Jerusalén, y no quería andar trayendo y llevando a su Madre y a sus hermanos consigo de un lado a otro. Bajó, pues, allá por hacer honor a su Madre, y se detuvo ahí un poco de tiempo; pero enseguida la dejó ahí y de nuevo emprendió la prueba mediante los milagros. Por lo cual dice el evangelista que pasados unos pocos días, (Jn. 2, 13) Subió a Jerusalén.

Según esto, pocos días antes de esa Pascua fue bautizado. ¿Qué hace en Jerusalén? Obras de suma autoridad. Pues arrojó del templo a los cambistas, comerciantes y vendedores de palomas, bueyes y ovejas que ahí se habían establecido. Otro evangelista refiere que mientras los echaba fuera, les iba diciendo (Lc. 19, 46): No hagáis de la casa de mi Padre cueva de ladrones. Juan (Jn. 2, 16) dice casa de traficantes. No es que ambos se contradigan, sino que demuestran que los arrojó dos veces y que esto no sucedió en un mismo tiempo, sino ahora al principio de su predicación y luego cuando fue para su Pasión. Por lo cual en la segunda vez usó ese lenguaje de mayor vehemencia diciendo cueva, cosa que no hizo al principio, sino que usó de una represión más moderada. Es pues verosímil que lo haya hecho dos veces. Preguntarás: ¿por qué Cristo procedió así y echó mano de una vehemencia tan grande cuanta no se encuentra en otra ocasión alguna, cuando lo llamaron samaritano, poseso, y lo colmaron de injurias y ultrajes? Porque no contento con las palabras los arrojó del templo con un azote. Observa cómo los judíos cuando a otros se les hace un beneficio, acusan a Jesús y se irritan; y ahora, cuando era conveniente que, pues eran castigados, se enfurecieran, no muestran igual aspereza. Porque no lo reprendieron ni lo injuriaron, sino ¿qué fue lo que le dijeron?

(Jn. 2, 18) ¿Qué señal presentas que te acredite para proceder así? ¿Adviertes su gran envidia y cómo se indignaban por los beneficios hechos a otros? En cierta ocasión decía que ellos habían convertido el templo en cueva de ladrones, indicando lo que ahí se vendía y que era fruto de hurtos y provenía de rapiñas y avaricia, y que ellos se enriquecían mediante las desgracias ajenas. En otra ocasión dijo que lo habían convertido en tienda de comercio, indicando sus desvergonzadas transacciones. Pero instarás: ¿por qué procedió así? Porque iba a suceder que curara en sábado e hiciera otras obras parecidas que ellos juzgaban como transgresiones de la ley. Pues bien: para que no pareciera ser El adversario de Dios y que en tales obras se rebelaba contra su Padre, desde ahora corrige semejante sospecha de ellos.

Quien tan gran indignación demostraba en honor del templo, sin duda que no iría a ser un adversario del Señor que en el templo se adoraba. Por lo demás bastaban los años anteriores en que había vivido sujeto a la ley, para demostrar su reverencia al Legislador y que en forma alguna combatiría contra la ley. Mas como esos años se echarían en olvido, puesto que no todos conocerían su comportamiento en ellos, pues se había criado en una casa pobre, ahora, estando todos presentes, porque se acercaba la Pascua, procede así, y por cierto no sin exponerse a peligro.

Porque no únicamente arrojó del templo a los vendedores, sino que derribó las mesas y derramó por el suelo los dineros, en tal forma que ellos pensaran que quien por el decoro de la Casa del Señor se exponía a peligro, no despreciaría al Señor de la Casa. Si todo aquello hubiera sido una simple comedia, bastaba con haberlos exhortado, porque exponerse a peligro era ya cosa de audacia. No era pequeña hazaña el exponerse a las iras de aquellos placeros, hombres embrutecidos, es decir, de aquellos mercaderes; y cargar de injurias a semejante plebe e irritarla contra sí. No era eso propio de quien representa una comedia, sino de quien acomete toda clase de peligros por el honor de la Casa de Dios.

De modo que no solamente con las palabras, sino también con las obras manifiesta su concordia con el Padre. Porque no dijo: la casa santa, sino la casa de mi Padre. Llama a Dios su Padre, y ellos no se indignan, porque pensaban que hablaba al modo vulgar y sencillo. Cuando más tarde habló con toda claridad y declaró su igualdad con el Padre, entonces sí se enfurecieron. Y ¿qué sucedió? Le dicen: ¿Qué señales presentas que te acredite para proceder así? ¡Oh locura suma! ¿Cuál señal era necesaria para que ellos se abstuvieran de su mal proceder? ¿para que libraran al templo de tan grave profanación? Por otra parte ¿acaso no era la suma señal de su poder aquel extremado celo por la casa de Dios? ¡Bien se conoció por aquí la probidad de aquellos hombres! En efecto, más tarde recordaron los discípulos que estaba escrito (Jn. 2, 17): El celo de tu casa me consume.

Pero los judíos no se acordaron de esa profecía, sino que dijeron (Sal. 69, 9): ¿Qué señal nos presentas? doliéndose de que perdían aquellas vergonzosas ganancias; y esperando poder por este camino impedir lo que Él hacía, y recurriendo a exigir un milagro para de este modo acusarlo en sus hechos.

Por tal motivo no les concede señal alguna. Más aún, cuando ellos de nuevo se le acercaron y le exigieron un milagro, Él les replicó (Mt. 16, 4): ¡Raza perversa e infiel! Una señal pide. Pero sólo se le dará la señal de Jonás. En esta segunda ocasión lo dijo con mayor claridad; en aquella otra, de un modo enigmático. Procedió en esa forma a causa de la extremada locura de ellos. Pues quien incluso se adelantaba y verificaba milagros, no habría

rechazado a estos suplicantes, si no hubiera tenido conocida
mente perversa y llena de su dolo.

Quiero yo que consideres de cuánta perversidad estaba llena
la pregunta misma. Cuando convenía aplaudir su empeño y celo
y quedar admirados de que así tan gran cuidado tuviera de la
Casa de Dios, ellos lo acusan y se empeñan en demostrar que
aquel comercio les era lícito y que no podían lícitamente
interrumpirlo, si Él no les mostraba una señal. ¿Qué les dice
Cristo? (Jn. 2, 19): Destruid este santuario y dentro de tres días
lo levantaré. Muchas cosas dice así Jesús, oscuras para los
oyentes, pero claras para los venideros. ¿Por qué? Para que
cuando se realizara lo que predecía, se demostrara que ya El de
antemano lo conocía; como aconteció en la profecía presente.

Pues dice (Jn, 2, 22): Cuando resucitó de entre los muertos,
se acordaron los discípulos que había dicho esto; y creyeron la
palabra pronunciada por Jesús.

Cuando así habló, unos dudaban del significado y otros
disentían diciendo (Jn. 2, 20): Cuarenta y seis años hace que está
edificado este santuario: ¿cómo lo vas a levantar en tres días? Al
decir cuarenta y seis años se referían a la última construcción
(Ezra 6, 15), pues la primera se terminó en veinte años. Mas ¿por
qué no resuelve el enigma y dice: Yo no hablo de este santuario
material, sino de mi carne? Porque el evangelista lo explicó, pero
mucho después. Jesús no lo aclaró: ¿por qué? Porque no le
habrían creído. Si ni aun los discípulos podían entonces
comprenderlo, mucho menos las turbas. Dice, pues, el
evangelista: Cuando resucitó Jesús de entre los muertos se
acordaron y creyeron en la palabra pronunciada por Jesús y en la
Escritura.

Dos eran las cosas que entonces se les proponían: la
resurrección y otra que era mayor, o sea, si acaso era Dios el que
habitaba en aquella humanidad. Ambas cosas dio a entender
Jesús al decir: Destruid este santuario y dentro de tres días lo

levantaré. Pablo afirma ser esto una no pequeña demostración de la divinidad, cuando dice (Rm. 1, 4): Y fue constituido Hijo de Dios en poderío, según el Espíritu Santo, a partir de su resurrección de entre los muertos. ¿Por qué motivo Cristo aquí y en el otro texto y en todas partes hace referencia a esta señal? Pues unas veces dice: Cuando yo fuere levantado de la tierra; otras: Cuando levantéis en alto al Hijo del Hombre, entonces conoceréis que yo soy; y también (Mt. 12, 39): Y no se os dará otra señal, sino la señal del profeta Jonás. Y en este sitio: Y dentro de tres días lo levantaré. Porque sobre todo con este argumento se demostraba no ser El puro hombre, puesto que podía triunfar de la muerte, y en tan breve tiempo deshacer la perpetua tiranía y terminar tan difícil guerra de ella.

Por eso añade: Entonces conoceréis. Entonces: ¿cuándo? Cuando una vez resucitado, atraiga a Mí a todo el orbe, entonces conoceréis que lo he hecho procediendo como Dios y verdadero Hijo de Dios, y para vengar la injuria inferida a mi Padre. Y ¿por qué no dice qué señales eran necesarias para borrar lo mal hecho, sino que solamente prometió que daría una señal? Porque los habría enfurecido más. Mientras que de este otro modo, más bien los aterrorizó. Pero ellos nada respondieron. Les parecía que hablaba Jesús cosas increíbles y no le pudieron preguntar más, y echaron a un lado su afirmación como cosa imposible. Si no hubieran estado ofuscados, aun cuando pareciera increíble la afirmación, una vez que hubo realizado tantos milagros, le habrían interrogado para que les resolviera la duda; pero locos como andaban, ni siquiera prestaron una pequeña atención a las demás palabras de Jesús; aparte de que otras las escuchaban ya con mala intención. Por tal motivo Cristo les habla enigmáticamente. Pero la cuestión que se presenta es: ¿por qué los discípulos no conocieron que El resucitaría de entre los muertos? Fue porque aún no habían recibido el Espíritu Santo. Tal fue el motivo de que aun oyéndolo hablar con frecuencia de la resurrección, nada entendían, sino que en su interior se preguntaban qué significaba eso. Cierto que era cosa estupenda y que no podía esperarse lo que decía Jesús; o sea, que alguien pudiera resucitarse a sí mismo y resucitar de esa manera. Por lo cual Pedro fue reprendido cuando, por no saber nada acerca de la resurrección, dijo (Mt. 16, 22): ¡No lo quiera el cielo, Señor!

Tampoco Cristo les reveló prematuramente la resurrección, para que no se escandalizaran y les fuera obstáculo; pues a los comienzos apenas si tenían fe poca en lo que se decía, por ser cosas tan inesperadas, y no saber aún con claridad quién era Jesús. A lo que mediante las obras se comprueba, nadie niega su fe; pero a lo que sólo con las palabras se profería, era verosímil que algunos negaran su aquiescencia. Por lo cual Jesús al principio dejaba secreta su resurrección. Y cuando los sucesos comprobaban ser verdaderas sus palabras, entonces daba la inteligencia de éstas y añadía tal abundancia del Espíritu Santo que al punto se aceptaba todo. Porque El mismo dijo (Jn. 14, 26): El Espíritu os traerá a la memoria todas las cosas.

En efecto: quienes en sola una noche perdieron toda la reverencia que para Jesús habían concebido y huyeron; quienes afirmaban no conocerlo, con dificultad habrían recordado todos los dichos y hechos de tan largo tiempo, si no hubieran alcanzado una amplísima gracia del Espíritu Santo. Preguntarás: pero, si todo lo habían luego de oír del Espíritu Santo ¿para qué era necesario que convivieran con Cristo, no habiendo de entender lo que Él les decía? Respondo: No los enseñó el Espíritu Santo, sino que les trajo a la memoria lo que Cristo les había dicho.

Por lo demás, mucho importaba para la gloria de Cristo que el Espíritu Santo fuera enviado, para renovarles la memoria de sus palabras. Allá al comienzo fue beneficio de Dios que el don del Espíritu Santo revoloteara sobre ellos en forma tan copiosa y tan amplia; pero luego virtud fue de ellos que conservaran semejante don. Pues llevaban una vida santa y demostraban gran prudencia y se ejercitaban en grandes trabajos y despreciaban las cosas humanas y en nada estimaban la vida presente, sino que se hicieron superiores a todo eso. A la manera de águilas veloces que vuelan en las alturas, tocaban con sus obras las cumbres del cielo y mediante ellas alcanzaban inmensa gracia del Espíritu Santo.

Imitémoslos nosotros. No dejemos extinguir nuestras lámparas, sino mantengámoslas brillantes por medio de la limosna. La luz de este fuego por ese medio se conserva. Juntemos el óleo en nuestros vasos mientras vivimos; pues una vez llegada nuestra partida de este mundo, ya no podremos comprarlo, ni de otras manos adquirirlo, sino de las manos de los pobres. Repito: acá recojamos con abundancia si queremos entrar con el Esposo. De lo contrario, necesariamente permaneceremos fuera del tálamo. Porque es imposible, del todo es imposible, aun cuando hadamos infinitas obras buenas entrar al reino si no hacemos limosnas. En consecuencia, hagámoslas con abundancia y con gran liberalidad, para que disfrutemos los bienes inefables. Ojalá nos acontezca a todos conseguirlos, por gracia y benignidad del Señor nuestro Jesucristo, al cual sean la gloria y el poder en todas partes, ahora y siempre y por los siglos de los siglos. Amén.

HOMILÍA XXIV. Mientras estuvo Jesús en Jerusalén durante la fiesta pascual, muchos creyeron en él (*Jn 2,23*)

Entonces muchos de aquellos hombres persistían en sus errores, mientras otros abrazaban la verdad. Pero de estos últimos, algunos solamente la retenían por breve tiempo y finalmente descaecían. Esto dio a entender Cristo cuando los comparó a las simientes que no echan raíces profundas sino superficiales, de los cuales aseguró que muy luego perecen. A éstos se refiere aquí el evangelista cuando dice: Mientras estuvo Jesús en Jerusalén durante la fiesta pascual muchos creyeron en El, viendo los milagros que hacía. Mas Jesús no se confiaba. Mayor firmeza tenían los discípulos que se le acercaron no movidos únicamente por los milagros, sino además por sus enseñanzas. Los milagros atraían a los más rudos; pero las profecías y las enseñanzas atraían a los más despiertos y razonables. Pues bien, cuantos quedaron prendados de su enseñanza, eran más firmes que quienes se movieron por los milagros. A esos otros Cristo los llamó bienaventurados con estas palabras (Jn. 20, 29): Bienaventurados los que no vieron y creyeron. En cambio, que los segundos no fueron verdaderos discípulos, lo demuestra lo que sigue (Jn. 2, 25): Mas Jesús no se les confiaba. ¿Por qué? Porque todo lo conocía. No necesitaba quien lo informara acerca de los individuos, pues conocía perfectamente por sí mismo qué había en cada persona. Penetraba las mentes y los corazones, y por esto no se cuidaba de las palabras. Sabiendo que el fervor de estos tales era pasajero, no se les confiaba como a perfectos discípulos. Es decir, no les comunicaba todas las verdades, como si hubieran abrazado firmemente ya la fe.

Ahora bien: conocer lo que hay en el corazón de los hombres, solamente es propio de Aquel que modeló uno a uno los corazones, es decir, de sólo Dios. Pues dice de Él la Escritura (1R. 8, 39; Sal. 32, 15): Tú solo conoces los corazones. No necesitaba de testigos para conocer las mentes que El mismo había formado; por lo cual no se fiaba de la fe pasajera de aquellos hombres. Los hombres, que no conocen ni lo presente ni lo futuro, revelan todos sus pensamientos a quienes se les acercan con dolo para luego apartarse. No procede así Cristo; porque Él sabía perfectamente todos los secretos de aquellos hombres.

Muchos hay actualmente que son así: tienen el nombre de fieles, pero son versátiles y sin constancia. Por eso Cristo no se les confía, sino que les oculta muchísimas cosas. Así como nosotros no nos fiamos de cualquier amigo, sino solamente de los que lo son sincera y verdaderamente, así procede Dios. Oye lo que dice Cristo a sus discípulos: Ya no os llamo siervos, porque vosotros sois mis amigos. ¿Cómo y por qué? Porque todo lo que oí de mi Padre os lo he dado a conocer. Por la misma causa no concedía milagros a los judíos que se lo pedían, pues los pedían por tentarlo.

Pero ¿acaso no ahora también, lo mismo que entonces, el andar pidiendo milagros es propio de quienes tientan a Dios? Pues también ahora hay quienes dicen: ¿Por qué no se verifican ahora milagros? Pues bien, si eres fiel, como debes serlo; si amas a Cristo como debes amarlo, no necesitas milagros. Los milagros son para los infieles. Instarás: entonces ¿por qué no se les concedieron a los judíos? A la verdad sí se les concedieron. Si algunas veces no se les concedieron precisamente al tiempo en que los pedían, fue porque no los pedían para salir de su infidelidad, sino para confirmarse más en su perversidad.

(Jn. 3, 1-2) Había entre los fariseos uno por nombre Nicodemo, varón principal entre los judíos. Este se llegó a Jesús de noche. Este, ya en pleno evangelio, parece hablar en favor de Cristo, pues dice (Jn. 7, 51): Nuestra ley a nadie condena sin haber escuchado su alegato. Y los judíos se irritaban contra él y le decían: Investiga y verás que de Galilea no surge ningún profeta. Y después de la crucifixión tuvo gran cuidado de la sepultura del cuerpo del Señor. Pues dice el evangelista (Jn. 19, 39): Vino asimismo Nicodemo, aquel que al principio se presentó a El de noche. Traía una mezcla de mirra y áloe, como cien libras.

Este, pues, ya desde los comienzos sentía favorablemente respecto de Juan, pero no todo lo que convenía ni con la intención que debía, porque aún estaba impedido por la debilidad judaica. El benignísimo Señor no lo rechaza ni lo reprende ni lo priva de su enseñanza. Al contrario, le habla con suma mansedumbre y le descubre sublimes verdades. Cierto que aún en forma enigmática, pero se las descubre. Al fin y al cabo, era mucho más digno de perdón que los otros que por malignidad procedían en sus preguntas. Estos eran del todo indignos de excusa alguna, mientras que a Nicodemo se le podía tachar, pero no en tal grado. Entonces ¿por qué el evangelista no lo alaba por eso? En otro sitio dijo (Jn. 12, 42) ya que muchos de los principales creyeron en Jesús, pero que por temor de los judíos no lo confesaban abiertamente, para que no se les arrojara de la sinagoga. De manera, que en este sitio, con eso de la llegada de Nicodemo de noche, deja entender todo.

Y ¿qué dice Nicodemo?: Rabbí: conocemos que eres Maestro enviado por Dios. Porque nadie podría hacer los milagros que tú haces, si no le asistiera Dios. Todavía Nicodemo se arrastra, por la tierra; todavía piensa de Jesús a lo humano y habla de El como de un simple profeta, sin deducir de sus milagros nada más alto. Dice: Sabemos que eres un Maestro enviado por Dios. Entonces ¿por qué vienes a El de noche; a El que trae un mensaje divino, pues viene de Dios? ¿Por qué no lo confiesas plenamente? No le echó esto en cara Jesús ni lo reprendió; pues dice el profeta (Is. 42, 2-3; Mt. 12, 19-20): No quebrará la caña cascada, no apagará la antorcha que aún humea. Y el mismo profeta añade: No vociferará ni alzará el tono de la voz. Y Jesús por su parte dice (Jn. 12, 47): No he venido a condenar al mundo, sino a salvarlo. Porque nadie podría hacer los milagros que tú haces, si no le asistiera Dios. Todavía habla como hablarán después los herejes, al decir que tiene Jesús que ser movido por otro y que necesita de auxilio ajeno para hacer sus milagros.

¿Qué le contesta Cristo? Observa la grandeza de su mansedumbre. No le contestó: Yo no necesito del auxilio de nadie, sino que en todo procedo por mi propio poder, porque yo soy el verdadero Hijo de Dios y tengo el mismo poder que el Padre. No quiso declarar por de pronto nada de ese poder, para acomodarse a la capacidad de su oyente. Voy a repetir lo que continuamente os digo: Cristo se empeñó no en revelar su alta dignidad, sino en persuadir que en nada procedía contra la voluntad del Padre. Por tal motivo con frecuencia aparece moderado en sus expresiones, aunque no en lo que toca a sus obras.

Cuando hace milagros los obra con plena potestad (Mt. 8, 3; Mc. 5, 41; Mc. 3, 5; Mt. 9, 2; Mc. 4, 39, Mt. 9, 6, Mc. 9, 25, Mt. 15, 28; Mc. 11, 3, Lc. 23, 43, Mt.5, 21-22, Mc. 1, 17). Por ejemplo: Quiero, sé limpio. Talita, levántate. Extiende tu mano. Se te perdonan tus pecados. Calla, enmudece. Toma tu lecho y vete a tu casa. A ti te lo ordeno, demonio perverso, sal de él. Hágase como tú quieres. Si alguien os dice algo, respondedle que el Señor los necesita. Hoy estarás conmigo en el paraíso. Habéis oído que se dijo a los antiguos: No matarás. Pero yo os digo que quien sin motivo se irrita contra su hermano, es reo de juicio. Venid en pos de Mí y os haré pescadores de hombres. Por todas partes se advierte su plena y grande autoridad. En sus obras nadie encuentra nada que reprender. Ni ¿cómo lo podría? Si lo que Él decía no hubiera tenido efecto ni alcanzado su fin, podría decir alguno que sus preceptos procedían de arrogancia. Pero como sí se cumplían, la realización los obligaba a callar, aun contra su voluntad. En sus palabras, en cambio, por ser ellos impudentes, podían acusarlo de arrogante.

Hablando pues ahora con Nicodemo, no profiere cosa alguna altísima abiertamente; sino que mediante enigmas lo saca y levanta de su opinión terrena, manifestándole así que Él se basta para obrar milagros. El Padre lo ha engendrado perfecto y suficiente para todo de por sí y no tiene imperfección alguna. Veamos de qué manera lo prueba. Dijo Nicodemo: Rabbí, sabemos que eres un Maestro enviado por Dios. Porque nadie podría hacer los milagros que tú haces si no lo asistiera Dios. Pensó que con esto decía algo muy alto acerca de Cristo. Pero ¿qué le responde Cristo? Declarándole que aún no había llegado ni siquiera al dintel del verdadero conocimiento y que no estaba ni en la entrada, sino que andaba del todo errante y fuera del palacio; y que lo mismo él que quien se expresa como él, en forma alguna se habían ni siquiera acercado a la verdad, teniendo semejante opinión del Unigénito ¿qué le dice?

(Jn. 3, 3) En verdad, en verdad te digo: el que no es engendrado de nuevo de lo alto, no es capaz de ver el reino de Dios. Como si le dijera: Si tú no naces con un nacimiento de lo alto, y no aceptas un conocimiento exacto de los dogmas, andas errando y fuera y estás lejos del reino de Dios. Pero no se lo dice claramente. Para que le fuera menos pesado lo que le decía, no le habla con toda claridad, sino que en forma vaga le dice: El que no fuere engendrado de nuevo. Es decir, si tú o cualquiera otro así piensa de Mí, está fuera del reino. Si no fuera este el sentido con que lo dijo, la respuesta no sería apropiada.

Si los judíos hubieran oído eso, sin duda que se habrían apartado. Pero Nicodemo demostró su empeño en instruirse. Con frecuencia Cristo habla oscuramente para que los oyentes se tornen más diligentes en preguntar y más expeditos en obrar. Lo que se dice con entera claridad no pocas veces se le escapa al oyente; pero lo que se dice sin tanta claridad lo vuelve más empeñoso y atento. Quiere, pues, decir Jesús (Tito 3, 5): Si no fueres engendrado de lo alto, si no recibes el baño de regeneración del Espíritu Santo, no lograrás llegar a pensar correctamente acerca de Mí. Tu opinión no es de hombre espiritual, sino todavía animal. Claro está que no usó Jesús estas mismas expresiones, para no aterrar a su interlocutor, que le hablaba según él entendía; sino que, sin que Nicodemo lo sospeche, lo va levantando a un conocimiento más alto cuando le dice: El que no es engendrado de nuevo de lo alto. Ese de lo alto lo interpretan algunos del Cielo; otros desde el principio. Como si Jesús dijera: El que no es engendrado de ese modo, no puede ver el reino de Dios, significándose Jesús a Sí mismo y dejando ver que no era El solamente lo que se veía, sino que se necesitaban otros ojos para verlo.

Como esto oyera Nicodemo, respondió (Jn. 3, 4): ¿Cómo puede un hombre avanzado en años renacer? Tú lo llamas Rabbí y afirmas que viene de Dios, ¿y sin embargo admites sus palabras y le lanzas al Maestro una sentencia que puede causar una gran perturbación? Ese ¿cómo? no nos hace ver una duda de quienes tienen fe firme, sino de quienes andan aún arrastrándose por el suelo. Así se rio Sara tras de pronunciar ese ¿cómo?; y muchos ha habido que tras de usar ese modo de pregunta, perdieron la fe. Pues los herejes persisten en su herejía por andar preguntando de esa manera. Unos preguntan: ¿Cómo se encarnó? Otros ¿cómo nació? Sujetan al examen de su débil pensamiento aquella inmensa substancia. Sabiendo esto, conviene que evitemos esa curiosidad intempestiva. Al fin y al cabo jamás sabrán los que tales cosas preguntan el modo como ha sucedido lo que preguntan y perderán la fe. Por examinar Nicodemo dudoso ese ¿cómo? (pues comprendió que lo que Cristo decía era con referencia a él), se turba, duda, se llena de tinieblas; porque pensaba haberse acercado a uno que era igual a él, simplemente hombre; y le resulta que lo que oye son cosas superiores a lo que un hombre puede alcanzar y tales que jamás nadie las ha escuchado.

Levanta su pensamiento a la sublimidad de lo que se le dice, pero se envuelve en oscuridades y no halla en dónde hacer pie. Vacila de un lado a otro, traído y llevado de acá para allá, y con frecuencia pierde la fe. Persiste, sin embargo, intentando aun lo imposible, para lograr de Jesús una más clara doctrina. Y le dice: ¿Podrá acaso el hombre entrar de nuevo en el seno materno y de nuevo nacer? Advierte cómo cuando alguno sujeta las cosas espirituales a sus propios modos de pensar, inclusive dice ridiculeces, y parece delirar y estar ebrio, por andar escrutando, contra lo que a Dios agrada, las sentencias y no prestar su asentimiento a la fe.

Oyó Nicodemo eso de la generación, pero no entendió que se trataba de una generación espiritual, sino que refirió la sentencia a las bajezas carnales; y un dogma tan eximio y altísimo, lo rebajó al sentido del orden puramente natural de las cosas. Por tal motivo finge bromas y ridículas preguntas. Tal es el motivo de que Pablo dijera (1Co. 2, 14): El hombre animal no capta las cosas del Espíritu de Dios. Sin embargo, aun en esto Nicodemo conserva el debido respeto a Cristo. Porque en realidad no hizo burla del dicho de Jesús, sino que, creyéndolo imposible, guardó silencio. Dos cosas había que podían engendrar la duda: ese modo de generación y lo del reino. Porque el nombre de reino no se había oído aún entre los judíos, ni tampoco una tal generación.

Sabiendo esto, no escrutemos las cosas divinas con humano raciocinio, ni las entendamos según el orden natural de las cosa, ni tampoco las sujetemos a la necesidad de las leyes naturales, sino pensémoslas con piedad y con fe en las Sagradas Escrituras. Nada logra el vano escrutador; y, aparte de que no encontrará lo que busca, sufrirá castigos extremos. Oyes que el Padre engendró. Da fe a lo que oíste; pero no investigues el cómo, y menos aún niegues el hecho de la generación: ¡eso sería el colmo de la maldad! Si Nicodemo, habiendo oído acerca de esa generación -no la inefable del Padre, sino la otra de la gracia-, por no haber pensado de ella nada eximio, sino solamente algo humano y terrenal, cayó en dudas y oscuridades, quienes escrutan y examinan vanamente aquella eterna generación escalofriante que sobrepuja todo entendimiento y razón, dime: ¿de qué castigo no serán reos?

Nada hay que engendre tantas y tan espesas tinieblas, como son las que engendra la razón humana, siempre ocupada en lo terreno, sin admitir la luz que le viene de lo alto. Anda revolviendo pensamientos de barro y terrenos. Por tal motivo nos son necesarias las fuentes de la luz de allá arriba; para que despojados de nuestro lodo, se eleve a lo alto todo lo que hay de puro en la mente y se identifique con los dogmas divinos. Y así sucederá si llevamos una vida virtuosa y honrada y un alma pura. Porque puede, sí, puede oscurecerse nuestra mente no sólo por la intempestiva curiosidad, sino además por la perversidad de las costumbres.

Por tal motivo decía Pablo a los corintios (1Co. 3, 2): Leche os di a beber, no manjar sólido, porque no erais aún capaces. Pero ni aun ahora lo sois. Pues sois aún carnales. Mientras haya entre vosotros emulaciones y disensiones ¿acaso no sois carnales? En la carta a los Hebreos y en otras partes, con frecuencia Pablo dice ser esa la causa de los errores perversos. El alma entregada a sus pasiones (Mt. 13, 22) no puede contemplar nada sublime ni generoso; sino que, como extraviada por una enfermedad legañosa, anda esclava de tinieblas densísimas. En consecuencia, purifiquémonos a nosotros mismos; iluminémonos con la luz del conocimiento, para que no arrojemos la simiente sobre espinas. Vosotros, aun cuando no os lo digamos, sabéis cuál es la multitud de espinas. Porque muchas veces habéis oído a Cristo designar con el nombre de espinas las solicitudes de la vida presente y el engaño de las riquezas; pues así como aquéllas punzan y hieren a quienes las tocan, así éstas destrozan el alma. Y así como las espinas fácilmente se consumen con el fuego, y son aborrecidas de los agricultores, lo mismo sucede con las cosas mundanas. Y así como entre las espinas se ocultan las fieras, las víboras, los escorpiones, así se ocultan también entre los engaños de las riquezas.

Pongamos en ellas el fuego del Espíritu Santo, para consumirlas por este medio y hacer huir las fieras y preparemos un campo limpio al agricultor; y luego reguémoslo con los raudales de las aguas del espíritu. Plantemos ahí el olivo fructífero, árbol suavísimo y en perpetua flor, y tal que ilumina, nutre y es apto para conseguir la salud. Todo eso contiene en sí la limosna y lo encierra. Es ella a la manera de un sello para quienes la practican. Semejante árbol ni la muerte misma lo seca, sino "que permanece perenne, siempre iluminando las mentes, siempre acerando las energías del alma, siempre conservando íntegras las fuerzas y tornando al alma cada vez más robusta. Si continuamente lo tenemos con nosotros, podremos confiadamente contemplar al Esposo y entrar en su tálamo. Mansión que ojalá a todos nos acontezca lograr, por gracia y benignidad de nuestro Señor Jesucristo, al cual, juntamente con el Padre y el Espíritu Santo, sea la gloria, ahora y siempre y por los siglos de los siglos. Amen.

HOMILÍA XXV. Jesús le replicó: En verdad te digo: el que no nace del agua y del Espíritu, no puede entrar en el reino de Dios (*Jn 3,5*)

Los niños acudiendo día con día a los maestros aprenden la doctrina y la repiten, y nunca dejan de hacer lo mismo; más aún, a veces se les obliga a juntar los días con las noches; y a todo esto se ven obligados por cosas pasajeras. Por parte nuestra, a vosotros, que estáis ya en la edad perfecta, no os exigimos lo que vosotros exigís a vuestros hijos, sino que os exhortamos a venir a las reuniones y poner atención a lo que se predica; y esto no cada día, sino sólo dos veces por semana; y únicamente durante una pequeña partecita del día, con el objeto de aligeraros el trabajo.

Por lo mismo poco a poco vamos seleccionando las sentencias de la Escritura, para que más fácilmente podáis captarlas y conservarlas en el receptáculo de vuestra mente y retenerlas en la memoria, de modo que luego las repitáis a otros; a no ser que haya por ahí alguno fuertemente entregado al sueño y perezoso y con mayor desidia que la de un niño pequeño.

Continuemos, pues, por su orden las sentencias. A Nicodemo, que se hundía en pensamientos terrenos y rebajaba a sentidos terrenales la generación de que le hablaba Cristo, y añadía ser imposible que el hombre, siendo ya anciano, vuelva al seno de su madre y nazca otra vez, el mismo Cristo le explica con mayor claridad el modo de semejante generación; generación que difícilmente entiende el hombre que interroga en un sentido animal y del todo naturalista; pero que sin embargo puede ser levantado desde su bajos pensamientos. ¿Qué es lo que Cristo le dice?: En verdad te digo: El que no nace del agua y del Espíritu no puede entrar en el reino de Dios. Como si le dijera: Esto tú lo juzgas imposible, pero yo te digo que es sobremanera posible, hasta el punto de que incluso sea necesario para la salvación, de tal modo, que sin eso nadie puede salvarse. Las cosas necesarias para la salvación Dios nos las dejó sumamente fáciles.

La generación según la carne es terrena, y por lo mismo no tiene lugar en las cosas del Cielo. Porque ¿qué tiene de común la tierra con el Cielo? En cambio, la generación por el Espíritu fácilmente nos abre las puertas del Cielo. Escuchad esto los que aún no habéis sido iluminados; sentid escalofrío, gemid. Pues la conminación es tremenda, la sentencia es terrible. Dice: Quien no ha sido engendrado por el agua y el Espíritu, no puede entrar en el reino de los Cielos. Sucede esto porque ese tal va revestido con la vestidura de la muerte, o sea de la maldición y de la corrupción. No ha recibido aún el símbolo del Señor; es aún peregrino y extranjero; no soporta la regia señal. Porque dice el

Señor: El que no haya nacido del agua y del Espíritu Santo no puede entrar en el reino de los Cielos.

Sin embargo, Nicodemo ni aun así comprendió. Nada hay peor que entregar las cosas espirituales a los humanos raciocinios. Esto fue lo que le impidió el pensar más altamente y algo más eximio. Nosotros somos llamados fieles, para que despreciada la debilidad de las razones humanas, subamos a la sublimidad de las regiones de la fe y hagamos de esta enseñanza la suma de todos nuestros bienes. Si así lo hubiera hecho Nicodemo, no le habría parecido imposible la generación y el nacimiento dichos. ¿Qué hace Cristo? Para arrancarlo de tales pensamientos que se arrastran por el suelo, y declararle que no se refiere a esa generación terrena, le dice: El que no haya nacido del agua y del Espíritu, no puede entrar en el reino de los cielos. Le habló así para mediante esta amenaza atraerlo a la fe y persuadirlo que no debía estimar imposible la cosa, y sacarlo del pensamiento de la generación carnal. Como si le dijera: ¡Oh Nicodemo! De otra generación hablo yo. ¿Por qué rebajas a lo terreno mis palabras? ¿Por qué sujetas a las leyes naturales necesarias ese otro nacimiento? Este nuevo parto es muy superior a ese otro vulgar y que nada de común tiene con nosotros. Cierto que también se llama generación, pero ambas sólo tienen de común el nombre: en la realidad, difieren. Apártate de ese modo de pensar vulgar. Yo vengo a traer otra clase de nacimiento. Yo quiero engendrar hombres de otro modo. Traigo otro modo de procreación.

Formé al hombre de agua y tierra; pero lo hecho se tornó inútil y la obra se deterioró. Ya no quiero formar otro hombre de agua y tierra, sino de agua y Espíritu. Y si alguno pregunta: ¿cómo de agua?, a mi vez yo le preguntaré: ¿cómo de tierra? ¿Cómo pudo el barro distribuirse en diversos órganos? ¿Cómo lo pudo, siendo él de una especie única, pues sólo era tierra? En cambio los órganos formados de ese barro son de diversas especies. ¿De dónde se diferenciaron los huesos, los nervios, las arterias, las venas? ¿De dónde las membranas, los contenidos orgánicos, los cartílagos, los revestimientos; el hígado y el bazo y el corazón? ¿De dónde la piel, la sangre, la pituita, la bilis? ¿De dónde tantos géneros de movimientos y tanta variedad de colores? Porque no es eso propio de la tierra ni del barro. ¿Cómo sucede que la tierra, recibiendo la semilla, la hace germinar; y en cambio la carne, si recibe las semillas, las corrompe? ¿Cómo sucede que la tierra nutra las simientes que en ella se han arrojado y en cambio la carne no las nutre a ellas, sino que de ellas se nutre?

Por ejemplo. La tierra recibe el agua y la transforma en vino; la carne con frecuencia recibiendo el vino lo devuelve en agua. ¿De dónde consta, pues que tales elementos son fruto de la tierra, siendo así que la tierra, como ya indiqué, procede con operaciones contrarias? Yo no lo alcanzo con el raciocinio, pero lo recibo de la fe. Pues si lo que cada día acontece y es tangible necesita de la fe, mucho más la necesitarán esas otras cosas espirituales y en exceso arCanás. Así como la tierra inanimada y sin operaciones recibió por voluntad de Dios virtud para producir de sí seres tan admirables, así del Espíritu y el agua fácilmente al unirse proviene esta otra generación, tan admirable y que tanto supera a la humana razón.

En consecuencia, no le niegues tu fe tan sólo porque no la ves. Tampoco ves el alma y sin embargo crees que existe y que es distinta del cuerpo. Pero Cristo no instruyó a Nicodemo mediante ese ejemplo, sino mediante otro. Este del alma, por ser ella incorpórea, no lo trajo al medio, pues Nicodemo era todavía un tanto rudo. Le pone otro ejemplo que nada tiene de común con lo craso de los cuerpos, pero tampoco se levanta hasta el nivel de las naturalezas incorpóreas; o sea el del soplo de los vientos. Comienza por el agua, que es menos densa que la tierra, pero más densa que el aire. Así como allá al principio (Gn. 2, 7) la materia manejada fue la tierra, pero la obra toda fue del Creador, es: ahora el elemento manejado es el agua, pero la obra es toda de la gracia del Espíritu Santo. Y por cierto, allá al principio: Fue formado el hombre con alma viviente; ahora en cambio lo es con Espíritu vivificante.

Gran diferencia hay entre ambos, porque el alma no da la vida a un cuerpo ajeno; mientras que el Espíritu, no solamente tiene vida en Sí y por Sí, sino que además vivifica a otros. Así los apóstoles resucitaron a los muertos (1Co. 15, 45). Además, allá antiguamente el hombre fue formado después de la creación de los otros seres; pero acá sucede al contrario: antes de la nueva creación es creado el hombre nuevo, y después se sigue la transformación del mundo: primeramente es engendrado el hombre nuevo. Y así como al principio Dios creó todo, así ahora todo lo crea El. Entonces dijo (Gn. 2, 18): Hagámosle un auxiliar; en cambio acá nada hay de ese auxiliar. En efecto, quien ha recibido el Espíritu Santo ¿qué otro auxiliar necesita? Quien se apoya en el cuerpo de Cristo ¿de qué otro auxilio necesitará después? Al principio Dios hizo al hombre a su imagen y semejanza; ahora en cambio lo une con el mismo Dios. Entonces le ordenó imperar sobre los peces y las bestias feroces; ahora ha elevado las primicias de nuestro linaje sobre los Cielos. Entonces le entregó como habitación el paraíso; ahora nos ha abierto los Cielos. Entonces formó al hombre en el sexto día, pues debía completarse aquella edad; ahora lo forma en el primer día, desde el principio, en la luz.

De todo lo cual queda manifiesto que cuanto se hacía iba ordenado a otra vida mejor y a una situación que ya no tendrá fin. La formación primera de Adán es terrena; y luego del costado de Adán fue formada la mujer; y del germen humano procedió Abel. Y sin embargo ninguna de esas formaciones podemos explicarla ni con palabras describirla, a pesar de que son materiales y rudas. Pues ¿cómo podremos dar explicación razonada de la generación espiritual por medio del bautismo, siendo ésta mucho más sublime? ¿Cómo se nos puede exigir explicación de este parto estupendo? Los ángeles estuvieron presentes a él. Pero nadie puede explicar el modo de esa admirable generación hecha por medio del bautismo.

Presentes estuvieron los ángeles, pero sin poner operación alguna, sino solamente contemplando lo que se verificaba. El Padre, el Hijo y el Espíritu Santo es quien todo lo obra. Aceptemos, pues, y obedezcamos la determinación de Dios, que es más real y verdadera que lo que por los sentidos percibimos. La vista con frecuencia engaña, pero aquélla no puede engañarse. Aceptémosla. Quien de la nada produjo lo que no existía, bien merece que se le crea cuando nos habla de la naturaleza de las cosas. Y ¿qué es lo que nos dice? Que en el bautismo se obra una generación. Y si alguno te preguntare: ¿Cómo es esa generación?, ciérrale la boca con las palabras de Cristo, que son la más grande y clara demostración.

Si alguno pregunta por qué se usa el agua, nosotros a nuestra vez le preguntaremos: ¿Por qué allá a los principios Dios usó la tierra como materia para formar al hombre? Pues a todos es manifiesto que el hombre pudo ser formado sin necesidad de la tierra. En consecuencia, no investigues con vana curiosidad. Ahora bien, que el agua sea necesaria e imprescindible, puedes conocerlo por aquí. En cierta ocasión en que el Espíritu descendió sobre algunos discípulos antes de recibir el agua, el apóstol Pedro no se contentó con esto, sino que dijo, para demostrar que al agua era necesaria y no superflua (Hch. 10, 47): ¿Puede nadie negar el agua del bautismo a estos que han recibido el Espíritu Santo lo mismo que nosotros?

Mas ¿para qué se necesita el agua? Voy a explicártelo para descubrirte un arcano misterio. Hay acerca de esto otros discursos arcanos; pero entre tantos yo os diré uno. ¿Cuál es? En este símbolo del agua se realizan cosas divinas: sepultura, mortificación, resurrección, vida; y todo ello se realiza a la vez. Metiendo nosotros la cabeza en el agua como en cierto sepulcro, todo el hombre viejo se mete y sepulta; y luego, saliendo nosotros del agua, sale también el hombre nuevo. Así como a nosotros nos es fácil sumergirnos y salir, así le es fácil a Dios sepultar al hombre viejo y revestirnos del nuevo. Y se hace tres veces para que comprendas que el poder del Padre y del Hijo y del Espíritu Santo lleva a cabo toda esta obra.

Y que esto no lo afirmemos por meras conjeturas, oye cómo lo dice Pablo (Rm. 6, 4-6): Y hemos sido sepultados con El por el bautismo A Y también: Nuestro hombre viejo fue con El crucificado. Y luego: Pues hemos sido injertados con El en una muerte que es semejanza de la suya. Pero no solamente el bautismo se llama cruz, sino además la cruz se llama bautismo (Mc. 10, 39): Con el bautismo con que yo soy bautizado seréis bautizados. Y además (Lc. 12, 50): Un bautismo he de recibir que vosotros no conocéis. Así como nosotros fácilmente nos sumergimos en el agua y luego salimos, así Cristo, una vez muerto, resucitó cuando quiso; más aún, con mayor facilidad; aunque permaneció en el sepulcro por tres días por una misteriosa economía.

Habiéndosenos comunicado tan grandes misterios, llevemos una vida digna de don tan grande, una forma de proceder que sea excelente. Y vosotros los que aún no lo habéis recibido, haced cuanto podáis para recibirlo, a fin de que todos formemos un solo cuerpo y seamos hermanos. Pues mientras estamos así separados, aunque el uno sea padre y el otro hijo, el otro hermano, en fin cualquiera que sea, aún no es verdadero pariente, pues se encuentra separado del parentesco celestial. Al fin y al cabo, del parentesco según el barro ¿qué utilidad proviene mientras no estamos espiritualmente emparentados? ¿Qué utilidad proviene del parentesco terreno, pues para el Cielo permanecemos extraños?

En este orden, el catecúmeno es aún un extraño respecto del fiel, pues no tienen la misma cabeza, ni el mismo padre, ni la misma ciudad, ni el mismo alimento, ni la misma vestidura, ni la misma mesa, ni la misma casa, puesto que de todas esas cosas está apartado. Para él todo está en la tierra; para el fiel, todo en el Cielo. Para el fiel Cristo es Rey; para el otro lo es el pecado y el diablo. Para aquél sus delicias es Cristo; para este otro, la corrupción. Para el infiel el vestido es obra de gusanos; para el fiel, lo es el Señor de los ángeles. Para éste su ciudad es el Cielo; para el otro, la tierra. Ahora bien: no teniendo ellos nada en común, pregunto ¿cómo nos comunicaremos?

Dirás que todos nacemos con un parto igual y salimos de un vientre. Pero no basta eso para un parentesco auténtico. Procuremos, pues, ser ciudadanos de la ciudad celestial. ¿Hasta cuándo permaneceremos en el destierro? Lo necesario es regresar a la patria, ya que no se exponen en el caso cosas que no tengan valor. Si aconteciera, lo que Dios no permita, que los no iniciados fueran arrancados de este mundo con una muerte inesperada, aun cuando poseamos infinitos bienes, más allá no nos recibirán sino la gehena y el gusano venenoso y el fuego inextinguible y las irrompibles ataduras.

¡Que no suceda que alguno de nuestros oyentes vaya a experimentar aquel tormento! Lo evitaremos una vez iniciados en los sagrados misterios, si ponemos como base oro, plata y piedras preciosas. Así podremos al emigrar a la otra vida aparecer allá ricos, no habiendo dejado acá riquezas, sino habiéndolas trasladado a aquellos tesoros seguros, por manos de los pobres, y habiéndolas colocado a rédito en las manos de Cristo. Tenemos allá una deuda crecida, no de dineros sino de pecados. Pongamos, pues, allá dineros a rédito, para que alcancemos el perdón de nuestros pecados. Cristo es el que juzga. No lo desechemos aquí cuando sufre hambre, para que allá Él nos alimente. Démosle acá vestido, para que Él no nos deje desnudos de su patrocinio. Si acá a Él le damos de beber, no tendremos allá que decir con el rico Epulón: Envía a Lázaro para que con la punta de su dedo mojado en agua refrigere mi lengua abrasada.

Si acá le damos hospedaje, Él nos preparará allá muchas mansiones. Si a El encarcelado lo visitamos, El por su parte nos librará de las cadenas. Si lo recibimos como huésped, no nos despreciará El a nosotros como huéspedes y peregrinos del Reino de los Cielos, sino que nos hará participantes de la eterna ciudad. Si enfermo lo visitamos, Él nos librará rápidamente de nuestras enfermedades. De modo que para recibir grandes dones a cambio de los nuestros tan pequeños, démoselos aunque exiguos, con lo cual compraremos allá los que son máximos. Mientras aún es tiempo, sembremos para que luego cosechemos. Pues cuando llegue el invierno, y el mar ya no sea navegable, no podremos negociar. Y ¿cuándo llega ese invierno? Cuando llega el día aquel grande y manifiesto. Pues entonces no navegaremos ya por este mar actual, grande y espacioso; porque al fin y al cabo la presente vida es semejante a un mar. Ahora es el tiempo de sembrar; entonces lo será de cosechar y lucrar. Pero si alguno no deposita la simiente mientras es tiempo de siembra; si en el tiempo de la siembra inútilmente lanza la semilla, caerá en ridículo por cierto. Ahora bien, si el tiempo de la siembra es el tiempo presente y no lo es de la cosecha, ahora es el momento de sembrar. Esparzamos la simiente para que después cosechemos. No nos empeñemos en cosechar ahora para que no perdamos después la cosecha. Pues, como ya dije, es ahora el tiempo de presente el que nos llama a la siembra y a hacer el gasto y no a recoger y entrojar. No perdamos la oportunidad, sino sembremos con abundancia y no perdonemos gasto de nuestros haberes familiares, para que luego todo lo recuperemos con crecidos réditos, por gracia y benignidad de nuestro Señor Jesucristo, al cual sea la gloria juntamente con el Padre y el Espíritu Santo, por los siglos de los siglos. Amén.

HOMILÍA XXVI. Lo nacido de la carne, carne es. Pero lo nacido del Espíritu es espíritu (*Jn 3,6*)

Grandes misterios nos trajo el Unigénito Hijo de Dios; grandes y tales que no los merecíamos, pero que eran conformes a la dignidad del Dador. Pues si alguno pesa nuestros merecimientos, verá que no sólo éramos indignos del don, sino reos de castigo y de pena. Cristo, sin atender a eso, no únicamente nos libró del castigo, sino que además nos comunicó una vida mucho más ilustre que la anterior y nos trasladó a otro mundo y creó en nosotros una nueva criatura. Pues dice Pablo (2Co. 5, 17): Por cuanto, si alguno está en Cristo, es nueva criatura.

¿Cuál es esa nueva criatura? Oye al mismo Cristo: El que no haya renacido de agua y del Espíritu, no puede entrar en el reino de Dios. Se nos entregó el paraíso, pero no fuimos dignos de vivir en él, y entonces nos levantó hasta el Cielo. No fuimos fieles en lo primero, y sin embargo nos confirió dones mayores. No pudimos abstenernos del fruto de un árbol, y nos dio las delicias del Cielo. No perseveramos en el paraíso, y nos abrió los Cielos. Con razón dijo Pablo (Rm. 11, 33): ¡Oh alteza de las riquezas de sabiduría y ciencia de Dios! No más madre, no más padre, no más sueño, ni coitos, ni abrazos corporales; finalmente se teje para nosotros allá arriba una obra de agua y Espíritu Santo. Se toma el agua, y sirve de parto para el que es engendrado. Lo que es la matriz para el embrión, eso es el agua para el fiel, puesto que en el agua se modela y se forma.

Allá a los principios se dijo (Gn. 1, 20): Produzcan las aguas reptiles con vida. Pero desde que el Señor entró a las corrientes del Jordán, ya el agua no produce reptiles con vida, sino almas racionales portadoras del Espíritu Santo. Lo que se dijo del sol que (Sal. 18, 6): Sale de su tálamo a la manera de un esposo, puede ya decirse de los fieles, pues emiten rayos de luz más brillantes que el sol. Lo que se forma en el vientre de la mujer necesita tiempo; lo que se forma en el agua no lo necesita, porque en un instante se obra todo. Donde toma su principio una vida perecedera de una corrupción corpórea, lo que nace lleva consigo tardanzas y esperas (pues tal es la naturaleza de los cuerpos que necesita tiempo para perfeccionarse); pero no sucede lo mismo en lo espiritual, sino ¿qué? Que desde su comienzo es perfecto.

Como Nicodemo, oyendo estas cosas padecía frecuente turbación, oye cómo Cristo le va descubriendo el secreto del misterio y le va aclarando lo que antes estaba oscuro, con decirle: Lo que nace de la carne, carne es; y lo que nace del Espíritu, es espíritu. Lo saca de lo que cae bajo el dominio de los sentidos y no lo deja examinar el misterio con ojos corporales. Como si le dijera: No estamos hablando de cosas carnales, sino espirituales, oh Nicodemo. Enseguida lo lleva a las cosas del Cielo. No quieras, pues, buscar nada sensible, ya que el Espíritu no puede percibirse con estos ojos, ni vayas a pensar que el Espíritu engendra la carne.

Preguntará alguno: entonces ¿cómo se engendró la carne de Cristo? No únicamente del Espíritu, sino también de la carne, como lo significa Pablo con estas palabras (Gal. 4, 4): Hecho de mujer, hecho súbdito de la ley. De modo que el Espíritu Santo la formó así, y no de la nada (puesto que en ese caso no habría sido necesario el vientre), sino de la carne de la Virgen. El cómo yo no lo puedo explicar. Pero ciertamente fue así, para que nadie pensara que aquel parto era cosa ajena a nuestra naturaleza. Si habiendo sucedido así las cosas, todavía algunos no dan crédito a la dicha generación, ¿a qué abismos de impiedad no se habrían lanzado si aquella carne virginal no hubiera tomado parte en ella?

Lo que ha nacido del Espíritu es espíritu. ¿Adviertes la dignidad del Espíritu Santo? Por El hizo ahí una obra propia de Dios. Antes dijo: Han nacido de Dios; y aquí dice que han sido engendrados por el Espíritu Santo: Lo que ha nacido del Espíritu es espíritu. No habla aquí de la generación según la substancia, sino según el honor y la gracia. Dirás: pero si el Hijo así ha sido engendrado ¿qué tiene de más que los otros hombres que así han nacido? ¿Cómo es Unigénito? También yo soy nacido de Dios, pero no soy de su substancia. De modo que si el Hijo tampoco es de su substancia ¿en qué difiere de nosotros? Y lo mismo el Espíritu Santo, será menor que Dios. Puesto que esta generación se lleva a cabo mediante el Espíritu Santo y su gracia. ¿Acaso el Unigénito para ser Hijo necesita del auxilio del Espíritu Santo? ¿En qué difiere esta doctrina de la que sostienen los judíos?

Previniendo esto dijo Cristo: El que ha nacido del Espíritu es espíritu. Y como viera que Nicodemo aún estaba preso de la turbación, avanzó hacia un ejemplo más sensible.

Le dice, pues (Jn. 7, 8): No te maravilles de lo que te dije: Es necesario que nazcáis de nuevo con un nacimiento nuevo. El viento sopla donde quiere. Con decir: No te maravilles, significa la turbación de ánimo de Nicodemo; por lo cual lo lleva a lo más leve de las cosas corporales. De las cosas carnales lo había arrancado con estas palabras: Lo que ha nacido del Espíritu es espíritu. Mas como Nicodemo no entendiera qué era eso, lo lleva a otra comparación, no conduciéndolo a los cuerpos pesados, pero tampoco hablándole en absoluto de los incorpóreos, puesto que esto Nicodemo no podía entenderlo.

Encuentra, pues, Jesús algo intermedio entre lo corpóreo y lo incorpóreo, o sea el soplo del viento, y por aquí lo instruye. Y del viento dice: Percibes su rumor, pero no sabes de dónde viene ni a dónde va. Cuando dice: Sopla donde quiere, no significa que el viento escoja moverse a su voluntad, sino únicamente significa su ímpetu natural y su fuerza, que sin impedimento se desarrolla. Porque suele la Escritura hablar así aun de las cosas inanimadas, como cuando dice (Rm. 8, 20): Sometida está la creación a la vanidad no de grado. De manera que con aquello de: Sopla donde quiere, significa que no se le puede detener y que por todas partes se difunde y que nadie puede impedir que vaya a una parte o a otra; y que con gran fuerza se expanda, sin que nadie pueda reprimir su violencia.

Y escuchas su rumor; es decir su sonido y estrépito. Pero no sabes de dónde viene o a dónde va. Igual sucede con aquel que ha nacido del Espíritu. Esta es una consecuencia, como si dijera: si no puedes explicar el ímpetu del viento que percibes con los sentidos -es a saber el oído y el tacto-, ni cuál sea su camino ¿por qué con vana curiosidad examinas la operación del Espíritu Santo cuando no comprendes el ímpetu del viento a pesar de que oyes su rumor? Porque ese: Sopla donde quiere, se dice también del Paráclito, y debe explicarse del modo siguiente: si el viento nada puede impedirlo, sino que se encamina a donde quiere, mucho menos podrán impedir la operación del Espíritu Santo ni leyes algunas naturales, ni los modos y límites de las generaciones humanas corporales ni otra cosa alguna semejante. Por otra parte, es claro que aquello: Escuchas su rumor, se dice del viento, lo cual se ve bien, porque indudablemente a un infiel que no conoce la operación del Espíritu Santo se le puede decir: Escuchas su rumor. De manera que así como el viento no se ve aun cuando produzca rumor, así tampoco la generación espiritual se percibe con los ojos corporales. Sucede esto, porque el viento es cuerpo, aunque sea levísimo; pues lo que cae bajo el dominio de los sentidos necesariamente es cuerpo. Entonces, si no llevas a mal el no ver ese cuerpo ni niegas por eso su existencia ¿por qué te conturbas y exiges tantos argumentos cuando se trata del Espíritu y no haces lo mismo cuando se trata de una cosa corporal?

¿Qué responde Nicodemo? Permanece aún en la debilidad judía a pesar del ejemplo tan claro que se le ha dado. Y como aun dudando dijera: ¿Cómo puede ser eso?, Cristo le responde con vehemencia (Jn. 9, 10): ¿Tú eres maestro en Israel y no sabes esto? Advierte cómo nunca lo acusa Cristo de malicia, sino de necedad y simplicidad. Preguntará alguno: pero ¿es que estas cosas tienen algo de común con las doctrinas judías? Por mi parte yo pregunto: ¿qué es lo que tienen de no común? La formación del primer hombre y aun la de la mujer sacada del costado de Adán; y el caso de las estériles; y los milagros obrados mediante las aguas (por ejemplo en la fuente en donde Eliseo hizo notar el hierro) y en el Mar Rojo que atravesaron los judíos; y en la piscina donde el ángel agitaba las aguas; y lo referente al leproso Naamán el sirio que se lavó en el Jordán y quedó limpio; todas estas cosas, repito, precedían como en figura la futura generación espiritual y purificación; así como también la daban a entender los dichos de los profetas.

Por ejemplo (Sal. 12, 31-32): Se hablará del Señor a la edad venidera; se anunciará su justicia al pueblo que está por nacer, al que el Señor hizo. Y aquello otro (Sal. 102, 5): Se renovará tu juventud como el águila. Y también (Is. 60, 1): Resplandece, oh Jerusalén: (Za. 9, 9) He aquí tu Rey que viene. Y además Sal. 31, 1): Dichosos los que son perdonados de sus culpas. Isaac fue también figura de esta regeneración. Porque, dime oh Nicodemo: ¿cómo nació Isaac? ¿acaso conforme a las leyes de la naturaleza? ¡De ningún modo! Entonces sin duda que existió él como algo intermedio entre esta generación y aquella otra: aquélla fue por coito, mientras que esta otra no fue por la sangre.

Pero voy a demostrar que no solamente esa generación, sino también la de la Virgen fue predicha de la misma manera. Puesto que nadie creería fácilmente que una virgen diera a luz, por eso dieron a luz las estériles y luego no sólo las estériles, sino también las ancianas. Aunque a decir verdad, todavía es más admirable que de una costilla se formara una mujer. Pero como este último caso era antiquísimo, vino luego el más reciente en ese otro nuevo modo de dar a luz, o sea, el de las estériles que precedió al parto virginal de María y lo hizo creíble. Recordándolo Cristo a Nicodemo le decía: Tú eres maestro en Israel ¿y no sabes estas cosas?

(Jn. 3, 11) Nosotros hablamos lo que sabemos y testificamos lo que hemos visto; pero nadie acepta nuestro testimonio. Esto dijo Cristo terminando por aquí la conversación y al mismo tiempo atemperándose a la debilidad de su oyente.

Pero ¿qué significa: Nosotros hablamos lo que sabemos y testificamos lo que hemos visto? Es que cuando queremos persuadir una cosa, como sobre todo la vista más que los otros sentidos hace fe, solemos expresarnos así: No lo hemos oído, sino que lo hemos visto. Cristo habla, pues, así a Nicodemo, acomodándose al modo y costumbre humana, y por aquí hace creíbles sus asertos. Que esto sea así y que no quiera significar otra cosa, ni se refiera al sentido material de la vista, se ve claro por aquí. Pues habiendo dicho: Lo que ha nacido de la carne, carne es; y lo que ha nacido del Espíritu es espíritu, continuó: Nosotros hablamos lo que sabemos y testificamos lo que hemos visto. Ahora bien, el ver la operación de la generación espiritual no había sucedido. Entonces ¿cómo dice: Lo que hemos visto? Es evidente que se refiere a un conocimiento exacto y que no puede equivocarse. Pero nadie acepta nuestro testimonio. De manera que ese: Hablamos lo que sabemos o lo dice de sí solamente o de sí y del Padre. Y lo de: Nadie acepta nuestro testimonio no es expresión de quien lleva muy a mal una cosa, sino simplemente de quien refiere un hecho.

¿Por qué no dijo: quién habrá más insensible que vosotros, pues no admitís lo que nosotros con tan gran exactitud os anunciamos? No se expresa así, sino que en hechos y palabras manifiesta toda mansedumbre. Con palabras mansas predice lo que va a suceder; enseñándonos, también por aquí, suma mansedumbre; para que cuando hablamos con algunos y no logramos persuadirlos, no nos indignemos. Quien se indigna nada suele lograr, sino más bien apartar de dársele fe. Conviene por lo tanto abstenerse de la ira. Y esto que decimos de abstenernos de la ira para alcanzar que se nos dé fe, se entiende también de los gritos. Al fin y al cabo, el clamor suministra materia a la ira. Reprimamos el corcel para poder derribar al jinete; cortemos a la ira sus alas, para que no se acreciente el daño. Recia enfermedad es la ira y tal que puede robar y destrozar nuestras almas.

Conviene, pues, cerrarle por todas partes la entrada. Cosa absurda sería que podamos amansar las fieras y en cambio descuidemos nuestra alma cuando se vuelve furiosa. Fuego vehemente es la ira, que todo lo consume: destroza el cuerpo, derriba el alma y torna al hombre desagradable y de fea catadura. Si el hombre irritado se pudiera ver a sí mismo, no necesitaría de otra alguna advertencia y admonición. Porque nada hay más desagradable que el aspecto de un hombre irritado. La ira es un género de embriaguez. Más aún, es peor que la embriaguez y más mísera que un demonio. Si procuramos abstenernos de los gritos y clamores, encontraremos un excelente camino para la moderación y la virtud. Por tal motivo Pablo ordena evitar no únicamente la ira sino también los clamores (Ef. 4, 31): Se destierre de entre vosotros la ira y clamor Obedezcamos a semejante maestro de toda virtud. Y cuando sintamos ira contra nuestros siervos, recordemos nuestros pecados y avergoncémonos de la mansedumbre de los mismos sirvientes. Cuando tú los cargas de ultrajes, ellos los soportan en silencio:

precedes tú vergonzosamente, mientras ellos ejercitan la virtud. ¡Ten en cuenta esto! Es para ti como una admonición. Aun cuando el otro sea un siervo, pero al fin y al cabo es un hombre dotado de un alma inmortal y ha sido honrado por el común Señor de todos con los mismos dones que tú. Ahora bien: si por esas cosas espirituales y de más alta estima es igual a nosotros, y sólo por una prerrogativa tuya humana -y vil por cierto- sobrelleva tan mansamente nuestras injurias ¿de qué perdón, de qué excusa seremos dignos nosotros que ni por el temor de Dios podemos, o mejor dicho, no queremos ser virtuosos, como el siervo lo es por temor a nosotros?

Pensando y meditando estas cosas en nuestro interior, y cayendo en la cuenta de nuestros pecados, y entendiendo la comunidad de naturaleza que con los siervos nos une, empeñémonos en hablar siempre con mansedumbre en todas partes; para que así, hechos humildes de corazón, encontremos la paz para nuestras almas: así la paz presente como la futura. Ojalá todos la consigamos, por gracia y benignidad de nuestro Señor Jesucristo, al cual, juntamente con el Padre y el Espíritu Santo, sea la gloria, ahora y siempre y por los siglos de los siglos. Amén.

HOMILÍA XXVII. Si al deciros cosas de la tierra no me creéis ¿cómo me creeréis cuando os hable de las celestes? Nadie ha subido al cielo, sino el que ha bajado del Cielo: el Hijo del hombre, el cual está en el cielo (*Jn 3,12-13*)

Repetiré ahora lo que muchas veces tengo dicho, y no me cansaré de repetirlo. ¿Qué es lo que tengo dicho? Que Jesús, teniendo que hablar de cosas sublimes, con frecuencia se acomoda a la debilidad de los oyentes y usa expresiones inferiores a lo que pide su propia dignidad. Una sentencia sublime y profunda, aunque solamente se profiera una vez, es suficiente para declararnos la dignidad de Cristo, en cuanto nosotros podemos alcanzarla. Pero las sentencias más ordinarias y vulgares, y que más se acercan a la inteligencia de los oyentes, que aún se arrastran por el suelo, si no se repiten constantemente no se las captaría ni los conducirían a las cosas que son más sublimes. Por tal motivo Cristo dijo muchas más sentencias vulgares que no las sublimes y altísimas. Mas, para que no se fuera a seguir otro mal, que era el retener al discípulo en lo terreno, Cristo no profiere esas sentencias ordinarias sino proponiendo al mismo tiempo el motivo. Como lo hizo en este caso.

Porque habiendo hablado del bautismo y de la generación que tiene efecto por virtud de la gracia -generación arCaná y misteriosa-, como quisiera explicar semejante generación arCaná e inefable, sin embargo omítelo y da la razón de omitirlo. ¿Cuál es? La rudeza y debilidad de los oyentes que enseguida dio a entender con estas palabras: Si al hablaros de las cosas de la tierra no me creéis ¿cómo me creeréis cuando os hable de las celestes? En consecuencia, cuando se baja a decir cosas ordinarias y modestas, es necesario atribuirlo a la debilidad de los oyentes.

Piensan algunos que en este pasaje cosas de la tierra es una referencia al aire, como si dijera Cristo: Si os puse un ejemplo de lo de acá abajo y sin embargo no habéis creído ¿cómo podéis creer en las cosas que son más elevadas? Pero no. No te extrañes de que aquí al bautismo lo llame cosa de la tierra. Lo llama así o porque confiérase en la tierra o por comparación con la eterna y escalofriante generación de El mismo. Pues aun cuando esta generación por el bautismo sea celeste, si se compara con la otra generación de la substancia del Padre, puede bien llamarse terrena. Y con razón no dijo: no entendéis, sino: No creéis. Pues a quien se niega a creer lo que puede percibirse por los sentidos, razonablemente se le achaca a necedad; pero si alguno no admite lo que no percibe la mente, sino sólo la fe, a éste no se le achaca a necedad sino a incredulidad. De modo que para apartarlo de andar buscando raciocinios para comprender lo que se le dice, se le ataca con alguna mayor vehemencia y acusa de se le incrédulo.

Ahora bien, si esa generación nuestra no puede admitirse si no es mediante la fe ¿de qué suplicio no serán dignos los incrédulos que andan vanamente inquiriendo el modo de la generación del Unigénito? Quizá diga alguno: Mas ¿para qué se dijo todo eso si al fin y al cabo los oyentes no habían de creer? Pues se dijo porque aun cuando ellos no habían de creer, pero los hombres que luego iban a venir, sacarían provecho de lo dicho por Cristo. Por tal motivo El, acometiendo a Nicodemo con alguna mayor vehemencia, le declara lo que Él sabe, no solamente lo dicho, sino otras muchas cosas y más sublimes aún. Y se lo manifiesta al proseguir diciendo: Nadie ha subido al Cielo, sino el que bajó del Cielo; el Hijo del hombre que está en el Cielo.

Preguntarás: pero ¿cuál es aquí la consecuencia? Estrechísima y muy de acuerdo con lo dicho antes. Nicodemo le había dicho a Cristo: Sabemos que eres maestro enviado por Dios. Cristo lo corrige, como si le dijera: No pienses que yo soy uno de tantos maestros, al modo de los profetas, que eran de acá de la tierra. Porque yo vengo del Cielo. Ninguno de los profetas subió allá al Cielo; pero yo habito en el Cielo. ¿Adviertes cómo aun lo que parece en extremo sublime es indigno de la sublimidad de Cristo? Porque no está solamente en el Cielo sino en todas partes y todo lo llena. Sin embargo, aun aquí se acomoda a la debilidad del oyente, con el objeto de irlo elevando poco a poco. No llamó aquí Hijo del hombre a su humanidad; sino que, por así decirlo, se dio nombre a Sí todo, partiendo de la substancia inferior y más humilde. Suele Cristo llamarse de esta manera, unas veces a Sí todo, por su divinidad; otras, por su humanidad.

(Jn. 3, 14) Y así como Moisés elevó la serpiente en el desierto, así es menester que sea levantado el Hijo del hombre en alto. También esta expresión parece no concordar con lo anterior; y sin embargo perfectamente concuerda. Pues habiendo dicho Jesús que por el bautismo se ha conferido a los hombres el máximo beneficio, añade aquí el motivo y causa de ese beneficio, que es no menor que el mismo beneficio; o sea la cruz. También Pablo escribiendo a los de Corinto, junta ambos beneficios cuando dice: ¿Acaso Pablo fue crucificado por vosotros? ¿o habéis sido bautizados en el nombre de Pablo? Es porque estos dos beneficios de modo especialísimo demuestran su amor: el haber padecido por quienes eran enemigos y el haber concedido mediante el bautismo el perdón total de los pecados.

Mas ¿por qué no dijo abiertamente que sería crucificado, sino que remitió a los oyentes a aquella antigua figura? En primer lugar para que aprendieran la conexión y parentesco que hay entre el Antiguo Testamento y el Nuevo; y cayeran en la cuenta de que estas cosas nuevas no habían sido desestimadas en aquellas antiguas. En segundo lugar para que entiendas que Él no fue a la muerte contra su voluntad. En tercer lugar, para que supieras que eso no le causaría daño alguno, y en cambio de ahí se preparaba para muchos la salvación.

Nos lleva a la historia antigua, para que nadie vaya a decir: ¿Cómo puede ser eso de que quienes creen en el crucificado obtienen la salvación, cuando él mismo fue arrebatado por la muerte? Si los judíos mirando a la serpiente de bronce, que era la figura, evitaban la muerte, con mayor razón los que creen en el crucificado gozarán de un beneficio mayor. No sucedió eso porque el crucificado fuera menos poderoso o los judíos fueran gente superior; sino que porque Dios amó al mundo fue crucificado ese su Templo vivo.

(Jn. 3, 15) Para que todo el que cree en él no perezca, sino que tenga la vida eterna. Advierte el motivo de la cruz y de la salvación de ahí originada. ¿Adviertes cómo consuena la figura con la realidad? Allá en el desierto los judíos evitaban la muerte, pero era la muerte temporal; acá los fieles evitan la muerte, pero la eterna. Allá la serpiente suspendida de un palo curaba las mordeduras de las serpientes. Acá Jesús crucificado curaba las llagas causadas por el dragón infernal. Allá quien veía a la serpiente con sus ojos corporales se curaba; acá quien ve con los ojos de la mente se libra de todos sus pecados. Allá era bronce el que modelado en forma de serpiente pendía de un palo; acá pende de la cruz el cuerpo del Señor modelado por el Espíritu Santo. Allá la serpiente mordía y la serpiente curaba; acá la muerte mató y la muerte dio la vida. Pero la serpiente que allá mataba tenía veneno; mientras que acá el que salvaba no lo tenía.

Lo mismo puede verse por otro camino. La muerte que mataba contenía pecado, como la serpiente que mordía tenía veneno. En cambio, la muerte del Señor estaba libre de todo pecado, del mismo modo que la serpiente de bronce no tenía veneno. Porque dice la Escritura (1P. 2, 22): El cual no hizo pecado ni se halló dolo en su boca. Es lo que significó Pablo al decir (Col. 2, 16): Y habiendo despojado de sus derechos a los Principados y Potestades, los exhibió públicamente a la vista de todos, formando con ellos un cortejo triunfal. Así como cuando el atleta valeroso toma a su adversario y lo levanta de la tierra y luego lo estrella, es cuando logra la más brillante victoria, así también Cristo, a la vista de todo el orbe echó por tierra a las Potestades adversas; y a los que en la soledad del desierto habían sido heridos, El, suspendido en la cruz, los libró de todas las fieras. Pero no dijo: Conviene que sea suspendido, sino que sea exaltado, levantado. Es lo que parecía más tolerable en gracia de

Nicodemo que lo escuchaba; y lo dijo Cristo acercándose así más a la figura de bronce.

(Jn. 3, 16) Pues tanto amó Dios al mundo, que le dio su propio Hijo Unigénito, a fin de que todo el que crea en El no perezca, sino que obtenga la vida eterna. Como si le dijera: No te espantes de que sea exaltado para que vosotros consigáis la vida eterna. Pues así lo ha querido el Padre; y os ha amado tanto que, para salvar a los siervos, entregó a su Hijo; y a lo verdad, por siervos malagradecidos, cosa que nadie hace ni aun por sus amigos: Pues por el justo quizá alguno moriría. Pablo usó de más largo discurso, porque predicaba a los fieles; Cristo lo usó más breve, pues hablaba con sólo Nicodemo; pero lo hizo con mayor énfasis, como se ve en cada una de sus palabras.

En efecto. Al decir: Tanto amó y también: Dios al mundo, se significa un amor inmenso. Al fin y al cabo, la diferencia también era grande o por mejor decir inmensa. El Ser inmortal y sin principio, la grandeza infinita, a los formados de ceniza y polvo, a los cargados de culpas sin número, a los que continuamente lo ofendían y le eran desagradecidos, a ésos, lo repito, los amó. Lo que luego sigue lleva igual vehemencia, pues añadió: Que entregó a su propio Hijo. Es decir no a un siervo, no a un ángel ni a un arcángel. Nadie jamás demostró semejante cariño, ni aun tratándose de su propio hijo, como Dios tratándose de siervos malagradecidos.

De modo que aunque no abiertamente, predice su Pasión; en cambio sí predice claramente los frutos de su Pasión. Pues continúa: Para que todo el que crea en El no perezca, sino que tenga la vida eterna. Pues había dicho que sería exaltado, dando a entender su muerte, para que semejantes palabras no entristecieran al oyente, y para que no fuera a pensar de El algo simple y meramente humano, y creyera que la muerte sería el fin de la existencia de Cristo, advierte cómo atempera todo cuando dice que el Padre entregó a su Hijo, causador de vida y vida eterna. Por cierto que quien iba a dar a otros la vida mediante su muerte, sin duda que no permanecería mucho tiempo en manos de la muerte.

Si quienes creen en el crucificado no perecen, mucho menos perecerá el mismo crucificado. Quien aparta de otros la destrucción, con mucha mayor razón él mismo está libre de la destrucción. Quien es poderoso para dar a otros la vida, mucho mejor se la dará a sí mismo. ¿Adviertes cómo en todo esto y en todas partes es necesaria la fe? Dice que la cruz es fuente de vida. Esto la razón no lo admite fácilmente. Testigos son de esto los gentiles actuales, que se ríen y burlan. Pero la fe que está por encima de la debilidad de la razón, con toda facilidad lo admite y lo sostiene. Mas ¿por qué motivo amó Dios tantísimo al mundo? ¡No hay otro sino su bondad! Pues ¡que nos avergüence caridad tan eximia! ¡Que nos dé vergüenza tan eximia y excesiva bondad! El para salvarnos no perdonó a su Hijo Unigénito; y en cambio nosotros nos mostramos tacaños con nuestros dineros, para daño nuestro. El entregó por nosotros a su Hijo Unigénito y nosotros ni nuestra plata entregamos para su servicio; y lo que peor es, ni siquiera lo hacemos para utilidad nuestra.

¿Qué perdón merece esto? Si vemos que un hombre afronta en nuestro favor los peligros y aun la muerte, lo estimamos en más que todo y lo contamos entre nuestros más íntimos amigos y ponemos en sus manos todos nuestros haberes, y afirmamos que más son suyos que nuestros; y ni aun así pensamos que dignamente lo recompensamos.

En cambio, para con Cristo ni siquiera ese agradecimiento demostramos. El dio su vida por nosotros; por nosotros derramó su sangre preciosa; por nosotros, lo repito, que no éramos buenos y ni siquiera benévolos y amigos. En cambio nosotros aun para utilidad propia no gastamos nuestros dineros; pues, al contrario, al ver a quien murió por nosotros que anda desnudo y peregrino, lo despreciamos. ¿Quién nos librará del futuro castigo? Si no fuera Dios quien nos ha de castigar, sino nosotros mismos ¿acaso no sentenciaríamos en contra nuestra? ¿Acaso no nos condenaríamos nosotros mismos a la gehena por haber despreciado a quien dio su vida por nosotros, cuando lo vimos acabado por el hambre?

Mas ¿para qué referirme a los dineros? Si mil vidas tuviéramos ¿acaso no convendría perderlas todas por él? Pero aun así, nada habríamos hecho digno de beneficio tan enorme. Pues quien se adelanta a hacer el beneficio demuestra su bondad; mientras que el beneficiado, dé lo que dé, no hace favor, sino que paga una deuda. Sobre todo si el que se adelanta a hacer el beneficio lo otorga a quienes son sus enemigos; y el que trata de pagarlo, paga al bienhechor con dones que a su vez disfruta de mano del bienhechor.

Y sin embargo, con nada de esto nos conmovemos; y somos hasta tal punto desagradecidos que adornamos y vestimos de oro a los criados, los mulos, los caballos; mientras que al Señor nuestro, que vaga desnudo, que mendiga de puerta en puerta, que se presenta de pie en la calle extendiendo su mano, lo despreciamos y con frecuencia aun le dirigimos torvas miradas; y esto a pesar de que Él se sujeta a semejantes miserias por nuestro bien. De buena gana sufre hambre para que tú te alimentes; va desnudo para lograrte el vestido de la inmortalidad.

Y a pesar de todo, no le dais nada, mientras vuestros vestidos andan unos roídos de la polilla, otros yacen en un arcón, y no son en conjunto sino cuidados superfluos para sus poseedores. Entre tanto, aquel mismo que te proporcionó todas las cosas anda desprovisto de vestido. ¿Argüiréis que no los guardáis en el arcón, sino que vais magníficamente vestidos?

Pues bien, yo pregunto: ¿qué ganancias os vienen con eso? ¿Que os contemplen los que gustan de estar en el foro? Y ¿qué vale esa turba? Porque no admiran al que va así vestido, sino al que socorre a los necesitados. En consecuencia, si quieres que te admiren, viste a otros y recibirás infinitos aplausos. Entonces te alabarán juntamente Dios y los hombres. Por el contrario, si procedes de otro modo, nadie te alabará y todos te envidiarán, al ver tu cuerpo adornado pero descuidada tu alma.

Ornato semejante es el que se procuran las prostitutas, las cuales a veces llevan vestidos más ricos y más resplandecientes. El ornato del alma sólo se encuentra en los que cultivan la virtud. Con frecuencia repito esto y no cesaré de repetirlo, por el cuidado que tengo, más que de los pobres, de vuestras almas. Les pobres, si no de vosotros, de otros tal vez obtendrán auxilio y consuelo; y si no lo obtienen y perecen de hambre, no será eso para ellos un daño mayor. ¿En qué dañó a Lázaro la pobreza? ¿en qué el hambre? En cambio, a vosotros nada os podrá sacar de la gehena, si no os ayudáis del auxilio de los pobres; sino que tendremos que decir lo mismo que el rico Epulón echado al fuego y sin alivio alguno.

Pero no, ¡lejos que alguno de vosotros oiga semejantes palabras jamás! Haga el Señor que todos sean recibidos en el seno de Abraham, por gracia y benignidad de nuestro Señor Jesucristo, por el cual y con el cual sea al Padre, juntamente con el Espíritu Santo, la gloria por los siglos de los siglos. Amén.

HOMILÍA XXVIII. Pues no envió Dios su Hijo al mundo para que condene al mundo, sino para que el mundo sea salvado por El (*Jn 3, 17*)

Muchos de los que son más desidiosos, abusando de la divina clemencia, para multiplicar sus pecados y acrecentar su pereza, se expresan de este modo: No existe el infierno; no hay castigo alguno; Dios perdona todos los pecados. Cierto sabio les cierra la boca diciendo (Eclesiástico 5, 6): No digas: Su compasión es grande. El me perdonará la multitud de mis pecados. Porque en El hay misericordia, pero también hay cólera y en los pecadores desahoga su furor. Y también (Eclesiástico 16, 12): Tan grande como su misericordia es su severidad.

Dirás que en dónde está su bondad si es que recibiremos el castigo según la magnitud de nuestros pecados. Que recibiremos lo que merezcan nuestras obras, oye cómo lo testifican el profeta y Pablo: Tú darás a cada uno conforme a sus obras (Sal. 61, 12); y Pablo (Rm. 2, 6): El cual retribuirá a cada uno según sus obras. Ahora bien, que la clemencia de Dios sea grande se ve aun por aquí: que dividió la duración de nuestra vida en dos partes; una de pelea y otra de coronas. ¿Cómo se demuestra esa clemencia? En que tras de haber nosotros cometido infinitos pecados y no haber cesado de manchar con crímenes nuestras almas desde la juventud hasta la ancianidad, no nos ha castigado, sino que mediante el baño de regeneración nos concede el perdón; y más aún, nos da la justicia de la santificación.

Instarás: mas si alguno participó en los misterios desde su primera edad, pero luego cayó en innumerables pecados ¿qué? Ese tal queda constituido reo de mayores castigos. Porque no sufrimos iguales penas por iguales pecados, sino que serán mucho más graves si después de haber sido iniciados nos arrojamos a pecar. Así lo indica Pablo con estas palabras: Quien violó la ley de Moisés, irremisiblemente es condenado a muerte, bajo la deposición de dos o tres testigos. Pues ¿de cuánto mayor castigo juzgáis que será merecedor el que pisoteó al Hijo de Dios y profanó deliberadamente la sangre de la alianza con que fue santificado y ultrajó al Espíritu de la gracia?

Para este tal Cristo abrió las puertas de la penitencia y le dio muchos medios de lavar sus culpas, si él quiere. Quiero yo que ponderes cuán firme argumento de la divina clemencia es el perdonar gratuitamente; y que tras de semejante favor no castigue Dios al pecador con la pena que merecía, sino que le dé tiempo de hacer penitencia. Por tal motivo Cristo dijo a Nicodemo (Jn. 12, 17): No envió Dios su Hijo al mundo para que condene al mundo, sino para que el mundo sea salvado por El. Porque hay dos venidas de Cristo (Mt. 25, 31. 46): una que ya se verificó; otra que luego tendrá lugar. Pero no son ambas por el mismo motivo. La primera fue no para condenar nuestros crímenes, sino para perdonarlos; la segunda no será para perdonarlos sino para juzgarlos. Por lo cual de la primera dice: Yo no he venido para condenar al mundo, sino para salvarlo. De la segunda dice: Cuando venga el Hijo del Hombre en la gloria de su Padre, separará las ovejas a la derecha y los cabritos a la izquierda. E irán unos a la vida, otros al eterno suplicio Sin embargo, también la primera venida era para juicio, según lo que pedía la justicia. ¿Por qué? Porque ya antes de esa venida existía la ley natural y existieron los profetas y también la ley escrita y la enseñanza y mil promesas y milagros y castigos y otras muchas cosas que podían llevar a la enmienda. Ahora bien: de todo eso era necesario exigir cuentas. Pero como Él es bondadoso, no vino a juzgar sino a perdonar. Si hubiera entrado en examen y juicio, todos los hombres habrían perecido, pues dice (Rm. 3, 23): Todos pecaron y se hallan privados de la gloria de Dios. ¿Adviertes la suma clemencia?

(Jn. 3, 18) El que cree en el Hijo no es condenado. Mas quien no cree, queda ya condenado. Dirás: pero, si no vino para condenar al mundo ¿cómo es eso de que el que no cree ya queda condenado? Porque aún no ha llegado el tiempo del juicio. Lo dice o bien porque la incredulidad misma sin arrepentimiento ya es un castigo, puesto que estar fuera de la luz es ya de por sí una no pequeña pena; o bien como una predicción de lo futuro. Así como el homicida, aun cuando aún no sea condenado por la sentencia del juez, está ya condenado por la naturaleza misma de su crimen, así sucede con el incrédulo.

Adán desde el día en que comió del árbol quedó muerto; porque así estaba sentenciado (Gn. 2, 17): En el día en que comiereis del árbol, moriréis. Y sin embargo, aún estaba vivo. ¿Cómo es pues que ya estaba muerto? Por la sentencia dada y por la naturaleza misma de su pecado. Quien se hace reo de castigo, aunque aún no esté castigado en la realidad, ya está bajo el castigo a causa de la sentencia dada. Y para que nadie, al oír: No he venido a condenar al mundo, piense que puede ya pecar impunemente y se tome más desidioso, quita Cristo ese motivo de pereza añadiendo: Ya está juzgado. Puesto que aún no había llegado el juicio futuro, mueve a temor poniendo por delante el castigo. Y esto es cosa de gran bondad: que no sólo entregue su Hijo, sino que además difiera el tiempo del castigo, para que pecadores e incrédulos puedan lavar sus culpas.

Quien cree en el Hijo no es condenado. Dice el que cree, no el que anda vanamente inquiriendo; el que cree, no el que mucho escruta. Pero ¿si su vida está manchada y no son buenas sus obras? Pablo dice que tales hombres no se cuentan entre los verdaderamente creyentes y fieles (Tito 1, 16): Hacen profesión de conocer a Dios, mas reniegan de El con sus obras. Por lo demás, lo que aquí declara Cristo es que no se les condena por eso, sino que serán más gravemente castigados por sus culpas; y que la causa de su infidelidad consistió en que pensaban que no serían castigados.

¿Adviertes cómo habiendo comenzado con cosas terribles, termina con otras tales? Porque al principio dijo: El que no renaciere de agua y Espíritu, no entrará en el reino de Dios; y aquí dice: El que no cree en el Hijo ya está condenado. Es decir: no pienses que la tardanza sirve de algo al que es reo de pecados, a no ser que se arrepienta y enmiende. Porque el que no crea en nada difiere de quienes están ya condenados y son castigados.

(Jn. 3, 19) La condenación está en esto: vino la Luz al mundo y los hombres prefirieron las tinieblas a la Luz. Es decir que se les castiga porque no quisieron abandonar las tinieblas y correr hacia la Luz. Con estas palabras quita toda excusa. Como si les dijera: Si yo hubiera venido a exigir cuentas e imponer castigos, podrían responder que precisamente por eso me huían. Pero no vine sino para sacarlos de las tinieblas y acercarlos a la luz. Entonces ¿quién será el que se compadezca de quien rehúsa salir de las tinieblas y venir a la luz? Dice: Siendo así que no se me puede reprochar, sino al revés, pues los he colmado de beneficios, sin embargo se apartan de mí.

Por tal motivo en otra parte dice, acusándolos (Jn. 15, 25): Me odiaron de valde; y también (Jn. 15, 22): Si no hubiera venido y no les hubiera hablado no tendrían pecado. Quien falto de luz permanece sentado en las tinieblas, quizá alcance perdón; pero quien a pesar de haber llegado la luz, permanece sentado en las tinieblas, da pruebas de una voluntad perversa y contumaz. Y luego, como lo dicho parecía increíble a muchos, puesto que no parece haber quien prefiera las tinieblas a la luz-, pone el motivo de hallarse ellos en esa disposición. ¿Cuál es?

(Jn. 19, 20) Dice: Porque sus obras eran perversas. Y todo el que obra perversamente odia la luz y no se llega a la luz para que no le echen sus obras en el rostro.

Ciertamente no vino Cristo a condenar ni a pedir cuentas, sino a dar el perdón de los pecados y a donarnos la salvación mediante la fe. Entonces ¿por qué se le apartaron? Si Cristo se hubiera sentado en un tribunal para juzgar, habrían tenido alguna excusa razonable; pues quien tiene conciencia de crímenes suele huir del juez; en cambio suelen correr los pecadores hacia aquel que reparte perdones. De modo que habiendo venido Cristo a perdonar, lo razonable era que quienes tenían conciencia de infinitos pecados, fueran los que principalmente corrieran hacia Él, como en efecto muchos lo hicieron. Pecadores y publicanos se le acercaron y comían con El.

Entonces ¿qué sentido tiene el dicho de Cristo? Se refiere a los que totalmente se obstinaron en permanecer en su perversidad. Vino El para perdonar los pecados anteriores y asegurarlos contra los futuros. Mas como hay algunos en tal manera muelles y disolutos y flojos para soportar los trabajos de la virtud, que se empeñan en perseverar en sus pecados hasta el último aliento y jamás apartarse de ellos, parece ser que a éstos es a quienes fustiga y acomete. Como el cristianismo exige juntamente tener la verdadera doctrina y llevar una vida virtuosa, temen, dice Jesús, venir a Mí porque no quieren llevar una vida correcta.

A quien vive en el error de los gentiles, nadie lo reprenderá por sus obras, puesto que venera a semejantes dioses y celebra festivales tan vergonzosos y ridículos como lo son los dioses mismos; de modo que demuestra obras dignas de sus creencias. Pero quienes veneran a Dios, si viven con semejante desidia, todos los acusan y reprenden: ¡tan admirable es la verdad aun para los enemigos de ella! Advierte, en consecuencia, la exactitud con que Jesús se expresa. Pues no dice: el que obra mal no viene a la luz; sino el que persevera en el mal; es decir, el que quiere perpetuamente enlodarse y revolcarse en el cieno del pecado, ese tal rehúsa sujetarse a mi ley. Por lo mismo se coloca fuera de ella y sin freno se da a la fornicación y practica todo cuanto está prohibido. Pues si se acerca, le sucede lo que al ladrón, que inmediatamente queda al descubierto. Por tal motivo rehúye mi imperio.

A muchos gentiles hemos oído decir que no pueden acercarse a nuestra fe porque no pueden abstenerse de la fornicación, la embriaguez y los demás vicios. Entonces ¿qué?, dirás. ¿Acaso no hay cristianos que no viven bien y gentiles que viven virtuosamente? Sé muy bien que hay cristianos que cometen crímenes; pero que haya gentiles que vivan virtuosamente, no me es tan conocido. Pero no me traigas acá a los que son naturalmente modestos y decentes, porque eso no es virtud. Tráeme a quienes andan agitados de fuertes pasiones y sin embargo viven virtuosamente. ¡No lo lograrás!

Si la promesa del reino, si la conminación de la gehena y otros motivos parecidos apenas logran contener al hombre en el ejercicio de la virtud, con mucha mayor dificultad podrán ejercitarla los que en nada de eso creen. Si algunos simulan la virtud, lo hacen por vanagloria; y en cuanto puedan quedar ocultos ya no se abstendrán de sus deseos perversos y sus pasiones. Pero, en fin, para no parecer rijosos, concedamos que hay entre los gentiles algunos que viven virtuosamente. Esto en nada se opone a nuestros asertos. Porque han de entenderse de lo que ordinariamente acontece y no de lo que rara vez sucede. Mira cómo Cristo, también por este camino, les quita toda excusa. Porque afirma que la Luz ha venido al mundo. Como si dijera: ¿acaso la buscaron? ¿acaso trabajaron para conseguirla? La Luz vino a ellos, pero ellos ni aun así corrieron hacia ella.

Pero como pueden oponernos que también haya cristianos que viven mal, les contestaremos que no tratamos aquí de los que ya nacieron cristianos y recibieron de sus padres la auténtica piedad; aun cuando luego quizá por su vida depravada hayan perdido la fe. Yo no creo que aquí se trate de éstos, sino de los gentiles y judíos que debían haberse convertido a la fe verdadera. Porque declara Cristo que ninguno de los que viven en el error quiere acercarse a la fe, si no es que primeramente se imponga un método de vida correcto; y que nadie permanecerá en la incredulidad, si primero no se ha determinado a permanecer en la perversidad. Ni me alegues que, a pesar de todo, ese tal es casto y no roba, porque la virtud no consiste en solas esas cosas. ¿Qué utilidad saca ése de practicar tales cosas pero en cambio anda ambicionando la vana gloria y por dar gusto a sus amigos permanece en el error? Es necesario vivir virtuosamente. El esclavo de la vanagloria no peca menos que el fornicario. Más aún: comete pecados más numerosos y mucho más graves. ¡Muéstrame entre los gentiles alguno libre de todos pecados y vicios! ¡No lo lograrás!

Los más esclarecidos de entre ellos; los que despreciaron las riquezas y los placeres del vientre, según se cuenta fueron los que especialísimamente se esclavizaron a la vana gloria: esa que es causa de todos los males. Así también los judíos perseveraron en su maldad. Por lo cual reprendiéndolos les decía Jesús (Jn. 5, 44): ¿Cómo podéis creer vosotros que captáis la gloria unos de otros? ¿Por qué a Natanael, al cual anunciaba la verdad, no le habló en esta forma ni usó con él de largos discursos? Porque Natanael no se le había acercado movido de semejante anhelo de gloria vana. Por su parte Nicodemo pensaba que debía acercarse e investigar; y el tiempo que otros gastan en el descanso él lo ocupó en escuchar la enseñanza del Maestro. Natanael se acercó a Jesús por persuasiones de otro. Sin embargo, tampoco prescindió en absoluto de hablarle así, pues le dijo (Jn. 1, 51): Veréis los Cielos abiertos y a los ángeles de Dios subir y bajar el servicio del Hijo del hombre. A Nicodemo no le dijo eso, sino que le habló de la Encarnación y de la vida eterna, tratando con cada uno ellos según la disposición.

A Natanael, puesto que conocía los profetas y no era desidioso, le bastaba con oír aquello. Pero a Nicodemo, que aún se encontraba atado por cierto temor, no le revela al punto todas las cosas, sino que va despertando su mente a fin de que excluya un temor mediante otro temor; diciéndole que quien no creyere será condenado y que el no creer proviene de las malas pasiones. Y pues tenía Nicodemo en mucho la gloria de los hombres y la estimaba más que el ser castigado -pues dice Juan (Jn. 12, 42): Muchos de los principales creyeron en El, pero por temor a los judíos no se atrevían a confesarlo-, lo estrecha por este lado y le declara no ser posible que quien no cree en El no crea por otro motivo sino porque lleva una vida impura. Y más adelante dijo

(Jn. 8, 12): Yo soy la luz. Pero aquí solamente dice: La Luz vino al mundo. Así procedía: al principio hablaba más oscuramente; después lo hacía con mayor claridad. Sin embargo, Nicodemo se encontraba atado a causa de la fama entre la multitud y por tal motivo no se manejaba con la libertad que convenía.

Huyamos, pues, de la gloria vana, que es el más vehemente de todos los vicios. De él nacen la avaricia, el apego al dinero, los odios y las guerras y las querellas. Quien mucho ambiciona ya no puede tener descanso. No ama las demás cosas en sí mismas, sino por el amor a la propia gloria. Yo pregunto: ¿por qué muchos despliegan ese fausto en escuadrones de eunucos y greyes de esclavos? No es por otro motivo sino para tener muchos testigos de su importuna magnificencia. De modo que si este vicio quitamos, juntamente con esa cabeza acabaremos también con sus miembros, miembros de la iniquidad; y ya nada nos impedirá que habitemos en la tierra como si fuera en el Cielo.

Porque ese vicio no impele a quienes cautiva únicamente a la perversidad, sino que fraudulentamente se mezcla también en la virtud; y cuando no puede derribarnos de la virtud, acarrea dentro de la virtud misma un daño gravísimo, pues obliga a sufrir los trabajos y al mismo tiempo priva del fruto de ellos. Quien anda tras de la vanagloria, ya sea que ejercite el ayuno o la oración o la limosna, pierde toda la recompensa. Y ¿qué habrá más mísero que semejante pérdida? Es decir esa pérdida que consiste en destrozarse en vano a sí mismo, tornarse ridículo y no obtener recompensa alguna, y perder la vida eterna.

Porque quien ambas glorias ansia no puede conseguirlas. Pero sí podemos conseguirlas si no anhelamos ambas, sino únicamente la celestial. Quien ama a entrambas, no es posible que consiga entrambas. En consecuencia, si queremos alcanzar gloria, huyamos de la gloria humana y anhelemos la que viene de solo Dios: así conseguiréis ambas glorias. Ojalá gocemos de ésta, por gracia y benignidad de nuestro Señor Jesucristo, por el cual y con el cual sea al Padre la gloria, juntamente con el Espíritu Santo, por los siglos de los siglos. Amén.

HOMILÍA XXIX. Después de esto, Jesús y sus discípulos partieron a la región de Judea y ahí moraba y bautizaba (*Jn 3,22*)

Nada hay más resplandeciente que la verdad, nada más fuerte, así como nada hay más débil que la mentira, aun cuando se encubra con miles de cortinajes. Porque ésta fácilmente se descubre y fácilmente se desecha. En cambio la verdad se manifiesta a todos desnuda en cuantos quieren contemplar su belleza. La verdad no ama esconderse, no teme el peligro ni las asechanzas, no ambiciona la gloria de las multitudes, no es esclava de cosa alguna humana, sino que es superior a todas éstas. Pasa por entre muchas asechanzas, pero siempre permanece victoriosa; y a quienes a ella se acogen, los resguarda como si estuvieran defendidos por una muralla segurísima. Y todo esto lo consigue por sólo la grandeza de su poder. Deshace los ocultos asaltos y a todos propone con entera claridad su contenido. Así lo declaró Cristo a Pilato con estas palabras (Jn. 18, 20): Yo públicamente he hablado al mundo, y nada he enseñado en secreto. Pues bien, eso que entonces enseñó Jesús, ahora lo practica. Dice el evangelista: Después de esto Jesús y sus discípulos partieron a la región de Judea y ahí moraba y bautizaba. En las solemnidades subía a Jerusalén para proponer en público su doctrina a los judíos y para que éstos se aprovecharan de los milagros y sacaran alguna utilidad. Pero pasados los días festivos, con frecuencia iba al Jordán, pues muchos concurrían allá. Buscaba siempre los sitios más frecuentados, no para ostentación ni por ambición, sino para poder aprovechar a los más posibles. Más adelante dice el evangelista que bautizaban no Jesús sino sus discípulos; por donde se ve claro que también en este pasaje se ha de entender que solamente ellos bautizaban.

Preguntarás: ¿por qué no bautizaba Jesús? Ya antes había dicho el Bautista: Él os bautizará en Espíritu y en fuego. Pero aún no había sido dado el Espíritu Santo. Así que con razón no bautizaba, sino solamente sus discípulos, pues anhelaban atraer a muchos a la enseñanza saludable de Jesús. Mas, ¿por qué, bautizando los discípulos de Jesús, el Bautista no cesó de bautizar hasta que fue encarcelado? Pues dice el evangelista: Juan bautizaba en Enón (Jn. 3, 23); y añade (Jn. 3, 24): aún no había sido echado en la cárcel. Con lo cual da a entender que no desistió hasta entonces. ¿Por qué pues bautizaba durante ese tiempo? Ciertamente habría proclamado como superiores a él a los discípulos de Jesús si cuando ellos comenzaron a bautizar él hubiera desistido. ¿Por qué, pues, continuaba bautizando? Para no agudizar entre sus discípulos la envidia. Pues si clamando con frecuencia y dando a Cristo la supremacía y confesándose menor que El, no logró persuadirlos de que se acercasen a Cristo, si a esto hubiera añadido el ya no bautizar, los habría tornado más querellosos aún. Por igual motivo Jesús no intensificó su predicación hasta después de quitado Juan.

Por mi parte me persuado que el Bautista fue quitado rápidamente de delante para que toda la multitud volviera su atención a Cristo y no anduviera ya dividida. Por lo demás, el Bautista, al mismo tiempo que bautizaba, no cesaba de amonestar a todos y de alabar grandemente a Cristo. Bautizaba únicamente como preparación para Aquel que en pos había de venir y para que creyeran en El. Instarás: pues bien, quien en esa forma predicaba ¿de qué otro modo habría podido declarar mejor la superioridad de los discípulos de Cristo, si dejaba de bautizar? Al contrario: habría parecido que cesaba por envidia o por estar airado; mientras que continuando en bautizar establecía más firmemente lo que de Cristo aseguraba.

El Bautista no buscaba su propia glorificación, sino que llevaba a sus oyentes a Cristo; de manera que con esto ayudaba no menos que los discípulos, y aún más que ellos. Pues cuanto menos sospechoso era su testimonio tanto más valía en la opinión de todos que el de los discípulos. Lo da a entender el evangelista diciendo (Mt. 3, 5): Se desplazaban de Jerusalén y de toda Judea y la comarca del Jordán y eran bautizados. Al mismo tiempo que bautizaban los discípulos de Jesús, muchos no cesaban de acudir al Bautista. Si alguno pregunta: ¿qué tenía de más el bautismo de los discípulos que el de Juan? le responderemos que nada. Pues ambos bautismos carecían de la gracia del Espíritu Santo. Ambos tenían el mismo motivo, que era llevar a Cristo a los que se bautizaban. Con el objeto de no tener que andar yendo y viniendo para reunir a los que habían de creer (como a Simón lo trajo su hermano y a Natanael Felipe), determinaron ponerse a bautizar y así atraer a todo el mundo sin tanto trabajo, abriendo el camino a la fe que luego vendría. Y que de estos bautismos no valiera uno más que el otro, lo deja ver lo que sigue.

¿Qué es lo que sigue? (Jn. 3, 25): Tuvieron un altercado los discípulos de Juan con un judío acerca del bautismo. Porque continuamente había envidias entre los discípulos de Juan y los de Cristo; y viendo aquéllos que éstos bautizaban, comenzaron a hablar a los bautizados en el sentido de que valía más el bautismo que ellos administraban que el de los discípulos de Jesús. Y tomando en particular a uno de los bautizados se esforzaron en persuadirlo de aquello, pero no lo lograron. Y que fueran ellos y no el judío que atraparon quienes movían la discordia, oye cómo lo da a entender el evangelista. Pues no dice que cierto judío les preguntara, sino que los discípulos del

Bautista movieron la discusión acerca de la purificación y del bautismo.

Deseo que medites en la mansedumbre del evangelista, pues no se desfoga contra los adversarios, sino que cuanto le es posible les disminuye su culpa; y se contenta con decir que hubo una discusión. Que ésta naciera de envidia, y que por envidia hablaran aquellos discípulos del Bautista, lo deja ver lo que luego siguió, cosa que también refiere el evangelista con moderación. Porque dice: Y se fueron, a decir a Juan: Rabbí, sabe que aquel que estaba contigo al otro lado del Jordán, de quien tú diste testimonio, bautiza; y todos acuden a él. Es decir aquel a quien tú bautizaste. Porque esto: Del que tú diste testimonio, lo significa. Como si dijeran: Ese a quien tú tornaste esclarecido, se está atreviendo a hacer lo que tú haces.

No dijeron: Aquel a quien tú bautizaste, porque se habrían visto obligados a recordar aquella voz del cielo y aun la bajada del Espíritu Santo. Sino ¿qué dicen? Aquel que estaba contigo al otro lado del Jordán, de quien tú diste testimonio. Como si le dijeran: Ese que estaba en el número de los discípulos y no era mayor que nosotros, se ha separado de ti y anda bautizando. Y pensaron que podrían moverlo a ira no sólo por este medio, sino advirtiéndole además que su obra en adelante sería menos conspicua y brillante. Pues le dicen: Y todos acuden a él.

Por aquí aparece claro que ni al judío aquel con quien habían discutido pudieron convencerlo. Hablaban así porque aún eran un tanto imperfectos y no carecían del todo de ambición. En consecuencia ¿qué hace Juan? Tampoco él los reprende ásperamente, no fuera a suceder que lo abandonaran a él y cometieran alguna otra falta. Sino ¿qué les responde?: (Jn. 3, 27) Nadie puede atribuirse lo que no le ha sido dado del Cielo.

No te espantes si se expresa de Cristo en forma más baja y humana, pues a quienes estaban en semejante disposición de ánimo no podía declararles al punto la doctrina completa. Quiere por de pronto atemorizarlos y demostrarles que se oponen nada menos que a Dios, al impugnar a Cristo. Que es lo que decía Gamaliel (Hch. 5, 39): No podréis disolver ese proyecto; y no sea que se os encuentre entre los que combaten a Dios.

Veladamente lo afirma el Bautista; pues cuando dice: Nadie puede atribuirse lo que no le ha sido dado del Cielo, no significa otra cesa, sino que sus discípulos acometen un proyecto imposible, y que por este camino se encuentran hechos adversarios de Dios. Pero dirás: ¿qué? ¿acaso Teudas no se había atribuido a sí mismo la misión divina? Sí se la atribuyó, pero prontamente fue derrotado. No van por ese camino las cosas de Cristo. Sin embargo, el Bautista por este medio los consuela suavemente al declararles que aquel que los superaba en gloria era no sólo hombre, sino Dios. Y por esto no era de admirar que sus cosas fueran brillantes y que todos corrieran a Él. Porque así son las cosas divinas y es Dios quien las va disponiendo, ya que de otro modo jamás habrían cobrado tan gran vigor. A las cosas humanas fácilmente se les encuentra el lado fallo y son perecederas: rápidamente se van y desaparecen. No así las cosas de Dios, pues no son humanas. Advierte cómo cuando dicen: Al que tú diste testimonio, pensando que esto serviría para echar por tierra a Cristo, eso mismo el Bautista lo vuelve contra ellos. Puesto que, tras de haberles demostrado que Jesús no se había tornado glorioso por el testimonio que dio de Él, por aquí mismo los abate al decirles: Nadie puede atribuirse lo que no le ha sido dado del Cielo. ¿Qué significa esto? Es como si les dijera: si en absoluto aceptáis mi testimonio y lo juzgáis verdadero, por ese mismo testimonio tened entendido que no es a mí a quien se ha de tener por mejor, sino a Él.

Y ¿qué es lo que yo he testimoniado? Os lo traigo a la memoria y os pongo por testigos de lo que dije. Y por esto añade (Jn. 3, 28): Vosotros mismos sois testigos de lo que dije: Yo no soy el Cristo, sino que he sido enviado como heraldo suyo delante de Él. En consecuencia, si apoyándoos en mi testimonio me objetáis y decís: Aquel de quien diste testimonio, advertid que El, según mi testimonio, no sólo no quedó inferior a mí, sino grandemente exaltado. Por lo demás, no fue testimonio mío, sino de Dios. De manera que si os parezco digno de fe, recordad que también dije esto, entre otras cosas: que yo fui enviado como heraldo delante de Él.

¿Adviertes cómo poco a poco declara haber sido divina su voz? Porque eso es lo que quiere decir: yo ministro soy, y hablo lo que me ha encargado el que me envió; yo no busco en eso adular al modo humano, sino únicamente hago servicio al Padre de Él, que fue el que me envió. Así que no por favoritismo he proferido aquel testimonio mío, sino que no he dicho otra cosa sino aquello para lo que se me envió. En consecuencia, no me tengáis en gran estima por esa causa; pues eso solamente indica la grandeza de Dios, dueño de todas las cosas. Y lo mismo significa con las palabras que luego añade (Jn. 3, 29): Es el esposo quien tiene a la esposa. Pero también el amigo del esposo, que está con él y lo oye hablar, rebosa de gozo al oír su voz.

Mas ¿por qué el mismo que dijo: No soy digno de desatar la correa de su sandalia ahora se llama su amigo? No lo dice por ensalzarse y alabarse, sino para demostrar que su mayor cuidado es dar ese testimonio; y que no lo hace forzado y contra su voluntad, sino con sumo anhelo y empeñosamente; y que ese y no otro ha sido el motivo que lo ha empujado: todo con grandísima prudencia lo expresó con la palabra amigo. Al fin y al cabo, nunca los criados del esposo se alegran ni se gozan en esa forma en las cosas de él.

De modo que no se atribuye un honor igual ¡lejos tal cosa! Sino que para declarar la magnitud de su gozo, y para atemperarse a la debilidad de sus discípulos se llama amigo. Por lo demás, al decir que fue enviado como heraldo delante de él, dejó entender un misterio. Pensando que ellos llevaban pesadamente sus palabras, a sí mismo se llama amigo del esposo, con lo que demuestra que por su parte no lleva pesadamente eso, sino al revés, se goza sobremanera. Como si les dijera: Puesto que yo he venido para llevar esto a cabo, estoy tan lejos de dolerme de los sucesos, que por el contrario grandemente me dolería si así no acontecieran. Si la esposa no se acercara al esposo, entonces sí me dolería; ahora, en cambio, no, puesto que mi obra está completa. Prosperamos nosotros ahora que las cosas de Cristo van bellamente. Lo que anhelábamos se ha realizado. Ya la esposa reconoce a su esposo. Vosotros mismos dais testimonio de ello cuando decís: Todos corren hacia él. Esto es lo que yo procuraba y por lo que llevé a cabo cuanto hice. Por lo cual, viéndolo ya realizado, me gozo y doy saltos de placer.

¿Qué significa: El que está con Él y lo oye hablar, rebosa de gozo, al oír su voz? Aplica la semejanza al asunto de que está tratando. Pues hizo mención del esposo y la esposa, declara ahora el modo de los esponsales; o sea que son mediante la palabra y la doctrina, pues así es como se desposa la Iglesia con Dios. Por lo cual decía Pablo: La fe nace de oír el mensaje; y el mensaje es el anuncio de Cristo. Y yo, dice el Bautista, me gozo con esa voz. Y no sin motivo puso la expresión: El que está con Él, sino para declarar que su oficio ha terminado, y que ahora le toca estar al lado de Cristo y escucharlo y entregar la esposa al esposo; y que él no es sino ministro y siervo; y que ya se han cumplido su buena esperanza y su gozo.

Por eso continúa: Por lo cual colmada está mi dicha. Es decir: mi obra está completa y nada más me queda por hacer. Enseguida, reprimiendo el exceso de dolor presente y también del futuro, anuncia lo que luego confirmará con palabras y obras, diciendo (Jn. 3, 30): Es preciso que él crezca y que yo disminuya. Como quien dice: Lo nuestro ha terminado mientras que lo suyo va en crecimiento. De manera que eso que vosotros, discípulos míos, teméis no sólo se realiza ahora, sino que día por día será mayor. Precisamente ese crecer de Cristo es lo que hace más brillante mi obra. Para eso vine yo, y me gozo de tan gran acrecentamiento de la obra de Cristo; y de que acontezca aquello para lo que precisamente vine y para lo que precedió mi trabajo.

Adviertes en qué forma tan delicada y suave curó la llaga de sus discípulos y apagó su envidia; y les demostró que andaban intentando lo imposible. Porque de ese modo y con esos motivos es como más fácilmente se aplaca la perversidad. Proveyó Dios que esto sucediera mientras Juan aún vivía v bautizaba, para que así los judíos tuvieran un tan gran testigo y no les quedara excusa alguna si no obedecían. No impulsó al Bautista su propio ánimo a dar semejante testimonio sin que otros se lo preguntaran, ya que unos mismos eran los que lo oían y los que le preguntaban; ni le hubieran dado tanta fe si espontáneamente hubiera proferido el testimonio, como se la dieron a lo que decía, preguntándole ellos y respondiendo él. Fue precisamente al revés de lo sucedido a los judíos, pues por haber enviado a interrogarlo, y sobre todo por esto, aunque oyeron las mismas cosas no le dieron crédito y se cerraron todos los caminos de perdón.

¿Qué se nos enseña en este paso del evangelio? Que la causa de todos los males es la vanagloria. Esta hizo envidiosos a los discípulos del Bautista. Esta los empujó a presentarse a Jesús y decirle (Mt. 9, 14): ¿Por qué tus discípulos no ayunan? En consecuencia, carísimos, huyamos de semejante vicio. Si de él huimos nos libraremos de la gehena. Porque éste es el que sobre todo enciende para los tales aquel fuego; éste ejerce su imperio por todas partes e impone su tiranía sobre todas las edades y sobre todas las dignidades. Este es el que destruye las iglesias, derrumba las repúblicas, arruina los hogares, las ciudades, los pueblos y las naciones. Y ¿por qué te admiras de que llegue hasta los desiertos y de que haya demostrado ahí su inmenso poder? Los que habían abandonado las riquezas; los que habían rechazado todo el fausto humano y todos los humanos modos de vivir; los que habían superado las violentas pasiones del cuerpo, esos mismos con frecuencia, cautivos de la vanagloria, todo lo perdieron. Por semejante vicio el que mucho había trabajado fue superado por quien había trabajado poco y había cometido muchos pecados: el fariseo fue superado por el publicano.

Pero, en fin, ningún trabajo nos cuesta reprender semejante vicio, pues todo el mundo está de acuerdo en ello; mas lo que se busca es el modo de superarlo. ¿En qué forma podremos vencerlo? Si oponemos una gloria a otra gloria. Porque así como despreciamos las riquezas terrenas cuando ponemos los ojos en las celestiales; así como despreciamos la vida presente cuando pensamos en la otra, que es mucho mejor; del mismo modo podremos despreciar la gloria de este mundo si ponemos los ojos en la otra mucho más brillante que ésta y que lo es de verdad. Porque la mundana es vana y loca y nombre sin contenido. La celeste es verdadera y tal que tiene como ensalzadores no a los hombres sino a los ángeles, los arcángeles y al Señor de los arcángeles; y aun a los mismos hombres.

Si vuelves tus ojos a la celeste reunión, si aprecias aquellas coronas, si piensas en aquellos aplausos, jamás te cautivarán las cosas terrenas, ni tendrás por grandes las cosas presentes, ni anhelarás las que te faltan. Allá en aquel palacio, nadie hay entre los guardias regios que, descuidando al que lleva la diadema y se sienta en solio real, se ponga a imitar los chillidos de los grajos ni el zumbido de las moscas y los mosquitos que vuelan en torno: que al fin y al cabo no son mejores que eso las voces de los hombres que acá alaban. Conocida, pues, la vileza de las cosas humanas, pongamos todo lo nuestro en aquellos segurísimos tesoros; y busquemos aquella gloria perenne e inmortal. Ojalá todos nosotros la consigamos por gracia y benignidad del Señor nuestro Jesucristo, por el cual y con el cual sea la gloria al Padre en unión con el Espíritu Santo, ahora y siempre, y por los siglos de los siglos. Amén.

HOMILÍA XXX. El que viene de la tierra es terreno y de la tierra habla. El que viene del Cielo está sobre todas las cosas (*Jn 3,31*)

Temible cosa es el amor a la vana gloria; temible y repleta de males. Es una espina difícil de extraer. Es una fiera que con dificultad se amansa y tiene múltiples cabezas y se arma contra los mismos que la sustentan. Como el gusano roe la madera misma de donde se engendra y el orín consume el hierro de donde se origina y la polilla destroza la lana, así la vana gloria destroza al alma que la alimenta. Por lo mismo necesitamos de gran diligencia para desarraigar este vicio. Advierte cuántas cosas les repite el Bautista a sus discípulos, enfermos de esta dolencia; y sin embargo, con todas ellas apenas si logra aplacarlos. Y tras de lo que antes les dijo, todavía añade, para suavizarles el ánimo, esta otra: El que viene del Cielo está sobre todos; el que viene de la tierra es terreno y de la tierra habla. Es como si les dijera: puesto que constantemente alegáis mi testimonio y me ensalzáis como dignísimo de que se me crea, es necesario que sepáis no ser lícito a quien viene del Cielo el hacerlo digno de fe por medio de uno que habita en la tierra. Y ¿qué significa la expresión: Está sobre todos? Que de nadie necesita; que se basta a sí mismo y es, sin comparación, el supremo de todos. Indica ser él, el Bautista, de la tierra y que habla de la tierra. No porque hablara de sus cosas y pensares, sino, como Cristo dijo: Si os he hablado de cosas de la tierra y no me creéis, designando con ese nombre el bautismo, no porque el bautismo sea cosa terrena, sino porque lo comparaba con su propia generación eterna. En el mismo sentido dice aquí el Bautista que habla de la tierra, comparando su doctrina con la de Cristo. No significa otra cosa la expresión: De la tierra habla, sino que lo suyo es vil y pequeño y exiguo si se compara con la grandeza de Cristo; y que así viene a ser como cosa de la tierra.

Porque en Cristo están encerrados todos los tesoros de la sabiduría (Col. 2, 5). Pero que en realidad el Bautista no hable por simples raciocinios humanos, queda claro por lo que dice: El que viene de la tierra es terreno. Ahora bien, no todo lo de él era terreno, sino que lo principal de él era del cielo. Pues tenía alma y participaba del espíritu, cosas que no son terrenas. Entonces ¿cómo afirma ser de la tierra? No quiere decir sino que: soy pequeño y de ningún precio, pues me arrastro sobre la tierra y he nacido en la tierra. Cristo en cambio ha venido del Cielo a nosotros. Una vez que por todos estos caminos apagó y curó la enfermedad de los discípulos, luego con mayor confianza les habla de Cristo; pues antes hubiera sido cosa superflua extenderse en palabras, puesto que tales ideas no cabían en la mente de sus oyentes.

Arrancadas ya del campo las espinas, finalmente comienza confiadamente a depositar la semilla con estas palabras (Jn. 3, 31-32): El que del Cielo viene está sobre todos; y da testimonio de lo que vio y oyó; y nadie acepta su testimonio. Tras de referir de Cristo grandes cosas, vuelve de nuevo a las humildes y bajas. Porque lo de vio y oyó está dicho más bien en forma humana. Cristo lo que sabía no lo había recibido por el oído ni por la vista, sino que en su naturaleza tenía todo, pues brota perfecto del seno del Padre y no necesita de maestro. El mismo dice (Jn. 10, 15): Como me conoce mi Padre así yo conozco al Padre. Entonces ¿qué significa: Lo que vio refiere y lo que oyó testifica? Como nosotros por estos dos sentidos conocemos con exactitud las cosas; y se nos tiene como maestros dignos de fe respecto de lo que hemos visto y oído, pues se supone que no fingimos ni afirmamos falsedades, por esto se expresa así.

Quería el Bautista afirmar esto de Cristo, y por eso dijo: Lo que vio y oyó, para demostrar por aquí no haber en Cristo mentira, sino en todo verdad. Solemos nosotros curiosamente preguntar: pero ¿tú lo viste, tú lo oíste? Y si el interlocutor lo afirma, entonces su testimonio se tiene como seguro. Así cuando Cristo dice: Como oigo así trasmito, y también: Yo trasmito el mensaje que me confió mi Padre, y además: Lo que vimos eso testificamos, y otras expresiones semejantes, no las usa para que sepamos que lo que trasmite lo recibió de otro (¡pensar esto sería el extremo de la locura!), sino sólo para que los impudentes judíos no pusieran en ello sospecha de falsedad. Como aún no tenían del Salvador la idea conveniente, con frecuencia recurre al Padre, y por este medio hace creíbles sus palabras.

¿Por qué te admiras de que recurra al Padre cuando con frecuencia recurre inclusive a los profetas y a las Escrituras? Así por ejemplo cuando dice (Jn. 5, 39): Ellas dan testimonio de Mí. ¿Diremos por ventura que Él es inferior a los profetas por el hecho de que recurra al testimonio de los profetas? ¡Lejos tal cosa! Por causa de la debilidad de los oyentes atempera así su lenguaje y dice que refiere lo que oyó de su Padre; pero no es porque necesite de maestro, sino para que los judíos se persuadan de que nada falso dice. En consecuencia, lo que dijo el Bautista entiéndelo como sigue: Yo soy el que necesito oír lo que dice Jesús, pues El viene del Cielo y testimonia las cosas del Cielo que solamente El conoce con toda claridad. Esto significa: vio y oyó.

Y nadie acepta su testimonio. ¿Cómo dice que nadie acepta el testimonio de Cristo siendo así que tuvo muchos discípulos y muchos atendían a sus palabras? Quiere decir: pocos son los que lo aceptan. Si hubiera querido significar que en absoluto nadie ¿cómo habría añadido: Quien acepta su testimonio da fe de que

Dios es veraz? Punza por este medio a sus discípulos, como si muchos de ellos no hubieran de creer. Y que en efecto muchos de ellos no creyeran se ve claro por lo que sigue. Porque este fue el motivo de que, ya encarcelado, los enviara a Cristo para más conectarlos con El. Pero los discípulos, aun así, con dificultad creyeron. Cristo, dándolo a entender, dijo: Bienaventurado el que no se escandalizare de Mí.

Tal es, pues, el motivo, y no otro, de que diga el Bautista: Y nadie acepta su testimonio. Lo hace para enseñar a sus discípulos. Como si les dijera: No penséis que por ser pocos los que creerán, es falso lo que afirmo. Continúa: Lo que vio, testifica. Lo dice reprendiendo la desidia de los judíos, del mismo modo que los redarguye al principio de su evangelio con estas palabras: A los suyos vino y su propio pueblo no lo acogió. Lo cual fue pecado no del que vino, sino de quienes no lo acogieron.

(Jn. 3, 33)El que acepta su testimonio da fe de que Dios es veraz. Por aquí les pone temor, declarando que quien no cree en Cristo, no sólo no cree en El, sino que tampoco cree en el Padre. Por lo cual añade (Jn. 3, 34): El enviado de Dios trasmite el mensaje de Dios. De manera que, pues habla palabras de Cristo, creyendo en Cristo cree en Dios; y no creyendo en Cristo tampoco cree en Dios.

La expresión da fe quiere decir declara y manifiesta. Y una vez que así les puso temor y luego se lo acrecentó, siguió diciendo: Porque Dios es veraz. Con lo cual indica que nadie puede no creer en Cristo sin que por el mismo hecho acuse a Dios de mentira, puesto que fue quien envió a Cristo. Como Cristo nada dice fuera de lo que el Padre le comunicó, sino que todo es del Padre, quien no acepta el testimonio de Cristo tampoco acepta lo que dice el Padre, que es quien envió a Cristo.

¿Adviertes cómo también por aquí los punza? Hasta ahora no pensaban ser cosa grave el no recibir el testimonio de Cristo. Por lo cual Él les declara el grave peligro que amenaza a los incrédulos, para que entiendan que el no dar fe a Cristo es no darla a Dios. Continúa luego, atemperándose a la debilidad de los judíos, de este modo: Porque no le da Dios medido su Espíritu. Como ya antes dije, nuevamente se abaja y dice cosas humildes de Cristo, variando así su discurso para que mejor lo entiendan sus oyentes; pues no podía de otro modo aumentarles el temor. Si les decía algo elevadísimo y grande no lo creían, sino que lo despreciaban. Por eso en todo se refiere al Padre; y hablando de Cristo lo hace como si se tratara de sólo hombre.

Pero ¿qué significa: Porque no le dio Dios con medida el Espíritu? Como si dijera: todos nosotros recibimos la operación del Espíritu Santo en cierta medida; porque con la palabra Espíritu entiende la operación del Espíritu Santo, ya que es ésta la que se distribuye; y Cristo posee sin medida esa operación. Pero si la operación del Espíritu es inmensa y sin medida, sin duda también Él es inmenso en su substancia.

Adviertes ¿cómo, en consecuencia, también el Espíritu Santo es inmenso? De modo que quien recibe íntegra la operación del Espíritu Santo; quien conoce todo lo que es de Dios; quien dice (Jn. 3, 11): Testimoniamos lo que vimos, hablamos lo que hemos oído, ¿cómo puede causar sospecha de falsedad? Porque nada dice que no venga de Dios; nada que no sea del Espíritu Santo. Entre tanto, nada dice de Dios Verbo, sino que procura credibilidad a su enseñanza recurriendo al Padre y al Espíritu Santo.

Sabían los judíos que Dios existe; conocían que existe el Espíritu Santo, aunque no tenían de El la conveniente noción. Pero ignoraban que existiera el Hijo. Por lo cual siempre recurre al Padre y al Espíritu Santo para dar fe a sus palabras. Si sus discursos se consideran independientemente de esto, están lejos de la dignidad de Cristo. Al fin y al cabo, la razón de que fuera digno de fe no consistía en que tuviera la operación del Espíritu Santo, puesto que no necesita de ese auxilio, sino que se basta a sí mismo. Pero entre tanto, se expresa siguiendo la opinión de aquellos que eran débiles aún, para irlos elevando mediante cosas más bajas y humildes.

Digo esto, para que no pasemos de ligero por las Sagradas Escrituras, sino que sepamos que se ha de examinar la finalidad del que habla, la debilidad de los oyentes y muchas otras circunstancias. Los maestros no dicen todo como ellos quisieran, sino que muchas cosas las atemperan a la capacidad de su auditorio. Por lo cual dice Pablo: No puedo hablaros como a espirituales; sino como a carnales leche os di a beber y no manjar sólido. Como si dijera: quería yo hablaros como a hombres espirituales, pero no pude. ¿Por qué? No fue porque Pablo no pudiera; sino porque ellos no podían entenderlo. También el Bautista quería enseñar cosas altas a sus discípulos, pero ellos aún no podían entenderlas. Por lo cual se mantiene en cosas más humildes.

Es pues necesario examinar con diligencia todo. Las sentencias de las Escrituras son armas espirituales. Pero si no sabemos adaptarlas y armar debidamente con ellas a los discípulos, no pierden ellas su fuerza, pero resultan inútiles para aquellos que con ellas se arman. Supongamos un peto firmísimo y un casco y un escudo y una lanza; y que luego alguno tome esas armas y trate de adaptar el peto a los pies, el casco no a la cabeza, sino a los ojos y el escudo no frente al pecho sino en las piernas. ¿Podrá de ese modo ayudarse con tales armas? ¿Acaso no más bien lo perjudicarían? Me parece ser esto completamente claro. Pero la dificultad no proviene de las armas, porque sean débiles, sino de la impericia del que las usa.

Del mismo modo sucede con las Escrituras, si en ellas todo lo revolvemos: ellas permanecen llenas de vigor y fuerza, pero de nada nos aprovecharán. Mas sucede que por mucho que yo os lo repito en público y en privado, no logro ningún provecho; puesto que os veo siempre apegados a los negocios seculares, mientras que los espirituales nada os importan. Y por esto mismo descuidamos nuestro modo de vivir; y cuando tenemos que combatir en favor de la verdad no nos encontramos con gran esfuerzo y vigor, sino que aparecemos ridículos tanto delante de los judíos como de los gentiles y de los herejes.

Si en los demás negocios fuéramos igualmente descuidados, tampoco se nos podría perdonar. Pero no es así, sino que en los negocios del siglo cada uno de vosotros anda más filoso que una espada, así los artesanos como los que se ocupan en cosas civiles. En cambio, en lo que es más necesario, en lo espiritual, somos en absoluto desidiosos y preferimos a lo serio las bagatelas. Lo que debería anteponerse a todo, no nos parece anteponerlo ni a esas bagatelas. ¿Ignoráis que las Escrituras no fueron hechas para sólo los hombres antiguos, sino también para nosotros?

¿No escuchas a Pablo que dice (1Co. 10, 11; Rm. 15, 4): Todas estas cosas fueron escritas para amonestación nuestra, para los que hemos alcanzado la plenitud de los tiempos? Para que por la paciencia y la consolación que dan las Escrituras mantengamos la esperanza. Yo sé que hablo en vano, pero no callaré. Haciéndolo quedar excusado ante Dios, aun cuando nadie me preste oídos. Quien habla a oyentes atentos recibe consuelo porque le hacen caso; pero quien, aun predicando con frecuencia, no es escuchado, y sin embargo no cesa en su predicación, se hace digno de mayor recompensa, pues conforme a la voluntad divina, cumple con su oficio, aun cuando nadie lo escuche ni lo obedezca.

Sin embargo, aun cuando por vuestra desidia se nos prepare un mayor premio, preferimos que éste se nos disminuya con tal de que obtengamos una mayor esperanza de vuestra salvación: juzgamos vuestro aprovechamiento como recompensa. No hemos dicho esto por el deseo de molestaros ni de seros gravoso, sino únicamente para hacer público nuestro dolor nacido de vuestra indolencia. Ojalá todos nosotros, libres de ella, nos empeñemos en el anhelo de las cosas espirituales y consigamos así los bienes del Cielo, por la gracia y benignidad de nuestro Señor Jesucristo, al cual, juntamente con el Padre y con el Espíritu Santo, sea la gloria, por los siglos de los siglos. Amén.

HOMILÍA XXXI. El Padre ama al Hijo y todo lo ha puesto en sus manos. Quien cree en el Hijo tiene la vida eterna. El que no cree en el Hijo no verá la vida, sino que la cólera de Dios permanece sobre él (*Jn 3,35-36*)

En todas las cosas sacamos grande ganancia de saber atemperar y acomodarnos. Así hemos logrado todas las artes, no aprendiendo repentinamente todo de los maestros. Así hemos edificado las ciudades poco a poco y lentamente levantado los edificios. Del mismo modo sustentamos la vida. No te admires de que semejante moderación y ese atemperarse tengan tanta fuerza en las cosas de la vida presente, ya que aun en las cosas espirituales esa prudente lentitud tanta fuerza tiene. Por este camino se logró sacar a los judíos de la idolatría, reduciéndolos, poco a poco a la verdad. Al principio ellos nada excelso supieron ni por lo que se refiere a los dogmas ni por lo que hace a la conveniente disposición de la vida. Y después de la venida de Cristo, cuando ya era tiempo de exponer lo más sublime de los dogmas, los apóstoles así fueron llevando a todos, porque a los comienzos no les declaraban cosas excelsas. Y también Cristo al principio así hablaba a las multitudes.

Lo mismo hizo en nuestro caso el Bautista: habló de Cristo como de un hombre admirable, mezclando oscuramente sublimes misterios. Al principio decía: Nadie puede atribuirse lo que no le ha sido otorgado. Luego, como hubiera añadido algo grande al decir (Jn. 3, 27): El que viene del Cielo está sobre todos, de nuevo se abaja y entre otras muchas cosas afirma: Porque no le ha dado a Cristo con medida el Espíritu. Pero luego prosigue: El Padre ama al Hijo y todo lo ha puesto en sus manos. Después, como entendiera que del miedo al castigo se originan grandes utilidades, y que muchos se mueven más por las amenazas que por las promesas, cierra así su discurso: Quien cree en el Hijo tiene la vida eterna. El que no cree en el Hijo no verá la vida, sino que la cólera de Dios descarga sobre él. De nuevo pues refiere aquí al Padre su discurso sobre el castigo. Porque no dice: La ira del Hijo, aun siendo el Hijo juez, sino que lo atribuye al Padre para ponerles un temor más grande.

Preguntarás: entonces, para obtener la vida eterna ¿basta creer en el Hijo? De ningún modo. Oye cómo lo declara el mismo Cristo diciendo (Mt. 7, 21): No todo el que me dice: ¡Señor, Señor! entrará en el reino de los cielos! Y aun basta con la blasfemia contra el Espíritu Santo para que se condene cualquiera y vaya a la gehena. Mas ¿para qué hablar del dogma? Aunque alguno crea correctamente en el Padre y el Hijo y el Espíritu Santo, si no vive correctamente de nada le aprovecha su fe para la salvación. De modo que cuando dice Cristo (Jn. 17, 3): Esta es la vida eterna: que te conozcan a ti el solo Dios verdadero, no pensemos que con eso basta. Nos es necesaria además la vida virtuosa.

Si aquí el Bautista dice: Quien cree en el Hijo tiene la vida eterna, luego enseguida con mayor vehemencia añadió lo que sigue. Porque abarcó en su discurso no sólo las cosas buenas, sino también las malas; y advierte cómo lo hizo. Porque añade: El que no cree en el Hijo no verá la vida, sino que la cólera de Dios descarga sobre él. Pero de aquí no deducimos que baste con la fe para la salvación, como se prueba con frecuentes pasajes del Evangelio que hacen referencia a la vida virtuosa. Y por eso no dijo: Esto solo es la vida eterna; ni tampoco: Quien solamente cree en el Hijo, tiene la vida eterna; sino que significó estar la vida eterna en ambas cosas. En verdad si la vida virtuosa no es consecuencia de la fe, se seguirá un grave castigo.

Tampoco dijo tiene simplemente, sino: descarga sobre él, con lo que declara que la cólera de Dios jamás se apartará de él. Lo dijo para que no creyeras que la expresión: No verá la vida se refería a la muerte temporal, sino entendieras que el castigo es perpetuo; o sea para declarar que la muerte será perpetua y se asentará sobre él. Y todo lo hizo para llevar hacia Cristo a sus discípulos mediante tales palabras. Por lo mismo no dirigió a ellos en particular sus advertencias, sino que las hizo generales y en modo mejor para en el atraerlos.

Pues no dijo: Si creéis, si no creéis; sino que se expresa en general para que no recaiga sospecha alguna en lo que dice. Y lo hizo con mayor vehemencia que el mismo Cristo. Porque Cristo dice: El que no cree ya está condenado; pero el Bautista dice: No verá la vida, sino que la cólera de Dios descarga sobre él. Con razón procede de ese modo. Puesto que no es lo mismo que alguien hable de sí mismo o que otro hable de uno. En el caso de Cristo podían haber pensado que hablaba con frecuencia en esa forma por ambición o fausto; mientras que en el de Juan no recaía semejante sospecha. Si Cristo más tarde usó de discursos más vehementes lo hizo cuando ya se tenía de El más alta estima.

(Jn. 4, 1.2.3) Cuando supo Jesús que los fariseos habían oído contar: que Jesús hace más discípulos que Juan, aunque El no bautizaba, sino sus discípulos, dejó Judea y volvió nuevamente a Galilea.

No bautizaba El en persona, pero los que dieron la noticia, para más inflamar contra El la envidia, así lo contaban. Preguntarás: ¿por qué se retiró? No lo hizo por temor, sino para quitar ese motivo de envidia y mitigarla. Podía reprimir a los que lo acometían, pero quería proceder de ese modo frecuentemente, para no destruir la fe en la Encarnación. Pues si puesto en poder de los adversarios frecuentemente se les hubiera escapado, para muchos habría sido motivo de sospecha. Por lo mismo en muchas cosas procedía al modo humano; pues así como quiso que se le creyera Dios, así también que se le creyera haber tenido cuerpo de carne mortal. Y así, después de la resurrección dijo al discípulo (Lc. 24, 39): Palpa y mira que un espíritu no tiene carne y huesos. Por igual motivo reprendió a Pedro que le decía (Mt. 16, 22): ¡No lo quiera el Cielo! ¡Eso no será jamás! Así de solícito anduvo en esta parte Jesús.

Porque entre los dogmas de la Iglesia es éste uno de los principales. Más aún, es el principal y origen de nuestra salvación y por el cual todo lo demás se llevó a cabo y se consumó. As: fue destruida la muerte, quitado el pecado, abrogada la maldición e introducidos en nuestra vida bienes incontables. Por tal razón Cristo insistía en la fe en esta economía y providencia, que es la raíz y fuente de infinitos bienes para nosotros. De manera que al mismo tiempo que procedía al modo humano, no permitía que se oscureciera la fe en su divinidad.

Una vez que se apartó a Galilea, continuó ejercitando las mismas obras que antes. Porque no sin motivo partió para Galilea, sino que preparaba cosas de suma importancia entre los samaritanos; y no las disponía a la ligera y de cualquier modo, sino con la sabiduría que le era propia, de manera de no dejara los judíos ocasión alguna de excusarse en su impudencia aunque ésta fuera grande. Así lo dejó entender el evangelista al añadir (Jn. 4, 4): Y le era preciso cruzar Samaría, para declarar que lo hizo como de camino y a la pasada. Y lo mismo procedían los apóstoles.

Así como éstos, cuando los perseguían los judíos se dirigían a los gentiles, así también Cristo, cuando lo rechazaban se dirigía a los gentiles, como lo hizo en el caso de la mujer siro-fenicia. Procedió de esta manera para quitar a los judíos toda defensa posible; y para que no pudieran decir: Nos abandonó y se marchó a los incircuncisos. Los discípulos disculpándose decían (Hch. 13, 46): Era menester anunciar la palabra de Dios primero a vosotros; pero dado que la rechazáis y os declaráis a vosotros mismos indignos de la vida eterna, ved que nos volvemos a los gentiles. Y Cristo a su vez (Mt. 15, 24): No he venido sino a las ovejas que perecieron de la casa de Israel; y también: No es bueno tomar el pan de los hijos y darlo a los perros. En conclusión: que con rechazarlo los mismos judíos abrieron las puertas a los gentiles. Sin embargo, ni aun así venía principalmente por éstos, sino como de pasada.

(Jn. 4, 5-6) Yendo, pues, su camino, llegó a la población de Samaría que se llama Sicar, cerca de la heredad que Jacob dio a su hijo José. ¿Por qué así tan cuidadosamente describe el lugar el evangelista? Para que cuando oigas a la mujer que dice: Nuestro padre Jacob nos dio este pozo, no te admires. Era aquel el sitio en que Leví y Simeón, indignados por el suceso de Dina, obraron aquella gran matanza. Y quizá no esté fuera de lugar el referir aquí de dónde trajeron su origen los samaritanos, pues toda aquella región se llama Samaría. ¿De dónde les vino semejante apelativo? El monte cercano se llamaba Sémer (1R. 16, 24), por cierto individuo que lo había poseído, como dice Isaías (Is. 7, 9): Y cabeza de Sémer, Efraín. Pero los que ahí habitaban no se llamaban samaritanos, sino israelitas. Estos en el transcurso del tiempo ofendieron a Dios; y reinando Pécaj (2R. 15, 29), subió Teglatfalasar y conquistó muchas ciudades. Acometió a Ela y le dio muerte y entregó el reino a Oseas. Salmanasar (2R. 17, 3) acometió a éste y capturó otras ciudades y las hizo tributarias. Pero Oseas al principio se le sujetó. Después se le rebeló y pidió auxilio a los etíopes. Como esto supiera el rey de Asiria (2R. 17, 4) llevó su ejército y conquistó la ciudad y no permitió que permanecieran ahí sus habitantes, sino que los llevó a Babilonia y a Media; y mandó otras gentes, sacadas de varios lugares, a que poblaran Samaría, con el objeto de que en adelante quedara ahí firme su propio dominio, pues había entregado la región a súbditos fieles. Una vez llevadas a cabo esas hazañas, Dios, para manifestar su poder y que no había entregado a los judíos por debilidad, sino por los pecados de los habitantes, envió contra los bárbaros una plaga de leones que devastaban toda la población. Se le comunicó esto al rey, y entonces éste envió cierto sacerdote a que les enseñara las leyes divinas. Pero ni aun así dejaron del todo su impiedad, sino solamente en parte. En el tiempo siguiente, habiendo ellos abandonado el culto de los ídolos, adoraron a Dios. Así las cosas, tuvo lugar la vuelta de los judíos de su destierro y miraban con aversión a los extranjeros; y entonces, por el nombre del monte, los llamaron samaritanos. Con esto se originó entre ellos y los judíos una no pequeña discusión, pues no recibían ni aceptaban íntegras las Sagradas Escrituras, sino únicamente los Libros de Moisés; pero no hacían mucho caso de los profetas. Por lo demás, ambicionaban la nobleza judaica y hacían remontar sus orígenes hasta Abraham, al cual tenían como progenitor, por ser ellos caldeos.

A Jacobo lo llamaban su padre, como nieto que fue de Abraham. En cambio los judíos los abominaban como a todos los gentiles. Y por este motivo insultaban a Cristo diciéndole (Jn. 8, 48): Samaritano eres tú y tienes demonio. Por igual motivo, en la narración del hombre (Lc. 10, 83) aquel que descendía de Jerusalén hacia Jericó y cayó en manos de los ladrones, presenta a un samaritano que hizo misericordia con el herido, es decir, un hombre vil, despreciable y abominable para los judíos. Y también de los diez leprosos curados, a uno Jesús lo llama extranjero, por ser samaritano. Y hablando con los discípulos, les dijo (Mt. 10, 5): No os dirijáis a los gentiles, ni entréis en las ciudades de los samaritanos.

De modo que el evangelista no recordó a Jacob únicamente por motivos históricos, sino para declarar que hacía ya tiempo que los samaritanos estaban excluidos de los judíos. Porque en los tiempos de los progenitores hacía ya buen lapso que los samaritanos ocupaban aquellos lugares. Los lugares que antes no eran suyos, los progenitores de los samaritanos los habían ocupado, a causa de que los judíos los habían perdido por su desidia y perversidad: así que de nada aprovecha nacer de virtuosos progenitores, si los descendientes se pervierten. Los bárbaros, en cuanto experimentaron la crueldad de los leones, se volvieron al culto de Dios; pero los judíos, castigados con toda clase de calamidades, ni aun así se enmendaron.

Pues bien, a ese lugar fue Jesús, siempre evitando la vida confortable y delicada, sino practicando la laboriosa y estrecha. Porque no echó mano de bestias de carga; sino que de tal manera constantemente caminaba, que acabó por fatigarse. En todas partes enseña lo mismo: el trabajar personalmente y huir de lo superfluo y no crearse necesidades. Y quiere que tan ajenos estemos de lo superfluo, que aun ordena prescindir de muchas cosas necesarias. Por esto decía (Mt. 8, 20): Las zorras tienen madrigueras y las aves del cielo nidos; pero el Hijo del hombre no tiene en donde reclinar su cabeza. Y a propósito de esto, con frecuencia vive en las montañas y en los desiertos, no solamente durante el día, sino también por la noche.

David profetizando decía (Sal. 110, 7): Beberá del agua del torrente en el camino, para significar su género de vida fácil y sin cosas superfluas. Lo mismo demuestra aquí el evangelista cuando dice (Jn. 4, 6-8): Y Jesús fatigado del camino, se sentó junto a la fuente. Era cerca del mediodía. Llegó una mujer de Samaría a sacar agua. Le dice Jesús: Dame de beber. Pues los discípulos habían ido a la ciudad a comprar alimentos.

Por aquí vemos la presteza de Cristo para emprender el camino y el poco cuidado que tenía de la comida y cuán poco se preocupaba de ella. Los discípulos aprendieron este modo de proceder. Pues no llevaban viático consigo, como lo indica otro evangelista, allá cuando Jesús les hablaba del fermento de los fariseos (Mt. 16, 6); y ellos pensaron que se refería a que no llevaban panes consigo. Y lo mismo hace cuando los presenta hambrientos y arrancando las espigas de trigo para comer (Mt. 12, 1); y cuando refiere que Jesús tuvo hambre y fue a buscar fruto en la higuera (Mt. 21, 18). En todo eso no nos enseña otra cosa sino que debemos descuidarnos del vientre y no tener tanto cuidado y preocupación por él.

Advierte cómo los discípulos no llevaban bastimento; y sin embargo, no se preocuparon por eso ya desde el comienzo del día; sino que cuando llegó la hora de comer fueron a comprar alimento. Nosotros, al contrario, al punto en que nos levantamos del lecho, es lo primero que procuramos; y llamamos a los cocineros y a los meseros; y procedemos con sumo empeño; y enseguida nos ocupamos de cualquier otra cosa, siempre anteponiendo los intereses de la vida material a los del espíritu; y tomamos a pechos lo que es transitorio, como si fuera indispensable. Por eso todo nos sale mal y al revés. Convendría en absoluto proceder de un modo contrario; y hacer gran aprecio de las cosas espirituales; y una vez despachadas éstas, entonces ocuparnos de lo demás.

Pero en este paso no debemos observar únicamente los trabajos que padece Cristo, y la paciencia con que los ejercita, sino además cuán ajeno se encuentra del fausto, no sólo por el hecho de hallarse fatigado y estar sentado junto al camino, sino además por haberse quedado solo y apartado de sus discípulos. Podía, si hubiera querido, o no mandarlos a todos; o bien, idos ellos, procurarse otros servidores. Pero no quiso, para acostumbrar a sus discípulos a pisotear el fausto en todo.

Dirá tal vez alguno: pero ¿qué tiene de admirable que fueran modestos en sus costumbres, si al fin y al cabo eran pescadores y fabricantes de tiendas de campaña? Así es verdad. Pero al punto se elevaron hasta el Cielo y se hicieron más famosos y esclarecidos que los reyes, pues fueron amigos y familiares del

Señor de todo el universo y discípulos de tan admirable Maestro. Vosotros sabéis que quienes desde una baja clase social suben a altas dignidades, más fácilmente se tornan arrogantes, como quienes antes no sabían de honores. Jesús, manteniéndolos en su humildad, les enseñó a ser modestos en todo y a que nunca necesitaran de servidores.

Dice, pues, el evangelista: Jesús, fatigado del camino, se dejó caer así en el borde de la fuente. ¿Adviertes cómo se sienta a causa de la fatiga y del calor para esperar ahí a los discípulos? Sabía Él lo que iba a suceder a los samaritanos. Pero no era ese el principal motivo de su ida; aunque tampoco, por no ser ese el principal motivo de su ida, era cosa de rechazar a la mujer que se mostró tan anhelosa de saber. Los judíos, a El que los buscaba, lo rechazaban. Por el contrario, los gentiles lo admiraban y adoraban. ¿Convenía, pues, menospreciar la salvación de tan gran número de hombres y hacer a un lado el increíble anhelo de ellos? No era eso digno de la bondad de Jesús. Por lo cual todo lo dispone en la forma conveniente a su sabiduría.

Estaba sentado, descansaba su cuerpo, le daba refrigerio junto a la fuente. Era eso al medio día, según declara el evangelista con estas palabras: Era como la hora de sexta y Él estaba sentado. ¿Qué significa esa partícula: así no más? Es decir que no estaba en un trono, ni en un blando lecho, sino con sencillez, así como quedó sobre el pavimento. Llega una mujer de Samaria a sacar agua (Jn 4, 7). Observa cómo el evangelista subraya que era otra la finalidad de la mujer al salir de la ciudad, reprimiendo de este modo la perspicacia de los judíos; de manera que ninguno de ellos pudiera decir que El quebrantaba su propio precepto, al vedar a los discípulos que entraran en las ciudades de los samaritanos, siendo así que Él se entretenía en conversar con ellos.

El evangelista, declarando diversos motivos de que Jesús hablara con la samaritana, dice (Jn. 4, 8): Sus discípulos habían ido a la ciudad a comprar alimento. Y ¿qué hace la mujer? En cuanto oyó que le decía: Dame de beber, aprovechando con suma prudencia la ocasión de preguntar a Cristo, responde (Jn4, 9): ¿Cómo tú, que eres judío, me pides de beber a mí que soy una mujer samaritana? Pues efectivamente no se tratan los judíos con los samaritanos. ¿Por dónde conoció ella que Jesús era judío? Quizá por el vestido, quizá por el lenguaje. Advierte la perspicacia de la mujer. Pues si era cuestión de precaverse, más bien tocaba eso a Cristo que no a ella. Porque el evangelista no dice: Pues no se tratan los samaritanos con los judíos, sino: los judíos no se avienen con los samaritanos. Sin embargo, no siendo ella culpable en eso, pensó que él sí incurría en culpa, y así no se calló, sino que corrigió aquello, pues le parecía contrario a la ley.

Podría alguno preguntar: ¿por qué Jesús le pidió de beber, siendo así que la ley no lo permitía? Si alguien contestara que fue porque ya preveía que le daría el agua, entonces con mayor razón no convino que se la pidiera. ¿Qué responderemos, pues? Que ya para entonces era cosa indiferente el echar abajo tales observancias, puesto que quien inducía a otros a traspasarlas, mucho más debía el transgredirlas. Dice El (Mt. 5, 11): No mancha al hombre lo que entra por la boca, sino lo que sale del corazón. Por lo demás, no es pequeña acusación contra los judíos esta conversación con la samaritana; puesto que ellos, invitados con frecuencia mediante palabras y hechos, nunca obedecían. En cambio mira cuán prontamente se dejó atraer esta mujer, mediante una leve pregunta.

Sin embargo, Jesús por entonces no insistía aún en esta línea de conducta; pero tampoco ponía obstáculo a quienes se le acercaban. A los discípulos les dijo sencillamente que no entraran a las ciudades de los samaritanos, pero no que rechazaran a quienes se les acercaran: esto habría sido una cosa indignísima de su bondad. Por eso responde así a la mujer (Jn. 4,

10): Si tú conocieras el don de Dios y quién es el que te dice: Dame de beber, quizá tú le habrías pedido y Él te habría dado agua viva. Desde luego le da a entender ser ella digna de que sus peticiones sean escuchadas y ella no rechazada. Además le revela quién es El, teniendo ya en cuenta que en cuanto ella supiera quién era El, al punto obedecería, cosa que nadie podría afirmar acerca de los judíos. Estos sabiendo quién era El, nada le pidieron, nada anhelaron saber que fuera útil. Peor aún, lo colmaban de injurias e improperios y lo echaban de sí.

Observa cuán modestamente responde la mujer, una vez que ha oído eso (Jn. 4, 11): Señor: no tienes con qué sacar el agua, y además el pozo es profundo. ¿De dónde, pues, sacas el agua viva? Ya Jesús la ha apartado de su baja opinión, de modo que en adelante no piense que él es un hombre del vulgo. Pues no solamente lo llama Señor, sino que lo trata honoríficamente. Y que le hablara de esa manera para honrarlo, se ve claro por lo que sigue. No se burló, no hizo chacota, sino que dudaba. No te espantes de que por de pronto no profundizara todo el asunto. Tampoco Nicodemo lo había entendido, puesto que dijo a Jesús: ¿Cómo puede ser eso? Y enseguida: ¿Cómo puede el hombre nacer siendo ya anciano? Y más aún: ¿Puede acaso entrar de nuevo en el vientre de su madre y volver a nacer? Más modestamente se expresó esta mujer diciendo: Señor, no tienes con qué sacar el agua y el pozo es profundo. ¿De dónde tienes, pues, agua viva?

Una cosa decía Cristo y otra imaginaba ella, porque solamente escuchaba las palabras, pero no podía comprender algo más alto. Pudo haber respondido con altanería: Si tuvieras agua viva no me pedirías a mí, sino que tú serías el primero en proporcionártela, de modo que lo que haces es jactancia. Nada de eso le dijo, sino que se expresó modestamente tanto al principio como en lo que luego siguió. Al principio le dice: ¿Cómo siendo tú judío me pides de beber a mí que soy una mujer samaritana? Y no le dijo, como si hablara con un extranjero o un enemigo y extraño: ¡Lejos de tal cosa, que yo te dé agua, hombre enemigo y extraño a nuestra gente! Enseguida, cuando lo oyó hablar de cosas más altas -lo cual sobre todo suele molestar a los enemigos- no se burló, no recibió aquello con risotadas, sino ¿qué dice? (Jn. 4, 12): ¿Acaso eres tú mayor que nuestro padre Jacob, que nos dio este pozo, y de éste bebieron él y sus hijos y sus ganados?

¿Observas cómo la mujer se introduce en la nobleza judía? Quiere decir lo siguiente: Jacob usó de esta agua y no tuvo otra cosa que legarnos. De manera que por aquí declara haber ya entendido, por la primera respuesta de Jesús, que se trataba de algo eximio. Porque al decir: Bebió él y sus hijos y sus ganados, da a entender que en su mente tiene ya la idea de otra agua más excelente que no puede ella encontrar ni claramente conocer. Expresaré con mayor claridad qué era lo que ella entendía. Dice: Tú no puedes afirmar que Jacob nos dio este pozo pero que él bebió de otro; porque él y sus hijos bebían de esta agua; y no habrían bebido de ella si hubieran tenido otra mejor. En cambio tú no puedes dar de ésta ni tener otra mejor; a no ser que te tengas por superior a Jacob. De modo que ¿de dónde puedes tener esa agua que prometes dar? No usaron los judíos de tan mansas palabras cuando Jesús trataba de la misma materia y hacía mención de esta misma agua; y así ningún fruto sacaron. Y cuando Jesús les mencionó a Abraham, tuvieron conatos de apedrearlo. No procede así con El esta mujer, sino que con mucha paciencia, con gran mansedumbre, a pesar del calor y de ser ya medio día, todo lo oye y todo lo platica; y ni siquiera le viene al pensamiento lo que verosímilmente habrían dicho otros, o sea que Jesús era un loco, un demente, uno que bromeaba a la orilla del pozo, y que nada podía dar y únicamente se jactaba. La samaritana con perseverancia escucha hasta encontrar lo que quiere. Pues bien: si la samaritana puso tanto empeño para llegar a aprender algo útil y se está al lado de Cristo aun sin saber quién es El ¿qué perdón alcanzaremos nosotros que sí lo conocemos y no estamos junto al pozo ni en el desierto ni en pleno medio día, ni tostados por los rayos del sol, sino en el amanecer, y gozamos de la sombra de este techo y estamos a gusto, y sin embargo nada oímos con paciencia, sino que estamos con tibieza y desidia? No procede así la samaritana, sino que en tal forma atiende a lo que se le dice, que incluso corre y llama a otros.

Los judíos por su parte no solamente no llamaban a otros, sino que impedían a quienes quisieran acercarse a Jesús. Por lo cual decían (Jn. 7, 49): ¿Acaso alguno de los jefes ha creído en él? Pero esa turba desconocedora de la ley son unos malditos.

Imitemos a la samaritana. Platiquemos con Cristo. También ahora está entre nosotros, hablándonos por los profetas y los discípulos. Oigámoslo, obedezcámoslo. ¿Hasta cuándo iremos llevando esta vida en vano y sin utilidad alguna? Hacer lo que a Dios no agrada es vivir sin utilidad. Más aún: es no sólo vivir sin utilidad, sino con daño. Cuando gastemos inútilmente el tiempo total, que se nos ha concedido, saldremos de esta vida para sufrir el extremo castigo, por ese tiempo inútilmente gastado.

Cuando el siervo que en vano recibió los dineros y los consumió y devoró tenga que dar cuenta al que se los confió -me refiero a quien gastó inútilmente su tiempo- no quedará libre de castigo. No nos puso Dios en esta vida ni nos dio el alma únicamente para que disfrutemos de la vida presente, sino para que negociemos para la vida eterna. Los animales irracionales sirven sólo para esta vida; pero nosotros tenemos un alma inmortal, para que por todos los medios nos preparemos a aquella otra vida. Si alguno pregunta ¿qué utilidad tienen los caballos, los asnos, los bueyes y demás animales de ese género? le respondemos que ninguna otra sino el servicio que en esta vida prestan. Pero acerca de nosotros las cosas no van por ese camino; sino que nos espera un estado mejor, una vez que salgamos de esta vida, y tenemos que poner todos los medios para ser allá más esclarecidos y participar en los coros de los ángeles y estar perpetuamente en presencia del Rey, por siglos infinitos. Por tal motivo el alma es inmortal y el cuerpo también será inmortal, para poder disfrutar de los bienes eternos.

Pero, si teniendo prometido el Cielo, te apegas a la tierra, piensa cuán grave injuria infieres a quien te dio alma y cuerpo. Él te ofrece lo celestial; pero tú lo desprecias y prefieres y la antepones lo terreno. Por esto amenaza con la gehena, por haber sido despreciado, y para que por aquí comprendas de cuán grandes bienes te privas. ¡Lejos de nosotros que vayamos a experimentar mal tan grave y tan grave castigo! Al revés, que agrademos acá a Dios y alcancemos los bienes eternos, por gracia y benignidad del Señor nuestro Jesucristo, con el cual sea la gloria al Padre, juntamente con el Espíritu Santo, por los siglos de los siglos. Amén.

HOMILÍA XXXII. Jesús le respondió y dijo: Todo el que bebe de esta agua tendrá sed de nuevo; pero el que bebiere del agua que yo le daré, ya nunca jamás en lo sucesivo tendrá sed, sino que el agua que yo le daré se tornará en él un manantial que mana agua de vida eterna (*Jn 4,13-14*)

La Sagrada Escritura unas veces llama fuego a la gracia del Espíritu Santo y otras agua, demostrando con esto que ambos nombres son aptos para designar no la substancia de la gracia, sino sus operaciones. El Espíritu Santo no consta de diversas substancias, puesto que es indivisible y simple. Lo primero lo indicó el Bautista al decir (Mt. 3, 11): Él os bautizará en Espíritu Santo y fuego. Lo segundo lo indicó Cristo (Jn, 7. 38): Fluirán de sus entrañas avenidas de agua viva. También aquí, hablando con la samaritana, al Espíritu lo llama agua: El que bebiere del agua que yo le daré, no tendrá ya jamás en lo sucesivo sed. Llama pues al Espíritu fuego para significar la fuerza y fervor de la gracia y el perdón de los pecados; y lo llama agua para indicar la purificación que viene a quienes por su medio renacen en el alma.

Y con razón. Pues a la manera de un huerto frondoso de árboles fructíferos y siempre verdes, así adorna el alma empeñosa y no la deja percibir ni sentir tristezas ni satánicas asechanzas, sino que fácilmente apaga los dardos de fuego del Maligno. Considera aquí la sabiduría de Cristo y en qué forma tan suave va elevando el alma de aquella humilde mujer. Pues no le dijo desde un principio: Si supieras quién es el que te dice: Dame de beber; sino hasta después de haberle dado ocasión de llamarlo judío y acusarlo: y en esa forma rechazó la acusación. Y luego, una vez que le hubo dicho: Si supieras quién es el que te dice: Dame de beber, quizá tú le habrías pedido agua; y una vez que mediante magníficas promesas la había inducido a traer al medio el nombre del patriarca, por estos caminos le abrió los ojos de la mente.

Y como ella replicara: ¿Acaso eres tú mayor que nuestro padre Israel? no le contestó Jesús: Así es; yo soy mayor; pues hubiera parecido que lo decía por jactancia, no habiendo aún dado demostración ninguna de eso. Sin embargo con lo que le dice la va preparando para llegar a esa afirmación. No le dijo sencillamente: Yo te daré de esa agua; sino que callando lo de Jacob, declaró lo que era propio suyo, manifestando la diferencia de personas por la naturaleza del don y la diversidad de los regalos; y al mismo tiempo su excelencia por encima del patriarca. Como si le dijera: Si te admiras de que él os ha dado esta agua ¿qué dirás cuando yo te diere otra mucho mejor? Ya anteriormente casi confesaste que yo soy mayor que Jacob, con preguntarme: ¿Acaso eres tú mayor que nuestro padre Jacob?, puesto que prometes una agua mejor. De modo que si recibes esta agua, abiertamente confesarás que yo soy mayor.

¿Adviertes el juicio que hace esta mujer, sin acepción de personas, dando su parecer basado en las cosas mismas, acerca del patriarca y de Cristo? No lo hicieron así los judíos. Al ver que arrojaba los demonios lo llamaban poseso; es decir, mucho menos que llamarlo menor que el patriarca. La mujer va por otro camino; y profiere su parecer partiendo de donde Cristo quería, o sea, de la demostración por las obras. El mismo sobre ese fundamento basa su juicio cuando dice (Jn. 10, 37-38): Si no hago las obras de mi Padre no me creáis; mas si las hago, ya que no me creéis a mí, creed en las obras. Por ese medio la samaritana es conducida a la fe. Jesús, cuando la oyó decir: ¿Acaso eres tú mayor que nuestro padre Jacob?, dejando a un lado al patriarca, le habla de nuevo del agua, y le dice: Todo el que bebiere de esa agua tendrá sed de nuevo. Hace caso omiso de la acusación y lleva la comparación a la preeminencia. No le dice: Esta agua de nada sirve y todo eso hay que despreciarlo; sino que declara lo que la naturaleza misma testimonia: Todo el que bebiere de esta agua tendrá sed de nuevo. Pero el que bebiere del agua que yo le daré, ya no tendrá jamás en adelante sed. La mujer había oído ya eso del agua viva (Jn 4, 10), pero no lo había entendido. Creía que se trataba del agua que se llama viva por ser irrestañable, y si no se la corta, brota continuamente del manantial. Por tal motivo, enseguida con mayor claridad Jesús se lo declara; y mediante la comparación sigue demostrando la excelencia de esta otra agua: El que bebiere del agua que yo le daré ya no tendrá jamás en adelante sed. Como ya dije, por aquí le demuestra la excelencia de esta agua; pero también por lo que sigue, pues el agua ordinaria no posee semejantes cualidades. Y ¿qué es lo que sigue?: Se hará en él manantial que mana agua de vida eterna. Del mismo modo que quien lleva en sí la fuente de las aguas no padecerá sed, así quien tuviere esta agua nunca padecerá sed. Y la mujer al punto dio su asentimiento, mucho mejor ella en esto que Nicodemo; y lo hizo no sólo con más prudencia, sino con mayor fortaleza. Nicodemo, tras de largas explicaciones, ni convocó a otros ni se fio él mismo. En cambio esta mujer al punto desempeña el oficio de apóstol anunciándoles a todos, llamándolos a Cristo y arrastrando a Él, la ciudad entera. Nicodemo, tras de escuchar a Cristo decía: ¿Cómo puede ser eso? y ni siquiera cuando Cristo le puso el ejemplo tan claro del viento, aceptó sus afirmaciones.

De otro modo procedió esta mujer. Porque primero dudaba. Luego, sin andar con tantas cautelas, sino recibiendo lo que se le decía como si fuera una sentencia ya dictada, al punto se deja llevar al acto de fe. Y como había oído a Jesús decir: Se tornará en él manantial que mana agua de vida eterna, al punto le dice (Jn. 4, 15): Dame de esa agua para ya no tener sed en adelante ni que venir acá a sacarla. ¿Observas en qué forma la va conduciendo a lo más alto de la verdad? Primero, creyó ella que Jesús era un transgresor de la ley y un judío cualquiera. Enseguida, pues Jesús rechazó semejante recriminación-ni convenía que quedara con sospecha de eso quien venía para enseñar a aquella mujer-, creyendo ella que se trataba del agua ordinaria y sensible, lo manifestó así. Finalmente, como oyera que lo que se le decía todo era espiritual, creyó que aquella otra agua podía acabar con la sed, aunque no sabía a punto fijo qué sería esa agua, y así todavía dudaba. Juzgaba en verdad que eran aquellas cosas más excelentes y levantadas de lo que pueden percibir los sentidos; pero aún no sabía de cierto qué eran. Ya veía mejor, pero aún no acertaba del todo.

Porque dice: Dame de esa agua para que no tenga yo más sed, ni tenga que venir acá a sacarla. De manera que ya lo estimaba superior a Jacob, como si dijera: Si yo recibo de ti esa agua, ya no necesito de esta fuente. ¿Observas cómo lo antepone al patriarca? Es esto indicio de un alma honrada y sincera.

Manifestó la opinión que tenía de Jacob; pero vio a uno más excelente que Jacob, y ya no la cautivó su antecedente opinión. No sucedió, pues, que fácilmente creyera ni que aceptara a la ligera lo que se le decía, puesto que tan cuidadosamente investigó; ni se mostró incrédula ni querellosa, como lo demostró finalmente con su petición.

En cambio a los judíos les dijo Cristo (Jn. 6, 35): El que comiere mi carne; y el que cree en mí jamás padecerá sed, pero no sólo no creyeron sino que incluso se escandalizaron. La samaritana, por el contrario, espera y pide. A los judíos les decía Jesús: El que cree en Mí jamás padecerá sed. A esta mujer no le dice así, sino de un modo más material y rudo: El que bebiere de esta agua no tendrá jamás sed en adelante. Porque la promesa era de cosas espirituales y no visibles, Jesús, levantando el ánimo de aquella mujer mediante las promesas, todavía se detiene en las cosas sensibles, puesto que ella no podía comprender con exactitud las espirituales. Si Jesús le hubiera dicho: Si crees en mí ya no padecerás sed, ella no lo habría entendido, porque no sabía quién era el que le hablaba, ni de qué sed se trataba. Mas ¿por qué a los judíos no les habló así? Porque éstos ya habían visto muchos milagros, mientras que la samaritana no había visto ninguno, sino que era la primera vez que oía semejantes discursos. Por esto, mediante una profecía le demuestra su poder y no la reprende al punto, sino ¿qué le dice?

(Jn 4, 16-19): Anda, llama a tu marido y vuelve acá. Le responde la mujer: No tengo marido. Verdad has dicho, le replica Jesús, que no tienes marido. Pues cinco maridos has tenido, y el que ahora tienes no es tu marido. En esto has hablado verdad. Le dice la mujer: Señor, veo que eres profeta.

¡Válgame Dios! ¡qué virtud tan grande la de esta mujer! ¡Con cuánta mansedumbre recibe la reprensión! Preguntarás: pero ¿qué razón había para no recibirla? ¿Acaso no reprendió Jesús muchas veces con mayor dureza? No es propio de un mismo poder el revelar los secretos pensamientos del alma y el revelar una cosa que se ha hecho a ocultas. Lo primero es propio y exclusivo de Dios, puesto que nadie lo sabe sino sólo el mismo que lo piensa. Lo segundo puede ser cosa conocida a lo menos para los de la misma familia. Pero aquí el caso es que los judíos llevan a mal el ser reprendidos. Diciéndoles Jesús: ¿Por qué queréis darme muerte? no sólo se admiran, como la samaritana, sino que lo colman de denuestos e injurias, a pesar de tener ya en favor de Jesús el argumento de otros milagros. En cambio la samaritana no conocía sino éste. Por lo demás, los judíos no únicamente no se admiraron, sino que injuriaron a Jesús y le dijeron (Jn. 7, 19): Estás endemoniado. ¿Quién trata de matarte? La samaritana no sólo no lo injuria, sino que se admira y queda estupefacta y lo tiene por profeta; y eso que a ella la ha reprendido ahora más duramente que a los judíos entonces. Puesto que el pecado de ella era particular y suyo, mientras que el de los judíos era colectivo y de todos. Y no solemos molestarnos tanto cuando se acusan pecados comunes, como cuando se nos recriminan los propios. Los judíos creían hacer una gran obra si mataban a Cristo. En cambio, a los ojos de todos lo que había hecho la samaritana era manifiesto pecado. Y sin embargo, la mujer no llevó a mal la reprensión, sino que quedó admirada y estupefacta.

Igualmente procedió Cristo en el caso de Natanael. No comenzó por la profecía, ni le dijo: Te vi bajo la higuera; sino que, hasta cuando aquél le preguntó: ¿Dónde me conociste? Jesús le respondió eso otro. Quería que las profecías y los milagros partieran de ocasiones dadas por los que se le acercaban, tanto para mejor atraerlos, como para evitar cualquier sospecha de vana gloria. Lo mismo procede en el caso de la samaritana. Juzgaba que sería molesto y además superfluo el acusarla inmediatamente y decirle: No tienes marido. Era más conveniente corregirle su pecado una vez que ella diera ocasión, con lo que al mismo tiempo la hacía oyente más mansa y suave.

Preguntarás: pero ¿a qué venía decirle: Anda, llama a tu marido y vuelve acá? Se trataba de un don espiritual y de un favor que sobrepasaba la humana naturaleza. Instaba la mujer procurando alcanzarlo. Él le dijo: Anda, llama a tu marido y vuelve acá, dándole a entender que también él debía participar de aquellos bienes. Ella, ansiosa de recibirlos, oculta su vergüenza; y pensando que hablaba con un puro hombre, le responde: No tengo marido. Cristo de aquí toma ocasión para reprenderla oportunamente, aclarando ambas cosas: porque enumeró a todos los anteriores y reveló al que ella ocultaba.

¿Qué hace la mujer? No lo llevó a mal; no abandonó a Cristo y se dio a huir, no pensó que él la injuriaba, sino que más bien se llenó de admiración y perseveró en su deseo. Porque le dice: Veo que eres profeta. Tú advierte su prudencia. No se entrega inmediatamente, sino que aún considera las cosas y se admira. Porque ese veo quiere decir: Me parece que eres profeta. Y ya bajo esta sospecha, no pregunta nada terreno, ni suplica la salud corporal o riquezas, y haberes, sino inmediatamente pregunta acerca del dogma y la verdad. ¿Qué es lo que dice? (Jn. 4, 20): Nuestros padres dieron culto a Dios en este monte, significando a Abraham, pues se decía que a ese monte llevó su hijo Isaac. ¿Cómo decís vosotros que Jerusalén es el sitio en donde se le debe dar culto? Advierte cuánto se ha elevado su pensamiento. La que antes sólo cuidaba de mitigar su sed, ya se interesa y pregunta sobre el dogma. ¿Qué hace Cristo? No le responde resolviendo la cuestión (pues él no tenía interés en ir contestando exactamente las preguntas, cosa que habría sido inútil), sino que lleva a la mujer a mayores elevaciones. Sólo que no le trató de estas cosas hasta que la mujer lo confeso como profeta, para que así luego ella diera mayor crédito a sus palabras. Puesto que una vez que eso creyera, ya no pondría en duda lo que se le dijera.

Avergoncémonos y confundámonos. Esta mujer que había tenido cinco maridos, que era una samaritana, demuestra tan gran empeño en conocer la verdad y no la aparta de semejante búsqueda ni la hora del día ni otra alguna ocupación o negocio, mientras que nosotros no sólo no investigamos acerca de los dogmas, sino que en todo nos mostramos perezosos y llenos de desidia. Por tal motivo, todo lo descuidamos. Pregunto: ¿quién de vosotros allá en su hogar toma un libro de la doctrina cristiana, lo examina, o escruta las Sagradas Escrituras? ¡Nadie, a la verdad, podría responderme afirmativamente!

En cambio encontraremos en el hogar de la mayor parte de vosotros cubos y dados para juegos, pero libros o ninguno o apenas en pocos hogares. Y estos pocos que los poseen se portan como si no los tuvieran, pues los guardan bien cerrados y aun abandonados en su escritorio. Todo el cuidado lo ponen en que las membranas sean muy finas, o los caracteres muy lindos, pero no en leerlos. Es que no los adquieren en busca de la utilidad, sino para poner manifiesta su ambiciosa opulencia. ¡Tan grande fausto les exige la vanagloria! De nadie oigo que ambicione entender los libros; pero en cambio sí se jactan muchos de poseer libros.

¿Qué utilidad se saca de eso? Las Sagradas Escrituras no se nos han dado para eso, o sea para tenerlas únicamente en los libros, sino para que las grabemos en nuestros corazones. Semejante forma de poseer los Libros santos es propia de la ostentación judaica; quiero decir, cuando los preceptos divinos se quedan en los escritos. No se nos dio al principio así la ley, sino que se nos grabó en nuestros corazones de carne. Y no digo esto como para prohibir la adquisición de los Libros. Más aún, la alabo y anhelo que se realice. Pero quisiera que sus palabras y sentido de tal modo los traigamos en nuestra mente y que quede ella purificada con la inteligencia de lo escrito.

Si el demonio no se atreve a entrar en una casa en donde tienen los evangelios, mucho menos se atreverán ni el demonio ni el pecado a acercarse a un alma compenetrada con las sentencias de los evangelios. Santifica, pues, tu alma, santifica tu cuerpo; y para esto continuamente revuelve estas cosas en tu mente y acerca de ellas conversa. Si las palabras torpes manchan y atraen a los demonios, es claro con toda certeza que la lectura espiritual santifica y atrae las gracias del Espíritu Santo. Son las Escrituras cantares divinos. Cantemos en nuestro interior y pongamos este remedio a las enfermedades del alma. Si cayéramos en la cuenta del valor que tiene lo que leemos, lo escucharíamos, con sumo empeño.

Constantemente repito esto y no dejaré de repetirlo. ¿Acaso no sería absurdo que mientras los hombres sentados en la plaza refieren los nombres de los bailarines y de los) aurigas y aun describen cuál sea el linaje, la ciudad, la educación y aun los defectos y las cualidades de los corceles, los que acá acuden a estas reuniones nada sepan de lo que aquí se hace y aun ignoren el número de los Libros sagrados? Y si me objetas que en referir aquellas cosas se experimenta grande deleite, yo demostraré que mayor se obtiene de las Sagradas Escrituras. Porque pregunto: ¿qué hay más suave, qué hay más admirable? ¿Acaso el contemplar cómo un hombre lucha con otro, o más bien el ver cómo un hombre lucha contra el demonio, y cómo combatiendo uno que tiene cuerpo contra otro incorpóreo, sin embargo, aquél supera y vence a éste?

Pues bien: contemplemos estas batallas; ¡éstas!, digo, que es honroso y útil imitar y quienes las imitan reciben la corona; y no aquellas otras cuyo anhelo cubre de ignominia a quienes las imitan. Esas las contemplarás en compañía de los demonios, si te pones a verlas; aquellas otras, en compañía de los ángeles y del

Señor de los ángeles. Dime: si pudieras tú disfrutar de los espectáculos sentado entre los príncipes y los reyes ¿no lo tendrías como sumamente honorífico? Pues bien, acá, viendo tú al diablo cómo es castigado en las espaldas, mientras te sientas con el Rey; y cómo forcejea y procura vencer pero en vano ¿no correrás a contemplar este espectáculo?

Preguntarás: ¿cómo puede ser eso? Pues con sólo que tengas en tus manos el Libro Sagrado. Porque en él verás los fosos y límites de la palestra y las solemnes carreras y las oportunidades de dominar al adversario y artificio que usan las almas justas. Si tales espectáculos contemplas, aprenderás el modo de combatir y vencerás a los demonios. Aquellos otros espectáculos profanos son festivales diabólicos y no reuniones de hombres. Si no es lícito entrar en los templos de los ídolos, mucho menos lo será entrar a esas solemnidades satánicas.

No cesaré de decir y repetir estas cosas, hasta ver que cambiáis de costumbres. Porque decirlas, afirma Pablo (Flp. 3, 1), a mí no me es gravoso y a vosotros os es salvaguarda. Así pues, no llevéis a mal nuestra exhortación. Si fuera cuestión de no molestarse, más bien me tocaría a mí, puesto que no se me hace caso, que no a vosotros, que continuamente las oís pero nunca las obedecéis. Mas ¡no! ¡lejos de mí que me vea obligado a siempre acusaros! Haga el Señor que libres de semejante vergüenza, os hagáis dignos de los espirituales espectáculos y gocéis además de la gloria futura, por gracia y benignidad de nuestro Señor Jesucristo, al cual sea la gloria en unión con el Padre y el Espíritu santo, por los siglos de los siglos. Amén.

HOMILÍA XXXIII. Le dijo Jesús: Créeme, mujer; llega la hora, cuando ni en ese monte ni en Jerusalén daréis culto al Padre. Vosotros no dais a Dios un culto idóneo. Nosotros le

damos a Dios un culto legítimo, pues la salvación viene de los judíos (*Jn 4,21-22*)

En todo, carísimos, nos es necesaria la fe que es madre de los bienes y medicina saludable, sin la cual no podemos captar la enseñanza acerca de los grandes dogmas; sino que, a la manera de quienes pretenden cruzar el mar sin nave alguna, que apenas logran con pies y manos nadar un poco y cuando han avanzado algo son absorbidos por las olas, del mismo modo quienes echan mano de sus propios raciocinios, antes de alcanzar a comprender los dogmas padecen naufragio en la fe. Así se expresa Pablo (1Tm. 1, 19): *Padecieron naufragio en la fe.* Para que no lo suframos nosotros, apoyémonos en el ancla sagrada, mediante la cual Cristo ahora va conduciendo a la samaritana.

Habiendo ella preguntado: *¿Cómo decís vosotros que Jerusalén es el lugar en donde se ha de dar culto a Dios?* Jesús le responde: *Créeme, mujer: llega la hora, cuando ni en ese monte, ni en Jerusalén daréis culto al Padre.* Le revela aquí un dogma supremo, que no le descubrió a Natanael ni a Nicodemo. La mujer se esfuerza en demostrar que sus prácticas son superiores a las de los judíos y trata de probarlo recurriendo a sus antepasados. Cristo a eso nada le responde. Porque en ese momento hubiera sido inútil explicarle por qué los padres antiguos adoraban en el monte y los judíos en Jerusalén. Calló, pues, acerca de eso; y haciendo a un lado la cuestión sobre la preeminencia de esos lugares, levanta el alma a mayores alturas, y le declara cómo ni los judíos ni los padres podrán en adelante proporcionar algún don que sea de importancia. Hasta después trata lo de la preeminencia. Y da a entender la superioridad de los judíos; pero no porque prefiera él un sitio al otro, sino por otra única razón. Como si dijera: Ya para nada hay que discutir acerca de esos otros sitios.

Por lo demás, en cuanto al modo de tributar culto a Dios, debían preferirse los judíos a los samaritanos, pues dice Jesús: Vosotros no dais a Dios un culto idóneo. Nosotros le damos a Dios el culto legítimo. ¿Cómo es eso de que los; samaritanos no daban a Dios un culto idóneo? Porque pensaban que Dios podía estar circunscrito a un lugar y aun ser dividido en partes. Y con semejante pensamiento le daban culto. Por eso comunicaron a los persas que el dios de aquella región estaba irritado (2R. 26), no juzgando de él de otro modo que de un ídolo. Por igual motivo continuaban dando culto a Dios y a los demonios, entremezclando y confundiendo lo que no puede mezclarse.

Los judíos estaban libres de semejante error y tenían a Dios como el Dios del universo, aun cuando en realidad no todos pensaran así. Por lo cual dice Jesús: Vosotros no dais a Dios un culto idóneo; nosotros le damos un culto legítimo. No te extrañes de que él se cuente en el mismo número de los judíos, porque habla siguiendo la opinión de la mujer y como uno de los profetas judíos, y por tal motivo usó la expresión: damos culto. Lo de que se le dé culto es cosa clara para todos, puesto que es lo propio de la criatura, y recibirlo es propio del Señor de las criaturas. Pero Jesús aquí habla como judío. De modo que ese nosotros quiere decir: nosotros los judíos.

El alabar el culto de los judíos le procura credibilidad a sus palabras, aparta toda sospecha y demuestra que no lo alaba por ningún título de parentesco. Quien acerca de aquel sitio de que tanto se gloriaban los judíos y por el cual creían deber ser preferidos, así se expresa, y les quita toda preferencia, manifiesta claramente que no habla por agradar a alguien, sino movido de la verdad y de la fuerza profética. Y, pues apartó a la mujer de aquella opinión que ella tenía, al decirle: Créeme, mujer, y lo demás que sigue, le añadió enseguida: Porque la salvación viene de los judíos. Es decir: o bien porque de Judea manaron bienes a todo el orbe (puesto que en los judíos tuvo su origen el conocimiento de Dios, la reprobación de los ídolos y las demás verdades y aun vuestro culto, aun cuando no sea idóneo); o también porque llama salvación a su advenimiento propio. Más aún: no errará quien diga de la salvación que Él dice venir de los judíos, que contiene ambos sentidos.

Así lo daba a entender Pablo al decir (Rm. 9, 5): Y de éstos desciende el Mesías según la carne, quien es sobre todas las cosas Dios bendito. ¿Observas cómo ensalza al Antiguo Testamento y lo declara raíz de todos los bienes, y que él para nada es contrario a la ley? Porque afirma que la causa de los bienes son los judíos.

(Jn. 4, 23)Pero llega la hora, y es ahora, cuando los verdaderos adoradores darán culto al Padre. Como si dijera: Nosotros, oh mujer, tenemos la preeminencia en el modo de dar culto a Dios; pero este culto en adelante ha llegado a su fin. Pues se cambiará no únicamente el sitio, sino el modo mismo de tributar ese culto. Y es ya el momento y tales cosas están a la puerta. Pues: Llega ya la hora y es ahora.

Porque los profetas habían hablado con mucha anticipación, suprimiendo Jesús esa anticipación, dice en este pasaje: Y ahora es. Como si dijera: No pienses que esta profecía tendrá cumplimiento tras de largo lapso, puesto que las cosas están ya a la puerta y se apresuran. Cuando los verdaderos adoradores darán culto al Padre en espíritu y en verdad. Al decir verdaderos, rechazó juntamente a judíos y samaritanos; pues aun cuando aquéllos sean mejores que éstos, pero respecto de lo que va a venir son muy inferiores, como lo es la figura respecto de la verdad. Habla aquí de la Iglesia, pues ella es la conveniente adoración de Dios.

Porque tales quiere el Padre que sean sus adoradores. En consecuencia, si tales adoradores quiere el Padre, síguese que no concedió a los judíos antiguamente su forma de culto con voluntad plena, sino únicamente permisiva y por indulgencia, y para congregarlos también a ellos. Mas ¿quiénes son los verdaderos adoradores? Los que no circunscriben el culto a un sitio determinado, sino que adoran a Dios en espíritu, como dice Pablo: Dios, a quien doy culto en mi espíritu, evangelizando a su Hijo y también: Os ruego que ofrezcáis vuestros cuerpos como víctima viviente, santa, agradable a Dios. ¿Es espiritual vuestro culto? Cuando dice Jesús (Jn. 4, 24): Dios es espíritu, no significa otra cosa sino que es incorpóreo. Conviene, pues, que el culto a quien es incorpóreo sea también incorpóreo; y que se le ofrezca por aquello que en nosotros es incorpóreo, o sea por el alma y la pureza de la mente.

Por esto dice: Y los que le rinden culto es menester que se lo rindan en espíritu y en verdad. Como samaritanos y judíos descuidaban el alma y en cambio eran muy cuidadosos del cuerpo y en mil formas lo purificaban, afirma que lo que se ha de cuidar no es la limpieza del cuerpo, sino lo que en nosotros es incorpóreo, como lo es la mente. En consecuencia, no ofrezcas a Dios ovejas ni terneros, sino ofrécete a ti mismo en holocausto: que esto es presentarle una hostia viva. Porque es necesario adorarlo en verdad. Las cosas antiguas, como la circuncisión, los holocaustos, los sacrificios, el incienso eran figuras; pero ahora ya todo es verdad.

Ya no es cuestión de circuncidar la carne, sino los malos pensamientos; y es necesario crucificarse a sí mismo y quitar e inmolar las malas concupiscencias. Pero todo esto a la samaritana le parecía oscuro. Y como no alcanzara la sublimidad de tales verdades, y quedara fluctuando, oye qué es lo que dice (Jn. 4, 25-26): Sé que está por venir el Mesías (que quiere decir Cristo). Cuando él llegue nos lo manifestará todo. Le dijo Jesús: Yo soy, el que habla contigo. ¿Por qué esperaban los samaritanos el advenimiento del Cristo? Porque únicamente admitían lo escrito por Moisés. Pues por esos mismos escritos, allá al principio reveló al Hijo. Aquello de (Gn. 1, 26): Hagamos al hombre a imagen y semejanza nuestra se dijo en referencia al

Hijo. Y es el Hijo quien habla a Abraham en su tienda de campaña. Y Jacob en profecía dice de Él: No se irá de Judá el báculo, ni faltará jefe de su descendencia hasta que venga aquel a quien le está reservado y a quien rindan homenaje las naciones. Y el mismo Moisés dice (Dt. 18, 15): El Señor Dios os suscitará un profeta de entre vuestros hermanos; a él obedeceréis.

Igualmente podría yo reunir aquí lo que se dice de la serpiente de bronce, de la vara de Moisés, de Isaac y la oveja, y muchas otras cosas que prefiguraban la venida de Cristo. ¿Preguntarás por qué Cristo no usó de esas figuras para persuadir a la samaritana; y en cambio a Nicodemo le puso delante la serpiente y a Natanael le recordó las profecías? Mientras que a esta mujer nada de eso le dijo. ¿Por qué motivo? Porque esos otros eran varones que se ocupaban en estudiar esas cosas; mientras que la mujer era sencilla, ignorante, ruda y no versada en las Escrituras. Por tal motivo Cristo al hablar con ella no echa mano de esas cosas, sino que la atrae mediante lo del agua y aquella predicción. Por ahí la lleva a la memoria del Cristo hasta que finalmente se le descubre a sí mismo.

Si antes de que la mujer indagara, Jesús se lo hubiera dicho, habría parecido delirar y hablar cosas1 vanas. Ahora, en cambio, cuando poco a poco le ha traído a la memoria las cosas dichas, oportunamente se le revela. Y por cierto, mientras los judíos le decían (Jn. 10, 24): ¿Hasta cuándo nos vas a tener suspensos? Si eres el Cristo, dínoslo nada les respondió claramente. En cambio a la samaritana abiertamente le declara que Él es el Cristo. Lo hizo porque la mujer estaba en mejores disposiciones que los judíos. Estos no preguntaban para saber, sino siempre para infamarlo. Si hubieran deseado saber, les habría bastado con las divinas Escrituras, los discursos y los milagros. La samaritana hablaba con sencillez y sinceridad, como quedó claro por lo que luego hizo. Oyó, creyó y atrajo a otros a creer; y en todo se ve la diligencia y la fe de esta mujer.

(Jn. 4, 27) En este punto llegaron los discípulos. Es decir en el momento oportuno, cuando ya la enseñanza estaba completa. Y se extrañaron de que hablase con una mujer. Pero nadie le preguntó: ¿De qué discutes o de qué conversas con ella? ¿De qué propiamente se admiraban? De su afabilidad, de su humildad, de que siendo ya tan ilustre, se dignara abajarse hasta conversar con una mujer pobre y además samaritana. Sin embargo, aun extrañados, no preguntaron el motivo; porque ya estaban enseñados a mantenerse en su grado de discípulos; y por esto le tenían un temor reverencial. Aunque aún no pensaban de El conforme a su dignidad, pero lo miraban como un hombre admirable y lo obedecían. A pesar de todo, de vez en cuando se mostraban un tanto atrevidos, como cuando Juan se recostó sobre su pecho y cuando se le acercaron para preguntarle (Mt. 18, 1): ¿Quién es mayor en el reino de los cielos? y cuando los hijos del Zebedeo le pedían sentarse en su reino uno a la derecha y el otro a la izquierda.

Entonces ¿por qué ahora nada le preguntan? Porque en aquella ocasión, por tratarse de asuntos perenales, era necesario preguntarle; mientras que ahora para nada les tocaba el asunto. Por lo que mira a Juan, lo hizo mucho tiempo después, cuando, confiado en el cariño que Cristo le tenía, tuvo ya más confianza. Pero no nos detengamos en esto, carísimos, de llamar bienaventurado a este apóstol, sino pongamos los medios para que se nos cuente entre los bienaventurados. Imitemos a este evangelista, y veamos los motivos de haber conseguido de parte de Cristo tan grande cariño. ¿Cuál fue el motivo? Abandonó a su padre y la barquilla y la red y siguió a Cristo. Pero en eso obró como su hermano y como Pedro y como Andrés y como los otros apóstoles. ¿Qué fue lo que tuvo tan eximio que le alcanzó de parte de Cristo que se le amara en tal manera? El por su parte nada dijo acerca de esto, sino únicamente que era el discípulo amado; pero se calló acerca del motivo de semejante predilección. Que Cristo lo amaba en forma eximia es cosa clara para todos. Sin embargo, no lo vemos en el evangelio platicando con Jesús ni tomando a éste aparte, como con frecuencia lo hizo Pedro, como lo hizo Felipe, como Judas, como Tomás, sino solamente una vez y eso en gracia de otro condiscípulo que se lo rogaba. En efecto, como le hiciera señas el jefe de los apóstoles, tuvo Juan necesidad de interrogar al Maestro; pues él y Pedro mutuamente se profesaban cariño: así se refiere que juntos subieron al templo y juntos hablaron al pueblo. Sólo que Pedro con frecuencia se expresa en forma más ardorosa y lo mismo es cuando se mueve y cuando habla. Finalmente, escucha a Cristo que dice (Jn 21, 15): ¡Pedro! ¿me amas más que éstos? Sin duda que quien amaba más que los otros era a su vez más amado que los otros. Pero uno se hizo esclarecido por su amor a Jesús; el otro por el amor de Jesús hacia él. De modo que en resumidas cuentas ¿qué fue lo que le concilio ese eximio cariño a Juan de Jesús?

Yo pienso que Juan demostraba una modestia y una mansedumbre grande, por lo cual muchas veces; no se le encuentra procediendo con tanta libertad y confianza. Y cuán excelente sea esa virtud, se colige de Moisés; porque fue ella la que lo hizo tan eminente. Nada hay que se iguale a la humildad. Por eso Cristo comenzó por ella a enumerar las bienaventuranzas. Como quien iba a echar los cimientos de un excelso y altísimo edificio, estableció antes que nada la humildad. Nadie sin ella puede alcanzar la salvación. Aunque alguno haya ayunado, aunque se haya entregado a la oración y haya hecho grandes limosnas, si lo ha hecho por fausto y soberbia, todo es abominable ante Dios. Pero si hay humildad, todo resulta deseable y amable y se ejercita con seguridad.

Procedamos pues modestamente, carísimos; procedamos modestamente. Si somos vigilantes, resulta fácil semejante virtud. Porque ¡oh hombre! ¿qué es lo que te levanta en soberbia? ¿No observas lo vil de tu naturaleza y tu voluntad inclinada al mal? Piensa en tu muerte, en la multitud de tus pecados. ¿O es que te exaltas por haber llevado a cabo muchas y preclaras hazañas? Pues con ensoberbecerte lo pierdes todo. De manera que más bien que el pecador, el que cultiva la virtud es quien ha de trabajar en la modestia. ¿Por qué razón? Porque al pecador su conocimiento lo obliga a proceder con moderación; mientras que el virtuoso, si no tiene gran vigilancia, muy pronto, como arrebatado de un viento poderoso, se desvanece y es arrastrado, como le sucedió al fariseo aquel del Evangelio.

Pero ¿es que das limosna a los pobres? Mas no les suministras lo que es tuyo, sino lo que pertenece al Señor y es posesión común de todos los consiervos. En consecuencia, es necesario humillarse también cuando en las calamidades que acontecen a tus prójimos adviertes lo que a ti puede sucederte y aprendes cuál sea la condición propia de tu naturaleza. Quizá también tenemos progenitores que fueron de esa misma clase social. Y si nos han venido riquezas, sin duda posible tendremos que abandonarlas. Pero, en fin ¿qué son las riquezas? Sombra vana, humo que se desvanece, flor de heno y aun cosa más de nada que las flores. Entonces ¿por qué te envaneces per lo que es heno? ¿Acaso no se enriquecen también los ladrones, los afeminados, las prostitutas y los violadores de sepulcros? Y tú ¿te hinchas por tener como consocios de semejantes haberes a tales personas?

¡Pero es que ambicionas honores! Pues nada más apto para conseguir honores que el hacer limosna. Los honores nacidos de las riquezas y el poder son forzados y odiosos; mientras que aquellos otros brotan de la sincera conciencia de quienes nos honran; y son tales que ni los mismos que nos honran pueden privarnos de ellos. Y si los hombres demuestran tan gran reverencia para con quienes hacen limosna y les desean toda ciaste de bienes, piensa cuán grande premio recibirán de parte del benigno Dios y cuán grande recompensa. Busquemos estas riquezas que permanecen para siempre y que nunca huyen ni se nos escapan; para que por este camino, aquí en la vida presente seamos grandes y luego en la futura esclarecidos; y alcancemos los bienes eternos, por gracia y benignidad de nuestro Señor Jesucristo, con el cual sea la gloria al Padre juntamente con el Espíritu Santo, ahora y siempre y por los siglos de los siglos. Amén.

HOMILÍA XXXIV. Entonces dejó la mujer su cántaro y marchó a la ciudad, a anunciar a la población: Venid, ved a un hombre que me ha dicho cuanto yo he hecho. ¿Acaso es el Mesías? (*Jn 4,28-29*)

Necesario es ahora que tengamos mucho fervor y mucho empeño, pues de otro modo no podremos alcanzar los bienes que nos están prometidos. Significando esto Cristo, unas veces dice (Mt. 10, 38): Si alguno no toma mi cruz y me sigue, no es digno de mí. Otras veces dice (Lc. 12, 49): Fuego he venido a traer a la tierra y qué otra cosa quiero sino que se encienda ya. Con ambas sentencias nos significa un discípulo fervoroso, encendido en deseos, preparado para acometerlos en peligros.

Así era aquella mujer samaritana. Porque de tal manera quedó inflamada con las palabras de Cristo que abandonó el cántaro y olvidó el agua, en cuya busca se había dirigido al pozo; y corrió a la ciudad para atraer hacia Jesús a toda la población. Y les decía: Venid y ved a un hombre que me ha dicho cuanto yo he hecho. Observa su empeño al mismo tiempo que su prudencia. Había ido al pozo para sacar agua; y habiendo encontrado la fuente verdadera, despreció la fuente sensible, para enseñarnos, aunque fuera con un ejemplo mínimo, que conviene que desprecien las cosas seculares aquellos que se han de aplicar a la enseñanza de las espirituales, y no hagan caso de ellas en cuanto les sea posible.

Así lo hicieron los apóstoles; y esta mujer lo hizo con un fervor mayor. Ellos, una vez que fueron llamados, abandonaron sus redes; ésta, en cambio, espontáneamente y sin que nadie le ordenara nada, abandonó el cántaro y se dedicó al ministerio propio de los evangelistas; y el gozo le ponía alas. Y no habla con uno o con otro, como Andrés y como Felipe, sino que conmueve a toda la ciudad y lleva a Cristo un pueblo tan numeroso. Observa la manera tan prudente con que se expresa. Pues no dijo: Venid, ved al Cristo; sino que echando mano de la misma forma como Cristo se había adaptado a ella para conquistarla, los atrae. Les dice: Venid, ved a un hombre que me ha dicho cuanto yo he hecho.

No se avergonzó de proclamar: Me ha dicho cuanto yo he hecho. Pudo haberles dicho: Venid, ved a un profeta. Pero cuando el alma anda encendida en el fuego divino, ya no mira nada terreno, ni fama, ni infamia, sino solamente la mueve la llama interior. ¿Acaso es el Cristo? Advierte de nuevo la gran prudencia de esta mujer, pues ni del todo afirma ni del todo calla. No quería inducirlos por su opinión personal, sino que, una vez que hubieran conocido a Cristo y lo hubieran oído, compartieran la opinión de ella, con lo que la cosa se tornaría más probable.

Cristo no le había declarado toda la vida de ella; pero ella, por lo que Cristo le dijo, creyó que Él tenía conocimiento de todo lo demás. Y no dijo: Venid y creed, sino: Venid y ved, cosa que les era más suave y podía mejor atraerlos. ¿Has advertido la prudencia de esta mujer? Sabía, lo sabía perfectamente, que si ellos llegaban a gustar de semejante fuente, les acontecería lo mismo que a ella le había acontecido. Otro menos prudente habría proclamado la corrección que se le hizo pero en forma un tanto oscura. Esta mujer en cambio publica toda su vida y la trae al medio con el objeto de ganarse a todos y conquistarlos.

(Jn. 4, 31) Entre tanto le rogaban los discípulos: Maestro, come. Esta palabra rogaban en su idioma significa: lo exhortaban. Lo veían fatigado de la caminata y del calor y lo exhortaban. No lo hacían como petulantes, sino que lo impulsaban a comer por amor que le tenían. (Jn. 4, 32-33) Yo tengo un manjar para comer que vosotros no sabéis. Los discípulos se decían unos a otros: ¿Acaso alguien le trajo de comer? ¿Por qué te admiras de que la mujer, oyéndolo hablar de agua, juzgara que se trataba de agua natural, cuando los discípulos pensaron lo mismo acerca del comer y no entendieron el sentido espiritual, sino que dudaban al mismo tiempo que demostraba su honor reverencial hacia el Maestro y hablaban entre sí sin atreverse a interrogarlo? Lo mismo procedieron en otra ocasión, en que anhelando interrogarlo, sin embargo se abstuvieron.

¿Qué hace Cristo? Les dice (Jn. 4, 34): Mi manjar es hacer la voluntad del que me envió y llevar a cabo su obra. A la salvación de los hombres llama aquí manjar, declarando así cuán cuidadosa providencia tiene de nosotros. Así como nosotros anhelamos el alimento, así anhela El nuestra salvación. Mira cómo no lo revela todo y en toda ocasión, sino que primero hace que el oyente dude para que una vez que comience a investigar qué sea lo que él dice, con trabajar en resolver su duda reciba con mayor gusto la exposición de lo que investigaba: y así más se incite a continuar buscando y a escuchar. ¿Por qué no les dijo desde luego a los discípulos: Mi alimento es la voluntad de mi Padre, lo cual si no era del todo claro, a lo menos era más que lo que primeramente les elijo? Sino ¿qué les dijo?: Yo tengo un manjar para comer que vosotros no sabéis. De manera que como ya indiqué, primeramente con ponerlos en la duda los torna más diligentes y los va acostumbrando a que entiendan las cosas aun a través de los enigmas.

Enseguida explica qué sea eso de la voluntad del Padre: ¿No decís vosotros: Cuatro meses aún y llega la siega? Pero yo os digo (Jn. 4, 35): Levantad vuestros ojos, y contemplad los campos ya en sazón para la siega. De nuevo, mediante comparaciones familiares, los levanta a la contemplación de misterios sublimes. Cuando dijo alimento no significó otra cosa sino la salvación de los hombres; y con el campo y la mies significa nuevamente lo mismo o sea la multitud de almas preparada ya para recibir a los predicadores. Bajo el nombre de ojos, entiende aquí los corporales y los de la mente, pues podía ya ver la turba de samaritanos que se acercaba. Y a la pronta voluntad de éstos, la llama campos en sazón. Porque así como cuando las espigas ya blanquean, están los sembrados a punto para la siega, así los samaritanos ya están preparados para la salvación e idóneos.

Mas ¿por qué no les dijo abiertamente que los hombres se acercaban ya dispuestos a recibir la fe y creer y escuchar la palabra de Dios, puesto que ya estaban enseñados por los profetas, y que por lo mismo darían frutos espirituales; sino que los llamó campos y mies? ¿Qué significaban tales comparaciones? Porque no solamente aquí, sino a través de todo el evangelio procede del mismo modo; y lo mismo hacen los profetas, de manera que muchas cosas las significan metafóricamente. ¿Cuál es el motivo? Pues no vanamente la gracia del Espíritu Santo se puso a sí misma semejante ley. En fin ¿por qué?

Por dos motivos. El primero para mayor énfasis en lo que decía; y para ponerlo como delante de los ojos. Puesto que la mente al recibir una imagen apropiada a las cosas, se activa más y viéndolas como en una pintura, queda más atraída. Este es el primer motivo. El segundo es para que la narración sea más agradable y mejor se asiente en el ánimo la memoria de lo que se dice. Cualquier sentencia no se fija tanto ni tanto persuade a muchos de los oyentes como cuando la narración se toma de las cosas mismas de que tenemos experiencia. Por eso encontramos muy usado sabiamente este modo en las parábolas.

(Jn. 4, 36) El segador cobra su salario y recoge fruto de vida eterna. El fruto de la siega terrena no ayuda a la vida eterna, sino a la vida temporal; pero el fruto de la siega espiritual ayuda a la vida inmortal. ¿Observas cómo las palabras son de cosas sensibles, pero el sentido es espiritual? ¿Ves cómo las palabras mismas distinguen entre lo terreno y lo espiritual? Lo que dijo del agua al indicar aquella propiedad: Quien bebe de esta agua ya no padecerá sed jamás en adelante, eso mismo hace ahora al añadir que este fruto se recoge para la vida eterna, de manera que así el que siembra como el que recoge se gocen juntamente.

¿Quién es el que siembra y quién el que cosecha? Los profetas lanzaron la semilla, pero no cosecharon ellos sino los apóstoles. Sin embargo, no se vieron privados del gozo y recompensa de sus trabajos, sino que juntamente con nosotros se regocijan y alegran, aun cuando no cosechen juntamente con nosotros. No es igual el trabajo de la sementera al de la siega. De manera que yo os he reservado para donde el trabajo es menor y el gozo es mayor. En la siega el provecho es amplio y el trabajo no tan grande, sino muy fácil. Quiere con esto significar lo siguiente: La voluntad de los profetas fue que los hombres vinieran a mí y lo mismo preparó la ley. Para eso sembraban para producir este fruto. Al mismo tiempo da a entender que fue El quien los envió; y que entre la ley antigua y la nueva existe una gran afinidad. Todo junto lo significa mediante la parábola. Al mismo tiempo trae a la memoria un proverbio que andaba en boca de muchos, pues dice: En esto se verifica y es verdad aquel proverbio (Jn. 4, 37): Uno es el que siembra y otro el que siega. Era un dicho vulgar: ¿Acaso unos han de llevar el trabajo y otros han de cosechar los frutos? Y añade: este dicho resulta verdadero. Los profetas trabajaron y vosotros recogéis el fruto de sus trabajos.

Y no dijo la recompensa, puesto que también aquéllos no emprendieron sin recompensa tan graves trabajos. Así lo hizo Daniel, quien mencionó ese adagio: De los malos sale malicia. Y a su vez David llorando recordó este proverbio. Por lo cual ya antes había dicho: Para que así el sembrador como el segador se gocen a la par. Como enseguida iba a decir que uno sembrará, para que nadie fuera a pensar, como ya dije, que los profetas quedaban privados de recompensa, añade algo nuevo e inesperado, que en las cosas sensibles no acontece, pero en las espirituales es excelentísimo. En lo sensible, si sucede que uno siembra y sea otro el que cosecha, no se gozan juntamente, sino que quien sembró se duele, como quien ha trabajado para otro; de manera que solamente se gozan los que cosechan. Pero en lo espiritual no es así, sino que quienes no cosechan lo que sembraron se gozan igualmente que quienes cosechan. Claramente se ve que participan también ellos de la recompensa.

(Jn. 4, 38) Yo os envié a segar lo que vosotros no habíais trabajado. Otros se afanaron y vosotros habéis entrado en su cultivo. Por aquí los exhorta mejor. Parecía en exceso laborioso recorrer todo el orbe y predicar; Él les declara ser cosa fácil. Lo laborioso, lo de muchos sudores era esparcir la semilla y llevar a Dios las almas ni siquiera iniciadas. ¿Por qué habla así? Fue para que cuando los enviara a predicar no se turbaran como si los enviara a un trabajo en exceso laborioso. El oficio de los profetas fue mucho más laborioso, como lo testifican las cosas mismas; pero vosotros venís a cosas más fáciles. Así como en la siega fácilmente se recoge el fruto, y en poco tiempo la era se colma de manojos y no es necesario esperar a que cambien las estaciones, ni el invierno ni la primavera ni las lluvias, así sucede ahora, como las obras mismas lo proclaman.

(Jn. 4, 39) Mientras tales cosas les decía, salieron los samaritanos y se recogió fruto abundante. Por eso decía Jesús: Levantad los ojos y ved los campos que ya blanquean. Dijo así y la realidad apareció y las obras siguieron al discurso. Porque dice el evangelista: De aquella ciudad fueron muchos los samaritanos que creyeron en El por el testimonio de aquella mujer que iba diciendo: Me dijo todo lo que yo había hecho. Veían que ella no lo alababa por simple oficiosidad, puesto que le había reprendido sus pecados; ni por congraciarse con otros, pues publicaba todos sus pecados.

Imitemos a esta mujer y no nos avergoncemos ante los hombres para confesar nuestros pecados; sino temamos a Dios como es lo conveniente y justo, puesto que El ahora ve nuestras faltas y después castigará a quienes en el tiempo presente no hagan penitencia. Pero nosotros procedemos al contrario: no tememos al que nos ha de juzgar y en cambio a quienes en nada pueden dañarnos los tememos y temblamos de padecer infamia ante ellos. Por tal motivo en eso mismo que tememos sufriremos el castigo. Quien únicamente se cuida de no parecer malo ante los hombres, pero no se avergüenza de cometer pecados en la presencia de Dios, ese tal, si no hace penitencia, en aquel último día quedará infamado, no delante de uno ni en presencia de dos sino del orbe todo.

Y que aquel día se reunirá una inmensa multitud para ver las obras buenas y las malas, que te lo enseñe la parábola de las ovejas y los cabritos; y también el bienaventurado Pablo, que dice (2Co. 5, 10): Porque todos nosotros debemos comparecer ante el tribunal de Cristo, para recibir cada cual la paga de cuanto hizo mientras vivía en el cuerpo, de acuerdo con sus obras buenas o malas. Y también (1Co. 4, 5): El cual sacará a luz lo escondido de las tinieblas. ¿Cometiste algún pecado, pensaste algo malo y lo ocultaste a los hombres? Pues a Dios no lo ocultas. Y sin embargo, de nada te cuidas y temes las miradas de los hombres. Pues piensa que en aquel día ni a las miradas de los hombres te podrás ocultar. Porque entonces todo aparecerá como en imagen delante de nuestros ojos, para que cada cual juzgue de sí mismo.

Esto se ve claro en la parábola del rico Epulón. Al pobre a quien él despreció -me refiero a Lázaro- lo vio el rico ante sus ojos. Al mismo a quien con horror había rechazado, ahora le suplica que lo consuele siquiera con uno de sus dedos. Os ruego, por lo mismo, que, aun cuando nadie presencie nuestras obras, cada cual entre en su conciencia y ponga delante de sí como juez a su propia razón y traiga al medio sus pecados; y si no quiere que en aquel día tremendo sean públicamente promulgados, ponga el remedio de la penitencia y sane así sus llagas. Porque puede, sí, puede cualquiera quedar sano aun cuando se halle cubierto de llagas sin cuento. Porque dice Cristo: Si perdonáis, se os perdonarán los pecados; si no perdonáis, no se os perdonarán.

Así como en el bautismo los pecados ya lavados no aparecen más, así estos otros se borrarán si hacemos penitencia. Y en esto consiste la penitencia: en que no volvamos a cometer esos mismos pecados. Porque quien vuelve sobre su pecado es semejante al perro que vuelve a su propio vómito. (Y también es como quien azota el fuego, según el proverbio; y quien saca de un tonel agujerado). Es pues necesario abstenerse de los pecados en la obra y en la determinación del pensamiento y usar de les remedios contrarios para cada pecado. Por ejemplo ¿robaste? ¿fuiste avaro? Abstente de las rapiñas y haz limosna y pon así remedio a tus llagas. ¿Fornicaste? Abstente de la fornicación y pon a semejante llaga la castidad. ¿Dañaste con tus palabras la fama de tu hermano y así lo heriste? Abstente de las injurias y pon el remedio de la caridad. Procedamos de igual modo en cada pecado y no los pasemos a la ligera. Porque está próximo, ya el tiempo de rendir cuentas.

Por esto Pablo decía (Flp. 4, 5-6): El Señor está cerca; no estéis solícitos por nada? Quizá nosotros tenemos que decir lo contrario: el Señor está cerca; estad solícitos. Porque en aquel tiempo, los que vivían en penas y trabajos y luchas, bellamente podían oír que se les dijera: No estéis solícitos por nada. Pero quienes viven en rapiñas, en placeres y tienen que dar razón de graves cosas, mejor que aquello oirían esto otro: El Señor está cerca; estad solícitos. Porque no estamos ya lejos del fin, sino que el mundo corre a su acabamiento. Así lo declaran las guerras, los padecimientos, los terremotos, la caridad extinguida. Como el cuerpo ya expirando y próximo a la muerte sufre infinitos dolores; como cuando una casa está para desplomarse despide muchas partecillas que van cayendo del techo y de las paredes, así ahora de todos lados nos invaden las desgracias, indicándonos que la consumación del siglo está cerca y a la puerta. Pues si en tiempo de Pablo estaba cerca, mucho más lo está ahora. Si Pablo al tiempo en que hablaba -de lo cual hace ya cuatrocientos años- lo llamó plenitud de los tiempos, mucho más ha de llamarse así el tiempo presente. Quizá por haber transcurrido ya cuatrocientos años muchos no lo creen; pero yo digo que precisamente por eso es más creíble. ¿Por dónde conoces, oh hombre, que el fin del mundo y lo demás que dijimos no están cercanos? Así como hablamos del fin del año no precisamente cuando es el último día, sino también cuando es el mes último, aunque falten aún treinta días, del mismo modo no nos equivocamos si decimos que el año cuatrocientos es el último. De manera que Pablo desde entonces anunció de antemano este acabamiento. En consecuencia, refrenémonos a nosotros mismos; alegrémonos, pero en el Señor, en el temor de Dios. Porque el advenimiento del Señor sucederá de repente, mientras vivimos en tibieza y andamos descuidados y no lo esperamos. Lo significó Cristo cuando decía (Mt. 24, 37): Como sucedió en los días de Noé y en los días de Lot, así sucederá en la consumación de este siglo Y Pablo lo explica así (1Ts. 5, 3):

Cuando dijeren: ¡Paz y seguridad! entonces de improviso los asaltará el exterminio, como los dolores de parto a una mujer encinta. ¿Qué significa eso de los dolores de parto de una mujer encinta? Sucede con frecuencia que las mujeres que están encinta, mientras juegan o comen o están en el baño o en la plaza, sin pensar en lo que sucederá, de repente se ven acometidas de esos dolores. Siendo, pues, lo nuestro de igual condición, estemos continuamente preparados, porque no siempre escucharemos exhortaciones como éstas: no siempre podremos prepararnos. Dice la Escritura: En el seol ¿quién te puede alabar? Hagamos penitencia en este mundo para que tengamos propicio a Dios y alcancemos pleno perdón de nuestros pecados. Ojalá todos lo logremos, por gracia y benignidad de nuestro Señor Jesucristo, al cual sean la gloria y el poder por los siglos de los siglos. Amén.

HOMILÍA XXXV. Habiéndose llegado a Él los samaritanos, le rogaron que se quedara con ellos. Y permaneció ahí dos días. Y fueron muchos los que creyeron en El por su predicación. Y decían a la mujer: No es ya por tu declaración por lo que creemos; pues nosotros mismos lo hemos oído hablar y sabemos que Él es verdaderamente el Salvador del mundo. Y transcurridos los dos días, salió de ahí y se fue a Galilea (*Jn. 4,40-43*)

Nada hay peor que la envidia; nada de más mala condición que la vanagloria. Esta suele echar a perder innumerables bienes. Los judíos, teniendo un conocimiento mayor que los samaritanos y habiendo sido alimentados con los profetas, por ese defecto quedaron inferiores. Los samaritanos creyeron al testimonio de una mujer; y antes de ver milagro alguno salen a suplicar a Cristo que permanezca con ellos. Los judíos, en cambio, aun habiendo visto los milagros, no solamente no lo retuvieron consigo, sino que lo expulsaron y pusieron todos los medios para sacarlo de su región. A pesar de que por ellos había venido, lo expulsaron; mientras que los samaritanos le suplicaron que permaneciera con ellos.

¿Era acaso más conveniente no acceder a quienes le suplicaban, sino rechazar a los que bien lo querían; y en cambio ir y permanecer entre los enemigos que le ponían asechanzas? Tal cosa no habría sido digna de su providencia. Por esto, obsequiando los deseos de ellos se quedó ahí dos días. Hubieran ellos querido retenerlo consigo perpetuamente, pues así lo da a entender el evangelista con estas palabras: Le rogaron que permaneciera ahí. Pero El no accedió y estuvo ahí solamente dos días; y en ese lapso muchos creyeron en El. No era verosímil que fueran a creer en El, tanto porque no habían presenciado ningún milagro, como porque odiaban a los judíos. Mas como justipreciaron la verdad de sus palabras, nada de eso les impidió pensar de El altísimamente y mucho más de lo que semejantes óbices podían estorbarles; y a porfía más y más lo admiraban. Porque: Decían a la mujer: Ya no creemos por tu declaración, pues nosotros mismos lo hemos oído hablar y sabemos que verdaderamente Él es el Salvador del mundo.

Superaron aquellos discípulos a su maestra. Con todo derecho pueden ellos acusar a los judíos, puesto que creyeron en Jesús y lo recibieron. Los judíos, en cuyo favor había El emprendido todo su trabajo, con frecuencia trataron de lapidarlo; los samaritanos, en cambio, atrajeron hacia sí al que no se les acercaba. Aquéllos, aun habiendo visto los milagros, permanecieron en su pertinacia; estos otros aun sin los milagros demuestran una gran fe en El, y pueden gloriarse de haber creído sin los milagros; mientras los judíos no cesaban de tentarlo y pedirle señales y prodigios.

Se necesita por tanto un alma bien dispuesta; de la cual la verdad, si se presenta, fácilmente se adueñará. Y si no se adueña, no será por defecto y debilidad de la verdad, sino por obstinación del alma misma. Así el sol fácilmente ilumina los ojos sanos; y si no los ilumina, culpa es de los ojos y no de debilidad en el sol. Oye lo que dicen los samaritanos: Sabemos que éste es verdaderamente el Salvador del mundo, el Cristo. ¿Adviertes cuán pronto conocieron que El atraería al orbe todo de la tierra y que había venido para llevar a cabo la salvación común de todos; y que no había por qué limitar su providencia y encerrarla en solo los judíos, sino que su predicación había de extenderse por todas partes? No procedieron así los judíos. Peor aún: mientras andaban procurando justificarse, no se sujetaron a la justicia de Dios. Los samaritanos, al contrario, confiesan estar todos en pecado y echan por delante el dicho del apóstol (Rm. 3, 23-24): Todos pecaron y están necesitados de la gloria de Dios, justificados gratuitamente por la gracia del mismo Pues cuando dicen que Él es el Salvador del mundo declaran que el mundo ha perecido; y que Él es Salvador no así como quiera sino en las cosas de suma importancia. Muchos salvadores hubo para salvar a los hombres, como los profetas y los ángeles; pero éste es el verdadero Salvador, dicen, que trae la verdadera salvación y no una salvación temporal. Esto es una prueba de la sinceridad de los samaritanos en su fe. De manera que por ambas cosas son admirables: por haber creído y por haber creído sin necesidad de milagros; y son por lo mismo del número de aquellos a quienes Cristo llama bienaventurados, con estas palabras (Jn. 20, 29): Bienaventurados son los que no vieron y creyeron; y también porque sinceramente creyeron.

Oyeron a la mujer que se expresaba con cierto género de duda: ¿Acaso éste es el Cristo? Y no dijeron: también nosotros dudamos; sino: Sabemos. Y no se detuvieron aquí, sino que añadieron: Este es el verdadero Salvador del mundo. No confesaban ser Cristo uno de tantos, sino que era verdaderamente el Salvador. Pero ¿a quién habían visto salvado por El? Solamente habían oído sus palabras; y sin embargo confiesan exactamente lo mismo que si hubieran visto muchos y grandes prodigios. Mas ¿por qué los evangelistas no refieren las cosas que Jesús respondió y que debieron ser admirables? Para que conozcas por aquí cómo pasan ellos en silencio muchas y grandes cosas. Sin embargo, por lo feliz del suceso demostraron todo. Puesto que Jesús con sus palabras convirtió al pueblo entero y a toda la ciudad. En cambio, cuando los oyentes no hacen caso, entonces los evangelistas se ven obligados a referir lo que Él dijo, para que nadie achaque a desidia el predicador del mal suceso.

Y pasados los dos días salió de ahí y fue a Galilea. Pues el mismo Jesús declaró que ningún profeta goza de prestigio en su propia patria (Jn. 4, 44). ¿Por qué añadió esto el evangelista? Porque Jesús no bajó a Cafarnaúm, sino que fue a Galilea, y en ésta a Caná. No preguntes ya por qué se detiene con los samaritanos y no con los suyos; pues pone el motivo: porque no le hicieron caso. No fue a ellos para que el castigo no fuera más duro y el juicio más riguroso. Porque yo pienso que aquí por su patria se entiende Cafarnaúm. Y que en Cafarnaúm ninguna honra se le hiciera, oye cómo El mismo lo dice (Mt. 11, 23): Y tú, Cafarnaúm, que te has levantado hasta los cielos, hasta los infiernos serás precipitada. Y la llama el evangelista su patria por la forma de vivir, pues ahí había Jesús permanecido más largo tiempo. Preguntarás: pero ¿acaso no hemos conocido a muchos que fueron admirados entre sus conciudadanos? Cierto que los hemos conocido. Pero por lo que raras veces sucede no se puede luego universalizar. Si algunos han sido honrados en su patria muchos más lo han sido en la ajena; porque el trato diario suele causar menosprecio.

(Jn. 4, 45) Cuando llegó a Galilea, lo acogieron los galileos que habían visto cuanto hizo en Jerusalén en la fiesta, pues también ellos fueron a la festividad. ¿Adviertes cómo aquellos que eran despreciados son los que sobre todo buscan a Cristo? Porque este evangelista dice en una parte (Jn. 1, 46): ¿De Nazaret puede salir algo bueno? Y en otra dice (Jn. 7, 52): Escruta y ve que de Galilea no sale ningún profeta. Cosas todas que se decían para oprobio de los galileos. Porque muchos pensaban que Jesús era de Nazaret y lo insultaban como si fuera un samaritano y le decían (Jn. 8, 48): Samaritano eres y endemoniado. Pero he aquí que son los samaritanos y los galileos quienes creen en El, para vergüenza de los judíos. Más aún, los samaritanos parecen mejores que los galileos. Porque aquéllos por sólo el testimonio de la mujer lo aceptaron y recibieron, mientras que estos otros no creyeron hasta que vieron los milagros que hizo.

(Jn. 4, 46) Vino pues de nuevo a Caná de Galilea, donde convirtió el agua en vino. Trae a la memoria el milagro para mayor alabanza de los samaritanos. Puesto que los de Galilea creyeron en El, pero tras de los milagros realizados en Jerusalén y también ahí en Galilea; pero los samaritanos por sola su doctrina creyeron. Narra el evangelista haber ido Jesús a Caná, pero no refiere el motivo. A Galilea se dirigió a causa de la envidia de los1 judíos. Pero a Caná ¿por qué? La primera vez fue allá invitado a las bodas. Pero ahora ¿por qué? Pienso yo que fue para confirmar con su presencia la realidad del milagro que ahí había obrado; y para más atraerlos, pues llegaba sin ser llamado y los anteponía a su propia patria a la que dejaba a un lado.

(Jn. 4, 47) Había ahí un cortesano cuyo hijo estaba enfermo en Cafarnaúm. Este, en cuanto oyó que Jesús venía de Judea a Galilea, salió a su encuentro y le rogaba que bajase y sanara a su hijo, pues estaba para morir. Se le llama Régulo o porque era de linaje real o por cierta dignidad que tenía. Piensan algunos que es el mismo de que habla Mateo (Mt. 8, 5); pero se comprueba que era otro distinto, no únicamente por la dignidad que tenía, sino además por la fe que demostró. El de Mateo, queriendo

Cristo ir a su casa, le ruega que no vaya; éste, en cambio, no ofreciéndose Cristo a ir, él lo lleva a su casa. Aquél dice: Señor, no soy digno de que entres en mi casa. Este le urge diciendo: Baja antes de que muera mi hijo. Aquél se acerca a Jesús cuando éste bajaba del monte y va a Cafarnaúm; este otro se le acerca cuando Jesús viene de Samaría no a Cafarnaúm, sino a Caná. El hijo de aquél sufría de parálisis; éste hijo de fiebres.

(Jn. 4, 48) Y se le acercó y le rogaba que bajase y sanase a su hijo, pues estaba para morir. ¿Qué le contestó Cristo?: Vosotros si no veis señales y milagros, no creéis.

Pero si ya el hecho de venir y suplicarle era una señal de fe. Y lo testifica el evangelista diciendo que cuando Jesús le dijo: Anda, que tu hijo vive, creyó él en la palabra que Jesús le dijo y partió. Entonces ¿qué significa aquello otro? O lo dijo Jesús admirado aún de la fe de los samaritanos, que sin necesidad de milagros creyeron, o se refiere y punza a Cafarnaúm, que parecía ser su patria. Pues cuando otro en Lucas le dijo (se encuentra en Mc. 9, 24): Creo, Señor; pero ayuda a mi fe deficiente, el Señor usó de las mismas palabras. En conclusión, aunque el Régulo creía, pero no plena e íntegramente. Así lo declara con preguntar luego a qué hora dejó la fiebre al hijo, pues quería saber si la fiebre se había apartado por sí misma o por mandato de Cristo. En cuanto supo que: ayer a la una de la tarde, creyeron él y toda su familia.

¿Adviertes cómo creyó una vez que los criados le anunciaron la mejoría y no cuando hablaba con Cristo? De modo que Jesús reprende el pensamiento con que el Régulo se había acercado, con lo que lo inducía a más firmemente creer; puesto que antes del milagro no tenía entera fe. No es admirable que a pesar de eso se acercara a Cristo, pues suelen los padres de familia, llevados del ferviente cariño, acudir no únicamente a los médicos de su confianza, sino aun a aquellos de quienes no del todo se fían, para que no parezca que algo han omitido.

Este hombre se acercó a Jesús sólo cuando se le ofreció la ocasión, o sea, cuando Jesús fue a Galilea. Si hubiera creído fervorosamente, estando su hijo para morir no habría descuidado el ir hasta Judea. Y si acaso sentía temor, ni aun eso lo excusa; porque has de considerar cuán débil fe demuestran sus palabras. Cuando convenía que, si no antes de la represión, a lo menos después, pensara altamente de Cristo, mira cómo aún se arrastra por tierra, puesto que le dice a Jesús (Jn. 4, 49): Baja antes de que mi hijo muera; como si Cristo no tuviera poder para resucitarlo aun después de muerto y como si no conociera el Señor la situación del enfermo. Por eso lo reprende y le punza la conciencia, demostrándole que los milagros se verifican sobre todo por el bien del alma.

De manera que aquí Jesús cuida no menos del padre, enfermo del alma, que del niño; y nos persuade que no tanto se ha de atender a los milagros cuanto a la doctrina. Al fin y al cabo, los milagros están destinados no a los fieles, sino a los infieles y a los más rudos. Sólo que el Régulo, por su tristeza, no atendía mucho a las palabras de Cristo, sino a lo que tocaba a su hijo. Más tarde las iba a recordar y a sacar de ellas grande provecho, como en efecto sucedió. Mas ¿por qué Cristo espontáneamente se ofrece en el primer caso a ir a la casa del enfermo y acá no fue, aun rogado? Porque en el caso del centurión la fe era perfecta; y así se ofreció para que conociéramos la virtud de ese hombre. Pero el Régulo aún era imperfecto. Y pues mucho instaba y decía a Jesús: ¡Baja!, es indudable que ignoraba poder Jesús, aun estando ausente, sanar a su hijo. Pero Jesús no baja con él, a fin de que el conocimiento que de por sí tenía el centurión, lo adquiriera el Régulo con no ir él en persona. De modo que cuando Jesús dice: Si no veis señales y prodigios no creéis, significa y es como si dijera: Todavía no tenéis la fe conveniente, sino que aún me tenéis por un simple profeta. Por tal motivo Cristo, para revelarle quién era El, y demostrarle que se le debía creer aun sin los milagros, le dijo lo mismo que más tarde a Felipe (Jn. 14, 10.11): ¿No crees que yo estoy en mi Padre y mi Padre está en mí? ¡Pues si a mí no me queréis creer, creed a las obras!

(Jn. 4, 51-53) Y cuando El ya bajaba, le salieron al encuentro los criados para decirle: Tu hijo vive. Informóse de ellos en qué hora había experimentado la mejoría, y le dijeron: Ayer, a la una de la tarde le desapareció la fiebre. Conoció, pues, el padre que aquella era la hora en que le dijo Jesús: Tú hijo vive; y creyó él con toda su familia.

¿Adviertes en qué forma se divulgó el milagro? No sanó el niño de un modo ordinario, sino repentinamente; de modo que se viera que el suceso no pertenecía al orden natural de las cosas, sino que se había llevado a cabo por la operación de Jesús. Puesto que habiendo el niño llegado hasta las puertas mismas de la muerte, como lo declaró el padre cuando dijo: Baja antes de que mi hijo muera, éste fue curado de repente, cosa que a los criados los espantó. Quizá éstos le salieron al encuentro no únicamente para darle la noticia, sino porque además tenían ya por superflua la visita de Cristo. Estaban al tanto de que estaba para llegar y por eso le salieron al camino.

El Régulo, perdido ya el temor, creyó, para dar a entender que aquello había sido efecto de su viaje; y además procede con diligencia, para que no parezca que ha sido en vano su camino. Por lo cual investiga todo cuidadosamente, y creyeron él y toda su familia. El testimonio no daba lugar a duda alguna. Pues no habiendo ellos estado presentes, ni habiendo oído a Cristo; y no conociendo la hora en que Jesús habló con el Régulo, en cuanto supieron por su amo haber sido exactamente la hora misma de eso y del milagro, tuvieron con ello una demostración segurísima del poder de Cristo y creyeron en El.

¿Qué nos enseña todo esto? Que no esperemos milagros ni andemos buscando prendas del poder divino. Porque yo veo aquí a muchos que después de recibir de Dios algún consuelo en las enfermedades del hijo o de la mujer, mostraron mayor piedad. Es conveniente perseverar en acciones de gracias y alabanzas a Dios aun cuando no seamos estuchados. Esto es lo propio de los buenos siervos; esto, de los que aman firmemente a Dios: el recurrir a El no sólo cuando todo va bien, sino también cuando vienen las aflicciones. Al fin y al cabo, también estas son obra de la divina providencia (Hb. 12, 6): El Señor corrige al que ama y azota a todo aquel a quien cuida como a hijo. Quien lo venera únicamente cuando todo va bien, no le demuestra gran amor ni tiene un amor puro a Cristo. Mas ¿para qué hablo de la salud y de las riquezas? ¿para qué acerca de las enfermedades y de la pobreza? Así se trate de la gehena o de otra cosa cualquiera gravísima, ni aun así has de cesar en las alabanzas de Dios, sino llevarlo todo y sufrirlo todo por amor suyo. Esto es lo propio del siervo fiel y de un ánimo dotado de constancia. Quien vive con esta disposición, fácilmente soportará los sucesos presentes y conseguirá los bienes futuros y disfrutará de gran entrada con Dios. Ojalá todos la alcancemos por gracia y benignidad de nuestro Señor Jesucristo, al cual sea la gloria por loa siglos de los siglos. Amén.

HOMILÍA XXXVI. Este es el segundo milagro que hizo Jesús al retornar otra vez de Judea a Galilea. Después de esto se celebraba la fiesta de los judíos y Jesús subió a Jerusalén (Jn 4, 54; Jn 5,1)

Así como en las minas de plata ningún perito desprecia vena alguna por pequeña que sea, pues de ella pueden lograrse grandes riquezas, del mismo modo en las divinas Escrituras no puedes pasar de ligero ni un ápice ni una tilde, sino que es necesario examinarlo todo. Y la razón es porque todo lo profirió el Espíritu Santo y nada hay que sea superfluo. Y por lo que se refiere a este pasaje, advierte lo que dice el evangelista: Este es el segundo milagro que hizo Jesús al retornar otra vez de Judea a Galilea. No sin motivo añadió eso del segundo, sino que por este medio enlaza el milagro con el obrado en los samaritanos, haciendo ver que en cambio los galileos ni por este segundo se levantaron a tan sublime región como aquellos otros que nada maravilloso habían contemplado.

Después de esto, era la fiesta de los judíos. ¿Cuál fiesta? Pienso yo que se trata de la fiesta de Pentecostés. Y Jesús subió a Jerusalén. Con frecuencia pasaba en Jerusalén las solemnidades, tanto para que vieran que con ellos las celebraba, como para atraer a la multitud de la gente sencilla. Porque sobre todo los más sencillos y sinceros eran quienes a tales festividades concurrían.

(Jn. 5, 1-3) Hay en Jerusalén, cerca de la Puerta, de las Ovejas, una piscina llamada en hebreo Betsaida (o Betesda), que tiene cinco pórticos. En ellos yacía una gran muchedumbre de enfermos, ciegos, cojos, paralíticos, que esperaban la agitación del agua.

¿Qué género de curación es ésta? ¿qué misterio se deja entender? Porque no sin motivo se ha escrito esto, sino que como en figura e imagen nos pinta lo futuro, con el objeto de que no se quebrantara la fe en muchos de los oyentes si eso futuro, inexplicable, maravilloso, inesperado, sucediera repentinamente y sin preparación.

Y ¿qué es lo que nos pinta y describe? Se habrá de conceder el don del bautismo, lleno de virtud y gracia suprema; bautismo que lava todos los pecados y vuelve los muertos a la vida. Pues bien, esto es lo que aquí como en imagen se pinta, tanto en esa piscina como en otros muchos lugares. Desde luego, presenta el agua que purifica las manchas corporales y las impurezas no reales pero estimadas como reales, por ejemplo en los funerales, en la lepra y en otras semejantes; por lo cual en la Ley Antigua pueden advertirse muchas de esas purificaciones por el agua.

Pero vengamos ya a lo que nos proponíamos. En primer lugar, como dijimos, cuida el Señor de curar por medio del agua las manchas corporales y además diversas enfermedades. Para acercarnos ya más a la gracia del bautismo, no únicamente quita las manchas corporales sino que sana las enfermedades. Porque las figuras que ya se acercan más a la realización de lo figurado, tanto en lo del bautismo como en lo de la Pasión y en otros pasos, son bastante más claras que las figuras antiguas. Sucede así que los guardias que están más cerca del rey son más esclarecidos que los que están allá lejos: lo mismo sucedió en esto de las figuras.

Descendía un ángel y removía el agua y le comunicaba el poder de sanar, para que comprendieran los judíos que mucho mejor podía el Rey de los ángeles curar todas las enfermedades del alma. Pero así como acá no era simplemente la naturaleza del agua lo que curaba, pues de otro modo lo habría hecho continuamente, sino que eso sucedía por virtud del ángel, del mismo modo en nosotros no obra simplemente el agua, sino hasta que ha recibido la virtud del Espíritu Santo, entonces es cuando perdona todos los pecados. Y en torno de esta piscina yacía una gran multitud de enfermos, ciegos, cojos, paralíticos que esperaban la agitación del agua. Pero en el caso presente la enfermedad formaba un impedimento para que pudiera sanar el que quisiera; mientras que al bautismo todos tienen facultad de acercarse; puesto que no es un ángel el que agita el agua, sino el Señor de los ángeles quien todo lo hace. Aquí no podemos decir que mientras yo me acerco, ya otro ha descendido antes que yo. Si todo el orbe se acerca, la gracia no se consume, ni falla la virtud ni la operación, pues permanece siempre igual. Como los rayos solares diariamente iluminan y no se consumen ni pierden nada de su luz por el hecho de ser suministrados a muchos, del mismo modo, es decir, de otro mucho mejor, la operación del Espíritu Santo no se disminuye con la muchedumbre de los que la reciben.

Lo dispuso así Dios a fin de que quienes por largo tiempo sabían que las enfermedades corporales se curaban con agua, y se habían ejercitado en esto durante mucho tiempo, más fácilmente creyeran que podían curarse las enfermedades del alma. Pero ¿por qué Jesús, dejando a un lado a los demás enfermos se acercó al que llevaba treinta y ocho años de enfermedad? Por qué le pregunta: ¿Quieres sanar? No lo hizo para saber, pues hubiera sido superfluo; sino para hacer patente la perseverancia del enfermo, y que cayéramos en la cuenta de que por este motivo se le había acercado. ¿Qué le dice el enfermo? Le respondió: Señor, no tengo nadie que me meta en la piscina luego que es agitada el agua. Y en tanto que yo voy, otro se me adelanta a bajar. Para esto le pregunta Jesús, para que supiéramos todo eso. No le dijo: ¿Quieres que yo te dé la salud? porque ahí aún no lo tenían en la opinión conveniente. Sino que le dice: ¿Quieres sanar? Verdaderamente es admirable y estupenda la perseverancia de este paralítico. Durante treinta y ocho años, esperando quedar libre de su enfermedad, permaneció ahí sin apartarse. Si no hubiera sido en exceso paciente ¿cómo no lo habrían arrancado de aquel sitio si no las decepciones pasadas sí ciertamente las imposibilidades futuras? Piensa tú además en el sumo cuidado con que los otros enfermos vigilaban; pues no les era conocido el tiempo en que se produciría la agitación del agua. Y por cierto, los cojos y mutilados podían observarla, pero no los ciegos, a no ser que mediante el movimiento la sintieran.

Avergoncémonos, carísimos, avergoncémonos y lloremos nuestra inmensa desidia. Este enfermo perseveró durante treinta y ocho años. No alcanzaba lo que quería y sin embargo no se apartó. Y no fue que no lo consiguiera por negligencia suya, sino que lo estorbaban otros impedimentos a la fuerza. A pesar de todo, no desesperó. Nosotros, al revés, si esperamos unos diez días pidiendo algo y no lo obtenemos, luego nos cansamos y no lo tomamos ya con el mismo empeño. Nos ocupamos con los hombres larguísimo tiempo, ya tratando de la milicia, ya desahogando nuestras miserias, ya ocupados en servicios propios de criados; y con frecuencia, al fin nos encontramos defraudados en nuestras esperanzas. En cambio para con nuestro Señor, en donde se obtiene una recompensa inmensamente superior a nuestros trabajos -pues dice Pablo (Rm. 5, 5): La esperanza no confunde-, no logramos perseverar con el empeño debido.

Pues ¿de cuán grave castigo no será digno esto? Aun en el caso de que nada hubiéramos de recibir, eso sólo de tratar con frecuencia con Dios ¿acaso no se ha de equiparar a todos los bienes? Dirás sin duda que la oración continua es laboriosa. Pero ¿qué hay en el ejercicio de la virtud que no sea laborioso? Dirás que sobre todo te deja perplejo el hecho de que a la perversidad la acompaña el placer y a la virtud el trabajo. Pienso que muchos investigan el porqué de esto. ¿Cuál es pues el motivo? Allá al principio Dios nos dio una vida sin molestias ni solicitudes. Abusamos de semejante don. Y una vez privados por nuestra desidia de semejante don tan grande, perdimos el paraíso. Por tal motivo la vida íntegra del hombre Dios la tornó laboriosa; y en cierto modo Él se justifica diciendo: Al principio os doné delicias; pero a causa de mi suavidad en trataros os volvisteis peores. Por lo cual os entregué a los trabajos y sudores.

Y como ni siquiera esos trabajos os contuvieran en el deber, añadí luego la ley compuesta de muchos preceptos, como a un corcel indómito se le ponen freno y peales para contener sus ímpetus. Así proceden los domadores de corceles. De manera que se nos dio una vida laboriosa porque el ocio suele pervertirnos. Nuestra naturaleza no soporta la inacción, sino que fácilmente se inclina a lo perverso. Supongamos que ningún trabajo tenga alguien que es moderado en su modo de vivir, pero que no ejercita ninguna otra virtud, sino que durmiendo él todo le sale bien. ¿Cómo usaríamos nosotros de una semejante concesión? ¿Acaso nos daríamos en arrogancia y soberbia?

Instarás diciendo: mas ¿por qué tan gran placer acompaña a la maldad y tantos sudores y trabajos al ejercicio de la virtud? Pero entonces ¿qué se te habría de pagar o de qué recibirías recompensa, si la virtud no fuera laboriosa? Yo podría indicar a muchos que por su natural rehúyen a las mujeres y evitan su trato como algo execrable. Pero pregunto: ¿a semejantes hombres los llamaremos castos o los coronaremos en triunfo y los ensalzaremos? ¡De ninguna manera! Porque la castidad es una templanza y una batalla para superar los placeres. Pero en la guerra, ahí donde los combates son mayores, es donde se obtienen los más excelsos trofeos; y sucede todo lo contrario cuando nadie hay que se nos enfrente.

Muchos hay que por su natural son fríos y remisos. ¿A éstos los llamaremos mansos? ¡De ninguna manera! Por tal motivo Cristo, después de enumerar tres clases de eunucos (Mt. 19, 12), deja sin corona de triunfo a dos de ellas, y solamente a una introduce en el reino. Insistirás aún: pero ¿para qué es necesaria la malicia? Lo mismo te digo yo. Entonces ¿qué es lo que opera la maldad? ¿Qué otra cosa, sino la desidia que proviene de la voluntad? Dirás todavía: pero convenía que Solamente hubiera buenos. Respondo: ¿qué es lo propio de los buenos? ¿Ayunar y vigilar o roncar y dormir? Preguntarás: ¿por qué no se estableció que pudiéramos ser buenos sin trabajar?

Tales palabras son dignas de una bestia y de quienes tienen el vientre por dios. Y para que veas que semejantes palabras son dignas de perezosos, responde a una pregunta mía: Supongamos un rey y un general; y que mientras el rey duerme y se entrega a la embriaguez, el general con grandes trabajos logra un triunfo brillante.

¿A cuál de ambos atribuirás la victoria? ¿Cuál de ambos es justo que coja los frutos de placer por la empresa cumplida? ¿Observas cómo el alma mucho más se aficiona y disfruta de aquellas cosas en las que ha puesto su propio trabajo? Pues bien: tal es el motivo por el que Dios mezcló el trabajo en el ejercicio de la virtud. Y es también el motivo por el que admiramos la virtud aun cuando no la ejercitemos; y en cambio condenamos el vicio aunque sea dulcísimo. Y si preguntas: ¿por qué no más bien admiramos a quienes son buenos por su natural que a los que lo son por la determinación de su voluntad? Respondo: porque lo justo es admirar al que trabaja y anteponerlo al que no trabaja. Sigues preguntando: ¿por qué ahora tenemos que trabajar? Pues porque cuando no teníamos que trabajar nos portamos mal y no con moderación.

Más aún, si alguno escruta el asunto más a fondo, le diremos que la desidia indolente suele perdernos mucho más y acarrearnos mucho más trabajo que la virtud. Si te parece, encerremos bajo llave a un hombre; y ahí alimentémoslo y satisfagamos todos los placeres del vientre hasta lo sumo sin que él haya de caminar y sin que le permitamos hacer cosa alguna. Que goce de una mesa bien dispuesta, de lecho y de placeres perpetuos. ¿Puede haber algo más miserable que ese género de vida? Instarás todavía alegando que una cosa es trabajar y otra fatigarse; y que allá al principio podía el hombre trabajar sin fatiga. ¿O es que no podía eso? Digo que sí podía y que Dios así lo quería; pero tú no lo permitiste. Determinó que cultivaras el paraíso; te impuso el trabajo, pero no lo mezcló con la fatiga. Pues si desde el comienzo el hombre se hubiera fatigado con el trabajo, Dios no se lo habría impuesto como castigo. Ciertamente puede alguno juntamente trabajar y no fatigarse, como sucede con los ángeles.

Que los ángeles procedan a obrar, óyelo: Héroes potentes, agentes de sus órdenes. Al presente el que nuestras fuerzas sean menores hace fatigoso el trabajo; pero allá al principio no era así. Pues dice la Escritura (Hb. 4, 10): Descansó de sus trabajos, como Dios de los suyos. No significa aquí ociosidad, sino que no había fatiga; puesto que Dios aun ahora sigue laborando, como lo dice Cristo (Jn 5, 17): Mi Padre aún ahora obra y Yo obro también. Os ruego pues que echando fuera toda pereza, seamos virtuosos. El placer de la iniquidad es breve y su dolor perpetuo. De la virtud el gozo es inmortal y el trabajo pasajero. La virtud, aun antes teje a los suyos las coronas y los alimenta con la buena esperanza. La iniquidad, por el contrario, aun antes del castigo atormenta con el recuerdo de las malas obras y todo lo siembra de temores y sospechas, que son más laboriosas y penosas que todo lo demás.

Si aun sin eso, solamente tuviera placeres aun así ¿qué habría más vil? Apenas se presenta y ya vuela e marchita huye antes de que se le dé alcance. Aunque hables de placeres de la mesa o del cuerpo o de las riquezas, día por día envejecen Pero si a esto se añaden los castigos y tormentos eternos ¿quién habrá más mísero que quienes los buscan? Sabido esto, sufrámoslo todo por la virtud. Así gozaremos el verdadero deleite, por gracia y benignidad de nuestro Señor Jesucristo al cual sea la gloria juntamente con el Padre y el Espíritu Santo, por los siglos de los siglos. Amen.

HOMILÍA XXXVII. Le dijo Jesús: ¿Quieres sanar? Señor, le respondió el enfermo, no tengo a nadie que me meta en la piscina, luego que el agua es agitada (*Jn 5,6-7*)

Grande ganancia se saca de las Sagradas Escrituras, utilidad inmensa, como lo dice Pablo con estas palabras (Rm. 15, 4; 1Co. 10, 11): Todo lo escrito ha sido escrito para enseñanza nuestra acerca de lo pasado; para que por la paciencia y la consolación que dan las Escrituras, mantengamos la esperanza. Son las Escrituras un tesoro de todas las medicinas; hasta tal punto que si fuera necesario extinguir la arrogancia, apagar la concupiscencia, pisotear el amor de los dineros, despreciar el dolor, tener un ánimo fuerte y determinado a todo, fortificar la paciencia, cualquiera encontrará en ellas el remedio oportuno. Puesto que ¿quién de los que han luchado con la pobreza durante largo tiempo o han padecido prolongadas enfermedades no recibirá un gran consuelo al leer este pasaje?

Este hombre, paralítico durante treinta y ocho años y viendo que año tras año otros conseguían la salud mientras que él continuaba enfermo, no decayó de ánimo, no desesperó. Y eso que la tristeza por el tiempo ya transcurrido y la visión de lo futuro sin esperanza alguna, podían bien atormentarlo. Escucha lo que dice y conoce la tragedia de su vida. Cuando Cristo le preguntó: ¿Quieres sanar? contestó: Sí, Señor. Pero no tengo nadie que me meta en la piscina luego que el agua es agitada. ¿Hay algo más mísero que semejantes palabras? ¿Hay algo más calamitoso que semejante suceso? ¿Adviertes el ánimo agobiado por la duración de la enfermedad? ¿Observas la ira del todo dominada y puesta en calma? No profirió blasfemia ninguna, como olmos que muchos las profieren en sus aflicciones. No maldijo su vida. No se indignó por la pregunta ni respondió: ¿Por qué preguntas si queremos sanar? ¿Acaso has venido a burlarte de nosotros y molestarnos? Sino que todo lo llevó con mansedumbre y modestia; y respondió: Sí Señor. Aun sin saber quién era el que le preguntaba y sin pensar que ese mismo luego le daría la salud, le refiere todo con dulzura; ni le pide nada, como suelen pedir los que hablan con los médicos. Simplemente da razón de su enfermedad.

Quizá esperaba que Cristo le prestara ese auxilio de bajarlo al agua e intentaba con sus palabras inclinarlo a llevarlo a efecto.

Pero ¿qué hace Cristo? Demuestra que con sola su palabra todo lo puede, pues le dice: (Jn. 5, 8) Levántate, toma tu lecho y camina. Creen algunos que se trata del mismo paralítico de que habla Mateo (Mt. 9, 2). Pero no es, como se demuestra por muchos argumentos. Desde luego, éste no tiene quien cuide de él, mientras que aquel otro tenía muchos que lo cuidaran y lo llevaran. Por eso dijo: No tengo a nadie. También se ve claro por la respuesta. Porque aquél nada dijo; mientras que éste da cuenta de todas sus cosas. En tercer lugar, por el tiempo. Porque éste fue curado en sábado y día festivo; mientras que aquél lo fue en otro día. También el sitio es diverso, pues aquél fue curado en la casa; éste otro, en el pórtico de la piscina. Además el modo de curación es distinto. Con aquél, Cristo primero dice: Hijo: tus pecados te son perdonados. Con este otro, primero lo sana y luego cuida de su alma. Allá hay perdón, pues dice Cristo (Jn. 5, 14): Tus pecados te son perdonados. Acá sólo hay una amonestación y amenaza, para que en adelante sea precavido. Pues le dice Cristo: No peques más, no sea que te suceda algo peor. También las acusaciones son diversas. En éste los judíos acusan a Cristo de curar en sábado con su milagro; en aquél, lo acusan de blasfemia.

Considera la infinita sabiduría de Dios. Porque no comenzó por curar al paralítico; sino que primeramente se le hizo amigo preguntándole y preparando el camino a la fe. Y no solamente lo alienta y lo sana, sino que le ordena cargar su lecho, con el objeto de que al milagro se añadiera la fe; y que nadie pudiera sospechar que se trataba de simples apariencias engañosas. Si en realidad los miembros del paralítico no hubieran quedado firmes y robustos, no habría podido él cargar con su lecho.

Muchas veces procede así Cristo, para más cerrar la boca a los calumniadores impudentes. Así en el milagro de la multiplicación de los panes, para que nadie dijera que ya de antemano las turbas estaban saciadas y que se trataba de una simple fantasmagoría, cuidó de que sobraran muchos restos de los panes. Y al leproso que limpió le dijo (Mt. 8, 4): Anda y preséntate al sacerdote. para al mismo tiempo fundamentar bien la fe en el milagro y reprimir la impudencia de quienes afirmaban que El contrariaba los preceptos de Dios. Y lo mismo hizo cuando convirtió el agua en vino; pues no solamente presentó el vino, sino que cuidó de que se le enviara al maestresala, para que éste, que confesaba que nada sabía de lo sucedido, diera su testimonio nada sospechoso. Por esto dice el evangelista: Y no sabía el maestresala de dónde era el vino; y así dio un testimonio en absoluto cierto. Y en otra parte, después de resucitar a un muerto, ordenó que se le diera de comer. Les dice: dadle de comer, para presentar así un argumento certísimo de la resurrección. Con todo lo cual persuade aun a los más necios no ser él ningún hechicero mentiroso, sino que ha venido para salvar a los hombres.

Mas ¿por qué no exige a este paralítico la fe como a los ciegos a quienes dijo: Creéis que puedo hacerlo? Fue porque el paralítico no sabía quién era El. Tampoco solía proceder así antes de los milagros, sino después. Pues con todo derecho hacía esa pregunta a quienes ya habían visto su poder; pero los que aún no sabían quién era El, sino que habían de ser enseñados mediante los milagros mismos, solamente eran llamados a la fe después de los milagros. Mateo no presenta a Cristo haciendo esa pregunta antes de sus milagros y al principio, sino solamente después que ya había curado a muchos; en tal manera que sólo la hace a dos ciegos. Considera aquí la fe de este paralítico. Como oyera: Toma tu lecho y camina, no se burló ni dijo: ¿Qué es esto? El ángel baja, remueve el agua y apenas uno se cura. Y en cambio tú, que eres un simple hombre ¿piensas con solo tu mandato poder hacer más que los ángeles? Eso es soberbia y ostentación y cosa ridícula. Nada de esto pensó ni dijo; sino que apenas lo oyó, al punto se levantó, y ya sano obedeció al que ordenaba: Levántate, toma tu lecho y camina.

Cosa ciertamente admirable; pero más lo es lo que sigue. Que el paralítico al principio y cuando aún nadie alborotaba creyera no es tan admirable como el que enseguida, cuando los judíos se enfurecían y lo rodeaban y lo acusaron y lo tuvieron cercado y le decían: No te es lícito cargar tu lecho, no sólo los despreció en la locura de ellos, sino que con gran confianza, en mitad del concurso, ensalzó a Jesús como bienhechor y les reprimió su impudencia. Yo afirmo que esto es propio de un ánimo esforzado. Apretándole los judíos y diciéndole con arrogancia e injurias:

(Jn. 5, 10) Sábado es hoy: no te es lícito cargar tu lecho, oye cómo les responde (Jn. 5, 11): El que me curó, me dijo: Carga tu lecho y camina. Sólo faltó que el paralítico les dijera: Locos sois e insensatos al pensar que yo no voy a tener por Maestro a quien me libró de tan recia y larga enfermedad; y que no voy a cumplir plenamente todo lo que él me ordena.

Y si hubiera querido proceder malignamente, podría haberles dicho: Yo no hago esto por voluntad propia, sino porque otro me lo mandó. Si esto es pecado, acusad al que lo ordenó; y entonces descargaré mi lecho. O aun tal vez habría ocultado el beneficio de la curación. Porque bien sabía que ellos no se dolían tanto de la violación del sábado como de la curación de un enfermo por Jesús. Ahora bien, ni ocultó esto ni dijo aquello, ni pidió perdón, sino que con clarísimas voces confesó el beneficio y lo ensalzó a Él. Así procedió el paralítico. Pero los judíos ¿cómo procedieron? Considera cuán vil y malévolamente. Por qué no le preguntaron: ¿quién te curó? Sino que dejando esto a un lado, con gran algazara pregonaban la transgresión del sábado.

(Jn. 5, 12-13) ¿Quién es ese que te dijo: carga tu lecho y camina? Pero el que había sido curado ignoraba quién era. Pues Jesús se había apartado de la turba que ahí había. ¿Por qué se esconde Cristo? Lo primero para que estando El ausente, el testimonio del paralítico quedara libre de toda sospecha; puesto que aquel que se sentía estar sano era digno de fe. También para no encender más aún en los judíos la llama de la envidia. Pues sabía que la sola presencia del envidiado suele suscitar en los envidiosos no pequeña chispa. Por esto se apartó y dejó que ellos entre sí discutieran el hecho, de modo de nada decir El de Sí mismo por entonces; sino que únicamente aquellos a quienes curaba hablaran con los acusadores.

Y los mismos acusadores dan testimonio del milagro. Porque no dicen: ¿Por qué ordenaste que esto se hiciera en sábado?; sino: ¿Por qué haces esto en sábado? No se indignan de la transgresión del sábado, sino que envidian el milagro que dio la salud al enfermo. Si atiendes a lo humano, en realidad la transgresión del sábado era obra del paralítico, puesto que Cristo lo único que hizo fue hablar. Por lo demás Jesús en este pasaje ordenó en forma diversa abrogar el sábado; pues en otra ocasión lo abrogó El personalmente haciendo lodo y untándolo en los ojos de un ciego. Todo esto lo hace no quebrantando el sábado, sino obrando como quien es superior al sábado. Pero de esto trataremos más adelante. Jesús no se defiende del mismo modo siempre al ser acusado de quebrantar el sábado. Esto se ha de tener en cuenta cuidadosamente.

Mientras, veamos cuán grave mal sea la envidia y en qué forma ciega los ojos al envidioso, para ruina de éste. Así como los furiosos con frecuencia vuelven contra sí mismos la espada, así los envidiosos, no mirando sino únicamente a la ruina y daño de aquel a quien envidian, se arrojan con ímpetu salvaje contra su propia Salvación. Son peores que las fieras. Porque éstas se lanzan contra nosotros o porque necesitan alimento o porque las irritamos. Pero los envidiosos aun después de recibir beneficios, tienen muchas veces como enemigos a los mismos benefactores. De modo que son peores que las bestias salvajes.

En cambio, son iguales a los demonios; quizá son aún más perversos. Los demonios traen con nosotros una enemistad implacable; pero entre sí no ponen asechanzas a otros demonios, sus semejantes. Por este camino Jesús refutó a los judíos cuando lo acusaban de arrojar los demonios en nombre de Beelzebul. En cambio los envidiosos no tienen respeto ni a la comunidad de naturaleza ni a sí mismos. Puesto que, antes que a aquellos a quienes envidian, hacen daño a su propia alma, llenándola de tristeza y vana turbación.

¡Oh hombre! ¿Por qué te atormentas a causa del bien ajeno? Convendría dolernos de nuestros propios males, pero no de la felicidad de los prójimos. Semejante pecado no tiene perdón. El adúltero puede alegar la fuerza de la concupiscencia; el ladrón, su pobreza; el homicida su ira: excusas vanas y locas, pero que en fin se pueden alegar. Pero tú, oh envidioso, te pregunto ¿qué podrás alegar en excusa? Ninguna cosa en absoluto, sino una crecida malicia. Si se nos ordena amar a los enemigos y nosotros en cambio odiamos aun a los amigos ¿con qué pena no seremos castigados? Si quien ama a sus amigos no hace sino lo que hacen los paganos, quien daña a quienes en nada lo han dañado ¿qué perdón podrá tener o qué consuelo? Oye a Pablo que dice (1Co. 13, 3): Si entregara mi cuerpo a las llamas y éstas me consumieran, pero no tuviera caridad, de nada me serviría. Y que de donde hay envidia la caridad haya desaparecido, nadie lo ignora.

Este vicio es peor que la fornicación y el adulterio. Porque éstos se quedan y permanecen en el interior del que peca; pero la envidia destruye las iglesias íntegras y corrompe al orbe entero. Esta es la madre de los asesinatos y muertes. Movido de ella Caín mató a su hermano Abel. Excitados por ella, Jacob fue perseguido por Esaú; José, por sus hermanos; el género humano íntegro lo es por el demonio. Tú, envidioso, no matas pero haces un estrago peor aún cuando ruegas a Dios que tu hermano sea colmado de ignominia; cuando por todos lados le tiendes lazos y trampas; cuando te entristeces de que él tenga entrada con el Señor del orbe. De manera que propiamente no peleas contra él sino contra Aquel a quien él adora. Es a Este a quien deshonras cuando antepones tu honor al suyo; y, lo que es sumamente grave, piensas ser culpa leve la que es peor que todas.

Si das limosna, si celebras vigilias, si ayunas, mientras envidies a tu hermano, serás siempre malvadísimo. Puede verse claro esto por aquí: hubo entre los corintios un adúltero; pero fue acusado y pronto se arrepintió y se enmendó. Caín envidió a Abel, pero nunca se enmendó; y aun cuando el Señor con frecuencia le recordó esa llaga, él más se hinchaba y corría al asesinato. Hasta tal punto este vicio es más fuerte que aquel otro, y no se cura fácilmente si no ponemos empeño. Arranquémoslo de raíz, pensando que así como ofendemos a Dios envidiando el bien ajeno, así lo agradaremos al alegrarnos de ese bien. Además de que con eso nos hacemos partícipes de los bienes que están preparados para quienes virtuosamente viven.

Por esto exhorta Pablo (Rm. 12, 15): Gozarse con los que se gozan y llorar con los que lloran; para que por ambos caminos reportemos crecidos frutos. Pensando, pues, en que aun cuando no trabajemos, si estamos bien dispuestos en favor de los que trabajan, seremos participantes de sus coronas, echemos fuera toda envidia; metamos en nuestro ánimo la caridad con el objeto de que, aplaudiendo a nuestros hermanos que bellamente se portan, consigamos los bienes presentes y también los futuros, por gracia y benignidad de nuestro Señor Jesucristo, con el cual y por el cual sea al Padre la gloria, en unión con el Espíritu Santo, ahora y siempre y por los siglos de los siglos. Amén.

HOMILÍA XXXVIII. **Más tarde lo encontró Jesús en el templo y le dijo: Mira que has recobrado la salud. No peques ya más, no sea que te suceda algo peor (*Jn 5,14*)**

Grave cosa es el pecado; cosa grave y ruina del alma; y tal que con frecuencia redunda también en daño del cuerpo. Y pues sucede que cuando enfermamos del alma no sentimos dolor; y en cambio con un poquito que sufra el cuerpo extremamos los medios para librarlo de la enfermedad, porque ésta sí la sentimos, Dios castiga en el cuerpo los pecados del alma, para que el castigo de la parte inferior engendre la salud en la superior. Por este camino corrigió Pablo al fornicario de entre los corintios (1Co. 5, 5), combatiendo la enfermedad del alma mediante el azote del cuerpo; poniendo el corte en el cuerpo, refrenó la enfermedad del alma. Procedió a la manera de un óptimo médico que, no bastando los remedios internos en los casos de hidropesía o enfermedad del bazo, recurre finalmente al cauterio en lo exterior.

Así procedió Cristo con el paralítico. Advierte cómo él mismo lo declara: Mira que has recobrado la salud. No peques ya más, no sea que te suceda algo peor. ¿Qué aprendemos de aquí? En primer lugar que su enfermedad tuvo origen en el pecado. En segundo lugar, que con toda certeza existe la gehena. En tercer lugar, que el castigo en ella es perpetuo y sin fin. ¿En dónde están los que dicen: En dar muerte al otro ocupé apenas el espacio de una hora; en breve tiempo cometí el adulterio; y voy por eso a tener que sufrir penas eternas? Pues aquí tienes a uno que no pecó tanto como fue largo el castigo; pues le duró años, y casi pasó la vida íntegra en el castigo. No mide Dios los pecados por la duración del acto, sino por lo que el pecado es en sí mismo y en su naturaleza. Además, es necesario considerar que, aun cuando suframos graves castigos por los primeros pecados, luego reincidimos en ellos: por lo que tendremos que sufrir penas mayores con mucho. Y con toda razón; pues quien ni con el castigo se mejora, finalmente, como necio y despreciador de Dios, será llevado a castigos y tormentos mayores. El castigo debía reprimir a quien una vez ha caído y volverlo a un mejor modo de vivir. Pero, pues con el castigo no se vuelve más moderado, sino que se atreve a cometer los mismos pecados, con razón ha de sufrir un castigo que él mismo provocó que se le impusiera.

Y si los pecados que acá se repiten tienen más graves penas, cuando acá no se nos castiga por nuestros pecados ¿acaso no debemos temer y temblar, pues habremos de sufrir allá penas intolerables? Preguntarás: ¿por qué no todos son así castigados? Pues vemos a muchos criminales que gozan de excelente salud y disfrutan de próspera fortuna. No nos confiemos por esto, sino más bien lloremos más que a todos los otros a estos hombres. Porque si acá nada padecen, esto no es otra cosa sino una especie de viático que los conserva para mayores suplicios. Así lo dio a entender Pablo con estas palabras (1Co. 11, 32): Si bien, cuando el Señor nos castiga, nos quiere educar, a fin de que no nos tenga que condenar con este mundo. De manera que aquí es la admonición y allá es el castigo.

Preguntarás: entonces ¿todas las enfermedades tienen su origen en pecados? No todas, pero sí las más. Porque unas nacen de la pereza. La gula, la embriaguez, la pereza son madres de enfermedades. Pero nosotros en sólo una cosa debemos advertir: en que se reciban con acciones de gracias. También manda Dios enfermedades en castigo de pecados. Así vemos en el Libro I de los Reyes (1R. 15, 23) a cierto individuo que por sus pecados padeció de pelagra. Pero también nos sobrevienen las enfermedades para que seamos más probados. Así dice Dios a Job (Job 40, 8): No pienses que Yo haya obrado por otro motivo, sino para que aparezcas justo.

Mas ¿por qué precisamente cuando se trata de paralíticos, Cristo menciona los pecados? Porque también en el otro que refiere Mateo, se dice (Mt. 9, 2): Confía, hijo: te son perdonados tus pecados? Y a éste ahora se le dice: Mira que has recobrado la salud. No peques ya más. Sé que algunos recriminan a este paralítico de haber acusado a Cristo; y afirman que ese fue el motivo por el que le dijo Cristo tales palabras. Pero ¿qué diremos del otro paralítico, el de Mateo, que escuchó casi las mismas expresiones? Pues también a este otro se le dijo: Se te perdonan tus pecados. Por aquí queda manifiesto que no fue ese el motivo de que éste oyera aquellas palabras de boca de Jesús. Y más claramente lo podemos conocer por lo que sigue.

Porque dice el evangelista: Más tarde lo encontró Jesús en el templo, lo que es señal de haber sido hombre piadoso. No buscaba la plaza ni las calles ni se entregaba a comilonas y a la pereza, sino que pasaba su tiempo en el templo. Aunque temía que todos lo echaran de ahí, nada lo pudo persuadir de abandonar el templo. Y como Cristo lo encontrara ahí, después de que había aquél hablado con los judíos, no le echó en cara semejante falta. Si de ella lo hubiera querido acusar, le habría dicho: ¿Persistes en esa falta y la salud para nada te ha mejorado? Nada de esto le dice: únicamente lo vuelve más cauto para adelante.

Bien. Pero ¿por qué cuando cura a cojos y mutilados, no les hace la misma advertencia? Yo pienso que fue porque a los paralíticos la enfermedad les venía en castigo de sus pecados; mientras que a esos otros les venía por una debilidad corporal. Si no hubiera habido este motivo, también a estos otros les habría hablado del mismo modo. Porque siendo la parálisis la enfermedad más grave de todas, quiere el Señor corregir mediante lo que es más grave también lo que es menos. Así como cuando curó a otro le ordenó dar gloria a Dios, dándole este mandato no sólo para él sino por su medio para todos, del mismo modo ahora, por medio de esos leprosos exhorta a todos y da un consejo útil para cada cual. Hay que añadir que veía su gran perseverancia; y así le da el mandato como a quien Él sabe que puede guardarlo; y con el temor de los males futuros le ayuda a perseverar en la virtud.

Advierte cuán ajeno al fausto se halla Jesús. Porque no le dice: Mira que ya te he sanado yo; sino: ya estás sano; no peques ya más. Tampoco le dijo: No sea que yo te castigue, sino: No sea que te acontezca algo peor. Pone en forma impersonal ambas cosas y deja entender que la salud se le restituyó por gracia y favor y no por merecimientos del paralítico. Pues no dijo que éste se hubiera librado del castigo por méritos que tuviera, sino que había sido curado por pura benignidad. Si no hubiera sido así, le habría dicho: Ya sufriste el debido castigo de tus pecados: cuídate para adelante. No le dice eso, sino: Mira que ya estás sano. No quieras pecar ya más.

Digámonos esto mismo a nosotros mismos con frecuencia; y si somos castigados y salimos con bien, repitamos en nuestro interior: Mira que ya has recobrado la salud; ya no quieras pecar más. Pero si perseverando en nuestros pecados no recibimos castigo, digamos con el apóstol (Rm. 2, 4-5): La benignidad de Dios nos lleva a la penitencia. Pero tú, por tu endurecimiento e impenitencia de corazón, atesoras cólera para el día del castigo. Por lo demás Cristo dio al paralítico una gran señal de su divinidad, no únicamente fortaleciendo su cuerpo, sino además también por otro camino. Pues cuando le dijo: Ya no quieras pecar más, le significó que El conocía todos los pecados que aquél anteriormente había cometido; por lo cual en adelante se le debía dar a él fe al futuro.

(Jn. 5, 15) Fue, pues, aquel hombre a decir a los judíos que quien lo curó fue Jesús. Observa cómo persevera en su gratitud. Porque no dijo: Él fue quien me ordenó: carga con tu lecho. Pues los judíos perpetuamente objetaban aquello que en el paralítico les parecía culpable; el paralítico les da la respuesta para magnificar a su médico y atraer a él a los demás. No era ni tan necio ni tan mal agradecido, que tras de tan grandes beneficios y la admonición adjunta, traicionara a su bienhechor y hablara con semejante finalidad con los judíos. Aunque hubiera sido una fiera o estuviera fabricado de piedra y fuera un inhumano, podían haberlo retraído de semejante maldad el beneficio y el temor. Por la amenaza temía no le fuera a suceder algo peor, pues tan eximias pruebas tenía del poder de tan gran médico. Por lo demás, si hubiera querido calumniarlo, sin hacer mención de su salud, solamente lo hubiera acusado de la transgresión de la ley.

Por el contrario, con gran confianza y significando su mucho agradecimiento, exalta el beneficio, no menos que el ciego aquel que decía a los judíos (Jn. 5, 16): Hizo lodo con su saliva y me ungió los ojos. Lo mismo declara aquí el paralítico: Jesús fue quien me dio la salud. Por esto perseguían a Jesús los judíos y querían matarlo, por haber hecho esto en sábado. Y ¿qué hace Jesús? Dice (Jn. 5, 17): Mi Padre en todo momento trabaja y Yo también trabajo. Cuando fue menester defender a los discípulos, alegó a David, consiervo de ellos, y dijo (Mt. 12, 2): ¿No habéis leído lo que hizo David cuando sufría hambre? Pero ahora que habla en favor propio, apela a su Padre, y por ambos caminos declara ser igual a El: al llamarlo su Padre, y al declarar que El hace las mismas obras que su Padre.

¿Por qué no trae a la memoria lo sucedido en Jericó? (Josué 6, 4.15) Quería levantarlos de lo terreno, para que en adelante ya no lo vieran como a solo hombre, sino como a Dios legislador. Cierto que si no fuera en verdad Hijo de Dios y de su misma substancia, la defensa fuera más grave que la acusación. Supongamos un Prefecto de la ciudad que quebrantara una ley regia; y que siendo acusado se defendiera alegando que el rey mismo también la había quebrantado. Tal hombre, lejos de ser absuelto, quedaría reo de un crimen más grave. Pero en el caso de Cristo, siendo El igual en dignidad a su Padre, la defensa resulta plenamente legítima. Como si les dijera: Con la misma razón con que libráis de culpa a Dios, libradme también a mí. Por tal motivo comienza diciendo: Mi padre, para persuadirlos, aunque no quieran, de que se le deben conceder los mismos derechos, si es que reverencian al que es verdadero y auténtico Hijo. Y si alguno preguntara ¿cómo es que el Padre trabaja, siendo así que al séptimo día descansó de todas sus obras? este tal debe comprender el modo de obrar. ¿Cuál es ese modo? Teniendo cuidado de sus obras y llevándolas adelante. Cuando ves el sol que nace, el giro de la luna, los lagos, las fuentes, los ríos, las lluvias y todo el orden y movimiento de la naturaleza, ya sea en las simientes, ya en los cuerpos así de los animales como del hombre, y todo lo demás de que consta el universo, mira y conoce en ello el obrar del Padre (Mt. 5, 45): Que hace nacer su sol sobre buenos y malos y llueve sobre justos y pecadores. Y también (Mt. 6, 30): Pues si a la hierba del campo, que hoy es y mañana se arroja al fuego, así la viste Dios... Y acerca de las aves: Vuestro Padre celestial las alimenta. (Mt. 6, 26)

De manera que en este pasaje, lo hizo con sola su palabra y nada más añadió. Pero rechaza las culpas que se le achacan por lo que se hacía en el templo y por lo que los mismos judíos practicaban. Y cuando ordena obras, por ejemplo, que se cargue con el lecho, cosa en realidad de poca importancia pero que claramente significa la abrogación del sábado, entonces habla de cosas más altas para punzarlos, y les propone la dignidad de su Padre y los eleva a cosas más sublimes. En consecuencia, cuando se trata del sábado, se justifica no como solo hombre, ni como solo Dios; sino unas veces en un sentido y otras en otro. Puesto que quería que ambas cosas se creyeran: la humildad de la Encarnación y la dignidad de la divinidad. Aquí se justifica como Dios. Si continuamente les hubiera hablado en sentido humano, habrían permanecido perpetuamente en sola la humillación. Pues para que esto no sucediera, trae al medio a su Padre. Las criaturas mismas trabajan en sábado. El sol recorre su camino, las fuentes arrojan sus raudales, las mujeres dan a luz. Mas, para que veas que El no entra en el número de las criaturas, no dijo: También yo obro, pues las criaturas a su vez obran; sino ¿qué? También porque yo obro, mi Padre obra.

(Jn. 5, 18) Por esto los judíos buscaban más aún cómo perderlo; porque no sólo violaba el sábado, sino que llamaba a Dios Padre suyo, haciéndose igual a Dios. Y lo demostró no sólo con sus palabras, sino mucho más con sus obras. ¿Por qué? Porque en las palabras puede haber cavilaciones y acusar al que habla de haber dicho falsedades; pero cuando veían la verdad de las cosas y de las obras que hacía y que demostraban su poder, entonces ya no podían ni abrir la boca. Los que no quieren recibir eso con espíritu de piedad objetarán que Cristo no se hacía igual a Dios, sino que eran los judíos quienes lo sospechaban. En vista de esto, vamos a resumir lo que ya expusimos.

Desde luego, dime: ¿los judíos perseguían a Jesús o no lo perseguían? Cierto lo perseguían. Nadie lo ignora. Y ¿lo perseguían por ese motivo de hacerse igual a Dios, o por otro? Todos confiesan que era por el dicho motivo. Y ¿abolía el sábado o no? Lo abolía, y nadie lo niega. Y ¿llamaba a Dios Padre suyo o no? Sí lo llamaba. Entonces las consecuencias se siguen lógicamente unas a otras. Pues así como el llamar a Dios su Padre, el abolir el sábado, el padecer persecución de parte de los judíos precisamente por eso, no son falsedades, sino verdades, del mismo modo lo es el hacerse igual al Padre, pues iba siguiendo el mismo pensamiento.

Por lo antes dicho, aparece más claro aún. Porque eso de: Mi Padre obra y yo también obro, es el equivalente de hacerse igual a Dios; puesto que en tales palabras no aparece ninguna diferencia. Porque no dijo: El obra y yo obro como su ministro; sino: Como El obra así Yo también, lo que demuestra una igualdad absoluta. Si Jesús no hubiera querido significar esto, sino que los judíos vanamente lo hubieran sospechado, El no habría dejado que ellos pensaran falsamente, sino que los habría corregido. Y sin duda el evangelista no lo habría pasado en silencio, sino que claramente habría dicho que eso era lo que pensaban los judíos, pero que en realidad Jesús no se había igualado a Dios. Así lo hace en otras ocasiones, cuando ve que una cosa dicha en un sentido se toma en otro. Así cuando dice Cristo (Jn. 2, 19): Destruid este santuario y en tres días yo lo levantaré, el evangelista aclara: hablaba de su cuerpo.

Los judíos no lo entendieron y pensaron que Jesús hablaba del santuario material; y decían: En cuarenta y seis años se edificó este templo ¿y tú en tres días lo levantarás? Ahora bien, como una cosa había dicho Jesús y otra habían entendido ellos, pues Él lo decía de su cuerpo y ellos lo entendían del santuario, lo declara el evangelista; y más aún corrige lo que ellos opinaban y añade: Pero Él hablaba del santuario de su cuerpo. De manera que si en este pasaje ahora Cristo no se hubiera hecho igual al Padre, sin duda el evangelista habría corregido el juicio de los judíos que eso opinaban y habría dicho: Los judíos pensaban que Él se hacía igual a Dios, pero Jesús no hablaba de semejante igualdad.

Porque no únicamente lo hace en este pasaje este evangelista, sino también en otro en otra ocasión. Habiendo ordenado Jesús a sus discípulos (Mt. 16, 6): Guardaos del fermento de los fariseos y saduceos, como ellos lo entendieran de los panes materiales y se dijeran unos a otros: No tomamos panes; puesto que Jesús decía una cosa, llamando fermento a la doctrina y ellos entendieron otra, pensando que hablaba de los panes, corrígelo al punto, no ya el evangelista, sino el mismísimo Cristo, diciendo: ¿Cómo es que no entendéis que yo no os he dicho que os abstengáis de los panes? Ahora bien, en este nuestro pasaje nada de eso sucede.

Instará alguno: pero es que el mismo Cristo lo corrige al añadir (Jn. 5, 19): El Hijo no puede hacer nada de Sí mismo. Respondo: ¡oh hombre! Es todo lo contrario; pues no sólo no suprime con eso la igualdad, sino que la confirma al decirlo. Pero ¡vaya! ¡atended con diligencia! Porque no se trata de cosas de nonada. Esa expresión de Sí mismo con frecuencia se halla en la Escritura dicha acerca de Cristo y del Espíritu Santo; y se hace necesario conocer la fuerza que tiene para no caer en gravísimo error. Si la tomas así como suena, mira cuán terrible absurdo se sigue. Porque no dijo El que podía obrar por sí unas cosas y otras no, sino que afirma en general: El Hijo no puede hacer nada de Sí mismo.

En consecuencia, preguntaremos a nuestro contrincante: ¿El Hijo nada puede hacer por Sí mismo? Si responde que nada, le replicaremos: y sin embargo obra por Sí mismo lo que es lo sumo de los bienes, como lo proclama Pablo (Flp. 2, 6-7): El cual subsistiendo en la naturaleza divina, no consideró ser codiciado botín retener esa igualdad con Dios; antes bien se anonadó a Sí mismo, tornando la naturaleza de esclavo. Y el mismo Cristo en otra parte dice (Jn. 10, 18): Tengo potestad para entregar mi vida y tengo potestad de recobrarla. Nadie me la quita, sino que yo voluntariamente la entrego. ¿Ves cómo tiene potestad de muerte y de vida éste que hizo por Sí mismo tales maravillas y tan maravillosa redención?

Mas ¿para qué referirme a Cristo? Nosotros mismos -¡y eso que quizá nada hay más débil y despreciable!- muchas cosas las hacemos por nosotros mismos: por nosotros mismos elegimos la perversidad o elegimos la virtud. Si no las hacemos por nosotros mismos ni tenemos poder para eso, ni iremos al infierno, ni pecamos, ni conseguiremos, aun haciendo buenas obras, el Reino de los Cielos. De manera que, en consecuencia, eso de: No puede el Hijo hacer cosa alguna de Sí mismo no significa sino que no puede hacer nada contrario a su Padre, nada extraño, nada ajeno a su Padre; lo cual demuestra una gran concordia y una suma igualdad.

Y ¿por qué no dijo: Nada contrario hace, sino: no puede hacer? Para demostrar por aquí de nuevo la completa igualdad; porque esto no indica debilidad, sino, al revés, su inmenso poder. También del Padre dice Pablo en otra parte (Hb. 8, 18): A fin de que por dos hechos inmutables, en los cuales es imposible que mienta Dios, y también (2Tm. 12, 13): Si somos infieles, El permanece fiel, pues no puede negarse a Sí mismo. Ahora bien, ese es imposible de ninguna manera significa debilidad, sino poder y un poder inefable. De manera que propiamente significa: esa substancia divina de ningún modo admite fallas semejantes.

Así como cuando decimos que Dios no puede pecar, no le achacamos ninguna falta de poder, sino que, al revés, testificamos cierto poder inefable, del mismo modo, cuando Él dice (Jn. 5, 30): No puedo hacer nada de Mí mismo, significa: es en absoluto imposible que Yo haga algo contrario a mi Padre. Y para que sepas que ese es el sentido, examinemos lo que sigue; y veamos si Cristo asiente a lo que nosotros hemos dicho o a lo que dicen los adversarios. Aseguras tú que esa expresión anula el poder y aun la autoridad que a Cristo compete y demuestra debilidad en El. En cambio, yo afirmo lo contrario, o sea que la expresión demuestra una igualdad, una paridad absoluta, y que todas las cosas se hacen con una sola voluntad y un solo poder.

Preguntemos al mismo Cristo y veamos, por lo que luego va a decir, si acaso interpreta El su sentencia conforme a mi opinión o conforme a la tuya. ¿Qué es lo que dice? Todo lo que hace el Padre, también lo hace el Hijo igualmente. ¿Cómo destruye de raíz tu opinión y confirma la nuestra? Si pues el Hijo nada hace de Sí mismo, tampoco el Padre hará algo de Sí mismo, puesto que todo lo que el Padre hace lo hace el Hijo también. Si no fuera lógica esta consecuencia, se seguiría otro absurdo. Porque no dijo Jesús que hacía lo que veía hacer a su Padre; sino: sólo lo que ve hacer a su Padre, dando así a su sentencia toda la extensión del tiempo. Pero según vosotros tiene que aprender primero todo continuamente. ¿Adviertes la sublimidad de sus palabras? ¿Ves al mismo tiempo lo humilde de sus expresiones; y cómo esto obliga aun a los renuentes e impudentes a dejar ese sentido y a rehuirlo, ya que en tan alto grado repugna a tan alta dignidad como es la del Hijo? ¿Quién será tan infeliz y mísero que afirme que el Hijo día por día está aprendiendo lo que debe hacer? Ni ¿cómo será verdad aquello otro (Sal. 102, 27): Pero tú eres siempre el mismo y tus años no tienen fin? ¿Cómo será verdad que (Jn. 1, 3): Todo fue hecho por El y ni una sola cosa de las que existen ha llegado a la existencia sin él? ¿Cómo será verdad todo eso si Jesús imita solamente lo que ve que hace su Padre?

Adviertes cómo por lo dicho anteriormente y lo que se dijo enseguida, se demuestra su autoridad y poder absoluto. No te espantes de que diga algunas cosas más humildes. Y como por haber dicho otras cosas más sublimes lo perseguían y lo juzgaban contrario a Dios, usa un poco de expresiones humildes, para tornar de nuevo a las sublimes y de nuevo abajarse, variando de este modo su enseñanza, con el objeto de que la entiendan y acepten aun los perversos. Pues, una vez que hubo dicho: Mi padre obra y yo también obro, mostrándose así igual a Dios, enseguida dice: No puede el Hijo hacer nada de Sí mismo, sino lo que ve que hace el Padre. Pero luego nuevamente se eleva: Cuanto hace el Padre igualmente lo hace el Hijo.

Y de nuevo en forma humilde (Jn. 5, 20): El Padre ama al Hijo y le manifiesta todo cuanto El hace. Y le mostrará obras aún mayores que éstas. ¿Adviertes la mucha humildad? Y con razón. Porque ya dije y no me cansaré de repetirlo y lo repetiré ahora. Cuando se expresa baja y humildemente lo hace por hipérbole, a fin de que aun los malos queden persuadidos por la humildad de sus expresiones y puedan captar el sentido mediante una mente piadosa.

Si no fuera ésa su intención, piensa cuán absurdo sería lo que suenan las palabras y lo verás si las examinas. Así cuando dice: Y le mostrará obras aún mayores que éstas, se hallará que aún no había el Hijo aprendido muchas cosas, lo cual ni aun de los apóstoles puede afirmarse. Pues en cuanto hubieron recibido la gracia del Espíritu Santo, al punto lo conocieron todo y todo lo pudieron; es decir, todo cuanto convenía que ellos supieran y pudieran. En cambio se encontraría que Cristo no había aún aprendido muchas cosas necesarias. Pero ¿qué absurdo puede haber mayor que éste? En consecuencia ¿cuál es el sentido de aquella expresión? Puesto que, tras de curar al paralítico iba a resucitar a un muerto, pronunció esa sentencia, como si dijera: ¿Os admiráis de que Yo haya sanado así al paralítico? Pues mayores cosas veréis. Pero ni aun se expresó de ese modo, sino que usó de más humilde lenguaje, para así reprimir el furor de los judíos.

Y para que veas que esa expresión le mostrará no se ha de tomar en sentido propio, oye lo que sigue (Jn. 5, 21): Así como el Padre resucita los muertos y los hace revivir, así el Hijo da la vida a quienes le place. Ahora bien, la expresión: Nada puede de Sí mismo, es contraria a la otra: A quienes quiere. Puesto que si da la vida a quienes quiere, puede de Sí mismo hacer algo, ya que el querer es obra del poder. Pero si de Sí mismo nada puede, tampoco dará la vida a quienes le place.

La expresión: Así como el Padre resucita, demuestra un poder igual en el Hijo; y la otra: a quienes quiere demuestra también un poder igual. ¿Ves, en consecuencia, cómo eso de que no puede hacer nada de Sí mismo, no niega el poder, sino que únicamente significa un poder igual y una voluntad común con el Padre? En el mismo sentido tienes que entender lo otro: le mostrará. Porque en otra parte dice (Jn. 6, 40): Yo lo resucitaré en el último día. Y luego, demostrando que no ha recibido de otro su poder para obrar, dice (Jn. 11, 25): Yo soy la resurrección y la vida. Y para que no insistas diciendo: ciertamente Él puede resucitar a los muertos y darles vida, pero no puede hacer otras cosas igualmente; con el objeto de rechazar desde luego semejante objeción, usa estas palabras: Todo lo que el Padre hace también igualmente lo hace el Hijo. Declara, pues, que cuanto obra el Padre, igualmente también lo obra el Hijo, como es resucitar a los muertos, crear los cuerpos, perdonar los pecados y cualquiera otra obra la hace del mismo modo que el Padre. Pero no atienden a estas cosas los que no cuidan de su salvación: tan tremendo mal es el anhelo de los honores vanos y de las preeminencias. Este engendra las herejías; éste confirma en su impiedad a los gentiles. Quería Dios que sus atributos invisibles se hicieran inteligibles mediante la creación; pero los judíos, haciendo a un lado eso, y despreciando esa verdad, se prepararon otro camino, y así se desviaron de la vía recta. Por semejante vicio los judíos se negaron a creer, pues anhelaban la gloria humana y no buscaban la que viene de Dios.

Por nuestra parte, carísimos, huyamos diligentísimamente de semejante enfermedad. Aun cuando hubiéramos llevado a cabo infinitas proezas, esta peste de la vanagloria las echará a perder todas. Si buscamos alabanzas, pongamos los ojos en las que vienen de Dios. La humana alabanza, sea cual fuere, apenas brota y ya se desvanece. Mas aunque no pereciera, cierto es que no nos procura ganancia alguna; y con frecuencia nace de un juicio torcido. Pues ¿qué hay de admirable en la gloria de los hombres, cuando la disfrutan tanto los jóvenes bailarines como las mujeres desvergonzadas y los avaros y los ladrones?

Aquel a quien Dios alabe, participa de la admiración, no entre tales personas como los hombres, sino entre los santos, los profetas, los apóstoles, que llevaron vida de ángeles. Si anhelamos en torno de nosotros turbas de hombres y ser vistos y honrados, examinemos qué sea eso, y hallaremos que en realidad no tiene valor alguno. En una palabra: si amas las turbas, atrae hacia ti las multitudes de los ángeles, vuélvete temible a los demonios, y así no te cuidarás para nada de los hombres, sino que todo, aun lo que parece espléndido, lo pisotearás como si fuera barro o cieno. Comprenderás entonces cómo nada mancha tanto el alma como andar anhelando la vanagloria.

Porque no puede ¡no! es imposible que quien ama la gloria vana no lleve una vida de padecimientos; así como el que la desprecia no puede menos de pisotear juntamente innumerables vicios. Quien ha vencido la vanagloria vencerá también la envidia, la codicia de riquezas y todas las demás gravísimas enfermedades del alma. Preguntarás el modo de vencerla. Venceremos si ponemos la vista y la esperanza en la otra gloria, o sea la celestial, de la que la gloria vana trata de expulsarnos. La gloria del cielo nos hace ilustres en esta vida y luego nos acompaña a la vida futura y nos libra de toda servidumbre de la carne. Míseramente servimos ahora a la carne, apegados a la tierra y a las cosas terrenas.

Ya sea que vayas al foro, ya entres en las casas, ya vayas por los caminos, ya frecuentes las posadas o las hospederías, ya subas en una nave o vayas a una isla o a un palacio, ya entres en los tribunales o en el senado, en todas partes verás y observarás la solicitud por las cosas terrenas y cómo todos andan en ellas empeñados, ya sean viajeros, ya ciudadanos los que navegan o ya sean agricultores que viven en los campos o moran en las ciudades: ¡en una palabra, todos!

¿Qué esperanza nos queda, puesto que viviendo en la tierra de Dios, para nada nos acordamos de Dios? ¿Para nada cuidamos de lo que toca a Dios? Se nos manda ser peregrinos de acá y somos peregrinos del cielo y ciudadanos de la tierra. ¿Qué hay peor que semejante necedad? Cada día oímos hablar del reino, e imitamos a los contemporáneos de Noé y aun a los sodomitas, y queremos experimentarlo todo. Por tal motivo se escribió todo aquello, para que si alguno no cree en lo futuro que se le anuncia, a lo menos por los sucesos pasados tenga clara noticia de lo que está por venir.

Pensando en todo esto, así lo pasado como lo futuro, cesemos ya, siquiera un poco, de la esclavitud de los vicios y tengamos algún cuidado del alma, para que consigamos los bienes presentes y también los futuros, por gracia y benignidad de nuestro Señor Jesucristo, al cual sean la gloria y el poder por los siglos de los siglos. Amén.

HOMILÍA XXXIX. Mi Padre no juzga a nadie, sino que el juzgar lo ha encomendado totalmente al Hijo, a fin de que honren todos al Hijo como honran al Padre (*Jn 5,22-23*)

Carísimos, mucha diligencia necesitamos en todo; puesto que tenemos que dar estrecha cuenta así de las palabras como de las obras. Porque nuestras cosas no están circunscritas a los límites de la vida presente, sino que nos espera otra condición de vida y hemos de presentarnos a un juicio temible. Pues dice Pablo (2Co. 5, 10): Todos nosotros debemos comparecer ante el tribunal de Cristo, para recibir cada uno la paga de cuanto hizo mientras vivió en el cuerpo, de acuerdo con sus buenas o malas obras Pensemos continuamente en este tribunal, y así podremos ejercitarnos en la virtud. Así como acontece que quien hecha de sí la memoria de ese día, a la manera de un caballo sin freno se arroja al precipicio -pues dice la Escritura: En todo tiempo se profanan sus caminos; y da la razón (Sal. 10, 5): Tus juicios se quitan de delante de él-; así quienes están poseídos continuamente de este temor, proceden con templanza. Pues dice también (Eclesiástico 7, 36): En todas tus acciones ten presente tu fin, y así jamás cometerás pecado. El que ahora perdona nuestros pecados, se sentará entonces como Juez. El que murió por nosotros ahí se mostrará juzgando a toda la humana naturaleza. Porque dice también: Abolido ya el pecado, se manifestará su segunda vez para glorificación de los que aguardan su advenimiento.

Por eso en este pasaje dice (Hb. 9, 28): Mi Padre no juzga a nadie, sino que el juzgar lo ha encomendado totalmente al Hijo, a fin de que todos honren al Hijo como honran al Padre. Preguntarás: entonces ¿al Hijo lo llamaremos Padre? ¡Lejos tal cosa! Por eso echa mano de la palabra Hijo, para que permaneciendo El Hijo, lo honremos como al Padre. Ahora bien, quien al Hijo lo llama Padre, ya no honra al Hijo como al Padre, sino que todo lo revuelve. Pero como acontezca que los hombres, una vez recibidos los beneficios, en ninguna otra forma tornen a su deber como siendo castigados, Cristo anunció cosas terribles, para atraerlos a lo menos por el miedo a darle el honor que se le debe.

Con la palabra totalmente significa que tiene potestad para castigar y para honrar y para usar de ellas a su voluntad. La expresión lo ha encomendado se puso para que no vayas a pensar que el Hijo no es engendrado, ni tampoco pienses que hay dos Padres. Lo que es el Padre, eso mismo es el Hijo, permaneciendo engendrado el Hijo. Y para que veas que lo ha encomendado significa lo mismo que engendrado, óyelo declarado un poco más adelante (Jn. 5, 26): Así como el Padre tiene vida en sí mismo, así otorgó al Hijo el tener vida en sí mismo. ¿Cómo es eso? ¿Primero lo engendró y luego le dio vida? Pero quien da algo, lo da a quien ya existe. ¿Fue acaso engendrado sin vida? Semejante cosa ni los demonios la opinan, pues lleva juntamente con la impiedad una locura. De modo que así como: otorgó al Hijo tener vida, es lo mismo que lo engendró Vida, del mismo modo: el juzgar lo ha encomendado totalmente al Hijo quiere decir que lo engendró Juez. Para que al oír que procede del Padre no vayas a pensar en diversidad de substancias y en honor inferior, viene

El mismo a juzgar, demostrando con esto la igualdad con el Padre. Pues ciertamente el que tiene potestad para castigar y honrar a su voluntad a quienes quiera, posee una potestad igual a la del Padre.

Si no fuera así, sino que después de engendrado hubiera recibido esa potestad ¿qué motivo hubo para que no fuera inferior en el honor? O ¿cómo adelantó tanto que logró recibir semejante dignidad? Y ¿no os avergonzáis de atribuir cosas tan viles y propias del hombre a la substancia inmortal e incapaz de recibir ningún aumento en perfección? Preguntarás: entonces ¿qué motivo tuvo Cristo para usar de semejantes expresiones? Fue para que más fácilmente se les dé crédito y preparen ellas el camino a cosas más altas: por tal motivo Cristo mezcla unas cosas con otras. Pero advierte cómo lo hace, pues vale la pena observar esto desde el principio. Dijo: Mi Padre en todo momento trabaja y Yo también trabajo: palabras con que declara su igualdad y el honor igual que se les debe. Y procuraban los judíos acabar con El. ¿Qué hace luego? Atempera las palabras, pero manteniendo el mismo sentido: El Hijo no puede hacer cosa alguna de Sí mismo. Vuelve enseguida a lo sublime y dice: Lo que ve hacer al Padre El también igualmente lo hace. Y torna de nuevo a lo humilde: El Padre ama al Hijo y le manifiesta cuanto El hace. Y le mostrará obras mayores que éstas. Sube otra vez a las alturas diciendo: Así como el Padre resucita a los muertos y los hace revivir, así el Hijo da vida a quienes le place. Enseguida, toca juntamente lo humilde y lo sublime: A la verdad el Padre no juzga a nadie, sino que el juzgar lo ha encomendado totalmente al Hijo. Finalmente de nuevo se eleva: Para que todos honren al Hijo como honran al Padre.

¿Adviertes en qué forma va variando su discurso, mezclando palabras y expresiones sublimes con otras humildes, tanto para que los oyentes más fácilmente las admitieran, como para que los venideros no fueran a recibir daño; sino que éstos, apoyándose en las expresiones sublimes, formaran de las otras el juicio que era conveniente? Porque si esto no es así, ni aquellas expresiones se han dicho por modo de atemperación, ¿qué razón tuvo Cristo para ir así mezclando lo humilde con lo sublime? Al fin y al cabo, el que ha de declarar de sí cosas eximias, si dice algo más humilde, da ocasión de pensar que lo hace por condescendencia y por cierta prudencia especial. En cambio, quien ha de declarar de sí cosas humildes, si dice algo eximio ¿con qué razón dice cosas que están por encima de lo que pide su naturaleza? Esto ya no sería condescendencia ni prudencia especial, sino suma impiedad.

Podemos pues nosotros alegar un motivo justo y conveniente a Dios de que use palabras y expresiones humildes; como es el motivo de enseñarnos abajándose a proceder modestamente y proveer así a nuestra salvación. Y él mismo lo declara más adelante diciendo: Os digo esto para que os salvéis. Había recurrido al testimonio de Juan, omitiendo el propio, cosa no digna de su grandeza; por lo cual añadió el motivo de haber usado expresiones más humildes: Os digo esto para que os salvéis.

Y vosotros, los que afirmáis que no tiene el mismo poder ¿qué responderéis cuando lo oigáis decir que tiene la misma fuerza, el mismo poder, la misma gloria que el Padre? ¿Por qué exige el mismo honor, si, como vosotros decís, le es muy inferior? Porque no se contentó con decir eso, sino que añadió (Mt. 10, 40): El que no honra al Hijo, no honra al Padre que lo envió. ¿Adviertes cómo está unido el honor del Hijo con el honor del Padre? Dirá alguno: Y ¿eso, qué? También lo vemos en los apóstoles, pues les dice: El que a vosotros recibe, a mí me recibe. Respondo: es que en ese pasaje trata de las cosas de sus siervos como propias, por lo cual se expresa así. Acá, en cambio, lo hace porque se trata de una sola substancia y una sola gloria. Por lo demás, ahí no ordena a los apóstoles que presten ningún honor.

Bellamente dijo: El que no honra al Hijo, no honra al Padre. Puesto que de dos reyes si al uno se le injuria, la injuria recae también sobre el otro, en especial si el injuriado es hijo del otro. Más aún: si se injuria a uno de sus soldados, el rey queda injuriado, aunque no del mismo modo, pero sí por medio de un intermediario. En nuestro caso, por el contrario, directamente se injuria al rey. Por esto se apresuró Cristo a decir: A fin de que honren todos al Hijo como honran al Padre. Y así cuando dice: El que no honra al Hijo no honra al Padre, entiendas que es uno mismo el honor. Porque no simplemente el que no honra, sino el que no honra corno he dicho, honra al no Padre. Pero dirás: ¿cómo puede ser una misma substancia el que envía y el enviado? Otra vez interpretas a lo humano y no piensas que todo esto se dijo para que conozcamos la causa y no incurramos en el error de Sabelio; y además se cure la enfermedad de los judíos y que no piensen ser Cristo adversario de Dios. Porque los judíos decían: Este no viene de Dios; éste no es de Dios. Para suprimir ese error, Cristo usaba expresiones no tan sublimes, sino más bien humildes. Por lo cual con mucha frecuencia afirmaba ser enviado; no para que de aquí dedujeras que se decía inferior a su Padre, sino para cerrarles la boca. Por lo mismo, con frecuencia recurre a su Padre, pero interponiendo la propia autoridad.

Si siempre y en todo hubiera hablado según lo que a su dignidad correspondía, los judíos no le habrían admitido lo que decía; ya que aun por esas pocas palabras lo perseguían muchas veces e intentaban lapidarlo. Y si por atender a los judíos hubiera hablado siempre a lo humano, más tarde habrían salido perjudicados muchos. Por lo cual va exponiendo la doctrina de tal modo que cuando habla humildemente y a lo humano, les impone silencio a los judíos; y cuando echa mano de expresiones convenientes a su dignidad, excluye el concepto menos digno, a lo menos entre los de entendimiento sano, demostrándoles de esta manera que lo otro no competía con plena exactitud.

Ser enviado significa un movimiento translaticio; y Dios está en todas partes. Entonces ¿por qué dice Cristo que fue enviado? Usa de un término más bajo y grosero al declarar el pleno acuerdo entre El y su Padre; y por lo mismo, atempera su lenguaje en lo que sigue: En verdad, en verdad os digo: el que escucha mis palabras y cree en el que me envió, tiene vida eterna. Observa la frecuencia con que repite esto, para quitar aquella otra suposición; y aquí y en lo que sigue, ya por el temor, ya por las promesas, aleja toda querella; y luego aquí de nuevo baja a lo humilde y humano. Porque no dijo: Quien escucha mis palabras y cree en mí, ya que esto lo habrían juzgado como palabras de soberbia y fastuosas.

Si tras de tan largo lapso y de tantos milagros verificados, cuando se expresó en ese forma, así lo supusieron, mucho más lo habrían pensado en esta ocasión. Por eso le decían: Abraham murió e igualmente los profetas. ¿Y tú dices: Quien guardare mi doctrina no experimentará la muerte jamás?

Pues para que en esta ocasión no se enfurecieran, mira lo que dice (Jn. 5, 24): El que escucha mi palabra y cree en aquel que me envió, tiene vida eterna. Esto podían ellos con facilidad admitirlo, entendiéndolo en el sentido de que quien escuchara a Jesús creía en el Padre. Y una vez admitido esto de buena gana, sin duda más fácilmente aceptaría lo demás. De modo que cuando se expresaba en forma más humana, preparaba el camino para cosas más altas.

Una vez que hubo dicho: Tiene vida eterna, añadió: Y no le amenaza la condenación, pues ha pasado de la muerte a la vida. Se concilia la fe con ambas cosas: con decir que es necesario creer en el Padre, y con prometer grandes bienes al obediente. La expresión: No será condenado quiere decir que no será castigado. Y no se refiere a la muerte temporal, sino a la eterna, del mismo modo que habla de la vida inmortal.

(Jn. 5, 25) En verdad, en verdad os digo: Llega la hora, y es ahora, en que los muertos oirán la voz del Hijo de Dios; y cuantos la oigan recobrarán la vida. Con las obras comprueba la veracidad de sus palabras. Pues habiendo dicho: Así como el Padre resucita a los muertos y los hace revivir, así el Hijo da la vida a quienes le place, para que no pensaran ni pareciera que esto lo decía por fausto y jactancia, lo demuestra con las obras, y dice: Llega la hora. Y para que no creas que habrá que esperarla mucho, añade: Y es ahora, cuando los muertos oirán la voz del Hijo de Dios y los que la escuchan recobrarán la vida. ¿Observas aquí la autoridad y el poder inefables? Dice: como en la resurrección así sucederá ahora. Porque entonces, al escuchar la voz del que ordena, resucitaremos. Porque afirma: Al mandato de Dios, los muertos resucitarán.

Preguntarás quizá: ¿dónde consta que no se dijo eso por mera fastuosidad? Por lo que se añade: Y es ahora. Si lo hubiera dicho sólo como quien anuncia cosas futuras, podía de ahí nacer la dicha sospecha. Pero les da la demostración. Como si les dijera: Y sucederá estando todavía Yo con vosotros. Ciertamente si no hubiera tenido ese poder, nunca habría hecho semejante promesa, para no caer en público ridículo. Y luego explica lo dicho con estas palabras: Así como el Padre tiene vida en sí mismo, así otorgó al Hijo tener vida en sí mismo. Advierte en qué forma establece la igualdad, poniendo únicamente esta diferencia: que una es la persona del Padre y otra la del Hijo. Pues la palabra otorgó, solamente lleva consigo la tal diferencia, mientras que en todo lo demás los manifiesta en absoluto iguales. Por donde se ve que El obra todo con la misma potestad y poder que el Padre; y que no ha recibido semejante poder de algún otro lado. Puesto que tiene vida igual que el Padre. Y así añadió lo que luego sigue, para que por aquí entendamos lo que precede. ¿Qué es lo que precede?: Y le dio potestad para juzgar.

Mas ¿por qué con tan grande frecuencia trae al medio la resurrección y el juicio? Así como el Padre resucita a los muertos y los hace revivir, así el Hijo da la vida a quienes le place. Y también: Tampoco el Padre juzga a nadie, sino que el juzgar lo ha encomendado totalmente al Hijo. Y nuevamente (Jn. 5, 26): Así como el Padre tiene vida en sí mismo así otorgó al Hijo tener vida en sí mismo. Y luego: Los que oigan la palabra del Hijo de Dios recobrarán la vida. Y en este sitio (Jn. 5, 27): Y le dio potestad para juzgar. Pregunto, pues: ¿por qué con tanta frecuencia trae al medio el juicio, la vida, la resurrección? Porque tales motivos son los que sobre todo pueden conmover a un corazón obstinado. Quien cree que resucitará y será castigado por sus crímenes, aun cuando no vea algún milagro, con sólo este motivo correrá sin duda a hacerse propicio al Juez.

(Jn. 5, 28) Porque es el Hijo del Hombre. No os maraville esto. Pablo de Samosata no lee así, sino ¿cómo? Y le dio autoridad para juzgar porque es el Hijo del hombre. Pero leído en esta forma no fluye lógicamente. Porque no recibió el Hijo la autoridad de juzgar por ser hombre. Si así fuera ¿qué impediría que todos los hombres fueran jueces? Es juez porque es Hijo de aquella inefable substancia. De modo que ha de leerse: Puesto que es el Hijo del hombre, no queráis admiraros. Como pareciera a los oyentes que Jesús se contradecía, y pensaran que era puro hombre y nada más; y que en cambio sus expresiones lo hacían superior al hombre e incluso a los ángeles y dignas eran únicamente de Dios, por eso añadió (Jn. 5, 2-29): No os admiréis de esto, porque es el Hijo del hombre. Pues ha llegado la hora en que todos los que están en los sepulcros, oirán su voz; y saldrán resucitados para la vida los que obraron bien; empero para los que obraron mal resucitarán para condenación.

Por qué no dijo: ¿No os admiréis, que es el Hijo del hombre? Porque también era Hijo de Dios. Pero ¿hizo mención de la resurrección? Ya antes había dicho: Oirán la voz del Hijo de Dios.

No te admires de que ahora lo calle. Pues habiendo indicado lo que era obra propia de Dios, dejó aquí que los oyentes por sí mismos dedujeran que Él era Dios e Hijo de Dios. Si esto lo hubiera repetido con frecuencia los habría excitado a rechazarlo. Pero una vez demostrado esto mediante los milagros, ya su doctrina se hacía menos odiosa. Los que construyen silogismos, tras de establecer las proposiciones de prueba, no añaden con frecuencia la consecuencia; sino que por ese medio tornan al oyente más benévolo y alcanzan sobre él una más espléndida victoria, pues obligan a su adversario a sacar la consecuencia que ellos quieren; de modo que quienes se hallan presentes, al punto la abrazan.

Cuando recordó la resurrección de Lázaro, no habló del juicio, porque no resucitó a Lázaro con ese objeto; pero al tratar de la resurrección universal, sí añadió: que los que obraron bien resucitarán para vida y los que obraron mal resucitarán para condenación. En esta forma excitaba Juan (Jn. 3, 36) a sus oyentes, trayendo al medio el juicio y clamando que quienes no creen en el Hijo de Dios, no verán la vida, sino que permanecerá sobre ellos la ira de Dios. Y a Nicodemo le dijo Jesús (Jn. 3, 18): El que cree en el Hijo del hombre no es condenado. Mas quien no cree, queda ya condenado. Del mismo modo habló aquí del juicio y del castigo establecido para las obras malas. Pero como antes había dicho: El que escucha mis palabras y cree en el que me envió tiene vida eterna, para que nadie piense que basta con esa fe para la salvación, añadió la necesidad de la vida virtuosa diciendo: Los que obraron bien para resurrección de vida; empero los que obraron mal para condenación.

Y pues había dicho que todo el orbe tendría que rendirle cuentas, y que todos a su mandato resucitarían, cosa nueva y no esperada, y tal que aún muchos no la creían, ni aun de los que parecía que ya creían en su doctrina, y mucho menos los judíos, oye en qué forma lo declara, acomodándose a la rudeza de los oyentes: Yo no puedo hacer algo de Mí mismo. Según oigo así transmito. Y mi veredicto es fiel, porque no busco mi voluntad, sino la voluntad del que me ha enviado. Y ya les había dado una buena prueba con sanar al paralítico. Ni habló de la resurrección, sino hasta después de este milagro que distaba ya poco de una resurrección. Y dio a entender el juicio, después de la curación corporal, con estas palabras: Mira que ya has recobrado la salud. No quieras pecar ya más, no sea que te acontezca algo peor.

Pero además predice en esto la resurrección, así la de Lázaro como la de todo el orbe. Y pues predice estas dos resurrecciones - la de Lázaro que luego vendría y la del orbe que tardaría mucho en venir- con la curación del paralítico deja entender la de Lázaro que se verificará muy luego, puesto que dice: Llega la hora, y es ahora; y enseguida predice la del orbe todo por la de Lázaro. Pone ante los ojos lo que aún no se ha verificado mediante lo que ya se ha verificado. Y vemos que en todas partes procede del mismo modo: propone dos o tres predicciones, y luego con las obras creíbles, siendo aún las hace futuras.

Sin embargo, aun habiendo dicho y hecho todo eso, como los oyentes eran rudos, no se contentó, sino que reprimió la audacia pertinaz de los judíos con otras proposiciones, y dijo (Jn. 5, 30): Yo no puedo hacer nada de Mí mismo. Según oigo, así transmito. Y mi veredicto es fiel, porque no busco mi voluntad, sino la voluntad del que me envió. Parecería que los profetas afirmaban cosas distintas y diversas. Pues decían que es Dios quien juzga la tierra toda, es decir al género humano. Y David continuamente lo proclama diciendo (Sal. 96, 10): Juzgará a los pueblos con equidad y también (Sal. 7, 11): Dios es juez justo, fuerte y paciente. Y lo mismo se expresan los demás profetas y Moisés. En cambio Cristo afirmaba: El Padre a nadie juzga, sino que el juzgar lo ha encomendado totalmente al Hijo. Como esto podía perturbar a los oyentes, y llevarlos a sospechar que Jesús fuera un adversario de Dios, aquí en gran manera se abaja, o sea tanto cuanto pedía la rudeza de ellos. Y para arrancar de raíz semejante opinión, les dice: Yo no puedo hacer nada de Mí mismo.

Quiere decir: nada ajeno, diverso, que el Padre no quiera me veréis hacer ni oiréis que lo haya dicho. Y como anteriormente afirmó ser el Hijo del hombre, porque ellos pensaban que era puro hombre, por tal motivo añadió lo otro. Y así como antes, al decir: Hablamos lo que sabemos y testificamos lo que hemos visto; y Juan a su vez (Jn. 3, 32): Testifica lo que vio pero nadie acepta su testimonio, hablaban de un conocimiento pleno en ambas cosas y no de solo el oído y la vista simplemente, así aquí por oído no significa otra cosa, sino que no puede querer nada distinto de lo que su Padre quiere. Aunque no lo dijo tan claramente, porque no lo habrían podido soportar si así lo dijera. Sino ¿en qué forma? En una forma excesivamente humilde y humana: Como oigo así transmito. No se trata aquí de la doctrina, puesto que no dice: Como soy enseñado, sino: como oigo. Y no es que necesite de oídos; pues no sólo no necesitaba de oídos, pero ni de doctrina. Lo que indica es la plena concordia y la identidad de juicio. Como si dijera. Yo juzgo en tal forma como si el Padre juzgara. Luego añadió: Y mi veredicto es fiel, porque no busco mi voluntad, sino la voluntad del que me envió.

¿Qué es lo que dices? ¿Entonces tienes tú una voluntad distinta de la del Padre? Pero en otro sitio aseguraste (Jn. 17, 21): Como Yo y Tú somos uno; y también, hablando de la voluntad y concordia: Concédeles que sean también ellos en nosotros una misma cosa, es decir en la fe que nos tengan. ¿Observas cómo aun lo que parece más bajo y rudo tiene ocultos sublimes sentidos? Lo que deja entender es como sigue: declara no ser distinta de la suya la voluntad del Padre. Pero de tal modo es una sola, mía y del Padre, como en un alma o ánimo hay una voluntad única.

No te espantes de que afirme semejante unión; pues Pablo a su vez usa de la misma expresión y ejemplo, hablando del espíritu: ¿Quién de los hombres sabe lo que hay en el hombre, sino el espíritu del hombre que está en él? De igual modo nadie conoce las cosas de Dios sino el Espíritu que está en El. En conclusión, no dice otra cosa sino ésta: Yo no tengo otra voluntad distinta y propia, sino la del Padre; si El algo quiere, yo también; y si algo quiero Yo, El también. Y así como nadie puede reprender al Padre cuando juzga, así tampoco a Mí, pues la sentencia es una misma y conforme a ella se pronuncia el voto. Y no te admires de que Él diga estas cosas, abajándose al modo humano, pues los judíos lo creían puro hombre. Por tal motivo en semejantes pasajes es necesario tener en cuenta no únicamente las palabras, sino también la opinión de los oyentes; y tomar las respuestas en el sentido en que fueron dadas, según esa opinión. De lo contrario se seguirían muchos males y absurdos.

Te ruego que adviertas cómo dijo: No busco la voluntad mía. Entonces hay en El otra voluntad, y muy inferior por cierto; ni sólo inferior, sino también no tan útil. Ya que si fuera saludable y tan acoplada con la voluntad del Padre ¿por qué no la buscas? Los hombres con razón diríamos eso, pues tenemos muchos quereres que no van de acuerdo con el beneplácito divino. Pero tú ¿por qué te expresas así, siendo en todo igual a tu Padre? Nadie diría que semejante palabra es propia de un hombre que habla con exactitud y que fue crucificado. Si Pablo en tal manera se une a la voluntad de Dios que llega a decir (Gal. 2, 20): Vivo, mas ya no yo; es Cristo quien vive en mí ¿cómo puede el Señor de todos decir: No busco mi voluntad sino la del que me envió, como si fuera distinta? ¿Qué es, pues, lo que significa? Habla en cuanto hombre y conformándose con la opinión de los oyentes. En lo anterior se demuestra que unas cosas las dijo hablando como Dios y otras hablando como hombre. Aquí de nuevo habla como hombre y dice: Mi veredicto es fiel. ¿Cómo queda esto en claro? Porque no busco mi voluntad, sino la voluntad del que me envió. Así como a un hombre desapasionado no se le puede acusar de que ha juzgado injustamente, así tampoco a Mí me podéis ya reprender. Quien intenta salir con la suya, quizá con razón puede caer en sospecha de haber destruido la justicia por ese motivo. Pero quien no busca su propio interés ¿qué motivo hay para que no dé con justicia el veredicto? Pues bien, bajo este punto de vista examinad lo que a Mí se refiere. Si yo dijera que no he sido enviado por el Padre; si no refiriera a Él la gloria de mis obras, quizá alguno de vosotros podría sospechar que Yo me jactaba y no decía la verdad. Pero si lo que hago lo refiero a otro ¿por qué ponéis sospecha en lo que digo? Observa a dónde ha llevado el discurso y por qué motivo afirma que su veredicto es fiel. Toma el motivo que cualquiera tomaría para su defensa.

Observas ¿cuán claramente brilla lo que muchas veces he dicho? Y ¿qué es lo que he dicho? Que ese abajarse tanto en sus expresiones, precisamente persuade a todos los que no estén locos a no rebajar sus palabras a lo simplemente humano, sino más bien a entenderlas en un sentido altísimo. Más aún: quienes ya se arrastran por la tierra, por aquí fácilmente, aunque poco a poco, son llevados a cosas más altas.

Meditando todo esto, os suplico que no pasemos a la ligera por las sentencias, sino que todo lo examinemos cuidadosamente y en todas partes tengamos atención a los motivos por los que así se expresa Cristo. No pensemos que nos basta como excusa nuestra ignorancia y sencillez. Cristo no nos ordenó únicamente ser sencillos, sino además prudentes (Mt. 10, 16). Seamos, pues, sencillos, pero con prudencia, así en la doctrina como en las obras; juzguémonos a nosotros mismos, para que en aquel último día no seamos condenados con el mundo. Mostrémonos con nuestros criados tales como queremos que se muestre con nosotros nuestro Señor. Pues dice (Mt. 6, 12): Perdona nuestras ofensas como nosotros perdonamos a los que nos ofenden.

Yo sé bien que el alma no soporta de buen grado las ofensas; pero si pensamos que sobrellevándolas, no favorecemos precisamente al que nos causa daño, sino a nosotros mismos, presto arrojaremos lejos el veneno de nuestra ira. Aquel que no perdonó a su deudor los cien denarios, no hizo daño a su consiervo sino a sí mismo se hizo reo de infinitos talentos que antes se le habían condonado (Mt. 18, 30-34). De modo que cuando a otros no perdonamos, a nosotros mismos no nos perdonamos. En consecuencia, no digamos al Señor únicamente: No te acuerdes de nuestros pecados; sino digámonos a nosotros mismos: No nos acordemos de las ofensas de nuestros consiervos. Ejerce tú primero en ti la justicia y luego seguirá la obra de Dios. Tú mismo redactas la ley del perdón y del castigo y tú mismo eres el que sentenciará. De modo que en tus manos está que Dios se acuerde o no se acuerde de tus pecados. Por lo cual Pablo (Col. 3, 13) ordena perdonar si alguno tiene algo contra otro; y no sólo perdonar, sino hacerlo en tal forma que no queden ni reliquias de lo pasado.

Cristo no sólo no trajo al medio ni sacó al público nuestros pecados, pero ni siquiera quiso recordarlos. No dijo: Has pecado en esto y en esto otro; sino que todo lo perdonó, y borró el documento, y no tuvo en cuenta las culpas, como lo dice Pablo (Col. 2, 14). Pues procedamos nosotros de igual modo: ¡olvidémoslo todo! Únicamente tengamos en cuenta el bien que haya hecho aquel que nos ofendió; pero si en algo nos molestó, si algo odioso hizo en contra nuestra, borremos esto de nuestra memoria y arrojémoslo lejos: que no quede ni rastro. Y si ningún bien nos ha hecho, tanto mayores serán las alabanzas y recompensas para nosotros que perdonamos.

Otros expían sus culpas con vigilias o durmiendo en el suelo y con mil maceraciones; pero tú puedes por un camino más fácil lavar tus pecados todos; o sea con el olvido de las injurias. ¿Por qué, a la manera de un loco furioso, mueves en tu contra la espada y te excluyes de la vida eterna, siendo así que convendría poner todos los medios para conseguirla? Si la vida presente resulta tan deseable ¿qué dirás de aquella otra de la cual ha huido todo dolor, tristeza y gemidos? ¿En la que no hay temor de la muerte, ni se puede temer que los bienes tengan acabamiento?

Tres veces y muchas más bienaventurados los que gozan de suerte semejante; así como tres veces y muchas más son míseros los que se privan de semejante bienandanza. Preguntarás: pero ¿haciendo qué gozaremos nosotros de esa vida? Pues oye al Juez que dice a cierto joven que le preguntaba eso mismo (Mt. 19, 16): ¿Qué haré para poseer la vida eterna? Cristo le dice y pone delante los mandamientos; y vino a encerrarlos todos y a terminar con el amor al prójimo. Quizá alguno de los oyentes diga como el rico aquel: Esto lo he guardado, porque yo no he robado, no he asesinado, no he fornicado. Una cosa sin embargo no puedes afirmar: que amaste al prójimo como convenía. Porque o fuiste envidioso o lo ofendiste con palabras o bien no lo auxiliaste cuando se le hacía injusticia o no compartiste con él tus bienes: no lo amaste.

Mas Cristo no ordenó solamente eso, sino también otra cosa. ¿Cuál? (Mt. 19, 21): Vende todo lo que tienes, dalo a los pobres y ven y ¡sígueme¡ Significa y quiere decir: seguir a Cristo; imitar a Cristo. ¿Qué aprendemos de aquí? En primer lugar que quien tal amor no tiene, no puede conseguir aquella suerte bienaventurada entre los más eximios. Pues como el joven respondiera: Todo eso lo he hecho; como si aún le faltara algo grande para la perfección, Jesús le dice: Si quieres ser perfecto, anda, vende lo que posees, dalo a los pobres y ven y sígueme. Esto es, pues, lo primero que tenemos que aprender. La segundo es que aquel joven en vano se lisonjeaba de todo aquello que había hecho; pues teniendo tan gran abundancia de riquezas, despreciaba a los pobres. ¿Cómo podía decirse que los amaba? En eso no había dicho verdad.

Por nuestra parte, hagamos ambas cosas: derrochemos acá abundante y diligentemente todo lo nuestro para adquirirlo en el cielo. Si ha habido quien por alcanzar una dignidad terrena ha derrochado todos sus haberes; por una dignidad, digo, que sólo puede poseer en esta vida y eso no por mucho tiempo (pues muchos han perdido sus prefecturas antes de morir y otros por causa de ellas han perdido la vida; pero aun sabiendo todo esto, dan todos sus haberes por poseerlas) ; pues si por una tal dignidad, repito, llevan a cabo tantas y tan notables cosas ¿qué habrá más mísero que nosotros, pues por la vida que para siempre permanece y nadie puede quitarnos, no damos ni siquiera un poco, ni gastamos para eso aquello mismo que poco después tenemos que perder? ¿Qué locura es esta de no querer dar voluntariamente lo que contra nuestra voluntad se nos quitará; y no querer mejor llevarlo con nosotros a la eternidad? Si alguien nos fuera llevando a la muerte; pero luego nos preguntara si queríamos redimir nuestra vida a cambio de todos nuestros bienes, hasta le quedaríamos agradecidos. Ahora, en cambio, cuando ya condenados a la gehena se nos propone liberarnos dando a los pobres la mitad de nuestros haberes, preferimos ser llevados al suplicio y conservar inútilmente nuestros bienes, que ni son nuestros, y perder lo que sí nos pertenece. ¿Qué excusa tendremos? ¿Qué perdón merecemos, si estando patente un tan fácil camino, nos arrojamos por los precipicios y tomamos una senda que a nada conduce; y así nos privamos de los bienes todos de acá y de allá, pudiendo libremente disfrutar de unos y de otros? Pues bien, si antes no, a lo menos ahora volvamos en nosotros mismos; y procediendo razonablemente repartamos como conviene nuestros haberes, para conseguir con facilidad los bienes futuros, por gracia y benignidad de nuestro Señor Jesucristo, al cual sea la gloria, juntamente con el Padre y el Espíritu Santo, por los siglos de los siglos. Amén.

HOMILÍA XL. Si yo doy testimonio de mí mismo, mi testimonio no es fidedigno. Es otro quien da testimonio acerca de mí, y sé que su testimonio es digno de crédito (*Jn 5,31-32*)

Si alguno se aplica al trabajo de una mina, en el caso de que sea imperito no logrará oro, sino que todo lo mezclará y confundirá; y su trabajo será inútil; más aún, nocivo. Del mismo modo los que ignoran el lógico enlace de las Sagradas Escrituras y no examinan sus leyes y modos propios de proceder, sino que a prisa y por igual recorren todas sus páginas, mezclan el oro con la tierra, pero jamás encuentran el tesoro en ellas contenido. He dicho esto porque el pasaje que ahora se nos propone mucho oro contiene, pero no a la vista, sino envuelto en gran oscuridad. Se hace, por lo mismo, necesario ahondar y expurgar para llegar al auténtico sentido.

Porque ¿quién será aquel que no se perturbe en cuanto oye a Cristo que dice: Si Yo doy testimonio de Mí mismo, mi testimonio no es digno de fe, cuando vemos que con frecuencia da testimonio de Sí mismo. Así a la samaritana le decía: Yo soy, quien contigo habla. Y al ciego, igualmente (Jn. 9, 37): El que habla contigo, ése es. Y tratando con los judíos, los increpa diciendo (Jn. 10, 36): Vosotros decís: Tú blasfemas. porque dije: soy Hijo de Dios. Y con frecuencia en otros pasajes dice lo mismo. Pero si todo esto fuera mentira ¿qué esperanza de salvación nos quedaba? ¿Por dónde encontraríamos la verdad, cuando la Verdad misma dice: Mi testimonio no es fidedigno? Ni aparece únicamente contradicción, sino además esta otra no menor.

Porque en seguida dice (Jn. 8, 14): Aunque Yo doy testimonio de Mí mismo, mi testimonio es fidedigno. Entonces ¿cuál de las dos afirmaciones aceptaré? ¿cuál de ambas juzgaré ser falsa? Si esto lo tomamos prescindiendo de las personas, causas y demás adjuntos, sin más investigar, ambas proposiciones resultarán falsas. Puesto que si su testimonio no es fidedigno, tampoco este mismo es fidedigno, pero tampoco el anterior ni el siguiente. Entonces ¿qué es lo que quiere decir? Necesitamos estar muy alertas, o mejor dicho, necesitamos mucha gracia de Dios para no detenernos en las palabras tal como suenan. Por eso yerran los herejes: porque no examinan ni la finalidad que persigue el que habla, ni la disposición psicológica del oyente. Si no añadimos estas circunstancias y aun las otras de tiempo, lugar y ánimo de los oyentes, se seguirán abundantes absurdos.

Pero, en fin: ¿qué significa la sentencia aludida? Los judíos iban a decir (Jn. 8, 13): Si tú das testimonio de ti mismo, tu testimonio no es fidedigno. Él se les adelanta, como si les dijera: Me diréis: A ti no te damos fe; puesto que entre los hombres a nadie que dé pronto testimonio de sí mismo se le concede crédito. Por consiguiente, no debemos leer de prisa y a la ligera la expresión: No es fidedigno, sino que se hace necesario entenderla como dicha según la opinión de los judíos, como si les dijera: Para vosotros no es fidedigno. Habla, pues, Cristo no contra su propia dignidad, sino contra la opinión que de él tenían los judíos. Y así, cuando dice: Mi testimonio no es fidedigno, redarguye la opinión de ellos y aun la objeción que sin duda le iban a oponer. Y cuando dice (Jn. 8, 14): Aunque Yo doy testimonio de Mí mismo mi testimonio es fidedigno, declara la realidad de su dignidad; o sea que a Él, como Dios que es, y por consiguiente fidedigno, es necesario creerle, aunque hable de Sí mismo.

Pues había hablado de la resurrección de los muertos y del juicio y de que quien cree en Él no es condenado, sino que viene a la vida, y que Él se sentará como Juez para oír las cuentas de todos, y que tiene el mismo poder y virtud que el Padre, era necesario que demostrara todo esto. Por lo cual, necesariamente comienza por deshacer esa primera objeción. Gomo si dijera: Yo he afirmado que: Como el Padre resucita a los muertos y los hace revivir, así el Hijo da la vida a quienes le place; yo he afirmado que: El Padre no juzga a nadie, sino que el juzgar lo ha encomendado totalmente al Hijo; Yo he afirmado que el Hijo debe ser honrado igualmente que el Padre; Yo he afirmado que: El que no honra al Hijo, tampoco honra al Padre; Yo he afirmado que (Jn. 5, 24): El que escucha mis palabras y las cree no verá la muerte, pues ha pasado de la muerte a la vida; Yo he afirmado que mi voz resucitará a los muertos ahora y al fin de los tiempos; Yo he afirmado que exigiré cuenta y razón de todos los pecados; Yo he afirmado que me sentaré a juicio y juzgaré con justicia y daré recompensa a todos los que hicieron el bien.

Ahora bien, como todas esas sentencias las había pronunciado y eran de gran peso, pero aún no se había dado una demostración clara de ellas, sino muy oscura, Jesús echa por delante la objeción para venir luego a dar razón de sus palabras y afirmaciones. Es como si dijera, aunque no con estas mismas palabras: Quizá me diréis: Todo eso tú lo afirmas, pero tú como testigo no eres fidedigno, pues que das testimonio de ti mismo. Por el camino de resolver primero la objeción que le iban a proponer, adelantándose a decir lo que ellos habían de decirle; y manifestándoles al mismo tiempo que conocía los secretos de los corazones; y presentándoles esta primera demostración de su poder, finalmente, una vez que El mismo ha propuesto la dificultad, añade otras claras e irrefutables demostraciones; y afronta tres testigos que son sus obras, el testimonio del Padre y la predicación del Bautista.

Comienza por el testimonio de menos valor, o sea el del Bautista. Pues habiendo dicho: Es otro quien da testimonio de Mí; y sé que el testimonio que da de mí es digno de crédito, añadió (Jn. 5, 33): Vosotros mandasteis enviados a Juan, y él dio testimonio a favor de la verdad.

Pero, Señor: si tu testimonio no es fidedigno ¿cómo aseguras que el testimonio de Juan es verdadero y que él dio testimonio en favor de la verdad? ¿Observas cuán claramente se deduce por aquí que aquella expresión: Mi testimonio no es fidedigno, fue dicha contra la sospecha de los judíos?

Objetarás: ¿y qué si el Bautista dio testimonio por congraciarse con Jesús? Para que los judíos no objetaran esto, advierte en qué forma deshace semejante sospecha. Porque no dijo: Juan dio testimonio de Mí; sino que antepuso: Vosotros mandasteis enviados a Juan. Sin duda que no la habríais enviado si no lo hubierais tenido por fidedigno. Y lo que es más: no la enviaron para preguntarle acerca de Cristo, sino acerca de sí mismo, juzgando que si de sí daba un testimonio fidedigno, mucho más lo daría fidedigno acerca de otro. Puesto que solemos los hombres no dar tanta fe a quienes hablan de sí mismos, como a quienes hablan de otros. Pero ellos a Juan lo tenían por tan veraz que, aun hablando de sí mismo, no necesitara de ajeno testimonio.

Los que fueron enviados a Juan no le preguntaron: ¿Qué dices de Cristo?; sino: ¿Tú quién eres? ¿qué dices de ti mismo? Tan admirable lo juzgaban. Pues bien, todo eso dejó entender Jesús cuando les dijo: Vosotros mandasteis enviados a Juan. Y por tal motivo el evangelista no dijo simplemente que los enviaron, sino expresamente que los enviados eran de los sacerdotes y de los fariseos, y no del vulgo ni tales que se les pudiera corromper y engañar, sino que entenderían perfectamente lo que Juan les dijera.

(Jn. 5, 34) Yo, empero, no necesito que un hombre testifique en favor mío. Entonces ¿por qué aceptas el testimonio de Juan? Porque su testimonio no era el de un hombre; pues dice el Bautista (Jn. 1, 33): Aquel que me envió a bautizar en agua, Él fue quien me dijo. De modo que el testimonio de Juan era testimonio de Dios, puesto que de Dios había aprendido lo que decía. Y para, que no le preguntaran: ¿De dónde consta que lo aprendió de Dios? y por este camino lo atacaran, con fuerza les cierra la boca y todavía les habla conforme a la falsa opinión de ellos. Porque es verosímil que muchos no habían caído en la cuenta de esto, sino que escuchaban a Juan como si hablara a lo humano y de sí mismo. Por eso les dice: Yo no necesito que un hombre testifique en mi favor.

Pero, Señor: si no habías de aceptar ni echar mano de un testimonio de hombre ¿por qué trajiste al medio el testimonio de Juan? Para que no le objetaran esto, advierte en qué forma sale al paso a esa objeción. Habiendo dicho: Yo empero no necesito que un hombre testifique en favor mío, añadió: Esto os lo digo para que os salvéis. Como si dijera: Yo no necesitaba de ese testimonio humano, pues soy Dios. Pero como todos mirabais hacia Juan y lo creíais más fidedigno que todos y corríais hacia él de todas las ciudades (pues toda Jerusalén se volcaba hacia el Jordán); y en cambio a Mí, ni aun haciendo milagros me creísteis, por eso os alego ese testimonio.

(Jn. 5, 35)Juan era una antorcha que ardía y brillaba; y a vosotros os plugo regocijaros momentáneamente con su llama. Para que no dijeran: ¡Bueno, y qué! Nosotros no aceptamos su testimonio, Él les demuestra que sí lo aceptaron. Puesto que no le enviaron en embajada unos hombres cualesquiera, sino sacerdotes y fariseos. Tanto admiraban a Juan y no podían oponerse a su predicación. La palabra momentáneamente indica la excesiva volubilidad de ellos, pues tan pronto se le apartaron.

(Jn. 5, 36) Pero Yo tengo un testimonio superior al de Juan. Como si dijera: si hubierais querido aceptar la fe, siguiendo el verdadero orden natural de las cosas, sin duda que os habría yo inducido a ello con más fuerza mediante mis obras. Mas como no queréis, os llevo al Bautista. No porque yo necesite su testimonio, sino porque en todo procedo buscando únicamente vuestra salvación. Tengo yo un testimonio mayor que el de Juan, que es el de mis obras. Pero yo no miro únicamente a ser recomendado ante vosotros por el testimonio de hombres fidedignos, sino de hombres que conocéis y tenéis como admirables.

En esta forma, tras de haberlos punzado con aquellas palabras: Y a vosotros plugo regocijaros momentáneamente en su llama; y de haberles demostrado que aquel primer empeño de ellos había sido cosa pasajera y sin firmeza; luego al llamar a Juan antorcha, declaró que éste no tenía luz propia, sino que la tenía por la gracia del Espíritu Santo. Sin embargo, aún no les declaró en qué se diferenciaba El del Bautista; puesto que Él era el Sol de justicia; sino que, apenas se lo había dejado entender, los ataca con vehemencia y les demuestra que ellos, con la misma disposición de ánimo con que despreciaron a Juan con esa misma se negaron a creer en El. A Juan lo admiraron sólo momentáneamente; pero si no hubieran procedido en esa forma, muy pronto Juan los habría llevado a Él.

Una vez que por todos lados los mostró indignos de perdón, añadió: Pero Yo tengo un testimonio mayor que el de Juan. ¿Cuál es? El de las obras. Porque dice: Las obras que el Padre me otorgó llevar a cabo, estas obras que Yo realizo, son testimonio a favor mío de que el Padre me ha enviado. Hace referencia al paralítico sanado y a otros muchos milagros. Pudiera suceder que alguno dijera que semejantes palabras magníficas las dijo Jesús para congraciarse con el Bautista; aunque ellos no podían alegar ni aun eso respecto de Juan, tan dado a la virtud y a quien tanto admiraban. En cambio las obras para nadie, ni aun de los más necios, estaban sujetas a sospecha. Por lo cual Jesús añade este segundo testimonio y dice: Las obras que el Padre me otorgó llevar a cabo, estas obras que realizo, son testimonio en favor mío de que el Padre me ha enviado. Rechaza con esto la acusación de haber violado el sábado. Puesto que ellos decían:

(Jn. 9, 16): ¿Cómo puede ser de Dios quien no guarda el sábado? les dice: Que el Padre me otorgó llevar a cabo. Aunque Cristo obraba por propia autoridad, mas para demostrarles con mayor fuerza que él nada hacía contrario al Padre, dijo lo que era mucho menos. Preguntarás: ¿por qué no les dijo: Las obras que el Padre me ha otorgado llevar a cabo dan testimonio de que soy igual al Padre? Ciertamente por sus obras ambas conclusiones podían sacarse: que El nada hacía contrario al Padre, y que Él era igual al Padre, como en otra parte lo demuestra diciendo (Jn. 10, 38): Si no me creéis a mí, creed en las obras, para que así sepáis y conozcáis que el Padre está en Mí y Yo en el Padre. De modo que si les hubiera dicho como quiere éste que pregunta, repito, les habría testificado ambas cosas: que Él era igual al Padre y que nada hacía contrario al Padre.

Entonces ¿por qué no les habló así, sino que dejando a un lado lo que era más afirmó solamente lo que era menos e inferior? Porque precisamente acerca de eso era la primera cuestión. Pues aun cuando es mucho menos creer que Él ha venido de Dios, que creer que es igual a Dios, puesto que lo primero lo habían anunciado ya los profetas, pero no lo segundo; sin embargo, Jesús mucho cuida de eso primero, sabiendo que si eso se admite, lo otro con facilidad será también admitido. De modo que, dejando a un lado lo que es más, propone lo que es menos, para que mediante esto menor admitieran también lo otro que es mayor.

Cerrado ese discurso, continúa (Jn. 5, 37): También el Padre que me ha enviado ha dado personalmente testimonio de mí. Pero ¿en dónde dio el Padre semejante testimonio? En el Jordán cuando dijo (Mt. 3, 16): Este es mi hijo muy amado: a El oídlo. Pero esto necesitaba de cierta preparación. Lo tocante a Juan era cosa manifiesta, puesto que ellos mismos habían enviado embajada y no podían negarlo. Además los milagros eran claros y ellos también habían visto los prodigios y habían sabido del paralítico sanado y lo habían creído y por ello lo acusaban. Sólo faltaba traer el testimonio del Padre; y para presentarlo añade: Vosotros jamás habéis oído mi voz.

Mas ¿cómo es esto, pues Moisés dice (Ex. 19, 19): Dios hablaba y Moisés le respondía? ¿Cómo dice David (Sal. 81, 5): Oyó una lengua que nunca había oído?! Y además afirma Moisés (Dt. 4, 33): Si hay alguna nación tal que haya oído la voz de Dios. Pero su rostro no la habéis visto. Y sin embargo, se dice que lo vieron Isaías, Jeremías, Ezequiel y otros muchos. Entonces ¿qué es lo que quiere decir Cristo? Poco a poco los va llevando a reflexionar y discurrir demostrándoles que Dios no tiene voz ni figura, sino que está muy por encima de semejantes sonidos y figuras. Así como al decir: No habéis oído su voz, no quiere decir con eso que Dios emita voces ni que sea materialmente oído, así cuando dice: No habéis visto su figura, no quiere decir que Dios tenga figura, pero que ésta no pueda ser vista. Sino que entiende que Dios nada de eso tiene.

Para que no fueran a decir: Vanamente te jactas. Solamente a Moisés habló Dios; puesto que alegaban (Jn. 9, 29): Nosotros sabemos que a Moisés le habló Dios, pero ¿éste no sabemos de dónde viene? les habló así, dándoles a entender que en Dios no hay voz ni figura. Pero ¿qué digo? No solamente no habéis oído su voz ni visto su figura y rostro, sino que aun eso de que grandemente os gloriáis sobre todo lo demás, y por lo que os mostráis hinchados, o sea de poseer los mandamientos dados por

El y de El recibidos, ni aun eso lo podéis asegurar. Puesto que: No dais acogida en vosotros a su palabra, o sea a sus leyes, preceptos y profetas.

(Jn. 5, 38) Aun cuando Dios haya dado tales preceptos, pero en vosotros no permanecen, pues no creéis en Mí. A pesar de que las Escrituras a cada paso y en todos sitios afirman que se me ha de creer, vosotros no creéis; y así es manifiesto que su palabra se ha apartado de vosotros. Por lo cual añade además: Ya que vosotros no creéis a quien Él envió. En seguida, para que no alegaran: ¿cómo es eso de que ha dado testimonio en tu favor, si nosotros no hemos oído su voz?, les dice (Jn. 5, 39): Escudriñad las Escrituras. Son ellas las que dan testimonio en mi favor, declarándoles así que Dios por medio de ellas dio testimonio de Él. Ciertamente en el Jordán y en el monte dio testimonio. Pero esa voz Cristo no la trae al medio, pues quizá no le iban a dar crédito. La voz en el monte ellos no la habían oído; y la otra la oyeron, pero no la entendieron.

Tal es el motivo de que los remita a las Escrituras, mostrándoles que de ellas ha de tomarse el testimonio del Padre; pero tras de haberles quitado aquellas cosas antiguas de que se gloriaban, o sea de haber visto a Dios y de haber oído su voz. Mas como era verosímil que no dieran crédito a la voz del Padre, pensando e imaginando que había de manifestarse como se manifestó en el Sinaí, corrigió primero la sospecha que acerca de esto podía nacer; y les dio a entender que en aquel entonces procedió así el Padre, por un abajamiento de la divinidad; y finalmente los remite al testimonio de la Escritura.

Conviene que también nosotros, cuando nos armamos para combatir a los herejes, nos proveamos de armas tomadas de las Sagradas Letras. Pues dice Pablo (2Tm. 3, 19-17): Cuanto dice la Escritura, por ser inspirado por Dios, es también útil para enseñar, para argüir, para corregir, para instruir en la justicia; a fin de que sea cabal el hombre de Dios, dispuesto para toda obra buena. Es decir que no tenga unas cosas, pero carezca de otras; pues un hombre así no sería perfecto. Por ejemplo: ¿qué utilidad hay, os ruego, en orar continuamente, pero no hacer limosnas generosamente? ¿O en dar generosamente, pero ser rapaz y violento? ¿O si se hace por ostentación y vanagloria? ¿o en dar generosamente y conforme a la voluntad de Dios, pero exaltarse y ensoberbecerse por semejante motivo? ¿O en ser humilde y ejercitarse en ayunos, pero al mismo tiempo ser avaro, usurero, apegado a las cosas terrenas; y llevar en el alma la avaricia, madre de todos los males?

Porque la avaricia es madre de todos los males. Temámosla, huyamos de semejante pecado. Ella destroza todo el orbe; ella todo lo revuelve; ella nos aparta de todo servicio de Cristo; puesto que dice El: No podéis servir a Dios y a las, riquezas; mientras que éstas disponen todo lo contrario a Cristo. Cristo dice: Da a los pobres. Ellas dicen: roba a los pobres. Cristo dice: Perdona a quienes te ponen asechanzas y te ofenden. Ellas dicen lo contrario: pon trampas a quien te ha hecho mal. Cristo dice: Sé benigno y manso: ellas dicen lo contrario: Sé cruel e inhumano y ten en nada las lágrimas de los pobres. Y todo para que en el último día encontremos adverso al Juez.

Porque en aquel día quedará patente todo lo que hicimos; y aquellos a quienes ofendimos y despojamos nos impedirán toda defensa. Si Lázaro, a quien el rico no había dañado y solamente no le había prestado auxilio alguno, se constituyó en severo acusador, y no permitió que alcanzara perdón alguno, pregunto yo: ¿qué defensas tendrán quienes arrebatan lo ajeno, en vez de hacer limosna, y deshacen los hogares de los huérfanos? Si quienes no alimentaron a Cristo hambriento, atrajeron sobre sus cabezas fuego tan intenso, los que roban lo ajeno, promueven querellas y se apropian de los bienes de todos ¿de qué consuelo podrán disfrutar?

En consecuencia, echemos lejos la codicia. Y la echaremos, si pensamos en los hombres que antes de nosotros fueron avaros e injustos. ¿Acaso no son los extraños quienes disfrutan de sus dineros y de sus trabajos, mientras ellos son castigados con suplicios, tormentos y males intolerables? ¿Acaso no sería propio de una extrema locura pasar todo el tiempo en ansiedades y molestias, de tal modo que en toda esta vida andemos destrozados a fuerza de trabajos, para que luego que salgamos de aquí seamos atormentados con intolerables suplicios y sufrimientos, pudiendo y siendo conveniente que vivamos aquí llenos de gozo (pues nada produce un gozo mayor que dar limosna y tener una conciencia limpia de culpa), y tras de la muerte estar libres de todos los males y alcanzar bienes sin cuenta?

Porque así como la perversidad, aun antes de la gehena, suele castigar a quienes a ella se entregan, así la virtud, aun antes del reino, procura deleites a quienes la ejercitan y les confiere la buena esperanza y un continuo placer. Pues bien: para que esto consigamos acá en la vida presente y luego en la venidera, dediquémonos a las buenas obras. Así lograremos las coronas futuras. Ojalá las consigamos todos, por gracia y benignidad de nuestro Señor Jesucristo, por el cual y con el cual sea la gloria al Padre, en unión con el Espíritu Santo ahora y siempre y por los siglos de los siglos. Amén.

HOMILÍA XLI. Escudriñad las Escrituras, pues creéis hallar en ellas vida eterna. También son ellas las que dan testimonio en mi favor. Mas vosotros no queréis venir a Mí para obtener la vida (*Jn 5,39-40*)

Amadísimos, estimemos en gran manera las cosas espirituales; pero no creamos que nos baste para la salvación el ocuparnos de ellas de cualquier modo. Pues ni aun en los negocios seculares se encuentra alguno que logre una notable ganancia si procede con ligereza. Y mucho más acontecerá esto en las cosas del espíritu, porque en éstas se hace necesaria una mayor vigilancia y diligencia. Por tal motivo, Cristo, al remitir a los judíos a las Escrituras, no los remite a una lectura por encima, sino a un examen cuidadoso. Pues no les dice: Leed las Escrituras, sino: Escrutad las Escrituras. Es porque lo que en ellas se dice acerca de Él, necesita una investigación profunda, porque no pocas cosas quedaron ocultas a los antiguos bajo el velo de las figuras. Tal es el motivo de que les ordene ahondar cuidadosamente para que puedan descubrir lo que yace en sus profundidades. Semejantes cosas no están en la superficie y a la vista, sino que, a la manera de un tesoro, están ocultas allá en lo interior,. Y quien busca lo que yace en lo profundo, si no inquiere con diligente trabajo, nunca encontrará lo que busca. Por tal causa, una vez que dijo: Escrutad las Escrituras... añadió: Pues vosotros creéis hallar en ellas vida eterna. No dijo halláis, sino: creéis hallar, demostrando de este modo que ninguna notable ganancia les venía, mientras siguieran pensando que con sola la lectura sin la fe podían alcanzar la salvación. Como si les dijera: ¿Acaso no admiráis las Escrituras?

¿Acaso no pensáis ver en ellas la fuente de la vida? Pues también Yo en ellas me apoyo. Ellas dan testimonio de Mí. Pero vosotros no queréis venir a Mí para tener vida eterna. Por lo cual les decía: Vosotros creéis, porque en realidad no querían sujetarse a ellas, sino que se gloriaban de su simple lectura.

Y para que no fueran a sospechar por el excesivo cuidado que de ellos mostraba, que lo hacía por vanagloria; ni tampoco, a causa de exigirles que creyeran en El, pensaran que andaba buscando su propio provecho, puesto que les había puesto delante el testimonio del Bautista y el testimonio de Dios y el de las propias obras, y había prometido la vida eterna, echando mano de todo eso para atraerlos; pues para que tal no pensaran, repito, ya que era verosímil que abundaran los que creyeran que andaba El procurando su propia gloria, oye lo que añade (Jn. 5, 41): Yo no busco la gloria de los hombres; es decir, no la necesito.

Es como si dijera: No es tal mi modo de ser ni de tal naturaleza que necesite la gloria de los hombres. Si el sol no recibe aumento alguno en su luz por la luz de unas antorchas, mucho menos necesito yo la gloria de los hombres. Pero, Señor: si no la necesitas ¿para qué dices todas esas cosas? Para que vosotros seáis salvos. Lo dijo antes y ahora lo da a entender con estas palabras: Para que obtengáis la vida eterna. Pone también otro motivo. ¿Cuál?

(Jn. 5, 42) Pero yo he conocido que no hay amor de Dios en vosotros. Lo dice porque con frecuencia lo perseguían pretextando amor a Dios; porque se hacía igual a Dios y sabía que a Él no le habían de creer.

Para que nadie le dijera: ¿Por qué dices eso? se les adelanta y dice: Para reprenderos, pues no me perseguís por amor de Dios, puesto que Dios testimonia en mi favor por las obras y por las Escrituras. Así como antes, por pensar que yo era contrario a Dios, vosotros me rechazabais, así ahora, una vez que os he dado estas demostraciones, convenía que os apresurarais hacia Mí, si amarais a Dios; pero ciertamente no lo amáis de verdad. Por tal motivo me he expresado así, para probaros que os guiais por soberbia y jactancia y que andáis encubriendo vuestra envidia. Pero no prueba esto únicamente por lo dicho, sino además por lo que luego sucederá.

(Jn. 5, 43) Yo he venido en nombre de mi Padre y no me recibís. Si otro viene en su nombre propio, a ése lo recibiréis. ¿Observas cómo continuamente afirma haber venido para esto, y haber recibido del Padre la potestad de juzgar, y que nada puede hacer de sí mismo, todo con el objeto de quitar toda ocasión de malicia? Mas ¿a quién se refiere al decir que vendrá otro en nombre propio? Deja aquí entender al Anticristo y con un argumento irrebatible les demuestra su perversidad. Como si les dijera: Si como amantes de Dios me perseguís, mucho más os convendrá perseguir al Anticristo. Porque éste no demostrará de sí nada semejante, ni se dirá enviado por el Padre, ni afirmará que viene por voluntad del Padre, sino que, por el contrario, a lo tirano y por la violencia, se arrogará lo que no le pertenece y Se proclamará Dios de todos, como dice Pablo (2Ts. 2, 4): El que se eleva contra todo lo que lleva el nombre de Dios o es adorado, hasta penetrar en el santuario y sentarse en el trono de Dios, exhibiéndose él mismo como Dios! Porque esto significa venir en su propio nombre. Pero yo no vine así, sino en nombre de mi Padre.

También por aquí podía haberles demostrado que no amaban a Dios, pues no recibían al que se decía enviado de Dios. Pero demuestra la impudencia de ellos por el camino contrario, o sea que al Anticristo sí lo recibirían. Puesto que no recibían al que se decía enviado de Dios, y en cambio más adelante adorarían a otro que no conocería a Dios, sino que, lleno de jactancia se diría él mismo ser Dios, quedaba manifiesto que la persecución tenía como origen la envidia y el odio de Dios. Y así les señala dos motivos de sus afirmaciones. El primero, que echa por delante por serles más útil, es: Para que os salvéis y para que tengáis vida. Pero como de esto se burlarían, les propone el segundo, más fuerte; y les declara que si no oyen y no obedecen, procederá Dios en todo como quien es.

Pablo, hablando del Anticristo proféticamente, dice (2Ts. 2, 11-12): Les enviará Dios toda suerte de seducciones perversas para que acaben condenados, pues no creyeron en la verdad, al paso que se complacían en la injusticia. Cristo no afirma que el Anticristo vendrá, sino que dice: si viniere, para acomodarse a los oyentes, pues aún no llegaba a su colmo completo su perversidad. Por esto guardó silencio acerca de la causa de su venida. En cambio Pablo a los fieles que ya lo comprendían, claramente se la descubrió; y es Pablo quien quita a los judíos toda excusa. Enseguida pone Cristo los motivos de la incredulidad de los judíos:

(Jn. 5, 44) ¿Cómo podéis creer vosotros que recibís la gloria unos de otros, y renunciáis a la gloria que viene del único Dios? Declara de nuevo por aquí que ellos no buscaban solamente los intereses de Dios, sino que querían justificar esa propia pasión bajo aquel pretexto. Tan lejos estaban de proceder en aquella forma por la gloria de Dios que más bien buscaban para sí la gloria humana que no la divina. ¿Cómo era posible que acumularan tan gran odio por motivo de la gloria de Dios, dado que la despreciaban hasta el punto de anteponerle la gloria humana?

Tras de haber afirmado que ellos no tenían amor a Dios y haberlo demostrado con aquella doble razón (o sea, por lo que con El harían como por lo que harían con el Anticristo); y tras de haberles demostrado en forma más clara que no merecían perdón, luego los redarguye, trayendo como acusador a Moisés (Jn. 5, 45-47): No penséis que voy a ser yo vuestro acusador ante el Padre. Vuestro acusador es Moisés, en quien vosotros tenéis puesta vuestra confianza. Porque si creyerais a Moisés, creeríais en Mí, pues él escribió de Mí. Mas, si no creéis en sus escritos ¿cómo vais a creer en mis palabras?

Como si les dijera: antes que a Mí, es a Moisés a quien injuriáis en lo que hacéis contra Mí. Puesto que más bien negáis fe a Moisés que no a mí. Observa cómo por todos lados les impide la defensa. Cuando me perseguíais, alegabais que era por amor a Dios. Ya os demostré que lo hacíais por odio a Dios. Me acusáis de abrogar el sábado y traspasar la ley: ya me defendí de semejante acusación. Afirmáis confiaros de Moisés y darle fe, precisamente por lo que contra mí os atrevéis. Yo os demuestro que precisamente esa es la prueba de que no creéis a Moisés. Pues estoy tan lejos de quebrantar la ley, que precisamente el que os acusará y juzgará será ese mismo que os dio la ley y no otro.

Así como de las Escrituras dijo: En las cuales creéis hallar vida eterna; así de Moisés afirma: En el cual vosotros esperáis, confundiéndolos continuamente con las propias palabras de ellos. Preguntarán los judíos: pero ¿cómo sabremos que Moisés nos va a acusar, y que no es una vana jactancia tuya? ¿Qué tienes que ver tú con Moisés? Quebrantaste el sábado que él había ordenado observar. Entonces ¿cómo nos acusará?

Por otra parte ¿cómo demostrarás que nosotros vamos a creer en otro que venga en su nombre propio? Todo eso lo afirmas sin testigos. Respondemos: todo se prueba por lo que precede. Pues quedando en claro que Yo he venido de Dios, así por las obras como por el testimonio del Bautista y la voz del Padre, que testifica de Mí, queda también en claro y con certeza que Moisés será vuestro acusador.

¿Qué fue lo que dijo Moisés? ¿Acaso no dijo que si alguno viniere haciendo milagros (Dt 13,1) y llevando hacia Dios y dando verdaderas profecías sobre lo futuro, a ése se le debe creer? ¿Y Cristo no ha hecho todo esto? Hizo verdaderos milagros, a todos los atrajo a Dios, hizo profecías que se realizaron. Pero ¿cómo se demuestra que ellos creerán a otro que vendrá? Pues por el hecho de que odian a Cristo. Quienes odian a quien vino por voluntad de Dios, sin duda que aceptarán a un adversario de Dios.

No te admires de que ahora traiga Cristo el testimonio de Moisés, tras de haber dicho: Yo no necesito que un hombre testifique en mi favor; porque en realidad no es a la persona de Moisés a la que los remite, sino a las Sagradas Escrituras. Pero como las Escrituras los espantaban menos, les presenta como acusador al propio Legislador, para ponerles por aquí mayor miedo y refutar una a una sus opiniones.

Pon aquí atención. Afirmaban ellos que por amor de Dios lo perseguían y Él les demuestra que lo hacen porque odian a Dios. Decían que seguían a Moisés, pero Él les prueba que lo persiguen porque no creen en Moisés. Si estaban llenos de celo por el cumplimiento de la ley, lo necesario era recibir al que cumplía con la ley. Si amaban a Dios, lo conveniente era amar al que llevaba hacia Dios. Si creían en Moisés, menester era que adoraran al que Moisés profetizó. Si antes que a Mí, a Moisés le negáis fe, nada tiene de admirable que a Mí, profetizado por él, me echéis de vosotros. De modo que así como a los admiradores del Bautista les demostró que despreciaban al Bautista, por las obras que hicieron en contra de él mismo, así ahora a los mismos que piensan creer en Moisés, les demuestra que no creen en Moisés: retuerce contra ellos todo lo que afirmaban en propio favor.

Como si les dijera: tan lejos estoy de apartaros de la ley, que incluso alego contra vosotros al mismo Legislador. Les dice que la Escritura testifica en favor suyo, pero no les dice en dónde lo testifica, para ponerles mayor temor y excitarlos a preguntar e investigar. Si hubiera El alegado y citado el testimonio sin que se lo preguntaran, tal vez se lo habrían recusado; mientras que si hubieran atendido a lo que les decía, antes que nada convenía que ellos preguntaran y aprendieran. Por tal motivo con tanta frecuencia usa no sólo de demostraciones, sino también de sentencias y amenazas con el objeto de volverlos al buen camino, a lo menos por el temor. Pero ellos guardan silencio. Así es la perversidad: ante cualquier cosa que se haga o se diga, no se levanta y contesta, sino que guarda silencio en su propio veneno.

En consecuencia, es necesario quitar de nosotros toda perversidad y no poner asechanza alguna. Pues dice la Escritura (Pr. 21, 8): Dios a los malvados les deja malos caminos. Y también (Sab. 1, 5): El Espíritu Santo que nos educa, huye de la doblez y se aleja de los pensamientos necios. Pues nada hay que así cierre el entendimiento como la perversidad. El doblado, perverso, ingrato (pues estos son los géneros de malicia), si ofende sin que nadie lo hiera, si pone asechanzas ¿acaso no da señales de suma demencia? En cambio nada hay como la virtud para volver prudente al hombre.

La virtud hace agradecidos, probos, benignos, mansos, suaves, modestos: en fin, que la virtud suele engendrar todos los bienes. ¿Quién habrá más prudente que el hombre dotado de semejantes cualidades? La virtud es la verdadera raíz y fuente de la prudencia; pero la malicia nace de una locura verdadera. El arrogante, el iracundo, carentes de la prudencia caen en esas enfermedades. Por lo cual decía el profeta (Sal. 38, 3-4): No hay nada santo en mi carne. Mis llagas son hedor y putridez a causa de mi locura. Dando así a entender que todo pecado es una locura y nace de una locura; y que, por el contrario, el temeroso de Dios y virtuoso es el hombre más sabio del mundo. Por tal motivo cierto sabio dijo (Pr. 1, 7): El principio de la sabiduría es el temor de Dios.

Si pues el temor de Dios ya es tener sabiduría, el que se halla privado de la verdadera sabiduría es el más necio de los hombres. Muchos hay que admiran a los malvados porque pueden hacer injusticias y dañar, no entendiendo que más bien se les ha de tener por los más miserables, puesto que, pensando ellos dañar a otros, contra sí misinos tornan la espada: cosa propia de una extremada locura. Sin darse cuenta, a sí mismos se hieren; y mientras creen que están dañando a otros, a sí mismos se degüellan. Por lo cual Pablo, sabedor de que cuando queremos herir a otros, a nosotros mismos ms causamos la muerte, decía (1Co. 6, 7): ¿Por qué no más bien toleráis las injurias? ¿por qué no más bien soportáis el fraude?

Al fin y al cabo no queda injuriado quien no hace a su vez injuria, ni sufre mal alguno quien a otro no hace mal. A muchos tal cosa les parecerá enigma, porque no quieren ejercitar la virtud. Sabiendo esto nosotros, no llamemos míseros ni lamentemos como desdichados a los que sufren daño o son injuriados, sino a quienes injurian. Estos son los que sobre todo salen dañados, pues hacen guerra a Dios, abren las bocas de mil acusadores, en esta vida se cargan de mala fama y para la futura se preparan un enorme castigo. Todo lo contrario sucede a quienes toleran las injusticias: tienen propicio a Dios y todos los compadecen y los alaban. Estos en la vida presente se toman eminentemente célebres, porque dan un eximio ejemplo de virtud; y luego en la vida futura gozan de los bienes eternos. Ojalá nos acontezca a todos lograrlos, por gracia y benignidad de nuestro Señor Jesucristo, al cual, juntamente con el Padre y el Espíritu Santo, sea la gloria, ahora y siempre y por los siglos de los siglos. Amén.

HOMILÍA XLII. Después de esto marchó Jesús al otro lado del mar de Galilea, el de Tiberíades. Y lo seguía un gran gentío, porque veían los milagros que obraba en los enfermos. Subió Jesús al monte, y ahí se sentó con sus discípulos. Estaba próxima la Pascua de los judíos (Jn 6,1-4)

Queridísimos, no nos mezclemos, con los perversos y dañinos; pero mientras no hagan daño a nuestra virtud, procuremos ceder y no dar ocasión a sus dolos y asechanzas. De este modo se les quebrantan todos sus ímpetus. Así como los dardos cuando dan sobre un objeto duro y firme, rebotan con gran impulso centra quienes los dispararon; pero, si una vez lanzados con violencia, no encuentran objeto alguno duro ni resistente, muy luego pierden su fuerza y caen al suelo, del mismo modo los hombres feroces por su audacia, si les presentamos resistencia más se enfurecen; pero si cedemos a su furia, pronto apagamos sus ímpetus.

Así procedió Cristo. Cuando los fariseos oyeron que juntaba más discípulos que Juan y que bautizaba a muchos más. El se apartó a Galilea, para apagar así la envidia de ellos y suavizar con su retirada el furor que aquel buen suceso les causaba; furor que era verosímil que habrían concebido. Y vuelto a Galilea, no fue a los mismos sitios que antes. Porque no se retiró a Caná, sino al otro lado del mar. Y lo seguían grandes multitudes, porque veían los milagros que hacía. ¿Qué milagros fueron ésos? ¿Por qué no los narra el evangelista? Porque este evangelista dedicó la inmensa mayor parte de su libro a los discursos. Mira, por ejemplo, cómo en el término de un año completo, y aun en la fiesta de la Pascua, no refiere otros milagro, sino la curación del paralítico y la del hijo del Régulo. Es que no intentaba referirlo todo (cosa por lo demás imposible), sino que de entre los muchos y brillantes prodigios, seleccionó y refirió unos pocos.

(Jn. 6, 2) Dice: Y lo seguía un gran gentío porque veían los milagros que obraba. No lo seguían aún con ánimo muy firme, pues antes que tan excelentes enseñanzas, más bien los atraían los milagros: cosa propia de gente ruda. Porque dice Pablo: Los milagros son no para los fieles, sino para los no creyentes. En cambio Mateo no pinta así ese pueblo, sino que dice (Mt. 7, 28-29): Y todos se admiraban de su doctrina, pues los enseñaba como quien tiene potestad. Mas ¿por qué ahora se retira al monte y ahí se asienta con sus discípulos? Porque va a hacer un milagro. Que sólo los discípulos subieran con El, culpa fue del pueblo que no lo siguió. Pero no fue ése el único motivo de subir al monte, sino además para enseñarnos que debemos evitar el tumulto de las turbas y que la soledad se presta para el ejercicio de la virtud. Con frecuencia sube solo al monte a orar y pasa la noche en oración, para enseñarnos que quien se acerca a Dios debe estar libre de todo tumulto y buscar un sitio tranquilo.

(Jn. 6, 4) Estaba próxima la Pascua, la fiesta de los judíos. Preguntarás: ¿por qué no sube a Jerusalén para la festividad, sino que mientras todos se dirigían a Jerusalén, Él se retiró a Galilea; y no va solo, sino que lleva a los discípulos, y luego baja a Cafarnaúm? Poco a poco va abrogando la ley, tomando ocasión de la perversidad de los judíos. Y como hubiese levantado la mirada y viera la gran turba. Por aquí declara el evangelista que Jesús nunca se asentaba con sus discípulos sin motivo, sino tal vez para enseñarlos y hablar con mayor cuidado y para más unirlos consigo. Vemos por aquí la gran providencia que de ellos tenía, y cómo a ellos se acomodaba y se abajaba. Y estaban sentados, quizá mirándose frente a frente.

(Jn. 6, 5) Luego, habiendo levantado su mirada, vio una gran turba que venía hacia Él. Los otros evangelistas refieren que los discípulos se le acercaron y le rogaron y suplicaron que no la despidiera en ayunas. Juan, en cambio, presenta al Señor preguntando a Felipe. A mí ambas cosas me parecen verdaderas, aunque no verificadas al mismo tiempo; sino que precedió una de ellas; de manera que en realidad se narran cosas distintas. ¿Por qué pregunta a Felipe? Porque sabía muy bien cuáles de los discípulos estaban más necesitados de enseñanza. Felipe fue el que más tarde le dijo (Jn. 14, 8): Muéstranos al Padre y esto nos basta. Por tal motivo es a él a quien primeramente instruye. Si el milagro se hubiera realizado sin ninguna preparación, no habría brillado en toda su magnitud. Por lo cual cuida Jesús de que previamente Felipe le confiese la escasez; para que con esto, el milagro le pareciera mayor.

Observa lo que dice a Felipe: ¿De dónde obtendremos tantos panes como para que éstos coman? Del mismo modo en la Ley Antigua dijo a Moisés antes de obrar el milagro: ¿Qué es lo que tienes en tu mano? Y como los milagros repentinos suelen borrar de nuestra memoria los sucesos anteriores, en primer lugar ató a Felipe con la propia confesión de éste, para que no sucediera que después, herido de estupor, se olvidara de lo que había confesado; y para que por aquí, mediante la comparación, conociera la magnitud del milagro. Como en efecto sucedió.

A la pregunta contestó Felipe (Jn. 6, 7): Doscientos denarios de panes no bastarían para que cada uno tomara un bocado. Esto se lo decía a Felipe para probarlo, pues Él sabía bien lo que iba a hacer. ¿Qué significa: para probarlo? ¿Acaso ignoraba Jesús lo que Felipe respondería? Semejante cosa no puede afirmarse. ¿Cuál es pues el pensamiento que encierra esa expresión? Podemos conocerlo por la Ley Antigua. También en ella leemos (Gn. 22, 1-2): Sucedió después de estas cosas que Dios tentó a Abraham y le dijo: Toma a tu hijo unigénito, al que amas, Isaac. No se lo dijo para saber si obedecería o no el patriarca, pues Dios todo lo ve antes de que acontezca; sino que en ambos pasajes habla al modo humano. Lo mismo, cuando la Escritura dice: Dios escruta los corazones de los hombres no significa ignorancia, sino un conocimiento exacto. Igualmente cuando dice: tentó, no significa otra cosa sino que El con exactitud ya lo sabía.

Podría entenderse en este otro sentido; o sea que tuvo mayor experiencia de ellos, cuando a Abraham entonces y ahora a Felipe los lleva a un más profundo conocimiento del milagro. Por lo cual el evangelista, para que no dedujeras algo absurdo, a causa de la sencillez de la palabra, añadió: Sabía bien Él lo que iba a hacer. Por lo demás, bien está observar cómo el evangelista, siempre que hay lugar a una opinión torcida, al punto cuidadosamente la desbarata. De modo que, para que los oyentes en este pasaje no imaginaran algo erróneo, aprontó esa corrección: Sabía bien Él lo que iba a hacer.

De igual modo, en el otro pasaje, cuando dice el evangelista que los judíos perseguían a Jesús: No sólo porque traspasaba el sábado, sino también porque decía que su Padre era Dios, haciéndose igual a Dios, si no hubiera sido este mismo el pensamiento de Cristo, confirmado con las obras, también habría añadido el evangelista esa corrección. Si en las palabras que Cristo habla, teme el evangelista que alguno pueda caer en error, mucho más lo habría temido en las que otros decían acerca de Cristo, si hubiera notado que no se tenía de Él la verdadera opinión. Pero nada dijo, pues conocía el pensamiento de Cristo y su decreto inmutable. Por lo cual, una vez que dijo: Haciéndose igual a Dios, no añadió la corrección porque en esto la opinión de los judíos no andaba errada sino que era verdadera y estaba confirmada con las obras de Cristo.

Habiendo, pues, el Señor preguntado a Felipe (Jn. 6, 8-9): Respondió Andrés, el hermano de Simón Pedro: Hay aquí un niño que tiene arico panes de cebada y dos pececillos. Pero ¿qué significa esto para tantos? Más altamente piensa Andrés que Felipe; y sin embargo, no llegó al fondo del asunto. Por tal parte, pienso que no sin motivo se expresó así: sino que teniendo noticia de los milagros de los profetas, como el de Eliseo (2R. 4, 43) sobre los panes, por aquí elevó su pensamiento a cierta altura, pero no llegó a la cima.

Aprendamos por aquí los que nos hemos entregado a los placeres cuál era el alimento de aquellos varones admirables, cuán pobre, de qué clase; e imitémoslos en la condición y frugalidad de su mesa. Lo que sigue demuestra una extrema rudeza y debilidad en la fe. Porque una vez que hubo dicho: Tiene cinco panes de cebada, añadió: Pero ¿qué significa esto para tantos? Le parecía que quien hacía milagros de pocos panes los haría de otros pocos y quien los hacía de muchos panes los haría de muchos otros. Pero iban las cosas por otros caminos. Puesto que a Jesús lo mismo le daba de muchos panes o de pocos preparar una cantidad inmensa, ya que no necesitaba de materia previa. Para que no pareciera que las criaturas estaban fuera del alcance de su sabiduría, como erróneamente afirmaban los marcionitas, usó de la criatura para obrar el milagro; y lo obró cuando ambos discípulos menos lo esperaban. De este modo obtuvieron mayor ganancia espiritual, habiendo de antemano confesado lo difícil del negocio: para que, llevado a cabo el prodigio, reconocieran el poder de Dios.

Y pues iba a obrarse un milagro ya antes obrado también por los profetas, aunque no del mismo modo; y lo iba a verificar Jesús comenzando por la acción de gracias, para que la gente ruda no cayera en error, observa cómo todo lo que hace va levantando las mentes y poniendo de manifiesto la diferencia. Cuando aún no aparecían los panes, ya Él tenía hecho el milagro; para que entiendas que tanto lo que ya existe como lo que aún no existe, todo le está sujeto, como San Pablo (Rm. 4, 17): El que llama lo que no existe a la existencia como si ya existiera. Pues como si ya estuviera la mesa puesta, mandó que al punto se sentaran a ella; y de este modo levantó el pensamiento de los discípulos.

Como ya por la pregunta anterior habían logrado provecho espiritual, al punto obedecieron y no se conturbaron ni dijeron: ¿Qué es, esto? ¿por qué ordenas sentarse a la mesa cuando aún nada hay que poner en ella?, modo que aun antes de ver el milagro comenzaron a creer, los que al principio no creían y decían: ¿De dónde compraremos panes? Empezaron a creer aún antes que vieran el milagro: que activamente dispusieron que las turbas se sentaran. Mas ¿por qué cuando va a sanar al paralítico, a resucitar al muerto, a calmar el mar no ruega, y ahora en cambio cuando se trata de panes sí lo hace? Es para enseñarnos que antes de tomar el alimento se ha de dar gracias a Dios. Por lo demás acostumbra El hacerlo en cosas mínimas para que entiendas que no lo hace porque le sea necesario. Pues si le hubiera sido necesario, más bien era en las grandes en las que lo habría hecho. Pero quien en las grandes procedía así con autoridad propia, sin duda que lo otro lo hace abajándose al modo de ser humano.

Por otra parte, estaba presente una turba inmensa a la cual era necesario persuadir de que Él había venido por voluntad de Dios. Por esto cuando obra un milagro estando solo y en privado, no procede así; pero cuando lo hace en presencia de muchos y para persuadirlos de que Él no es contrario a Dios, ni adversario del Padre, con dar gracias suprime toda sospecha errónea y acaba con ella. Y los distribuyó entre los que estaban sentados. Y se saciaron. ¿Adviertes la diferencia entre el siervo y el Señor? Los siervos, porque tenían solamente cierta medida de gracia, conforme a ella hacían los milagros; pero Dios, procediendo con absoluto poder, todo lo hacía y disponía con autoridad.

(Jn. 6, 12) Y dijo a los discípulos: recoged los fragmentos. Y ellos los recogieron y llenaron doce Canástas. No fue vana ostentación, sino que se hizo para que no se creyera haber sido aquello obra de brujería; y por este mismo motivo trabaja el Señor sobre materia preexistente. ¿Por qué no entregó los restos a las turbas para que los llevaran consigo, sino que los dio a los discípulos? Porque sobre todo a éstos quería instruir, pues habían de ser los maestros del orbe.

La multitud no iba a sacar ganancia grande espiritual de los milagros; y, en efecto, rápidamente lo olvidaron y pedían un nuevo milagro. Por lo demás, a Judas le sobrevino gravísima condenación del hecho de llevar su Canásta. Pues que el milagro se haya obrado para instrucción de los discípulos, consta por lo que se dice al fin; que tuvo Jesús que traérselo a la memoria y decirles (Mt. 16, 9): ¿Aún no comprendéis ni recordáis cuántos Canástos recogisteis? Y el mismo motivo hubo para que el número de las espuertas fuera doce. O sea, igual al de los discípulos. En la otra multiplicación, como ya estaban instruidos, no sobraron tantos Canástos, sino solamente siete Canástas (Mt. 15, 37). Por mi parte yo me admiro no únicamente de la abundancia de panes, sino además de la multitud de fragmentos y de lo exacto del número; y de que Jesús cuidara de que no sobraran ni más ni menos, sino los que Él quiso, pues sabía de antemano cuántos panes se iban a consumir; lo que fue señal de un poder inefable.

De modo que los fragmentos confirmaron ambos milagros y demostraron que no era aquello simple fantasmagoría, sino restos de los panes que habían comido. En cuanto al milagro de los peces, en esa ocasión se verificó con los peces preexistentes; pero después de la resurrección se verificó sin materia preexistente. ¿Por qué? Para que adviertas cómo también ahora usó de la materia como Señor; no porque la necesitara como base del milagro, sino para cerrar la boca a los herejes.

Y las turbas decían: verdaderamente éste es el Profeta. ¡Oh avidez de la gula! Infinitos milagros mayores que éste había hecho Jesús y nunca las turbas le habían hecho semejante confesión, sino ahora que se hartaron. Pero por aquí se ve claramente que esperaban a un profeta ilustre. Allá con el Bautista preguntaban: ¿Eres tú el Profeta? Acá afirman: Este es el Profeta.

(Jn. 6, 15) Pero Jesús, en cuanto advirtió que iban a venir para arrebatarlo y proclamarlo rey, se retiró de nuevo El solo a la montaña. ¡Por Dios! ¡cuán grande es la tiranía de la gula! ¡cuán inmensa la humana volubilidad! Ya no defienden la ley; ya no se cuidan del sábado violado; ya no los mueve el celo de Dios. ¡Repleto el vientre, todo lo han olvidado! Tenían consigo al Profeta y estaban a punto de coronarlo rey; pero Cristo huyó.

¿Por qué lo hizo? Para enseñarnos que se han de despreciar las dignidades humanas y demostrar que El no necesita de cosa alguna terrena. Quien todo lo escogió humilde -madre, casa, ciudad, educación, vestido- no iba a brillar mediante cosas terrenas. Las celestiales, excelentes y preclaras eran: los ángeles, la estrella, el Padre clamando, el Espíritu Santo testimoniando, los profetas ya de antiguo prediciendo; mientras que en la tierra todo era vil y bajo. Todo para que así mejor apareciera su poder. Vino a enseñarnos el desprecio de las cosas presentes y a no admirar las que en esta vida parecen espléndidas; sino que todo eso lo burlemos y amemos las cosas futuras. Quien admira las terrenas no admirará las del cielo. Por eso decía Cristo a Pilato (Jn. 18, 36): Mi reino no es de este mundo. Para no parecer que para persuadir echaba mano de humanos terrores y poderes. Pero entonces ¿por qué dice el profeta (Za. 9, 9): He aquí que viene a ti tu rey, humilde y montado en un asno. Es que el profeta trataba del reino celeste y no del terreno. Por lo cual decía también (Jn. 5, 41): La gloria no la recibo de los hombres.

Aprendamos, pues, carísimos, a despreciar los humanos honores y a no desearlos. Grande honor poseemos, con el cual comparados los honores humanos son injurias y cosa de risa y de comedia; así como las riquezas terrenas comparadas con las celestiales son verdadera pobreza, y esta vida comparada con la otra es muerte. Dice Cristo (Mt. 8, 22): Deja a los muertos que entierren a sus muertos. De modo que si esta gloria con aquella otra se compara, es vergüenza y burla. No anhelemos ésta. Si quienes la proporcionan son mis viles que la sombra y el ensueño, mucho más lo es ella (1P. 1, 24): La gloria del hombre como flor de hierba. Pero aun cuando fuera duradera ¿qué ganancia sacaría de ella el alma? ¡Ninguna! Al revés, daña sobremanera y hace esclavos de peor condición que los que en el mercado se venden, puesto que han de servir no a un señor, sino a dos, a tres, a mil que ordenan mil cosas diversas.

¡Cuánto mejor es ser libre que no esclavo! Libre de la servidumbre de los hombres y siervo del Señor Dios que ordena. Pero en fin, si de todos modos has de amar la gloria, ama la gloria inmortal. Su esplendor es de más brillo y mayor es su ventaja.

Los hombres te ordenan darles gusto con gustos tuyos; mientras que Cristo, por el contrario, te devuelve el céntuplo de todos tus dones y además añade la vida eterna. Entonces ¿qué es mejor? ¿Ser admirable en la tierra o ser en el Cielo? ¿Ser admirable delante de Cristo o delante de los hombres? ¿Serlo con ganancia tuya o con tu daño? ¿Ser coronado por un día o por siglos eternos? Haz limosna al necesitado, no al bailarín, para que no pierdas juntamente tu alma; porque tú, por andarte entregando empeñosamente, pero bajamente, a los teatros, resultas causador de la ruina de aquél.

Si esos que se ocupan de los bailes supieran que de su arte no van a lograr ganancia alguna, hace ya tiempo que habrían cambiado de oficio. Pero cuando te ven aplaudiendo, corriendo al teatro, derrochando dineros, agriando recursos, aun cuando ellos no quisieran continuar en el oficio, tú los obligas por la codicia de la ganancia. Si supieran que nadie alabaría sus oficios, muy pronto dejarían semejante trabajo, en cuanto cesara el lucro. Pero al ver que causan admiración a muchos, las alabanzas les sirven de anzuelo. Cesemos ya de hacer gastos inútiles; aprendamos en qué y cuándo conviene gastar, no sea que disgustemos a Dios por un doble camino: amontonando de donde no conviene y gastando en lo que no conviene. ¿De qué castigo no eres digno cuando pasas de largo al pobre y en cambio vas a gastar en las prostitutas? Pues aun cuando las pagaras de bienes bien adquiridos ¿no sería un crimen dar recompensa a la perversidad y en vez del debido castigo concederle honores?

Pero si además despojáis a los pupilos, desnudáis a los ancianos, pero alimentáis a los lascivos, pensad cuán terrible fuego está preparado para semejante crimen tan grande. Oye lo que dice Pablo (Rm. 1, 32): No únicamente los que eso hacen, sino también los que las aprueban a quienes las cometen. ¡Tal vez hemos acometido un tanto severamente en demasía! Pero si nosotros no os acometemos, allí están los suplicios para los que nunca se enmiendan. ¿Qué aprovecharía el hablar para congraciarnos con vosotros si en la realidad tendríais que sufrir las penas debidas a vuestras obras?

Alabas al baile lo celebras, ¡lo admiras! Pues te has convertido en un hombre peor que él. Porque a él parece que la pobreza lo excusa, aunque no carece de culpa; pero tú ni esa defensa tienes. Si a él le pregunto: ¿por qué has abandonado y ofreces artes y ejerces ésta, impura y execrable? me responderá: Porque con pequeño trabajo puedo ganar mucho. Pero si a ti te pregunto: ¿por qué admiras a ese lascivo que lleva una vida tal que arruina a otros muchos? no podrás responderme ni acudir a esa defensa, sino que te verás obligado a bajar con vergüenza el rostro.

Ahora bien, si cuando nosotros te pedimos cuentas no puedes ni abrir la boca, cuando se constituya y aparezca aquel formidable e inevitable tribunal de Dios, ante el cual hemos de dar razón de nuestros pensamientos y de nuestras obras ¿cómo podremos mantenernos en pie? ¿Con qué ojos veremos al Juez? ¿Qué le diremos? ¿cómo nos defenderemos? ¿qué excusa apta o inepta tendremos? ¿Que lo hacemos por gastar y derrochar? ¿por deleite o para perdición de los demás, a los cuales, mediante tal arte causamos la ruina?

Nada podremos alegar, sino que necesariamente seremos castigados con eterno suplicio, suplicio que nunca se acaba. Procuremos con sumo empeño ya desde ahora que semejante cosa no nos suceda, para que saliendo de este mundo con buena esperanza consigamos los bienes eternos. Ojalá a todos nos acontezca alcanzarlos, por gracia y benignidad de nuestro Señor Jesucristo, por el cual y con el cual sea la gloria al Padre juntamente con el Espíritu Santo, ahora y siempre y por los siglos de los siglos. Amén.

HOMILÍA XLIII. Al atardecer, descendieron los discípulos al lago y se embarcaron y fueron hacia Cafarnaúm, en la ribera opuesta. Ya había anochecido y todavía no había venido a ellos Jesús. Y el lago, agitado por un viento fuerte que soplaba, se encrespaba (*Jn 6,16-18*)

Jesús se preocupa por el bien de los discípulos no únicamente cuando corporalmente está con ellos, sino estando ausente y lejos. Como es poderoso y hábil, obra un mismo efecto por medios contrarios. Observa lo que en este caso hace. Abandona a sus discípulos y sube al monte. Ellos, estando El auscntc, como ya cra tarde, bajaron al lago, y ahí permanecieron esperando a que regresara. Pero, como se echara encima la noche, ya no se contuvieron de ir a buscarlo. No dijeron: Ya es tarde, la noche se echa encima ¿a dónde iremos? El sitio y la hora no dejan de ser peligrosos. Sino que inflamados por el deseo, se embarcan.

No sin motivo el evangelista indica el tiempo, sino para declarar el fervoroso amor que a Cristo le tenían. Mas ¿por qué Jesús se apartó y los dejó? ¿Por qué luego aparece El solo andando sobre las aguas? En primer lugar para enseñarles cuán duro era para ellos el dejarlos El solos, y que con esto aumentaran su anhelo. En segundo lugar, para demostrar su poder. Así como por estar revueltos con la turba no escuchaban toda la enseñanza, así tampoco veían todos los prodigios. Pero era conveniente que ellos, a quienes se había de encomendar el orbe todo de la tierra, tuvieran algo más que los otros.

Preguntarás: ¿qué milagros presenciaron ellos solos? La transfiguración en el monte, este milagro en el mar y muchos otros muy admirables después de la resurrección; y para mí tengo que presenciaron muchos otros además. Se dirigieron, pues, a Cafarnaúm, no porque supieran que Él estaba allí, sino esperando que allá lo encontrarían, o bien durante la navegación. Esto dio a entender Juan cuando dijo que ya era tarde y Jesús no había llegado y que el mar con el viento que soplaba se iba encrespando.

Mas ¿por qué se perturban? Muchas causas había que los atemorizaban: el tiempo, pues había tinieblas; la tempestad, pues el mar se encrespaba; el sitio, pues no estaban cerca de la playa, pues dice (Jn. 6, 19): Habiendo remado como unos veinticinco estadios; finalmente, lo inesperado del suceso, pues: Lo ven caminando sobre las aguas. Pero El a ellos, que estaban en el colmo de la perturbación, les dijo (Jn. 6, 20): Yo soy, no queráis temer. Entonces ¿por qué se les apareció de esa manera? Para hacer ver que era quien amansaba las tempestades. Esto significa el evangelio al decir (Jn. 6, 21): Quisieron entonces recogerlo en la barca; pero enseguida la barca tocó tierra en el lugar a donde se dirigían.

De modo que les proporcionó Jesús una navegación no solamente sin riesgo, sino del todo próspera. Pero no se dejó ver de las turbas andando sobre las aguas, porque esto era un milagro superior a lo que la rudeza de ellas podía soportar. Tampoco se dejó ver así andando por mucho tiempo de los discípulos; pues casi apenas lo vieron y se apartó. A mí me parece que lo que narra Mateo (Mt. 14), 22) es otro milagro distinto. Más aún: hay muchas razones que prueban ser distinto. Por lo demás con frecuencia Jesús repite los mismos milagros, a fin de que no les parezcan a los que los miran cosas insólitas, sino que las reciban con grande fe.

Yo soy, no queráis temer. Con una palabra les quita el temor. No sucedió así en el otro milagro, cuando Pedro le decía (Mt. 14, 28): Señor, si eres tú mándame ir a ti. ¿Por qué en el caso nuestro no lo recibieron en la barca, mientras que en Mateo al punto lo recibieron y creyeron? Porque en el primer caso continuaba la tempestad y sacudía la nave; mientras que en el segundo la palabra del Señor engendró la tranquilidad. Y si no es éste el motivo, lo será ciertamente el que ya anoté antes: o sea, que con frecuencia repetía Jesús los mismos milagros a fin de hacer creíbles los segundos mediante los primeros.

¿Por qué ahora no sube a la nave? Para que se verificara un milagro mayor y juntamente se demostrara con más claridad su divino poder y divinidad: y se probara de este modo que cuando dio gracias, no lo hizo porque necesitara de auxilio, sino para atemperarse a los presentas. Permitió que se desatara la tormenta para que continuamente lo buscaran; y la aplacó repentinamente para que vieran su poder. No subió a la nave para de este modo verificar un milagro mayor.

(Jn. 6, 22) Al día siguiente, la turba, que había quedado en la otra orilla del lago, advirtió que ahí había sólo una navecilla y que Jesús no se embarcó con sus discípulos. Y subieron los de la turba en las otras naves que habían llegado de Tiberíades. ¿Por qué Juan refiere con tantos pormenores este milagro? ¿Por qué no dijo simplemente que al siguiente día las turbas cruzaron el lago y se fueron? Alguna cosa quiere enseñarnos. ¿Cuál? Que Cristo, aunque no abiertamente, pero sí de un modo oscuro, les dejó a las turbas sospechar su partida. Pues dice: Vio la turba que no había ahí sino una sola nave, y que Cristo no se había embarcado con los discípulos. (Jn. 6, 24) Por lo cual, habiendo subido la turba a las naves que llegaron de Tiberíades, se fueron a Cafarnaúm en busca de Jesús. Entonces ¿qué otra cosa podían sospechar sino que Cristo se había partido andando sobre las aguas? Porque no podía decirse que hubiera viajado en otra nave, pues dice el evangelista que no había sino una nave en la que subieron los discípulos. Sin embargo, tras de tan insigne milagro no le preguntan como cruzó el lago ni se informan de tan insigne prodigio.

¿Qué es lo que le preguntan? (Jn. 6, 25): Maestro ¿cuándo llegaste acá? A no ser que alguno interprete ese cuándo como si dijeran ¿de qué modo? Vale la pena ponderar aquí lo voltario de sus voluntades. Los mismos que habían exclamado: Este es el Profeta; los que habían anhelado tomarlo y proclamarlo rey, ahora, en cuanto lo encontraron, ya nada de eso piensan. Yo creo que, olvidados del milagro, ya no admiran tanto a Jesús. Y aun quizá lo buscaban precisamente porque andaban ansiosos de disfrutar de aquel alimento, como el día antes.

Cruzaron los judíos el Mar Rojo capitaneados por Moisés (Ex. 14, 21); pero acá la diferencia fue grande. Moisés suplicaba como siervo y como siervo procedió en eso; Cristo procedió en todo con potestad absoluta y propia. Entonces se dividieron las aguas mediante el soplo de un viento del este, de modo que los israelitas pudieren pasar a pie enjuto. Pero acá el milagro fue mayor. Porque, el agua, sin perder su naturaleza, en tal forma llevó sobre sus espaldas a su Señor que confirmó aquello de la Escritura (Job 9, 8): Caminando sobre las crestas del mar como sobre pavimento. Con razón, habiendo de entrar en Cafarnaúm, ciudad de dura condición y desobediente, hizo un milagro, para así ablandar el ánimo depravado de sus ciudadanos, con los prodigios obrados tanto en la ciudad como fuera, de ella. El que llegaran a la dicha ciudad turbas tan numerosas y llenas de fervor ¿cómo no había de ablandar aun a las rocas? Pero ellos no se ablandaron, sino que sólo anhelaban el alimento corporal. Por tal motivo los reprende Jesús.

Sabiendo esto, carísimos, demos gracias a Dios no únicamente por los beneficios sensibles, sino mucho más por los dones espirituales. Así lo quiere El, y por esto concede los dones sensible. Mediante éstos, atrae y amonesta a los más rudos, como a quienes aún ansían los bienes de este mundo. Pero si tras de recibirlos perseveran en sus maldades. El los reprende y los increpa. Al paralítico (Mt. 9, 2) aquel quería concederle antes que nada los dones y bienes espirituales, pero los que se hallaban presentes se lo impedían. Porque como Él le dijera: Se te perdonan tus pecados, ellos decían: Este hombre, blasfema.- Os ruego que no nos vaya a suceder algo semejante: que estimemos en más los dones espirituales. ¿Por qué? Porque si éstos están presentes, ningún daño se nos seguirá de la privación de los bienes corporales. Pero si no los tenemos ¿qué consuelo nos queda? En consecuencia, conviene que los pidamos a Dios constantemente y se los supliquemos.

Cristo nos enseñó ser estos bienes espirituales los que debíamos pedir. Si examinamos la oración que nos enseñó, no encontraremos en ella nada carnal, sino todo espiritual; puesto que lo poquito sensible que en ella se pide, se hace de modo espiritual. Pedir nada más que el pan sobre substancial o sea cotidiano es propio del ánimo virtuoso y espiritual. Considera en cambio lo que precede.

Santificado sea tu nombre, venga tu reino, hágase tu voluntad, como en el cielo así en la tierra. Y apenas hubo puesto aquello sensible, tornó a lo espiritual diciendo: Perdónanos nuestras ofensas, como nosotros perdonamos a los que nos ofenden. Puso el Señor en esta oración no principados, no gloria, no poder, sino todo lo referente al alma y su utilidad: nada terreno, sino todo celestial. Si pues se nos ordena abstenernos de las cosas de la vida presente ¿cuán míseramente nos portamos si pedimos al Señor aquello que si lo poseemos, Él nos ordena rechazarlo para librarnos de cuidados; y si aún al contrario, ni siquiera nos cuidamos de lo que Él nos ordenó pedir, ni lo anhelamos? Semejantes peticiones son estar hablando en vano. Y tal es el motivo de que cuando oramos nada consigamos.

Preguntarás: ¿cómo es entonces que los malos se enriquecen? ¿cómo andan en la opulencia los malos, los criminales, los ladrones? Respondo: No es que Dios les dé esas cosas y ¡lejos eso! Mas ¿por qué lo permite? Ha permitido que haya ricos, pero los reserva para mayores castigos. Oye lo que se le dice a uno de ésos (Lc. 16, 25): Hijo, recibiste bienes y Lázaro males. Ahora, pues, él es consolado y tú eres atormentado. Para que no vayamos a oír semejante sentencia nosotros los que vivimos vanamente en placeres y añadimos pecados a pecados, busquemos la verdadera virtud, las verdaderas riquezas; y así conseguiremos los bienes prometidos. Ojalá los compartamos todos, por gracia y benignidad de nuestro Señor Jesucristo, por el cual y con el cual sea la gloria al Padre, juntamente con el Espíritu santo, ahora y siempre y por los siglos de los siglos. Amén.

HOMILÍA XLIV. Jesús se puso a declararles: En verdad, en verdad os digo: me buscáis no porque hayáis comprendido las señales, sino porque habéis comido de los panes y os habéis hartado. Mirad de haceros no con el alimento corruptible, sino con el alimento permanente de la vida eterna (*Jn 6,26-27*)

No siempre resultan útiles la clemencia y la suavidad, sino que a veces el Maestro necesita usar un lenguaje más punzante. Cuando el discípulo es perezoso y rudo, hay que echar mano del aguijón para que despierte de semejante gran desidia. Con frecuencia, en este pasaje y en otros, lo hizo el Hijo de Dios. Como se le acercaran las turbas y lo adularan y le dijeran: Maestro ¿cuándo viniste acá?, El para demostrar que desprecia los honores mundanos, y solamente busca la salvación de aquellos hombres, les responde un tanto ásperamente no sólo para corregirlos, sino también para revelar sus pensamientos y ponerlos de manifiesto.

¿Qué es lo que les dice? Como quien afirma y confirma se expresa así: En verdad, en verdad os digo: me buscáis no porque hayáis comprendido las señales, sino porque habéis comido de los panes y os habéis hartado. Con tales palabras los hiere y los reprende. Sin embargo, no procede con excesiva violencia, sino todavía con mucha indulgencia. Porque no les dijo: ¡Glotones! ¡voraces! Tantos milagros he obrado y no me habéis seguido ni habéis admirado los prodigios. Más moderadamente y con más clemencia, les dice: Me buscáis no porque hayáis comprendido las señales, sino porque habéis comido de los panes y os habéis saturado. Haciendo así referencia no únicamente a los milagros anteriores, sino también al presente. Como si les dijera: Para nada os movió ese milagro, sino que venís porque os habéis saturado.

Y que esto no lo dijera Jesús por meras conjeturas, muy pronto ellos mismos lo dejaron ver. Pues precisamente se le acercaron de nuevo para poder disfrutar otra vez de aquel bien. Por lo cual le decían: Nuestros padres comieron el maná en el desierto. De modo que de nuevo anhelan el alimento carnal, cosa digna de grave represión. Pero Jesús no se contenta con la represión, sino que añade la doctrina con estas palabras: Mirad de haceros no con el alimento corruptible, sino con el alimento permanente de vida eterna, el que os dará el Hijo del hombre. Porque éste es a quien Dios, el Padre, acreditó con su sello.

Como quien dice: No busquéis y procuréis ese alimento, sino el otro espiritual. Mas, como hay quienes para vivir en el ocio abusan de estas palabras, como si Cristo hubiera prohibido el trabajo corporal, conviene contestarles, pues calumnian a todo el cristianismo y hacen con eso que sea burlado. Antes que nada conviene oír a Pablo. ¿Qué dice? Acordaos de la doctrina del Señor que dijo (Hch. 20, 35): Mayor dicha es dar que recibir. Pero ¿de dónde dará quien nada tiene? Pero, cómo es que Jesús le dice a Marta (Lc. 19, 41-42): Solícita andas y te inquietas por atender a muchas cosas, cuando pocas y aun una sola es la necesaria. María en realidad escogió la mejor parte.

Vale la pena responder a todo esto, no únicamente para excitar a los perezosos, si es que quieren; sino además para que no parezca que la Sagrada Escritura se contradice. Porque en otra parte dice el apóstol (1Ts. 4, 10-12): Os exhortamos, hermanos, que os aventajéis aún más. Y que tengáis como punto de honra vivir sosegadamente, atender a vuestros propios negocios y trabajar con las propias manos, a fin de presentaros honorablemente a la vista de los extraños y de que nada os falte. Y también (Ef. 4, 28): El que hurtaba, ya no hurte; más bien fatíguese trabajando con sus propias manos en alguna labor buena, de suerte que tenga para compartir con el que sufre penuria. Ordena aquí Pablo no simplemente trabajar, sino hacerlo con tanto esfuerzo que aún se ayude a los indigentes. Y en otra parte dice (Hch. 20, 34): Para mis necesidades y de los que me acompañan han proveído estas mis manos. Y a los corintios les decía (1Co. 9, 18): Entonces ¿en qué consiste mi mérito? En que os he predicado el evangelio gratuitamente. Y cuando fue a esa ciudad (Hch. 18, 3): permaneció en la casa de Aquila y Priscila y trabajaba. Pues ellos eran fabricantes de tiendas de campaña Todo esto parece contradecir la sentencia del Salvador. Pero, en fin, dese ya la solución.

¿Qué responderemos? Que no andar solícito no significa dejar el trabajo, sino no apegarse a las cosas de este mundo; es decir, no andar solícitos por la seguridad y descanso del día de mañana, sino tener eso como cosa superflua. Puede quien trabaja atesorar, pero no para el día de mañana; puede el que trabaja atesorar, pero sin preocupación. Porque preocupación y trabajo son cosas distintas. Que se trabaje, pero no para confiar en el trabajo, sino para ayudar al indigente. Lo que se dice de Marta no se refiere al trabajo ni al oficio, sino a que se ha de tener cuenta con el tiempo; y que el tiempo de los sermones no se ha de emplear en cosas temporales. De modo que no lo dijo Jesús para tener ociosa a Marta, sino para atraerla a escuchar.

Como si le dijera: Ven para que yo te enseñe lo que de verdad es necesario. ¿Andas solícita acerca de la comida? ¿Tratas de agasajarme y prepararme una mesa bien provista? Prepárame mejor otro manjar. Atiende a mis palabras. Imita el empeño de tu hermana. De modo que no prohíbe la hospitalidad ¡lejos tal cosa! ¡ni se hable de eso! Lo que enseña es que al tiempo de la predicación no se ha de cuidar de tales cosas. Y cuando dice: Haceos no del alimento que perece, no significa que se haya de vivir en el ocio, pues el ocio es sobre todo ese alimento que perece (ya que dice la Escritura: La desidia enseñó todas las maldades); sino que indica el deber de trabajar y también de compartir. Este alimento no perece.

Quien vive en ocio y se entrega a los placeres del vientre, se procura un alimento que perece. Por el contrario, si alguno mediante su trabajo proporciona a Cristo alimento, bebida, vestido, nadie que no esté loco dirá que se procura un alimento perecedero, puesto que es un alimento tal que por él se promete el reino de los cielos y también los bienes de allá arriba. Este alimento permanece para siempre. En cambio el otro lo llamó alimento que perece, tanto porque la turba ningún aprecio hizo de la fe ni se preocupó de investigar quién era el que había obrado el milagro o con qué poder, sino únicamente de llenar el vientre sin trabajar.

Como si les dijera: Nutrí vuestros cuerpos para que por este medio os buscarais otro alimento que permanece y que puede nutrir vuestras almas; pero vosotros corréis de nuevo hacia el alimento terreno. Por eso no entendéis que yo no quise llevaros a ese alimento imperfecto, sino al otro extra-temporal, que da la vida eterna y alimenta no los cuerpos sino las almas. Y luego, pues había hablado de Sí enalteciéndose y diciendo que Él lo proporcionaría, para que no se sintieran ofendidos con semejantes palabras, sino que le dieran crédito, refiere el don y dádiva al Padre. Por eso, una vez que dijo: El cual os dará el Hijo del hombre, añadió: Porque éste es a quien Dios, el Padre, acreditó con su sello. Es decir, os lo envió precisamente para que os trajera este alimento. También puede explicarse de otro modo, pues en otro lugar dijo Cristo (Jn. 3, 33): Quien escucha mis palabras, a éste ha señalado el Padre con su sello, porque Dios es veraz. Lo ha señalado con su sello quiere decir lo ha manifestado claramente. Esto es lo que a mí me parece que se da a entender. Porque lo selló el Padre no quiere decir sino que lo manifestó, lo reveló dando testimonio de Él. En realidad El mismo se manifestó; pero como hablaba a los judíos, trajo en medio el testimonio del Padre.

Aprendamos, pues, carísimos, a pedir a Dios lo que es conveniente que a Dios se le pida. Las cosas del siglo, como quiera que sucedan nos acarrean daño. Si nos enriquecemos, sólo en este tiempo gozamos; si empobrecemos, nada molesto sufriremos. Ya vengan sucesos tristes, ya alegres, no tienen virtud en lo referente a la tristeza o al placer: ambos hay que despreciarlos, como cosas que velocísimamente pasan y desaparecen. Por esto con razón esta vida se llama "camino", pues sus cosas pasan y no duran mucho tiempo. En cambio lo futuro, sea suplicio, sea reino, es inmortal. Pongamos pues en esto gran empeño, para que huyamos del suplicio y consigamos el reino.

¿Qué utilidad hay en los placeres presentes? Hoy son y mañana desaparecerán. Hoy son flor espléndida, mañana serán polvo que se disipa. Hoy son fuego encendido, mañana serán ceniza apagada. No son así las cosas espirituales, sino que siempre permanecen en flor y en brillo, y cada día resplandecen más aún. Estas riquezas nunca perecen, nunca cambian de dueño, jamás se acaban, jamás acarrean cuidados, envidias ni calumnias; no destrozan el cuerpo, no corrompen el alma, no traen consigo soberbia ni envidia: cosas todas que sí se encuentran en las riquezas mundanas.

Aquella gloria no se eleva en soberbia, no engendra hinchazón, jamás se acaba, jamás se oscurece. Quietud y placer en el cielo son para siempre, perennemente inconmovibles e inmortales, sin término ni acabamiento. Pues bien, anhelemos esa otra vida. Si la anhelamos ya no nos cuidaremos para nada de lo presente, sino que todo esto lo despreciaremos y lo burlaremos. Aun cuando alguno nos llame al palacio (que es lo que se tiene por felicidad suma), no asentiremos, apoyados en la dicha esperanza. Quienes están poseídos del amor a lo celestial, tienen esto otro por vil y de ningún precio.

Al fin y al cabo, todo cuanto se acaba no se ha de desear en demasía. Lo que cesa y hoy es y mañana perece, aunque sea lo máximo, se reputa por mínimo y despreciable. Busquemos, pues, no lo que huye y pasa, sino lo que permanece sin cambio; para que así podamos alcanzarlo, por gracia y benignidad de nuestro Señor Jesucristo, por el cual y con el cual sea la gloria al Padre, juntamente con el Espíritu Santo, ahora y siempre y por los siglos de los siglos. Amén.

HOMILÍA XLV. Dijéronle, pues: ¿Qué debemos hacer para lograr la merced de Dios? Respondióles Jesús: Esta es la obra que quiere Dios: que creáis en el que Él envió. Dícenle: pues ¿qué señal nos das para que la veamos y creamos en ti? ¿Qué obra haces? (*Jn 6,28-30*)

Nada hay peor que la gula, nada más vergonzoso. Esta es la que cierra el entendimiento y lo hace rudo y vuelve carnal al alma. Esta ciega y no deja ver. Observa cómo fue eso lo que obró en los judíos. Porque ansiando ellos los placeres del vientre y no pensando en nada espiritual, sino únicamente lo de este siglo. Cristo los excitó con abundantes discursos, llenos unas veces de acritud, otras de suavidad y perdón. Pero ni aun así se levantaron a lo alto, sino que permanecieron por tierra.

Atiende, te ruego. Les había dicho: Me buscáis no porque hayáis comprendido las señales, sino porque comisteis de los panes y os habéis saturado. Los punzó arguyéndoles; les mostró cuál es el pan que se ha de buscar al decirles: Haceos no del alimento que perece; y aun les añadió el premio diciendo: sino el pan para la vida eterna. Y enseguida sale al encuentro de la objeción de ellos con decirles que ha sido enviado por el Padre. ¿Qué hacen ellos? Como si nada hubieran oído, le dicen: ¿Qué debemos hacer para lograr la merced de Dios? No lo preguntaban para aprender y ponerlo por obra, como se ve por lo que sigue, sino queriendo inducirlo a que de nuevo les suministre pan para volver a saturarse. ¿Qué les responde Cristo?: Esta es la obra que quiere Dios: que creáis en el que Él envió. Instan ellos: ¿Qué señal nos das para que la veamos y creamos en ti?

(Jn. 6, 31) Nuestros padres comieron el maná en el desierto. ¡No hay cosa más necia y más estulta que eso! Cuando el milagro estaba aún delante de sus ojos, como si nada se hubiera realizado le decían: ¿Qué señal nos das? Y ni siquiera le dan opción a escoger, sino que piensan que acabarán por obligarlo a hacer otro milagro como el que se verificó en tiempo de sus ancestros. Por eso le dicen: Nuestros padres comieron el maná en el desierto. Creían que por este camino lo excitarían a realizar ese mismo milagro que los alimentaría corporalmente. Porque ¿por cuál otro motivo no citan sino ése, de entre los muchos verificados antiguamente; puesto que muchos tuvieron lugar en Egipto, en el mar, en el desierto? Pero sólo le proponen el del maná. ¿No es acaso esto porque aún estaban reciamente bajo la tiranía del vientre? Pero, oh judíos: ¿cómo es esto que aquel a quien vosotros llamasteis profeta y lo quisisteis hacer rey por el milagro que visteis, ahora, como si nada se hubiera realizado, os le mostráis tan ingratos y pérfidos, que aún le pedís una señal, lanzando voces dignas de parásitos y de perros famélicos? ¿De modo que ahora, cuando vuestra alma está hambrienta, venís a recordar el maná?

Y advierte bien la ironía. No le dijeron: Moisés hizo este milagro; y tú ¿cuál haces? porque no querían volvérselo contrario. Sino que emplean una forma sumamente honorífica en espera del alimento. No le dijeron: Dios hizo aquel prodigio; y tú ¿cuál haces? porque no querían parecer como si lo igualaran a Dios. Tampoco nombran a Moisés, para no parecer que lo hacen inferior a Cristo. Sino que invocaron el hecho simple y dijeron: Nuestros padres comieron el maná en el desierto. Podía Cristo haberles respondido: Mayor milagro he hecho yo que no Moisés. Yo no necesito de vara ni de súplicas, sino que todo lo he hecho por mi propio poder. Si traéis al medio el maná, yo os di pan. Pero no era entonces ocasión propicia para hablarles así, pues el único anhelo de Cristo era llevarlos al alimento espiritual.

Observa con cuán excelente prudencia les responde (Jn. 6, 32): No fue Moisés quien os dio pan bajado del cielo, sino que es mi Padre quien os da el verdadero pan que viene del cielo. ¿Por qué no dijo: No fue Moisés, sino soy yo, sino que sustituyó a Moisés con Dios y al maná consigo mismo? Fue porque aún era grande la rudeza de los oyentes, como se ve por lo que sigue. Puesto que con tales palabras no los cohibió. Y eso que al principio ya les había dicho (Jn. 6, 26): Me buscáis no porque hayáis comprendido las señales, sino porque comisteis de los panes y os habéis saturado. Y como esto era lo que buscaban, en lo que sigue también los corrige. Pero ellos no desistieron.

Cuando prometió a la mujer samaritana que le daría aquella agua, no hizo mención del Padre, sino que dijo: Si supieras quién es el que te dice (Jn. 4, 10): Dame de beber, quizá tú le pedirías, y te daría agua viva. Y en seguida: El agua que yo daré; y tampoco hace referencia al Padre. Aquí, en cambio, sí la hace. Pues bien, fue para que entiendas cuán grande era la fe de la samaritana y cuán grande la rudeza de los judíos. En cuanto al maná, en realidad no venía del Cielo. Entonces ¿cómo se dice ser del cielo? Pues es al modo como las Escrituras hablan de las aves del cielo (Sal. 8, 8); y también (Sal. 18, 13): Tronó desde el cielo Dios.

Y dice del pan verdadero, no porque el milagro del maná fuera falso, sino porque era sólo figura y no la realidad. Y al recordar a Moisés se antepuso a éste, ya que ellos no lo anteponían; más aún, tenían por más grande a Moisés. Por lo cual, habiendo dicho: No fue Moisés quien os dio, no añadió: Yo soy el que os doy, sino dijo que el Padre lo daba. Ellos le respondieron: Danos de ese pan para comer, pues aún pensaban que sería una cosa sensible y material y esperaban repletar sus vientres. Y tal era el motivo de que tan pronto acudieran a él. ¿Qué dice Cristo? Poco a poco los va levantando a lo alto; y así les dice (Jn. 6, 33): El pan de Dios es el que desciende del cielo y da la vida al mundo. No a solos los judíos sino a todo el mundo.

Y no habla simplemente de alimento, sino de otra vida diversa. Y dice vida porque todos ellos estaban muertos. Pero ellos siguen apegados a lo terreno y le dicen (Jn. 6, 34): Danos ese pan. Los reprochaba de una mesa sensible; pero en cuanto supieron que se trataba de una mesa espiritual, ya no se le acercan. Les dice (Jn. 6, 35-36): Yo soy el pan de vida. El que a mí viene jamás tendrá hambre y el que cree en mí jamás padecerá sed. Pero yo os tengo dicho que aunque habéis visto mis señales, no creéis.

Ya el evangelista se había adelantado a decir (Jn. 3, 32): Habla de lo que sabe y da testimonio de lo que vio y nadie acepta su testimonio. Y Cristo a su vez (Jn. 3, 11): Hablamos lo que sabemos y testificamos lo que hemos visto, pero no aceptáis nuestro testimonio. Va procurando amonestarlos de antemano y manifestarles que nada de eso lo conturba, ni busca la gloria humana, ni ignora lo secreto de los pensamientos de ellos, así presentes como futuros. Yo soy el pan de vida. Ya se acerca el tiempo de confiar los misterios. Mas primeramente habla de su divinidad y dice: Yo soy el pan de vida. Porque esto no lo dijo acerca de su cuerpo, ya que de éste habla al fin, cuando declara: El pan que yo daré es mi carne. Habla pues todavía de su divinidad. Su carne, por estar unida a Dios Verbo, es pan; así como este pan, por el Espíritu Santo que desciende, es pan del cielo.

Pero aquí no usa ya de testigos, como en el discurso anterior, pues allá tenía como testigos los panes del milagro y los oyentes aún simulaban creerle. Acá en cambio aún lo contradecían y le argumentaban. Por lo cual finalmente ahora expone plenamente su sentencia. Ellos siguen esperando el alimento corporal y no se perturban hasta el momento en que pierden la esperanza de obtenerlo. Mas ni aun así calló Cristo, sino que los increpa con vehemencia. Los que allá mientras comían lo llamaron profeta, ahora se escandalizan y lo llaman hijo de artesano. No lo trataban así cuando estaban comiendo, sino que decían: Este es el Profeta. Y aun lo querían hacer rey. Ahora hasta se indignan al oírlo decir que ha venido del Cielo. Mas no era ése el motivo verdadero de su indignación, sino el haber perdido la esperanza de volver a disfrutar de la mesa corporal. Si su indignación fuera verdadera, debían investigar cómo era pan de vida, cómo había bajado del Cielo. Pero no lo hacen, sino que solamente murmuran.

Y que no sea aquélla la causa verdadera de su indignación se ve porque cuando Jesús les dijo: Mi Padre os da el pan, no le dijeron: Pídele que nos dé, sino ¿qué?: Danos ese pan. Jesús no les había dicho: Yo os daré, sino: Mi Padre os da. Pero ellos, por la gula, pensaban que él podía dárselo. Pues bien, quienes esto creían, ¿en qué forma debieron escandalizarse cuando lo oyeron decir que era el Padre quien se lo daría? ¿Cuál es pues el motivo verdadero? Que en cuanto oyeron que ya no comerían, ya no creyeron; y ponen como motivo el que Jesús les hable de cosas elevadas. Por eso les dice (Jn. 5, 39): Me habéis visto y no creéis, dándoles a entender así los milagros como el testimonio de las Escrituras. Pues dice (Jn. 5, 43-44): Ellas dan testimonio de Mí; y también: ¿Cómo podéis creer vosotros que aceptáis la gloria unos de otros?

(Jn. 6, 37) Todos los que me da el Padre vienen a mí; y a cuantos vengan a mí Yo no los desecharé. ¿Observas cómo pone todos los medios para salvar a los hombres? Añadió esto para que no pareciera que hablaba de ligero y que procedía en vano. Y ¿qué es lo que dice?: Todos los que me da el Padre vienen a mí y yo los resucitaré al final de los tiempos. ¿Por qué trae al medio la resurrección, como don concedido a los que creen, puesto que también los impíos la participarán? Porque habla no de la resurrección común, sino de una peculiar resurrección. Pues como al principio dijera: No los echaré fuera y no dejaré perecer a ninguno, luego añadió lo de la resurrección.

En la resurrección los hay que son echados fuera, puesto que dice (Mt. 22, 13): Tomadlo y arrojadlo a las tinieblas de fuera. Y los hay que perecen, como se deja entender con decir (Mt. 10, 28): Temed más bien al que puede arrojar el alma y el cuerpo a la gehena. En consecuencia, lo que dice (Jn. 10, 28): Doy la vida eterna, quiere decir (Jn. 5, 29): Y saldrán resucitados para condenación los que obraron perversamente; y los que obraron bien, para vida. En conclusión, que aquí habla de la resurrección de los buenos.

Mas ¿qué significa cuando dice: Todos los que me da el Padre vienen a Mí? Púnzalos por su incredulidad y declara que quienes no creen en El traspasan la voluntad del Padre. No lo dice abiertamente, pero sí lo da a entender. Y vemos que continuamente procede así para declarar que los que no creen en Él no lo ofenden a Él solo sino además al Padre. Puesto que si tal es su voluntad y para eso vino al mundo, para salvar al mundo, traspasan su voluntad. Como si dijera: Cuando el Padre me envía alguno, nada le impide que se me acerque. Luego continúa:

Nadie puede venir a Mí si mi Padre no lo atrae. Y Pablo dijo (1Co. 15, 24): Jesús los entrega al Padre: Cuando haya entregado el reino a Dios Padre. Así como el Padre cuando da todo por eso se priva de lo que da, así el Hijo cuando entregó todo, no se defraudó a Sí mismo. Se dice que entrega porque por El tenemos acceso al Padre.

Ese por el cual se dice también del Padre, como en Pablo (1Co. 1, 9): Por el cual habéis sido llamados a la comunión de su Hijo; o sea por voluntad del Padre. Y Jesús dijo (Mt. 16, 17): Bienaventurado eres, Simón hijo de Juan, porque no te lo revelaron la carne y la sangre. De modo que en este pasaje viene a decir poco más o menos: La fe en Mí no es cosa pequeña, sino que necesita la gracia de arriba. Y en todas partes establece lo mismo: que el alma generosa, atraída por Dios, necesita de la fe. Quizá diga alguno: Si todos los que te da el Padre vienen a Ti; y aquellos a quienes El atrae; y si nadie puede venir a Ti si no se le concede el don de allá arriba, aquellos a quienes no hace semejante don el Padre se encuentran libres de toda culpa. Todo eso es palabrería y vanas excusas. Porque también se necesita nuestra voluntad, ya que a ella le toca el ser enseñada y creer.

Por lo mismo, con las palabras: Todos los que me da el Padre, no quiere decir sino que: no es cosa de poco precio creer en Mí, ni depende eso de humano raciocinio, sino que se necesita una revelación de lo alto y una alma piadosa que acepte semejante revelación. Y aquello otro: El que viene a Mí será salvo, significa que gozará de especial y grande providencia. Pues por esto vino Cristo y tomó carne y forma de siervo.

Luego continuó (Jn. 6, 38): Porque he descendido del Cielo no para hacer mi voluntad, sino la voluntad de aquel que me envió. ¿Qué dices, Señor? ¿De modo que una es tu voluntad y otra la de tu Padre? Pues para que nadie opine semejante cosa, quita la sospecha añadiendo (Jn. 6, 40): Y ésta es la voluntad de aquel que me envió: que todo el que ve al Hijo y cree en El, tenga vida eterna. Pero ¿acaso no es ésta tu misma voluntad, Señor? ¿Por qué entonces en otra parte dices (Lc. 12, 49): Fuego vine a traer a la tierra ¿y qué otra cosa anhelo sino que se encienda? Si pues esto es lo que quieres, manifiestamente es una misma voluntad, ya que en otra parte aseguras (Jn. 5, 21): Así como el Padre resucita a los muertos y los hace revivir, así el Hijo da vida a quienes le place.

Y ¿cuál es la voluntad del Padre? ¿Acaso no es que de ésos no perezca ninguno? Esto mismo anhelas tú también (Mt. 18, 14). De modo que no es ésta una voluntad y otra aquélla. Del mismo modo en otro lugar establece la igualdad con el Padre más determinadamente cuando dice (Jn. 14, 23): Yo y mi Padre vendremos y haremos en él morada. En una palabra, como si dijera: No he venido a hacer otra cosa, sino lo que el Padre quiere; y no tengo otra voluntad sino la de mi Padre. Porque todo lo de mi Padre es mío, y todo lo mío es de Él. Si pues las cosas todas del Padre y del Hijo son comunes, lógicamente dice Cristo: No he venido para hacer mi voluntad. Sin embargo, esto no lo declara aquí sino que lo deja para el fin; pues, como ya dije, oculta aún lo más sublime y lo encubre como con una sombra, para declarar con esto que, si les hubiera dicho ésta es mi voluntad, lo habrían despreciado.

Les dice que El coopera con la voluntad de su Padre con el objeto de infundirles más temor. Como si les dijera: ¿Qué es lo que pensáis? ¿Que con no creer en Mí me irritáis? ¡Es a mi Padre a quien movéis a ira! Porque esta es la voluntad del que me envió, que de todos los que me dio Yo a ninguno deje perecer (Jn. 6, 39. Les demuestra de este modo que El no necesita del culto de ellos, y que no ha venido en busca de utilidad propia y propios honores, sino para la salvación de ellos. Es lo mismo que dijo en el discurso anterior (Jn. 5, 41): Yo no necesito que otro hombre dé testimonio de Mí. Y además (Jn. 5, 34): Os digo esto para que os salvéis. Porque continuamente se empeña en declararles haber venido para salvación de ellos.

Y dice que El prepara la gloria del Padre, para que no recaiga sobre El sospecha alguna. Y que por tal motivo lo haga, lo manifiesta en lo que sigue más adelante (Jn. 7, 18): El que busca su voluntad, busca su propia gloria. Mas el que busca la gloria de aquel que lo envió, éste es sincero y no hay en él deslealtad. Esta es la voluntad de mi Padre (Jn. 6, 40): que todo el que ve al Hijo y cree en Él tenga vida eterna, y Yo lo resucitaré al final de los tiempos. ¿Por qué menciona la resurrección con tanta frecuencia? Para que no circunscriban la providencia de Dios a sólo las cosas presentes; de manera que si acá no disfrutan de bienes, no por eso se tornen más desidiosos, sino que esperen los bienes futuros; y que si al presente no son castigados, no lo desprecien, sino que aguarden la otra vida.

Ahora bien, si ellos en nada aprovecharon, empeñémonos nosotros en aprovechar, tratando con frecuencia de la resurrección. Si nos acomete el deseo de enriquecernos, de robar, de hacer algo perverso, pensemos al punto en aquel último día e imaginemos aquel tribunal: este pensamiento reprimirá la pasión del ánimo mucho mejor que cualquier freno. Digamos a otros y a nosotros mismos continuamente: Resurrección hay y un tribunal temible nos espera. Si vemos a alguno que anda hinchado y alegre por los bienes presentes, digámosle y hagámosle ver que todo eso acá se quedará. Si a otro lo encontramos adolorido y oprimido por las fatigas, representémosle eso mismo, o sea, que las cosas tristes todas tienen acá su término. Si lo hallamos perezoso y disipado, repitámosle lo mismo, y mostrémosle que por su desidia debe rendir cuenta.

Semejante sentencia curará nuestras almas mejor que cualquiera medicina. Porque sí hay resurrección; y a las puertas está y no muy lejana la resurrección. Pues dice Pablo (Hb. 10,

37): Todavía un poco y el que ha de venir vendrá y no tardará. Y también (2Co. 5, 10): Porque todos nosotros debemos comparecer ante el tribunal de Cristo; es decir, buenos y malos. Estos para que delante de todos queden avergonzados; aquéllos para que delante de todos aparezcan más brillantes. Así como acá los jueces públicamente castigan a los perversos y honran a los buenos, así sucederá allá; de manera que para unos la vergüenza sea mayor, y para otros la gloria sea más espléndida.

Pues bien, imaginemos esto día por día. Si continuamente lo meditamos, ninguna cosa presente y pasajera nos impedirá. Lo que se ve es pasajero; lo que no se ve es eterno. Mutuamente repitámonos unos a otros esto mismo y digámonos: ¡Hay resurrección! ¡hay juicio! ¡hemos de dar cuenta de nuestras obras! Repitan esto los que andan pensando que existe el hado y quedarán libres de semejante enfermedad muy pronto. Porque si hay resurrección, habrá juicio y no existe el hado, por más que se esfuercen en afirmarlo.

Pero... ya me está dando vergüenza el enseñar esto a cristianos y decirles que existe la resurrección; y sin embargo no se han persuadido de que no existe la necesidad fatal del hado, ni suceden las cosas al acaso: semejante hombre en realidad no es cristiano. Por tal motivo os ruego, os suplico que nos purifiquemos de todo pecado y pongamos todos los medios para obtener indulgencia y perdón para aquel día. Quizá pregunte alguno: ¿cuándo será la consumación, cuándo la resurrección? Mucho tiempo ha pasado ya y nada de eso ha acontecido. Y sin embargo, creedme: ¡acontecerá! También antes del diluvio decían lo mismo los hombres y se burlaban de Noé. Pero llegó el diluvio y ahogó a todos los que no creían en él, y solamente se salvó el que creyó y salió libre. Tampoco los contemporáneos de Lot esperaban el castigo divino, hasta que llegó el momento en que el fuego y los rayos acabaron con todos. Y ni entonces ni cuando Noé hubo señales previas de lo que iba a suceder; sino que cuando todos estaban entregados a los banquetes y a la embriaguez, descargó sobre ellos aquel daño inevitable. Por lo cual dice Pablo (1Ts. 5, 3): Cuando digan ¡paz y seguridad! entonces de improviso los asaltará el exterminio, como los dolores de parto a una mujer encinta, y no escaparán. ¿Qué es lo que tú dices? ¿No esperas la resurrección? ¿no el juicio? Los demonios confiesan estas verdades ¿y tú no las confiesas? Porque ellos dicen (Mt. 8, 29): ¿Vienes ya antes de ahora para atormentarnos? Sin duda quienes hablan de tormentos futuros, saben bien que hay juicio y rendición de cuentas y suplicios. No provoquemos a Dios atreviéndonos a cosas necias y no dando fe a la resurrección. Así como en las demás cosas Cristo fue nuestro principio, lo mismo será en ésta. Por tal motivo se le llama (Col. 1, 18): Primogénito de entre los muertos. Pero si no habrá resurrección ¿cómo será primogénito, puesto que ninguno de los muertos iría después de Él? Si no hay resurrección ¿cómo existirá la justicia divina, pues tantos malvados viven prósperamente y tantos buenos pasan su vida en estrecheces? ¿Cuándo recibirá cada cual conforme a sus merecimientos si no hay resurrección? Nadie de los que viven correctamente niega la resurrección: los buenos cada día la anhelan y lanzan aquella voz santa: ¡Venga tu reino! ¿Quiénes son los que no creen en ella? Los que van por los caminos de la iniquidad y llevan una vida perversa, como lo asegura el profeta (Sal. 10, 5): En todo tiempo sus caminos están manchados; muy lejos están de él tus juicios. ¡No, no hay hombre que viva virtuosamente y no crea en la resurrección! Los que no tienen conciencia de pecado, dicen, afirman, esperan, creen que resucitarán. No irritemos a Dios. Oigámoslo que dice (Mt. 10, 28): Temed al que es poderoso para echar el alma y el cuerpo en la gehena y tornémonos mejores con el santo temor; y libres de semejante ruina, hagámonos dignos del Reino de los Cielos. Ojalá todos lo alcancemos, por gracia y benignidad de nuestro Señor Jesucristo, por el cual y con el cual sea la gloria al Padre, juntamente con su adorable, santísimo y vivificador Espíritu, ahora y siempre y por infinitos siglos de siglos. Amén.

HOMILÍA XLVI. Murmuraban de él los judíos por cuanto dijo: Yo soy el pan bajado del cielo. Y decían: ¿No es éste el hijo de José, cuyo padre y cuya madre conocemos? ¿Cómo dice que ha descendido del cielo? (*Jn 6,41-42*)

Pablo, escribiendo a los filipenses, dice de algunos de ellos (Flp. 3, 19): Cuyo dios es el vientre y ponen su gloria en lo que es su vergüenza.- Que trata ahí de los judíos, es cosa clara por lo que precede; y también por lo que ahora aquí dicen de Cristo. Cuando les suministró el pan y les hartó sus vientres, lo llamaron profeta y querían hacerlo rey. Pero ahora que los instruyó acerca del alimento espiritual y la vida eterna, y los levantó de lo sensible y les habló de la resurrección y les elevó los pensamientos, convenía que quedaran estupefactos de admiración. Pero al revés, se apartan y le murmuran.

Si Cristo era el Profeta, como ellos lo afirmaban anteriormente, diciendo (Dt. 18, 15): Porque éste es aquel de quien dijo Moisés: El Señor Dios os enviará un Profeta de entre vosotros, como yo: a él escuchadlo. Lo necesario era prestarle oídos cuando decía: He descendido del cielo. Pero no lo escuchaban, sino que murmuraban. Todavía lo reverenciaban a causa del reciente milagro de los panes; y por esto no lo contradecían abiertamente, pero murmuraban y demostraban su indignación, pues no les preparaba una mesa como ellos la querían. Y decían murmurando: ¿Acaso no es éste el hijo de José? Se ve claro por aquí que aún ignoraban su admirable generación. Por lo cual todavía lo llaman hijo de José.

Jesús no los corrigió ni les dijo: No soy hijo de José. No lo hizo porque en realidad fuera El hijo de José, sino porque ellos no podían aún oír hablar de aquel parto admirable. Ahora bien, si no estaban aún dispuestos para oír acerca del parto según la carne, mucho menos lo estaban para oír acerca del otro admirable y celestial. Si no les reveló lo que era más asequible y humilde, mucho menos les iba a revelar lo otro. A ellos les molestaba que hubiera nacido de padre humilde; pero no les reveló la verdad para no ir a crear otro tropiezo tratando de quitar uno. ¿Qué responde, pues, a los que murmuraban? Les dice (Jn 6, 44): Nadie puede venir a Mí si mi Padre que a Mí me envió no lo atrae. Aquí se levantan los maniqueos y dicen que nada podemos nosotros por nosotros mismos. Pero precisamente por aquí se demuestra sobre todo que nuestro querer está en nuestra mano. Instan: pero si alguno viene a Él ¿para qué es necesario que se le atraiga? Es que esto no nos quita nuestro albedrío, sino que pone de manifiesto que necesitamos auxilio.

Por lo demás, no se trata aquí de cualquiera que se acerque, sino de quien disfruta de un auxilio grande. Enseguida declara Cristo el modo como el Padre lo atrae. Para que no pensaran acerca de Dios algo al modo de lo sensible, añadió (Jn. 6, 46): No que alguien haya visto a Dios, sino sólo el que viene de Dios, éste ha visto al Padre. Pregunta el maniqueo: ¿cómo lo atrae? Ya antiguamente lo había declarado el profeta con estas palabras (Jn. 6, 45; Is. 54, 13): Serán todos enseñados por Dios. ¿Has advertido la dignidad de la fe y cómo profetizó que no de los hombres ni por los hombres, sino por el mismo Dios serán enseñados? Y para autorizar sus palabras se remitió a los profetas.

Insisten aún: pero si se dijo que serán enseñados por Dios ¿por qué algunos no creen? Porque eso se dijo de la mayor parte. Por lo demás el profeta no se refiere a todos en absoluto, sino sólo a todos los que quieran. El Maestro se les propone a todos, dispuesto a dar su enseñanza, pues derrama su doctrina para todos. Y Yo lo resucitaré al final de los tiempos (Jn. 6, 44). Grande aparece aquí la dignidad del Hijo, pues el Padre atrae y El resucita. No es que se reparta la obra entre el Padre y el Hijo.

¿Cómo podría ser semejante cosa? sino que declaraba Jesús la igualdad de poder. Así como cuando dijo: El Padre que me envió da testimonio de Mí, los remitió a la Sagrada Escritura, no fuera a suceder que algunos vanamente cuestionaran acerca de sus palabras, así ahora los remite a los profetas, y los cita para que se vea que Él no es contrario al Padre.

Pero dirás: Los que antes existieron ¿acaso no fueron enseñados por Dios? Entonces ¿qué hay de más elevado en lo que ahora ha dicho? Que en aquellos tiempos anteriores los dogmas divinos se aprendían mediante los hombres; pero ahora se aprenden mediante el Unigénito y el Espíritu Santo. Luego continúa: No que alguien haya visto al Padre, sino el que viene de Dios. No dice aquí esto según la razón de causa, sino según el modo de la substancia. Si lo dijera según la razón de causa lo cierto es que todos venimos de Dios. Y entonces ¿en dónde quedaría la prestancia y diferencia de su Hijo y nosotros?

Dirás: ¿por qué no lo expresó más claramente? Por la rudeza de los oyentes. Si cuando afirmó: Yo he venido del Cielo, tanto se escandalizaron ¿qué habría sucedido si hubiera además añadido lo otro? A Sí mismo se llama pan de vida Jn. 6, 48) porque engendra en nosotros la vida así presente como futura. Por lo cual añade: Quien comiere de este pan vivirá para siempre. Llama aquí pan a la doctrina de salvación, a la fe en El, o también a su propio cuerpo. Porque todo eso robustece al alma. En otra parte dijo (Jn. 8, 51): Si alguno guarda mi doctrina no experimentará la muerte; y los judíos se escandalizaron. Aquí no hicieron lo mismo, quizá porque aún lo respetaban a causa del milagro de los panes que les suministró.

Nota bien la diferencia que establece entre este pan y el maná, atendiendo a la finalidad de ambos. Puesto que el maná nada nuevo trajo consigo, Jesús añadió (Jn. 6, 49): Vuestros Padres comieron el maná en el desierto y murieron. Luego pone todo su empeño en demostrarles que de él han recibido bienes mayores que los que recibieron sus padres, refiriéndose así oscuramente a Moisés y sus admiradores. Por esto, habiendo dicho que quienes comieron el maná en el desierto murieron, continuó (Jn. 6, 51): El que come de este pan vivirá para siempre. Y no sin motivo puso aquello de en el desierto, sino para indicar que aquel maná no duró perpetuamente ni llegó hasta la tierra de promisión; pero que éste otro pan no es como aquél.

Y el pan que Yo daré es mi carne para la vida del mundo. Tal vez alguno en este punto razonablemente dudando preguntaría: ¿por qué dijo esto en semejante ocasión? Porque para nada iba a ser de utilidad a los judíos, ni los iba a edificar. Peor aún: iba a dañar a los que ya creían. Pues dice el evangelista: Desde aquel momento muchos de los discípulos se volvieron atrás, y dejaron definitivamente su compañía. Y decían (Jn. 6, 60): duro es este lenguaje e intolerable. ¿Quién podrá soportarlo? Porque tales cosas sólo se habían de comunicar con los discípulos, como advierte Mateo (Mc. 4, 34): En privado a sus discípulos se lo declaraba todo.

¿Qué responderemos a esto? ¿Qué utilidad había en ese modo de proceder? Pues bien, había utilidad y por cierto muy grande e incluso era necesario. Insistían pidiéndole alimento, pero corporal; y recordando el manjar dado a sus padres, decían ser el maná cosa de altísimo precio. Jesús, demostrándoles ser todo eso simples figuras y sombras, y que este otro era el verdadero pan y alimento, les habla del manjar espiritual. Insistirás alegando que debía haberles dicho: Vuestros padres comieron el maná en el desierto, pero Yo os he dado panes. Respondo que la diferencia es muy grande, pues esos panes parecían cosa mínima, ya que el maná había descendido del cielo, mientras que el milagro de los panes se había verificado en la tierra. De manera que, buscando ellos el alimento bajado del cielo, Jesús les repetía: Yo he venido del Cielo. Y si todavía alguno preguntara: ¿por qué les habló de los sagrados misterios? le responderemos que la ocasión era propicia. Puesto que la oscuridad en las palabras siempre excita al oyente y lo hace más atento, lo conveniente era no escandalizarse, sino preguntar.

Si en realidad creían que era el Profeta, debieron creer en sus palabras. De modo que nació de su necedad el que se escandalizaran, pero no de la oscuridad del discurso. Considera por tu parte en qué forma poco a poco va atrayendo a sus discípulos. Porque son ellos los que le dicen: Tú tienes palabras de vida eterna. ¿A quién iremos? Por lo demás aquí se declara Él como dador y no el Padre: El pan que Yo daré es mi carne para vida del mundo. No contestaron las turbas igual que los discípulos, sino todo al contrario: Intolerable es este lenguaje, dicen. Y por lo mismo se le apartan. Y sin embargo, la doctrina no era nueva ni había cambiado. Ya la había dado a conocer el Bautista cuando a Jesús lo llamó Cordero (Jn1, 29). Dirás que ellos no lo entendieron. Eso yo lo sé muy bien; pero tampoco los discípulos lo habían entendido. Pues si lo de la resurrección no lo entendían claramente y por tal motivo ignoraban lo que quería decir aquello de (Jn. 2, 19): Destruid este santuario y en tres días lo levantaré mucho menos comprendían lo anteriormente dicho, puesto que era más oscuro.

Sabían bien que los profetas habían resucitado, aunque esto no lo dicen claramente las Escrituras; en cambio, que alguien hubiera comido carne humana, ningún profeta lo dijo. Y sin embargo lo obedecían y lo seguían y confesaban que El tenía palabras de vida eterna. Porque lo propio del discípulo es no inquirir vanamente las sentencias de su Maestro, sino oír y asentir y esperar la solución de las dificultades para el tiempo oportuno. Tal vez alguien preguntará: entonces ¿por qué sucedió lo contrario y se le apartaron? Sucedió eso por la rudeza de ellos. Pues en cuanto entra en el alma la pregunta: ¿cómo será eso? al mismo tiempo penetra la incredulidad. Así se perturbó Nicodemo al preguntar: ¿Cómo puede el hombre entrar en el vientre de su madre? Y lo mismo se perturban ahora éstos y dicen:

(Jn. 6, 52) ¿Cómo puede éste darnos a comer su carne? Si inquieres ese cómo ¿por qué no lo investigaste cuando multiplicó los panes, ni dijiste: cómo ha multiplicado los cinco panes y los ha hecho tantos? Fue porque entonces sólo cuidaban de hartarse y no reflexionaban en el milagro.

Dirás que en ese caso la experiencia enseñó el milagro. Pues bien: precisamente por esa experiencia precedente convenía más fácilmente darle crédito ahora. Para eso echó por delante suceso tan maravilloso, para que enseñados por El, ya no negaran su asentimiento a sus palabras. Pero ellos entonces ningún provecho sacaron de ellas. Nosotros en cambio disfrutamos del beneficio en su realidad. Por lo cual es necesario que sepamos cuál sea el milagro que se verifica en nuestros misterios y por qué se nos han dado y cuál sea su utilidad.

Dice Pablo (Ef. 5, 30): Somos un solo cuerpo y miembros de su carne y de sus huesos. Los ya iniciados den crédito a lo dicho. Ahora bien, para que no sólo por la caridad, sino por la realidad misma nos mezclemos con su carne, instituyó los misterios; y así se lleva a cabo, mediante el alimento que nos proporcionó; y por este camino nos mostró en cuán grande amor nuestro arde. Por eso se mezcló con nuestro ser y nos constituyó en un solo cuerpo, para que seamos uno, como un cuerpo unido con su cabeza. Esto es indicio de un ardentísimo amor. Y esto da a entender Job diciendo de sus servidores que en forma tal lo amaban que anhelaban identificarse con su carne y mezclarse a ella, y decían (Job 31, 31): ¿Quién nos dará de sus carnes para hartarnos?

Procedió Cristo de esta manera para inducirnos a un mayor amor de amistad y para demostrarnos El a su vez su caridad. De modo que a quienes lo anhelaban, no únicamente se les mostró y dio a ver, sino a comer, a tocarlo, a partirlo con los dientes, a identificarse con Él; y así sació por completo el deseo de ellos. En consecuencia, tenemos que salir de la mesa sagrada a la manera de leones que respiran fuego, hechos terribles a los demonios, pensando en cuál es nuestra cabeza y cuán ardiente caridad nos ha demostrado. Fue como si dijera: Con frecuencia los padres naturales entregan a otros sus hijos para que los alimenten; mas Yo, por el contrario, con mi propia carne los alimento, a Mí mismo me sirvo a la mesa y quiero que todos vosotros seáis nobles y os traigo la buena esperanza para lo futuro. Porque quien en esta vida se entregó por vosotros, mucho más os favorecerá en la futura. Yo anhelé ser vuestro hermano y por vosotros tomé carne y sangre, común con las vuestras: he aquí que de nuevo os entrego mi carne y mi sangre por las que fui hecho vuestro pariente y consanguíneo.

Esta sangre modela en nosotros una imagen regia, llena de frescor; ésta engendra en nosotros una belleza inconcebible y prodigiosa; ésta impide que la nobleza del alma se marchite, cuando con frecuencia la riega y el alma de ella se nutre. Porque en nosotros la sangre no se engendra directamente del alimento sino que se engendra de otro elemento; en cambio esta otra sangre riega al punto el alma y le confiere gran fortaleza. Esta sangre, dignamente recibida, echa lejos los demonios, llama hacia nosotros a los ángeles y al Señor mismo de los ángeles. Huyen los demonios en cuanto ven la sangre del Señor y en cambio acuden presurosos los ángeles. Derramada esta sangre, purifica el universo.

Muchas cosas escribió de esta sangre Pablo en la Carta a los Hebreos, discurriendo acerca de ella. Porque esta sangre purificó el santuario y el Santo de los santos. Pues si tan gran fuerza y virtud tuvo en figura, en el templo aquel de los hebreos, en medio de Egipto, en los dinteles de las casas rociada, mucho mayor la tendrá en su verdad y realidad. Esta sangre consagró el ara y el altar de oro, y sin ella no se atrevían los príncipes de los sacerdotes a entrar en el santuario. Esta sangre consagraba a los sacerdotes; y en figura aún, limpiaba de los pecados.

Pues si en figura tan gran virtud tenía; si la muerte en tal forma se horrorizó ante sola su figura, pregunto yo: ¿cuánto más se horrorizará ante la verdad? Esta sangre es salud de nuestras almas; con ella el alma se purifica, con ella se adorna, con ella se inflama. Ella torna nuestra mente más brillante que el fuego; ella hace el alma más resplandeciente que el oro; derramada, abrió la senda del cielo. Tremendos en verdad son los misterios de la Iglesia: tremendo y escalofriante el altar del sacrificio. Del paraíso brotó una fuente que lanzaba de sí ríos sensibles; pero de esta mesa brota una fuente que lanza torrentes espirituales. Al lado de esta fuente crecen y se alzan no sauces infructuosos, sino árboles cuya cima toca al cielo y produce frutos primaverales que jamás se marchitan. Si alguno arde en sed, acérquese a esta fuente y temple aquí su ardor. Porque ella ahuyenta el ardor y refrigera todo lo que está abrasado y árido: no lo abrasado por los rayos del sol, sino lo que han abrasado las saetas encendidas de fuego. Porque ella tiene en los cielos su principio y fuente, y desde allá es alimentada.

Manan de ella abundantes arroyos, lanzados por el Espíritu Santo Paráclito, y el Hijo es medianero; y no abre el cauce valiéndose de un bieldo, sino abriendo nuestros afectos. Esta es fuente de luz que difunde vertientes de verdad. De pie están junto a ella las Virtudes del cielo, contemplando la belleza de sus alvéolos; porque todas ellas perciben con mayor claridad la fuerza de la sangre que tienen delante y sus inaccesibles efluvios. Como si alguien en una masa de oro líquido mete la mano o bien la lengua -si es que tal cosa puede hacerse- al punto la saca cubierta de oro, eso mismo hacen en el alma y mucho mejor los sagrados misterios que en la mesa se encuentran dispuestos. Porque hierve ahí y burbujea un río más ardoroso que el fuego, aunque no quema, sino que solamente purifica.

Esta sangre fue prefigurada antiguamente en los altares y sacrificios sangrientos de la ley; y es ella el precio del orbe; es ella con la que Cristo compró su Iglesia; y ella es la que a toda la Iglesia engalana. Como el que compra esclavos da por ellos oro, y si quiere engalanarlos con oro así los engalana, del mismo modo Cristo con su sangre nos compró y con su sangre nos hermosea. Los que de esta sangre participan forman en el ejército de los ángeles, de los arcángeles y de las Virtudes celestes, con la regia vestidura de Cristo revestidos y con armas espirituales cubiertos. Pero... ¡no, nada grande he dicho hasta ahora! Porque en realidad se hallan revestidos del Rey mismo. Ahora bien, así como el misterio es sublime y admirable, así también, si te acercas con alma pura, te habrás acercado a la salud; pero si te acercas con mala conciencia, te habrás acercado al castigo y al tormento. Porque dice la Escritura (1Co. 11, 29): Quien come y bebe en forma indigna del Señor, come y bebe su condenación. Si quienes manchan la púrpura real son castigados como si la hubieran destrozado ¿por qué ha de ser admirable que quienes con ánimo inmundo reciben este cuerpo, sufran el mismo castigo que quienes lo traspasaron con clavos?

Observa cuán tremendo castigo nos presenta Pablo (Hb. 1, 28): Quien violó la ley de Moisés irremisiblemente es condenado a muerte bajo la deposición de dos o tres testigos. Pues ¿cuánto más duro castigo juzgáis que merecerá el que pisoteó al Hijo de Dios y profanó deliberadamente la sangre de la alianza, con la que fue santificado? Miremos por nosotros mismos, carísimos, pues de tan grandes bienes gozamos; y cuando nos venga gana de decir algo torpe o notemos que nos arrebata la ira u otro afecto desordenado, pensemos en los grandes beneficios que se nos han concedido al recibir al Espíritu Santo. Este pensamiento moderará nuestras pasiones. ¿Hasta cuándo estaremos apegados a las cosas presentes? ¿hasta cuándo despertaremos? ¿hasta cuándo habremos de olvidar totalmente nuestra salvación? Recordemos lo que Dios nos ha concedido, démosle gracias, glorifiquémoslo no solamente con la fe sino además con las obras, para que así consigamos los bienes futuros, por gracia y benignidad de nuestro Señor Jesucristo, al cual sea la gloria, juntamente con el Padre y el Espíritu Santo, ahora y siempre y por los siglos de los siglos. Amén.

HOMILÍA XLVII. Díjoles Jesús: en verdad os digo que si no coméis la carne del Hijo del hombre y no bebéis su sangre no tendréis vida en vosotros. Quien come mi carne y bebe mi sangre tiene vida eterna en sí mismo (*Jn 6,53-54*)

Cuando conversemos de cosas espirituales, cuidemos de que nada haya en nuestras almas de terreno ni secular; sino que dejadas a un lado y rechazadas todas esas cosas, total e íntegramente nos entreguemos a la divina palabra. Si cuando el rey llega a una ciudad se evita todo tumulto, mucho más debemos escuchar con plena quietud y grande temor cuando nos habla el Espíritu Santo. Porque son escalofriantes las palabras que hoy se nos han leído. Escúchalas de nuevo: En verdad os digo, dice el Señor, si alguno no come mi carne y bebe mi sangre, no tendrá vida en sí mismo.

Puesto que le habían dicho (Jn. 6, 50): eso es imposible, Él les declara ser esto no solamente posible, sino sumamente necesario. Por lo cual continúa: El que come mi carne y bebe mi sangre tiene vida eterna y Yo lo resucitaré al final de los tiempos. Había El dicho: Si alguno come de este pan no morirá para siempre; y es verosímil que ellos lo tomaran a mal, como cuando anteriormente dijeron (Jn. 8, 52): Nuestro Padre Abraham murió y los profetas también murieron; entonces ¿cómo dices tú: no gustará la muerte? Por tal motivo ahora, como solución a la pregunta, pone la resurrección; y declara morirá para que ese tal no siempre.

Con frecuencia habla Cristo de los misterios, demostrando cuán necesarios son y que en absoluto conviene celebrarlos. Dice (Jn. 6, 55): Mi carne verdaderamente es comida y mi sangre verdaderamente es bebida. ¿Qué significa esto? Quiere decir o bien que es verdadero alimento que conserva la vida del alma; o bien quiere hacer creíbles sus palabras y que no vayan a pensar que lo dijo por simple enigma o parábola, sino que entiendan que realmente es del todo necesario comer su cuerpo.

Continúa luego (Jn. 6, 56): Quien come mi carne permanece en Mí, para dar a entender que íntimamente se mezcla con Él. Lo que sigue, en cambio, no parece consonar con lo anterior, si no ponemos atención. Porque dirá alguno: ¿qué enlace lógico hay entre haber dicho: Quien come mi carne permanece en Mí, y a continuación añadir (Jn. 6, 57): Como me envió el Padre que vive, así Yo vivo por el Padre. Pues bien, lo cierto es que tienen muy estrecho enlace ambas frases. Puesto que con frecuencia había mencionado la vida eterna, para confirmar lo dicho añade: En Mí permanece. Pues si en Mí permanece y Yo vivo, es manifiesto que también él vivirá. Luego prosigue: Así como me envió el Padre que vive. Hay aquí una comparación y semejanza; y es como si dijera: Vivo Yo como vive el Padre. Y para que no por eso lo creyeras Ingénito, continúa al punto: así Yo vivo por el Padre, no porque necesite de alguna operación para vivir, puesto que ya anteriormente suprimió esa sospecha, cuando dijo: Así como el Padre tiene vida en Sí mismo, así dio al Hijo tener vida en Sí mismo. Si necesitara de alguna operación, se seguiría o que el Padre no le dio vida, lo que es falso; o que, si se la dio, en adelante la tendría sin necesidad de que otro le ayudara para eso.

¿Qué significa: Por el Padre? Solamente indica la causa. Y lo que quiere decir es esto: Así como mi Padre vive, así también Yo vivo. Y el que me come también vivirá por Mí. No habla aquí de una vida cualquiera, sino de una vida esclarecida. Y que no hable aquí de la vida simplemente, sino de otra gloriosa e inefable, es manifiesto por el hecho de que todos los infieles y los no iniciados viven, a pesar de no haber comido su carne. ¿Ves cómo no se trata de esta vida, sino de aquella otra? De modo que lo que dice es lo siguiente: Quien come mi carne, aunque muera no perecerá ni será castigado. Más aún, ni siquiera habla de la resurrección común y ordinaria, puesto que a todos resucitarán; sino de una resurrección excelentísima y gloriosa, seguirá a la cual recompensa.

(Jn. 6, 58) Este es el pan bajado del cielo. No como el que comieron vuestros padres, el maná, y murieron. Quien come de este pan vivirá para siempre. Frecuentemente repite esto mismo para clavarlo hondamente en el pensamiento de los oyentes (ya que era esta la última enseñanza acerca de estas cosas); y también para confirmar su doctrina acerca de la resurrección y acerca de la vida eterna. Por esto añadió lo de la resurrección, tanto con decir: Tendrán vida eterna, como dando a entender que esa vida no es la presente, sino la que seguirá a la resurrección.

Preguntarás: ¿cómo se comprueba esto? Por las Escrituras, pues a ellas los remite continuamente para que aprendan. Y cuando dice: Que da vida al mundo, excita la emulación a fin de que otros, viendo a los que disfrutan don tan alto, no permanezcan extraños. También recuerda con frecuencia el maná, tanto para mostrar la diferencia con este otro pan, como para más excitarlos a la fe. Puesto que si pudo Dios, sin siega y sin trigo y el demás aparato de los labradores, alimentarlos durante cuarenta años, mucho más los alimentará ahora que ha venido a ejecutar hazañas más altas y excelentes. Por lo demás, si aquellas eran figuras, y sin trabajos ni sudores recogían el alimento los israelitas, mucho mejor será ahora, habiendo tan grande diferencia y no existiendo una muerte verdadera y gozando nosotros de una verdadera vida.

Y muy a propósito con frecuencia hace mención de la vida, puesto que ésta es lo que más anhelan los hombres y nada les es tan dulce como el no morir. En el Antiguo Testamento se prometía una larga existencia, pero ahora se nos promete no una existencia larga, sino una vida sin acabamiento. Quiere también declarar que el castigo que introdujo el pecado queda abolido y revocada la sentencia de muerte, puesto que pone ahora El e introduce una vida no cualquiera sino eterna, contra lo que allá al principio se había decretado.

(Jn. 6, 59) Esto dijo enseñando en la sinagoga de Cafarnaúm; ciudad en la que había obrado muchos milagros; y en la que por lo mismo convenía que se le escuchara y creyera. Preguntarás: ¿por qué enseñaba en la sinagoga y en el templo? Tanto para atraer a la multitud, como para demostrar que no era contrario al Padre.

(Jn. 6, 60) Pero muchos de los discípulos que lo oyeron decían: Este lenguaje resulta intolerable. ¿Qué significa intolerable? Es decir áspero, trabajoso sobremanera, penoso. Pero a la verdad, no decía Jesús nada que tal fuera. Porque no trataba entonces del modo de vivir correctamente, sino acerca de los dogmas, insistiendo en que se debía tener fe en Cristo.

Entonces ¿por qué es lenguaje intolerable? ¿Porque promete la vida y la resurrección? ¿Porque afirma haber venido él del Cielo? ¿Acaso porque dice que nadie puede salvarse si no come su carne? Pero pregunto yo: ¿son intolerables estas cosas? ¿Quién se atreverá a decirlo? Entonces ¿qué es lo que significa ese intolerable? Quiere decir difícil de entender, que supera la rudeza de los oyentes, que es altamente aterrador. Porque pensaban ellos que Jesús decía cosas que superaban su dignidad y que estaban por encima de su naturaleza. Por esto decían: ¿Quién podrá soportarlo? Quizá lo decían en forma de excusa, puesto que lo iban a abandonar.

(Jn. 6, 61-62) Sabedor Jesús por Sí mismo de que sus discípulos murmuraban de lo que había dicho (pues era propio de su divinidad manifestar lo que era secreto), les dijo: ¿Esto os escandaliza? ¿Y cuando veáis al Hijo del hombre subir a donde antes estaba?

Lo mismo había dicho a Natanael (Jn. 1, 50): ¿Porque te dije que te había visto debajo de la higuera crees? Mayores cosas verás. Y a Nicodemo (Jn. 3, 13): Nadie ha subido al Cielo, sino el que ha bajado del Cielo, el Hijo del hombre. ¿Qué es esto? ¿Añade dificultades sobre dificultades? De ningún modo ¡lejos tal cosa! Quiere atraerlos y en eso se esfuerza mediante la alteza y la abundancia de la doctrina.

Quien dijo: Bajé del Cielo, si nada más hubiera añadido, les habría puesto un obstáculo mayor. Pero cuando dice: Mi cuerpo es vida del mundo; y también: Como me envió mi Padre que vive también Yo vivo por el Padre; y luego: He bajado del Cielo, lo que hace es resolver una dificultad. Puesto que quien dice de sí grandes cosas, cae en sospecha de mendaz; pero quien luego añade las expresiones que preceden, quita toda sospecha. Propone y dice todo cuanto es necesario para que no lo tengan por hijo de José. De modo que no dijo lo anterior para aumentar el escándalo, sino para suprimirlo. Quienquiera que lo hubiera tenido por hijo de José no habría aceptado sus palabras; pero quienquiera que tuviese la persuasión de que Él había venido del Cielo, sin duda se le habría acercado más fácilmente y de mejor gana.

Enseguida añadió otra solución. Porque dice (Jn. 6, 63): El espíritu es el que vivifica. La carne de nada aprovecha. Es decir: lo que de Mí se dice hay que tomarlo en sentido espiritual; pues quien carnalmente oye, ningún provecho saca. Cosa carnal ora dudar de cómo había bajado del Cielo, lo mismo que creerlo hijo de José, y también lo otro de: ¿Cómo puede éste darnos su carne para comer? Todo eso carnal es; pero convenía entenderlo en un sentido místico y espiritual. Preguntarás: ¿Cómo podían ellos entender lo que era eso de comer su carne? Respondo que lo conveniente era esperar el momento oportuno y preguntar y no desistir.

Las palabras que os he dicho son espíritu y son vida; es decir, son divinas y espirituales y nada tienen de carne ni de cosas naturales, pues están libres de las necesidades que imponen las leyes de la naturaleza de esta vida y tienen otro muy diverso sentido. Así como en este sitio usó la palabra espíritu para significar espirituales, así cuando usa la palabra carne no entiende cosas carnales, sino que deja entender que ellos las toman y oyen a lo carnal. Porque siempre andaban anhelando lo carnal, cuando lo conveniente era anhelar lo espiritual. Si alguno toma lo dicho a lo carnal, de nada le aprovecha.

Entonces ¿qué? ¿su carne no es carne? Sí que lo es. ¿Cómo pues El mismo dice: La carne para nada aprovecha? Esta expresión no la refiere a su propia carne ¡lejos tal cosa! sino a los que toman lo dicho carnalmente. Pero ¿qué es tomarlo carnalmente? Tomar sencillamente a la letra lo que se dice y no pensar en otra cosa alguna. Esto es ver las cosas carnalmente. Pero no conviene juzgar así de lo que se ve, puesto que es necesario ver todos los misterios con los ojos interiores, o sea, espiritualmente. En verdad quien no come su carne ni bebe su sangre no tiene vida en sí mismo. Entonces ¿cómo es que la carne para nada aprovecha, puesto que sin ella no tenemos vida? ¿Ves ya cómo eso no lo dijo hablando de su propia carne, sino del modo de oír carnalmente?

(Jn. 6, 64) Pero hay entre vosotros algunos que no creen. De nuevo, según su costumbre reviste de alteza sus palabras y predice lo futuro y demuestra que El habla así porque no intenta captar gloria entre ellos, sino mirar por su salvación. Cuando dice algunos deja entender que son de sus discípulos. Pues ya al principio había dicho (Jn. 6, 36): Me habéis visto, pero no creéis en Mí. Aquí en cambio dice: Hay entre vosotros algunos que no creen. Porque sabía desde el principio quiénes eran los que no creían y quién era el que lo entregaría. Decíales también: Por esto os he dicho (Jn. 6, 65): Nadie puede venir a Mí si no le es otorgado por el Padre.

Con estas palabras el evangelista da a entender lo espontáneo de su economía redentora y su paciencia. Y no se pone aquí sin motivo la expresión: Desde el principio; sino para que entiendas su presciencia, y que El, ya antes de pronunciar esas palabras, y no después de que ellos escandalizados habían murmurado, tenía conocimiento del traidor: cosa propia de la divinidad. Luego añadió: Si no le es otorgado por el Padre, persuadiéndoles de esta manera que tuvieran por Padre de El a Dios y no a José; y declarando no ser cosa de poco precio el creer en El. Como si dijera: No me conturban ni me admiran los que no creen. Ya lo sabía yo antes de que sucediera. Ya sabía a quiénes lo otorgaría el Padre. Y cuando oyes ese otorgó no pienses que se trata de una especie de herencia, sino cree que lo otorga a quien se muestra digno de recibirlo.

(Jn. 6, 66) Desde aquel momento muchos de sus discípulos se volvieron atrás, y dejaron definitivamente su compañía. Con exactitud no dijo el evangelista se apartaron, sino: Se volvieron atrás, manifestando así que retrocedieron en el camino de la virtud y perdieron la fe que antes tenían, por el hecho de volverse. No procedieron así aquellos doce. Por lo cual Jesús les pregunta (Jn. 6, 67): ¿También vosotros queréis marcharos? Manifestó así que no necesitaba de su servicio y culto, y que no era esa la razón de llevarlos consigo. ¿Cómo podía tener necesidad de ellos el Señor que esto les decía?

Pero ¿por qué no los alaba? ¿por qué no los ensalza? Desde luego para conservar su dignidad de Maestro; y además para demostrar que así era como debían ser atraídos. Si los hubiera alabado, pensando ellos que le habían hecho algún favor, se habrían ensoberbecido; en cambio, con declarar que no los necesitaba, más los une consigo. Observa con cuánta prudencia habla. No les dijo: ¡marchaos! pues hubiera sido propio de quien los rechazaba. Sino que les pregunta: ¿También vosotros queréis marcharos? Con esto suprimía toda violencia y coacción, y hacía que no se quedaran con El por vergüenza, sino que incluso tomaran el quedarse como un favor. Con no acusarlos públicamente sino suavemente punzarlos, nos enseña en qué forma conviene proceder en tales ocasiones. Pero nosotros procedemos al contrario, porque la mayor parte de las cosas las hacemos por nuestra gloria; y por esto pensamos que salimos perdiendo si se apartan de nosotros los siervos. De modo que no los aduló ni tampoco los rechazó, sino solamente les preguntó. No procedió como quien desprecia, sino como quien no quiere retenerlos por violencia y coacción. Permanecer con El de este segundo modo hubiera equivalido a dejarlo.

Y ¿qué hace Pedro? Dice (Jn. 6, 68-69): ¡Señor! ¿a quién iríamos? Tú tienes palabras de vida eterna. Y nosotros hemos creído que Tú eres Cristo, el Hijo de Dios vivo. ¿Ves cómo no fueron las palabras el motivo del escándalo, sino la desidia y pereza y perversidad de los oyentes? Aun cuando Cristo no les hubiera hecho ese discurso, ellos se habrían escandalizado y no habrían cesado de pedirle el alimento corporal y de continuar apegados a lo terreno.

Por el contrario, los doce oyeron lo mismo que los otros; pero como estaban con distinta disposición de ánimo, dijeron: ¿A quién iríamos?: palabras que declaran un grande afecto del alma. Significan que amaban al Maestro sobre todas las cosas, padres, madres, haberes; y que a quienes de Él se apartan no les queda a dónde acogerse. Y luego, para que no pareciera que ese: ¿A quién iríamos? lo habían dicho porque no habría quien los recibiera, al punto Pedro añadió: Tú tienes palabras de vida eterna. Los demás escuchaban de un modo carnal y a lo humano; pero ellos escuchaban espiritualmente y poniéndolo todo bajo la fe.

Por eso Cristo les decía: Las palabras que os he dicho son espíritu. Es decir, no penséis que mis enseñanzas están sujetas a la lógica necesaria de las cosas humanas. No son así las cosas espirituales ni soportan que se las sujete a medidas terrenas. Es lo mismo que declara Pablo con estas palabras (Rm. 10, 6-7): No digas en tu corazón: ¿Quién subirá al Cielo? Se entiende para hacer descender a Cristo. O ¿quién bajará al abismo? Se entiende para hacer subir a Cristo de entre los muertos. Tú tienes palabras de vida eterna. Ya habían ellos aceptado la idea de la resurrección y todo lo demás. Pero advierte, te ruego, la caridad de Pedro para con sus hermanos, y cómo toma a su cargo todo el negocio del grupo. Porque no dijo: Yo conocí; sino: Nosotros conocimos. O mejor aún, advierte cómo penetra en las palabras mismas del Maestro y habla de un modo distinto al de los judíos. Porque ellos decían: Este es hijo de José. Pedro en cambio dice: Tú eres el Cristo, el Hijo de Dios vivo; y también: Tú tienes palabras de vida eterna. Quizá lo dijo porque muchas veces había oído a Cristo repetir: Quien cree en Mí tiene vida eterna.

Demuestra de este modo que va conservando en la memoria todas las palabras de Cristo, puesto que ya El mismo las usa. Y ¿qué hace Cristo? No alabó ni ensalzó a Pedro, como en otra ocasión lo hizo. Sino ¿qué dice? (Jn. 6, 70): ¿Acaso no os escogí yo a los doce? ¡Y uno de vosotros es un diablo! Puesto que Pedro había dicho: Nosotros hemos creído, Cristo exceptúa a Judas. En otra ocasión nada dijo Cristo acerca de sus discípulos. Pues habiendo El preguntado: Pero vosotros ¿quién decís que soy yo? respondió Pedro (Mt. 16, 15): Tú eres el Cristo, el Hijo de Dios vivo. Ahora, en cambio, como Pedro los englobó a todos y dijo:

Nosotros hemos creído, justamente Cristo exceptúa del número a Judas. Y lo hace comenzando a revelar la perfidia del traidor con mucha antelación. Aunque sabía que de nada le aprovechaba, sin embargo, Él puso de su parte.

Mira también su sabiduría. No lo descubrió, pero tampoco permitió que quedara del todo oculto, tanto para que no se tornara más impudente y obstinado, como también para que no por pensar que quedaba oculto, más audazmente se atreviera a su crimen. Por esto en lo que sigue lo reprende más claramente. Pues primero lo mezcló con el grupo cuando dijo: Hay algunos de entre vosotros que no creen, lo cual explica el evangelista diciendo (Mt. 26, 22): Porque desde el principio sabía bien Jesús quiénes eran los que no creían y quién era el que lo entregaría. Como Judas persistía en su incredulidad, más acremente lo punza diciendo: Uno de vosotros es un diablo; pero con el objeto de mantener a Judas aún oculto, aterroriza a todos. Razonablemente se puede aquí preguntar por qué ahora los discípulos nada dicen, ni dudan, ni temen, ni se miran unos a otros, ni preguntan: ¿Acaso soy yo, Señor? Tampoco hace Pedro señas a Juan para que pregunte al Maestro quién es el traidor.

¿Por qué esto? Fue porque Pedro aún no había escuchado aquella palabra: ¡Apártate de mí, Satanás! y por lo mismo aún no temía. Pero después de que se le increpó y de haber él hablado con crecido afecto, no recibió alabanza alguna, sino que se le llamó Satanás, o sea, tropiezo. De modo que cuando escuchó aquella otra palabra: Uno de vosotros me va a entregar, entonces sí temió en su corazón. Por otra parte, en esta ocasión Jesús no dice: Uno de vosotros me va a entregar, sino: Uno de vosotros es un diablo. Así no comprendían lo que Él decía y pensaban que únicamente reprendía la perversidad en general.

Mas ¿por qué dijo: ¿Acaso no os elegí Yo a vosotros doce y uno de vosotros es un diablo? Daba con esto a entender que su enseñanza estaba totalmente libre de adulación. Pues todos se habían apartado y sólo quedaban los doce; y por boca de Pedro confesaban a Cristo. Entonces, para que no pensaran que por esto los adularía, aleja toda sospecha. Como si dijera: nada puede impedirme que reprenda a los perversos, ni penséis que Yo porque os quedáis conmigo os tengo de adular; o que porque me seguís no voy a reprender a los perversos. Lo que más podrá doblegar a un maestro no tiene fuerza para doblegarme. Quien permanece conmigo da testimonio de su amor. Quien ha sido elegido por el Maestro se conquista la fama de loco y es rechazado por los necios. Pero ni aun esto detiene a Jesús para no reprender.

Aun ahora los gentiles lanzan contra Cristo esa acusación, aunque inútil y neciamente. Porque Dios no suele hacer buenos a la fuerza ni su elección es coacción, sino que la lleva a cabo mediante la persuasión. Y para que veas que la vocación y llamamiento no hace violencia, considera cuántos de los que han sido llamados han perecido. Queda pues claro que la salvación y la perdición dependen de nuestro libre albedrío. Oyendo esto, quedemos instruidos para aguardarnos y vigilar continuamente. Si aquel que se contaba en el coro santo y había recibido un don tan excelente que hacía milagros (puesto que fue enviado con los demás a resucitar a los muertos y limpiar a los leprosos), por haberse dejado coger de la enfermedad gravísima de la avaricia, traicionó a su Señor y de nada le aprovecharon los beneficios, los dones, la compañía de Cristo, ni el lavatorio de los pies, ni la mesa común, ni ser el guarda de las limosnas, sino que al revés esto mismo le fue puerta de entrada para el castigo, temamos también nosotros, no sea que alguna vez, llevados de la avaricia, imitemos a Judas.

Dirás que tú no entregas a Cristo. Pero cuando desprecias al pobre entumecido de frío o consumido del hambre, te vuelves reo del mismo castigo. Cuando indignamente participamos de los misterios, vamos a la misma ruina que quienes dieron muerte a

Cristo. Cuando robamos, cuando oprimimos a los necesitados, echamos sobre nosotros el máximo castigo. Y con toda justicia. Porque ¿hasta cuándo nos tendrá presos el amor de las cosas presentes, inútiles y sin provecho? Puesto que las riquezas se cuentan entre las cosas inútiles.

¿Hasta cuándo estaremos apegados a las cosas vanas? ¿hasta cuándo, por fin, levantaremos los ojos al Cielo? ¿No vigilaremos, no acabaremos por sentirnos hastiados de las cosas pasajeras? ¿No hemos experimentado ya su vileza? Pensemos en los ricos que vivieron antes que nosotros. ¿Acaso no es todo un sueño? ¿No es sombra y flor que se marchita? ¿No es una ola que pasa? ¿No es simple fábula y cuestión de palabras? Aquél fue rico. Pero ¿en dónde están ahora sus riquezas? ¡Perecieron, se corrompieron! En cambio, los pecados cometidos con semejantes riquezas permanecen y lo mismo el castigo que ellos han merecido. Aunque no hubiera castigos ni Reino, convenía respetar a los conciudadanos, amigos y parientes. Pero no, sino que en lugar de ellos alimentamos a los perros. Y muchos incluso alimentan onagros, osos y diversos géneros de fieras; y en cambio abandonamos al pobre consumido de hambre y estimamos en más el extraño linaje de fieras que el propio nuestro.

Alegarás: ¿Acaso no es una bella acción construir espléndidas mansiones y tener muchos siervos y contemplar mientras recostados los dorados artesones? Digo que es cosa inútil y sin provecho. Mansiones hay mucho más bellas y honrosas, y valdría la pena deleitar en éstas la vista. Aparte de que no hay quien nos lo impida.

¿Quieres ver un techo bellísimo? Cuando se echa encima la noche, observa el cielo tachonado de estrellas. Dirás ¡sí! pero semejante techo no me pertenece. Respondo: es más tuyo que aquel otro que decías. Pues para ti fue construido y es techo común para ti y tus hermanos.

Aquel otro en cambio no es tuyo sino de tus herederos cuando mueras. Este te puede ser útil si con su belleza te eleva y te conduce al Creador. Aquél te puede dañar en sumo grado; y en el día del juicio será temible acusador, cuando él brille por todas partes con su oro, mientras Cristo no posee ni los necesarios vestidos para cubrirse. ¡No demos en tan grave locura! No persigamos las cosas que huyen; no huyamos de las que permanecen; no traicionemos nuestra propia salvación. Apeguémonos a la esperanza de lo futuro: los ancianos porque sabemos que ya es pequeño el currículo de la vida que nos queda por recorrer; los jóvenes para que se persuadan de que no es largo el tiempo de vida que les queda. Porque dice la Escritura: El día del Señor vendrá como ladrón por la noche. Sabiendo estas cosas, que las mujeres exhorten a sus maridos; que los esposos amonesten a sus esposas; que enseñemos a los jóvenes y a las doncellas; que todos mutuamente nos instruyamos en el modo de despreciar las cosas presentes y anhelar las eternas; para que por gracia y benignidad de nuestro Señor Jesucristo podamos conseguirlas. Por el cual y con cual sea la gloria al Padre en unión del Espíritu Santo, ahora y siempre y por los siglos de los siglos. Amén.

HOMILÍA XLVIII. Después de esto, andaba Jesús por Galilea, pues no quería andar por Judea porque los judíos lo buscaban para matarlo. Y estaba próxima la fiesta judía de los Tabernáculos (Jn 7,1-2)

Nada hay peor que la envidia. (Sab. 2, 24) Por ella entró en el mundo la muerte. Vio el diablo honrado al hombre, y no tolerando su felicidad echó mano de todos los medios para derrocarlo de ella. Y vemos que continuamente de semejante raíz brotan frutos semejantes. Por la envidia fue muerto Abel; por la envidia cayó David en peligro de muerte; por la envidia muchos otros justos hubieron de padecer; por la envidia los judíos dieron muerte a Cristo. Declarando esto mismo decía el evangelista: Después de esto, andaba Jesús por Galilea; pues no podía andar por Judea, porque los judíos lo buscaban para matarlo. ¿Qué dices, oh bienaventurado Juan? ¿No podía el que puede todo cuanto quiere? No podía el que dijo (Jn. 18, 6): ¿A quién buscáis y con sólo esto los hizo caer de espaldas? El que estando presente es invisible ¿aquí no tuvo potestad? Pero entonces ¿cómo es que más tarde, estando presente entre ellos, en el templo, en plena solemnidad, estando todos congregados, estando ahí los homicidas, les decía las cosas que más podían exasperarlos? Ellos mismos se admiraban de esto y decían (Jn. 7, 25-26): ¿No es éste al que buscan para darle muerte? He aquí que públicamente se expresa y nada le dicen. ¿Qué enigma es éste? ¡Quita allá! No dijo eso el evangelista para que se tuviera como enigma, sino para declarar que Cristo hacía obras divinas y hacía obras humanas. Cuando dice: No podía, habla de Cristo en cuanto hombre, que llevaba a cabo muchas cosas al modo humano; y cuando dice que se presentó en medio de ellos y sin embargo no lo aprehendieron, indica el poder de la divinidad. Huía como hombre; se presentaba en medio como Dios, sacando así verdaderas ambas cosas. Cuando al estar en medio de sus enemigos éstos no lo aprehendieron, declaraba su poder invencible; y cuando se apartaba hacía creíble su Encarnación; hasta el punto de que no la pueden contradecir ni Pablo de Samosata ni Marción ni los otros que padecen su misma enfermedad. El evangelista con sus palabras cierra a todos ellos la boca.

Después de esto estaba próxima la fiesta de los judíos, la de los Tabernáculos. La expresión: Después de esto no significa otra cosa, sino que se interpuso un lapso prolongado. Queda en claro porque cuando se asentó allá en el monte era la fiesta de la

Pascua; aquí en cambio se habla de la fiesta de los Tabernáculos. Así que hay un lapso de cinco meses, de los cuales nada narró el evangelista, ni refirió alguna otra enseñanza, sino sólo el milagro de los panes y el discurso que enseguida hizo Jesús a los que habían comido. Sin embargo, no cesó de hacer milagros y de hablar al pueblo, no sólo durante el día sino también en las tardes y con frecuencia aun durante las noches. Así lo hizo con los discípulos como lo narran todos los evangelistas.

Entonces ¿por qué omitieron lo demás? Porque les era imposible referirlo todo. Por lo demás, procuraron referir lo que dio origen a alguna represión o contradicción de parte de los judíos. Y esto porque muchas cosas eran semejantes entre sí. Que curara a los enfermos, que resucitara a los muertos, que todos lo admiraran, esto con frecuencia lo escribieron. Y cuando se ofrece algo insólito o han de referir alguna acusación que contra Jesús se hiciera, nunca lo omiten. Aquí, por ejemplo, refieren que sus mismos hermanos no creían en El, cosa al parecer algo odiosa. Y es de admirar su veracidad y que no se avergüenzan de lo que parece ignominioso para el Maestro; y aun procuran referir esto con preferencia a sus demás obras. Por tal motivo Juan, dejando a un lado muchos milagros, prodigios y discursos, se apresura a referir lo que ahora comentamos.

(Jn. 7, 3-5) Dice, pues: Le decían sus parientes: sal de aquí y dirígete a Judea, donde también tus discípulos de ahí vean las obras que haces. Pues nadie que desea ganar notoriedad, oculta lo que hace. Ya que Tú tales obras haces, manifiéstate al mundo. Porque ni sus parientes creían en El. Preguntarás: pero ¿qué clase de incredulidad es ésta, siendo así que le ruegan que haga milagros? ¡Grande, por cierto! Las palabras, la audacia, la inoportuna franqueza, están mostrando la incredulidad. Pensaban ellos que a causa de su parentesco podían hablarle con entera confianza. Y a primera vista su apóstrofe parece ser de amigos; pero las expresiones redundan de acritud, puesto que lo acusan de timidez y de vanagloria.

Cuando dicen: Nadie oculta lo que hace, toman el papel de acusadores que le objetan timidez y ponen sospecha en sus obras; y cuando añaden: Que desea ganar notoriedad, le ponen sospecha de andar procurando la vanagloria. Por tu parte, considera la virtud de Cristo. Porque de esos que así se expresaban, uno fue obispo de Jerusalén, el bienaventurado Santiago, del cual dice Pablo (Gal. 1, 19): Y no vi a ningún otro de los apóstoles, excepto a Santiago, el hermano del Señor. Se dice también que Judas Tadeo, que fue varón admirable. Estuvieron presentes en Caná de Galilea, cuando Jesús convirtió el agua en vino, pero de eso no sacaron provecho.

¿De dónde les vino tan grande incredulidad? De su mala voluntad y de su envidia. Porque a los parientes ilustres suelen envidiarlos sus parientes no tan ilustres. ¿De qué discípulos se trata aquí? De la turba que seguía a Cristo y no de los doce. Y ¿qué hace Cristo? Observa la mansedumbre con que responde. Porque no les dijo: ¿Quiénes sois vosotros para darme semejante consejo? Sino (Jn. 7, 6): No ha llegado mi hora. Yo pienso que con semejantes palabras les dio a entender algo más.

Quizá movidos por la envidia tramaban entregarlo a los judíos. Por lo cual, declarando eso mismo, les dice: No ha llegado mi hora, o sea, el tiempo de la cruz y de la muerte. ¿Por qué os dais prisa a matarme antes de la hora señalada? Para vosotros siempre es tiempo oportuno. Es decir, a vosotros los judíos, aun cuando os mezcléis con ellos, no os matarán jamás, puesto que pensáis como ellos; pero a Mí tratarán al punto de matarme. De modo que vosotros podéis sin peligro andar en medio de ellos; pero para Mí el tiempo oportuno será cuando sea necesario ser crucificado y morir. Y que así lo entienda Él es cosa clara por lo que luego sigue.

(Jn. 7, 7) Nada puede tener el mundo contra vosotros. ¿Cómo podría ser eso cuando queréis y buscáis lo mismo que él? Pero a Mí me aborrece porque Yo lo reprendo y desenmascaro, proclamando sus malas obras. Quiere decir: porque lo punzo y redarguyo le soy odioso. Aprendamos por aquí que la ira y la indignación se han de reprimir aun en el caso de que quienes nos aconsejan sean de baja condición. Si Cristo recibió con tan grande moderación el consejo de quienes no creían en Él y le aconsejaban cosas que no decían con su dignidad y ni siquiera lo hacían con buena voluntad ¿qué perdón obtendremos nosotros, tierra y ceniza, que nos irritamos contra los que nos aconsejan, aun siendo ellos de poco precio y de nonada, porque pensamos que proceden indignamente?

Advierte con cuán grande mansedumbre rechaza Cristo la acusación. Ellos le decían: Manifiéstate al mundo. Él les responde: Nada puede tener contra vosotros el mundo; pero a Mí me aborrece. Así rechaza la acusación. Como si dijera: Tan lejos estoy de buscar la gloria de los hombres que nunca ceso de corregirlos, aun sabiendo que por aquí se me prepara el odio y la muerte. Preguntarás: ¿en dónde los corrige y reprende? Pero yo te pregunto: ¿en qué ocasión o cuándo dejó de hacerlo? ¿Acaso no les decía (Jn. 5, 45): No penséis que Yo os voy a acusar ante el Padre; el que os acusa es Moisés? y también: Yo conozco que vosotros no tenéis el amor a Dios; y luego: ¿cómo podéis creer vosotros que captáis la gloria unos de otros y no buscáis la que viene solo de Dios?

¿Adviertes cómo por todos los caminos demostró que el odio contra Él nacía de que libremente los reprendía y no de que traspasara el sábado? Mas ¿por qué los envía a la fiesta diciendo (Jn. 7, 8): Subid vosotros a la fiesta. Yo no subiré por ahora. Para declarar que lo que decía no era por motivo de adulación o excusa, sino para dejar a los judíos que guardaran sus ceremonias. Pero entonces ¿cómo se explica que subiera tras de decir: Yo no subiré. Es que no dijo simplemente no subiré, sino que añadió por ahora; es decir, juntamente con vosotros, porque no es aún llegada mi hora.

En la Pascua siguiente sería crucificado. Entonces ¿por qué ahora no sube? Si no sube porque aún no ha llegado su hora, lo conveniente sería que en absoluto no subiera. Es que ahora sube, mas no a padecer sino a instruir. Y ¿por qué sube de incógnito? Podía subir con publicidad y presentarse en medio de los judíos y reprimir sus violentas acometidas, como algunas veces lo hizo. Pero no quería hacerlo repetidas veces. Si hubiera subido con publicidad y nuevamente los hubiera cegado, habría hecho brillar antes de tiempo y en forma más espléndida su divinidad.

Como aquellos discípulos pensaban que se detenía por temor, les demuestra que obra sólo con prudencia, con absoluta confianza y pleno conocimiento del tiempo en que tenía que padecer. Cuando éste llegara El voluntariamente se encaminaría a Jerusalén. Por lo demás, me parece que la expresión: Subid vosotros significa: no penséis que Yo os obligo a permanecer acá contra vuestra voluntad conmigo. Y cuando añade: Aún no ha llegado mi hora quiere decir que aún era necesario hacer milagros y predicar, de modo que muchos otros del pueblo creyeran en El; y los discípulos, observando la constancia y firmeza del Maestro y enseguida los padecimientos que toleró, por todo ello quedaran más confirmados en la fe.

Aprendamos por todo lo dicho la benignidad y humildad de Jesús. Dice El (Mt. 11, 29): Aprended de Mí que soy manso y humilde de corazón. Echemos de nosotros toda acritud. Si alguno nos insulta, procedamos con humildad; si el otro procede en forma feroz, apacigüémoslo; si nos muerde, si nos burla, si nos mofa, no decaigamos de ánimo, no nos perdamos a nosotros mismos. La ira es una fiera; fiera vehemente y enardecida. Cantémonos los versos de la Sagrada Escritura; y digámonos (Eclesiástico 10, 9): Eres tierra y ceniza. ¿Por qué te ensoberbeces, tierra y ceniza? Y también (Eclesiástico 1, 22): El ímpetu de la ira arruina al iracundo. Y luego (Pr. 11, 25): El varón iracundo no es moderado.

Nada hay tan desagradable como el aspecto del hombre furioso; nada más repugnante y feo. Y si tal es el aspecto, mucho peor es el alma. Así como si se revuelve el cieno sube el hedor, así como cuando el alma es conmovida por la ira, se engendra gran desfiguración y molestia. Dirás que no puedes soportar la injuria que te infieren tus enemigos. Pero yo te pregunto ¿por qué? Si el enemigo dice verdad, lo conveniente sería aun en presencia suya compungirse y darle las gracias. Y si miente, desprecia lo que te dice. ¿Te llama pobre? Ríete. ¿Te apoda plebeyo o necio? Llora por él. Porque quien dice a su hermano imbécil es reo de la gehena del fuego (Mt. 5, 22).

En consecuencia, cuando te insulte piensa en el castigo que le espera y no sólo reprimirás la ira, sino que derramarás lágrimas. Nadie se irrita contra un febricitante o contra el que se halla acosado de una enfermedad que le produce agudos dolores, sino que a tales hombres los compadece y llora. Pues así es un ánimo irritado. Si sientes deseos de vengarte, calla, y con esto le causarás una herida saludable. Pero si rechazas la injuria con otra injuria, enciendes más el fuego. Alegarás diciendo: pero si callamos nos acusarán de cobardes. No te acusarán de cobarde, sino que admirarán tu virtud. Y si acaso por la injuria sientes que te inflamas, darás lugar a que se piense que lo que te achacan es verdadero.

Pregunto: ¿por qué se ríe un rico cuando lo llaman pobre? ¿Acaso no es porque sabe que no lo es? Pues lo mismo es acá. Si nosotros nos reímos de las ofensas, será eso argumento supremo de que no tenemos conciencia de lo que se nos acusa. Además ¿hasta cuándo andaremos temiendo las acusaciones de los hombres? ¿Hasta cuándo andaremos despreciando al común Señor de todos y lo clavaremos de nuevo en su carne? Dice

Pablo: Mientras haya entre vosotros envidia y discordia, ¿acaso no sois carnales y vivís a lo humano?

Seamos espirituales y enfrenemos esa fiera pésima. No hay diferencia entre la ira y la locura, sino que el loco de ira es un demonio y aun peor que un poseso. Porque al poseso se le perdona; mientras que el iracundo es digno de infinitos castigos pues voluntariamente se arroja al abismo de la ruina; y aun antes de la futura gehena, ya desde acá comienza a sufrir el suplicio, puesto que día y noche es agitado y turbado con un perpetuo tumulto nada soportable causado por sus pensamientos.

En consecuencia, para vernos libres del castigo en la vida presente y en la futura de aquel otro suplicio, quitemos esa enfermedad del alma y mostremos toda mansedumbre. Así hallaremos paz para nuestras almas aquí, y después el reino de los cielos. Ojalá todos lo consigamos por gracia y benignidad de nuestro Señor Jesucristo, por el cual y con el cual sea la gloria al Padre y juntamente al Espíritu Santo, por los siglos de los siglos.

HOMILÍA XLIX. Este diálogo tuvo con ellos, y se quedó en Galilea. Pero cuando sus parientes hubieron subido a la fiesta, entonces subió también El, pero no con publicidad, sino de incógnito. (*Jn 7,9-10*)

Lo que hace Cristo, procediendo al modo humano, no lo hace únicamente para confirmar la verdad de su Encarnación, sino además para enseñarnos la práctica de la virtud. Si en todo hubiera procedido como Dios ¿cómo podríamos nosotros, cuando nos acontecen cosas desagradables, saber la manera de portarnos? Por ejemplo, en este pasaje. Si cuando los judíos querían darle muerte, Él se hubiera presentado al punto y hubiera reprimido los furores de ellos. Si Cristo hubiera procedido continuamente de esa manera, cuando nosotros nos encontráramos en circunstancias análogas y no pudiéramos proceder como El ¿cómo conoceríamos la forma en que deberíamos obrar? ¿Si convenía que nos entregáramos a la muerte o tomáramos alguna otra providencia a fin de que el evangelio prosperara? Pues bien, por no estar nosotros adoctrinados en lo que en tales circunstancias deberíamos hacer, Cristo nos lo enseña.

Porque dice el evangelista: Este diálogo tuvo con ellos, y se quedó en Galilea. Pero cuando sus parientes hubieron subido a la fiesta, entonces subió El también, no con publicidad, sino de incógnito. La expresión: Cuando sus parientes hubieron subido, indica que no quiso El subir con ellos. Por esto se quedó en Galilea y no subió públicamente, aunque ellos se lo persuadían. Mas ¿por qué El, que siempre hablaba en público, ahora procede de incógnito? Y no dijo el evangelista ocultamente, sino de incógnito. Convenía que así lo hiciera, como ya dije, con el objeto de enseñarnos cómo hemos de manejarnos en estos negocios. Por lo demás, tampoco era conveniente que en aquellos momentos, cuando los judíos ardían en ira, Él se presentara, sino una vez pasada la fiesta.

(Jn. 7, 11) Los judíos lo buscaban y decían: ¿En dónde está aquél? ¡Preclaro modo de comportarse durante la festividad! Corren al asesinato y andan en consultas acerca de cómo podrán aprehender a Jesús. Del mismo modo decían en otra ocasión: ¿Qué os parece de que no venga a la festividad? Y aquí preguntan: ¿En dónde está aquél? Por el odio extremo que le profesan ni siquiera se dignan designarlo por su nombre. ¡Vaya un insigne respeto a la festividad! ¡vaya una piedad insigne! En el propio día de la fiesta querían aprehenderlo.

(Jn. 7, 12) Y entre las turbas había muchos comentarios de él. Yo pienso que andaban locos de ira desde que hizo el milagro de los panes y que, exasperados, no tanto se indignaban por el prodigio realizado cuanto temían que acá lo repitiera e hiciera algo parecido. Pero sucedió lo contrario. De modo que contra la voluntad de ellos, lo hicieron ilustre. Y unos decían: es bueno; y otros, no, sino que engaña al pueblo. Pienso que la primera opinión era de las multitudes y la segunda la de los príncipes y sacerdotes; puesto que calumniar era lo propio de su envidia y de su perversidad.

Dicen, pues, éstos: Engaña al pueblo. Pero yo pregunto: ¿Cómo lo engaña? ¿Acaso porque sus milagros son simulados y no verdaderos? Pero la experiencia prueba lo contrario.

(Jn. 7, 13) Sin embargo, nadie se declaraba abiertamente en favor de Él, por miedo de los judíos. ¿Observas cómo en todas partes los hombres principales andan corrompidos mientras que el pueblo piensa correctamente, aunque no tiene la fortaleza que convenía? Y a mitad ya la semana de la fiesta, subió Jesús al templo y ahí enseñaba. La expectación los tornó más atentos. Los que en los primeros días lo buscaban y decían: ¿En dónde está aquél?, ahora, cuando repentinamente lo ven, advierte cómo lo rodean y lo observan mientras habla, tanto los que afirmaban que Él era bueno, como los que decían que era un perverso. Sólo que aquéllos atendían para sacar algún provecho y admirarlo; estos otros, en cambio, para aprehenderlo y apoderarse de Él. Por lo que mira a las expresiones que corrían, la de que engañaba al pueblo se refería a su doctrina, pues no entendían lo que decía; la otra de que era bueno se refería a sus milagros.

En cuanto a Jesús, una vez calmado el furor de los judíos, en tal forma insistió que oyeron sus palabras y no le cerraron sus oídos volviendo a su indignación. No refiere el evangelista cuál fue su enseñanza. Únicamente afirma que habló en forma tan admirable que ablandó a los judíos y les cambió su disposición de ánimo: ¡tan grande fue la fuerza de sus palabras! Y los que decían antes: Engaña al pueblo cambiaron y estaban admirados y por tal motivo exclamaban (Jn. 7, 15): ¿Cómo está éste tan versado en las Escrituras, si no ha frecuentado las escuelas? ¿Adviertes cómo su admiración aparece llena de perversidad? Porque no dice el evangelista que se admiraran de su doctrina ni que aceptaran sus palabras, sino únicamente que se admiraban. Es decir que estaban estupefactos y decían: ¿cómo sabe éste todas esas cosas? Precisamente por esa duda podían haber conocido que no era Jesús puro hombre. Mas como ellos no querían confesarlo, sino que únicamente se admiraban, oye lo que les dice (Jn. 7, 16): Mi doctrina no es mía.

Nuevamente responde a la interior objeción de ellos y los remite al Padre para ponerles por este medio silencio. (Jn. 7, 17) Si alguno está dispuesto a cumplir su voluntad conocerá si mi doctrina procede de Dios, o si hablo de mi cosecha. Es decir, echad de vosotros la ira, la maldad, la envidia y el odio que sin motivo habéis concebido en mi contra y entonces nada impedirá que conozcáis ser verdaderamente de Dios mi palabra. Esos vicios ahora os envuelven en tinieblas y desvían de lo recto vuestro juicio. Si los quitáis ya no sufriréis esa oscuridad. Sin embargo, no les habló tan claramente para no punzarlos en demasía.

Pero lo dio a entender todo cuanto les dijo: El que hace la voluntad de mi Padre conocerá si mi doctrina es de Dios o si yo hablo de mi propia cosecha. Es decir, conocerá si es que digo alguna novedad o cosa extraña o contraria al Padre. Porque la expresión: De mi propia cosecha siempre se refiere a que nada habla fuera de lo que agrada al Padre; sino que siempre: Lo que Él quiere eso mismo quiero yo. Si alguno está dispuesto a cumplir su voluntad conocerá si mi doctrina... ¿Qué significa esta expresión: Si alguno está dispuesto a cumplir su voluntad? Es decir, si alguno ama la virtud ése alcanzará la fuerza de mis palabras; si alguno quiere poner atención a las profecías; o sea, si me conformo en mis discursos o no con ellas.

¿Cómo su doctrina puede ser suya y no suya? Porque no dijo: Esa doctrina no es mía; sino que habiendo primero asegurado que era suya, con lo que se la hizo propia, luego añadió: No es mía. ¿Cómo puede una misma doctrina ser suya y no suya? Es suya la doctrina porque no repite lo que hubiera aprendido; y no es suya ella: es de su Padre. Pero entonces ¿cómo asegura: Todas mis cosas son tuyas y las tuyas son mías? Porque si siendo de tu Padre no fuera tuya, sería falso lo que antecede. Luego debe ser tuya. La expresión: No es mía manifiesta de modo clarísimo, y de un modo mejor, que su voluntad y la del Padre son una misma y única. Como si dijera: Mi doctrina no tiene nada diverso, como si fuera de otro. Pues aun cuando la hipóstasis sea diversa, yo hablo y procedo de tal manera que no se piense ser cosa distinta de lo que el Padre quiere, sino que es lo mismo que el Padre hace.

Añade enseguida un razonamiento que no tiene réplica, apoyado en un ejemplo humano y ordinario. ¿Cuál es? (Jn. 7, 8): El que habla por su cuenta busca su propia gloria. Es decir: quien busca establecer su propia doctrina, no anhela otra cosa sino que de esto le venga gloria. Ahora bien, como yo no busco alcanzar gloria vana ¿por qué voy a desear establecer una doctrina que sea exclusiva mía? El que habla por su cuenta. Es decir, el que establece una doctrina propia suya y diferente de las demás, habla para conseguir alguna gloria por ello. Entonces, si yo busco la gloria del que me envió ¿por qué voy a enseñar una doctrina que no sea la de Él?

Adviertes cómo indica el motivo de que nada haga de Sí. ¿Cuál es ese motivo? Que no creyeran que andaba captando vana gloria entre el vulgo. De modo que cuando habla a lo humano y dice (Jn. 5, 19): Yo busco la gloria del Padre, lo dice para declararles que El jamás busca la gloria vana. Muchos motivos hay para que se abaje a hablar en esa forma humilde. Por ejemplo, a fin de que no se le crea Ingénito ni contrario y adversario de Dios; para que se dé fe a su Encarnación; para acomodarse a la rudeza de los oyentes; para enseñarnos a cultivar la modestia y huir de la jactancia. En cambio, de que hable de cosas sublimes y altísimas, no se encuentra sino una razón: lo excelentísimo de su naturaleza. Si porque una vez dijo que Él era antes que Abraham (Jn. 8, 58) se escandalizaron, ¿a dónde no se habrían arrojado en el escándalo si continuamente les hablara de cosas sublimes?

(Jn. 7, 19) ¿Acaso no os dio Moisés la Ley? Mas ninguno de vosotros cumple la Ley. ¿Por qué tratáis de matarme? ¿Qué consecuencia lógica, qué común tiene esto con las palabras que preceden? Dos crímenes le achacaban: que quebrantaba el sábado y que decía ser Dios su Padre, con lo que se hacía igual a Dios. Y que no lo afirmara por pareceres ajenos, sino por cosa personal y no en el sentido vulgar, sino como atributo propio excelentísimo suyo, es claro por esto. Muchos hubo que llamaron Padre a Dios (por ejemplo cuando dice la Escritura (Mal. 2, 10): ¿Acaso no un solo Dios nos ha creado y uno solo es el Padre de todos nosotros?) Mas no por esto el pueblo era igual a Dios. Y así los judíos no se escandalizaban cuando eso oían.

Pero es el caso que cuando ellos decían de El que no venía de Dios, muchas veces los corrigió; y se justificó cuando se trataba de la abolición del sábado. De modo que si fuera opinión ajena y no suya lo de que era Dios, sin duda los habría corregido y les habría dicho: ¿Por qué juzgáis que yo soy igual a Dios? Yo no le soy igual. Ahora bien, nada de eso les dijo. Más aún: en lo que sigue les demostró que era verdaderamente igual a Dios.

En efecto, aquello de (Jn. 5, 21): Así como el Padre resucita los muertos y les da vida, así también el Hijo; y luego: Para que todos honren al Hijo como honran al Padre; y además: Las obras que hace el Padre esas mismas igualmente las hace el Hijo; todo esto está confirmando su igualdad con Dios. Hablando de la Ley dice (Mt. 5, 17): No penséis que vine para abolir la Ley o los profetas. Por estos caminos acostumbra destruir las opiniones erróneas de las mentes. Y en este pasaje no sólo no suprime la igualdad con Padre, sino que la confirma.

Por igual motivo, como ellos en otra ocasión le dijeran: Te haces Dios, no rechazó su parecer, sino que lo aprobó como verdadero con estas palabras (Mt. 9, 6): Pues bien, para que sepáis que el Hijo del hombre tiene sobre la tierra potestad de perdonar los pecados -dice entonces al paralítico- toma tu lecho y camina. De modo que confirma lo que anteriormente se dijo, o sea, que se hacía igual a Dios; y al mismo tiempo demuestra no ser adversario de Dios, sino que dice lo mismo que dice Dios y eso mismo enseña. Y acerca de la abrogación del sábado habla al fin y dice:¿Acaso no os dio la Ley Moisés y ninguno de vosotros cumple la Ley?

Es como si les dijera: Puso Moisés en la Ley: No matarás; pero vosotros matáis. Y luego ¿me acusáis de transgresor de la Ley? Mas ¿por qué dijo: Ninguno? Porque todos ellos maquinaban su muerte. Como si les dijera: Yo, si quebranté la Ley, lo hice para salvar al hombre; pero vosotros la traspasáis para causar mal a otros. Yo, aun cuando la abrogara, lo hago para salvación; y de ningún modo convendría que vosotros que en cosas graves la quebrantáis vinierais a acusarme. Lo que vosotros hacéis es destruir de raíz la Ley.

Luego prosigue Jesús su discusión, a pesar de que ya muchas veces había discutido lo mismo. Pero entonces lo hizo elevándose a mayores alturas; ahora lo hace conservándose más al alcance de sus oyentes. ¿Por qué? Porque no quería exasperarlos con tanta frecuencia. Y sin embargo ellos ardían en ira y aun hubieran llegado hasta el asesinato. Insiste, pues, pero en forma de aplacarlos, por esas dos maneras: les pone delante su criminal atrevimiento y les dice: ¿Por qué tratáis de matarme? Y añade modestamente (Jn. 8, 40): A mí, el hombre que os he dicho la verdad. Les da a entender que ellos respiran muertes y por lo mismo no tienen derecho a juzgar de otros.

Quiero yo que en este punto consideréis la humildad de la pregunta de Cristo y cuán truculenta y feroz es la respuesta. Dícenle (Jn. 7, 20): ¡Eres poseso! ¿Quién trata de darte muerte? Palabras son éstas repletas de ira y de furor y de ánimos que han llegado hasta la impudencia: ¡se habían sentido heridos por la forma tan inesperada de argüirles! Así como los ladrones cuando están en la emboscada cantan; pero luego proceden en silencio para acometer a su víctima descuidada, del mismo modo proceden aquí los judíos.

Jesús, dejando a un lado la represión, para no volverlos más impudentes aún, procede de nuevo a justificarse en lo referente a la violación del sábado y disputa con ellos tomando como fundamento la Ley. Observa cuán prudentemente. Como si les dijera: No es maravilla que no aceptéis lo que digo cuando ni siquiera a la Ley obedecéis; y siendo así que la tenéis como dada por Moisés, sin embargo la quebrantáis. De modo que no es novedad alguna el que no atendáis a mis palabras. Como ellos habían dicho (Jn. 9, 29): A Moisés habló Dios, pero éste no sabemos de dónde viene, les demuestra que injurian a Moisés, pues dio él una Ley pero ellos no la obedecen. Continúa (Jn. 7, 21): Una obra he hecho y todos estáis desconcertados. Advierte cómo cuando era necesario justificarse y refutar la acusación que se le hacía, no trae al medio al Padre, sino que El mismo les hace frente. Una obra he hecho. Quiere demostrarles que si Él no hubiera hecho esa obra, entonces sí podría decirse quebrantada la Ley; y también que hay otras muchas cosas más dignas que la Ley; y que Moisés mismo recibió un mandato contra la Ley, porque ese mandato era más digno que la Ley. En efecto, más digna era la circuncisión que no la Ley; aunque no fue la Ley la que la impuso, sino los patriarcas. Pues bien, les dice, Yo he llevado a cabo una obra mejor y más digna que la circuncisión. No trajo a colación el mandato de la Ley para que los sacerdotes traspasen el mandato del sábado (Mt. 12, 5), como en otra ocasión lo hizo; pero aquí se expresa con mayor autoridad. La expresión: Estáis desconcertados, significa: estáis perturbados. Pues de convenir que la Ley fuera tan indestructible, la circuncisión no sería más excelente que la Ley; ni Cristo habría dicho haber llevado a cabo algo más digno que la circuncisión. En cambio los refuta con un argumento de autoridad; y les dice (Jn. 7, 23): Si el hombre es circuncidado en sábado... ¿Ves cómo entonces sobre todo queda en pie la Ley cuando se la quebranta? ¿Adviertes cómo el quebrantar el sábado es observar la Ley? Hasta el punto de que si el sábado no se quebranta, por necesidad la Ley queda abrogada. En conclusión, les dice: Yo he confirmado la Ley.

No les dijo: Os irritáis contra mí porque he hecho una cosa más digna que la circuncisión; sino que se limita a referir el hecho y deja que ellos saquen la consecuencia y juzguen si acaso no es más necesaria la curación del hombre íntegro que la circuncisión. Como si les dijera: Se quebranta el sábado únicamente para que el hombre reciba una señal que de nada le sirve para su salvación; y en cambio os irritáis porque se le libra de tan grave enfermedad y por eso os querelláis. (Jn. 7, 24)No queráis juzgar según la apariencia. ¿Qué significa: según la apariencia? No porque Moisés sea mayor en vuestra estima, juzguéis las personas según su dignidad; sino atended a la naturaleza de las cosas, pues esto es juzgar con exactitud. ¿Por qué nadie acusó a Moisés? ¿por qué nadie se le opuso cuando ordenaba quebrantar la Ley para cumplir con un mandato añadido extrínsecamente a la Ley? Moisés concede que el dicho mandato es más digno que la Ley: digo ese mandato no puesto por la Ley, sino extrínsecamente añadido; lo cual ciertamente es cosa digna de admiración; y vosotros, en cambio, no siendo legisladores, andáis vindicando la Ley mucho más de lo que conviene. Puesto que resulta para vosotros más digno Moisés, que ordenó quebrantar la Ley por un precepto extralegal, que no la Ley misma.

Al decir Jesús todo el hombre declara que la circuncisión es parte de la salud del hombre. Pero ¿qué salud es ésa que da la circuncisión? Dice Moisés (Gn. 17, 14): Todo el que no sea circuncidado será exterminado. Pues bien, dice Jesús, yo he sanado no una parte enferma sino el todo que estaba deshecho. En conclusión: No queráis juzgar de ligero. Por mi parte pienso que esto fue dicho no únicamente para aquéllos, sino también para nosotros, a fin de que en nada corrompamos la justicia, sino que pongamos todos los medios para conservarla. No miremos si se trata de un pobre o de un rico; no atendamos a las personas, sino a la realidad de las cosas y examinemos éstas. Dice la Escritura (Ex. 23, 3): En el juicio no te compadecerás del pobre. ¿Qué quiere decir esto? No te quebrantes, no te doblegues por el hecho de ser pobre quien ha cometido una injusticia.

Ahora bien, si, en el caso, al pobre no se le ha de perdonar, mucho menos al rico. Y esto lo digo no únicamente para los jueces, sino para todos; para que nunca el derecho quede conculcado sino que se mantenga incorrupto. Porque dice la Escritura (Sal. 11, 5.7): El Señor ama la justicia. Y quien ama la injusticia, aborrece su propia alma. Os ruego en consecuencia que no aborrezcamos nuestras almas, ni amemos la iniquidad. De eso no sacamos lucro notable al presente; y en cambio en lo futuro nos vendrá un daño enorme. Más aún, ni acá disfrutaremos de lo que hayamos obtenido fraudulentamente. Cuando andamos entre placeres pero con mala conciencia ¿acaso no resulta más bien un tormento y castigo?

Amemos, pues, la justicia y jamás traspasaremos la ley de la justicia. ¿Qué podemos lograr en esta vida presente si no salimos de ella adornados de virtudes? ¿La amistad, el parentesco, el favor de alguno? Aunque sea Noé nuestro padre, o Job o Daniel, de nada nos servirá si no nos aprovechan nuestras obras. Una sola cosa necesitamos, que es la virtud del alma. Ella puede salvarnos y librarnos del fuego eterno. Ella nos llevará al Reino de los Cielos. Ojalá todos lo consigamos por gracia y benignidad de nuestro Señor Jesucristo, por el cual y con el cual sea la gloria al Padre juntamente con el Espíritu Santo, ahora y siempre y por los siglos de los siglos. Amén.

HOMILÍA L. Decían algunos de los de Jerusalén: ¿No es éste el que tratan de asesinar? He aquí que habla con toda libertad y nada le dicen. ¿Acaso nuestros jefes han conocido que éste de verdad es el Cristo? Pero éste sabemos de dónde procede (*Jn 7,25-27*)

Nada hay en las Escrituras puesto sin alguna razón, pues todas son sentencias del Espíritu Santo. En consecuencia examinémoslo todo cuidadosamente. Con frecuencia por sola una expresión conocemos el sentido de todo lo que se dice, como acontece en este pasaje. Porque muchos de Jerusalén decían: ¿No es éste el que tratan de asesinar? He aquí que habla con toda libertad y nada le dicen. ¿Por qué se cita a los de Jerusalén? Declara con esto el evangelista que sobre todo eran ellos misérrimos pues tantos milagros habían obtenido; y habiendo visto una prueba máxima de la divinidad de Cristo, a pesar de todo remitían el asunto al juicio de aquellos príncipes corrompidos. ¿No era acaso un supremo milagro que tan repentinamente se sosegaran los enfurecidos que respiraban muertes y andaban de una parte a otra tratando de asesinar a Cristo; sobre todo cuando lo tenían ahí entre sus manos? ¿Quién podría llevar a efecto cosa semejante? ¿Quién habría podido aplacar así furor tan exorbitante? Y sin embargo, a pesar de tan eximios milagros, mira su necedad y locura: ¿No es éste el que tratan de asesinar y nada le dicen? Advierte cómo ellos mismos se acusan y reprenden. Porque dicen: Al que tratan de asesinar y nada le dicen. Y no sólo nada le dicen, aunque habla con toda libertad, puesto que quien habla con absoluta libertad sin duda de modo especial los enfurece, pero nada le dicen. ¿Acaso han conocido que verdaderamente éste es el Cristo? Pero yo pregunto: ¿a vosotros qué os parece? ¿Qué juzgáis de Él? Responden: lo contrario. Por esto añadieron: Pero éste sabemos de dónde viene. ¡Oh perversidad! ¡oh contradicción! No sentencian conforme a los príncipes, sino que profieren otro parecer digno de la necedad de ellos. Dicen: Sabemos de dónde proviene. En cambio, cuando venga el Mesías, nadie sabrá de dónde procede. Pues bien, preguntados vuestros príncipes, dijeron Belén había de que en nacer.

Otros decían (Jn. 9, 29: Nosotros sabemos que a Moisés le habló Dios. Mas éste no sabemos de dónde viene. Nota bien esas palabras que son propias de ebrios. Y también decían (Jn. 7, 41): ¿Acaso de Galilea viene el Cristo? ¿no es del pueblo de Belén? Advierte el juicio de estos hombres que hablan como ebrios. Sabemos; ignoramos; el Cristo viene de Belén; cuando venga el Cristo nadie sabrá de dónde procede. ¿Qué hay más claro que esta pugna de juicios encontrados? A lo único a que atendían era a no creer.

¿Qué responde a todos Cristo? (Jn. 8, 19): Decís que me conocéis y que sabéis mi origen. Ciertamente no he venido por mi arbitrio. Sin embargo, al que en verdad me ha enviado, vosotros no lo conocéis. Y también: Si me conocierais a Mí, también conoceríais a mi Padre. ¿Cómo dice que ellos lo conocen y saben de dónde procede y luego que ni a Él lo conocen ni al Padre? No se contradice, ¡lejos tal cosa! Al revés, es sumamente consecuente consigo mismo. Cuando dice: No me conocéis, se refiere a otra clase de conocimiento; lo mismo que la Escritura cuando afirma (1S. 2, 12): Los hijos de Eli eran malvados, que no conocían a Dios. Y también (Is. 1, 3): Pero Israel no me conoció.

Y Pablo dice (Tit. 1, 16): Hacen profesión de conocer a Dios, pero con las obras lo niegan. De modo que es posible "conocer" "no conociendo".

Lo que Cristo les dice es que si lo conocieran sabrían que es el Hijo de Dios. La expresión: De dónde provengo, no indica lugar, como se ve por lo que sigue: Ciertamente he venido no por mi arbitrio. Sin embargo al que en verdad me ha enviado, vosotros no lo conocéis. Habla Cristo de una ignorancia comprobada en las obras, de la que dice Pablo: Hacen profesión de conocer a Dios, pero con las obras lo niegan. Pues al fin y al cabo, su pecado no era de ignorancia sino de presunción y mala voluntad: sabiéndolo, querían ignorarlo.

Pero ¿qué consecuencia lógica hay aquí? ¿Cómo los refuta si dice lo mismo que ellos? Porque ellos decían: Pero éste sabemos de dónde proviene. Y Jesús les dice: Me conocéis a mí. ¿Qué decían ellos? ¿acaso que no lo conocían? Todo lo contrario. Decían: lo conocemos. Sólo que cuando decían conocerlo no significaban otra cosa sino que era terreno e hijo del carpintero. El, en cambio, los levantaba hacia el Cielo al decirles: Sabéis de dónde soy, pero no de donde sospecháis, sino de donde es el que me envió. Porque cuando dice: No he venido por mi arbitrio, deja entender que ellos sabían que había sido enviado por el Padre, aun cuando ellos se negaban a confesarlo.

De manera que los refuta por dos caminos: lo primero trayendo al medio y publicando lo que ellos en secreto se decían, para ponerlos en vergüenza; lo segundo, revelando lo que tenían en su pensamiento. Como si les dijera: Yo no soy un desterrado, un rechazado, uno de tantos que vienen. Pues ciertamente es veraz el que me envió, al cual vosotros no conocéis. ¿Qué quiere decir: es veraz el que me envió? Que siendo verdadero, en verdad me envió; y si es verdadero, se sigue que también es verdadero aquel a quien Él envió. Todavía prueba lo mismo por un tercer modo, concluyéndolos con las mismas palabras de ellos. Decían:

Cuando venga el Cristo, nadie sabrá de dónde procede. Pues bien, por aquí les demuestra ser El, el Cristo. Porque al decir ellos: Nadie sabrá, se referían a los varios lugares; pero Jesús, partiendo de aquí, les declara ser El, el Cristo, pues ha venido del Padre. Y en todas partes da testimonio de que el conocer al Padre sólo a Él le compete. Así dice: No que alguien haya visto al Padre, sino el que procede del Padre. Y esto era lo que los irritaba. Cuando les decía: No lo conocéis; y luego les demostraba que en realidad sí lo sabían, pero simulaban ignorarlo, con razón los punzaba y se encolerizaban.

(Jn 7, 30) Y buscaban cómo apresarlo, pero nadie puso en El las manos, porque aún no era llegada su hora. ¿Adviertes cómo invisiblemente se encuentran impedidos y atado su furor? Mas ¿por qué el evangelista no dijo que invisiblemente se encontraban impedidos, sino: Porque aún no era llegada su hora? Quería hablar al modo humano y en forma humilde, para que Jesús fuera tenido también como hombre. Como el evangelista siempre se eleva a lo alto, quiere interponer aquí y allá ese género y modo de hablar. Cuando dice Jesús: Vengo de Dios, no habla como profeta a quien se le haya comunicado un mensaje, sino que dice lo que El ve y está en su Padre. Afirma (Jn. 7, 29): Yo sí lo conozco porque de Él es mi ser. Advierte cómo en todas partes lo demuestra. No he venido por mi arbitrio; el que me ha enviado es verdadero, cuidando de que no se le tenga por adversario de Dios. Observa la gran utilidad que hay en esas palabras para nosotros, dichas a lo humano y humilde.

Tras de esto, muchos decían (Jn. 7, 31): Cuando venga el Cristo ¿hará más milagros que los que éste hace? Tres milagros había hecho: el del vino, el del paralítico y el del hijo del Régulo: ningunos otros narra el evangelista. Queda, pues, manifiesto lo que ya he dicho en otras ocasiones: que los evangelistas pasan en silencio muchas de las obras de Jesús, mientras van refiriendo aquello que verdaderamente maquinaban por maldad los príncipes de los judíos.

Y trataban de aprehenderlo y matarlo. ¿Quiénes? No la multitud, que no ambicionaba principados ni estaba comida de envidia, sino los sacerdotes. Porque la turba lo que decía era: Cuando venga el Cristo ¿hará más milagros que los que éste hace? Pero esta fe no era firme, sino tal como suele ser la de la ínfima plebe. La expresión: Cuando viniere, no era propia de quienes ya crean que éste es el Cristo. O quizá se pueda interpretar de otro modo: que entre la concurrencia del pueblo, los príncipes procuraban con todas sus fuerzas demostrar a las turbas que Jesús no era el Cristo; pero las turbas respondían: supongamos que éste no es el Cristo, pero ¿acaso el Cristo será mejor que éste?Como ya muchas veces tengo dicho, el vulgo es atraído no por la doctrina ni por los discursos, sino por los milagros.

(Jn. 7, 32) Oyeron los fariseos que el pueblo cuchicheaba esto acerca de él; y los sumos sacerdotes y los fariseos enviaron sirvientes que le echaran mano. ¿Adviertes cómo lo de la violación del sábado no era sino un pretexto? Lo que les punzaba era más lo otro.

Porque en esta vez, no teniendo ellos nada que acusar ni en sus palabras ni en sus actos, por el murmullo de la turba querían aprehenderlo. Pero no se atrevían, porque sospechaban que correrían peligro. Lo que hicieron fue enviar algunos de entre ellos, ministros suyos, de que lo tentaran. ¡Oh violencia! ¡oh furor! o mejor dicho locura. Muchas veces lo habían intentado ellos personalmente y no lo habían logrado; por lo cual ahora lo encargan a algunos de sus ministros, locamente entregados a su ira furiosa. Largamente predicó Cristo junto a la piscina; pero entonces nada semejante maquinaron, sino que, aun cuando lo buscaron, pero no le echaron mano. Acá no lo pudieron hacer porque sin duda la turba correría a defenderlo. ¿Qué les dice

Cristo? (Jn. 7, 33): Estoy entre vosotros todavía un corto tiempo. Podía doblegar y atemorizar a sus oyentes, pero sólo profiere palabras de humildad. Como si les dijera: Esperad un poco, y Yo me ofreceré a ser aprehendido sin tanto esfuerzo vuestro. Y luego, para que no se sospechara que hablaba de una muerte ordinaria a causa de esas palabras, ya que ellos en ese sentido las tomaban; para quitar semejante sospecha de que una vez muerto ya nada haría, añadió (Jn. 7, 34): A donde Yo iré no podéis vosotros venir.

Era evidente que si había de permanecer muerto, ellos podían ir allá, puesto que todos morimos. De modo que con semejantes palabras los que en la turba eran más sencillos quedaban doblegados; pero los más feroces temían; y los más empeñosos se apresuraban a oírlo, pues les quedaba poco tiempo y no podían disfrutar perpetuamente de semejante doctrina. Y no dijo: Estoy aquí; sino: Estoy con vosotros. Como quien dice: aunque me persigáis, aunque me molestéis, ni por un momento cesaré de mirar por vosotros y predicaros lo tocante a vuestra salvación.

(Jn. 7, 33) Y vuelvo al que me ha enviado. Esto podía aterrorizarlos y angustiarlos, pues les predice que lo necesitarán. Les dice (Jn. 7, 34): Me buscaréis. Es decir, no sólo no me olvidaréis, sino que: Me buscaréis y no me encontraréis. ¿Cuándo lo buscaron los judíos? Lucas (Lc. 23, 49) refiere que las mujeres lo lloraron y es verosímil que también lo lloraran muchos otros. Y después de la destrucción de Jerusalén anhelaron su presencia, recordando sus milagros. Todo esto lo dijo para atraerlos. Porque eso de quedar ya poco tiempo, y de que lo anhelarían después que se apartara de ellos, cuando ya no podrían encontrarlo, era apto para persuadirlos a seguirlo. Si no iba a suceder que su presencia les fuera anhelada, parece que nada importante les declaraba con eso. Lo mismo que si, siéndoles anhelada su presencia, pudieran luego encontrarlo, lo dicho no los conturbaría en gran manera.

Por otra parte, si hubiera de quedarse con ellos por mucho tiempo, quizá se tornaran desidiosos. De modo que por todos lados los atemorizó y excitó. La expresión: Vuelve al que me envió, hace patente que ningún daño se seguirá de las maquinaciones de los judíos y de su Pasión, que será voluntaria. De manera que hizo una doble predicción: que poco después moriría; y que ellos no irían a Él. Predecir así su muerte no fue propio de una mente puramente humana. Mira lo que dice David (Sal. 39, 4): Hazme saber, oh Dios, mi fin y cuál es la medida de mis días, para saber cuán frágil soy. De manera que ese fin de la muerte nadie lo sabe. Por mi parte, yo creo que enigmáticamente lo decía, refiriéndose a los criados de los sacerdotes, con el objeto de atraerlos; y dándoles a entender que sabía bien a qué habían ido. Como si les dijera: Esperad un poco y yo me iré.

(Jn. 7, 35) Y decían los judíos entre sí: ¿A dónde va a ir éste? Quienes tanto deseaban que se fuera y ponían todos los medios para no volver a verlo no debían haber preguntado eso, sino decirle: Nos alegramos de que te vayas. ¿Cuándo será eso? Pero las palabras de Cristo los impresionaron y entre sí neciamente se preguntaban: ¿Acaso se irá a enseñar a la dispersión de las naciones gentiles? ¿Qué significa: La dispersión de las naciones gentiles? Así llamaban los judíos a las gentes paganas; pues estaban dispersas por dondequiera y libremente se mezclaban. Esta vergüenza la sufrieron luego ellos mismos, pues también fueron dispersados. Anteriormente todo el pueblo se hallaba reunido y en ninguna parte sino en Palestina se podía encontrar un judío. Por tal motivo ellos a los gentiles los llamaban gentes dispersas, echándoles eso en cara y ensoberbeciéndose ellos. ¿Qué significa: A donde yo voy no podéis venir? Porque más tarde los judíos se iban a mezclar con las gentes de toda la tierra. Si Cristo hubiera querido significar a los gentiles, no habría dicho: A donde no podéis venir. Y cuando ellos preguntaron: ¿Acaso se irá a la dispersión de las gentes? no añadieron y a destruirlas, sino a enseñarlas. Hasta ese punto se habían aplacado y creído en sus palabras. Si no hubieran creído, no habrían investigado entre ellos el sentido de lo que Él decía. Pero, en fin, dicho sea todo eso para ellos.

Por nuestra parte, es de temer no sea que también a nosotros nos toque. O sea, que a donde Él va no podamos seguirlo por estar nuestra vida llena de pecados. Dice Él acerca de sus discípulos (Jn. 17, 24): Quiero que a donde estoy yo, ahí estén conmigo. Pero yo temo que de nosotros se diga al contrario: A donde estoy yo vosotros no podéis venir; puesto que procedemos contrariamente a lo que está mandado. ¿Cómo podremos estar ahí? Acá en este siglo, si un soldado hace lo contrario de lo que merece la dignidad de su rey, no puede ya ver el rostro de éste, sino que se le da de baja vergonzosamente y es condenado al último suplicio. Si robamos, si nos damos a la avaricia, si procedemos injustamente, si golpeamos a otros, si no hacemos limosnas, no podremos ir allá con Él. Sufriremos el castigo que sufrieron las vírgenes necias, que no pudieron entrar a las bodas con el esposo, sino que hubieron de apartarse con sus lámparas apagadas; es decir, perdida la gracia. La gracia que recibimos del Espíritu Santo es una llama que si lo queremos la podemos hacer más vivaz; y si no la queremos, al punto la perderemos. Pero apagada ella, no quedarán en nuestras almas sino tinieblas continuas.

Así como mientras arde una antorcha, brilla una luz abundante, así, si ella se apaga, no quedan sino tinieblas. Por esto dice Pablo (1Ts. 5, 19): No apaguéis el espíritu. Y se apaga la lámpara cuando no tiene aceite; cuando sopla un viento vehemente; cuando se comprime y aprieta la mecha. Porque de ese modo se apaga el fuego. Se comprime con las preocupaciones del siglo; se extingue con la mala concupiscencia. Pero esa luz de que habla Pablo nada la extingue como la crueldad, la inhumanidad y la riña. Pero si además de faltar el óleo le ponemos agua fría, es decir, la avaricia que mata las almas a causa de la tristeza de los que sufren la injusticia, ¿de dónde podrán de nuevo encenderse? Saldremos de esta vida llevando con nosotros abundante polvo y ceniza y humo vano que nos acusen de haber extinguido nuestras lámparas. Pues donde hay humo señal es de que hubo fuego que se apagó. Pero ¡no! ¡lejos de nosotros que alguno oiga aquella palabra (Mt. 25, 12): No os conozco! Y ¿cuándo se oirá semejante palabra? Cuando al ver a un pobre nos quedamos tan insensibles como si no lo hubiéramos visto. Si nos olvidamos de Cristo hambriento, Él nos ignorará como faltos de óleo en nuestras lámparas. Y con razón: pues quien desprecia a un necesitado y no lo ayuda con algo de los bienes propios ¿cómo quiere ser ayudado con los que no le pertenecen? Por lo cual os ruego que pongamos cuantos medios estén a nuestro alcance para que no nos falte el óleo. Proveamos nuestras lámparas y entremos al tálamo juntamente con el esposo. Ojalá nos acontezca a todos lograrlo por gracia y benignidad de nuestro Señor Jesucristo, por el cual y con el cual sea la gloria al Padre y juntamente al Espíritu Santo, ahora y siempre y por los siglos de los siglos.- Amén.

HOMILÍA LI. En el último día de la fiesta, el más solemne, Jesús, de pie y en voz alta, les decía: Quien tenga sed venga a mí y beba el que crea en Mí, como dice la Escritura. Fluirán de sus entrañas ríos de agua viva (*Jn 7, 37-38*)

Quienes se acercan a oír la palabra de Dios y conservan la fe, conviene que lo hagan con el anhelo con que lo hacen los sedientos, y que enciendan en sí un deseo igualmente ardoroso. Así podrán retener mejor la palabra que oyen y bien guardarla.

Los sedientos, en cuanto toman la copa, con suma avidez la beben, y así apagan la sed. Pues del mismo modo los que beben las divinas palabras: si las reciben sedientos, no cesarán de beber hasta haber agotado el contenido. Y que convenga tener hambre y sed, lo dice la Escritura (Mt. 5, 6): Bienaventurados los que han hambre y sed de justicia. Y Cristo dice aquí: Si alguno tiene sed, venga a Mí, y beba. Como si dijera: Yo a nadie obligo por necesidad o violencia, sino que si alguno está presto, si alguno anhela con ferviente deseo, a ése yo lo invito.

Mas ¿por qué usó de esa expresión el evangelista: En el día último, el más solemne? Porque los días más solemnes eran el primero y el último. Los días intermedios más se consumían en placeres. Pero en fin: ¿por qué dice: En el día último? Porque en él se reunían todos. Más aún: Él no se presentó en el primer día, y a sus parientes les explicó el motivo. Pero tampoco dijo lo que precede en el segundo ni en el tercero, para que sus palabras no fueran en vano, ya que entonces las turbas estarían entregadas a los placeres.

Pero el día último, cuando las turbas regresaban a sus casas, les proporcionaba una viático de salud diciendo: El que crea en mí, como dice la Escritura. Fluirán de sus entrañas ríos de agua viva. Llama entrañas al corazón, como en otra parte dice (Sal. 40, 10): Y tu ley en medio de mis entrañas. Pero ¿en dónde dicen las Escrituras: Fluirán de sus entrañas ríos de agua viva? En parte alguna. Entonces ¿qué sentido tiene: El que crea en mí, como dice la Escritura? En este pasaje es necesario apuntar de manera que lo de: Fluirán de sus entrañas ríos de agua viva, se entienda que son palabras de Cristo. Como muchos decían: éste es el Cristo; y también: Cuando venga el Cristo ¿hará más milagros que éste? declara ser necesario tener la sentencia correcta y dar mayor crédito a las Escrituras que a los milagros.

La razón es porque muchos cuando lo vieran hacer infinitos milagros, a pesar de todo no lo aceptarían como el Cristo, sino que alegarían: ¿Acaso las Escrituras no dicen que el Cristo es de la descendencia de David? Y Cristo con frecuencia lo proponía para demostrarles que no rehuía esa prueba por las Escrituras. Por lo cual también ahora los remite a ellas. Así anteriormente había dicho (Jn. 5, 39): Escrutad las Escrituras; y también (Jn. 6, 45): Está escrito en los profetas: Y todos serán enseñados de Dios; y además (Jn. 5, 45): Moisés es el que os acusa; y aquí: Como dijo la Escritura. Fluirán de sus entrañas ríos de agua viva, dando a entender la abundancia y riqueza de gracias; como dice en otra parte (Jn. 4, 14): Se convertirá en él fuente de agua que brota para vida eterna: es decir, que tendrá gracia abundante. En otra parte había dicho: vida eterna. Aquí dice: agua viva. Llama viva a la que perpetuamente obra; pues la gracia del Espíritu Santo, una vez que ha entrado y asentado en el alma, mana mucho más que cualquier fuente; y no cesa ni se seca ni se interrumpe. De modo que para indicar a la vez que jamás cesa y que obra inefablemente, usa los términos fuente y ríos. Es decir que no es sólo un río, sino muchos ríos. Y dijo brota para significar que inunda. Esto lo entenderá con toda claridad quien considere la sabiduría de Esteban, la elocuencia de Pedro, la fuerza enorme de Pablo; y cómo nada los detuvo, nada los contuvo: ni el furor de los pueblos, ni la violencia de los tiranos, ni las asechanzas de los demonios, ni las muertes cotidianas; sino que a la manera de ríos que con gran ímpetu corren, así todo arrastraron y lo llevaron tras de sí.

(Jn. 7, 39) Esto lo decía refiriéndose al Espíritu Santo que habían de recibir los que creerían en El. Pues no era aún llegada la hora del Espíritu Santo. Dirás: pero entonces ¿cómo los profetas predijeron y cómo obraron incontables milagros? Los apóstoles, al ser enviados por Jesús, echaron los demonios no por virtud del Espíritu Santo, sino de Jesús, como Él lo dijo (Mt. 12, 27): Si Yo arrojo demonios en nombre de Belzebul, vuestros hijos ¿en nombre de quién los arrojan? Esto lo dijo indicando que no todos antes de la cruz arrojaron demonios por virtud del Espíritu Santo, sino del mismo Jesús. Pero después, al enviarlos por todo el mundo les dijo (Jn. 20, 22): Recibid el Espíritu Santo; y también (Hch. 19, 6): Y el Espíritu Santo vino sobre ellos. En cambio, cuando los envió la primera vez, no dijo el evangelista: Les dio el Espíritu Santo; sino: Les dio poder y les dijo (Mt. 10, 1.8): Limpiad los leprosos, echad los demonios, resucitad los muertos: de gratis lo recibisteis, dadlo de gratis. Por otra parte es a todos manifiesto que a los profetas les fue dado el Espíritu Santo. Pero esa gracia se estrechó y se arrancó de la tierra desde el día en que se les dijo (Mt. 23, 38): Vuestra casa y templo quedarán deshabitados. Pero aun antes había comenzado a ser más rara. Ya no había entre ellos profeta alguno ni la gracia atendía a sus sacrificios. Estando, pues, ya quitado el Espíritu Santo; y habiendo de suceder que se diera con mayor abundancia, don que tuvo su principio después de la cruz; ni sólo con mayor abundancia sino además con mayores carismas; puesto que el don es mucho más admirable, como lo significó cuando dijo (Lc. 9, 55): No sabéis de qué espíritu sois, y también (Rm. 8, 15): Pues no habéis recibido espíritu servil para recaer en el temor, sino que habéis recibido espíritu filial.

También los antiguos poseían el Espíritu Santo, pero no podían comunicarlo a otros. En cambio, los apóstoles llenaban de El a fieles sin número. Digo pues que porque habían de recibir más tarde ese don los apóstoles, don que aún no se les había concedido, por tal motivo el evangelista dice: No era aún llegada la hora del Espíritu Santo. De este don habla el evangelista al decir: No era aún llegada la hora del Espíritu Santo (es decir que aún no se les había dado), porque Jesús aún no había sido glorificado; llamando gloria a la cruz. Eramos pecadores y enemigos, privados de la gracia de Dios; y la gracia era un signo de reconciliación; y pues los dones no se conceden a los enemigos y odiados, sino a los amigos fieles, era necesario que primero se ofreciera por nosotros el sacrificio y que la enemistad se liquidara en la carne, y fuéramos hechos amigos de Dios, para luego recibir el don.

Si así se ejecutó en la promesa hecha a Abraham, mucho más debía ejecutarse tratándose de la gracia. Así lo declara Pablo con estas palabras (Rm. 4, 4-15): Porque si los herederos son los de la Ley, anulada queda la fe e ineficaz la promesa, pues la Ley provoca castigo. Es decir, Dios prometió a Abraham y a su descendencia que les daría aquella tierra; pero los descendientes se hicieron indignos, y así no pudieron aplacar a Dios con sus propios trabajos. Por lo cual hubo de entrar la fe, cosa fácil, para atraer la gracia y que de este modo no perecieran las promesas. Por lo cual, continúa Pablo (Rm. 4, 16), la herencia es por la fe, para que lo sea por gracia y así quede firme la promesa. Por gracia, pues ellos no podían alcanzarla con sus trabajos y sudores.

Mas ¿por qué cuando adujo la Escritura no citó el testimonio? Por el juicio erróneo que ellos tenían. Porque unos decían (Jn. 7, 40-42): Este es el Profeta; otros decían: Engaña al pueblo; otros: De Galilea no viene el Cristo, sino de la ciudad de Belén; otros (Jn. 7, 27): Cuando venga el Cristo, nadie sabrá de dónde proviene. Y así variaban las opiniones, como acontece con una turba alborotada. No se fijaban en lo que se les decía ni tenían anhelos de conocer la verdad. Por este motivo Cristo nada les contesta aunque le dijeron: ¿Acaso de Galilea viene el Cristo? En cambio a Natanael, que con mayor énfasis y hasta aspereza decía (Jn. 1, 46): ¿De Nazaret puede salir algo bueno?, lo alabó como a sincero israelita.

Estos otros y los que decían a Nicodemo (Jn. 7, 52): Escruta las Escrituras y verás que de Nazaret no ha salido ningún profeta, no hablaban para instruirse, sino para abatir la gloria y fama de Cristo. Natanael, como amante de la verdad y conocedor cuidadoso de todo lo antiguo, se expresaba en aquella forma;

pero éstos no procuraban sino sólo una cosa: demostrar que Jesús no era el Cristo. Por tal motivo a éstos nada les reveló. Quienes hablaban cosas contradictorias, y unas veces decían: Nadie sabe de dónde procede; y otras: Procede de Belén, aun cuando supieran verdad, sin la duda que la contradirían.

Concedamos que ignoraran el sitio, o sea que había nacido en Belén; pues se había criado en Nazaret (aunque no merecía perdón que tal cosa ignoraran pues no había nacido en Nazaret); ¿acaso ignoraban también su genealogía y que era descendiente de David y de su casa y linaje? Si lo ignoraban ¿cómo podían decir (Jn. 7, 42): Acaso no procede el Cristo del linaje de David? Pero con semejante objeción lo que querían era encubrir esto otro; de modo que en todo procedían fraudulentamente. ¿Por qué no se acercaron para preguntarle y decirle: Admiramos todo lo tuyo, y tú nos ordenas que creamos en ti conforme a las Escrituras; dinos, pues, ¿por qué las Sagradas Escrituras afirman que el Cristo vendrá de Belén, mientras que tú has venido de Nazaret de Galilea? Nada de eso le preguntaron, sino que con ánimo perverso todo lo revolvían y de todo murmuraban y hablaban.

El evangelista a continuación indica que no querían ser enseñados ni buscaban serlo, pues dice (Jn. 7, 44): Algunos de ellos trataron de prenderlo, pero nadie puso en Él las manos. A la verdad, si otra cosa no, a lo menos ésta debía haberlos compungido. Pero como dice el profeta (Sal. 35, 15): Se disiparon y no se compungieron. Así es la malicia: a nadie quiere ceder y sólo atiende a una cosa, que es arruinar al que le pone asechanzas. Pero ¿qué dice la Escritura? (Pr. 26, 27): Quien cava para un prójimo una fosa, caerá en ella. Que fue lo que entonces aconteció. Porque ellos querían darle muerte para acabar con su predicación, pero sucedió todo lo contrario. Pues por la gracia de Cristo, la predicación florece, mientras que todos los intereses de ellos se arruinaron y acabaron, y ellos perdieron su patria, su culto, su libertad. Privados de felicidad, acabaron en siervos y cautivos.

Sabiendo nosotros todo esto, jamás pongamos asechanzas a nadie, conociendo que por ese camino aguzamos en contra nuestra la espada y nos causamos una más profunda herida. ¿Es que alguien te ofendió? ¿deseas vengarte? No te vengues, y de este modo quedas vengado. No pienses que esto sea algún enigma, sino una verdad. ¿Cómo es eso? Porque si tú no te vengas haces a Dios enemigo de tu ofensor; pero si tú te vengas, entonces no. Pues dice el Señor en la Escritura (Rm. 12, 19): A Mí me toca la venganza. Yo daré el pago merecido, dice el Señor.

Si nuestros esclavos riñen entre sí y no nos encargan la venganza y castigo, sino que ellos se la toman, luego, aun cuando repetidamente nos lo nieguen, no sólo no los vengamos, sino que por el contrario nos irritamos y los llamamos fugitivos y dignos de azotes, y les decimos: Convenía que todo lo hubieras puesto en mis manos. Pero, pues tú mismo ya te vengaste, no me molestes más. Pues bien, mucho mejor nos lo dirá Dios a nosotros, puesto que nos ha ordenado que todo se lo dejemos a Él. ¿Cómo no será absurdo que exijamos de nuestros criados esta obediencia y virtud, y en cambio no tributemos nosotros al Señor lo que queremos que a nosotros nos tributen nuestros siervos? Digo esto porque nos mostramos demasiado prontos a la venganza. Al que es verdaderamente virtuoso no le está bien hacer eso, sino que ha de perdonar y no hacer caso de los pecados ajenos, aun cuando no se esperara gran premio, como es el perdón de los propios. Si condenas al que peca ¿por qué, te pregunto, tú también pecas y cometes las mismas faltas? ¿Alguien te ha injuriado? No contestes con otra injuria para que no te injuries a ti mismo. ¿Te golpeó? No lo hieras tú a tu vez, puesto que de hacerlo no reportas utilidad alguna. ¿Te entristeció? No le pagues con lo mismo, pues con eso nada ganas, si no es el igualarte con el que te entristeció. Si lo soportas todo con mansedumbre, quizá de este modo se aplacará su ira. Nadie puede curar lo malo con lo malo, sino lo malo con lo bueno. Aun entre los gentiles los hay que así proceden. Pues bien, que nos dé vergüenza de ser inferiores a los gentiles en lo tocante a esta virtud. Muchos de ellos cuando sufren injurias, lo soportan sin inmutarse; muchos hubo que en tales casos no se defendieron de las calumnias y aun hicieron beneficios a los que les ponían asechanzas. Es de temer que algunos de ésos se encuentre ser mejores que nosotros en la vida que llevan y por esto se nos prepare algún castigo.

Si nosotros, los que hemos recibido el Espíritu Santo, los que esperamos el Reino de los Cielos, los que ejercitamos la virtud por el premio que tiene en el Cielo, los que tememos la gehena, a quienes se nos ha ordenado ser como ángeles; los que somos partícipes de los misterios, no igualamos a los paganos en la virtud ¿qué perdón podremos obtener? Si estamos obligados a mayor perfección que los judíos (pues dijo el Señor (Mt. 5,20): Si vuestra justicia no sobrepasa la de los escribas y fariseos, no entraréis en el Reino de los Cielos), mucho más debemos superar a los gentiles; si a los fariseos, mucho más a los infieles. Mas siendo así que no los superamos, nos estamos cerrando el Reino de los Cielos. Y si nos tornamos peores que los gentiles ¿cómo conseguiremos el Reino? Depongamos, pues, toda ira, amargura, cólera y furor. Repetiros estas cosas a mí no me es enojoso y a vosotros os es salvaguarda (Flp. 3, 1). También los médicos con frecuencia echan mano de una misma medicina; pues bien, tampoco nosotros cesaremos de clamar, recordar, enseñar y exhortar. Grande es el tumulto de asuntos seculares que hacen olvidar estas cosas, por lo que se hace necesaria la continua enseñanza. Así pues, para que no en vano nos reunamos aquí, obremos la virtud para que obtengamos los bienes futuros, por gracia y benignidad de nuestro Señor Jesucristo, por el cual y con el cual sea la gloria al Padre en unión del Espíritu Santo, ahora y siempre y por los siglos de los siglos. Amén.

HOMILÍA LII. Retornaron los oficiales a los sumos sacerdotes y a los escribas. Y éstos les dijeron: ¿Por qué no lo habéis traído? Respondieron los oficiales: jamás ningún hombre habló como este hombre (*Jn 7, 45-46*)

Nada hay más claro que la verdad, nada más sencillo si nosotros no procedemos con malicia; pero si procedemos maliciosamente nada hay más difícil. Los escribas y fariseos, que aparecían ser los más sabios y continuamente andaban con Cristo poniéndole asechanzas, aunque veían sus milagros, aunque leían las Escrituras, ningún beneficio reportaron, sino un grave daño. En cambio los oficiales, aunque no poseían ninguna de esas cualidades, con solo un discurso quedaron cautivados: habían ido para atarlo y regresaron atados por la admiración. De modo que es de admirar no únicamente su prudencia, que no necesitó de milagros, sino también que con sola la doctrina quedaron vencidos. Puesto que no dijeron: Ningún hombre ha hecho tantos milagros, sino que: Jamás ningún hombre habló como este hombre. Así, no solamente es admirable la prudencia de Jesús, sino además la franqueza y libertad para hablar, pues tal mensaje llevaron a quienes los habían enviado; es decir, a los fariseos que combatían a Cristo y ponían contra El todos los medios.

Regresaron los esbirros y los fariseos les dijeron: ¿Por qué no lo habéis traído? Fue de mucho mayor mérito que regresaran que no si se hubieran quedado, ya que en este último caso se habrían encontrado libres de las molestias de quienes los enviaron. Ahora, en cambio, se han tornado en heraldos de

Cristo y demuestran una mayor confianza. Y no se excusan ni dicen que no pudieron traerlo a causa de la turba que lo escuchaba como a un profeta; sino ¿qué dicen?: Jamás nadie ha hablado así.

Ciertamente podían haber alegado aquella excusa, pero son almas rectas, pues lo que dijeron no fue únicamente a causa de la admiración, sino además en forma de reprensión a los fariseos por haberlos enviado a aprehender a tal hombre a quien lo que convenía era escucharlo. Y eso que apenas le habían oído una breve alocución. Es que la mente sincera no necesita de largos discursos. ¡Tan grande es la fuerza de la verdad!

Y ¿qué dicen los fariseos? Convenía que se hubieran compungido. Pero, al revés, recriminan a los esbirros (Jn. 7, 47): ¿También vosotros habéis sido embaucados? Les hablan afablemente y no echan mano de expresiones duras, temerosos de ser abandonados. Sin embargo, dejan entrever su furor aunque se expresan cautamente. Lo que debían haber hecho era investigar qué cosas había dicho Jesús y admirarlo; pero no lo hacen, sin duda porque sabían que serían redargüidos. En cambio, acometen a los esbirros con un argumento sumamente necio. Les dicen (Jn. 7, 48): ¿Acaso alguno de los jefes o de los fariseos ha creído en él? ¿Cómo es esto? ¿Acusáis a Cristo en esa forma y no mejor a los que no han creído en El? Pero esa turba desconocedora de la Ley son unos malditos (Jn. 7, 49). Pues bien, precisamente por esto se os debe acusar, pues creyendo la turba vosotros permanecéis incrédulos. El pueblo procedía como conocedor de la Ley, de modo que ¿cómo podía ser maldito? Los malditos sois vosotros, que no guardáis la Ley; no ellos, que la obedecen. Por otra parte, no convenía que lo recriminaran los que no creían en El: semejante juicio no es aceptable.

Tampoco creéis en Dios; y dice Pablo (Rm. 3, 4): Mas ¿qué si algunos no creyeron? ¿Acaso frustrará su infidelidad la fidelidad de Dios? ¡No, por cierto! Los profetas constantemente los acusaban diciendo (Is. 1, 10): Escuchad, príncipes de Sodoma; y también: Tus príncipes no obedecen. Además (Mi. 3, 1): ¿Acaso no es cosa que os toca conocer en juicio? Y en todas partes los acometen con vehemencia. Y ¿qué? ¿acaso por esto acusará alguno a Dios? ¡Quita allá! ¡Eso es crimen de ellos! ¿Con qué otra señal se conocerá mejor que desconocéis la Ley que con no creer?

Una vez que afirmaron que ninguno de los príncipes de ellos creía en El, sino solamente los que ignoraban la Ley, razonablemente les arguye Nicodemo con estas palabras (Jn. 7, 51): ¿Por ventura nuestra Ley condena a alguno sin oírlo antes? Así les demuestra que ellos ni conocen ni guardan la Ley. Si la Ley prohíbe matar a nadie si antes no se le oye, y ellos andan maquinando la muerte de Jesús antes de oírlo, son transgresores de la Ley.

Y pues decían que ninguno de los príncipes había creído en El, por tal motivo el evangelista dice que Nicodemo era del número de los príncipes; para demostrar que aun de entre éstos algunos sí habían creído. Sin embargo, aún no lo demostraban públicamente, como hubiera sido conveniente; pero a pesar de eso eran seguidores de Cristo. Observa cuán parcamente los arguye. Porque no les dice: Vosotros queréis darle muerte y lo condenáis a la ligera como a seductor. No les habló así, sino que con su moderación reprimía la enorme excitación de ellos y su falta de consideración y su ánimo sanguinario. Por eso endereza su razonamiento a la Ley y dice: Sino después de oír diligentemente sus descargos y saber sus hechos.

Es pues necesario oírlo, y oírlo con diligencia, porque esto significa: y saber sus hechos, sus intenciones, por qué y qué es lo que anda tramando y si acaso intenta destruir la república a la manera de un enemigo. Y como aquello de que ninguno de los príncipes de los judíos creían en Él lo dijeran dudando, al fin no procedieron contra Nicodemo ni con vehemencia ni sin ella. Pero ¿qué lógica hay entre decir Nicodemo: Nuestra Ley no condena a nadie, y responderle ellos (Jn. 7, 52): Acaso también tú eres de Galilea? Lo lógico sería demostrarle que no a la ligera habían ellos enviado quienes lo aprendieran, o que a El no le tocaba entrar en el negocio; pero le dan una contestación descomedida y furiosa: Investiga y verás cómo de Galilea no surge ningún profeta. Pero ¿qué fue lo que dijo Nicodemo? ¿Acaso lo llamó profeta? Lo que dijo fue que no convenía dar muerte a Jesús sin antes oírlo y en juicio condenarlo. Ellos, en cambio, en forma injuriosa, le contestan así, como a un ignorante de las Escrituras. Como si le dijeran: ¡Anda y aprende! Porque significa ese: ¡Investiga y tal verás!

¿Qué dice Cristo? Pues ellos continuamente traían en la boca lo de profeta y Galilea, El los saca de semejante opinión y les declara no ser uno de los profetas, sino el Señor del universo. Les dice (Jn. 8, 12): Yo soy la luz del mundo. No de Galilea, no de Judea, no de Palestina. Y los judíos ¿qué le responden? (Jn. 8, 13): Tú das testimonio de ti mismo. No es fidedigno tu testimonio. ¡Ah necedad! Continuamente los remite a las Sagradas Escrituras, y ellos dicen: Tú das testimonio de ti mismo. ¿Cuál fue el testimonio que dio?: Yo soy la luz del mundo. Sentencia altísima, altísima verdad. Pero no los conmovió mucho, pues no se decía igual al Padre ni Hijo suyo, ni Dios, sino únicamente Luz.

Sin embargo, aun esto querían deshacerlo, pues eso era más que decir: El que me sigue no anda en tinieblas. Se refiere a las tinieblas del espíritu y quiere decir: no permanece en el error. Por aquí alienta y enaltece a Nicodemo, pues se había expresado éste con libertad; y también alaba a los esbirros por su comportamiento. Pues este es el sentido que encierra la palabra clamar, o sea, que quería hacerlos oír. Y de paso da a entender que los judíos le armaban asechanzas en las tinieblas, o sea, en el error, pero que no vencerían a la luz. Por lo que hace a Nicodemo, parece que aludía a él en otra ocasión cuando le decía

(Jn. 3, 20): Todo el que obra la maldad odia la luz; y no se llega a la luz para que no sean censuradas sus obras.

Y pues ellos decían que ninguno de los príncipes había creído en El, les dice: Quien obra maldad no viene a la luz, con lo que da a entender que esto no es efecto de la debilidad de la luz, sino de la perversa voluntad de ellos. Le respondieron: Tú das testimonio de ti mismo. Y El les contesta: Aunque yo doy testimonio de Mí mismo, es fidedigno mi testimonio, porque sé de dónde vengo y a dónde voy. Vosotros empero no sabéis de dónde vengo. Le oponen como principal afirmación hecha por El lo que ya antes había dicho. ¿Qué responde Cristo? Deshace la objeción y les hace ver que eso lo dijo exponiendo lo que ellos opinaban, al creerlo simple hombre. Les dice, pues (Jn. 8, 14): Aunque Yo doy testimonio de Mi mismo, mi testimonio es verdadero porque sé de dónde vengo. ¿Qué significa esto? Vengo de Dios y soy Dios e Hijo de Dios. Y Dios es por Sí mismo testigo digno de fe. Pero vosotros no lo sabéis. Procedéis llevados de vuestra perversidad, y sabiendo simuláis ignorarlo. Habláis a lo humano y no queréis entender nada de lo que supera los sentidos y se ve.

(Jn. 8, 15) Vosotros juzgáis según la carne. Así como vivir según la carne es vivir mal, así juzgar según la carne es juzgar injustamente. Yo a nadie juzgo así; y cuando juzgo, mi juicio es verdadero (Jn. 8, 16). Quiere decir: vosotros juzgáis injustamente. Responden: si juzgamos injustamente, ¿por qué no nos redarguyes? ¿por qué no nos castigas? ¿por qué no nos condenas? Díceles: Porque yo no vine a eso. Esto es lo que significa: Yo no juzgo así a nadie y cuando juzgo, mi juicio es fidedigno. Si yo quisiera juzgar, vosotros quedaríais condenados.

Pero esto mismo, dice, no lo afirmo juzgando. Y cuando afirmo: No lo digo juzgando, no es porque no me atreva ni confíe en que si juzgara os cogería en culpa (pues si juzgara justamente os condenaría); pero ahora no es tiempo de ese juicio. Deja entender un juicio futuro cuando dice: Porque Yo no estoy solo, sino que el Padre que me envió está conmigo. Insinúa aquí que no sólo El los condena, sino también el Padre. Luego oscuramente dijo, trayéndolo como testimonio (Jn. 8, 17): Y en vuestra Ley está escrito que la declaración de dos hombres es fidedigna. ¿Qué podrán decir a esto los herejes? Si esta expresión la tomamos como suena ¿qué más tiene Cristo que los demás hombres? Entre los hombres se estableció esa Ley porque nadie, si está solo, es digno de fe; pero en Dios ¿cómo puede ser esto verdad? Porque se dijo dos ¿son acaso dos? ¿O son dos porque el Padre y El son hombres? Si porque son dos, entonces ¿por qué no recurrió al testimonio de Juan ni dijo: Yo doy testimonio de Mí mismo y también Juan testimonia acerca de Mí? ¿Por qué no recurrió a un ángel o a los profetas? Pues ciertamente podía proferir infinitos testimonios. Es que no quiere simplemente decir que son dos, sino que son de la misma substancia.

Dícenle (Jn. 8, 19): ¿Quién es tu Padre? Respondió Jesús: Ni me conocéis a Mí ni conocéis a mi Padre. Puesto que sabiéndolo preguntan como si no lo supieran y como quien lo pone a prueba, Jesús no se digna responderles. Más tarde hablará con mayor claridad y libertad y tomará testimonio para Sí de sus milagros, de su doctrina y de quienes lo seguían, porque ya estará más cerca la cruz. Díceles: Yo sé de dónde procedo, cosa que no los impresionó mucho; pero cuando añadió: A donde yo voy, los llenó de terror, como si les dijera que no permanecería muerto en el sepulcro.

Mas ¿por qué no les dice: Yo soy Dios; sino: Yo sé de dónde provengo? Es que continuamente mezcla lo humano con lo divino, y aun esto último lo presenta en forma velada. Pues habiendo dicho: Yo doy testimonio de Mí mismo; y habiéndolo demostrado, luego se abaja a lo humano. Como si hubiera dicho: Yo sé por quién he sido enviado y a quién vuelvo. En esta forma no podían contradecirlo cuando lo oyeran decir que había sido enviado por el Padre y que volvía al Padre. Fue como decirles: Yo nada falso he dicho. De allá vine y allá vuelvo, al verdadero Dios. Pero vosotros no conocéis a Dios, y por eso juzgáis según la carne. Puesto que tras de tantas señales y demostraciones todavía decían: No es verdadero. En cambio tenéis a Moisés por digno de fe cuando habla de sí mismo y de otros; y no hacéis lo mismo Cristo. Esto es juzgar según la carne.

Yo a nadie juzgo así. Y también dice: El Padre a nadie juzga. Entonces ¿cómo es que aquí dice: Y cuando yo juzgo mi juicio es fidedigno, porque no estoy solo? Es que de nuevo habla según la opinión de ellos. Es como si dijera: Mi juicio es también el del Padre, y no juzgo distinto del Padre. ¿Por qué trajo a colación al Padre? Porque ellos no tenían por fidedigno al Hijo si no había recibido el testimonio del Padre; de otra manera su afirmación no tendría fuerza. Puesto que entre los hombres cuando dos coinciden en su testimonio acerca de un tercero, su testimonio se tiene como fidedigno: eso quiere decir al afirmar que son dos los que dan testimonio. Pero si uno de ellos da testimonio de sí mismo, entonces ya no son dos testigos.

¿Adviertes cómo El no dijo esto por otro motivo sino para demostrar que es consubstancial con el Padre y que por sí mismo no necesita de testimonio ajeno? Y también para probar que en nada es inferior al Padre. Pesa pues la autoridad. Yo soy el que doy testimonio de Mí mismo y da también testimonio de Mí el Padre que me envió (Jn. 8, 18). No habría Cristo afirmado esto si fuera una substancia inferior al Padre. Y luego, para que no creas que lo dijo solamente por razón del número, advierte el poder igual. Porque el hombre presta su testimonio cuando él mismo es fidedigno y no cuando a su vez necesita de otro testimonio ajeno; y esto lo hace cuando se trata de un tercero. Mas cuando se trata de sus propias cosas, si necesita del testimonio ajeno ya no es fidedigno. Pero en nuestro caso las cosas van al contrario. Porque testificando Jesús en sus propias cosas y afirmando que tiene además el testimonio de otro, afirma ser Él mismo digno de fe y demuestra su plena autoridad. Porque ¿cuál es el motivo de que una vez dijera: Yo no estoy solo, sino que el Padre que me ha enviado está conmigo; y también: El testimonio de dos hombres es verdadero; y no se detuviera aquí, sino que añadiera: Yo soy quien doy testimonio de mí mismo? Fue para demostrar su autoridad.

Desde luego se nombró en primer lugar a Sí mismo: Yo soy quien doy testimonio de mí mismo. Declara, pues, su igualdad en el honor con su Padre. Y que de nada les aprovecha decir que conocen a Dios Padre, si no lo conocen a Él. Y dice el motivo de esto, que es el no querer reconocerlo a Él. Afirma, por consiguiente, que no puede ser conocido el Padre sin ser conocido Él; y lo hace para ver si por aquí al menos los trae a su conocimiento. Puesto que, dejándolo a Él a un lado, siempre andaban queriendo conocer al Padre, les dice: No podéis conocer al Padre sin Mí. De manera que quienes blasfeman del Hijo no blasfeman únicamente de Él, sino también del Padre.

Huyamos nosotros de semejante cosa y glorifiquemos al Hijo; el cual, si no fuera de la misma naturaleza del Padre, nunca habría dicho lo que dijo. Si únicamente lo hubiera afirmado, pero no fuera de la misma substancia, podría alguno conocer al Padre ignorando al mismo tiempo al Hijo. Y quien conociera al Padre no por eso conocería al Hijo; del mismo modo que quien conoce al hombre no por eso conoce al ángel.

Insistirás diciendo: pero ¡vaya! el que conoce las creaturas conoce a Dios. ¡De ningún modo! Muchos conocen las creaturas, y aun todos los hombres las ven, y sin embargo no conocen a Dios.

Glorifiquemos al Hijo de Dios no únicamente con la confesión de su gloria igual a la del Padre, sino además con nuestras obras. Pues sin esta glorificación aquella otra de nada sirve. Por esto dice Pablo (Rm. 2, 17.21.23): Tú que te enorgulleces de llamarte judío y confías en la Ley y te glorías en Dios; y más adelante: ¿Cómo es que tú que enseñas a otros, a ti mismo no te enseñas? Tú que te glorias en la Ley, deshonras a Dios con traspasar la Ley. Atended, no sea que nos gloriemos de la pureza de nuestra fe y deshonremos a Dios por no llevar una vida conforme a la fe, y seamos causa de que Él sea blasfemado. Quiere El que el cristiano sea maestro del orbe y fermento y sal de la tierra y luz. ¿Qué es ser luz? Es llevar una vida brillante y sin mancha. La, luz no es útil para sí misma, ni tampoco la sal ni el fermento, sino que son para utilidad de otros. Pues del mismo modo Dios a nosotros nos exige no únicamente nuestra propia utilidad, sino también la de otros. Si la sal no sala no es sal. Pero además se sigue otra consecuencia, y es que si nosotros vivimos bien también los otros vivirán bien. Hasta que no vivamos correctamente no podremos hacer bien a los demás. En resolución, que no haya entre vosotros fatuidad ni molicie alguna.

Fatuidad y molicie son las cosas de este mundo; y por tal motivo fueron llamadas fatuas aquellas vírgenes, pues se entregaban a las fatuidades de este mundo, congregaban para esta vida y no atesoraban en donde se debía atesorar. Hay que temer no nos suceda lo mismo y vayamos a presentarnos con las vestiduras manchadas allá en donde todos las tienen espléndidas. Nada hay más sórdido que el pecado, nada más sucio. Por lo cual el profeta, describiendo su naturaleza, exclamaba (Sal. 38, 5): Mis llagas son hedor y putridez.

Si quieres conocer la hediondez del pecado, considéralo cuando ya estás libre de la concupiscencia y no ardes en su fuego: entonces verás lo que es el pecado. Piensa en la ira cuando estás tranquilo; en la avaricia cuando no la experimentas y te hallas libre de esa pasión. Nada hay más torpe, nada más feo que la rapiña y la avaricia. Os repetimos esto con frecuencia, no con ánimo de molestaros sino para obtener una grande y admirable ganancia. Pues quien no se corrige oyendo esto una vez, quizá se corrija a la segunda, o quizá cuando por tercera vez se le amoneste. Ojalá que todos, libres de todas las pasiones, seamos buen olor de Cristo, al cual sea la gloria en unión con el Padre y el Espíritu Santo, ahora y siempre por los siglos de los siglos. Amén.

HOMILÍA LIII. Este discurso pronunció Jesús en el Tesoro, mientras enseñaba en el templo; y nadie puso en El las manos porque no era aún llegada su hora (*Jn 8,20*)

¡Oh locura de los judíos! Antes de la Pascua lo buscaban; y luego, cuando estuvo en medio de ellos, muchas veces, aunque en vano, intentaron aprehenderlo, ya por sí mismos, ya por medio de otros. Pero a pesar de todo, no admiraron su poder, sino que perseveraron en su malicia y no se arrepintieron. Que con frecuencia lo intentaran lo indica la frase: Este discurso pronunció Jesús en el Tesoro, mientras enseñaba en el templo y nadie puso en El las manos. Hablaba en el templo como Maestro, cosa que debía excitarlos más aún; y hablaba de cosas que los escandalizaban; y lo acusaban de hacerse igual al Padre. Porque la expresión: el testimonio de dos hombres tiene ese sentido.

Sin embargo, dice el evangelista (Jn. 8, 21): Este discurso pronunció Jesús en el templo, como Maestro, y nadie puso en El las manos porque no era aún llegada su hora. Es decir que no era aún el tiempo oportuno en que quería ser crucificado. De manera que no porque no lo tuvieran en su poder ellos no sucedió sino por providencia de El. Ellos, de su parte, hacía ya tiempo que querían proceder a matarlo, pero no pudieron; ni aun a su tiempo habrían podido si El no lo hubiera permitido.

(Jn. 8, 21) Yo me voy y me buscaréis. ¿Por qué les repite esto con frecuencia? Para mover sus ánimos y ponerles terror. Observa cuán grande miedo les ponía esta amenaza. Como ellos quisieran darle muerte y así librarse de El, le preguntan a dónde va: ¡tan grande importancia concedieron a esto! Quería además enseñarles que el asunto no se llevaría a cabo violentándolo ellos, sino que así estaba profetizado ya mucho antes en las figuras. También con esas palabras les predijo su propia resurrección. Ellos comentaban (Jn. 8, 22): ¿Acaso se suicidará? Y ¿qué les dice Cristo? Para declararles que es falsa semejante opinión y que el suicidio es pecado, les dice (Jn. 8, 23): Vosotros sois de aquí abajo. O sea: nada hay de admirable en que vosotros, siendo hombres carnales, penséis de esa manera, pues nada espiritual concebís. Mas por mi parte nada de eso que decís haré, porque: Yo soy de allá arriba; pero vosotros sois de este mundo. De nuevo se refiere a los pensamientos carnales y mundanos.

Por aquí se ve claramente que la frase Yo no soy de este mundo no quiere decir que no se haya encarnado, sino únicamente que está lejos de la perversidad de ellos. Y lo mismo afirmó de sus discípulos, a pesar de estar ellos revestidos de carne. Así como cuando Pablo dice de ellos (Rm. 8, 9): No sois carne-no entiende que sean incorpóreos; así, que no sean de este mundo lo testifica su virtud. Os he dicho que si no creéis que Yo soy, moriréis en vuestros pecados (Jn. 8, 24). Si vino Jesús a quitar el pecado del mundo, y el pecado no puede quitarse sino mediante el bautismo, necesariamente los que no crean mantendrán en sí mismos el hombre viejo. Quien no quiera entregarse a la muerte y ser sepultado, morirá llevando consigo al hombre viejo y pasará a la otra vida a recibir el castigo.

Por tal motivo les decía (Jn. 3, 18): El que no cree ya está condenado, no únicamente porque no cree, sino además porque sale de este mundo con la carga de sus pecados pretéritos. Ellos le decían (Jn. 8, 25): ¿Quién eres tú? ¡Oh locura! Después de tanto tiempo y tantos milagros y enseñanzas, todavía le preguntan: ¿Quién eres tú? Y ¿qué les responde Cristo?: Precisamente el que os estoy declarando. Como si les dijera: Indignos sois de escuchar mis palabras, cuánto más de saber quién soy. Vosotros habláis continuamente para tentarme, pero no atendéis a mis palabras; y ahora puedo yo argüiros de todo eso. Porque esto significa (Jn. 8, 26): Podría yo decir mucho y censurar acerca de vosotros; y no sólo reprenderos, sino aun castigaros. Pero el que me envió, es decir, mi Padre, no lo quiere. Porque (Jn. 3, 17): No he venido al mundo para condenarlo sino para salvarlo. Pues no envió Dios a su Hijo para condenar al mundo, sino salvar al para mundo.

Si pues para esto me envió y El es veraz, con razón yo no condeno a nadie ahora. Hablo lo que sirve para la salvación y no para reprender y condenar. Lo dijo para que no pensaran que tras de oír tantas y tan grandes cosas, no podía castigar por debilidad o porque no conocía sus burlas y sus pensamientos.

Pero ellos no entendieron que les hablaba del Padre (Jn. 8, 27). ¡Oh necedad! Continuamente les hablaba del Padre y no lo entendían. Finalmente, como no los hubiera atraído ni con tantos milagros ni con su doctrina, les habla de la cruz con estas palabras (Jn. 8, 28-29): Cuando levantéis al Hijo del hombre en alto, entonces conoceréis que yo soy y que no hablo de Mí mismo, sino que trasmito el mensaje que me confió el Padre. Y el que me ha enviado está conmigo y el Padre no me ha dejado solo. Declara ahora cómo con toda razón les dijo: Precisamente el que os estoy declarando. ¡Hasta tal punto no atendían a lo que les decía!

Cuando levantéis en alto al Hijo del hombre. ¿Acaso no es lo que vosotros estáis esperando, o sea, que una vez quitado yo de en medio ya no os cause molestia? Pues bien, yo os digo: Entonces, sobre todo, conoceréis que Yo soy, por mi resurrección, por los milagros, por vuestra ruina. Porque todo esto les demostraría su poder. Y no les dijo: Entonces conoceréis quién soy; sino cuando viereis que nada me sucede con la muerte, entonces conoceréis que soy Yo. O sea, el Cristo, el Hijo de Dios que todo lo hago y que no soy contrario al Padre.

Por esto añade: Y que trasmito el mensaje que me confió el Padre. Conoceréis ambas cosas: mi poder y mi conformidad con el Padre. Porque la expresión: Yo no hablo de Mí mismo, sino que trasmito el mensaje que me confió, denota que tienen la misma substancia y que El nada habla fuera de lo que el Padre piensa. Como si dijera: cuando perdáis vuestro culto y no podáis ya darlo a Dios según vuestras antiguas costumbres, entonces conoceréis que me estoy vengando, indignado contra quienes no me oyeron. Si yo fuera extraño y contrario a Dios, El no habría concebido contra vosotros una ira tan grande.

Lo mismo dice Isaías (Is. 59, 9): Castigará a los impíos por su sepultura. Y David dice (Sal. 2, 5): Luego en su favor les hablará. Y el mismo Jesús (Mt. 23, 38): Vuestra casa y templo quedará desierta. Lo mismo se indica en las parábolas (Mt. 21, 40-41): ¿Qué hará el dueño de la viña con aquellos agricultores? Como a perversos los hará perecer cruelmente. Advierte cómo siempre se expresa porque ellos no creían. Pero si afirma que los va a hacer perecer, como en efecto lo hará, pues dice: Traedlos acá y degolladlos en mi presencia. ¿por qué les dice que será obra no suya, sino del Padre? Para acomodarse a la rudeza de los judíos y al mismo tiempo honrar al Padre. Por esto no dijo: Yo dejo desierta vuestra casa y templo; sino que habló en forma impersonal diciendo: Será abandonada. Y cuando dice: ¿Cuántas veces he querido congregar a tus hijos, y no quisisteis? Luego añade: Será abandonada. Con lo cual está indicando ser El el autor de la ruina. Como si les dijera: Pues no os dejasteis persuadir para creer mediante los beneficios, por el castigo vendréis a conocer quién soy Yo.

Y mi Padre está conmigo. Para que no pensaran que con decir: El que me ha enviado se declaraba menor que el Padre, añadió enseguida: Está conmigo. Lo uno pertenece a la Encarnación; lo otro, a la divinidad. Y no me ha dejado solo porque yo hago siempre lo que le es grato. De nuevo baja a lo humano y otra vez se refiere a lo que decían de El, que no venía de Dios y que violaba el sábado. Por tal motivo dice: Yo hago siempre lo que le es grato, indicando de esta manera que la abolición del sábado era grata a su Padre.

Del mismo modo, cuando era llevado a la crucifixión, decía (Mt. 26, 53): ¿Pensáis que no puedo pedir a mi Padre? Y con una sola frase (Jn. 18, 4.6): ¿A quién buscáis? los postró de espaldas en tierra. Entonces ¿por qué aquí no dice: Pensáis acaso que yo no puedo arruinaros?, siendo así que luego lo demostró con sus obras. Se atempera a la rudeza de ellos. Tenía sumo cuidado de mostrar que El nada hacía contrariando a su Padre. De modo que también aquí hablaba al modo humano. Así pues, tienen el mismo sentido la frase: No me ha dejado solo y la otra: Yo hago siempre lo que le es grato.

(Jn. 8, 30) Esto dijo y creyeron en El muchos. Apenas no con palabras clama el evangelista: Tú que oyes no te conturbes si escuchas a Cristo decir algo al modo humano. Quienes después de tan excelente enseñanza y tan abundante, no se persuadieron de que El vino del Padre, con razón escucharon ahora de El fórmulas más humanas, para que creyeran. Y valga esta razón para lo que luego diría en el mismo sentido humano. Creyeron, pues, muchos, pero no con la fe recia que convenía, sino sólo en cierta manera, pues se detuvieron plácidamente y con agrado en las palabras que El dijo hablando a lo humano.

El evangelista demuestra que la fe de ellos no era perfecta en lo que sigue: puesto que injurian a Jesús. Y que fueran ellos mismos lo indica el evangelista con estas palabras (Jn. 8, 31): Decía Jesús a los judíos que habían creído en El: Si vosotros perseveráis en mi doctrina. Demuestra, pues, que ellos no acababan de aceptar la doctrina y se quedaban en la corteza de las palabras. Por tanto, Jesús les habla con mayor vehemencia. Antes les dijo sencillamente (Jn. 7, 34): Me buscaréis; pero ahora añade (Jn. 8, 21): Y moriréis en vuestros pecados. Y les declara cómo se verificará eso. Porque cuando lleguéis a ese paso, no podréis rogarme. Estas cosas hablo estando en el mundo. Declara con esto que se volverá a los gentiles. Y como ellos anteriormente no entendieron que les hablaba del Padre, otra vez les habla de El, y el evangelista añade la razón de que se atempere y les hable a lo humano.

Pues bien, si queremos en esta forma ir examinando las Escrituras cuidadosamente y no a la ligera, podremos alcanzar la salvación. Si así continuamente las estudiamos, quedaremos instruidos en la doctrina verdadera y en la forma correcta de vivir. Y aun cuando alguno sea duro y áspero; aun cuando en el tiempo anterior nada haya lucrado, ahora al menos aprovechará y sacará algún fruto y utilidad, aunque no se dé cuenta de ello. Si alguien entra en una perfumería y permanece ahí por algún tiempo, algo de aroma se lleva. Pues bien, mucho más le sucede así a quien frecuenta la iglesia. Pues así como de la desidia nace nueva desidia, así del trabajo y acción nace la presteza del ánimo. Aun cuando estés repleto de males, aun cuando seas un impuro, no dejes de frecuentar las reuniones.

Preguntarás: pero ¿qué, si nada entiendo? No es poca la ganancia, a pesar de todo, con tal de que confieses ser miserable. Semejante temor no es inútil, semejante miedo no es inoportuno. Si solamente gimes porque no entiendes lo que digo, alguna vez finalmente te decidirás a las obras. Puesto que es imposible que quien habla a Dios no logre alguna ganancia, ya que al punto nos recogemos y lavamos nuestras manos cuando queremos tomar algún libro sagrado. ¿Observas cuán grande piedad sientes aun antes de leer? Pues si con diligencia recorremos el libro, sacaremos grande utilidad. Es un hecho que si no tuviéramos piedad en el alma, no nos lavaríamos las manos. La mujer, si no viene cubierta, al punto toma el velo: señal de su interior piedad. Y el hombre, si está cubierto y puesto el sombrero, al punto se descubre.

¿Adviertes cómo la exterior compostura es señal de la piedad interior? Y luego, una vez que te has sentado para oír, gimes con frecuencia y condenas tu vida anterior. Apliquemos, pues, el ánimo a las Sagradas Escrituras, carísimos. Por lo menos revolvamos los evangelios empeñosamente. Al punto en que abras el libro, verás el nombre de Cristo y oirás al evangelista que dice (Mt. 1, 18): La concepción de Cristo fue así: Estando desposada su Madre María con José, se halló estar encinta por obra del Espíritu Santo. Quien esto oiga, al punto quedará prendado de la virginidad de semejante parto y se elevará de la tierra al cielo.

Y no se ha de tener en poco si a lo menos de paso y a la ligera adviertes cómo la Virgen recibió el don del Espíritu Santo y cómo le habla el ángel. Todo esto está en la superficie. Pero si perseveras en escrutar hasta el fondo, rechazarás al punto todo lo del siglo y te burlarás de todo lo terreno. Si eres rico, tendrás en nada las riquezas en cuanto oigas que esa Virgen fue Madre del Señor en la casa de un humilde artesano. Si eres pobre, no te avergonzarás de la pobreza en cuanto sepas que el Creador del universo no se avergonzó de su humildísimo hogar.

Si esto meditas, ya no robarás, no serás avaro, no te echarás sobre los bienes ajenos; sino al revés: amarás la pobreza y despreciarás las riquezas, y por aquí echarás lejos de ti todos los males. Y cuando veas a Jesús, que yace en un pesebre, ya no cuidarás en adelante de adornar a tu hijo con doradas vestiduras ni de preparar para tu esposa un lecho ornado de argentería. Y una vez que hayas desechado esos cuidados, ya no te empeñarás en la avaricia ni en la rapiña. Y muchas otras ganancias se seguirán de esto, tales que no podemos recorrerlas una por una, al presente: las conocerán quienes por la experiencia las aprendan.

En consecuencia, os ruego que os procuréis los Libros santos y penetréis el sentido de ellos y lo escribáis y grabéis en vuestra mente. A los judíos, porque no les hacían caso, se les ordenó que los trajeran pendientes de sus manos. Pero nosotros no los traemos en las manos, sino que los abandonamos allá en el hogar, cuando convenía grabarlos y grabarlos en nuestros corazones. Si lo hacemos así, limpios de las horruras de la vida presente, conseguiremos los bienes eternos. Ojalá todos los alcancemos, por gracia y benignidad de nuestro Señor Jesucristo, por el cual y con el cual sea la gloria al Padre, juntamente con el Espíritu Santo, ahora y siempre y por los siglos de los siglos. Amén.

HOMILÍA LIV. Decía, pues, Jesús a los judíos que habían creído en El: Si vosotros perseveráis en mi doctrina, seréis de verdad mis discípulos. Y conoceréis la verdad y la verdad os hará libres (*Jn 8,31-32*)

Mucha paciencia necesitamos, carísimos; pero la paciencia sólo se adquiere cuando ya las verdades han arraigado en el corazón. Así como a una encina que está dotada de profundas raíces ninguna violencia de los vientos la desarraiga, así al alma traspasada del amor divino nadie puede derribarla. Porque estar traspasada y enclavada es más que estar arraigada. Esto rogaba el profeta cuando decía (Sal. 119, 120): Traspasa, Señor, mis carnes con tu temor. Pues bien, también tú traspásalas y enclávalas como con un clavo profundamente hincado. Y así como quienes están en esa disposición difícilmente son derribados, así los que están en la contraria fácilmente son vencidos y sin dificultad derribados. Esto les aconteció entonces a los judíos. Porque oyeron y creyeron, pero de nuevo fueron derribados. Queriendo, pues, Cristo hacerlos más firmes en la fe, con el objeto de que no fuera ésta superficial, les punza el ánimo con más recias palabras.

Propio era de creyentes tolerar con facilidad las reprensiones: pero ellos al punto se molestaron. ¿Cómo procede Cristo? En primer lugar los exhorta diciendo: Si vosotros perseveráis en mi doctrina, de verdad seréis mis discípulos; y la verdad os hará libres. Como si les dijera: Tengo que hacer un corte profundo, pero no os exaltéis. De manera que con semejantes palabras incluso les reprimió la soberbia. Pregunto yo: dime ¿de qué los libró? De los pecados. Y ¿qué dijeron aquellos arrogantes? (Jn. 8, 33): Somos linaje de Abraham y jamás hemos sido esclavos. Su pensamiento al punto se abajó a lo terreno. La expresión: Si perseveráis en mi doctrina es propia de quien conoce lo que ellos revuelven allá en su corazón, y de quien sabe que sí han creído, pero no han perseverado en la fe.

Juntamente les promete algo muy grande, como es que serán sus discípulos. Como hacía poco que algunos se le habían apartado, los nota oscuramente al decir: Si vosotros perseveráis. Porque aquellos otros habían oído, habían creído, pero luego se habían alejado y no habían perseverado. Pues dice el evangelista (Jn. 6, 66): Muchos de sus discípulos se echaron atrás y ya no andaban públicamente con El. Conoceréis la verdad. Es decir, me conoceréis a Mí, porque: Yo soy la verdad. Todas las cosas de los judíos eran sombras y figuras; pero de Mí aprenderéis la verdad, la cual os librará de los pecados. Así como a los otros les dijo: Moriréis en vuestros pecados; así a éstos les dice: Os librará. No les dijo abiertamente: Yo os libraré de la servidumbre, sino que dejó que ellos lo dedujeran. ¿Qué responden ellos?: Somos linaje de Abraham y jamás hemos sido esclavos. Parece que si se habían de indignar, lo conveniente era que se indignaran por lo que dijo antes: Conoceréis la verdad; y habían de decir: Pues ¿qué? ¿Acaso ignoramos la verdad? ¿Nuestra Ley y conocimientos todos son mentira?

Pero no se cuidaban de esas cosas y únicamente se dolían de las cosas terrenas y pensaban que se trataba de una esclavitud terrena. Porque hay en verdad aun ahora muchos que se avergüenzan de cosas que son indiferentes y de la terrena esclavitud; pero no se avergüenzan de la esclavitud del pecado; y preferirían mil veces ser llamados esclavos con la servidumbre del pecado a serlo una sola vez con la terrena. Así eran aquellos judíos, y nada sabían de la otra servidumbre. Por lo cual le dicen: ¿Llamas esclavos a los del linaje de Abraham, que por el hecho mismo son nobles? Por tal nacimiento no conviene llamarlos esclavos. Dicen, pues: Jamás fuimos esclavos. Tal era la soberbia judía: Somos del linaje de Abraham, somos israelitas. Pero en forma alguna presentan sus propias altas hazañas. Por tal motivo el Bautista clamaba (Mt. 3, 9): No digáis: tenemos por padre a Abraham.

¿Por qué no los rebate Cristo, puesto que con frecuencia fueron esclavos de los egipcios, de los babilonios y de otros muchos? Porque no les hablaba para discutir con ellos, sino para salvarlos y hacerles beneficios: éste era todo su cuidado. Podía haberles puesto delante los cuatrocientos años de servidumbre y luego los otros setenta; y la de cuando los Jueces, unas veces veinte, otras dos, otras veces siete años. Podía haberles hecho ver que prácticamente nunca habían estado libres de servidumbre. Pero su finalidad no era precisamente declararlos esclavos de los hombres, sino del pecado: servidumbre la más pesada de todas y de la que solamente Dios puede librar. Puesto que nadie tiene poder para perdonar los pecados sino solamente Dios, cosa que ellos mismos confesaban. Por tal motivo los trae a su finalidad con estas palabras (Jn8, 34): Todo el que comete el pecado es esclavo del pecado, declarándoles que El hablaba de la liberación de semejante servidumbre.

(Jn. 8, 35) Y el esclavo no se arraiga para siempre en la familia. Pero el hijo sí se asienta para siempre. Sin sentir, deroga aquí la Ley dando a entender los tiempos antiguos. Para que no fueran a decir: Tenemos los sacrificios que ordenó Moisés y éstos nos pueden liberar, añadió esas palabras. Si no ¿qué enlace lógico tendrían con lo anterior? La realidad era que (Rm. 3, 23.24): Todos pecaron y se hallan privados de la gloria de Dios y son justificados gratuitamente por su gracia, incluso los mismos sacerdotes. Por lo cual dice Pablo acerca del sacerdote que (Hb. 5, 3.2): Debe ofrecer sacrificios por sí mismo, lo mismo que por el pueblo, por cuanto también lo envuelven las flaquezas. Que viene siendo lo mismo que: El esclavo no arraiga para siempre en la familia. Además aquí da a entender que tiene honor igual al Padre, al mismo tiempo que indica la diferencia entre el esclavo y el libre. Porque éste es el sentido de esa parábola. Como si dijera: El siervo no tiene poder; como se subentiende por la expresión: no permanece.

Mas ¿por qué, tratando del pecado, hizo mención de la casa? Para demostrar que El tiene potestad sobre todas las cosas, como la tiene el amo en su casa. Y la expresión no permanece quiere decir que no tiene poder para dar y repartir gracias y beneficios, puesto que no es el amo. En cambio el hijo sí es amo; porque esto significa la metáfora tomada del modo de proceder humano: permanece para siempre. Y para que no vayan a decir: pero tú ¿quién eres? dice: todas las cosas me pertenecen porque soy el Hijo y permanezco en la casa paterna. Llama casa a la potestad. Así también en otro sitio al principado lo llama: casa de mi Padre. Porque dice (Jn. 14, 2): En la casa de mi Padre hay muchas mansiones. Tratándose de la libertad y de la esclavitud, correctamente usó de semejante metáfora, para indicar que ellos no tenían potestad para liberar.

(Jn. 8, 36) Si pues el Hijo os otorga la libertad. ¿Adviertes cómo el Hijo es consubstancial con el Padre y cómo manifiesta tener igual poder que el Padre? Si el Hijo os otorga la libertad nadie lo contradirá jamás, sino que tendréis perpetua y firme libertad. Pues Dios es el que justifica ¿quién es el que condena? (Rm. 8, 33.34) En esto se manifiesta Él limpio de todo pecado y significa aquella libertad que sólo es de nombre, o sea, la que dan los hombres. La otra solamente la da Dios. Los persuade por aquí que no se avergüencen de esta segunda servidumbre, sino de la servidumbre del pecado.

Y para demostrarles que aun cuando no sean esclavos, puesto que rechazaron aquella servidumbre humana, sin embargo se han hecho a sí mismos más siervos aún, añadió: Seréis verdaderamente libres, declarando que aquella otra no es verdadera libertad. Y para que no fueran a decir que no tenían pecados (pues era verosímil que lo dijeran), mira en qué forma los acusa. Deja a un lado las demás cosas reprobables en la vida de ellos y trae al medio el crimen que ya andaban tramando (Jn. 8, 37): Ya sé que sois del linaje de Abraham. Pero tratáis de matarme. Sin sentir los derriba de ese parentesco de Abraham, enseñándolos a que no se ensoberbezcan por tal motivo. Pues así como la libertad y la servidumbre dependen de las obras, así también igualmente depende el parentesco.

No les dijo al punto: No sois hijos de Abraham el justo, pues vosotros sois homicidas. Sino que por de pronto asiente con ellos y les dice: Sé bien que sois linaje de Abraham; pero no es esto lo que se investiga. Luego los acomete con mayor severidad. Porque puede observarse que por lo general, cuando va a obrar algo excelente y grande, una vez que lo pone por obra, usa de mayor franqueza y confianza en el hablar, puesto que las obras mismas reprimen a los querellosos. Pero tratáis de matarme. Mas ¿qué si lo hacen justamente? No van las cosas por ese camino; por lo cual el mismo Jesús apunta la causa y dice: Porque mi doctrina no penetra en vosotros. Entonces ¿cómo dijo que habían creído en El? Sí, creyeron; pero como ya expliqué no se habían convertido. Por lo cual Jesús los acomete reciamente: Si os gloriáis de aquel parentesco, es necesario que las obras consuenen con él. Y no dijo: No comprendéis mi doctrina, sino: Mi doctrina no penetra en vosotros, dando a entender la sublimidad de sus enseñanzas. Pero por semejante motivo no se le había de dar muerte, sino más bien reverenciarlo y seguirlo para llegar a aprender. Mas ¿qué si tú dices esas cosas de ti mismo? Para prevenir esta objeción, dice (Jn. 8, 38): Yo os hablo lo que he visto junto a mi Padre; y vosotros lo que habéis aprendido de vuestro padre, eso hacéis. Como si les dijera: Así como Yo con palabras y con obras manifiesto al Padre, así vosotros manifestáis al vuestro con las obras. Porque Yo tengo no sólo la misma substancia que el Padre, sino la misma verdad.

(Jn. 8, 39-40)Respondiéronle: Nuestro Padre es Abraham. Díceles Jesús: Si fuerais hijos de Abraham haríais las obras de Abraham. Mas ahora tratáis de matarme. Con frecuencia les echa en cara esa disposición de ánimo sanguinaria, y les recuerda al patriarca Abraham. Lo hace para apartarlos de semejante parentesco y quitarles aquella inoportuna jactancia y persuadirles que no pongan la esperanza de salvación en eso ni en semejante parentesco natural, sino en la comunidad de propósitos. Porque esto era lo que les impedía acercarse a Cristo: pensar que para la salvación les bastaba con ese parentesco.

¿De qué verdad habla Cristo? De que es igual al Padre, pues por eso intentaban darle muerte, como El mismo lo dice: Tratáis de matarme a Mí que os he declarado la verdad que oí del Padre. Nuevamente lo refiere todo al Padre para demostrarles que lo que ha dicho no es contrario al Padre. Le dicen ellos (Jn. 8, 41): Nosotros no somos nacidos de la prostitución. Un solo Padre tenemos, Dios. ¿Qué decís? Vosotros tenéis un Padre, Dios; y sin embargo, porque Jesús dijo eso mismo lo acusáis. ¿Observas cómo en cierto modo Cristo afirma que Dios es su Padre, pero de un modo distinto al de ellos?

Como Cristo los había derribado del parentesco de Abraham, no teniendo ellos cosa que objetarle, se atreven a algo todavía más alto, y se remontan y se hacen parientes de Dios. Pero Cristo también de semejante honor los derriba diciendo (Jn. 8, 42-44): Si Dios fuera vuestro Padre me amaríais a Mí; pues Yo de Dios salí y vengo. Ya que no he venido por mi iniciativa, sino que Él me ha enviado. ¿Por qué no entendéis mi doctrina? Porque no estáis dispuestos a escuchar mi palabra. Vosotros tenéis por padre al diablo; y os esmeráis en ejecutar los deseos de vuestro padre. El fue homicida desde el principio y no se mantuvo en la verdad, porque en él no hay verdad. Cuando habla mentira, habla como quien es mentiroso y fautor de engaño.

Los excluyó del parentesco de Abraham. Y como se atrevieron a una cosa mayor, finalmente les inflige la herida al decirles que no sólo no son del linaje de Abraham, sino que su parentesco es con el diablo: les causa una herida correspondiente a su impudencia y audacia. Y no lo hace sin traer testimonio de ello, sino añadiendo la demostración. Como si les dijera: asesinar es obra de malicia diabólica. Y no se refirió únicamente a las obras, sino también a los deseos del diablo que ellos ejecutan; declarando con esto que tanto el diablo como los judíos son en absoluto reos de asesinato, y esto por envidia.

Porque el diablo causó la muerte a Adán por envidia, cosa que aquí Cristo deja entender. Y no se mantuvo en la verdad, es decir en una forma correcta de vivir. Como con frecuencia lo acusaban de que no venía de Dios, les indica que esa acusación proviene de envidia. Pues el diablo fue el primer padre de la mentira cuando dijo (Gn. 3, 5): En el día en que comiereis se os abrirán los ojos. El fue el primero en echar mano de la mentira. Los hombres echan mano de ella, pero no como de cosa propia, sino ajena; mientras que el diablo la usa como cosa propia.

(Jn. 8, 46) A Mí, empero, como os digo la verdad no me creéis. ¿Cómo argumenta aquí Cristo? Como si dijera: queréis matarme sin oponerme objeción alguna que sea verdadera. Me perseguís porque sois enemigos de la verdad. O si no, decidme cuál es mi pecado.

Por eso continúa (Jn. 8, 46): ¿Quién de vosotros puede probar que soy pecador? Ellos le decían: Nosotros no somos nacidos de la prostitución. La verdad es que muchos de ellos eran nacidos de fornicación, pues estaban acostumbrados al coito ilícito; pero Cristo no arguye apoyándose en eso, sino que insiste en lo otro. Les había demostrado que no eran hijos de Dios sino del diablo y de aquí parte y en esto se apoya. Puesto que asesinar es obra del diablo, lo mismo que mentir: cosas ambas que ellos practican.

Enseguida les demuestra que por el amor se prueba si uno es de Dios. ¿Por qué no entendéis mi doctrina? Pues andaban continuamente dudando y decían: ¿Qué es lo que dice? ¿Que a donde yo voy vosotros no podéis venir? El les dice: No entendéis mi doctrina porque no escucháis la palabra de Dios. Como si dijera: esto os sucede porque vuestro pensamiento se arrastra por la tierra, pero mi doctrina es mucho más elevada. Dirás: ¿qué culpa tenían si no podían entender? Es que aquí poder tiene el sentido de querer, puesto que a sí mismos en tal forma se han instruido y educado que viven en bajeza y nada grande pueden imaginar. Y como alegaban que lo perseguían porque los acuciaba el celo de la gloria de Dios, El en todas partes se esfuerza en demostrarles que, por el contrario, perseguirlo es odiar a Dios; y que amarlo es conocer a Dios.

Un solo Padre tenemos, Dios. Buscan en esto la gloria de Dios por el honor que les viene, pero no con las obras. Entonces, dice Cristo, vuestra incredulidad demuestra que Yo no soy enemigo de Dios, sino que vosotros no conocéis a Dios. Y el motivo es que anheláis hacer obras del diablo y mentir. Esto procede de un ánimo abyecto, como dice el apóstol (1Co. 3, 3): Pues hay entre vosotros emulaciones y disensiones ¿cómo no sois carnales? Y ¿por qué no podéis? Porque os esmeráis en ejecutar los deseos de vuestro padre; es decir lo procuráis y os esforzáis en eso. ¿Adviertes cómo el no podéis equivale a no queréis? Esto no lo hizo Abraham. Entonces ¿cuáles fueron las obras de Abraham? La modestia, la mansedumbre, la obediencia. Pero vosotros sois crueles e inhumanos.

Mas ¿qué fue lo que los movió a remontarse hasta Dios? Les demostró Cristo que eran indignos de ser del linaje de Abraham. Queriendo ellos evitar eso, se remontaron a cosas mayores. Como Cristo los reprendía de asesinato, alegan en defensa que están vengando a Dios. Entonces Jesús les prueba que lo que están haciendo es propio de enemigos de Dios. La palabra salí significa que vino de Dios. Porque salí da a entender su venida a nosotros. Mas como era verosímil que le dijeran: dices cosas extrañas y novedades, por tal motivo prefiere decirles que vino de Dios. Y continúa: vosotros no entendéis porque sois del diablo. ¿Por qué queréis asesinarme? ¿Qué acusación podéis presentar? Si ninguna ¿por qué no me creéis? Por este medio, tras de haberles demostrado por el asesinato y la mentira que son del diablo, al mismo tiempo les prueba que no son de Abraham ni de Dios; tanto porque odiaban a quien ningún mal les había hecho, como porque no escuchaban su palabra.

Con esto, en todas formas prueba no ser adversario de Dios; y que no es ésa la razón que ellos tienen para no creer, sino porque son enemigos de Dios. Cuando no creen a quien no ha hecho pecado y afirma venir de Dios y no haber venido por su propio arbitrio y les habla verdad y en tal modo lo hace que a todos los provoca a que lo convenzan de lo contrario, es del todo manifiesto que no creen porque son terrenos y carnales. Pues sabía El perfectamente que el pecado vuelve al alma abyecta y carnal. Por eso dice el apóstol (Hb. 5, 11): Os habéis tornado torpes de oídos. Cuando alguno ya no puede despreciar lo terreno ¿cómo podrá discernir y discurrir sobre las cosas del Cielo? En consecuencia, os ruego que pongamos todos los medios para disponer correcta y virtuosamente nuestra vida. Purifiquemos nuestra alma para que ninguna mancha nos haga impedimento. Encended en vosotros la luz del conocimiento y no sembréis entre espinas. Quien no comprende ser mala la avaricia, ¿cómo comprenderá cosas más altas? Quien de ella no se abstiene ¿cómo se apegará a lo celestial? Bien está robar, pero no las cosas que perecen, sino el Reino de los Cielos; pues los que se hacen violencia lo arrebatan, (Mt. 11, 12) dice el Señor. Por lo mismo, siendo perezosos no podremos conseguirlo, sino con empeñosa diligencia. ¿Qué significa violencia? Que se necesita mucho esfuerzo porque la senda es estrecha y por lo mismo es necesario un ánimo decidido y activo. Los ladrones todos prefieren siempre adelantarse, y a ninguna otra cosa atienden: ni a la condena, ni a la acusación, ni al suplicio, sino únicamente al robo de lo que anhelan; y procuran ganar a todos la delantera. Pues bien, arrebatemos el Reino de los Cielos. No es pecado este robo, sino que se tiene como encomio; el pecado y culpa es no arrebatarlo.

Aquí nuestras riquezas no se tornan en daño de tercero. Empeñémonos, pues, en arrebatarlas. Si nos aguijonean la ira, la concupiscencia, hagamos violencia a nuestro natural y seamos mansos en mayor grado: trabajemos un poco, para que eternamente descansemos. No robes oro. Roba aquellas riquezas que te persuadan a tener el oro como lodo. Dime: si tuvieras delante plomo y oro ¿cuál escogerías? ¿no es acaso claro que el oro? Tú, en cambio, allá en donde el que roba es castigado, prefieres lo que crees mejor; y en cambio donde es honrado el ladrón desprecias lo que es mejor. Aun en el caso de que en ambas partes se castigase al ladrón ¿no preferirías venir a este segundo sitio? En realidad en éste no hay castigo sino bienandanza.

Preguntarás: pero ¿cómo podré arrebatarla? Arroja eso que traes entre manos, pues mientras estés apegado a eso no podrás robar aquella bienaventuranza. Imagínate un hombre que tiene las manos llenas de plata. ¿Podrá acaso mientras la retiene arrebatar el oro, si primero no arroja la plata y le quedan expeditas las manos? Porque es necesario que el que roba esté del todo expedito, a fin de que no se le pueda retener. Al presente hay ciertas potestades infernales que nos acometen para arrebatarnos y despojarnos. ¡Huyámoslas, huyámoslas! No les proporciones ocasión alguna. Desnudémonos de las cosas seculares. ¿Qué necesidad tenemos de los vestidos de seda? ¿Hasta cuándo estaremos enredados en semejantes ridiculeces? ¿Hasta cuándo dejaremos de estar enterrando el oro?

Quisiera yo poder desistir ya de estaros continuamente repitiendo lo mismo. Pero vosotros no me lo permitís, pues constantemente me dais materia y ocasión para ello. Pero en fin, de una buena vez acabemos con esas cosas, a fin de que instruyendo a otros con nuestro ejemplo, consigamos los bienes que nos están prometidos, por gracia y benignidad de nuestro Señor Jesucristo, por el cual y con el cual sea la gloria al Padre, juntamente con el Espíritu Santo, ahora y siempre y por los siglos de los siglos. Amén.

HOMILÍA LV. Los judíos le respondieron: ¿No tenemos razón al decir que eres un samaritano y que tienes demonio? Respondióles Jesús: Yo no tengo demonio, sino que glorifico a mi Padre (*Jn 8,48-49*)

Desvergonzada y petulante es la malicia, pues, debiendo enrojecer de pena, al revés, se exalta. Cuando convenía compungirse con las palabras de Jesús y admirar la seguridad y lógica de sus discursos, injurian los judíos a Jesús y lo llaman samaritano y endemoniado y dicen: ¿Acaso no tenemos razón al decir que eres un samaritano y que tienes un demonio? Porque cuando Jesús les hablaba de cosas altas, pensaban aquellos insensatos que era locura. Por cierto que nunca antes afirmó el evangelista que los judíos llamaran samaritano al Señor; pero este pasaje hace creíble que muchas veces lo llamarían con ese apodo. ¡Oh judío! ¿dices que Él tiene un demonio? Pero ¿cuál de los dos tiene un demonio? ¿El que honra a Dios o el que injuria a quien lo adora? ¿Qué responde Cristo, que es la modestia misma y la misma mansedumbre?: Yo no tengo demonio, sino que glorifico a mi Padre, que me envió. Cuando convino reprimir la soberbia de los judíos y enseñarles que no debían enorgullecerse a causa de Abraham, usó de grande vehemencia; pero ahora que se trata de sufrir injurias, usa de inmensa mansedumbre.

Cuando ellos decían: Nuestro Padre es Dios, es Abraham, los acometió; pero ahora que lo llaman poseso, háblales con modestia. Lo hizo para enseñarnos a vengar las ofensas que contra Dios se profieren y a soportar con paciencia las que a nosotros se nos hacen. Yo no busco mi gloria (Jn. 8, 50). Como si dijera: He dicho estas cosas para demostraros que no debéis llamar Padre a Dios vosotros que sois homicidas. Lo he dicho para honrarlo a Él, y por Él escucho Yo ahora lo que vosotros decís, y ese es el motivo de que me injuriéis. Pero Yo no me cuido de la injuria vuestra. A aquel por quien Yo escucho de vosotros esas injurias daréis cuenta de vuestras palabras. Yo no busco mi gloria. Por tal motivo, dejando a un lado la venganza vengo a la exhortación y os aconsejo que hagáis tales obras con que no sólo evitéis el castigo, sino además consigáis la que vida eterna.

(Jn. 8, 51) En verdad, en verdad os digo: quien guardare mi doctrina no verá la muerte nunca jamás. Trata aquí no únicamente de la fe, sino también de la vida sin pecados. Antes dijo (Jn. 6, 40): Tendrá vida para siempre. Ahora dice: No verá la muerte nunca jamás. Juntamente da a entender y afirma que ellos nada pueden contra El. Pues si quien guarda su doctrina no morirá, mucho menos morirá El. Cuando ellos le oyeron esto, dijeron (Jn. 8, 52): Ahora sí conocemos que eres un poseso. Abraham murió y también los profetas murieron. Como si le dijeran: Los que guardaron la palabra de Dios murieron; y los que guardan la tuya ¿no morirán? ¿Acaso eres tú superior a nuestro Padre Abraham? (Jn. 8, 53) ¡Oh jactancia! ¡de nuevo se acogen al parentesco de Abraham! Lo lógico hubiera sido decirle: ¿Acaso tú eres superior a Dios; o los que te oyen son superiores a Abraham? No le dicen eso porque lo tenían por inferior a Abraham.

De modo que en primer lugar les demuestra que son homicidas y por aquí los derriba del parentesco dicho. Pero como insisten, acomete Jesús lo mismo, pero por otro camino, demostrándoles vano su empeño. Acerca de la muerte nada les dice, ni les revela, ni les explica de qué clase de muerte habla. Entre tanto sólo trata de persuadirles que Él es mayor que Abraham, para ponerles vergüenza. Como si les dijera: Por cierto que aun cuando fuera uno del vulgo, no convenía matar a un inocente; pero si os digo la verdad y no he cometido falta alguna, y como enviado de Dios soy superior a Abraham ¿acaso no es claro que estáis repletos de locura y que os empeñáis en vano en darle la muerte? ¿Qué dicen ellos?: Ahora conocemos que eres poseso y tienes demonio. No procedió así la samaritana, pues no le dijo: Eres un poseso, sino únicamente (Jn. 4, 12): ¿Acaso eres tú superior a nuestro Padre Jacob? Es que los judíos eran querellosos y amantes de injuriar, mientras que la samaritana estaba deseosa de aprender. Por esto duda y responde con la debida modestia y llama a Jesús Señor.

A la verdad, quien prometía bienes mucho mayores y era fidedigno, en forma alguna debía ser injuriado, sino admirado; pero los judíos lo llamaban endemoniado. Las palabras de la samaritana eran propias de quien duda; pero las de los judíos lo eran de incrédulos y maleantes. ¿Eres acaso tú mayor que nuestro Padre Abraham? Esta pregunta lo coloca por sobre Abraham. Una vez que lo veáis exaltado confesaréis que sí es superior. Por esto les decía: Cuando me exaltaréis conoceréis que soy Yo.

Observa su prudencia. Desde luego, una vez derribados ellos de su parentesco con Abraham, les declara ser El mayor que Abraham, para que por aquí se entendiera que es muy superior a todos los profetas. Puesto que continuamente lo llamaban profeta, El les dijo (Jn. 8, 37): No penetra en vosotros mi doctrina. Antes dijo que El resucitaría a los muertos (Jn. 6, 39-40); ahora dice que quien creyere en El no verá la muerte, lo cual es mucho más que el no permitir que la muerte lo retenga. Pero ellos con esto más se exasperaban. Y ¿qué le dicen?: ¿Quién blasonas ser tú? Pero se lo preguntan con tono de injuria, como si se le dijera: Tú te alabas a ti mismo. Y Cristo les contesta (Jn. 8, 54): Si Yo me glorifico a Mí mismo mi gloria es nada.

¿Qué dicen aquí los herejes? Oyó que le decían: ¿Eres acaso tú mayor que nuestro Padre Abraham? Pero no se atrevió a responder que sí, sino que habló oscuramente. Entonces su gloria ¿es nada? Según los judíos nada es; del mismo modo que cuando dice (Jn. 5, 31): Mi testimonio no es verdadero, habla según la opinión de los judíos. En el mismo sentido dice aquí: Hay quien me glorifique. ¿Por qué no dijo: el Padre que me envió? como lo hizo anteriormente; sino: El cual vosotros decís que es vuestro Dios. Mas no lo habéis conocido (Jn. 8, 55). Quiso darles a entender que ellos no sólo no conocían al Padre, pero ni a Dios.

Pero yo lo conozco. De modo que cuando dijo: Lo conozco, no es jactancia alguna. Si Yo dijera que no lo conozco, mentiría. Y cuando vosotros afirmáis que lo conocéis, sois mendaces. Así como vosotros falsamente aseguráis que lo conocéis, así Yo, si dijera que no lo conozco, falsamente lo afirmaría.

Si Yo me glorifico a Mí mismo... Porque le decían: ¿Quién blasonas ser tú? Responde: Si Yo blasfemo de Mí mismo, mi gloria es nada. De modo que así como Yo lo conozco perfectamente, así vosotros perfectamente lo ignoráis. Así como al tratarse de Abraham no negó totalmente, sino que dijo: Sé bien que sois del linaje de Abraham, para de aquí hacerles una acusación más grave, así ahora no negó totalmente, sino que añadió: al cual vosotros llamáis. Concediéndoles esa gloria hizo más grave la acusación. Como si les dijera: Entonces ¿cómo es que lo ignoráis? Puesto que a quien todo lo hace y dice para gloria del Padre, lo injuriáis, a pesar de haber sido enviado por el Padre.

En esto último no presenta testimonio alguno; pero lo que sigue se presta para demostrarlo. Yo guardo su palabra. Era este el momento de objetarle, si algo tenían contra El; ya que eso era el supremo indicio de haber sido enviado por Dios. Abraham vuestro Padre se regocijó pensando en ver mi día; y lo vio y se gozó (Jn. 8, 56). De nuevo les demuestra que son extraños a Abraham, puesto que se duelen de lo que El se regocijaba. Por mi parte, pienso que aquí se deja entender el día de la crucifixión, que fue prefigurada por el sacrificio del cordero y de Isaac.

¿Qué le dicen ellos? (Jn. 8, 57): No tienes aún cuarenta años y has visto a Abraham? De modo que Cristo había ya alcanzado casi los cuarenta años. El les respondió (Jn. 8, 58-59): Antes que Abraham existiera, existo Yo. Entonces cogieron piedras para arrojárselas.

Adviertes en ¿qué forma les demostró ser superior a Abraham? Puesto que quien se alegró de ver su día y juzgó ser eso deseable, sin duda lo tenía como un beneficio y esto por ser Cristo mayor que él. Los judíos lo llamaban hijo de un artesano y no tenían mayor estima de El; pero El poco a poco los levanta a más altos pensamientos y juicios. Así, cuando oyeron que ellos no conocían a Dios, ni lo llevaron a mal ni se dolieron; pero ahora, al escuchar: Antes de que Abraham existiera existo Yo, como si se les rebajara su nobleza, se exasperan y le arrojan piedras. Vio mi día y se gozó. Manifiesta con esto que no va a la crucifixión contra su voluntad, puesto que alaba al que se goza de su cruz que es la salvación del mundo. Pero ellos le arrojaban piedras. ¡Tan dispuestos estaban al asesinato! Y sin previo examen de nada, por propio anhelo procedían así.

Por qué no dijo: Antes de que Abraham existiera Yo ya existía, sino: Yo existo. Usa de la palabra soy del mismo modo que la usó el Padre. Porque significa: existo perpetuamente, libre de todo tiempo. Por lo mismo a los judíos les pareció que era una palabra blasfema. Ahora bien, si ellos no soportaban que Jesús se comparara con Abraham, aunque esto no era cosa tan grande, en el caso de que Cristo con frecuencia se hubiera dicho igual al Padre ¿acaso no lo habrían perseguido continuamente? Pero El, al modo humano, de nuevo se escabulló y se escondió, pues ya suficientemente los había instruido y había cumplido con lo que le tocaba. Salió del templo y fue a curar a un ciego, para hacer creíble con esta obra lo que acababa de decir, o sea, que antes de Abraham El existía.

Quizá diga alguno: ¿Por qué no les destruyó su fuerza y conatos? Quizá por este camino al fin habrían creído. Respondo: sanó al paralítico, y no creyeron; hizo infinitos milagros, y aun en su Pasión los derribó por tierra y les cegó los ojos para que no lo conocieran; y sin embargo, no creyeron. ¿Cómo, pues, habrían creído con sólo que les hubiera deshecho sus esfuerzos y conatos? ¡Nada hay peor que un alma empedernida y desesperada: ya vea prodigios, ya vea milagros, persevera en su impudencia. También el faraón, habiendo recibido tantas heridas, únicamente se arrepentía mientras duraba el castigo y perseveró empedernido hasta el último día; y perseguía a los mismos a quienes había dado libertad.

Por esto Pablo dice con frecuencia (Hb. 3, 13): No endurezcáis vuestros corazones como en el día de la Querella. Así como las fuerzas corporales llegan a extinguirse y los cuerpos quedan insensibles, así el alma entregada a sus pasiones queda como muerta para la virtud. Sea cual fuere el motivo que le presentes, queda insensible, ya sea que la amenaces con el castigo o con otra cosa cualquiera. Por lo cual os ruego que mientras nos queda esperanza de salvación, mientras podemos convertirnos, pongamos todos los medios. Los que pierden el sentido moral, a la manera que los pilotos que ya desesperan dejan la nave a merced de los vientos sin poner ellos medio alguno, así ya proceden.

El envidioso ya no mira sino a sólo una cosa: a satisfacer su pasión. Aunque haya de sufrir el castigo y la muerte, se entrega totalmente a esa enfermedad de su alma, lo mismo que el impúdico y el avaro. Pero, si tan grande es la tiranía de semejantes enfermedades del alma, conviene que la fuerza de la virtud sea mayor. Si por esa tiranía despreciamos aun la muerte, por la virtud debemos con mayor razón despreciarla. Si esos enfermos desprecian así su alma, mucho más debemos nosotros despreciar todas las cosas por nuestra salvación. Porque ¿qué excusa tendremos si esos que perecen tan gran empeño ponen en su ruina y nosotros no ponemos a lo menos un empleo igual por nuestra salvación, sino que andamos continuamente muertos de envidia?

Nada hay peor que la envidia. El envidioso, con tal de arruinar al envidiado, él mismo perece. Los ojos del envidioso se consumen de dolor; vive en muerte perpetua; a todos los cree enemigos, aun a quienes en nada lo han dañado. Se duele de que Dios sea glorificado; se goza en las cosas en que el demonio se regocija. ¿Recibe el otro honores de parte de los hombres? No lo envidies: ésos no son honores. ¿Es que lo honra Dios? Entonces imítalo. ¿Es que no quieres imitarlo? Entonces ¿por qué a ti mismo te destruyes y acabas? ¿por qué desechas lo que ya posees? ¿Es que no puedes igualártele ni alcanzar su virtud? Pero ¿por qué te entregas a la perversidad? Lo conveniente sería que lo felicitaras; de manera que si no puedes participar de sus trabajos, a lo menos saques provecho de alabarlo.

Con frecuencia basta el solo propósito para que ya sea una obra grande. Dice Ezequiel (Ez. 25, 8): que los moabitas fueron castigados por haberse gozado de los males de Israel, y que otros alcanzaron salvación porque se condolieron de los males ajenos. Pues si algún bien y consuelo les proviene a quienes se duelen de los males ajenos, mucho mayor les vendrá a los que se gozan de los honores tributados a otros. Acusaba el profeta a los moabitas de que se gozaban en las desgracias de Israel, por lo cual Dios los castigaba. Pero no quiere Dios que nosotros nos gocemos por los castigos que El inflige, ya que El mismo no se alegra cuando castiga.

Si, pues, nos hemos de condoler de los que padecen, mucho más conviene no envidiar a quienes reciben honores. Así perecieron Coré y Datan, los cuales con su envidia tornaron más esclarecidos a los envidiados, mientras que a sí mismos se perdieron.

Fiera venenosa es la envidia, fiera impura; es perversidad voluntaria que no merece perdón; maldad que no tiene defensa; madre y causa de todos los males. Arranquémosla de raíz para que así nos veamos libres de los males presentes y consigamos los bienes futuros, por gracia y benignidad del Señor nuestro Jesucristo, por el cual y con el cual sea la gloria al Padre juntamente con el Espíritu Santo, ahora y siempre y por los siglos de los siglos. Amén.

HOMILÍA LVI. Y a su paso vio Jesús a un hombre ciego de nacimiento. Le preguntaron sus discípulos: Maestro ¿quién pecó, él o sus padres, para que naciera ciego? (*Jn 9,1-2*)

Y a su paso vio Jesús a un hombre ciego de nacimiento. Humano como es y amante de nuestra salvación, para cerrar la boca de los malvados nada deja de hacer de cuanto es conveniente, aun cuando nadie ponga atención. Previendo esto, decía el profeta (Sal. 51, 4): Para que seas justificado en tus sentencias y quedes sin reproche cuando juzgues. Por esto ahora, pues los judíos no comprendían la alteza de sus palabras, y aun lo apodaban endemoniado y trataban de darle muerte, apenas salido del templo da la salud a un ciego; tanto para que con ausentarse El, se calmara el furor de los judíos, como para ablandar, obrando un milagro, la dureza inhumana de ellos, y además para hacer creíbles sus propios discursos. Y así obró un milagro nada vulgar, sino tal que entonces por primera vez fue visto.

Dice la Escritura (Jn. 9, 32): Nunca jamás se oyó decir que alguien abrió los ojos de un ciego de nacimiento. Quizá ya alguno habría abierto los ojos a un ciego, pero no de nacimiento. Y que Jesús saliera del templo expresamente para obrar este milagro, aparece claro por el hecho de que El fue a ver al ciego y el ciego no fue a buscarlo. Y Jesús le clavó la mirada con tal fijeza que los discípulos lo advirtieron y se movieron a preguntarle. Pues como advirtieran que Jesús veía al ciego con tan grande atención, le preguntaron: ¿Quién pecó, él o sus padres? La pregunta parte de una falsedad. Porque ¿cómo podía pecar aquel hombre antes de nacer? ¿Cómo habría sido castigado por pecados de sus padres? Entonces ¿por qué ellos hicieron a Jesús semejante pregunta? Anteriormente, cuando sanó al paralítico, le dijo (Jn. 5, 14): Mira que ya has recobrado la salud. No peques ya más, no sea que te suceda algo peor. De modo que los discípulos, considerando que aquél había caído en parálisis por sus pecados, preguntan ahora: Concedido que aquél haya caído en parálisis por sus pecados; pero de este otro ¿qué dices? ¿Acaso pecó él? No puede afirmarse puesto que es ciego de nacimiento. ¿Pecaron acaso sus padres? Tampoco esto puede afirmarse, pues nunca al hijo se le castiga en vez de su padre.

De modo que así como cuando vemos a un muchacho que padece una enfermedad decimos: ¿qué pensar de éste? ¿qué fue lo que hizo este muchacho? y no lo decimos preguntando, sino dudando, así lo hacían los discípulos. ¿Qué responde Cristo? (Jn. 9, 3): No pecó él ni sus padres. No lo dice significando que ellos estuvieran del todo fuera de culpa, puesto que no dijo sencillamente: No pecó éste ni sus padres, sino que añadió: para que naciera ciego. Sino para que el Hijo del hombre sea glorificado. Pecaron él y sus padres, pero no es esa la causa de la ceguera. No dijo esto para significar que aunque éste no había pecado pero sí otros nacían ciegos por esa causa, o sea por la perversidad de sus padres; puesto que no es lícito, cuando uno es el que peca, castigar a otro por ese pecado. Si aceptáramos esto, tendríamos que aceptar también que pecó antes de nacer. De manera que así como cuando dice Jesús: No pecó éste, no quiere decir que alguno peque desde su nacimiento y sea castigado, así cuando dice: Ni sus padres, tampoco quiere decir que alguno sufra el castigo de los pecados de sus padres. Puesto que por boca de Ezequiel suprime semejante opinión diciendo (Ez. 18, 2-3): Por mi vida, oráculo del Señor, que no repetiréis más este proverbio en Israel: Los padres comieron el agraz y los dientes de los hijos sufren la dentera. Y Moisés dice (Dt. 24, 16): No morirá el padre en lugar del hijo. Y de cierto rey dice que no procedió en esa forma guardando la ley de Moisés.

Y si alguno objetara: ¿cómo es entonces que dice la Escritura (Dt. 5, 9): Que castigo la iniquidad de los padres en los hijos hasta la tercera y cuarta generación, responderemos que no se trata de una sentencia universal, sino que se habla de algunos de los que salieron de Egipto. Quiere decir (2R. 14, 6): puesto que algunos de los que salieron de Egipto, tras de tantos prodigios y milagros todavía se hicieron peores que sus padres (aunque sus padres ninguno de aquellos milagros habían contemplado), sufrirán los mismos castigos que sufrieron sus padres puesto que cometieron los mismos pecados. Y que éste sea el sentido, bien lo comprenderá quien examine ese pasaje.

Entonces ¿por qué este hombre ha nacido ciego? Para que se manifieste en él la gloria de Dios. Pero aquí brota otra cuestión: ¿acaso sin el padecimiento de éste no podía manifestarse la gloria de Dios? No dice que no habría podido. Habría podido, por cierto. Sino que fue para que también en este caso se mostrara la gloria de Dios. Preguntarás: entonces ¿a él se le hizo injuria para la gloria de Dios? Pero yo a mi vez pregunto: ¿cuál injuria? Puesto que en absoluto podía Dios inclusive querer que no naciera. Pero respondo que la ceguera le produjo un beneficio, pues vino a ver además con interiores los ojos del alma.

¿De qué les sirven los ojos a los judíos? Porque mayor castigo tuvieron en que viendo estaban ciegos. En cambio a este ciego ¿qué daño se le siguió de la ceguera? Por ella alcanzó la vista. De modo que así como los males de esta vida no son propiamente males, del mismo modo tampoco los bienes son propiamente bienes: solamente el pecado es un mal; pero la ceguera no es un mal. Quien sacó al ciego de la nada, pudo dejarlo ciego. Hay quienes dicen que esa partícula *para* no es causal sino consecutiva; como lo es cuando Jesús dice (Jn. 9, 39): Yo he venido a este mundo para discriminación; para que los ciegos vean y los que ven se tornen ciegos. Pues ese *para* no significa que la finalidad de su venida fuera precisamente que los que ven se tornen ciegos. Lo mismo es cuando Pablo dice (Rm. 1, 19-20): Por cuanto lo conocible de Dios les es manifiesto para que sean inexcusables. No es que les sea manifiesto precisamente para que por esto queden sin excusa, sino para que la tuvieran. Y en otra parte: Pero la Ley se introdujo para que abundara el pecado puesto que precisamente se introdujo para reprimir el pecado. Observas cómo en todas partes esa partícula se pone en relación con la consecuencia. Así como un excelentísimo arquitecto una parte del edificio la labra perfectamente y otra la deja imperfecta, para mediante el contraste deja perfecta comprobar ante los incrédulos que es el autor de toda la obra, así Dios aglutina y compone nuestro cuerpo como una casa que se derrumba, cuando sana una mano árida, pone firmeza en los miembros paralíticos, da movimiento a los cojos, limpia a los leprosos, sana a los enfermos, conforta las piernas débiles, resucita a los muertos, abre los ojos ciegos, da vista a quien ni ojos tenía. Demuestra su poder corrigiendo esos defectos de la débil naturaleza.

Cuando dice: Para que se manifieste la gloria de Dios, habla de Sí mismo y no del Padre, puesto que la gloria del Padre ya era manifiesta. Y como ellos sabían que cuando formó Dios al hombre tomó polvo de la tierra, Jesús ahora forma lodo. Si les hubiera dicho: Yo soy el que tomé polvo de la tierra y formé al hombre, los oyentes se habrían escandalizado; pero poniéndolo ahora por obra ya nada pudieron oponerle. Habiendo, pues, tomado polvo de la tierra que mezcló con saliva, por este camino su gloria que estaba oculta quedó manifiesta. Porque no era gloria pequeña que se le tuviera como Hacedor de la creatura; pues de aquí fluían todas las consecuencias y se daba fe al todo de la creación mediante aquella partecilla.

Lo que era menos hacía creíble y confirmaba lo que era más. El hombre es entre todas las cosas creadas el más excelente con mucho; y de sus miembros el más precioso es el ojo. Por tal motivo Cristo usó este modo de curarlo. Pues aun siendo un miembro pequeño es sumamente necesario al cuerpo. Pablo lo declara diciendo (1Co. 12, 16): Si dijere el oído: Como no soy ojo no soy del cuerpo, no por esto dejaría de ser del cuerpo.

Todo lo que hay en nosotros demuestra el divino poder, pero mucho más el ojo, pues gobierna todo el cuerpo, y a todo el cuerpo le confiere hermosura y es adorno del rostro y lámpara para todos los demás miembros. Lo que es el sol para el universo es el ojo para el cuerpo. Si suprimes el sol y lo apagas, todo lo habrás perturbado y echado a perder; y si apagas los ojos, resultan inútiles los pies, las manos, aun el alma; pues sin los ojos desaparece todo conocimiento; y por medio de los ojos conocemos a Dios en las creaturas (Rm. 1, 20): Lo que de Él es invisible, desde la creación del mundo se ha hecho por sus obras visible a la inteligencia.- De modo que el ojo no es solamente la lámpara del cuerpo, sino que más lo es del alma que del cuerpo. Por tal motivo se encuentra colocado arriba como en un solio real y está puesto encima de todos los sentidos.

Pues bien, este miembro es el que ahora forma Jesús. Y para que no creas que necesitó materia previa para su obra, y comprendas por aquí que allá al principio tampoco necesitó del barro (pues quien produjo de la nada las más excelentes substancias mucho mejor habría producido ésta sin materia preexistente), para que comprendas, pues, repito, que no la necesitaba; y para enseñarte que allá al principio fue El el Creador, una vez que le impuso al ciego el lodo, le dijo: Anda, lávate; para que entiendas que Yo no necesito del lodo para formar los ojos; sino para que en esto se manifieste mi gloria.

Y que hable de Sí mismo cuando dice: Para que se manifieste la gloria de Dios, se ve porque luego añadió (Jn. 9, 4): Conviene que Yo realice las obras del que me ha enviado. Como si dijera: Es necesario que me manifieste Yo mismo y haga obras que puedan demostrar que Yo hago lo mismo que hace mi Padre; no cosas parecidas, sino las mismas; lo cual significa una mayor igualdad y se dice de quienes ni en lo más mínimo son desiguales. ¿Quién será el que contradiga, viendo que El puede todo lo que puede el Padre?

Porque no solamente formó los ojos, ni solamente los abrió, sino que además les dio facultad de ver; que viene a ser un indicio de haber sido también el mismo que formó el alma y el que la inspiró en el cuerpo. Puesto que si ella no entra en acción, el ojo, aunque esté sano e íntegro, nada puede ver jamás. De manera que también es El quien puso en el alma el operar y la dotó de los miembros acomodados de arterias, venas, nervios y sangre y todos los demás elementos de que está constituido nuestro cuerpo.

Conviene que Yo obre mientras es de día. ¿Qué significa esto? ¿Cómo se une lógicamente con lo anterior? Muy bien se une, pues quiere decir: Mientras es de día, o sea, mientras los hombres pueden creer en Mí, mientras Yo vivo, tengo que obrar. Viene la noche, cuando nadie puede trabajar. No dijo: Cuando Yo ya no puedo obrar, sino: Cuando nadie puede ya trabajar; o sea, cuando ya no habrá fe, ni trabajos, ni penitencia. A la fe la llama trabajo. Así, cuando le preguntan: ¿Qué hemos de practicar para hacernos con la merced de Dios? les responde: Esta es la obra que quiere Dios: que creáis en quien El envió. Mas ¿por qué entonces ya nadie puede trabajar ni practicar esta obra? Porque entonces ya no habrá fe; sino que, quieran o no quieran, todos obedecerán. Y para que nadie dijera que obra por ambición de honra, declara que todo lo hace por ellos, ya que solamente acá pueden creer, mientras que allá no podrán ya alcanzar ganancia alguna. Por tal motivo no curó al ciego porque éste se le acercara, aunque era digno de ser curado; y si hubiera visto a Jesús hubiera creído y hubiera corrido hacia El; y si hubiera oído de alguno que Jesús se hallaba presente, no lo habría descuidado. Todo esto es claro por el efecto que se siguió; o sea, por la fortaleza y fe misma del ciego.

Podía haberse dicho este hombre: ¿Qué es esto? Hizo lodo, untó mis ojos y me dijo: Anda, lávate. Pero ¿no podía haberme curado y luego enviarme a Siloé? Muchas veces me he lavado ahí juntamente con otros, sin provecho alguno. Si algún poder tuviera, me habría sanado estando ahí presente. Así discurría Naamán, aquel de Eliseo (2R. 5, 11). Pues como se le ordenara lavarse en el Jordán, no creía, a pesar de la gran fama de Eliseo. Pero este ciego no fue incrédulo ni contradijo; ni dijo para sí: ¿Qué es esto? ¿Fue acaso necesario que se me untara el lodo? ¿Acaso el lodo no más bien ciega? ¿Quién jamás recibió así la vista? Nada de eso pensó. ¿Adviertes su fe y su fortaleza?

Viene la noche. Por aquí declara que aun después de la crucifixión cuidará de los impíos y atraerá a muchos. Aún es de día. Después en absoluto los desechará, como lo advierte diciendo (Jn. 9, 5): Mientras estoy en el mundo soy luz del mundo. También a otros les dijo (Jn. 12, 36): Mientras tenéis la luz creed en la luz. Preguntarás: ¿por qué entonces Pablo llamó noche a la vida presente y día a la futura? No dice nada contrario a Cristo en sus palabras, pues aunque no a la letra, pero en el sentido viene a decir lo mismo. Precedió la noche y ya se acerca el día (Rm. 13, 12). Llama noche al tiempo presente por causa de los que yacen sentados en las tinieblas o porque lo compara con el día de la eternidad. Cristo, en cambio, llamó noche al tiempo futuro porque en él se dejará ya de pecar.

Pablo llama noche a la vida presente porque quienes viven en la incredulidad y pecados, están en tinieblas. Y así hablando a los fieles les dice: Precedió la noche, ya se ha acercado el día, pues han de disfrutar de aquella luz; y llama noche al modo de vivir anterior. Por esto continúa (Rm. 13, 12): Despojémonos, pues, de las obras de las tinieblas. ¿Ves cómo a éstas llama noche? Por eso añade (Rm. 13, 13): Como en pleno día caminemos decorosamente, para gozar de aquella luz. Pues si la luz del día natural es tan bella, piensa cuál será aquella otra. Cuanto es más esplendente el rayo del sol que la luz de una antorcha, tanto así y mucho más aquella luz es superior a ésta de acá. Lo mismo significó aquello otro: El sol se oscurecerá, o sea, que a causa del brillo aquel ya no se mostrará.

En conclusión: si ahora para míseras edificaciones tantos gastos hacemos con el objeto de tener mansiones espléndidas y bien acondicionadas, piensa cuán graves trabajos corporales es conveniente aceptar para edificarnos en el Cielo mansiones brillantes, allá donde habita esa Luz inefable. Aquí hay querellas y pleitos sobre límites y paredes; pero allá nada hay de eso, ni envidias, ni disgustos, ni peleará nadie con nosotros por asuntos de límites. Además, esta mansión terrena necesariamente la hemos de abandonar; aquélla, en cambio, permanece para siempre. Esta con el tiempo se deteriora y arruina y está expuesta a infinitos daños, mientras que aquélla permanece por siempre firme. Esta no puede construirla el que es pobre, mientras que la otra con dos óbolos se construye, como la construyó la viuda del evangelio.

Por tal motivo yo me ahogo de pena, pues proponiéndosenos tantos bienes, somos tan desidiosos y llenos de pereza, y nada hacemos para gozar de aquellas esplendentes mansiones, y no procuramos prepararnos en el Cielo ni siquiera una humilde posada. Te pregunto: aquí en la tierra ¿en dónde querrías tener tu casa: en un desierto o en una población pequeña? Creo que no, sino en regias y opulentas ciudades en donde es más abundante el comercio y más brillante el esplendor. Pues bien, yo te conduzco a esa ciudad cuyo arquitecto y constructor es Dios. En ésta edifiquemos, en ésta levantemos la mansión con menos gastos y trabajo. Tal mansión la construyen las manos de los pobres y es edificio excelente, mientras que las que acá levantamos son una demostración de extrema locura.

Si alguien te condujera a Persia para visitar aquellas regiones y regresar luego; pero te ordenara edificar allá tu casa, ¿acaso no lo llamarías loco en extremo, pues te aconseja semejante dispendio? Entonces ¿por qué haces tú eso acá en la tierra de la cual en breve tienes que partir? Alegarás que la vas a heredar a tus hijos. Pero ellos también muy pronto han de seguirte; y con frecuencia aun precederte, y lo mismo, los que de ellos desciendan. Y luego te entra la tristeza porque ves que no te quedan herederos. Pues bien, allá nada de eso tienes que temer, puesto que tu heredad les queda firme a ti y a tus hijos y a tus nietos, con tal de que ellos imiten tus virtudes. Aquella mansión la construye Cristo, y siendo El el artífice no son necesarios cuidadores que la guarden ni requiere solicitud alguna. Pues donde Dios se encarga de la obra ¿qué más hay que cuidar? El reúne todos los elementos y edifica la morada.

Ni solamente esto es lo admirable, sino que la construye tal como tú la desearas y mejor de lo que la puedes desear. Porque es excelentísimo arquitecto que cuida de poner todo lo más útil para ti. Si eres pobre y quieres construir esa casa, nadie te molestará ni te envidiará; porque allá no va ningún envidioso, sino únicamente los ángeles que se gozan de tu bienestar. Nadie te disputará los límites, pues no habrá vecinos que sufran semejante enfermedad. Allá tus vecinos serán los santos: Pablo, Pedro, todos los profetas, los mártires y los coros de ángeles y arcángeles.

Movidos, pues, por esto, derrochemos nuestros haberes en los pobres para conseguir aquellas mansiones. Ojalá nos acontezca a todos conseguirlas, por gracia y benignidad de nuestro Señor Jesucristo, por el cual y con el cual sea al Padre la gloria y juntamente al Espíritu Santo, por los siglos de los siglos. Amén.

HOMILÍA LVII. Habiendo dicho esto Jesús, escupió en tierra, amasó lodo con la saliva y con el lodo ungió los ojos del ciego, y le dijo: Anda, lávate en la piscina de Siloé (*Jn 9,6-7*)

Los que desean sacar alguna utilidad de lo que se va leyendo, no pasan de prisa ni aun lo más mínimo. Pues por esto se nos ordena escrutar las Escrituras; porque muchas cosas que a primera vista parecen fáciles y sencillas, encierran oculta en sí grande profundidad de ciencia. Observa, por ejemplo, lo que al presente se nos propone: Dicho esto, escupió en tierra. ¿Por qué lo hace? Para que se manifieste la gloria de Dios y que conviene que Yo haga la obra de Aquel que me envió. No sin motivo trajo al medio esto el evangelista, y añadió que El la había escupido; sino para declarar que Jesús confirmaba sus palabras con sus obras.

¿Por qué no usó el agua sino la saliva para hacer el lodo? Porque lo iba a enviar a Siloé, de manera que no se achacara la curación a la fuente; sino que de la boca de El procedió el poder que hizo los ojos del ciego y los abrió: para esto escupió en tierra. Esto significa el evangelista al decir: E hizo lodo con la saliva. Y para que tampoco pareciera que la virtud y poder procedían de la tierra, ordenó al ciego que fuera y se lavara. Mas ¿por qué no obró el milagro al punto, sino que envió al ciego a Siloé? Para que tú conocieras la fe del ciego y quedara confundida la tosudez de los judíos. Porque es verosímil que todos vieron al ciego cuando hacia allá se encaminaba y llevaba el lodo ungido en los ojos. Pues aquel suceso inesperado hizo que todas las miradas se volvieran a él; y así los que lo vieron y sabían lo hecho por Jesús y también los que lo ignoraban, estaban atentos para ver en qué terminaba el negocio.

Como no era cosa fácilmente creíble que un ciego recobrara la vista, Jesús prepara por estos largos rodeos a muchos testigos y muchos que contemplaran caso tan insólito; de modo que habiendo atendido, ya no pudieran decir: Es el mismo, no es el mismo. Además, quiere Jesús demostrar que no es contrario a la Antigua Ley, pues remite al ciego a Siloé. Tampoco había peligro de que el milagro se atribuyera a la piscina y su virtud, pues muchos se habían lavado en ella los ojos sin haber conseguido bien alguno. Aquí todo lo hace el poder de Cristo. Por lo cual el evangelista añadió la interpretación de la palabra.

Porque una vez que dijo Siloé, añadió: que quiere decir enviado. Lo hizo para que entiendas que fue curado el ciego por Cristo, como ya lo dijo Pablo (1Co. 10, 4): Bebían de una roca espiritual que los acompañaba. La roca que era Cristo. Así como Cristo era la roca espiritual, así también espiritualmente era Siloé. Por mi parte creo que esa repentina presencia del agua en el relato nos está indicando un misterio profundo.

¿Cuál? Una aparición inesperada y fuera de la expectación de todos.

Advierte la obediencia del ciego, que todo lo pone en práctica. No dijo: Si el lodo o la saliva me vuelven la vista ¿qué necesidad tengo de ir a Siloé? Y si es Siloé lo que me cura ¿qué necesidad tengo de la saliva? ¿Por qué me ungió así y me mandó que me lavara? Nada de eso dijo ni le pasó por el pensamiento; sino que en sola una cosa estaba fijo su propósito: en obedecer al que se lo mandaba. Y nada lo detuvo, de nada se escandalizó.

Y si alguno preguntara: ¿cómo sucedió que al quitarse el lodo recobró la vista? no le responderemos otra cosa, sino que nosotros no lo sabemos. Pero ¿cómo ha de ser admirable que no lo sepamos cuando ni el evangelista mismo lo sabe, ni tampoco el ciego que recibió la salud? Sabía lo que había sucedido, pero ignoraba el modo, y no lo comprendía. Cuando le preguntaban respondía: Me puso lodo en los ojos y me lavé y veo. Mas no sabía decir el modo como aquello se verificó, aun cuando millares de veces se lo preguntaran.

Dice el evangelista (Jn. 9, 8-9): Los vecinos y cuantos lo conocían de antes que pedía limosna, decían: ¿No es éste aquel que sentado pedía limosna? Y unos decían: ¡Sí, es él! Lo insólito de la cosa los llevaba a la incredulidad a pesar de todo lo que se había previsto para que creyeran. Otros decían: ¿No es éste el que pedía limosna? ¡Oh Dios! ¡cuán inmenso es el amor de Dios a los hombres! Hasta dónde se abaja cuando con benevolencia tan grande cura a los mendigos y por este medio impone silencio a los judíos, extendiendo su providencia no únicamente a los príncipes, ilustres y preclaros, sino también a los hombres oscuros y humildes. Es que vino para salvarlos a todos.

Lo que había acontecido cuando lo del paralítico se repite ahora. Tampoco aquél sabía quién era el que lo había curado, lo mismo que este ciego. Sucedió así por haberse apartado Cristo de aquel sitio. Pues cuando curaba, luego se apartaba para que ninguno sospechara acerca del milagro. Quienes ni siquiera lo conocían ¿cómo iban a fingir los milagros por adularlo o favorecerlo? Por otra parte, este ciego no era un vagabundo, sino que se sentaba a la puerta del templo.

Como todos dudaran acerca de su identidad, él ¿qué les dice?: Yo soy. No se avergonzó de su anterior ceguera, ni temió la cólera de la plebe, ni tembló de presentarse ante todos para proclamar a su bienhechor. Le preguntan (Jn. 9, 10-11): ¿cómo se te abrieron los ojos? Les responde: El hombre que se llama Jesús hizo lodo y me ungió. Observa la veracidad del ciego. No afirma cómo lo hizo Jesús; no afirma sino lo que vio. No había visto a Jesús escupir en tierra; pero por el sentido del tacto conoció que lo había ungido. Y me dijo: Anda, lávate en la piscina de Siloé. Todo esto lo testificaba por haberlo oído.

Pero ¿cómo conoció la voz de Cristo? Por el coloquio de Cristo con sus discípulos. Cuenta todo eso y pone como testimonio las obras, aun cuando no pueda decir cómo se llevaron a cabo. Ahora bien, si en las cosas que por el tacto se perciben es necesaria la fe, mucho más lo será en las que no se ven ni pueden percibirse. Le preguntan (Jn. 9, 12): ¿dónde está él? Respondió: No lo sé. Le preguntaban en dónde estaba El, con el ánimo de matarlo. Observa cuán ajeno está Cristo del fausto y cómo no estaba presente cuando le fue restituida la vista al ciego. Es que no buscaba la gloria vana ni los aplausos del pueblo. Observa también con cuánta sinceridad responde a todo el ciego. Buscaban a Cristo para llevarlo ante los sacerdotes; pero como no lo encontraron se llevaron al ciego ante los fariseos, para que éstos más apretadamente lo interrogaran. Por lo cual el evangelista advierte que aquel día era sábado, dando a entender la mala disposición de ánimo de los fariseos y cómo andaban buscando ocasión de calumniar el milagro, pues parecía que Cristo había quebrantado la ley del sábado.

Por aquí queda manifiesto el porqué de que apenas vieron al ciego, lo primero que le preguntaron fue: ¿Cómo te abrió los ojos? Nota cómo no le preguntaron: ¿cómo has vuelto a ver?, sino: ¿Cómo te abrió los ojos?, ofreciéndole así una oportunidad para calumniar a Jesús por lo que había hecho. El ciego lo refiere con brevedad como a gente que no lo ignora. No les declaró el nombre. No les refirió lo de: Anda, lávate. Sino solamente (Jn. 9, 15): Me puso lodo en los ojos, me lavé y veo. Lo hace como a quienes ya grandemente habían calumniado a Jesús y habían exclamado: ¡Ved cuán grandes obras hace en sábado: hasta unge con lodo!

Por tu parte, advierte y pondera cómo el ciego no se turba. Cuando fue interrogado la primera vez y respondió sin que hubiera peligro alguno, no parece que fuera tan eximia cosa confesar la verdad. Pero esto segundo es verdaderamente digno de admiración. Puesto en ocasión de mayor miedo y terror, nada niega, nada contradice de lo que ya había afirmado. ¿Qué dicen los fariseos y aun otros? Habían llevado ante ellos al ciego esperando que negaría el hecho. Pero sucedió lo contrario de lo que esperaban, de modo que conocieron el milagro con mayor exactitud: cosa que continuamente les acontecía en lo referente a los milagros. En lo que sigue lo demostraremos con mayor claridad.

¿Qué dicen, pues, los fariseos? (Jn. 9, 16) Dijeron algunos (no todos sino los más petulantes): Este hombre no viene de Dios, pues no guarda el sábado. Otros decían: ¿cómo puede un hombre pecador hacer tales milagros? ¿Adviertes cómo los milagros los atraían? Pues aquellos que habían sido enviados para traer al ciego, oye ahora lo que dicen, aunque no todos. Como eran ellos los príncipes, cayeron en la incredulidad por el ansia de vanagloria. Sin embargo muchos de esos príncipes creyeron aunque en público no en El, lo confesaban.

En cuanto al pueblo, se le desprecia porque nada notable aportaba en las sinagogas. Pero en cuanto a los príncipes, profesaban tener mayor dificultad en creer, unos por amor al principado obstaculizados, otros por el temor de los demás. Por lo cual Cristo les había dicho (Jn. 5, 44): ¿Cómo podéis creer vosotros que captáis la gloria de los hombres? Los que injustamente se empeñaban en asesinarlo, se decían ser de Dios; y en cambio de aquel que curaba a los ciegos decían que no podía ser de Dios, pues no guardaba el sábado.

A quienes así se expresaban, los otros les oponían que un pecador no podía hacer tales milagros. Pero aquéllos, omitiendo astutamente el milagro, lo llamaban transgresión, porque no decían cura en sábado, sino: No guarda el sábado. Estos otros flojamente proceden, ya que lo conveniente era demostrar que no se violaba el sábado, pero ellos se detenían en lo del milagro y de él argumentaban; y con razón procedían así, pues aún juzgaban a Jesús sólo hombre. Podían haberlo defendido de otro modo, y decir que era Señor del sábado y su autor; pero todavía no pensaban así.

Por lo menos ninguno de ellos se atrevía a profesar abiertamente lo que interiormente juzgaba, sino que proponían la cosa en forma de duda y se sentían cohibidos unos por el amor al principado y otros por el miedo. De modo que: Había desacuerdo entre ellos. Ese fenómeno que primero se dio entre el pueblo, ahora pasa también a los príncipes. Los del pueblo, unos decían (Jn. 7, 12): Es bueno; otros: No, sino que seduce a las turbas. ¿Adviertes cómo los príncipes, más discordantes entre sí que el pueblo mismo, andan divididos? Y una vez así divididos, ya no mostraron nobleza alguna, pues veían que los fariseos los apuraban. Si se hubiera hecho la división total y se hubieran apartado unos de otros, muy pronto habrían encontrado la verdad. Porque puede darse una discusión correcta. Por lo cual decía Cristo (Mt. 10, 34): Yo no he venido a traer paz a la tierra, sino espada.

Porque hay una concordia que es mala y una discordia que es buena. Los que edificaban la torre de Babel (Gn. 11, 4) concordes andaban, pero en daño suyo; y a su pesar, pero para provecho de los mismos fueron divididos. Coré malamente concordaba con sus compañeros y por esto justamente fueron separados del pueblo. También Judas malamente se avino con los judíos. De modo que puede haber una discordia buena y una concordia mala. Por lo mismo dijo Cristo (Mt. 5, 29; 18, 8): Si tu ojo te escandaliza, sácalo y arrójalo; y a tu pie córtalo. Ahora bien, si es necesario cortar un miembro malamente discordante ¿acaso no es más conveniente apartarse y arrancarse de amigos malamente concordes? En resumidas cuentas, que no siempre es buena la concordia ni siempre es mala la discordia. Digo esto para que huyamos de los malos y nos unamos a los buenos. Si cortamos los miembros podridos que ya no tienen curación para que no destruyan el resto del cuerpo; y no lo hacemos por desprecio del miembro, sino para conservar sanos los demás ¿cuánto más debemos hacerlo con los que malamente nos están unidos? Si pudiéramos no recibir de ellos daño porque se enmendaran, deberíamos intentarlo con todo empeño; pero si son incorregibles y nos dañan, es indispensable cortarlos y arrojarlos de nosotros. Con esto ellos mismos sacarán con frecuencia mayor ganancia. Por lo cual Pablo exhorta (1Co. 5, 13.2): Quitad al malo de entre vosotros, a fin de que se aparte de entre vosotros el que hizo eso. Porque es pernicioso, sí, pernicioso es el comercio con los perversos. No se propaga la peste con tanta presteza, ni la roña, entre los afectados, como la maldad de los perversos; porque (1Co. 15, 33): Malas compañías corrompen las buenas costumbres. Y el profeta dice (Is. 52, 11): Salid de en medio de ellos y separaos.

En consecuencia, que nadie tenga algún amigo perverso. Si a los hijos perversos los desheredamos, sin tener en cuenta las leyes de la naturaleza ni los parentescos, mucho más conviene huir de los parientes y amigos si son perversos. Aun cuando ningún daño nos viniera de ellos, no podremos evitar la mala fama. Porque los demás no investigan nuestra vida sino que nos juzgan por los compañeros. Lo mismo ruego a las casadas y a las doncellas. Pues dice Pablo (Rm. 12, 17): Solícitos en hacer lo bueno no solamente delante de Dios sino también de los hombres. Pongamos, pues, todos los medios para no escandalizar a los prójimos. Aunque nuestra vida sea correctísima, si escandaliza, todo lo pierde. ¿Cómo puede suceder que una vida correcta escandalice? Cuando la compañía de los malos engendra mala fama. Cuando convivimos confiadamente con los perversos, aunque no recibamos daño pero escandalizamos a otros.

Esto lo digo para los varones, las mujeres, las doncellas; y dejo a su conciencia examinar cuán graves males se sigan de eso. Por mi parte, nada malo sospecho, ni quizá otro más perfecto que yo; pero tu hermano, que es más sencillo, se ofende de tu perfección; y es necesario tener en cuenta su debilidad. Por otra parte, aun cuando él no se escandalice, pero se escandaliza el gentil; y Pablo nos manda no escandalizar ni a judíos ni a griegos ni a la Iglesia de Dios. (Yo nada malo sospecho de la doncella, pues amo y estimo la virginidad; y la caridad nada malo piensa) Yo amo sobremanera esa forma de vivir y no puedo pensar nada malo. Pero ¿cómo lo persuadiremos a los infieles? Porque es necesario tener cuenta también con ellos. Ordenemos nuestra vida en tal forma que ningún infiel halle ocasión de escándalo. Así como quienes viven correctamente glorifican al Señor, los que así no proceden son causa de que se le blasfeme.

¡Lejos tal cosa, que los haya entre nosotros! Sino que así luzcan nuestras obras que sea glorificado el Padre que está en los Cielos y nosotros disfrutemos de su gloria. Ojalá que todos la obtengamos por gracia y benignidad de nuestro Señor Jesucristo, por el cual y con el cual sea la gloria al Padre juntamente con el Espíritu Santo, por los siglos de los siglos. Amén.

HOMILÍA LVIII. Entonces de nuevo dicen al ciego: ¿Tú qué opinas sobre el que te abrió los ojos? Y él dijo: que es un profeta. Pero los judíos no le dieron crédito (*Jn 9,17-18*)

Las sagradas Escrituras han de leerse no por encima ni de carrera, para no topar con obstáculos. Porque puede suceder que desde luego alguien omita la cuestión de ¿cómo es que los judíos habiendo afirmado: Este no viene de Dios, pues no guarda el sábado, ahora preguntan al ciego: Tú qué opinas del que te abrió los ojos? No le preguntan ¿tú qué opinas sobre el que quebranta el sábado? sino que en vez de una acusación ponen una excusa. Entonces ¿qué diremos? Que no fueron los mismos los que decían: Este no es de Dios, sino otros que discordaban de aquéllos y decían: Un pecador no puede hacer tales milagros. Como si quisieran tapar la boca a los que de ellos disentían, para no parecer que defendían a Cristo, traen al medio al que había experimentado su poder y le hacen esa pregunta.

Advierte la prudencia del mendigo, porque se expresó más prudentemente que todos ellos. Desde luego les dice: Es un profeta. No temió el parecer adverso de los judíos que contradecían y alegaban: ¿Cómo puede ser de Dios éste que no guarda el sábado? Sino que dijo: Es un profeta. Y no le creyeron los judíos que hubiera él estado ciego y había logrado ver, hasta que llamaron a los padres del mismo. Considera de cuántos modos se esfuerzan por ocultar y destruir el milagro. Pero la verdad por su misma naturaleza se fortalece con las mismas cosas con que es impugnada por los que le ponen asechanzas: brilla por los mismos medios con que se intenta oscurecerla.

En efecto: si no hubiera sucedido todo esto, para muchos el milagro podía haber sido sospechoso; ahora, en cambio, como si se pusieran a investigar cuidadosamente y de propósito la verdad, así proceden. No habrían procedido de otro modo si hubieran tratado de defender a Cristo. Sin embargo, su intención era abatirlo por este camino, y decían: ¿Cómo te abrió los ojos?, o sea ¿acaso mediante algunas hechicerías? Pues también en otra ocasión, como no tuvieran nada que objetar, se esforzaban en calumniar el modo de obrar el milagro diciendo (Mt. 12, 24): Este echa demonios en nombre de los Beelzebul.

Tampoco en este caso tienen nada que objetar al milagro; y por esto recurren al tiempo en que lo hace Cristo y alegan que quebranta el sábado y dicen: Quebranta el sábado; y también: Es pecador. Sin embargo, oh judíos, el mismo a quien vosotros por envidia tratabais de morderlo en sus obras, ese mismo abiertamente os preguntó (Jn. 8, 46): ¿Quién de vosotros puede convencerme de pecado? Y ninguno le respondió ni dijo: Blasfemas al llamarte impecable. Si hubieran podido decírselo, sin duda alguna no se habrían callado. Si cuando dijo que existía antes de Abraham, lo quisieron lapidar y le dijeron no ser él de Dios, mientras ellos se gloriaban de serlo, aunque eran homicidas; y de quien tantos milagros obraba afirmaban no ser de Dios porque no guardaba el sábado, ahora, si hubieran tenido siquiera una sombra de acusación, sin duda no la habrían dejado pasar en silencio.

Y si lo llaman pecador porque parecía quebrantar el sábado, la acusación era fútil, aun a juicio de los otros disidentes que los temían, porque no tenía fuerza y provenía de ánimos rijosos. Pues bien, como de todos lados se vieron impedidos, la emprenden por otro camino más impudente y petulante. ¿Cuál? Dice el evangelista: Los judíos no quisieron creer que había estado ciego y había alcanzado la vista. Pero, oh judíos, ¿cómo entonces acusasteis a Cristo de que violaba el sábado si no fue porque creíais en el milagro? ¿Por qué no dais fe a tan gran muchedumbre y a los vecinos que conocen a ese hombre? Es que, como ya dije, la mentira a sí misma se enreda por los medios mismos con que acomete a la verdad; y la hace más brillante, como aconteció en este caso.

Para que nadie alegara que vecinos y espectadores habían hablado sin exactitud y que sólo decían lo que de otros habían oído al más o menos, traen al medio a los padres del ciego, con lo que involuntariamente esclarecieron la verdad. Estos conocían y más perfectamente que los otros a su hijo. Los judíos esperaban poder negar el milagro mediante el testimonio de los padres, ya que al ciego no lo habían podido atemorizar, sino que audazmente llamaba bienhechor a Jesús. Observa la malicia de la pregunta. ¿Qué es lo que dice el evangelista? Una vez que trajeron ante sí a los padres, para ponerles miedo y terror, enfurecidos les preguntan con vehemencia:

(Jn. 9, 19) ¿Es éste hijo vuestro? No añaden: El que antes estaba ciego, sino ¿qué?: ¿Del cual vosotros afirmáis que nació ciego? Preguntan como si los padres astutamente y por perversos afirmaran y fingieran por deseo de confirmar el milagro. ¡Oh perversos y más que execrables!

¿Qué padre se atrevería a fingir tal cosa de su hijo? Es como si dijeran a los padres del ciego: Del cual vosotros afirmasteis que era ciego, y no os contentasteis con eso, sino que lo publicasteis por todas partes. ¿Cómo es que ahora ve? ¡Oh necedad! Como si les echaran en cara: Esto es una ficción vuestra, una simulación. De modo que por dos caminos los empujan a dar una negativa: con las palabras: Del cual vosotros afirmáis; y con las otras: ¿Cómo es que ahora ve?

Tres fueron las preguntas: si el ciego era su hijo; si había sido ciego; y cómo había recobrado la vista. Los padres responden afirmativamente a solas dos, pero no a la tercera. Esto ayudó a confirmar la verdad del milagro: que solamente el ciego que había sido curado y era fidedigno confesara el hecho. Pero ¿cómo iban los padres a hablar únicamente por captarse el favor simulando el milagro, cuando aún callaron parte de lo que sabían por temor de los judíos? ¿Qué es lo que dicen? (Jn. 9, 22): Sabemos que éste es nuestro hijo y sabemos que nació ciego. Pero cómo es que ahora ve o quién abrió sus ojos, lo ignoramos. Edad tiene. Que él os explique las cosas. Lo declaran fidedigno, y así ellos se excusan. Como si dijeran (Jn. 9, 22): No es un niñito ni un bobo; puede bien dar testimonio de sí. Dijeron así por miedo a los judíos. Mira cómo el evangelista declara de nuevo el pensamiento y opinión de ellos. Advierte esto por aquella otra frase anterior: Se hace igual a Dios. Pues si ésta indicara el parecer de los judíos y no el juicio mismo de Cristo, sin duda lo habría puesto ahí el evangelista y habría dicho ser simplemente parecer de los judíos.

Como los padres del ciego que había sido curado remitieron a los judíos al ciego mismo, ellos llamaron de nuevo al curado. Pero no le ordenaron abierta y desvergonzadamente: Niega que

Cristo te ha sanado, sino que bajo apariencias de piedad quieren lograr eso mismo. Le dicen (Jn. 9, 24): Da gloria a Dios. Si hubieran dicho a los padres: Negad que éste es vuestro hijo y que nació ciego, hubiera parecido suma ridiculez; y decir eso mismo el hijo hubiera sido clara impudencia. Por tal motivo no les hablan así los judíos, sino que por otro camino preparan sus asechanzas.

Le dicen, pues: Da gloria a Dios. Es decir: confiesa que nada hizo contigo. Nosotros sabemos que este hombre es un pecador. Pero entonces ¿por qué no lo convencisteis cuando decía (Jn. 8, 46): Quién de vosotros puede convencerme de pecado?

¿Cómo sabéis que es pecador? Pues bien, como ellos apremiaran al ciego diciéndole: Da gloria a Dios y él nada respondiera, Cristo se le hizo presente y lo alabó y no lo reprendió de no haber dado gloria a Dios, sino ¿qué le dijo? ¿Crees en el Hijo de Dios? Para que entiendas que esto es dar gloria a Dios. Pero si el Hijo de Dios no es igual al Padre, tal cosa no sería gloria de Dios. Mas como quien honra al Hijo honra también al Padre, lógicamente el ciego no es reprendido.

Esperando, pues, los judíos que los padres del ciego consintieran con ellos en negar el milagro, al ciego nada le dijeron. Pero cuando de los padres nada consiguieron, finalmente dicen al ciego: Este hombre es pecador. Respondióles él (Jn. 9, 25): Si es un pecador no lo sé. Una cosa sé: que yo era ciego y ahora veo. ¿Tembló acaso el ciego? De ninguna manera. Mas ¿por qué habiendo dicho antes: Es un profeta, ahora dice: Si es un pecador no lo sé? No era tal su disposición de ánimo ni pensaba así, sino que quería justificar a Cristo no con palabras propias suyas, sino con el testimonio del milagro, y alegar una defensa fidedigna tomada de la prueba del milagro que condenaba a los judíos.

Si tras de haber él alargado su discurso, cuando vino a decir: Si éste no viniera de Dios, no podría hacer estos milagros, ellos se enfurecieron hasta el punto de decirle: Has nacido todo en pecados ¿y tú vienes a darnos lecciones?; si desde el principio les hubiera dicho aquello ¿qué no habrían hecho? ¿qué no habrían dicho? Si es un pecador yo no lo sé. Es decir, yo no profiero juicio acerca de eso ni doy mi parecer. Una cosa sí sé y es la que afirmo (Jn. 9, 33): Si fuera un pecador no habría hecho tales milagros. Con estas palabras se libra él de toda sospecha y queda también libre de ella su testimonio, pues es claro que no narra lo sucedido por favoritismo.

No pudiendo, pues, ellos desfigurar ni deshacer lo sucedido, vuelven a examinar el modo como Jesús verificó la curación; y andan como quienes en busca de una fiera corren unas veces por aquí y otras por allá. Vuelven a lo que primero les dijo el ciego, procurando con diversas preguntas enredarlo y hacerlo de mala ley; y le dicen (Jn. 9, 26): ¿Qué hizo contigo? ¿Cómo abrió tus ojos? ¿Qué les responde? Una vez que los tiene vencidos y derribados, ya no se expresa flojamente. Mientras el milagro necesitaba de examen y pesquisas, modestamente refirió el suceso; pero una vez que los tuvo vencidos y capturados con brillante victoria, los acomete valiente y atrevidamente.

Les dice (Jn. 9, 27): Ya os lo referí y no me creísteis. ¿Para qué queréis oírlo de nuevo? ¿Has advertido su libertad de hablar, delante de los escribas y fariseos? ¡Tanta firmeza tiene la verdad, tan gran debilidad la mentira! La verdad a hombres de la ínfima clase social los hizo preclaros; la mentira aun a los esforzados los deprime. Lo que el ciego quiere decir es esto: no creéis en mis palabras. Ya no hablaré más ni responderé a vuestras inútiles preguntas, pues no oís para saber sino para calumniar lo que se dice.

¿Acaso también vosotros deseáis haceros sus discípulos? De modo que el ciego se cuenta ya en el número de los discípulos de Jesús. Porque la expresión: ¿Acaso también vosotros? significa que ya él era discípulo. Luego de burla y suficientemente los punza. Pues sabiendo que sobre todo eso los lastimaba, para herirlos les dice eso: cosa propia de un ánimo esforzado, elevado, despreciador de la cólera de ellos y deseoso de enaltecer la dignidad de aquel en quien confiaba, y que quería demostrarles que injuriaban a un hombre admirable, y que al revés no quedaba injuriado sino que las injurias de ellos lo honraban.

(Jn. 9, 28) Tú eres discípulo suyo, le dicen; nosotros somos discípulos de Moisés. Esto que decís, oh judíos, no se apoya en razón alguna, pues ni sois discípulos de Moisés ni tampoco de Jesús. Si lo fuerais de Moisés, lo seríais de Cristo. Por esto Cristo antes les había dicho: Si le creyerais a Moisés, creeríais en mí, pues él escribió de mí. Porque siempre se refugiaban en ese tema. Nosotros sabemos que a Moisés le habló Dios (Jn. 9, 29). ¿Quién lo contó? ¿quién lo refirió? Responden: nuestros mayores. Pero ¿acaso no es más digno de fe Cristo, que con milagros confirma su aseveración de que viene de Dios y habla cosas del Cielo?

No dicen: hemos oído que a Moisés le habló Dios, sino sabemos. De modo que afirmáis, oh judíos, lo que oísteis ¿y pensáis que lo que con la vista percibís tiene menos valor? Por cierto, las cosas de Moisés las habéis oído; pero las de Cristo no las oísteis sino que las visteis. ¿Qué les dice el ciego? (Jn. 9, 30): En esto está lo sorprendente, que vosotros no sabéis de dónde es, y no obstante hace tan admirables milagros que ningún hombre esclarecido, insigne e ilustre de entre vosotros puede hacerlos iguales; de manera que es claro que El es Dios y no necesita de ningún auxilio humano.

Sabemos que Dios no escucha a los pecadores (Jn. 9, 31). Como ellos antes habían dicho (Jn.9, 16): ¿Cómo puede un hombre pecador hacer tales milagros? ahora el ciego se apoya en el mismo juicio de ellos y se lo recuerda. Como si les dijera: semejante juicio es común a vosotros y a nosotros; ateneos, pues, a él. Observa su prudencia. Continuamente hace referencia al milagro que ellos no podían deshacer, y de ahí toma su raciocinio. ¿Adviertes cómo él, habiendo dicho al principio: Si El es un pecador yo no lo sé, no lo dijo porque dudara ¡lejos tal cosa! pues sabía bien que Jesús no era un pecador?

Y ahora, cuando ha llegado la ocasión oportuna, mira cómo responde: Sabemos que Dios no escucha a los pecadores, sino que si alguno es piadoso y cumple su voluntad, a ése lo escucha. Con esto no sólo lo absuelve de todo pecado, sino que demuestra ser Jesús acepto a Dios y que hace las obras de Dios. Y pues ellos se llaman piadosos, por tal motivo el ciego añade: y cumple la voluntad de Dios. Como si les dijera: no basta con conocer a Dios, sino que es menester cumplirle su voluntad. Luego ensalza el milagro (Jn. 9, 32): Nunca jamás se oyó decir que alguno abrió los ojos de un ciego de nacimiento. Si, pues, confesáis que Dios no escucha a los pecadores, pero este hombre ha hecho un milagro, y milagro tan extraordinario que nadie ha hecho otro igual, es manifiesto que supera en virtud a todos y que su poder es más que humano.

¿Qué responden los judíos? (Jn. 9, 34): Tú has nacido todo en pecado ¿y vienes a darnos lecciones? De modo que mientras esperaron que el ciego negara el milagro, lo tuvieron como testigo fidedigno y lo llamaron una y otra vez. O si no lo teníais por fidedigno, pregunto yo, oh judíos, ¿por qué lo llamasteis de nuevo y otra vez lo interrogáis? Pero como sin temor alguno dijo él la verdad, debiendo vosotros sobre todo por esto admirarlo, entonces es cuando lo condenáis.

¿Qué significa: Has nacido todo en pecados? Le echan en cara su ceguera y es como si le dijeran: Desde tus primeros años vives en pecados. Como si la razón de su ceguera hubiera sido ésa, lo que es contra toda razón. Cristo consolándolo en este punto, le decía (Jn. 9, 39): Yo he venido a este mundo para discriminación; para que los ciegos vean y los que ven se tornen ciegos. Los judíos le dicen: Tú has nacido todo en pecado ¿y vienes a darnos lecciones? ¿Qué les había dicho el ciego? ¿Acaso había alegado su propio parecer? ¿Acaso no alegó el parecer común de la gente cuando dijo: Nosotros sabemos que a los pecadores Dios no los escucha? ¿Acaso no trajo al medio exactamente lo que vosotros mismos decíais?

Y lo echaron fuera. ¿Has notado la veracidad de este pregonero y cómo la pobreza para nada lo dañó en su virtud? Advierte cuántas y qué cosas dijo y sufrió desde el principio y cómo dio testimonio de Cristo con las palabras y con las obras. Pero todo esto se ha escrito para que nosotros lo imitemos. Si aquel mendigo y ciego y que no había visto a Jesús demostró al punto tan grande confianza que se enfrentó antes de las exhortaciones de Cristo a todo el pueblo que respiraba muertes y andaba empujado por el demonio y furioso, y que ansiaba condenar a Cristo con el testimonio del ciego; y sin embargo éste no cedió ni retrocedió, sino que con absoluta franqueza les cerró la boca y prefirió ser echado de la sinagoga a traicionar la verdad, ¿cuánto más nosotros que tanto tiempo hemos vivido en la fe y que por la fe hemos contemplado infinitos milagros y hemos recibido mayores beneficios que el ciego y con los ojos interiores del alma hemos contemplado los misterios arcanos y hemos sido llamados a tan altos honores, conviene que mostremos toda confianza y seguridad ante aquellos que acusan a los cristianos y refutarlos hacerles concesiones a y no la ligera?

Y podremos hacerlo si tomamos ánimos y atendemos a las Sagradas Escrituras y no las escuchamos con ligereza. Pues si alguno asiduamente acude a este lugar, aun cuando en su casa no las lea, sino solamente atienda aquí a lo que se dice, podrá aprender muchas cosas en el término de un año. Porque no leemos unas Escrituras ahora y otras mañana, sino siempre las mismas. A pesar de todo muchos están en tan mísera disposición que tras de tantas explicaciones y lecturas ignoran aun el número de los libros santos y no les da vergüenza ni temor el acercarse con tan crecida negligencia a la divina predicación. Si, el citarista, si el bailarín u otro cualquiera de ésos convoca a la ciudad, todos diligentemente corren allá y lo agradecen al que los invita y gastan en semejantes fiestas la mitad del día. Y en cambio, hablándonos Dios por medio de los profetas y de los apóstoles, dudamos, nos rascamos la cabeza, sentimos fastidio. En el verano, cuando el calor aprieta en exceso, acudimos al foro, mientras que en el invierno la lluvia y el lodo nos mantienen dentro del hogar. Pero en el hipódromo, en donde no hay techo que defienda de la lluvia, muchos, aun cuando llueva a cántaros y el viento azote con el agua en la cara, llevados de su locura permanecen de pie, sin tener en cuenta el frío ni la lluvia ni el lodo ni lo largo del camino: nada los detiene en el hogar, nada puede retraerlos del festival. En cambio, se rehúsan a venir a la iglesia, en donde tienen techo, en donde el calor está admirablemente moderado; y eso que se trata de la salvación del alma.

Pregunto yo: ¿se puede tolerar esto? De aquí resulta que en esas cosas del hipódromo estamos perfectamente enseñados; y en cambio, en las que son necesarias para la salvación nos encontramos más imperitos que los niños. Y si alguno te llama auriga o bailarín dices que te injuria aunque des tú todos los motivos para que te echen encima ese vituperio; y en cambio, si te invita al espectáculo, no te apartas y te entregas totalmente a contemplar ese arte cuyo nombre no soportas en ti. Y en lo que sí debes poseer el nombre y la realidad y ser llamado y ser cristiano, ni siquiera entiendes de qué se trata.

¿Qué habrá peor que semejante locura? Yo quisiera repetiros esto con mayor frecuencia, pero temo no sea en vano y que me haga odioso sin provecho. Porque veo que andan locos no sólo los jóvenes, sino también los ancianos; y de éstos en especial me avergüenzo, cuando veo a un hombre venerable por sus Canás, deshonrarlas y arrastrar consigo a su hijo. ¿Qué hay más ridículo? ¿qué hay más vergonzoso? El hijo es enseñado por su padre a proceder desordenada y feamente.

¿Os molestan estas palabras? Pues es lo que anhelo: que las palabras engendren tristeza, para que realmente quedéis libres de semejante torpeza. Porque hay muchos que son harto más desvergonzados que ésos. No se avergüenzan de comentar tales cosas, sino, que tejen largas conversaciones sobre asuntos del hipódromo. Si a éstos les preguntas quién fue Amos, quién Abdías, cuántos fueron los profetas, cuántos los apóstoles, no pueden ni abrir la boca; y en cambio acerca de los caballos y de los aurigas hacen defensas más solemnes que los sofistas y los retóricos. Y todavía a renglón seguido preguntan: ¿Qué daño se sigue de aquí? ¿qué pérdida? Pues por eso gimo y me duelo, porque ignoráis ser eso una cosa dañina, y de que ni siquiera os dais cuenta de lo que es malo. El tiempo de la vida te lo concedió Dios para que le sirvas, pero tú lo consumes en fruslerías inútiles ¿y todavía preguntas qué daño hay en eso?

Si gastas inútilmente aunque sea solo un poco de dinero, lo tienes como detrimento; y cuando consumes el día íntegro en esas vanidades diabólicas, ¿no crees haber hecho nada absurdo? Convendría que emplearas tu vida íntegra en preces y súplicas a Dios, y tú la consumes íntegra en gritos, tumultos, palabras obscenas, luchas, placeres inconvenientes y falacias engañosas. Y después de todo esto, aún preguntas ¿qué daño hay en eso? ¿No comprendes que nada hay que menos se haya de derrochar que el tiempo? Si gastas tu oro, puedes recuperarlo; pero el tiempo perdido difícilmente lo recuperas. Poco es el tiempo que en esta vida se nos concede; y si no lo empleamos como conviene ¿qué responderemos cuando lleguemos a la eternidad?

Dime: si ordenaras a uno de tus hijos aprender un oficio, pero él consumiera su tiempo en la casa o en otros sitios ¿acaso no lo delataría su maestro? ¿No te diría: conviniste conmigo por escrito y limitaste el tiempo de aprendizaje; pero si tu hijo no quiere gastar aquí conmigo su tiempo, sino en otra parte cómo podremos hacerlo discípulo nuestro? Pues bien, nos vemos nosotros obligados a decir lo mismo. Dios nos dirá: Os asigné un tiempo para que aprendierais a ser piadosos: ¿por qué gastasteis ese tiempo inútil y vanamente? ¿Por qué no acudisteis constantemente al maestro? ¿Por qué no pusisteis atención?

Que la piedad sea un cierto arte, oye cómo lo dice el profeta (Sal. 34, 11): Venid, hijos míos, oídme: voy a enseñaros el temor de Dios, y también (Sal. 94, 12): Dichoso el hombre a quien tú corriges, Señor, y lo instruyes por tu ley. De modo que si consumes tu tiempo inútilmente ¿qué excusa tendrás? Preguntarás: ¿por qué Dios nos señaló un tiempo tan breve? ¡Oh necedad! ¡oh ingratitud! Porque te acortó los trabajos y sudores y te preparó un descanso perpetuo e inmortal, o sea, por lo que debías darle gracias ¿lo acusas y lo llevas pesadamente?

Pero no sé cómo hemos venido a dar en este discurso y largamente trabajamos en él. Se hace necesario ponerle fin. También esto ha de atribuirse a nuestras limitaciones: el que si el discurso se alarga todos sentimos fastidio; en cambio en los espectáculos se comienza al medio día y nadie se aparta de ellos sino ya con lámparas y antorchas. Mas, para no estar continuamente acusando os pedimos y suplicamos que os concedáis y nos concedáis este favor: que dejadas a un lado las demás cosas, nos empeñemos en ésta. Porque de ella lucraremos nosotros un premio que es el gozo, la alegría, la alabanza, la gloria, la recompensa. Y vosotros alcanzaréis el premio perfecto si, entregados hasta ahora con frenesí verdadero al teatro y a la orquesta, por medio del temor de Dios y mediante nuestra exhortación, os libráis de semejante enfermedad; y libres ya de esas ataduras, corréis hacia el Señor.

Y no sólo allá en el Cielo conseguiréis la recompensa, sino que también en esta vida alcanzaréis el gozo verdadero. Porque así es la virtud: además de las futuras coronas nos prepara acá una vida llena de suavidad. En consecuencia, obedezcamos esta exhortación, para que consigamos aquellos bienes y también estos otros, por gracia y benignidad de nuestro Señor Jesucristo, con el cual juntamente sea al Padre y al Espíritu Santo la gloria, por los siglos de los siglos. Amén.

HOMILÍA LIX. Y lo echaron fuera. Y supo Jesús que lo habían excomulgado; y habiéndosele hecho encontradizo, le dijo: ¿Crees tú en el Hijo de Dios? El le respondió: ¿Quién es, Señor, para que crea en El? etc. (*Jn 9,35*)

Quienes por confesar a Cristo sufren algún mal o injuria, son los más honrados por Dios. Así como el que ha perdido sus dineros por amor de Dios, sobre todo ése los encontrará después; y quien aborrece su vida es sobre todo quien la ama, así el que es injuriosamente tratado por amor de Dios, por Dios es él colmado de honores. Fue lo que le aconteció al ciego. Lo arrojaron del templo los judíos y le salió al encuentro Jesús, el Señor del templo. Libre ya del grupo de los maleantes, alcanzó la fuente de la salud. Lo deshonraron los que a Cristo deshonraban y fue honrado por el Señor de los ángeles.

Tales son los premios de la verdad. Y lo mismo nos acontecerá a nosotros. Si por Dios perdemos nuestros dineros, alcanzaremos grande confianza en los Cielos. Si aquí damos limosnas a los necesitados, en el Cielo tendremos descanso. Si por Dios se nos injuria, alcanzaremos aquí y allá honras. Al que fue arrojado del templo lo encontró Jesús. El evangelista da a entender que Jesús fue al templo precisamente para salirle al encuentro al ciego. Considera el premio que le da: lo que es el resumen de todos los bienes. Se dio a conocer al que antes lo ignoraba y lo contó en el número de sus discípulos.

Considera además cómo el evangelista pone de manifiesto la presteza de ánimo del ciego. En cuanto Cristo le dice: ¿Crees en el Hijo de Dios? responde: ¡Señor! ¿quién es? Pues aunque ya sanó, aún no lo conocía; porque antes de acercarse el benefactor él estaba ciego; y apenas recibió la vista, aquellos perros lo traían y lo llevaban. De manera que Jesús, a la manera de un presidente de los certámenes, recibe y acoge al atleta coronado tras de incontables trabajos.

Y ¿qué le dice? ¿Crees en el Hijo de Dios? ¿Qué es esto? Tras de tan grande discusión con los judíos; tras de tantos discursos, ¿todavía le pregunta si cree? No lo hace porque lo ignore, sino porque quiere darse a conocer y hacer público el gran aprecio que tiene de la fe del ciego. Como si le dijera: el pueblo tan numeroso me ha injuriado, pero no me cuido de eso. Mi anhelo es que creas. Porque mejor es uno que hace la voluntad del Señor que un millar de pecadores.

¿Tú crees en el Hijo de Dios? Le pregunta como quien está presente y va a recibir la contestación. Y comienza por desterrar en él el anhelo de conocerlo. Porque no le dijo inmediatamente: cree, sino que le preguntó. Y ¿qué responde el ciego?: ¿Quién es, Señor, para que crea en El? Palabra es ésta de quien anhela y vehementemente desea. No conoce quién es aquel en cuyo favor tan grandes cosas aseveró, para que veas cuánto amaba la verdad. Pues aún no lo había visto. Dícele Jesús (Jn. 9, 37): Lo has visto ya. Es el mismo que te habla. No le dijo: Yo soy, sino más oscuramente: Lo has visto ya. Todavía esto era un tanto oscuro, por lo cual más claramente añade: Es el mismo que te habla.

Respondió el ciego (Jn. 9, 38): Creo, Señor. Y lo adoró al punto. No le dijo Cristo: Soy yo el que te ha sanado; el que te dijo: Anda, lávate en Siloé; sino que pasando eso en silencio, le dice: ¿Crees en el Hijo de Dios? Y el ciego, demostrando crecido afecto, al punto lo adoró, cosa que pocos de cuantos curó Jesús hicieron, como aquellos leprosos y algún otro. Cristo manifiesta por aquí su divino poder. Pues para que no se creyera que sus palabras eran sólo palabras, añadió la obra. Y mientras el ciego lo adoraba El dijo (Jn. 9, 39): Yo he venido a este mundo para discriminación, para que los ciegos vean y los que ven se tornen ciegos.

Es lo mismo que dice Pablo (Rm. 9, 30-31): ¿Qué diremos, en conclusión? Que los gentiles que no iban en busca de la justicia, alcanzaron la justicia; la justicia que nace de la fe en Jesús. Pero Israel, que iba en busca de una Ley de justicia, no alcanzó esta.

Al decir Cristo: Yo he venido a este mundo para discriminación, hizo al ciego más firme en la fe, y excitó a la fe a los que le seguían, que eran los fariseos. Para discriminación significa para mayor suplicio; y así declaró que quienes a El lo condenan quedan condenados; y quienes lo llaman un pecador serían reos de pecado. Alude aquí a una doble ceguera y a una doble restitución de la vista: la sensible y la espiritual.

Entonces le dijeron algunos de los que lo seguían (Jn. 9, 40): ¿Acaso también nosotros somos ciegos? Así como en otra ocasión le dijeron: Nosotros no somos esclavos de nadie; y también (Jn. 8, 33.41): Nosotros no somos hijos de fornicación, así ahora no respiran sino cosas sensibles, y por esto les daba vergüenza aquella clase de ceguera. Enseguida Jesús, demostrándoles ser mejor que estuvieran ciegos y no que vieran, les dice (Jn. 9, 41): Si fuerais ciegos no tendríais pecado. Como ellos tenían la ceguera por ignominia, eso mismo lo echa Cristo sobre sus cabezas diciendo: eso os tornaría más suave el castigo. Continuamente por estos modos corta las interpretaciones sensibles y eleva a sublimes y admirables pensamientos. Ahora en cambio decís que veis; como cuando afirmaban (Jn. 8, 54): Del cual decís que es vuestro Dios, así ahora: Pero vosotros decís que veis, pero no veis. Les declara con esto que se les convertirá en castigo precisamente aquello que ellos pensaban ser su mayor gloria. Consuela al ciego de nacimiento de su anterior ceguera y habla luego de la ceguera de los fariseos. Para que no alegaran: No es por ceguera nuestra por lo que no nos acercamos a ti, sino que nos apartamos de ti como engañador, todo su discurso lo centra en la ceguera de ellos.

No sin motivo refiere el evangelista que algunos de los fariseos que con Jesús estaban, fueron los que eso le oyeron y eso le respondieron: ¿Acaso también nosotros somos ciegos?, sino para traerte a la memoria que son los mismos que anteriormente se habían apartado de Jesús y lo querían lapidar. Eran pues algunos que con ligereza superficial lo seguían y fácilmente se tornaban en contrario.

¿Cómo les demuestra Jesús no ser engañador sino Pastor? Poniéndoles delante las señales del engañador y del pastor, con lo que al mismo tiempo les da una oportunidad de conocer la verdad.

Desde luego les demuestra por las Escrituras quién sea engañador y ladrón, pues con estos nombres lo designa diciendo (Jn. 10, 1): En verdad, en verdad os digo: quien no entra por la puerta en el redil de las ovejas, sino que lo asalta por otro lado, es un ladrón y un bandido. Observa los indicios que da del ladrón. En primer lugar, no entra francamente; en segundo lugar, no lo hace como lo han anunciado las Escrituras, pues esto significa el no entrar por la puerta. Alude aquí a los anteriores y a los futuros, como el Anticristo, a los falsos Cristos, a Judas, Teudas y otros semejantes.

Llama puerta a las Escrituras, porque ellas nos introducen a Dios y nos abren el conocimiento de Dios; ellas forman las ovejas; ellas las guardan; ellas vedan la entrada a los lobos. A la manera de una puerta segura impiden y apartan a los herejes, y a nosotros nos dan la seguridad que anhelamos y no dejan que caigamos en error. Si esta puerta no la abrimos, jamás seremos fácil captura de nuestros amigos. Y por aquí además conoceremos a los que son verdaderos pastores y a los que no son verdaderos.

¿Qué significa: Entrar al redil? Es decir, entrar a donde están las ovejas y tener providencia de ellas. El que no echa mano de las Sagradas Escrituras, sino que entra por otro lado al redil, o sea, que toma por un camino que no es el señalado, ese es ladrón. ¿Observas cómo por el hecho de citar las Escrituras está de acuerdo con el Padre? Por lo mismo decía a los judíos (Jn. 5, 39): Escrutad las Escrituras y citó a Moisés como testigo y también a todos los demás profetas. Pues dice: Todos los que creen a los profetas vendrán a mí; y también: Si oyerais a Moisés, creeríais en mí? Es lo mismo que dice aquí, aunque metafóricamente.

Y cuando dice (Mt. 15, 9): Asalta por otro lado, indica a los escribas que enseñaban prescripciones y doctrinas humanas, y traspasaban la Ley. Así, echándoles esto en cara les decía (Jn. 7, 19): Ninguno de vosotros cumple con la Ley. Con exactitud dice: asalta; y no entra, con lo que indica al ladrón que trata de escalar la pared y se expone a peligro. ¿Adviertes cómo ha descrito al ladrón? Pues considera ahora las señales del buen pastor. ¿Cuáles son? (Jn. 10, 2-4): El que entra por la puerta es el pastor de las ovejas. A éste el portero le abre y las ovejas atienden a su voz, y llama a sus ovejas, a cada una por su nombre propio; y una vez que las ha sacado, camina delante de ellas. Ha puesto ya Jesús las señales del pastor y del ladrón. Veamos cómo aplica a los judíos lo que sigue. Dice: A éste el portero le abre. Insiste en la metáfora para hablar con mayor colorido y fuerza. Y si quieres examinar la parábola palabra por palabra, verás cómo nada impide que aquí por el portero entendamos a Moisés. A él se le entregó la palabra de Dios, y las ovejas oyen su voz.

Y llama a cada una por su nombre propio. Puesto que con frecuencia lo llamaban engañador y confirmaban eso con el hecho de no haber ellos creído en El, pues decían: ¿Acaso alguno de los jefes ha creído en El?, ahora asevera Jesús que la incredulidad de ellos no lo demuestra engañador a El, sino que ellos mismos debían ser llamados engañadores perniciosos, ya que no cuidaban de sí mismos; y por esto con toda justicia habían sido excluidos del redil. Si es propio del pastor entrar por la puerta señalada, y El ha entrado por ella, cuantos lo sigan podrán ser sus ovejas. Pero quienes se han apartado, no han dañado al pastor por eso, sino que ellos son los que han dejado de pertenecer al rebaño.

Y que nadie se extrañe si luego El mismo se llama puerta, pues también se llama, ya pastor, ya oveja, según los diversos modos de su providencia. Cuando nos ofrece al Padre se llama puerta; y cuando cuida de nosotros se llama pastor. Pues para que no vayas a pensar que su única obra es ofrecernos al Padre, se llama también pastor. Y las ovejas oyen su voz. Y llama a sus propias ovejas, y las saca y camina delante de ellas. Pero ¿cómo es esto? Al contrario, los pastores siguen detrás de las ovejas. Jesús sigue una costumbre contraria a la de los pastores para declarar que El a todos los llevará a la verdad. Y lo mismo, una vez que las sacó del redil no las echó al campo libre, sino que las saca de en medio de los lobos. Porque este oficio y cuidado de nosotros es más admirable que el de los pastores.

Me parece que aquí Jesús alude al ciego, al cual llamó de en medio de los judíos, y el ciego oyó su voz y lo siguió. En cambio (Jn. 10, 5): A un extraño no lo siguen pues no conocen la voz de los extraños. Se refiere a Teudas y Judas y sus seguidores (pues dice la Escritura (Hch. 5, 36): Cuantos creyeron en ellos se disgregaron); o también a muchos seudocristos que más tarde habían de engañar a muchos. Para que no lo confundieran con ésos se muestra muy diferente de ellos.

Y la primera diferencia la toma de la Escritura y de su doctrina, puesto que El por aquí los conducía, mientras que los otros los arrastraban por otros medios. La segunda es la obediencia de las ovejas, pues creyeron en El no sólo mientras vivía, sino aun después de muerto; mientras que a los fariseos al punto los abandonaron. Podemos añadir otra y no pequeña diferencia: que aquéllos, Judas y Teudas, procedían como tiranos y todo lo hacían para separación y disensión; mientras que El tan lejos estaba de semejante sospecha que cuando lo quisieron proclamar rey, huyó; y cuando le preguntaron si era lícito pagar el tributo al César, ordenó que se le pagara; y El mismo pagó la didracma.

Añádase que El vino para salvación de las ovejas y para que tuvieran vida y la tuvieran más abundante (Mt. 17, 27; Jn. 10, 10); mientras que aquellos otros a sus secuaces aun de la vida presente los privaban. Además, aquéllos traicionaban a quienes de ellos se habían confiado y se dieron a la fuga; mientras que Cristo se mantuvo con una fortaleza tan grande que dio la vida por sus ovejas. Aquéllos padecieron contra su voluntad, obligados y rehuyéndolo; Jesús, en cambio, todo lo soportó voluntariamente y con gusto.

(Jn. 10, 6) Esta parábola les propuso Jesús, mas ellos no comprendieron el sentido de lo que les decía. ¿Por qué les hablaba oscuramente? Para volverlos más atentos. Pero una vez que lo logró, les habló más claramente diciendo (Jn. 10, 9): Yo soy la puerta. El que entre por mí entrará y saldrá y hallará pastos. Quiere decir que vivirá en libertad segura (llama aquí pastos al alimento de las ovejas y a la potestad y dominio), es decir: Permanecerá dentro y nadie lo echará de ahí; que fue lo que les aconteció a los apóstoles, los cuales con absoluta libertad se movían, como dueños y señores del orbe entero; y nadie pudo echarlos.

(Jn. 10, 8) Todos los que vinieron antes de Mí eran ladrones y salteadores, pero las ovejas no los escucharon. No se refiere aquí a los profetas, como afirman los herejes (puesto que a ellos sí los oyeron y por su medio creyeron todos los que en Cristo creyeron), sino a Teudas y a Judas y a los otros sediciosos. Y lo otro: No escucharon su voz lo dice en alabanza de las ovejas. Pero nunca alaba a quienes no oyeron a los profetas. Al revés, a éstos grandemente los reprende y reprueba. De modo que por aquí se ve claro lo de que: No los oyeron, se dijo por los sediciosos.

(Jn. 10, 10) El ladrón no viene sino para robar y matar y destruir, como sucedió con los sediciosos, pues todos fueron destrozados y muertos. Pero yo vine para que tengan vida y la tengan sobreabundante. Pregunto yo: ¿qué hay más sobreabundante que la vida? El Reino de los Cielos; aunque aquí no lo nombra, sino que dice vida como cosa conocida de ellos. Yo soy el buen pastor (Jn, 10, 11). Finalmente, aquí trata de su Pasión y declara que será para la salvación del mundo y que no sufrirá contra su voluntad. A continuación vuelve al ejemplo del pastor y el mercenario. El buen pastor expone su vida. El asalariado, que no es el pastor, de quien no son propias las ovejas, ve venir al lobo y abandona a las ovejas y huye y viene el lobo y las arrebata (Jn. 10, 12). Se muestra aquí con el mismo poder que el Padre, puesto que El es el Pastor a quien pertenecen las ovejas. Adviertes cómo mediante las parábolas se expresa con mayor sublimidad. Es porque siendo el lenguaje oscuro, no da a los oyentes ocasión clara de criticarlo. Y ¿qué hace el asalariado?: Ve venir al lobo y abandona las ovejas y huye, y viene el lobo y las arrebata. Esto fue lo que aquéllos hicieron; pero El procede de un modo contrario. Así, cuando fue aprehendido, dijo (Jn. 18, 8-9): Dejad marchar a éstos para que se cumpliera la profecía de que no perecería ninguno de ellos. Puede esto entenderse también del lobo espiritual, al cual El no le permitió que le arrebatara sus ovejas. Y por cierto que éste no es solamente lobo, sino además león. Pues dice la Escritura (1P. 5, 8): Nuestro adversario el diablo da vueltas en derredor como león que ruge. Y también es dragón y serpiente (Lc. 10, 19): Caminad sobre serpientes y escorpiones.

Os ruego, pues, que permanezcamos bajo el cuidado del Pastor, y permaneceremos si escuchamos su voz, si lo obedecemos, si oímos su voz, si no seguimos a un extraño. Y ¿cuál es su voz? ¿Qué es lo que dice? (Mt. 5, 3.8.7): Bienaventurados los pobres de espíritu; bienaventurados los limpios de corazón; bienaventurados los misericordiosos. Si eso hacemos, permaneceremos bajo la guarda del Pastor, y el lobo no podrá entrar en el redil. Y aunque acometa, lo hará para daño suyo. Tenemos un Pastor que nos ama en tal manera que dio su vida por nosotros. Si pues es tan poderoso y tanto nos ama ¿qué impide para que consigamos la salvación? ¡Nada! A no ser que nosotros mismos fallemos.

¿Cómo fallaríamos? Escuchad lo que dice (Mt. 6, 24): No podéis servir a dos señores, a Dios y a la riqueza. Si pues servimos al Señor, no caeremos en la tiranía del dinero. Porque la codicia de riquezas es más dura que cualquier tiranía. No lleva consigo placer alguno, sino solicitudes, envidias, asechanzas, odios, falsas delaciones y mil impedimentos para la virtud, y pereza, lascivia, avaricia, embriaguez: vicios todos que a quienes son libres los sujetan a la esclavitud y los hacen peores que los esclavos; puesto que los constituyen esclavos no de hombres, sino de la enfermedad espiritual más grave de todas.

El así esclavizado se atreve a infinitas cosas que desagradan tanto a Dios como a los hombres, por el temor de que alguien los despoje y libre de su esclavitud. ¡Oh esclavitud amarga! ¡oh poder diabólico! Esclavitud la más pesada de todas, pues hace que enredados en males infinitos, en ellos nos deleitemos y abracemos nuestras cadenas y que, habitando en tenebrosa cárcel, huyamos de la luz y nos ciñamos de males y nos gocemos en la muerte. Por lo cual nos es imposible librarnos y nos encontramos en peor condición que los condenados al trabajo de las minas. Porque quebrantados a fuerza de trabajos y miserias, ningún provecho sacamos de eso. Y lo peor que todo es que si alguno quisiera librarnos de cautividad semejante, no lo soportamos; lo llevamos mal; nos airamos; y nos hallamos en una disposición de ánimo no mejor que la de los locos; y aun peor que la de ellos, pues no queremos que se nos libre de semejante locura.

¿Acaso para esto viniste al mundo, oh hombre? ¿Para esto fuiste hecho hombre? Para trabajar semejantes minas y amontonar oro? No fue esa la finalidad que Dios tuvo al crearte a su imagen, sino que cumplieras su voluntad y consiguieras la vida futura y convivieras con los coros de los ángeles. ¿Por qué te derribas de semejante nobleza y te arrojas al extremo de la ignominia y de la infamia? El otro, nacido del mismo parto que tú, digo del mismo parto espiritual, muere de hambre, y tú revientas con la abundancia de haberes. Tu hermano lleva consigo un cuerpo desnudo, y tú añades vestidos a vestidos, y preparas semejante amplitud para pasto de gusanos. ¡Cuánto mejor sería cubrir con ella los cuerpos de los pobres! Así no la consumiría la polilla, te libraría de todo cuidado y te prepararía la vida futura. Si no quieres que la consuma la polilla dala a los pobres. Ellos sabrán muy bien sacudir esos vestidos.

El cuerpo de Cristo es más precioso que cualquier arcón y más seguro. Y no solamente los conserva incorruptos, sino que los toma más espléndidos. Con frecuencia el robo del arca con todo y tus vestidos, te causa un daño; pero esa otra arca ni la muerte puede destruirla. Puesto que para ella no necesitamos ni puertas ni cerrojos ni criados que vigilen, ni otra alguna aseguración. Libre está en absoluto de asechanzas, como conviene que estén los bienes que se han colocado en Cielo. Allá el no puede alcanzar ninguna injusticia.

Nunca cesamos nosotros de deciros estas cosas, pero vosotros no nos obedecéis. Y la causa es nuestra pequeñez de ánimo y que anhelamos las cosas terrenas. Pero lejos de mí condenaros a todos por igual, como si todos estuvierais enfermos desahuciados. Pues aun cuando aquellos que se embriagan de riquezas cierren sus oídos para oír, pero los otros que viven en pobreza pueden atender a lo que se dice.

Dirás: pero ¿qué utilidad se sigue de que los pobres oigan esto? Ellos no poseen oro ni vestidos tales. Cierto es, pero tienen su pan y agua fresca, tienen dos óbolos y pies con que visitar a los enfermos; tienen lengua y palabras con que consolar a los desdichados, tienen casa y techo en donde recibir en hospedaje. No pedimos a los pobres tantos más cuantos talentos, sino a los ricos. Si el Señor llega a la puerta de un pobre, no se avergonzará de recibir de limosna aunque sea un óbolo, sino que estimará haber recibido mucho más que de los otros que mucho le dieron.

¡Cuántos hay ahora que desearían haber vivido en el tiempo en que Cristo en carne mortal recorría la tierra, para poder hablar con El y ser participantes de su mesa y sus comensales! Pues bien: esto se puede ahora. Podemos invitarlo a la comida, comer con El y con mayor ganancia. Puesto que de aquellos que con El se sentaban a la mesa, muchos perecieron, como Judas y los a él semejantes. Pero cuantos ahora lo inviten a su casa, y lo hagan participante de su mesa y su techo, gozarán de amplísima bendición. Pues dice El (Mt. 25, 34-36): Venid, benditos de mi Padre. Tomad posesión del reino preparado para vosotros desde el principio del mundo. Porque tuve hambre y me disteis de comer; tuve sed y me disteis de beber; fui peregrino y me acogisteis; estuve enfermo y me visitasteis; encarcelado y me asististeis. A fin de que también nosotros escuchemos estas palabras, vistamos al desnudo, recibamos en hospedaje, alimentemos al hambriento, demos de beber al sediento, visitemos al enfermo y al encarcelado, para que así alcancemos confianza ante Dios y perdón de nuestras culpas, y consigamos aquellos bienes que superan todo discurso y todo entendimiento.

Ojalá todos los alcancemos por gracia y benignidad de nuestro Señor Jesucristo, al cual sean la gloria y el poder por los siglos de los siglos. Amén.

HOMILÍA LX. Yo soy el buen pastor; y conozco a mis ovejas y mis ovejas me conocen a Mí. A la manera que el Padre me conoce, también Yo conozco al Padre, y entrego mi vida por mis ovejas (*Jn 10,14-15*)

Gran cosa, por cierto, gran cosa es estar al frente de la Iglesia y necesita esto de eximia virtud y fortaleza; tanta como dijo Cristo; de tal manera que dé su vida por las ovejas y jamás las abandone; y haga frente esforzadamente a los lobos. En esto difiere el pastor de los mercenarios. Estos, despreciando el rebaño, continuamente miran por la propia salud; en cambio, aquél, despreciando su salud, cuida únicamente la de las ovejas. Cristo, tras de haber indicado las señales del buen pastor, declara dos clases de hombres dañinos al rebaño: una es la del ladrón que mata y arrebata las ovejas; la otra es la del que no hace el daño personalmente, pero no aleja al ladrón ni lo estorba. Por el primero significa a Teudas; por el otro a los doctores judíos que para nada cuidaban de las ovejas que se les habían encomendado. De esto los acusaba ya antiguamente Ezequiel diciendo (Ez. 34, 2): ¡Ay de los pastores de Israel que se apacientan a sí mismos! ¿no deben los pastores apacentar al rebaño?! Pero ellos hacían todo lo contrario, lo cual es un género de malicia grandísima y causa de los demás males. Por lo cual continúa el profeta (Ez. 34, 4): No volvían al redil las ovejas descarriadas ni buscaban las que se habían perdido ni ligaban las que se habían quebrado ni curaban a las enfermas; porque no apacentaban a las ovejas, sino a sí mismos. Y lo mismo dice Pablo con diversas expresiones (Flp. 2, 21): Todos buscan sus propios intereses y no los de Jesucristo. Y también: Nadie busque su propio interés, sino el bien del prójimo. De ambas clases de perniciosos se aparta Jesús. De los que se llegan para matar cuando dice (1Co. 10, 24; Jn. 10, 10): Yo he venido para que tengan vida y la tengan sobreabundante; y de los que de nada cuidan, aun cuando el lobo arrebate las ovejas, pues El no las abandona, sino que da su vida para que no perezcan.

Cuando los judíos pensaron en darle muerte, no desistió de enseñar ni traicionó a los creyentes, sino que estuvo firme y sufrió la muerte. Por lo cual repetía: Yo soy el buen pastor. Y luego, como no había testimonio alguno de ello, pues lo de Doy mi vida sucedió hasta poco después; y lo de Para que tengan vida y la tengan sobreabundante acontecería hasta después de su muerte ¿qué hace? Confirma lo uno con lo otro; o sea, con dar su vida confirma que también dará la vida a sus ovejas. Así decía Pablo (Rm. 5, 10): Pues si cuando éramos enemigos fuimos reconciliados con Dios por la muerte de su Hijo, mucho más una vez reconciliados ya, seremos salvos en su vida. Y en otro sitio (Rm. 8, 32): El que a su propio Hijo no perdonó, sino que lo entregó por todos nosotros ¿cómo no nos dará benévolo a una con El todas las cosas?

Mas ¿por qué ahora no lo acusan, como antes, diciéndole (Jn. 8, 13): Tú das testimonio de ti mismo; tu testimonio no es fidedigno? Porque ya muchas veces les había cerrado la boca, y a causa de los milagros podía usar de mayor franqueza en expresarse y hacerles frente más confiadamente. Luego, pues anteriormente había dicho: Y mis ovejas oyen mi voz y la siguen, para que: alguno no objetara y le dijera: Bueno, pero ¿los que no creen?, oye lo que sigue. Y conozco a mis ovejas y mis ovejas me conocen a Mí. Pablo lo dijo también (Rm. 11, 2): No rechazó Dios a su pueblo, al cual conoció de antemano y lo eligió para El. Y Moisés, por su parte (2Tm. 2, 19): Conoció el Señor a los suyos.

Y para que no creyeran ser igual el modo de conocer, oye cómo lo corrige en lo que sigue. Dice: Conozco a mis ovejas y ellas me conocen a Mí. Pero no con igual conocimiento. ¿En dónde sí es igual? Entre el Padre y el Hijo. Pues dice: Así como me conoce el Padre, también yo conozco al Padre. Si no era la desigualdad de conocimiento lo que intentaba probar ¿para qué habría añadido esa última frase? Como con frecuencia se coloca en el mismo orden y nivel que los demás hombres, para que nadie pensara que El conocía al Padre con un conocimiento como el humano, añadió: Así como me conoce el Padre, así también yo conozco al Padre. Tan perfectamente lo conozco como El a Mí. Por lo cual había dicho (Lc. 10, 22): Nadie conoce al Hijo sino el Padre, ni al Padre sino el Hijo, indicando un modo particular de conocimiento, tal que nadie más puede alcanzarlo.

Yo doy mi vida. Frecuentemente lo repite, declarando que no es engañador. Lo mismo que el Apóstol, para demostrar que era verdadero Maestro y para distinguirse de los falsos apóstoles, recurría a los peligros de muerte y por ellos se recomendaba y decía (2Co. 11, 23): En azotes, sin número; en peligros de muerte, muchas veces. Cuando Jesús decía Yo soy la luz, Yo soy la vida, les parecía a los necios que hablaba así por orgullo; pero cuando decía quiero morir no se atraía envidias. Por tal motivo aquí no le objetan: Tú das testimonio de ti mismo; tu testimonio no es fidedigno. Además, con sus palabras demostraba sumo cuidado de ellos, puesto que se quería entregar a la muerte por los que lo lapidaban.

En consecuencia, oportunamente introduce su discurso acerca de los gentiles (Jn. 10, 16): Porque Yo tengo otras ovejas que no son de este aprisco. Y conviene que también a éstas yo las traiga. De nuevo echó mano de la palabra conviene, que no implica ninguna necesidad; y es como si dijera: De hecho así sucederá. ¿Por qué os admiráis de que estas ovejas me hayan de seguir y de que mis ovejas hayan de escuchar mi voz? Cuando veáis a las otras siguiéndome y escuchándome, más os espantaréis.

Y no te burles porque diga: Que no son de este aprisco. Pues solamente existe una diferencia legal, como dice Pablo (Gal. 5, 6): La circuncisión nada es y la incircuncisión nada vale. Y conviene que yo las atraiga. Declara con esto que gentiles y judíos andan dispersos y mezclados y sin pastores, porque aún no había llegado aquel buen Pastor. Luego profetiza que se unirán: Y habrá un solo rebaño. Es lo mismo que Pablo significa al decir (Ef. 2, 15): Para crear en sí mismo de los dos un solo hombre nuevo.

(Jn. 10, 17) Por esto me ama el Padre, porque yo entrego mi vida, bien que para recobrarla de nuevo. ¿Habrá cosa más humilde que este lenguaje? El Señor nuestro es amado por causa de nosotros, pues por nosotros va a la muerte. Pero dime: ¿es que anteriormente no era amado sino que ahora comienza el Padre a amarlo y somos nosotros la causa de ese amor? ¿Adviertes en qué forma se adapta a nuestra debilidad? Pero ¿qué es lo que aquí intenta demostrar? Pues lo llamaban ajeno al Padre y engañador, y decían que había venido para ruina del hombre, El asevera: Si otra cosa no, a lo menos ésta me ha atraído a amaros: que vosotros, como Yo, sois amados del Padre; y que El os ama porque Yo doy mi vida por vosotros. Quiere además demostrar que no va a la muerte contra su voluntad; pues si su muerte fuera involuntaria ¿cómo podría ser vínculo de amor? Y también que ella es voluntad de su Padre. No te espantes de que diga esto, hablando en cuanto hombre; pues ya muchas veces hemos explicado la causa de esto y resulta superfluo y molesto repetirla.

(Jn. 10, 18) Yo entrego mi vida, bien que para recobrarla de nuevo. Nadie me la quita, sino que Yo voluntariamente la entrego. Tengo el poder de entregarla y tengo el poder de recobrarla. Puesto que muchas veces se habían confabulado para matarlo, dice: Si yo no quiero, vuestro empeño será en vano. Confirma con lo primero lo segundo, es decir, la resurrección con la muerte. Cosa admirable es ésta y que espanta; porque ambas cosas fueron nuevas y fuera de costumbre. Atendamos con diligencia a lo que dice: Tengo el poder de entregar mi vida. Pero ¿hay alguno que no tenga poder de quitarse la vida? Todos pueden darse la muerte. Pero no en ese sentido en que El habla. Entonces ¿cuál es ese sentido? Como si dijera: De tal modo tengo potestad de entregar mi vida que nadie puede quitármela si Yo no quiero. No sucede así en los demás hombres. Nosotros no podemos dejar nuestra vida si no es dándonos la muerte. Si caemos en manos de quienes nos ponen asechanzas, ya no está en nuestra mano entregar o no nuestra vida, ya que ellos pueden matarnos: nos la quitan contra nuestra voluntad.

En cambio, Cristo no va por esos caminos; pues aun cuando otros le pusieran asechanzas, podía El no entregar su vida. Por tal motivo, habiendo dicho: Nadie me la quita, añadió: Tengo poder de entregar mi vida. Es decir: Sólo Yo puedo entregarla y vosotros no tenéis poder para quitármela. Muchos hay que pueden quitarnos la vida. Pero Cristo no dijo eso al principio, pues no se le habría creído, sino cuando ya tenía el testimonio de sus obras. Pues como ellos con frecuencia le pusieran asechanzas, sin embargo no pudieron poner en El las manos, sino que muchas veces se les fue de entre ellas. Ahora finalmente les dice: Nadie me quita la vida.

Si esto es verdad se sigue de aquí que voluntariamente vino al mundo para eso; y por esto mismo se confirma que puede cuando quiera recobrar su vida de nuevo. Puesto que si el morir de ese modo es algo más allá de lo humano, en lo demás ya no puedes poner duda. Siendo El dueño de entregar su vida, con el mismo poder la recabará cuando le plazca. Mira, pues, cómo por lo primero confirma lo segundo; y por el modo de su muerte demuestra su indudable resurrección.

Este es el mandato que he recibido de mi Padre. ¿Cuál? Que yo muera por el mundo. ¿Esperó acaso hasta escuchar el precepto y entonces obedeció? ¿o siquiera tuvo necesidad de escucharlo? Pero ¿quién que no esté loco lo afirmaría? Así como cuando anteriormente dijo: Por eso me ama el Padre, demostró su libre voluntad y quitó toda sospecha de lo contrario, así ahora cuando dice haber recibido el mandato de su Padre, no significa otra cosa sino que agrada al Padre lo que El hace. Y lo dijo para que no sucediera que una vez muerto creyeran que el Padre lo había abandonado y traicionado; ni a El lo recriminaran como en efecto luego lo recriminaron diciéndole (Mt. 27, 42.40): A otros salvó y a Sí mismo no puede salvarse. Y también: Si eres el Hijo de Dios, baja de la cruz. Precisamente porque era el Hijo de Dios no descendió de la cruz.

Y para que al oír: Este mandato he recibido de mi Padre, no fueras a pensar que la obra redentora era de otro, ya de antemano dijo: El buen pastor da su vida por sus ovejas, demostrando así que las ovejas son suyas, y que toda la obra llevada a cabo es suya y que no necesitaba mandato alguno. Si hubiera necesitado mandato ¿por qué habría dicho: Yo voluntariamente entrego mi vida? Quien voluntariamente la entrega no necesita mandato. Añade luego el motivo por el que lo hace. ¿Cuál es? Porque es El, el Pastor y buen Pastor. Y el buen pastor no necesita que otro lo exhorte a dar su vida. Y si esto es así entre los hombres, mucho más lo es en Dios. Por lo cual Pablo decía (Fplp. 2, 7): Se anonadó a Sí mismo. De modo que aquí al decir mandato sólo quiere significar su concordia con el Padre. Y si lo dijo en forma tan humana y humilde, debe atribuirse a la debilidad de los oyentes.

(Jn. 10, 19) Se produjo, pues, el desacuerdo entre los judíos a causa de este discurso. Unos decían: Está poseso y delira. ¿Por qué lo escucháis? Otros decían: Este discurso no puede ser de un endemoniado. ¿Puede acaso el demonio abrir los ojos de los ciegos? Como lo que Jesús decía sobrepasaba lo humano y acostumbrado, lo llamaban endemoniado, y ya cuatro veces así lo habían llamado. Pues anteriormente decían: Tienes demonio: ¿quién busca matarte? Y luego: ¿No decimos bien que eres samaritano y tienes demonio? Y aquí: Está poseso y delira.

¿Por qué lo escucháis? Más aún: no sólo cuatro veces. Consta que otras muchas oyó el mismo dicterio. Pues por la forma en que se expresan: ¿No decimos bien que tienes demonio? confirman que eso se le dijo no una, dos ni tres veces, sino muchas más.

Otros decían: Este discurso no puede ser de un endemoniado. ¿Puede acaso el demonio abrir los ojos de los ciegos? No pudiendo éstos acallar a los otros con solas palabras, recurren a las obras. Ciertamente las obras no son propias de un endemoniado; de modo que si por las palabras no os convencéis, a lo menos tened respeto a las obras. Y si éstas son sobrehumanas y no de endemoniado, es manifiesto que proceden de un poder divino.

¿Adviertes el razonamiento? Que las obras fueran sobrehumanas era cosa clara, pues decían de El aquellos otros: Tiene demonio. Que no tuviera demonio lo demostraban los milagros que había hecho. Entonces ¿qué dice Cristo? A esto nada responde, porque ya antes había respondido: Yo no tengo demonio. Ahora nada dice. Calló porque ya mediante las obras había dado la demostración de su aserto. Por otra parte, no eran dignos de una respuesta quienes lo llamaban endemoniado a causa de obras por las que debían admirarlo y tenerlo por Dios. ¿Qué necesidad había de refutarlos El cuando ellos mismos entre sí no concordaban sino que altercaban? Por tal motivo Jesús callaba y lo sufría tranquilo.

Pero no era la causa única, sino también para enseñarnos mansedumbre y longanimidad. En consecuencia, imitémoslo. Pues no solamente guardó silencio, sino que de nuevo se presenta ante ellos; y preguntado, les responde y da pruebas de su providencia. Llamado poseso y loco por los mismos hombres a quienes había hecho inmensos beneficios, y esto no una ni dos veces solamente, sino muchas, no sólo no se vengó, sino que no desistió de seguir haciéndoles beneficios. Pero ¿qué digo hacerles beneficios? Dio su vida por ellos, y ya crucificado, todavía habla en favor de ellos al Padre. Imitémoslo. Esto es ser discípulos de Cristo, ser mansos y humildes.

Pero ¿cómo llegaremos a esa mansedumbre? Si con frecuencia pensamos en nuestros pecados, si los lloramos, si derramamos lágrimas. El alma que en semejante dolor se ejercita, no se aíra. En donde hay dolor no puede haber ira; en donde hay contrición no puede haber indignación. El alma afectada por el llanto no tiene tiempo de exacerbarse, sino que amargamente gime y más amargamente llora. Bien sé que muchos al oírme se burlan; pero yo no me cansaré de llorar a esos que ríen. Porque el tiempo presente es de llanto y de gemidos. Mucho pecamos en las palabras y en las obras. Pero a quienes así se portan les espera la gehena, y el ardiente río de fuego de márgenes de llamas y la pérdida del Reino de los Cielos, lo que es más grave que todo eso. Y todavía, dime, ¿tras de semejante conminación continúas riendo entre placeres? Y mientras tu Señor está irritado y te conmina ¿tú perseveras en tus caídas y no temes prepararte por ese camino aquel horno ardiente?

No escuchas lo que cada día clama: Me viste hambriento y no me diste de comer; sediento y no me diste de beber. Apartaos al juego preparado para el diablo y sus ángeles. Esto es lo que cada día nos conmina. Dirás: Ya le di alimento. ¿Cuándo? ¿Durante cuántos días? ¿Por diez o por veinte? No se contenta El con eso, sino que lo anhela por todo el tiempo que pasas acá en la tierra. También las vírgenes necias tenían óleo, pero no el suficiente para salvarse. También ellas encendieron sus lámparas y sin embargo quedaron excluidas del tálamo nupcial, y con toda justicia, porque sus lámparas se apagaron antes de la llegada del esposo.

Necesitamos, pues, abundante óleo y gran liberalidad. Oye lo que dice el profeta (Sal. 51, 1): Compadécete de mí, oh Dios mío según tu gran misericordia. Conviene, pues, que también nosotros nos compadezcamos del prójimo con cuanta misericordia nos sea posible. Como nos portemos con los prójimos, así hallaremos que se porta el Señor con nosotros. Y ¿cuál es la misericordia grande? Cuando damos no de lo que nos sobra sino de lo que necesitamos. Pero si no damos ni siquiera de lo superfluo ¿qué esperanza nos queda? ¿cómo nos libraremos del castigo? ¿A dónde nos acogeremos para ser salvos?

Si aquellas vírgenes tras de tan graves trabajos no lograron consuelo alguno ¿quién podrá patrocinarnos cuando oigamos aquellas terribles palabras del Juez que nos echará en cara: Hambriento, no me alimentasteis! Y también: Lo que no hicisteis con uno de estos pequeñuelos, tampoco conmigo lo hicisteis. No habla aquí Cristo únicamente con sus discípulos y con los monjes, sino con todos los fieles. Pues quien así se porte, aun cuando sea un esclavo o un mendigo de la plaza, con tal que crea en Dios, con derecho goza de toda benevolencia. Y si a ése lo desechamos, desnudo y hambriento, oiremos aquellas palabras y con plena justicia.

¿Qué cosa grave o pesada nos exige Cristo? ¿Cuál que no nos sea facilísima? Porque no dijo: Estaba enfermo y no me sanasteis, sino: No me visitasteis. No dijo: Estaba encarcelado y no me librasteis, sino: No vinisteis a verme. Pues bien, cuanto más fáciles son los preceptos, tanto mayor será el castigo para quienes no los cumplen. Pregunto: ¿Hay cosa más fácil que visitar la cárcel? ¿Hay algo más dulce? Cuando veas ahí a unos encadenados, a otros pálidos y consumidos, crecidos los cabellos, andrajosos; a otros acabados por el hambre y que se acurrucan a tus pies a la manera de los perros; a otros con los costados destrozados; a otros que llegan del foro atados, y que mendigando todo el día íntegro no lograron ni siquiera el alimento completo; y luego durante la tarde los veas obligados a desempeñar oficios pesados y crueles, entonces, aun cuando seas de piedra, saldrás de ahí con muy humanos sentimientos. Entonces, aun llevando una vida confortable y disoluta, saldrás de ahí habiendo reflexionado sobre la condición de la vida humana y haberla confrontado en las ajenas desgracias.

Ahí te vendrá a la mente aquel día tremendo y aquellos variados castigos. Y meditando en eso, echarás de ti la ira, el placer y el amor de las cosas de este siglo; y aquietarás tu ánimo encrespado con las olas pasionales, mejor que en cualquier puerto. Meditarás entonces en el juicio, pensando en que si acá entre los hombres hay tan grande orden y terror y amenazas, mucho más los habrá delante de Dios. Pues no hay poder que no venga de Dios (Rm. 13, 1). Aquel que dio poder a los de acá para imponer así el orden, mucho más lo impondrá El. En verdad que si semejante temor no existiera, todo quedaría destruido, pues aun amenazando tan graves castigos, todavía muchos se entregan a la maldad.

Si en estas cosas meditas, te hallarás más presto para hacer limosna y tendrás gran placer en ello, mucho mayor que el de quienes bajan a los teatros. Porque los que salen del teatro van ardiendo en concupiscencia. Cuando en la escena observan a las mujeres aquellas resplandecientes de adornos, se tomarán, atravesados de mil heridas, al modo de mar hirviente. El ánimo se encontrará abrumado por el aspecto de ellas, sus posturas, sus palabras, sus movimientos y todas las demás circunstancias.

En cambio, los que salen del espectáculo de la cárcel, nada de eso experimentan, sino que gozan de suma tranquilidad. La compunción nacida de la vista de aquellos encadenados apaga todo aquel otro fuego. Si al que sale de la cárcel se le presenta una prostituta provocativa, ella no le hará daño alguno; pues hecho en cierto modo insensible a los afeites, no quedará cogido en las redes de aquel aspecto, sino que, al revés, contra semejante aspecto se le pondrá delante el temor del juicio.

Por esto Salomón, experimentado en toda clase de deleites, decía (Qo. 7, 2): Más vale ir a la casa de luto que a casa de festín. Quien acá siga ese procedimiento, al fin escuchará aquellas dulcísimas palabras. Por lo mismo, no descuidemos esa obra de misericordia. Aunque no podamos llevar a la cárcel alimentos ni plata, pero podremos consolar los ánimos decaídos con nuestras palabras y ayudarlos de muchos modos, ya sea hablando a quienes los metieron en la cárcel, ya volviendo más mansos a los guardianes; y así algún auxilio les llevamos. Si alegas que ahí no hay hombres probos ni buenos ni útiles para nada, sino homicidas y violadores de sepulcros y ladrones y lascivos y cargados de infinitos crímenes, precisamente me demuestras la necesidad de más aún visitarlos.

Porque no se nos manda compadecemos de los buenos y castigar a los malos, sino ser misericordiosos para con todos. Porque dice el Señor (Mt. 5, 45): Sed semejantes a vuestro Padre celestial, que hace nacer su sol sobre malos y buenos y llueve sobre justos y pecadores. Por lo mismo no acuses acremente a esos otros, ni seas juez con excesivo rigor, sino sé manso y humano. Nosotros, aun cuando no seamos adúlteros ni violadores de sepulcros, pero somos reos de otros vicios dignos de infinitos castigos. Quizá hemos llamado fatuo a nuestro hermano y nos hemos hecho reos de la gehena; o hemos visto a la mujer con ojos impúdicos, lo cual es pleno adulterio; y aun quizá, lo que constituye un gravísimo pecado, hemos participado indignamente de los sagrados misterios y nos hemos hecho reos de la sangre y cuerpo de Cristo. En consecuencia, no nos hagamos escrutadores acerbos de los demás, sino pensemos nuestras obras y así aplacaremos nuestra cruel inhumanidad.

Sin embargo, debemos añadir que en las cárceles encontraremos cantidad de hombres probos, que valen tanto como una ciudad entera. La cárcel en donde estaba José encerraba muchos malvados; y sin embargo ese justo cuidaba de todos y andaba oculto entre ellos. Valía más que todo Egipto; y a pesar de todo, en la cárcel era desconocido de todos. Pues también ahora, verosímilmente hay en las cárceles muchos hombres de bien y honrados, aunque no todos los conozcan. El cuidado que de ellos tengamos compensa con abundancia los servicios hechos a los demás.

Pero aun en el caso de que no hubiera ninguno bueno, a ti te está reservada una magnífica recompensa. Por cierto que el Señor tuyo no hablaba únicamente con los justos y esquivaba a los impuros, pues recibió con mucha benevolencia a la Cananea y a la impura y pecadora samaritana y también a la otra prostituta la acogió y la sanó, cosa que los judíos le echaron en cara. Toleró que las lágrimas de la mujer impura regaran sus pies, para enseñarnos a recibir con mansedumbre a los pecadores. Porque ésta es la suma mansedumbre.

¿Qué dices? ¿Qué ladrones y violadores de sepulcros llenan la cárcel? Pues yo te pregunto: ¿Acaso todos los que habitan en la ciudad son justos? ¿No hay acá por desventura muchos que son peores y que más desvergonzadamente roban? Porque aquéllos por lo menos alegan y echan por delante la soledad y las tinieblas de la noche y proceden a ocultas; mientras que estos otros sin disfraces y con la cabeza erguida perpetran sus robos y son violentos, raptores, avaros. Al fin y al cabo es cosa difícil encontrar a alguien del todo inocente.

Si no robamos oro, si no arrebatamos tantas más cuantas yugadas de terreno, pero según nuestros posibles hacemos lo mismo en cosas menores con el hurto y el fraude. Cuando en el comercio, al comprar o vender, nos esforzamos en pagar menos de lo justo y tomamos todos los arbitrios para ello ¿no es acaso un latrocinio? ¿No es un robo y una rapiña? No me digas que no has arrebatado una casa o un esclavo, porque la injusticia se mide no por el valor de lo robado, sino por la mala voluntad del que roba. Al fin y al cabo, justicia e injusticia tienen la misma fuerza en lo grande y en lo pequeño. Yo llamo ladrón lo mismo al que descerraja el cofre y roba el oro como al que compra, pero defrauda algo del precio de la cosa. Yo llamo taladrador de muros no únicamente al que perfora las paredes y roba algo del interior de la casa, sino también al que, traspasando el derecho, le quita algo a su prójimo.

En resumen: no nos convirtamos en jueces de las cosas ajenas, olvidados de las propias; ni andemos escrutando la ajena malicia cuando es tiempo de misericordia; sino que meditando en lo que anteriormente hemos sido, finalmente nos tornemos mansos y misericordiosos. ¿Cómo hemos sido anteriormente? Oye a Pablo que lo dice (Tit. 3, 3): Porque éramos también nosotros en otro tiempo insensatos, rebeldes, descarriados, esclavos de pasiones y malicia más refinada, abominables y odiándonos mutuamente. Y también (Ef. 2, 3): Éramos por naturaleza hijos de ira. Pero Dios, al vernos como encarcelados y reos de infinitos suplicios, nos extrajo de ahí y nos introdujo en el Reino y nos tornó más resplandecientes que el cielo, para que nosotros, según nuestras fuerzas, procedamos del mismo modo.

Cuando el Señor dijo a sus discípulos (Jn. 10, 13-14): Si pues Yo que soy el Maestro y Señor he lavado vuestros pies, también vosotros debéis unos a otros lavaros los pies. Porque os he dado ejemplo para que como yo lo he hecho con vosotros, así vosotros lo hagáis, no estatuyó esta ley únicamente acerca del lavatorio de los pies, sino también acerca de todo lo demás que hizo con nosotros. ¿Hay en la cárcel un homicida? Pues nosotros no dejemos de hacerle beneficios. ¿Es un violador de sepulcros o un adúltero? Compadezcámoslo, no de su malicia, sino por su calamidad. Por lo demás, como ya dije, muchas veces se encontrará ahí un hombre que vale por muchos otros; y si con frecuencia visitas a los detenidos, lograrás una buena pieza de caza. Abraham recibió a toda clase de peregrinos y así topó con los ángeles. También nosotros, si frecuentamos esta práctica, toparemos con varones eximios.

Si se nos permite una paradoja, diremos que no es tan digno de alabanza el que acoge a un varón eximio, como el que acoge a un infeliz y miserable. Puesto que aquél consigo lleva un no pequeño motivo para que se le atienda, como es su género de vida; mientras que este otro, rechazado de todos y miserable, no tiene ya sino un solo puerto a donde acogerse, que es la misericordia del que le otorga el beneficio. De modo que esto es pura y simple misericordia. El que ejerce este ministerio con un hombre esclarecido, con frecuencia procede por ostentación; pero quien acoge a un hombre despreciado y abyecto lo hace únicamente por el precepto divino. Por tal motivo, si preparamos un banquete, se nos ordena invitar a los cojos y a los ciegos; si damos limosna, se nos manda darla a los más pequeños y últimos, porque dice el Señor (Mt. 25, 45): Cuanto hicisteis con uno de estos pequeños, conmigo lo hicisteis. Sabiendo, pues, que hay ahí un tesoro oculto, vayamos allá con frecuencia, y ahí negociemos, y hacia allá orientemos nuestros anhelos, que ahora son por el teatro. Si otra cosa no tienes que llevar a los encarcelados, llévales el consuelo de tus palabras: Dios recompensa no únicamente al que los alimenta, sino también a quien solamente los visita.

Si vas allá y confortas al temeroso y lleno de pavor, exhortándolo, animándolo, prometiéndole auxilio en la virtud, recibirás por ello una no pequeña recompensa. Muchos de los no encarcelados, muchos de los que viven entre placeres se burlarán de ti, al ver que así hablas con los presos; pero los que sufren ahí la desgracia atenderán con ánimo contento y con suma modestia a tus palabras y te alabarán y se tornarán mejores. También a

Pablo cuando predicaba con frecuencia lo burlaban los judíos; pero los encarcelados lo escuchaban con gran silencio. Porque nada dispone al alma para la virtud como la desgracia, la prueba, los sufrimientos.

Pensando estas cosas, o sea, cuán grandes bienes haremos a los encarcelados y a nosotros mismos si frecuentamos el visitarlos, convirtamos en esto esas otras ocupaciones y amistades inoportunas del ahora, para ganar, por este camino, las almas de los presos y alcanzar para nosotros el gozo y alegría. Procurando de este modo la gloria de Dios, conseguiremos los bienes eternos, por gracia y benignidad de nuestro Señor Jesucristo, por el cual y con el cual, sea al Padre la gloria, juntamente con el Espíritu Santo, por los siglos de los siglos. Amén.

HOMILA LXI. Se celebraba en aquellos días en Jerusalén la fiesta de la dedicación. Era invierno. Jesús se paseaba en el templo por el pórtico de Salomón. De pronto lo rodearon los judíos y le dijeron: ¿Hasta cuándo tendrás suspensas nuestras almas? (*Jn 10,24*).

Todas las virtudes son buenas, pero de modo especial la mansedumbre y la clemencia. Esta es la que demuestra que somos hombres y nos diferenciamos de las fieras; ésta la que nos iguala a los ángeles. Por eso Cristo con frecuencia habla de ella y nos ordena ser mansos y humildes. Y no sólo habla de ella, sino que con sus obras nos la enseña, ya sufriendo bofetadas, ya injurias y asechanzas, y conversando siempre con los judíos como antes. Pues bien: los que lo habían llamado endemoniado y samaritano y con frecuencia habían intentado darle muerte y habían querido lapidarlo, ésos son los que ahora lo rodean y le preguntan:

¿Eres acaso el Cristo? Tras de tantas y tamañas asechanzas, no los rechazó, sino que les respondió con suma mansedumbre. Pero es necesario tomar este discurso desde más arriba.

Dice el evangelista: Se celebraba en Jerusalén la fiesta de la Dedicación, y era tiempo de invierno. Grande y solemne era esta festividad. Muy solemnemente celebraban este día en que fue terminado y dedicado el templo, cuando regresaron de la cautividad de Persia. Cristo se hallaba presente en Jerusalén en ese día festivo, pues cuando ya se acercaba su muerte con frecuencia iba a la ciudad. Lo rodearon los judíos y le dijeron: ¿Hasta cuándo tendrás en suspenso nuestras almas? Si tú eres el Cristo dínoslo claramente. Por su parte Cristo no les dijo: ¿Para qué me lo preguntáis? Muchas veces me habéis llamado poseso, loco furioso, samaritano; pensáis que soy contrario a Dios y engañador; y hace poco me decíais: Tú testificas de ti mismo, tu testimonio no es fidedigno: ¿por qué, pues, ahora me preguntáis y queréis oírlo de Mí, cuando rechazáis mi testimonio?

Nada de eso les dijo, aun conociendo sus malas intenciones. El hecho de que lo rodearan y dijeran: ¿Hasta cuándo tendrás en suspenso nuestras almas?, al parecer provenía de cierto cariño y anhelo de saber. Pero la intención de los que preguntaban era doblada y perversa. Como las obras de Cristo no se prestaban para calumniarlo, procuraban cogerlo en palabras haciéndole otras preguntas diferentes de las anteriores; y con frecuencia interrogándolo para con sus mismas expresiones redargüirlo. No pudiendo acusar sus obras, buscaban ocasión en sus palabras.

Tal es el motivo de que le insten: ¡Dinos! Muchas veces lo había ya aseverado. A la samaritana le dijo (Jn. 4, 26): Yo soy, el que hablo contigo. Y al ciego (Jn. 9, 37): Lo has visto y el que habla contigo ése es. Lo mismo les había dicho a ellos, aunque con otras palabras. De modo que si hubieran tenido sana intención y hubieran con rectitud querido investigar, deberían haber confesado por sus palabras al mismo que lo había demostrado con sus obras muchas veces. Pero considera la maldad de esos hombres. Cuando habla a las turbas y enseña, le dicen (Jn. 6, 30): ¿Qué señal o milagro presentas? Y cuando presenta como prueba sus obras, entonces le dicen: Si tú eres el Cristo, dínoslo claramente. Cuando las obras están clamando, buscan las palabras; y cuando sus palabras lo declaran, entonces exigen las obras, y constantemente se colocan en el extremo contrario. Y que no preguntaban de buena fe lo demuestra la forma en que este diálogo termina.

Porque al que juzgaban tan digno de fe que lo admitían a testificar de sí mismo, apenas dice unas palabras y tratan de lapidarlo. De modo que esa maniobra de rodearlo y preguntarle nacía de perversidad. Pero aun la forma de preguntarle rezumaba odio notable: Dinos claramente si tú eres el Cristo. Jesús en las festividades hablaba con plena claridad, y siempre acudía a ellas, y en oculto nada decía. Como adulándolo le dicen:

¿Hasta cuándo tienes en suspenso nuestras almas? Lo hacen para provocarlo a hablar y encontrar alguna ocasión de acusarlo. Esa mala intención perpetua de preguntarle pero no para aprender sino para criticar sus palabras se comprueba no solamente por este pasaje, sino por otros muchos. Así cuando se le acercaron y dijeron (Mt. 22, 17): ¿Es lícito pagar el tributo al César o no?; y lo mismo cuando le trataron lo del repudio de la mujer (Mt. 19, 3); y cuando le pusieron el caso de aquella que decían haber tenido siete maridos (Mt. 22, 23), claramente se les vio que no preguntaban por el deseo de saber, sino con mala intención.

Pero entonces El los desenmascaró con estas palabras: ¿Por qué me tendéis un lazo, ¡hipócritas!, demostrándoles que conocía sus secretas intenciones. Aquí en cambio nada de eso les responde, para enseñarnos que no siempre se ha de refutar a los que nos ponen asechanzas, sino que muchas de esas cosas se han de llevar con modestia y mansedumbre. Necia cosa era, cuando las obras clamaban, andar buscando el testimonio de las palabras. Por eso, escucha cómo les responde, dándoles a entender al mismo tiempo que en vano hacen semejante pregunta, puesto que no quieren saber y que ya El con sus obras había emitido un testimonio más claro que con las palabras.

Porque les dice (Jn. 10, 25): Muchas veces os lo he dicho, pero no me creéis. Las obras que en nombre de mi Padre yo hago, éstas dan testimonio de Mí. Es lo que ya confesaban entre sí los más moderados (Jn. 3, 2): No puede un hombre pecador hacer estos prodigios. Y también: No puede el demonio abrir los ojos de los ciegos. Y más aún: No puede obrar tales milagros si no está Dios con él. Y advirtiendo los prodigios que obraba, decían (Jn. 7, 31): Cuando venga el Cristo ¿acaso hará más milagros que éste? Y sin embargo esos mismos querían más milagros para creer en él y decían: ¿Qué señal nos das para que veamos y creamos?

En esas ocasiones, puesto que simulaban que habían de creer por solas las palabras de él, no habiendo creído tras de tantas obras y tan maravillosas, les echó en cara su maldad con estas palabras: Si no creéis por las obras ¿cómo creeréis por las palabras? Que era decirles que su pregunta era inútil. Por lo cual ahora les dice (Jn. 10, 26): Os lo he dicho, pero vosotros no creéis porque no sois de mis ovejas. Por mi parte he ejercitado perfectamente el oficio de Pastor. Si pues no me seguís, os negáis, no porque yo no sea buen pastor, sino porque vosotros no sois de mis ovejas.

(Jn. 10, 27-30) Porque mis ovejas, les dice, oyen mi voz y me siguen y Yo les doy la vida eterna y no perecerán jamás. Y nadie puede arrebatarlas de mi mano. Porque mi Padre que me las dio es superior a todos. Y nadie puede arrebatarlas de manos de mi Padre. Yo y mi Padre somos una misma cosa. Advierte cómo al refutarlos, al mismo tiempo los atrae y exhorta a seguirlo. Les dice: Vosotros no me oís, pues ni siquiera sois ovejas; los que me siguen, ésos son de mi rebaño. Les decía esto para que se esforzaran en ser sus ovejas. Una vez que ha expuesto lo que lograrán si lo siguen, los incita para despertarlos a que lo sigan.

Pero ¿qué? ¿Es acaso que no las arrebatan a causa del poder del Padre, pero Tú nada puedes? ¿No puedes Tú guardarlas? ¡Lejos tal cosa! Sino que se expresa así para que entiendas que la expresión: El Padre que me las dio fue dicha para que no lo tuvieran como contrario al Padre. Pero una vez que dijo: Nadie las arrebata de mi mano, prosigue y declara ser una misma su mano y la del Padre. Si esto no fuera así, habría tenido que decir: El Padre que me las dio es superior a todos, y nadie puede arrebatarlas de mi mano. Pero no dijo así, sino: De mano de mi Padre.

Y luego, para que no pensaras que El era débil para defenderlas, y que las ovejas estaban seguras a causa del poder del Padre, añadió: Yo y el Padre somos una misma cosa; es decir, en cuanto al poder, que es de lo que aquí se trataba. Pero si uno mismo es el poder, queda claro que también una misma es la substancia. Significa esto que por más cosas que hagan los judíos poniendo asechanzas y echando de la sinagoga, todo lo han urdido en vano. Puesto que las ovejas están en manos de mi Padre, como dice el profeta (Is. 49, 16): En las palmas de mis manos te tengo tatuada, tus muros están ante mí perpetuamente.

Y para demostrar que no es sino una sola mano, unas veces la llama suya y otras de su Padre. Pero cuando oyes decir mano no pienses en nada sensible, sino en el poder y fortaleza. Si nadie las arrebata porque el Padre le ha comunicado ese poder, sería superfluo añadir: Yo y mi Padre somos una misma cosa. Si el Hijo fuera menor que el Padre, esa expresión constituiría una temeridad; de modo que no significa otra cosa, sino igualdad en el poder. Lo entendieron así los judíos y por tal motivo tomaron piedras para lapidarlo. A pesar de eso Jesús no retiró su proposición. Si ellos se hubieran engañado al interpretarlo así, lo propio era corregirlos y decirles: ¿Por qué hacéis eso? Yo no he dicho tal cosa como igualar mi poder al de mi Padre. Pero Jesús procede al contrario y mientras ellos se enfurecen El confirma y demuestra su proposición. No se disculpa como si hubiera proferido una falsedad equivocada; sino que, por el contrario, los increpa como a quienes no tienen de El la conveniente opinión.

Como ellos le dijeran (Jn. 10, 33-36): No te lapidamos por alguna buena obra, sino por la blasfemia; porque tú siendo hombre te haces Dios, oye lo que les dice: Si la Escritura llamó dioses a aquellos a quienes se dirigió la palabra divina ¿cómo decís vosotros que yo blasfemo porque dije: Hijo soy de Dios? Significa lo siguiente: Si aquellos que por gracia recibieron el ser hijos de Dios no son acusados cuando se llaman Hijos de Dios ¿con qué derecho increpáis a aquel que por naturaleza posee esa filiación? No se lo dijo así tan claramente, pero lo demostró una vez que más sencillamente les dijo: Aquel a quien el Padre consagró y envió al mundo.

Ya que hubo de este modo aplacado el furor de ellos, finalmente trajo la demostración clara. Entre tanto, para que admitieran lo que decía, habla en forma más humana y luego los levanta a cosas más excelentes, diciendo (Jn. 10, 37-38): Si no hago las obras de mi Padre no creáis en Mí; mas si las hago, ya que a Mí no me creéis, creed a las obras. ¿Adviertes cómo, según lo que ya dije, demuestra no ser en nada inferior al Padre, sino en absoluto igual a Él? Puesto que la substancia divina no podría verse, trae la demostración de la igualdad en el poder por la igualdad e identificación en las obras.

Dime, pues, ¿qué es lo que debemos creer? Que el Padre está en Mí y Yo en el Padre. Porque Yo no soy otra cosa sino el Padre, permaneciendo Hijo; y no es el Padre otra cosa sino Yo, permaneciendo Padre; y el que me conoce, conoce al Padre y conoce igualmente al Hijo. Si el Hijo fuera menor que el Padre en el poder, semejante conocimiento sería falso. No puede conocerse ni la substancia ni el poder por medio de otra substancia. (Jn. 10, 39-41) Entonces una vez más trataron de aprehenderlo, pero Él se escabulló de sus manos. Y se fue de nuevo al otro lado del Jordán, en donde había estado bautizando Juan al principio. Y muchos acudieron a Él y decían: Juan no hizo ningún milagro; pero todo cuanto dijo acerca de éste era verdad. Tras de anunciar cosas altas y sublimes, al punto se apartaba para dar lugar y tiempo a que se aplacara el furor de los judíos, de tal manera que con su ausencia se suavizaran.

Así lo hace ahora. Mas ¿por qué motivo el evangelista señala el lugar? Para que entiendas que Jesús se retiró allá a fin de recordarles lo que en ese sitio Juan había dicho y hecho, y también el testimonio que de El había dado. Y, en efecto, cuando llegaron allá se acordaron del Bautista. Por eso dicen: Juan no hizo ningún milagro. Si no fue ésa la intención del evangelista ¿a qué venía esa añadidura? La puso para que el sitio les trajera a la memoria al Bautista y el testimonio que había proferido.

Considera la exactitud del raciocinio que hacen. Dicen ellos: Juan no hizo ningún milagro, pero éste hace milagros. Por aquí se demuestra su mayor excelencia. Pero si creímos a Juan que no obraba ningunos milagros, mucho más creeremos en éste. Y luego, como Juan era quien había dado el testimonio de Cristo, para que no se creyera que por no haber hecho milagros era indigno de proferir aquel testimonio, añaden que, aun cuando ningún milagro hizo, sin embargo lo que dijo de Cristo era verdadero. De modo que no fue tenido Cristo como fidedigno por el testimonio de Juan, sino al revés, Juan fue tenido como fidedigno a causa de las obras de Cristo.

(Jn. 10, 42) Y muchos creyeron en El. Muchas cosas había que los atraían a Cristo. Recordaron sus palabras cuando decía que Cristo era más poderoso que él y que era vida, verdad y todo lo demás, y también recordaron la voz que había venido de lo alto y el Espíritu que se había manifestado en forma de paloma y había hecho delante de todos la presentación de Cristo. Añadíase la prueba por medio de los milagros con la que se confirmaban en su fe. Como si dijeran: Si fue necesario creer en Juan, mucho más lo es creer en éste. Si creímos en Juan sin milagros, mucho más debemos creer en éste, ensalzado por el testimonio de aquél y comprobado además por los milagros.

¿Adviertes cuánto les ayuda el sitio y el apartarse de los hombres malvados? Por tal causa Cristo con frecuencia los apartaba de semejante compañía. Y encontramos que lo mismo se hacía en la Ley Antigua. Así educó a los israelitas lejos de los egipcios, en el desierto, y los instruyó en todo. Y así nos persuade que hagamos nosotros. Nos ordena evitar las plazas, el tumulto, las turbas, y orar tranquilamente en el aposento. La nave que no es agitada por la tempestad, navega con viento próspero; y el alma libre de los negocios seculares, reposa como en un puerto. Conforme a esto, convendría que las mujeres se entregaran a la virtud más continuamente que los hombres, pues de ordinario sólo tienen cuidado de los asuntos domésticos. -Así Jacob fue sencillo pues habitó en su casa, libre de los tumultos. Porque no sin motivo anotó la escritura (Gn. 25, 27): Viviendo en su casa. Dirás que también dentro de casa hay alborotos no pequeños. Pero es porque quieres y tú mismo te buscas las preocupaciones. El hombre, en mitad de la plaza o delante de los tribunales, anda agitado por los negocios eternos, como por un oleaje; mientras que la mujer, como si estuviera en un gimnasio de virtudes, sentada en su hogar, recogido el pensamiento, puede entregarse a la oración, a la piadosa lectura y a los demás ejercicios de virtud.

Así como nada perturba a los monjes que viven en el desierto, así la mujer que permanece en su hogar puede gozar de tranquilidad perpetua. Y si alguna vez ha de salir, eso no le causa perturbación alguna. Ya sea que venga a la iglesia o vaya a los baños, la realidad es que muchas veces se ve obligada a salir del hogar; pero lo ordinario es que permanezca en el interior de su casa; y así puede ejercitar la virtud y serenar a su esposo que se presenta alterado, y aplacarlo y quitarle los pensamientos inútiles y molestos, y librarlo de los cuidados del foro que lo han preocupado, y hacerlo que aproveche y lleve en su alma los bienes aprendidos en su hogar. Porque no, no hay nada que tenga la fuerza de una mujer prudente y piadosa para modelar al hombre y educarlo en la forma que bien le pareciere.

Ni a los amigos, ni a los maestros, ni a los príncipes soportará el esposo como a su esposa, cuando lo amonesta y aconseja. Es porque semejantes admoniciones llevan cierta mezcla y dosis de dulzura y placer a causa del amor. Podría yo citar muchos casos de esposos ásperos y difíciles a quienes las esposas los han vuelto mansos y humildes. La esposa, compañera del varón en la mesa, en el lecho, en la procreación de los hijos, y conocedora de todos los íntimos secretos del esposo y de sus andanzas y de muchas otras cosas, y por otra parte del todo entregada a su marido y a él unida como lo debe estar el cuerpo a la cabeza, si es prudente y laboriosa, ayudará a su esposo y cuidará de él más que todos.

En consecuencia, yo exhorto a las esposas a que así procedan y persuadan a sus esposos lo que es conveniente. Pues la mujer, así como tiene gran influjo para inducir a la virtud, así lo posee muy grande para llevar al vicio. La mujer perdió a Absalón; la mujer perdió a Amón; la mujer procuró perder a Job; la esposa salvó de la muerte a Nabal; la mujer salvó a su pueblo todo. Así Débora, así Judit y otras muchas bellamente ejercieron el papel de generales. Por lo cual dice Pablo (1Co. 7, 16): ¿Qué sabes tú, oh mujer, si salvarás a tu marido? Sabemos que en aquellos tiempos de Pablo, se entregaron a los trabajos apostólicos Pérside, María, Priscila. A ésas debéis imitar vosotras y educar a vuestros esposos no sólo con las palabras sino además con las obras. Preguntarás: pero ¿cómo instruiremos a nuestros maridos con las obras? Cuando tu esposo te vea honesta, nada curiosa, que no amas los adornos costosos ni buscas gastos superfluos, sino que te contentas con lo que hay, llevará con gusto tus consejos.

Pero si eres virtuosa con sólo las palabras, y luego te contradices en tus obras, te condenará como simplemente locuaz. Pero si con palabras y obras apoyas tus enseñanzas, te oirá y gustoso te hará caso. Si no buscas oro ni margaritas ni lujo en los vestidos, sino al revés la modestia, la templanza, la bondad, y todo esto lo sacas de tu propio tesoro, entonces podrás exigirle a él esas mismas virtudes. Si algo hay que hacer para agradar al marido es adornar el alma y no el cuerpo, que no es sino corromperlo. No te hará tan amable a tu esposo el oro como la templanza y la afabilidad y un ánimo dispuesto aun a dar la vida por él.

Esas virtudes son las que cautivan a los varones. En cambio los otros adornos superfluos le disgustan al hombre, le disminuyen los haberes de la familia, producen gastos y preocupaciones. Las virtudes que dijimos unen al esposo con la esposa. Porque la benevolencia, la amistad, el anhelo cariñoso, no procuran cuidados ni necesitan gastos sino todo lo contrario. El ornato corporal, a causa de la costumbre y uso continuo, causa hastío; en cambio el ornato del alma diariamente florece y enciende un cariño mayor.

De modo que si quieres agradar a tu esposo, adorna tu alma con la castidad, la piedad, el cuidado de las cosas domésticas. Estas virtudes sumamente agradan v atraen y jamás se marchitan. Semejante ornato no lo deteriora la vejez, no lo corrompe la enfermedad; mientras que el cuidado del cuerpo se deshace con el uso continuo, la enfermedad lo consume y otras muchas causas lo hacen perecer. Los bienes del alma son superiores a todo eso. El ornato corporal engendra envidias y celos, mientras que el espiritual está libre de enfermedades y de vanas glorias.

Por estos medios, el manejo doméstico se facilita más y el rendimiento es mayor, pues el oro no andará rodeando tu cuerpo ni enredado a tu mano, sino que se utilizará en los gastos necesarios, como son el alimento de la servidumbre, el debido cuidado de los hijos y otras cosas razonables. Pero si a éstas se prefiere el lujo y en él se consume el dinero, entonces el corazón se angustia; y ¿qué ganancia, qué utilidad se obtiene con eso? Por otra parte el dolor no permite a los demás fijarse en el adorno. Sabéis, muy bien que cuando alguno mira a una mujer envuelta en infinitos adornos, si él lleva en su alma causas de dolor, no puede deleitarse; porque quien ha de gozar necesita estar alegre. De modo que si el oro íntegro del esposo se ha consumido en adornar el cuerpo de la mujer, el marido, puesto por esa causa en estrecheces domésticas, no podrá recibir placer alguno.

Si, pues, queréis agradar, es necesario que deis lugar al placer; y lo daréis si suprimís semejantes acicalamientos. Si todo eso parece producir cierto deleite al tiempo de los esponsales, sucede que luego, con el transcurso del tiempo, se marchita. Si a causa de la costumbre ya no admiramos tanto el cielo tan bello ni el sol tan espléndido que no hay cuerpo que lo aventaje ¿cómo podremos admirar por mucho tiempo el ornato corporal? Digo esto, porque yo anhelo que os adornéis con el verdadero ornato que es aquel de que habla Pablo y lo ha ordenado (1Tm. 2, 9-10): No con joyas de oro o margaritas o vestidos fastuosos, sino con buenas obras, como cumplen las mujeres que profesan servir a Dios.

¿Es que quieres agradar a los extraños y ser de ellos alabada? Semejante anhelo no es propio de una esposa casta. Pero si quieres, también puedes tener a los extraños como alabadores y amantes de la castidad. Puesto que a ese otro género de mujeres, nadie que juzgue con equidad y justicia lo alabará, sino solamente los hombres lascivos y sensuales. Pero a la verdad ni aun éstos, sino que lo maldecirán en cuanto vean a una mujer lujuriosa. En cambio a una mujer honesta, lascivos y no lascivos, todos en general, la ensalzarán, puesto que ningún mal les causa; porque les da ejemplo de virtud: la honestidad de la mujer tiene eximias alabanzas entre los hombres y eximias recompensas ante Dios.

Buscad, pues, este ornato, para que en este mundo viváis con plena libertad y consigáis los bienes eternos. Ojalá logremos todos alcanzarlos por gracia y benignidad de nuestro Señor Jesucristo, al cual sea la gloria por los siglos de los siglos. Amén.

HOMILÍA LXII. Había un enfermo, por nombre Lázaro, de Betania, aldea de María y de Marta su hermana. María era la que ungió al Señor con perfumes (*Jn 11,1*)

Muchos hombres, cuando caen en enfermedad o en pobreza u otro parecido sufrimiento, se perturban porque ignoran que eso es lo más propio de los amigos de Dios. Lázaro era uno de los amigos de Dios, y estaba enfermo. Así lo aseguraban los mensajeros: Señor, el que tú amas está enfermo. Pero tomemos la historia de más arriba. Dice el evangelista: Había un enfermo, por nombre Lázaro, de Betania. No sin motivo dice de dónde era Lázaro, sino por la razón que luego explicará. Por mientras, tratemos del texto presente. Útilmente indica quiénes eran las hermanas, y en especial María, que de algún modo sobresalía entre ellas; pues añade (Mt. 26, 7): María era la que ungió al Señor con perfume. En este punto algunos suscitan una cuestión acerca de por qué el Señor le permitió a esta mujer ungirlo. Conviene ante todo que sepas no ser esta María ninguna de aquellas de que hablan Mateo y Lucas (Lc. 7, 37), sino otra honesta mujer. Aquéllas eran mujeres cargadas de pecados; ésta, en cambio, era honrada y fervorosa, puesto que cuidó de recibir a Cristo en hospedaje. Cuenta el evangelio que también las hermanas de Lázaro amaban al Señor. Y sin embargo, permitió Jesús que Lázaro muriera.

¿Por qué habiendo enfermado su hermano no proceden ellas como el centurión o el Régulo que fueron a encontrar a Cristo, sino que le envían un mensajero? Porque en absoluto confiaban en Cristo y le eran muy familiares. Por otra parte, eran débiles mujeres y las impedía el sufrimiento. Que no procedieran así por menos aprecio de Cristo, luego lo demostraron. Y que esta María no fuera la otra pecadora, es manifiesto. Pero preguntarás: ¿por qué a esa otra la recibió Cristo? Para perdonarle su maldad, para mostrar El su benevolencia y para que aprendas que no hay enfermedad alguna que supere su bondad. No te fijes únicamente en que la recibió, además sino en que la transformó.

Mas ¿por qué trae a cuenta el evangelista esta historia? Mejor pregunta: ¿qué es lo que quiere enseñarnos cuando dice (Jn. 11, 5): Y Jesús amaba a Marta y a su hermana María y a Lázaro? Que jamás nos indignemos ni llevemos a mal el que varones virtuosos y amigos de Dios caigan enfermos. El que amas está enfermo (Jn. 11, 3). Querían con esto mover a Cristo a compasión, porque aún lo tenían por sólo hombre, como se deduce de las palabras de ellas. Pues le dicen: Si hubieras estado aquí no habría muerto.

Y no le dijeron: Lázaro está enfermo; sino: El que amas está enfermo. ¿Qué dice Cristo? (Jn. 11, 4): Esta enfermedad no es para muerte, sino para gloria de Dios; para que sea glorificado por ella el Hijo de Dios. Advierte cómo de nuevo a una misma gloria la llama suya y del Padre. Porque habiendo dicho de Dios, añadió: Para que sea glorificado por ella el Hijo de Dios. Esta enfermedad no es para muerte. Habiendo El de permanecer ahí aún dos días, manda a los mensajeros que se vuelvan y lleven la noticia. En este punto es de admirar que las hermanas de Lázaro, habiendo oído semejante recado, y habiendo luego visto morir a su hermano, no se dieron por escandalizadas por haber sucedido la cosa al revés; sino que se acercaron a Jesús y no pensaron que hubiera mentido. En cuanto a la partícula *para* no es causal, sino que únicamente significa el hecho; pues la causa de la enfermedad fue otra. Cristo se aprovechó de la gloria de ella para Dios.

(Jn. 11, 6) Después de haber dicho eso, permaneció aún dos días en el lugar en donde estaba.

¿Por qué se quedó? Para dar tiempo a que Lázaro muriera y fuera sepultado; y así nadie pudiera decir que lo había resucitado cuando aún no moría, sino que estaba solamente adormecido, desvanecido, traspuesto, pero no muerto. Por tal motivo se queda todo el tiempo suficiente para que puedan decir: Ya huele mal. Luego dice a sus discípulos (Jn. 11, 7): Vamos a Judea. ¿Por qué, pues nunca acostumbró decirlo de antemano, ahora lo anuncia? Porque los discípulos estaban llenos de terror. Por semejante disposición de ánimo les anuncia de antemano el viaje, para que no se turben de inmediato. Y ¿qué le dicen los discípulos? (Jn. 11, 8) Hace poco trataban de lapidarte los judíos ¿y otra vez vas allá? Temían por El, pero mucho más por sí mismos; pues aún no eran perfectos. Por lo cual Tomás, empujado y sacudido por el temor, exclama: Vamos a morir con El. Al fin y al cabo era el más débil en la fe y más incrédulo que los otros.

Observa cómo Cristo con sus palabras los fortalece (Jn. 11, 9): ¿Acaso no son doce las horas del día? Dijo esto por uno de dos motivos: o bien para enseñarnos que no debe temer quien no tiene conciencia de algo malhecho, puesto que el castigo es para quienes proceden mal (de modo que nosotros nada tenemos que temer pues no hemos hecho nada digno de muerte); o bien han de entenderse sus palabras como si dijera: Quien ve la luz del día procede con seguridad, pero si ese tal así procede, mucha mayor seguridad tendrá quien va conmigo y no se aparta.

Con estas palabras los alentó; y apuntó además la necesidad de subir a Judea. Y una vez que puso en claro que no irían a Jerusalén, sino a Betania, añadió (Jn. 11, 11-12): Lázaro nuestro amigo duerme y yo voy a despertarlo. Como si les dijera: No voy yo ahora a discutir y trabar disputas con los judíos, sino para despertar a nuestro amigo. Le dicen los discípulos (Jn. 11, 12): Señor, si duerme curará. Y no lo dijeron sin motivo, sino tratando de impedirle a Jesús que partiera. Como si le dijeran: ¿Dices que está dormido? Entonces nada te obliga a ir allá. Pero Jesús les había dicho: nuestro amigo, para manifestarles ser necesario para El ir allá.

Como ellos todavía se mostraron tardos, finalmente les habló con claridad diciendo (Jn. 11, 14): Ha muerto. Había hablado en la otra forma para evitar el fausto; pero como ellos no lo entendieron, continuó: Ha muerto. Y me alegro por vosotros (Jn. 11, 14). ¿Cómo es eso: por vosotros? Pues os lo he profetizado estando ausente; de modo que cuando Yo lo resucite no habrá lugar a ninguna sospecha. ¿Adviertes cómo los discípulos aún eran imperfectos y no conocían el poder de Jesús tal como convenía? Pero de esto les venía el temor que les turbaba el ánimo.

Y habiendo dicho: duerme, añadió: Y yo voy a despertarlo. Pero cuando dijo: Ha muerto, no añadió: Voy a resucitarlo. Porque no quería adelantar en palabras lo que iba a confirmar con sus obras; enseñándonos continuamente que debemos huir de la vanagloria y no hacer promesas a la ligera y en vano. Si procedió de otro modo en el caso del centurión, pues le dijo (Mt. 8, 7): Yo iré y lo curaré, lo hizo para que quedara en claro la fe del centurión. Y si alguno preguntara por qué los discípulos pensaban que se trataba del sueño y no sospecharon que Lázaro ya había muerto cuando Jesús les dijo: Yo voy a despertarlo (pues al fin y al cabo era una necedad pensar que Jesús recorrería quince estadios solamente para despertarlo), responderé que sin duda creyeron que se trataba de un enigma, como muchas otras cosas que Jesús les había dicho.

En resumidas cuentas, todos los discípulos temían el asalto de los judíos, pero en especial Tomás. Por lo cual exclamó (Jn. 11, 16): Vamos también nosotros a morir con El. Afirman algunos que Tomás en realidad anhelaba la muerte; pero la cosa no va por ahí. Más bien hablaba movido de temor. Cristo no lo increpó, pues todavía le toleraba su debilidad; pero al fin vino a ser el más esforzado de los discípulos y de una fortaleza insuperable. Y es cosa que causa admiración ver que aquel a quien antes de la cruz lo contemplamos así tan débil, después de la cruz y de la resurrección lo encontremos como el más fervoroso de todos en la fe: ¡tan grande es el poder de Cristo! El que no se atrevía a subir a Betania con Cristo, ese mismo, sin estar presente Cristo, recorrió, puede decirse, todo el orbe; y anduvo entre naciones sanguinarias que trataban de quitarle la vida. Pero, en fin, si Betania distaba solo quince estadios, que son dos mil pies, ¿cómo pudo ser que Lázaro llevara ya cuatro días de muerto? Es que Jesús se detuvo ahí dos días; y el día anterior le había llegado la noticia, y al cuarto día se presentó en Betania. Esperó hasta ser llamado, y no se presentó sin que lo llamaran, para que ninguno sospechara nada. Tampoco fueron a llamarlo las hermanas que El amaba, sino que le enviaron otros mensajeros. Estaba Betania como a unos quince estadios (Jn. 11, 18). Por aquí se deja entender que muchos judíos se habían presentado ahí para consolar a las hermanas (Jn. 11, 19). Pero ¿cómo podían los judíos consolar a personas amadas de Jesús? Porque ya habían determinado que si alguno confesaba a Cristo se le echara de la sinagoga. Pues sin duda lo hacían o por la magnitud de la desgracia o porque, siendo ellas de más alta clase social que ellos, las respetaban; o tal vez los que fueron a Betania no eran de los perversos, pues muchos de ellos creyeron. El evangelista anota el pormenor como una confirmación de la real muerte de Lázaro.

¿Por qué Marta salió al encuentro de Jesús sin la compañía de su hermana? Quería estar aparte con El y comunicarle la noticia de la muerte. Pero en cuanto Cristo le inspiró la buena esperanza, corrió ella enseguida y llamó a María; y ésta se presentó a Cristo, todavía en pleno luto. ¿Adviertes la grandeza del amor? Esta es aquella María de la que Cristo dijo (Lc. 10, 42): María escogió la mejor parte. Preguntarás por qué ahora Marta aparece más ardorosa. No era ella más fervorosa que María; sino que ésta no había oído la llegada de Cristo. Marta era más débil en la fe, y por eso le dijo a Jesús: Señor, ya huele mal: ya lleva cuatro días. En cambio, María, aun cuando nada había oído, no se expresó así, sino que creyó al punto y dijo: Señor, si hubieras estado aquí, mi hermano no habría muerto. Observa cuán grande es la virtud de estas mujeres aun teniendo aún débil su opinión acerca de Jesús. Porque habiendo visto a Jesús no se desatan al punto en llantos y gemidos, como solemos hacer nosotros cuando vemos que algunos conocidos se acercan para darnos su condolencia; sino que al punto admiran al Maestro. Ambas creían ciertamente en Cristo, pero aún no del modo que convenía. Aún no tenían perfecto conocimiento de que El era Dios, ni de que obraba milagros por su propio poder y autoridad. Ambas cosas se las enseñará ahora Cristo. Es manifiesto que no poseían semejante conocimiento perfecto, puesto que tras de decirle: Si hubieras estado aquí nuestro hermano no habría muerto, añadieron (Jn. 11, 22): Pero todo cuanto pidas a Dios te lo concederá. Hablan de El como de un varón eximio y dotado de virtud. Mira lo que Cristo les responde: Resucitará tu hermano, como refutando aquello de: Todo cuanto pidieres. Porque no dijo Jesús: Yo pediré; sino ¿qué? (Jn. 11, 23): Resucitará tu hermano. Si le hubiera dicho: ¡Oh mujer! ¿todavía tienes tus miradas en la tierra? Yo no necesito de auxilio ajeno. Yo todo lo hago con mi propio poder; sin duda que se habría molestado y ofendido Marta. En cambio, con decir: Resucitará tu hermano, tomó un camino intermedio y según lo que se siguió le dejó ya entender lo que le quería decir. Pues como ella replicara (Jn. 11, 24): Sé que resucitará en el último día, Jesús le manifiesta más claramente su poder diciendo (Jn. 11, 25): Yo soy la resurrección y la vida; expresando así que no necesita de ajeno auxilio, puesto que El es la vida. Si necesitara de auxilio ajeno ¿cómo sería El la resurrección y la vida? No lo dijo así tan claramente, pero lo dio a entender.

Como Marta había dicho: Toda cuanto pidieres, El le replica (Jn. 11, 26): Quien cree en Mí aun cuando haya muerto, vivirá; declarando de este modo ser El quien da todos los bienes y que es a El a quien es menester pedir. Y todo el que vive y cree en Mí no morirá para siempre. Mira en qué forma eleva el pensamiento de Marta. Porque no se investigaba únicamente acerca de la resurrección de Lázaro, sino que era necesario que Marta y los demás que con ella se hallaban presentes supieran lo de la resurrección. Por lo cual, antes de resucitar a Lázaro, Jesús lo explica con sus palabras.

Por otra parte, si El es la resurrección y la vida, no se halla circunscrito a un lugar, sino que puede sanar en donde quiera. Si las hermanas le hubieran dicho como el centurión (Mt. 9, 8): Ordénalo tan sólo con tu palabra y quedará curado mi siervo. Jesús lo habría hecho; pero como lo llamaban y le suplicaban que fuera, El se acomodó a ello, con el objeto de sacarlas de la opinión débil en que lo tenían. Así fue a Betania. Sin embargo, aun atemperándose de esa manera, todavía demuestra que tiene poder para dar la salud aun estando ausente. Tal es el motivo de que tarde en ir. El milagro hecho sin más ni más, no habría tenido la fama que tuvo, si Lázaro no hubiera ya olido mal.

¿Cómo sabía Marta eso de la resurrección futura? Había ella oído a Cristo muchas cosas acerca de la resurrección; pero ahora quería ver una resurrección. Observa cómo aún anda con sus pensamientos terrenos. Como oyera a Cristo decir: Yo soy la resurrección y la vida, no le contestó: Pues bien, resucítalo; sino ¿qué? Yo creo que Tú eres el Cristo, el Hijo de Dios (Jn. 11, 27). ¿Qué le replica Cristo?: Todo el que cree en Mí aun cuando haya muerto, vivirá; es decir: si ha muerto con esta muerte temporal. Y todo el que vive y cree en Mí, no morirá; es decir, con aquella otra muerte.

Como si le dijera: Puesto que Yo soy la resurrección y la vida, no te turbes aun cuando tu hermano haya muerto, sino cree. Porque esa muerte no es muerte. Por de pronto la ha consolado respecto de lo acaecido y le ha dado esperanzas, ya afirmando que Lázaro resucitará, ya añadiendo: Yo soy la resurrección; ya también insinuando que aun en el caso de que resucite y tenga que morir de nuevo, ningún mal le acontecerá. De modo que, en último término, no es temible esta muerte. Como si le dijera a Marta: Ni Lázaro ha muerto ni vosotras moriréis. ¿Crees esto? Y ella: Yo creo que Tú eres el Cristo, Hijo de Dios, que has venido a este mundo.

Paréceme que la mujer no entendió la palabra de Cristo. Comprendió que algo grande se decía, pero no lo abarcó todo. Por eso, como se le preguntara de una cosa, ella responde de otra. Pero en fin, por de pronto tuvo la ventaja de olvidar su duelo. Tal es la fuerza de las palabras de Cristo. Por eso precedieron las palabras y siguióse la consolación. La benevolencia para con el Maestro no daba lugar a sentir en exceso el suceso presente. De manera que ayudadas de la gracia aquellas mujeres ya discurrían con su pensamiento.

Pero actualmente, aparte de otras enfermedades, también ésta se ha apoderado de las mujeres: que en su luto y llanto usan de ostentación; desnudan sus brazos, se arrancan los cabellos, se abren en surcos las mejillas: unas por verdadero dolor y otras por ostentación; y aun otras con ánimo impúdico descubren sus brazos en presencia de los hombres. ¿Qué es lo que haces, oh mujer? En plena plaza vergonzosamente te desnudas, tú que eres miembro de Cristo; y esto en público y entre varones. ¿Te arrancas los cabellos, rasgas tus vestidos, lanzas altos alaridos y danzas en derredor del muerto y representas a las antiguas ménades locas y crees que no ofendes así a Dios?

¿Qué locura es ésta? ¿Acaso no se burlarán los gentiles? ¿No pensarán que todas nuestras verdades son simples fábulas? Porque dirán: No existe la resurrección; los dogmas de los cristianos son ridículos, son engaños fraudulentos. Puesto que entre ellos las mujeres lloran a sus muertos como si tras de esta vida ya nada hubiera, y no hacen caso de sus Libros sagrados. Demuestran ellas que todo eso es pura ficción. Si creyeran de verdad que sus muertos en realidad no han muerto, sino que han sido trasladados a una vida mejor, no los llorarían como si ya no existieran, ni se macerarían en esa forma, ni lanzarían esos gritos llenos de incredulidad, diciendo: Ya no te veré más; no te podré recuperar. De modo que entre los cristianos todo es fábula; y si no creen en lo que constituye lo principal de todos los bienes, sin duda que mucho menos creen en sus demás cosas sagradas y venerandas. Los gentiles no son todos tan afeminados, sino que hay entre ellos muchos virtuosos. Cierta mujer gentil, como cayera su hijo muerto en una batalla, lo único que preguntó al punto fue cómo quedaba la república. Otro filósofo premiado con una corona, como oyera que un hijo suyo había muerto por la patria, se quitó la corona y preguntó: ¿cuál de los dos? Y en cuanto supo cuál era, se ciñó de nuevo la corona. Muchos gentiles en honor de sus dioses entregaron sus hijos y sus hijas para ser sacrificados. Los espartanos exhortaban a sus hijos a volver de la batalla con sus escudos o ser traídos muertos sobre sus escudos. Me da vergüenza que así piensen y obren los gentiles, mientras que nosotros obramos en forma inconveniente. Los que nada saben de la resurrección proceden como si creyeran en ella; y los que la creen proceden como si la desconocieran.

Muchos hay que por humanos respetos hacen lo que no hacen por Dios. Las mujeres más ricas no se arrancan los cabellos ni desnudan sus brazos, cosa sumamente reprobable, no que no los desnuden, sino que no lo hagan por virtud, sino únicamente para no parecer desvergonzadas. La vergüenza les cohíbe el duelo ¿y el temor de Dios no se lo cohíbe? Pero ¿cómo no ha de ser en extremo reprobable tal cosa? Es pues conveniente que lo que las ricas hacen porque son ricas, lo hagan también por el amor de Dios las que son pobres. Pero ahora todo sucede al revés: aquéllas son virtuosas por vanidad, mientras que estas otras por pusilanimidad proceden en forma inconveniente. ¿Qué será lo peor en esta diferencia?

Todo lo hacemos por respeto humano. Y profieren ellas expresiones colmadas de necedad y ridículas. Cierto que el Señor dice: Bienaventurados los que lloran (Mt. 5, 4), pero es acerca de quienes lloran por sus pecados; pero acá nadie llora con esa clase de llanto ni se cuida de si su alma perece. No es eso lo que se nos ordenó que hiciéramos, pero lo hacemos. Preguntarás: ¿de modo que al hombre no le es lícito llorar? No es eso lo que prohíbo, sino esos golpes y esos llantos descompasados. No soy cruel ni feroz, no soy inhumano. Sé que la naturaleza es vencida y que así lo exige la diaria costumbre. No podemos no llorar. Así nos lo mostró Cristo: lloró a Lázaro. Haz tú lo mismo: llora, pero suave, pero prudentemente, pero con temor de Dios. Si así lloras, no lloras como quien no cree en la resurrección, sino como quien mucho se duele de una separación.

También a quienes se ausentan lejos los lloramos, pero no como quien no tiene esperanza. Llora, pues, también tú, pero como si simplemente enviaras por delante al que se va. No digo esto como quien lo ordena, sino atemperándome a la humana flaqueza. Si el que murió era pecador y había frecuentemente ofendido a Dios, hay que llorarlo por cierto. Más aún, no sólo hay que llorarlo, ya que esto ninguna utilidad le acarrea, sino que debemos poner por obra lo que pueda ayudarle, como son las limosnas y donaciones. Y debemos alegramos de que ya se le haya quitado toda ocasión de pecar. Y si varón justo, debemos alegrarnos de que ya esté seguro y libre de la incertidumbre de su estado futuro. Si es joven, debemos alegrarnos de que prontamente haya sido arrebatado de los males de esta vida; y si anciano, de que haya disfrutado largamente de la vida, que es lo que más suele anhelarse.

Pero tú, haciendo a un lado todas estas cosas, incitas al llanto a las esclavas como si eso fuera un honor para el difunto, cuando en realidad es el colmo de la deshonra. Honor del difunto son no los llantos, ni los gritos, sino el canto de los salmos y de los himnos sagrados y sobre todo la vida excelente. Pues ido de acá, morará con los ángeles aunque no tenga funerales. Y quien muere como un malvado, nada lucra con que esté presente en sus exequias la ciudad íntegra.

¿Quieres honrar a tu difunto? Echa mano de otras cosas: limosnas, beneficios, servicios. ¿Qué ganancia proviene de tantos lloros? Pero... yo he sabido de algo más grave: que abundan mujeres que mediante el llanto incitan a sus amantes y con la vehemencia de llantos de esposa se logran fama de amorosas. ¡Oh diabólica invención! ¡Oh satánico artificio! ¿Hasta cuándo seremos tierra y ceniza? ¿Hasta cuándo seremos carne y sangre? ¡Levantemos las miradas al cielo, pensemos en las cosas espirituales! ¿Cómo redargüiremos a los gentiles? ¿Cómo hablaremos con ellos acerca de la resurrección? ¿Cómo acerca de la virtud? ¿Con qué seguridad podemos vivir? ¿Ignoras que de la tristeza se origina la muerte? El dolor ensombrece la mente y no sólo no deja ver las cosas como son, sino que trae consigo otro grave daño. Dolor como ése es ofensa de Dios y con él nada conseguimos ante Dios, ni ayudamos al difunto; mientras que en la forma explicada, agradamos a Dios y nos ensalzan los hombres.

Si no nos entregamos al abatimiento, eso pronto nos quitará las reliquias de la tristeza; pero si nos indignamos, eso nos torna esclavos del dolor. Si damos gracias a Dios no nos doleremos. Dirás: pero ¿cómo es posible que no llore quien ha perdido a su hijo, a su hija o a su esposa? Yo no digo que no se lloren, sino que no se lloren sin tasa. Si pensamos que fue Dios quien nos los quitó, y que al fin y al cabo eran mortales, podremos rápidamente consolarnos. Indignarse por eso es propio de quienes exigen más de lo que da la naturaleza. Has nacido hombre, has nacido mortal: ¿por qué te dueles de lo que naturalmente tenía que suceder?

¿Te dueles acaso de tener que comer para conservar la vida? ¿Acaso exiges vivir sin comer? Pues bien, procede respecto de la muerte del mismo modo, y no busques no morir siendo mortal. Eso es cosa ya determinada. No te duelas, no te maceres, soporta lo que es suerte común estatuida para todos. Duélete de tus pecados: ese es llanto excelente y grande virtud. Llorémoslos continuamente para que alcancemos el gozo en la otra vida, por gracia y benignidad de nuestro Señor Jesucristo, al cual sea la gloria por los siglos de los siglos. Amén.

HOMILÍA LXIII. Todavía no había llegado Jesús a la aldea, sino que estaba aún en el sitio en donde lo encontró Marta. Los judíos y los demás que estaban con ella, etc. (*Jn 11,30-31*)

Gran bien es la filosofía; pero la nuestra, no la pagana. Porque la pagana se reduce a fábulas y cuentos; y semejantes fábulas en modo alguno son verdadera filosofía, puesto que todos ellos hacen por alcanzar la gloria vana. De modo que es un gran bien la filosofía que aun para esta vida nos presta utilidad. El que desprecia las riquezas, ya en este mundo recoge el fruto, pues queda libre de cuidados inútiles y superfluos. El que pisotea la gloria vana, recibe ya en esta vida su recompensa, pues de nadie es siervo, sino libre con verdadera libertad. El que anhela las cosas celestiales recibe desde acá su premio, pues estima en nada las cosas presentes y fácilmente supera la tristeza.

Pues bien: aquí tenemos a una mujer que ejercita semejante filosofía y recibe desde luego su recompensa. Mientras todos estaban sentados en torno de ella en duelo y llanto, María no esperó a que el Maestro llegara; y no puso los ojos en la dignidad suya, ni su duelo la contuvo. Porque quienes sufren duelos semejantes suelen andar enfermos de otra enfermedad, consistente en el anhelo de ser honrados por los que se hallan presentes. No procedió así María; sino que apenas oyó que se acercaba Jesús, al punto corrió a su encuentro. Jesús aún no había llegado a la aldea, pues se acercaba despacio para no dar la impresión de que se apresuraba para obrar el milagro, sino que venía porque se le había llamado.

Esto es lo que quiere significar el evangelista cuando dice que María se levantó al punto. O también manifiesta con esto que ella quiso adelantarse a recibir a Jesús. Y salió al encuentro de Cristo no sola, sino con los judíos que estaban en su casa. Por lo demás prudentísimamente le indicó su hermana en secreto la llegada del Maestro, para no perturbar la reunión. Tampoco María declaró el motivo de alejarse, pues muchos tal vez se habrían apartado. En cambio ahora todos acompáñanla como si fuera al sepulcro a llorar; y aun tal vez esto mismo es una prueba más de la muerte real de Lázaro.

(Jn. 11, 32) Y se echó a sus pies. Era más fervorosa que su hermana. No temió a la turba ni las sospechas y opinión que muchos de aquellos judíos tenían de Jesús, puesto que muchos de ellos eran enemigos y decían (Jn. 11, 37): El que abrió los ojos del ciego ¿cómo no pudo impedir que éste muriera? Pero María hizo a un lado todas las consideraciones humanas y sólo se cuidó del honor del Maestro. Y ¿qué le dice?: ¡Señor! ¡si hubieras estado aquí mi hermano no habría muerto! ¿Qué le contesta Cristo? Aún no habla con ella ni le dice lo que había dicho a Marta; pues la turba era numerosa y no era el momento oportuno para esos discursos. Sino que se modera y se abaja y declarando tener verdadera naturaleza humana, llora mesuradamente, y mientras va retardando el milagro.

Grande iba a ser el prodigio y tal como raras veces lo había realizado, y mediante el prodigio muchos habían de creer. Por tal motivo atrae multitud de testigos. Si lo hubiera obrado estando ausente la turba, no lo habrían creído y no les habría aprovechado. Se acomoda, pues, a ellos para no perder aquella pieza de caza. Y demuestra tener naturaleza humana, puesto que llora y se turba. Suele el duelo conmover los afectos humanos. Pero enseguida, desechando semejantes afectos (pues tales los indica la expresión: se estremeció en su espíritu), dominó la turbación y preguntó (Jn. 11, 34): ¿En dónde lo habéis colocado? Se dominó para no preguntar llorando. Mas ¿por qué lo pregunta? Para en nada adelantarse El, sino saberlo todo y hacerlo todo a ruegos de ellas, y quitarle así toda duda al milagro. Le dicen: Ven y ve. Y lloró Jesús (Jn. 11, 35). ¿Adviertes cómo aún no da indicio alguno de que resucitará al difunto, sino que se acerca no como para llamar a la vida, sino para llorarlo? Así lo significan judíos, pues decían:

(Jn. 11, 36-37) ¡Ved cómo lo los amaba! Pero algunos de entre ellos decían: El que abrió los ojos del ciego ¿no pudo impedir que éste muriera? De modo que ni aun en la desgracia reprimían su perversidad. Pero Jesús va a obrar algo más admirable con mucho. Porque es con mucho más admirable llamar a la vida después de la muerte, que alejar la muerte cuando ésta amenaza. De modo que calumnian a Jesús precisamente por lo que debían admirarlo. Sin embargo, confiesan que abrió los ojos del ciego; y cuando convenía quedar estupefactos, lo acusan de no hacer este otro milagro. Ni sólo por aquí se demuestra la perversidad de su ánimo, sino además porque, cuando aún no había llegado al sepulcro ni había procedido a nada, se adelantan a acusarlo, sin esperar a ver cómo termina el suceso. ¿Ves cuán a fondo tenían corrompido su juicio?

Llegó, pues. Jesús al sepulcro; y de nuevo refrenó sus afectos. Mas ¿por qué tan de propósito refiere el evangelista que lloró Jesús una y otra vez y se conmovió y se refrenó? Para que entiendas que verdaderamente se revistió de nuestra carne. Y como claramente había dicho de El este evangelista muchas cosas y más altas que cualquiera otro de ellos, ahora refiere cosas más humildes que los otros acerca de la naturaleza humana de Jesús. Juan nada refirió de su muerte, ni de que estuvo triste y en agonía, sino que postró por tierra a los que lo iban a aprehender. De modo que lo que de humano en esos pasajes omitió, lo suple ahora aquí refiriendo el llanto de Jesús. Hablando de su muerte Cristo nada humano dice, sino (Jn. 10, 18): Tengo potestad para entregar mi vida. Por tal motivo los otros evangelistas refieren muchas cosas muy humanas acerca de El, probando así la verdad de su encarnación. Lo que Mateo con la agonía, la perturbación, el sudor de sangre persuade, eso mismo lo persuade aquí Juan con el llanto. Si Jesús no hubiera tenido nuestra naturaleza, no lo habría sobrecogido el llanto una y dos veces.

¿Qué hace Jesús? No se defiende de la acusación. ¿Qué necesidad había de refutar con palabras a los que enseguida con obras iba a refutar? Era este modo de proceder menos molesto, y por otra parte podía ponerlos en mayor vergüenza. Les dice (Jn. 11, 39): ¡Quitad la losa! ¿Por qué no lo llamó a él y le ordenó levantarse del sepulcro estando ausente? Más aún: ¿por qué no lo resucitó estando aún colocada la losa? Pues quien tenía potestad para levantar con su voz un cuerpo muerto y animarlo de nuevo, más fácilmente con sola su palabra habría podido remover la losa. El que al difunto atado con cintas e impedido lo hizo caminar con sola su palabra, con mucha mayor facilidad habría podido remover la losa. Pero ¿qué digo? Pudo hacer todo eso estando ausente. ¿Por qué no lo hizo?

Fue para que los mismos judíos fueran testigos del milagro y no dijeran lo que dijeron en otra ocasión acerca del ciego: Este es, éste no es. Porque ahora las manos mismas y la presencia de Jesús ante el sepulcro daban testimonio de ser Lázaro mismo en persona. Si no hubieran ido los judíos al sepulcro, pensarían luego que se trataba de un fantasma, o que era otro hombre y no el Lázaro que veían. Ahora, en cambio, habiendo venido al sepulcro y removido por sus manos la losa y desatado al muerto de sus ataduras por mandato de Jesús, y habiéndolo reconocido por sus vestidos los amigos que lo habían sacado del sepulcro, y el no haberse apartado las hermanas y el haber dicho una de ellas: Ya huele mal, pues lleva cuatro días, todo ese conjunto era suficiente para cerrar la boca de los testigos perversos que quisieran negar el milagro.

Tal fue el motivo de que Jesús ordenara que removieran la losa del sepulcro, demostrando así ser El quien resucitaba a Lázaro. Por igual motivo pregunta: Dónde lo habéis colocado? Para que quienes le contestaron: Ven y ve, y lo condujeron al sepulcro, no pudieran aseverar haber sido otro que Lázaro el resucitado. Y que así la voz y las manos dieran testimonio: la voz diciendo: Ven y ve; las manos removiendo la losa y desatando las cintas. Y también la vista y el oído: éste oyendo aquella voz, y aquélla viéndolo salir del sepulcro. Y además el olfato fuera también testigo, pues percibió el mal olor; y así Marta exclamó: Ya huele mal, pues lleva cuatro días. Por tal motivo razonablemente afirmé que aquella mujer no había comprendido el sentido de la palabra que Cristo le dijo: Aun cuando hubiere muerto vivirá. Mira lo que ahora dice, como si por el largo tiempo la resurrección ya no pudiera verificarse. Y ciertamente era cosa estupenda resucitar un cadáver ya corrompido de cuatro días. A los discípulos les dijo: Para que sea glorificado el Hijo de Dios, hablando de Sí mismo. Pero a la mujer le dice: Verás la gloria Dios, refiriéndose al de Padre.

Observas cómo la diferencia de oyentes es causa de la forma diversa de hablar. A la mujer le trae a la mente lo que a ella le había dicho, como si le arguyera de haberlo ya olvidado. O bien, para no herir a los circunstantes, le dice (Jn. 11, 40): ¿No te dije que si creyeres verás la gloria de Dios? De modo que la fe es un bien grande; grande en verdad y origen de muchos otros bienes; hasta el punto de que por ella pueden los hombres llevar a cabo obras divinas en nombre de Dios: Si tuviereis fe, les había dicho, diréis a este monte (Mt. 17, 20): pásate allá y se trasladará. Y también (Jn. 14, 12): El que cree en Mí, las obras que Yo hago las hará también El y aún mayores que éstas.

¿Cuáles son esas obras mayores? Las que luego hicieron los discípulos. La sombra de Pedro resucitó un muerto. Fue porque de ese modo más aún se exaltaba el poder de Cristo. Pues no era tan admirable que El viviendo obrara milagros, como el que, una vez muerto, otros en su nombre pudieran hacerlos mayores.

Eso resultaba un argumento nada dudoso de su resurrección; y tal que si los hombres la hubieran contemplado, no le hubieran dado fe mayor como luego se la dieron. Porque podían haber dicho que se trataba de un fantasma. Pero los que veían que a sólo su nombre se verificaban milagros mayores que aquellos de cuando El vivía entre los hombres, en absoluto no podían dejar de creer en ella, a no ser que estuvieran enteramente locos. Es pues la fe un bien grande cuando procede de un ánimo fervoroso, un amor grande y un corazón ardiente.

Ella es la que nos presenta como verdaderos filósofos; ella es la que nos descubre la humana bajeza; ella, haciendo a un lado los discursos humanos, trata de las cosas del cielo. Más aún: lo que a la humana sabiduría le es imposible alcanzar, ella lo alcanza y abundantemente lo rectifica.

Apeguémonos a la fe y no fiemos nuestros intereses a humanos discursos. Pregunto yo: ¿cuál es la causa de que los gentiles no pudieran encontrar nada de la verdad?

¿Acaso no conocían aquella ciencia profana? ¿Por qué no pudieron vencer a unos pescadores y fabricantes de tiendas de campaña? ¿No fue acaso porque aquéllos se apoyaron del todo en la razón, mientras que éstos todo lo referían a la fe? Y así - superaron a Platón y a Pitágoras y a todos los otros que anduvieron vagando de error en error. Vencieron a los astrólogos, a los matemáticos, a los geómetras, a los aritméticos y a todos los instruidos en cualquiera otra disciplina; y los superaron hasta tal punto que ellos aparecen como verdaderos sabios, y los otros como necios y delirantes.

Advierte cómo ellos afirmaron ser el alma inmortal; y no sólo lo afirmaron, sino que lo persuadieron; mientras que aquellos sabios al principio ni siquiera sabían qué cosa fuera el alma. Y una vez que lo encontraron y la distinguieron del cuerpo, se dividieron en sus opiniones. Y unos decían ser incorpórea, otros que era un cuerpo que se disolvía y moría. Y luego afirmaron que el cielo era un ser viviente y un dios, mientras los pescadores afirmaban, y así lo persuadían, que era obra y creación de Dios. Pero no es cosa de admirar que los gentiles usen de los naturales raciocinios; pero que quienes parecen ser fieles cristianos se encuentre que son vivientes irracionales, esto sí que es cosa de lamentar. Y por tal motivo también éstos han caído en error, de manera que unos afirman conocer a Dios como El mismo se conoce, cosa que ninguno de los gentiles se atrevió a decir; otros aseveran que Dios no puede engendrar sino mediante las pasiones, y no le conceden mayor perfección que a los hombres; otros aseguran que de nada sirve la vida virtuosa ni las rectas instituciones. Pero el tiempo no nos permite ahora refutarlos.

Que la fe correcta de nada sirva si la vida es pecaminosa, lo declaran Cristo y Pablo, quienes sobre todo cuidaron de la vida virtuosa. Cristo cuando enseña (Mt. 7, 21): No todo el que me dice: ¡Señor, Señor entrará en el reino de los cielos. Y también (Mt. 22, 23): Muchos en aquel día me dirán: Señor ¿acaso no profetizamos en tu nombre? Entonces yo les diré: No os conozco. Apartaos de mí vosotros, obradores de maldad. Quienes no cuidan de sí mismos fácilmente incurren en la perversidad aun cuando su fe sea correcta. Pablo, escribiendo a los hebreos, les advierte y amonesta (Hb. 12, 14): Mirad de alcanzar la paz con todos y la santificación, sin la cual nadie gozará favor de del Dios.

Llama santificación a la castidad; de manera que cada cual se contente con su propia esposa y no vaya a otra. Porque quien no se contenta con la suya no puede salvarse; sino que perecerá, aun cuando tenga otras innumerables buenas obras. Es imposible que un fornicario entre en el reino de los cielos; y en aquel caso ya no se trata de simple fornicación, sino de adulterio. Así como la mujer casada si se une a otro que a su esposo comete adulterio, así el varón casado, si se une con otra que su esposa, es adúltero. Semejante hombre no heredará el Reino de los Cielos, sino que caerá en la gehena. Oye lo que de tales hombres dice Cristo: Su gusano no muere y el fuego no se apaga. Porque no tiene perdón eso de que teniendo el consuelo su esposa, la injurie admitiendo otra de mujer.

Si muchos se abstienen del uso de su mujer para ayunar o para entregarse a la oración ¿cuán grande castigo y fuego no echará sobre sí quien, no contento con su esposa, admite a otra mujer? Si a quien ha repudiado a su mujer no le es lícito casarse y unirse con otra, pues sería adulterio, ¿cuán grande no será el pecado de quien teniendo su propia mujer admite a otra? Que nadie permita que semejante enfermedad se apodere de su corazón, sino arránquela de raíz. Al fin y al cabo, con ella se daña más a sí mismo que a su esposa.

Tan grave y tan indigno de perdón es este pecado que si la mujer, contra la voluntad de su marido, aun siendo éste idólatra, se separa de él, Dios la castiga; mientras que si se separa de él por adúltero, no la castiga. ¿Adviertes qué mal tan grave sea este género de pecados? Dice Pablo (1Co. 7, 13): Si alguna mujer está casada con un marido no cristiano, y éste se aviene a convivir con ella, no repudie al marido. No dice lo mismo acerca de la adúltera, sino que (Mt. 5, 32): Si alguno repudia a su mujer -a no ser que se trate de concubinarios- la pone en trance de ser adúltera. Puesto que el matrimonio hace de los esposos un solo cuerpo, el que se une a una prostituta se hace un cuerpo con ella. Pero entonces ¿cómo una mujer honesta, que es miembro de Cristo, recibirá a semejante hombre? ¿Cómo unirá consigo a uno que es miembro de una prostituta?

Observa lo admirable de esto. La que cohabita con el esposo infiel no es impura (pues dice Pablo (1Co. 6, 15): Queda santificado el marido infiel en la mujer); pero de la prostituta no dice eso, sino qué: ¿Profanaré yo los miembros de Cristo y los haré miembros de una prostituta? En el primer caso, habitando el infiel con la fiel, permanece ahí la santidad; pero en el segundo, desaparece. Porque es grave, es muy grave pecado la fornicación y acarrea un suplicio sin término.

Pero aun en esta vida semejante pecado trae consigo infinitos males. Lleva el adúltero una vida miserable, peor que la del ya condenado a la muerte; pues se introduce en una casa ajena a escondidas y temblando; y a todos los tiene por sospechosos, así sean esclavos como libres. Os ruego, en consecuencia, que desterréis esa enfermedad; y si en esto no obedecéis, no penetréis más en los sagrados dinteles. Porque de ningún modo conviene que las ovejas roñosas y enfermas convivan con las que están sanas: ¡es necesario apartarlas del redil hasta que sanen! Somos miembros de Cristo. No nos convirtamos en miembros de una prostituta. No es la iglesia un lupanar, sino un sitio de reunión. Si eres miembro de una prostituta, no te presentes en la iglesia, para que no manches con tu injuria este lugar sagrado. Aun cuando no existiera la gehena ni hubiera castigo alguno, tras de los pactos matrimoniales, tras de las lámparas nupciales, tras del uso correcto del lecho y la procreación de tus hijos, tras de tan íntima convivencia ¿cómo no te avergüenzas? ¿Cómo no te ruborizas? Ignoras acaso que quienes, después de muerta su mujer se desposan con otra, son reprendidos por muchos; y esto aun cuando no hayan de sufrir castigo alguno? Y tú, en cambio, ¿viviendo aún tu esposa te introduces a otra? ¿Qué incontinencia es ésta? Aprende lo que de ella se asevera en la Escritura (Mc. 9, 14): El gusano de ellos no muere y el fuego no se extingue. Horrorízate de tales amenazas. Teme el castigo. No es tan grande acá el placer como es allá grande el suplicio. ¡Que nadie se haga reo de semejantes penas! Al contrario: ojalá que practicando la pureza, veamos a Cristo y gocemos de los bienes prometidos. Ojalá que todos los consigamos, por gracia y benignidad de nuestro Señor Jesucristo, con el cual sea la gloria al Padre juntamente con el Espíritu Santo, por los siglos de los siglos. Amén.

HOMILÍA LXIV. Y Jesús levantando sus ojos al Cielo, dijo: ¡Padre! te doy gracias porque me has escuchado. Yo ya sabía que siempre me atiendes, pero por el pueblo que me rodea he dicho esto, etc. (*Jn 11,41-42*)

Repetiré ahora lo que muchas veces he dicho: Cristo atiende más a nuestra salvación que a su propia dignidad. No busca decir grandes cosas, sino cosas que puedan acercarnos a El. Por tal motivo dice pocas cosas grandes y sublimes, y aun éstas sub-oscuramente, mientras que con frecuencia trata en sus discursos de otras humildes y humanas. Como éstas sobre todo atraían a los oyentes, de ellas usó con más frecuencia. Pero tampoco se mantiene en sólo éstas, para no causar daño a los que más tarde creerían en El; aunque tampoco las calla, para no escandalizar a los contemporáneos.

Quienes ya se habían despojado de los pensamientos terrenos, podían por una sola verdad altísima comprender todo lo demás; pero quienes permanecían apegados a lo de acá abajo, si no le hubieran escuchado con frecuencia esas cosas más humanas, nunca se le habrían acercado. Aun así, no permanecen firmes, a pesar de haber oído tantas y tan bellas cosas, sino que lo quieren lapidar y lo persiguen e insultan e intentan darle muerte y lo llaman blasfemo; y cuando habla de su igualdad con Dios, dicen (Mt. 9, 3): Este hombre blasfema; y cuando afirma (Jn. 10, 20): Tus pecados te son perdonados, lo llaman poseso y endemoniado.

También cuando dijo que quien obedeciera sus palabras será superior a la muerte, aseveraron lo mismo (Jn. 8, 51). Y cuando afirmó: Yo estoy en el Padre y el Padre está en Mí, finalmente se le separaron. También se escandalizan cuando asevera haber bajado del Cielo (Jn. 6, 33.60). Ahora bien, si estas afirmaciones, aunque raras veces proferidas, no las soportaban, claro es que con dificultad le hubieran prestado atención si continuamente les hubiera hablado de sublimes misterios. Si les dice (Jn. 14, 31): Como me lo ordenó mi Padre, así hablo; y (Jn. 7, 28): Yo no he venido de Mí mismo, entonces sí lo creen, como claramente lo dijo el evangelista: Cuando decía estas cosas, muchos creyeron en El. Si pues el hablarles a lo humano los atraía y el hablarles a lo divino los apartaba ¿no sería extrema locura pensar que eso humano no fue una obra de acomodarse a la capacidad del auditorio? Así, en otra ocasión, cuando quería decir algo sublime, calló y declaró la causa de callar diciendo (Mt. 17, 27): Para que no los escandalicemos, echa tu anzuelo al mar.

Ahora bien, esto es exactamente lo que aquí hace. Puesto que una vez que dijo: Yo ya sabía que siempre me atiendes, añadió: Pero lo he dicho por la turba que me rodea, para que crean. ¿Es acaso esto opinión mía? ¿Se trata de una conjetura humana? Cuando alguno no se deja persuadir ni porque, como está escrito, ellos se escandalizan si se les hablaba de cosas sublimes, éste tal, oyendo a Cristo afirmar que habla de cosas más bajas y humanas para no escandalizar ¿cómo va a sospechar que Cristo habla conforme a la naturaleza de la encarnación y no por un cierto atemperarse a sus oyentes? Así cuando vino aquella voz de lo alto, dijo El (Jn. 12, 30): No ha venido esta voz por Mí, sino por vosotros?

Ahora bien: al que es grande se le permite decir de sí cosas más humildes; pero al que es de baja condición no se le tolera decir cosas altas y grandes de sí mismo. Porque aquello primero corresponde a un cierto modo de atemperarse y acomodarse a la debilidad de los oyentes y, más aún, proviene de un cierto ejercicio de humildad. En Cristo, eso tiene lugar para que todos vean que realmente se revistió de nuestra carne, y para enseñar a sus oyentes que jamás se han de decir de sí mismo cosas grandes; y además, porque se le creía contrario a Dios y no se le creía venido de Dios y sospechaban que traspasaba la Ley y porque lo envidiaban y lo odiaban, pues decía ser igual a Dios. En cambio, para que quien es de baja clase hable de sí cosas grandes, no puede haber motivo razonable, sino que todo se achacará a su ignorancia, a su impudencia y a una audacia que no tiene perdón.

En resumen: ¿por qué habla de Sí cosas humildes y humanas el que es de aquella sublime e inefable substancia? Pues por los motivos que ya expusimos y también para que no se le creyera Ingénito. Parece que Pablo temía eso mismo, por lo cual dice

(2Co. 15, 27): Excepto aquel que le sometió todas las cosas. Pues el solo pensarlo sería una impiedad. Si fuera menor que el Padre y de otra substancia ¿acaso no habría hecho cuanto hubiera podido para quitar la opinión contraria? Ahora, en cambio, hace todo lo contrario; y dice (Jn. 10, 37): Si no hago las obras de aquel que me envió no me creáis. Y cuando dice (Jn. 14, 10): Yo estoy en el Padre y el Padre está en Mí nos declara la igualdad de ambos. En cambio, si fuera menor, habría convenido apartar firmemente semejante opinión y nunca afirmar (Jn. 10, 30): El Padre está en Mí y Yo en el Padre; ni tampoco (Jn. 14, 9): Somos una misma cosa; ni: El que me ve a Mí ve a mi Padre.

Pero sucede todo al revés. Porque tratándose del poder decía: Yo y el Padre somos una misma cosa; y tratándose de la facultad de hacer algo, decía (Jn. 5, 21): Pues así como el Padre resucita los muertos y les da la vida, así el Hijo da la vida a los que quiere. Cosas todas que no podría hacer si fuera de otra substancia. Y en caso de que las pudiera hacer, no debía decirlo˙ para que no pensaran que El y el Padre eran una sola substancia y la misma. Si con el objeto de que no piensen ser el adversario de Dios dice a veces aun cosas que como Dios no le convienen, era mucho más conveniente que en este otro caso procediera así.

Mas, por el contrario, cuando dice (Jn. 5, 23): Para que honren al Hijo como honran al Padre; y cuando afirma (Jn. 5, 19): Las obras que El hace también igualmente las hago Yo; y cuando asevera ser El la resurrección y la vida y que es luz del mundo (Jn. 11, 25; Jn. 8, 12), todas esas expresiones son propias de quien se iguala con el Padre y confirman la opinión que en ese sentido se tenía de El. ¿Has observado en qué forma se defiende cuando lo acusan de traspasar la Ley, mientras que la creencia de ser El igual al Padre no sólo no la combate, sino que la confirma y afianza? Así por ejemplo, cuando los judíos le dicen (Jn. 10, 33): Blasfemas y te haces a ti mismo Dios, El lo confirma y prueba con la igualdad obras con de las el Padre.

Pero ¿qué digo del Hijo? También el Padre, que no se revistió de carne, procede del mismo modo. Porque también El toleró que se dijeran de El muchas cosas a lo humano, para la salvación de los oyentes. Aquella voz (Gn. 9, 9): ¡Adán! ¿en dónde estás?; y aquella otra (Gn. 18, 21): Para saber si realmente han obrado conforme al clamor que ha llegado hasta Mí; y también (Gn. 22, 12): Ahora conozco que temes a Dios; y luego (Ez. 3, 11): A ver si acaso escuchan; y (Dt. 5, 29): ¡Quién hiciera que siempre fuera así el corazón de este pueblo!, y además (Sal. 80, 29): No hay dioses iguales a tu Señor; y muchas otras expresiones que pueden reunirse del Antiguo Testamento parecen indignas de la majestad de Dios. Así acerca de Acab se escribe (2Cr. 18, 19): ¿Quién me engañará a Acab? El ponerse Dios en comparación con los dioses gentiles y declararse superior a ellos es cosa indigna de su Majestad, por una parte; pero por otra parte todas esas expresiones son muy dignas. Porque demuestran ser tan grande su benignidad, que por nuestra salvación no se desdeña de expresiones menos convenientes a su altísima dignidad.

Por lo que mira a Cristo, el haberse hecho hombre y haber tomado forma de siervo y usar de expresiones más humildes y humanas y usar viles vestidos, cosas son indignas si se atiende a su majestad; pero muy dignas de El si se atiende a su bondad y a las inefables riquezas de su benignidad. Pero hay otro motivo para semejantes expresiones. ¿Cuál es? Que al Padre los judíos lo conocían y confesaban, pero a El no lo conocían. Por eso con frecuencia recurre al Padre, pues éste sí les era bien conocido, como si El mismo no fuera digno de fe aún, no precisamente por lo que El era, sino a causa de la necedad y debilidad de los oyentes.

Tal es el motivo de que niegue y diga: ¡Padre! te doy gracias porque me has escuchado. Pero si El da la vida a quienes quiere y lo hace al igual que el Padre ¿por qué ora?... Tiempo es ya de venir a la explicación de este pasaje. Quitaron, pues, la losa del sepulcro en donde yacía el cadáver. Y Jesús, levantando los ojos al cielo, dijo: ¡Padre! te doy gracias porque me has escuchado. Yo ya sabía que siempre me atiendes, pero lo he dicho por el pueblo que me rodea, a fin de que crean que Tú me has enviado.

Preguntemos a un hereje: ¿Acaso Jesús resucitó al muerto por haber alcanzado gracia con sus ruegos? Si fue así, entonces ¿cómo obró otros milagros sin necesidad de oraciones, como cuando imperó diciendo (Mc. 9, 25): ¡Demonio! ¡a ti te ordeno! ¡sal de él y también (Jn. 5, 8): Toma tu lecho y vete; y (Mc. 1, 41): Quiero, sé limpio; y (Mt. 9, 2): Tus pecados te son perdonados; y al mar (Mc. 4, 39): ¡Calla, enmudece? Si necesita de súplicas para obrar los milagros ¿qué más tiene que los apóstoles? Pero aun los apóstoles no siempre obraban los prodigios con súplicas, sino que, sin rogar, simplemente usaban del nombre de Jesús. Y si su solo nombre tan gran poder tenía ¿por qué El necesita de oraciones? Si hubiera necesitado de súplicas, su nombre no habría tenido tan gran poder.

Y cuando creó al hombre ¿de qué súplicas echó mano? ¿Acaso había o no ahí una plena igualdad? (Gn. 1, 26): Hagamos al hombre. ¿Quién sería más débil que El si hubiera necesitado rogar? Pero consideremos ya el ruego que usa: ¡padre! te doy gracias porque me has escuchado. ¿Quién jamás ha orado en esa forma? Antes que otra cosa alguna, comienza diciendo: Te doy gracias, con lo que demuestra que no necesita rogar. Ya sabía yo que siempre me atiendes. Dijo esto no porque le faltara poder, indicando sino la unidad de voluntades.

Pero entonces ¿por qué usó esa forma de quien suplica? Oye no a mí, sino a El, que dice: Por la turba que me rodea, para que crean que Tú me has enviado. No dijo: Para que sepan que soy menor que Tú y que necesito del favor de allá arriba y que sin oración nada puedo hacer; sino: Para que crean que Tú me has enviado. Todo esto significa su oración si la tomamos así sencillamente. No dijo: Me has enviado débil, consciente de que soy tu siervo y que de Mí nada puedo; sino que dejando a un lado todo eso, para que nada sospeches de esa inferioridad, expresa el motivo verdadero de su oración. Como si dijera: Para que no se me tenga como adversario de Dios; para que no digan: Este hombre no viene de Dios; para declarar que todo se ha hecho conforme a la voluntad del Padre. Si yo fuera contrario a Dios, la obra no se habría llevado a cabo.

La expresión: Me has escuchado, es frecuente entre amigos e iguales. Ya sabía Yo que siempre me atiendes. Como si dijera: Para hacer mi voluntad no necesito rogar; pero lo digo así para que se persuadan de que Tú y Yo, Padre, no tenemos sino una sola voluntad. Entonces ¿por qué suplicas? En bien de los más rudos.

(Jn. 11, 43) Y dicho esto, clamó con fuerte voz. ¿Por qué no dijo: ¡En el nombre de mi Padre, ven afuera!; por qué no dijo: ¡Padre, resucítalo! sino que, omitiendo todo eso y tomando la actitud de quien suplica, enseguida con el milagro mismo demuestra su propia autoridad? Porque es propio de su sabiduría demostrar humildad en sus palabras y poder en sus obras. Como no podían acusarlo sino diciendo que no venía de Dios, y así engañaban a la multitud, con sus palabras demuestra abundantemente que sí viene de Dios, pero lo hace en el modo que lo pedía la rudeza de los oyentes.

Podía haber demostrado su concordia con el Padre de otro modo, manteniendo su dignidad; pero la turba no podía levantarse tan alto. Dijo, pues: ¡Lázaro! ¡ven afuera! Se realiza lo que había predicho: Llega la hora en que los muertos oirán la voz del Hijo de Dios y los que la escuchen vivirán. (Jn. 5, 28) Para que no pienses que su poder le viene de otro, de antemano te lo avisó, y ahora con las obras lo comprueba. Y no dijo: ¡Resucita!, sino: ¡Ven afuera! hablando al muerto como si estuviera vivo. ¿Qué podrá compararse con este poder? Y si esto no lo hizo por propio poder ¿en qué es superior a los apóstoles que dicen (Hch. 3, 12): Por qué os fijáis en nosotros, como si con nuestro poder hubiéramos hecho andar a éste? Si Jesús no procedía por propio poder ¿por qué no añadió lo que los apóstoles afirmaban de sí mismos? Habrían ellos demostrado mayor virtud y sabiduría que Jesús, pues rechazaban la vana gloria. En otra ocasión ellos exclamaron: ¡Varones! ¿por qué hacéis esto? Nosotros somos hombres lo mismo que vosotros. ¿O es que los apóstoles, que no obraban por propio poder, se expresaron así para persuadirlo a los demás; mientras que Jesús, si eso hubiera pensado de Sí mismo, no habría combatido la opinión de los que lo tuvieran como Dios, salvo el caso de haber hecho el milagro por propio poder? Pero ¿quién se atreverá a decir tal cosa?

Cristo se expresa de otra manera y dice: Lo he dicho por la turba que me rodea, para que crean. De modo que si la turba ya hubiera creído, no había necesidad de rogar. Pero por otra parte, si no era indigno suyo el rogar, ¿por qué había de achacarles la causa a otros? ¿Por qué no dijo: Para que crean que no soy igual a Ti? Porque era lo propio, dada aquella opinión, hacer esta declaración. Cuando se pensaba que El traspasaba la Ley, aunque ellos nada decían, El profirió su sentencia (Mt. 5, 17): No penséis que he venido a abrogar la Ley, mientras que acá al revés, confirma la opinión de la igualdad con su Padre.

En una palabra: ¿qué necesidad había de rodeos ni de enigmas? Bastaba con que hubiera dicho: No soy igual al Padre, y el negocio estaba concluido. Objetarás: pero ¿acaso no dijo: Yo no hago mi voluntad? Sí, pero lo dijo hablando oscuramente a causa de la rudeza de los oyentes; que fue el mismo motivo de rogar acá en nuestro caso. Y ¿qué significa: Porque me escuchaste? Es como si dijera: nada hay contrario entre Tú y Yo. De modo que así como la expresión: Me has escuchado no significa que El no tuviera poder -pues si esto fuera así no habría únicamente impotencia, sino además ignorancia, ya que supondría que antes de la súplica ignoraba El si Dios lo escucharía; y si lo ignoraba ¿cómo pudo decir: Voy a despertarlo y no dijo: Voy para rogar a mi Padre que lo resucite?-, de modo que, repito, así como aquella expresión no denota debilidad, sino concordia, así acá significa lo mismo: Siempre me atiendes. O este es el sentido, o habría que decir que se expresó así a causa de lo que la turba pensaba.

Pero si ni ignoraba ni era impotente, queda en claro que pronunció semejantes palabras por humildad, para que a lo menos por la hipérbole y exceso de humillación te veas obligado a creer y confesar que no habló conforme a su dignidad divina, sino conformándose con la opinión de los oyentes. Pero ¿qué oponen los enemigos de la verdad? No fue por causa de los oyentes, sino para mostrar que sobresalía en excelencia, por lo que dijo: Me has escuchado. Mas esto no habría sido mostrar excelencia, sino obrar con excesivo abajamiento; y declarar que no era otra cosa sino simplemente hombre. Puesto que suplicar no es propio de Dios, ni de quien se sienta en el mismo trono de Dios.

¿Adviertes, pues, cómo no hubo otro motivo de proceder en esa forma, sino la incredulidad de las turbas? Observa ahora cómo el hecho mismo da testimonio de su poder. Llamó al muerto y éste ese presentó ligado aún. Enseguida, para que no se creyera ser un fantasma, pues presentarse así ligado parecía no menos admirable que resucitar. Ordenó que lo desataran, para que llegándose a él lo palparan y se convencieran de que era el mismísimo Lázaro. Y añadió: Dejadlo caminar. ¿Observas cuán ajeno está del fausto? No lo lleva consigo; no le ordena seguirlo, para no parecer que hace ostentación: ¡tan grande modestia practicaba!

Un milagro tan estupendo, unos lo admiraban; otros fueron a referirlo a los fariseos. ¿Qué hacen éstos? Debiendo admirarse y quedar estupefactos, entran en consulta para ver cómo darán muerte al que Jesús había resucitado. ¡Oh necedad! Al que en cuerpos ajenos había superado la muerte, pensaban que lo entregarían a la muerte; y decían (Jn. 11, 47): ¿Qué hacemos? Porque este hombre hace muchos milagros. Lo llaman hombre todavía, tras de haber recibido tan gran demostración de su divinidad. ¿Qué hacemos? Lo que debía hacerse era creer en El, reverenciarlo, adorarlo y no tenerlo en adelante por simple hombre.

(Jn. 11, 48) Si lo dejamos así suelto todos van a creer en él. Y vendrán los romanos y destruirán nuestro pueblo y nuestra ciudad. ¿Qué es pues lo que piensan hacer? Quieren concitar al pueblo, como si estuviera en peligro por la tiranía que prevén. Como si dijeran: Si los romanos saben que éste trae y lleva a las turbas, nos tendrán como sospechosos, y vendrán y destruirán nuestra ciudad.

Pero yo pregunto: ¿Por qué así? ¿Acaso El predicaba la revuelta? ¿No ordenaba que se pagara el tributo al César? ¿Acaso no huyó cuando lo querían proclamar rey? ¿Acaso no llevaba una vida humilde y sin fausto, sin casa y sin las otras comodidades? Es que decían ellos semejante cosa no temerosos sino envidiosos. Y les aconteció lo que menos esperaban: los romanos dominaron la nación y capturaron la ciudad precisamente porque ellos dieron muerte a Cristo. Los hechos de Cristo estaban exentos de toda sospecha. Quien curaba a los enfermos y ordenaba obedecer a las autoridades, en realidad no ansiaba otra cosa sino combatir la tiranía. Pero ellos objetan: lo deducimos por los casos anteriores. Mas aquellos otros proclamaban la rebelión; Jesús, al contrario. ¿Ves cómo lo que dicen no es sino una simulación? ¿En qué se parecía Cristo a los anteriores caudillos? ¿Iba rodeado de guardias? ¿Llevaba carros de guerra? ¿Acaso no buscaba los desiertos? Pero ellos, para no parecer que hablaban movidos por una enfermedad de su alma, dicen que la ciudad entera peligra y que se ponen asechanzas a toda la nación y temen lo peor.

¡No fue esa la causa de que os pusierais en actividad! Lo contrario de eso fue lo que originó la actual cautividad y también antiguamente la babilónica y la del tiempo de Antíoco. No sobrevinieron porque hubiera entre vosotros adoradores de Dios, sino porque había impíos que irritaban a Dios: eso fue lo que os perdió. Pero a esa enfermedad se le da el nombre de envidia: enfermedad que una vez cegado el entendimiento, ya nada deja ver que honorable y decoroso sea. ¿Acaso no enseñó Cristo que debíamos ser mansos? ¿No dijo que heridos en la mejilla derecha presentáramos la otra? ¿No enseñó que debíamos soportar las injurias? ¿No ordenó que tuviéramos más empeño en padecer los males que otros lo tienen en causarlos? Pero todo esto ¿es propio de quien anhela la tiranía? ¿No lo es más bien de quien la combate?

Pero, como ya dije, grave cosa es la envidia y anda llena de disimulo. Ella ha colmado de males sin cuento al universo. Por su causa andan repletos los tribunales de gentes sujetas a juicio. De ella nacen el amor al dinero y la vanagloria, el ansia de los principados y la soberbia. Por ella están infestados los caminos y los mares de ladrones y de piratas. De ella nacen en el mundo las matanzas y anda el género humano destrozado. De ella se originan cuantos males ves. Ella se ha introducido en las iglesias. Ella desde hace ya mucho tiempo dio origen a males infinitos. Ella metió por todas partes la codicia de riquezas, y todo lo revuelve, y corrompe la justicia; pues dice la Escritura (Si. 20, 29): Presentes y regalos ciegan los ojos de los sabios; como ahogan los reproches el bozal en la boca.

La envidia convierte a los libres en esclavos. De ella predicamos diariamente, pero sin provecho. Nos tornamos peores que las fieras, robamos los bienes de los pupilos, despojamos a las viudas, injuriamos y dañamos a los pobres y añadimos lamentos a lamentos. ¡Ay de mí que han desaparecido los varones píos de la tierra! (Mi. 7, 1.2) No nos queda sino llorar y repetir cada día los mismos consejos y avisos. Sólo nos queda verter lágrimas. Así lo hizo Cristo. Tras de haber hecho muchas advertencias a Jerusalén, pero no haber éstas aprovechado en nada a los judíos, lloró su ceguedad. Esto hicieron los profetas y esto hacemos ahora nosotros. Tiempo es de lágrimas, de gemidos, de llantos. Oportuno es decir (Jr. 9, 17): Llamad a las plañideras y mandad por las más hábiles, y entonen una lamentación. Quizá de este modo podamos apartar enfermedad semejante, de aquellos que construyen soberbias mansiones y se proporcionan campos que son fruto de rapiñas. ¡Tiempo es de llorar! Pero llorad conmigo vosotros los que habéis sido despojados, los que habéis sufrido el daño: juntad mis lágrimas a vuestro duelo. Pero... ¡no! ¡Lloremos mejor a esos otros! No os causaron daño a vosotros, sino a sí mismos se destruyeron. Porque vosotros, en recompensa de la injusticia que os hicieron, recibiréis el Reino de los Cielos; pero para ellos su recompensa será la gehena. Mejor es sufrir daño que causarlo. Lloremos, pero no con llanto humano, sino tomado de la Escritura: llanto con que los profetas se dolieron. Lloremos amargamente con Isaías y digamos (Is. 5, 8.9): ¡Ay de vosotros los que juntáis casa con casa y anexionáis campo a campo hasta ocupar todo el sitio y quedaros solos en medio del país! ¡Han de quedar desiertas muchas casas, grandes y hermosas, pero sin habitadores! Lloremos con Nahúm y digamos con él: ¡Ay del que edifica su casa sin justicia! O mejor aún llorémoslos como lo hizo Cristo con los judíos, y digamos (Lc. 6, 24): ¡Ay de vosotros, ricos, pues ya tenéis acá vuestra recompensa y consuelo! No cesemos de llorar de esta manera; y si no es indecoroso, lloremos también la tibieza de nuestros hermanos.

No lloremos al que ya murió, sino al ladrón, al avaro, al codicioso de riquezas, al insaciable. ¿Por qué llorar sin fruto a los que ya murieron? Quizá mientras nosotros los lloramos ellos ríen. Pero también esto es digno de llanto, pues ríen de lo que debiera llorar. Si con nuestro llanto esos envidiosos se conmovieran, bueno sería dejar de llorar, pues con nuestro llanto estarían ya en camino de salvación y de enmienda. Pero como yacen en tierra postrados, sin conmoverse, persistamos nosotros en nuestro duelo y lloremos no sólo a los ricos, sino además a los que codician las riquezas, a los avaros.

No son malas las riquezas, puesto que podemos y conviene que las usemos para bien de los necesitados; pero la avaricia es un mal que engendra tormentos eternos. Lloremos, pues. Quizá se logre alguna enmienda. Si no se libran los que ya cayeron en mal semejante, quizá haya otros que cuiden de no caer en él. Haga el Señor que se libren de semejante enfermedad y que ninguno de nosotros caiga en ella; para que todos juntos consigamos los bienes prometidos, por gracia y benignidad de nuestro Señor Jesucristo, al cual sea la gloria por los siglos de los siglos. Amén.

HOMILÍA LXV. Uno de ellos, Caifás, que aquel año era el sumo sacerdote, les dijo: Vosotros nada entendéis, ni consideráis que os conviene que muera un solo hombre por el pueblo, etc. (*Jn 11,49-50*)

Se hundieron los gentiles en la fosa que hicieron; en la red que ocultaron quedó prendida su piel (Sal. 9, 15). Esto fue lo que les aconteció a los judíos. Decían ellos que era necesario dar muerte a Jesús para que no fueran los romanos y destruyeran su gente y ciudad. Pero una vez que le dieron muerte, sufrieron precisamente todas esas cosas: lo que hicieron para huirlas, por haberlo hecho no las pudieron huir. El que fue muerto está en los Cielos; y quienes le dieron muerte fueron a la gehena. No era esto lo que ellos pretendían, sino ¿qué cosa?: Anhelaban, dice el evangelista, desde aquel día darle muerte.

Daban como razón que (Jn. 11, 53): Vendrán los romanos y destruirán nuestra nación. Pero uno de ellos, Caifás, que era aquel año el sumo sacerdote, con mayor impudencia que los otros, les dijo: Vosotros nada entendéis. Ellos dudaban aún y proponían el asunto a deliberación (puesto que decían: ¿Qué hacemos?); pero éste, impudentemente y con la frente alta y con petulancia, clamó. Y ¿qué fue lo que dijo?: Vosotros nada entendéis, ni consideráis que os conviene que muera un solo hombre por el pueblo y no perezca toda la nación.

(Jn. 11, 51) Pero esto no lo dijo de su cosecha, sino que como era aquel año sumo sacerdote, profetizó.

¿Adviertes cuán grande es la potestad sacerdotal? Puesto que era sacerdote, aunque indigno, profetizó, sin saber lo que decía: la gracia usó de su boca, pero no llegó a su corazón impuro. Muchos otros también, aunque indignos, profetizaron, como Nabucodonosor, el Faraón, Balaam. Y la razón es manifiesta. En cuanto a Caifás, lo que quiso significar fue lo siguiente: Vosotros permanecéis inactivos y muy tibiamente tratáis este negocio y no consideráis que el bien común hace necesario tener en menos la vida de un hombre.

Considera cuán grande es la fuerza del Espíritu; puede ella arrancar palabras proféticas admirables a un alma malvada. Llama el evangelista nación y gente a los hijos de Dios, por lo que luego iba a suceder, como él mismo lo refiere (Jn. 10, 16): Tengo también otras ovejas. Por lo que había de suceder los llamó así. ¿Qué significa la expresión: Que aquel año era el sumo sacerdote? Esta costumbre, como otras muchas, se había corrompido. Desde que los puestos principales se habían tornado vendibles, ya no se desempeñaba vitaliciamente el sacerdocio, sino sólo durante un año. Pero aun así, ahí andaba el Espíritu Santo. Sólo cuando ya pusieron las manos en Cristo, El los abandonó y se pasó a los apóstoles. Esto significa la ruptura del velo del templo; y también la palabra que dijo Cristo (Mt. 23, 38): Vuestra casa será abandonada.

Narra Josefo, quien vivió poco después, que ciertos ángeles que vivían con ellos, les dieron a entender que emigrarían si ellos no se enmendaban. Mientras estuvo en pie la viña, todo siguió su curso ordinario; pero una vez que dieron muerte al Hijo heredero aquellos viñadores, perecieron ellos. Y Dios, como si quitara al hijo ingrato su vestidura espléndida, es decir, a los judíos, la entregó a siervos fieles, convertidos de entre los gentiles, y a los otros los dejó despojados y abandonados. Y no fue de poco peso que un enemigo lo profetizara, porque esto podía atraer a otros. Pero sucedió todo lo contrario de lo que él quería. Pues por haber muerto Jesús, los fieles quedaron libres del eterno castigo.

¿Qué quiere decir: Para congregar a los que estaban cerca y a los que estaban lejos? Que los hizo un solo cuerpo. Así el que vive en Roma tiene a los indos como miembros suyos. ¿Qué hay igual a esta congregación? Y la cabeza de todos es Cristo.

(Jn. 11, 53) Y desde ese día determinaron darle muerte. Ya de antes lo procuraban, pues dice el evangelista (Jn. 5, 18): Procuraban por eso darle muerte; y El dijo a los judíos (Jn. 7, 19): ¿Por qué intentáis matarme? De modo que ya de antes lo procuraban, pero ahora lo determinaron y pusieron manos a la obra.

(Jn. 11, 54)Por esto Jesús ya no se presentaba en público en Judea. De nuevo, como hombre que es, cuida de salvarse y con frecuencia lo hará así.

He indicado ya el motivo de que frecuentemente huyera y se escondiera. Ahora se fue a vivir a Efrén, cerca del desierto; y ahí permanecía con sus discípulos. Ahora bien: ¿cuán grande piensas que sería la turbación de los discípulos, al ver que Jesús, al modo humano, andaba buscando salvarse del peligro? Nadie lo sigue ya. Como estaba cercano el día festivo, todos corrían a Jerusalén. Y mientras todos se gozaban y celebraban la fiesta, ellos se escondían y se hallaban en peligro. Sin embargo, no abandonan al Señor. Por lo demás, anteriormente, cuando se celebraban las festividades de la Pascua y de los Tabernáculos, se ocultaban en Galilea. Ahora, huyendo y ocultándose solos, con su Maestro y en la festividad solemne, le demuestran su cariño. Por esto refiere Lucas que dijo el Señor (Lc. 22, 28): Yo perseveré con vosotros en las pruebas. Lo decía para demostrarles que su gracia los confortaba.

(Jn. 11, 55) De aquella región subieron muchos a Jerusalén a purificarse. (Jn. 11, 57) Los pontífices y fariseos ya habían librado sus órdenes para que se le aprehendiera. ¡Curiosa purificación que se lleva a cabo con voluntad sanguinaria y manos ensangrentadas!

(Jn. 11, 56) Y decían: ¿Creéis que no subirá para la festividad? En la Pascua le ponían asechanzas, y convertían el tiempo festivo en tiempo de asesinato. Es decir: Es necesario que él se presente acá, pues la ocasión lo invita. ¡Oh impiedad! Al tiempo en que más se necesitaba la piedad; al tiempo en que se concedía mayor libertad a los reos de crímenes extremos, en ése se empeñan ellos en aprehender al inocente. Ya lo habían intentado antes, pero sin más resultado que caer en ridículo. El con frecuencia cae en sus manos y se escapa y contiene a los que anhelaban matarlo y los deja dudosos, con el objeto de llevarlos al arrepentimiento mediante la demostración de su poder. Y también para que sepan, cuando ya lo hayan aprehendido, que eso ha acontecido no por fuerza de ellos, sino por la permisión de El. Puesto que aun entonces no pudieran aprehenderlo, a pesar de estar en Betania, tan vecina; y cuando fueron a aprehenderlo los hizo caer de espaldas.

(Jn. 12, 1-2) Scis días antes de la Pascua, Jesús llegó a Betania, en donde había muerto Lazado; y comía con ellos. Marta servía a la mesa y Lázaro era uno de los convidados. Era esto una verdadera prueba de haber él resucitado, puesto que tras de muchos días permanecía vivo y comía. Por aquí se ve que la comida era en su casa, pues reciben a Jesús como amigos queridos. Hay quienes afirman que sucedió esto en otra casa.

María no servía a la mesa, sino que estaba como discípula. Y nuevamente se le comunica una gracia mayor. Como invitada no servía a la mesa en el ministerio ordinario, sino que sólo se ocupaba de honrar a Cristo; y estaba no como en presencia de un hombre, sino de Dios. Derramó el ungüento y lo secó con sus cabellos, lo cual significaba tener ella una opinión de Cristo diferente de la de otros. Judas la increpó bajo capa de piedad. Pero Cristo le dijo: Ha hecho una buena obra en orden a mi sepultura.

¿Por qué no reprende al discípulo ni dice, como el evangelista, que la increpaba porque él intentaba robar? Es que quiso poner en vergüenza a Judas, mediante su paciencia. Que sabía bien ser Judas el que lo entregaría, es cosa clara, puesto que varias veces lo había indicado anteriormente, como cuando dijo: No todos creen; y cuando dijo (Jn. 6, 64): Uno de vosotros es demonio. Dejó ver que conocía ser Judas el traidor, pero no lo reprendió públicamente, sino que lo trató con indulgencia, porque deseaba retraerlo de su propósito. Mas ¿cómo es que otro evangelista dice que todos increpaban a la mujer? Todos, sí, pero los demás no lo hacían con mala intención.

Y si alguno pregunta por qué Cristo puso en manos de un ladrón la bolsa de los pobres y encargó su administración a un avaro responderemos que sólo Dios conoce esos misterios. Sin embargo, si algo se puede decir conjeturando, diremos que fue para quitar toda causa de excusa. Pues así no podía Judas excusarse diciendo que por necesidad del dinero lo había hecho, ya que podía saciarla teniendo la bolsa en sus manos; sino por excesiva maldad; maldad que Cristo quería corregirle; y por tal motivo usó para con él de suma indulgencia. Y así, aun sabiendo que robaba, no lo reprendía ni le impedía su mala codicia, para quitarle toda excusa. Les dice, pues, Jesús: Dejadla en paz. Guardaba este ungüento para el día de mi sepultura. Con recordar su sepultura nuevamente amonesta al traidor; pero semejante amonestación no lo conmovió, ni lo ablandó aquella palabra, que podía haberlo movido a compasión. Porque fue como si le dijera: Te soy molesto y gravoso; mas espera un poco y moriré. A esto se refería al añadir (Jn. 12, 8): Pero a Mí no siempre me tendréis con vosotros.

Pero nada logró doblegar a aquel hombre feroz y loco; ni aunque muchas otras cosas hizo Jesús por él y le dijo, como fue lavarle los pies en aquella noche y hacerlo partícipe de su mesa, cosa que podía ablandar aun el ánimo de los ladrones; y dirigido muchas otras palabras que hubieran podido conmover aun a una roca. Y todo esto en el mismo día de la traición y no con antelación grande, para que no se lo borrara de la memoria el discurso del tiempo. Pero Judas, por encima todo, persistió en de su maldad.

Cosa dura es la avaricia. Dura en verdad y tal que cierra ojos y oídos y torna a los hombres más crueles que las fieras, y no los deja pensar en sus responsabilidades de conciencia, ni en amigos, ni en la compañía con quien están, ni en la salvación de la propia alma; sino que a quienes cautiva los aparta de todos los demás y los esclaviza con una insoportable tiranía.

Y lo peor de semejante servidumbre tan recia, es que persuade a sus súbditos de que deben estarle agradecidos; de modo que cuanto más se le sirve tanto más se agranda su deleite, de manera que viene a ser incurable. A Giesi, de discípulo del profeta ella lo tomó en leproso; ella perdió a Ananías; ella hizo traidor a Judas; ella corrompió a los príncipes de los judíos, pues recibían doncs y se hacían socios de ladrones; ella causó muchas guerras y colmó de sangre los caminos y de lamentos las ciudades; ella tornó execrables las mesas, impuros los banquetes, inicuas las comilonas.

Con razón Pablo (Col. 3, 5) la llamó esclavitud de ídolos; pero ni aun así logró derrocarla. Pero ¿por qué la llama idolatría? Es que muchos poseen riquezas, pero no se atreven a tocarlas, sino que las tienen como sagradas y las transmiten intactas a sus nietos y a sus descendientes; y no se atreven a poner mano en ellas, como si fueran dones consagrados a Dios. Y si alguna vez se ven obligados a usarlas, proceden como si cometieran un sacrilegio. Como un gentil que adorara un ídolo de piedra, así tú defiendes el oro con puertas y trancas; y haces del arca, tu templo; y lo depositas en vasos de plata.

Dirás que tú no adoras a semejante ídolo, como lo hacen con los suyos los gentiles. Es verdad, pero le rindes pleno culto. Semejante avaro, antes que entregar su ídolo, entregaría sus ojos y su alma. Así proceden los amantes del oro. Insistes: ¡pero es que yo no adoro el oro! Tampoco el gentil adora al ídolo, sino al demonio que habita en el ídolo. Y tú, aun cuando no adores el oro, pero adoras al demonio, quien con la codicia y vista del oro penetra en tu alma. Peor que un demonio es la codicia de las riquezas; y tal que muchos lo reverencian más que a sus ídolos los gentiles. Porque los gentiles en muchas cosas no les hacen caso, mientras que los avaros en todo lo obedecen y proceden a cuanto él les sugiere. ¿Qué dice la avaricia? Sé enemigo y adversario de todos, olvídate de la común naturaleza, desprecia a Dios, sacrifícate a mí: ¡y en todo eso los avaros le obedecen! A los ídolos se les sacrifican ovejas y bueyes, pero la avaricia impera: ¡sacrifícame tu alma! Y el avaro lo acepta y lo hace.

¿Observas los altares que tiene? ¿Qué sacrificios ofrece? Los avaros no poseerán el reino de Dios (1Co. 6, 10), y sin embargo tal cosa les da temor. Por lo demás semejante pasión es debilísima, puesto que no es congénita, no es connatural. Si lo fuera estaría con nosotros desde el principio. Sin embargo, allá a los principios no había oro, y nadie amaba el oro. Y si queréis os diré de dónde se originó este mal. Cada cual emulaba a sus predecesores y así agravaron la enfermedad; de modo que cada antecesor, aun sin pretenderlo, incita al que le sigue. Cuando ven las espléndidas mansiones, la abundancia de campos, los rebaños de siervos, los vasos de plata, la multitud y montones de vestidos, ponen todo su empeño en superar tales riquezas; de manera que los primeros son causa de semejante codicia para los segundos y los segundos para los que luego siguen. Si los primeros hubieran querido proceder modestamente no se habrían convertido en maestros de los siguientes; y en consecuencia, éstos no tendrían excusa alguna. Pero aun así no tienen excusa, ya que muchos despreciaron las riquezas.

Preguntarás: ¿quiénes fueron los que las despreciaron? Porque lo más grave de todo es que la fuerza de este vicio es tanta que parece imposible que alguien la supere; parece increíble que alguien cultive la virtud contraria. Sin embargo, puedo yo enumerar a muchos que sí la cultivan, tanto en los montes como en las ciudades. Pero ¿qué se gana con eso? No por ello os enmendaréis. Por otra parte, no tratamos ahora de que repartan las riquezas. Yo sí lo querría. Pero pues parece carga excesiva, no lo impongo. Solamente os exhorto a no codiciar lo ajeno y a que hagáis limosnas de lo que poseéis.

Podemos hallar a muchos que viven contentos con lo suyo y lo cuidan y procuran que su modo de vivir sea justo de su trabajo. ¿Por qué no imitarlos, por qué no emularlos? Pensemos en los que nos han precedido. ¿Acaso no es verdad que lo único que de ellos permanece son sus predios, mientras que apenas se ha salvado y se recuerda su nombre? Este, dicen, es el baño de fulano; éste, el suburbio; éste, el mesón de tal o cual otro. Pero ¿acaso no con sólo ver esas cosas gemimos al punto, pensando en la gran cantidad de trabajos que toleraron y en cuántas y cuán valiosas cosas robaron? Pero el dueño no aparece ya en parte alguna. Otros se deleitan con las riquezas de él: precisamente los que él jamás habría creído. Quizá sean sus propios enemigos. Y todo eso mientras él sufre los castigos eternos.

Pues la misma suerte nos espera a los demás. Sin lugar a duda, moriremos y tendremos el mismo acabamiento. ¿Cuántos odios, pregunto, cuántos gastos, cuántas enemistades hubieron aquéllos de soportar? Y ¿qué ganancia obtuvieron? Un castigo eterno, consuelo ninguno, recriminaciones de parte de todos ya durante su vida, ya también después de su muerte. ¿Qué más? Cuando vemos las estatuas de muchos colocadas en sus mansiones ¿acaso no lloramos más aún? Con plena verdad exclama el profeta (Sal. 39, 11): En vano se agita y perturba todo hombre que vive. Porque el empeño por tales cosas es una verdadera perturbación: ¡perturbación y empeño superfluos!

Por otros caminos van las cosas de las moradas eternas y de aquellos inmortales tabernáculos. Acá uno trabaja y otro goza del trabajo y sus frutos. Allá cada cual es dueño de sus propios trabajos y frutos, y recibirá multiplicadas las recompensas. En consecuencia, apresurémonos a esos predios y posesiones. Preparemos allá nuestras mansiones, para descansar con Cristo Señor nuestro, al cual sea la gloria juntamente con el Padre y el Espíritu Santo, por todos los siglos. Amén.

HOMILÍA LXVI. Advirtió una turba numerosa de judíos que El estaba ahí; y vinieron no únicamente para ver a Jesús, sino también a Lázaro, a quien resucitó de entre los muertos (*Jn 12,9*)

Así como las riquezas suelen perder a los incautos, así también el ansia de los principados: aquéllas conducen a la avaricia; esta otra a la arrogancia. Mira cómo entre los judíos la turba está sana, pero los príncipes corrompidos. A cada paso testifican los evangelios que las turbas creían en Jesús (Jn. 7, 31. 48): Muchos de la turba creyeron en él Pero de los príncipes muchos no creían. Son éstos y no la turba los que dicen: ¿Acaso alguno de los príncipes ha creído en él? Y ¿qué es lo que éstos aseveran? (Jn. 7, 49): La turba del pueblo, que no conoce a Dios, es maldita.

A los creyentes los llaman malditos, y a sí mismos, que dieron muerte a Cristo, se llaman prudentes. Lo mismo pasó en nuestro caso. Muchos que habían visto el milagro creyeron; mientras que los príncipes, no contentos con sus propios males, aun intentaban matar a Lázaro. Pase que intentéis la muerte de Cristo, que abolía el sábado, que se hacía igual al Padre, y que lo hagáis temerosos de los romanos. Pero en Lázaro ¿qué crimen habéis descubierto para que penséis en matarlo? ¿Es acaso un crimen el recibir un beneficio? ¿Adviertes lo sanguinario de semejante determinación?

Muchos milagros había hecho Cristo, pero ninguno los había enfurecido tanto como éste: ni el del paralítico, ni el del ciego. Fue porque este milagro, por su naturaleza misma, era más admirable y venía después de muchos otros: resultaba cosa estupenda ver a un muerto de cuatro días caminar y hablar. Por lo demás resultaba bello ministerio para la fiesta mezclar la celebración con el asesinato. También acusaban ellos a Cristo de abolir el sábado, y así concitaban a las turbas; pero en este milagro, como nada podían acusar contra El, maquinaban contra el resucitado. Aquí no podían decir que Cristo era adversario del Padre, pues la oración de Cristo lo impedía.

Quitada por lo mismo esta materia continua de acusación, quedaba en pie el milagro brillante; por lo cual se inclinan al asesinato. Lo mismo habrían hecho con el ciego si les hubiera faltado la acusación acerca del sábado. Por otra parte, el ciego era plebeyo y lo arrojaron del templo; mientras que acá se trataba de una persona insigne, como se echa de ver porque muchos corrieron a consolar a las hermanas; aparte de que el milagro se había realizado presenciándolo muchos y de una manera estupenda. De manera que todos corrían a contemplarlo. Y también esto les molestaba: que todos, dejando a un lado la fiesta, concurrieran a Betania. Maquinaron, en consecuencia, asesinar a Lázaro, aunque no parecían atreverse: ¡tan sanguinarios eran! Con razón la Ley comenzaba con estas palabras: ¡No matarás! Y de eso los acusa el profeta: Sus manos están llenas de sangre.

Mas ¿cómo es que Jesús, tras de no presentarse públicamente en Judea y de haberse apartado al desierto, ahora de nuevo confiadamente regresa? Tras de haber aplacado con su retirada la ira de los judíos, se les presenta ahora, cuando ya están quietos. Por lo demás las turbas que precedían y seguían a Jesús, podían ponerles temor; puesto que nada las había atraído tanto como el milagro hecho en Lázaro. Otro evangelista dice (Mt. 21, 8): Alfombraron el camino con sus mantos; y otro (Mt. 21, 10): Toda la ciudad se conmovió; ¡con tan grandes honores entraba Jesús! Procedió así Jesús para adelantar una profecía y cumplir otra. De modo que el principio de una fue el término de la otra. Porque aquello de (Za. 9, 9): Alégrate porque tu Rey viene a ti manso, cumple una profecía; y que entre montado en un asno, profetiza una cosa futura, o sea, que se le sujetaría el linaje impuro de los gentiles. Pero ¿por qué otros evangelistas dicen que envió a los discípulos y les dijo (Mt. 21, 2): Desatad la asna y su pollino; y en cambio Juan nada dice de eso, sino que habiendo Jesús encontrado un asnillo montó en él? Es creíble que sucedieran ambas cosas; o sea que tras de soltar el asna y llevándola los discípulos, El la encontrara y la montara. Y tomaron ramos de palmas y de olivos y tendieron por el suelo sus mantos, demostrando de esta manera que lo juzgaban por más que profeta.

Y clamaban (Jn. 12, 13): ¡Hosanna! ¡bendito el que viene en nombre del Señor! ¿Adviertes cómo sobre todo colmaba de dolor a los príncipes de los sacerdotes el que todos estuvieran persuadidos de que Jesús no era adversario de Dios? Más que todo dividía las opiniones del pueblo el que dijera de Sí mismo que venía del Padre. ¿Qué significa (Jn. 12, 15): Alégrate sobremanera, hija de Sión? La mayor parte de los reyes habían sido inicuos y codiciosos, y los ponían en manos de sus enemigos, y arruinaban al pueblo y lo supeditaban a sus adversarios. Es pues como si el profeta dijera: Confía en que éste no será así, sino manso y suave, como lo da a entender su cabalgadura.

No entró Jesús en Jerusalén rodeado de ejércitos, sino montado en una pollina. Y dice el evangelista (Jn. 12, 16): Sus discípulos no advirtieron que así estaba escrito de El. ¿Ves cómo ignoraban muchas cosas porque El aún no se las había revelado? Así cuando dijo (Jn. 2, 9): Destruid este santuario y en tres días lo levantaré Yo, tampoco lo entendieron. Y otro evangelista afirma que semejante discurso estaba oculto para ellos y que no sabían que al tercer día resucitaría de entre los muertos. Con razón les estaba oculto (Lc. 18, 34). Por lo cual otro evangelista cuenta que cuando le oían cada cosa, se entristecían y se dolían. Sucedía eso porque no tenían idea de la resurrección. Y con razón se les ocultaba entonces, pues superaba su capacidad.

Pero este caso del asna ¿por qué se les ocultaba? Porque también aquí había una profunda significación. Advierte la virtud del evangelista y cómo no se avergüenza de confesar la ignorancia en que estaban. En realidad, el que siendo rey tuviera que padecer y ser traicionado, les habría causado escándalo. Por otra parte, no tan fácilmente habrían comprendido qué clase de reino era aquél; pues otro evangelista (Mt. 20, 21) afirma que ellos pensaban que Jesús se refería a un reino de este mundo.

(Jn. 12, 17) Y la turba testimoniaba que había resucitado a Lázaro. Como si dijera: No se habrían convertido tantos repentinamente si no hubieran creído a causa del milagro.

Y los fariseos se decían unos a otros: ¿Veis cómo nada adelantamos? Todo el mundo se va tras él. Pienso que esto lo decían los cuerdos de entre ellos; y que no se atrevían a declararlo públicamente. De modo que por el suceso refutaban a los otros, pues sus intentos resultaban inútiles. Llaman mundo a la turba. Porque suele la Escritura llamar mundo, ya al conjunto de las creaturas, ya a quienes viven perversamente. En el primer sentido dice: El que hace salir a su mundo ordenadamente. En el otro sentido dice: El mundo no os odia, pero a Mí sí me odia. Es conveniente advertir esto cuidadosamente, a fin de que los herejes no hallen ocasión, valiéndose del significado de las palabras.

(Jn. 12, 20) Había un grupo de griegos que habían subido a Jerusalén para adorar a Dios en la fiesta. Estando ellos a punto de hacerse prosélitos, subieron para la solemnidad; y conmovidos por la fama de Jesús, decían (Jn. 12, 21): Queremos ver a Jesús. Felipe lo comunicó con Andrés por ser éste discípulo más antiguo. Pero no lo hace sin precauciones ni en público, pues había oído el precepto: No vayáis a los gentiles. Lo que comunicó con su condiscípulo fue luego a decirlo al Maestro; pues según parece ambos se lo refirieron.

¿Qué responde Cristo? (Jn. 12, 23-24): Ha llegado la hora de que el Hijo del hombre sea glorificado. Si el grano de trigo no cae en tierra y muere queda solo. ¿Qué significa: Ha llegado la hora? Había dicho a los apóstoles: No vayáis a los gentiles, para quitar a los judíos todo motivo de obstinación, y así contuvo a los discípulos. Mas como los judíos permanecían intratables y en cambio los gentiles trataban de acercársele, dice Jesús: Tiempo es ya de ir a la Pasión, pues todo se ha cumplido. Si perennemente hubiéramos de limitarnos a estos contumaces y no recibiéramos a los que anhelan acercarse, sería cosa indigna de nuestra providencia.

Habiendo, pues, de enviar a sus discípulos a los gentiles después de la crucifixión, como viera que aquéllos espontáneamente se acercaban, les dice (Mt. 28, 19): Ha llegado el tiempo de que Yo sea crucificado. No permitió que aquéllos se acercaran antes, para que eso sirviera de testimonio ante los judíos; por lo cual, antes de que lo rechazaran, antes de que lo llevaran a la cruz, no les dijo a los apóstoles: Id y enseñad a todas las gentiles; sino (Mt. 10, 5): No vayáis a los gentiles. Y también (Mt. 15, 24): Yo no he sido enviado sino a las ovejas que perecieron de la casa de Israel; y además (Mt. 15, 26): No es bueno tomar el pan de los hijos y darlo a los perros. Ahora en cambio que los judíos lo odiaban, y hasta tal punto lo odiaban que le daban la muerte, era ya inútil insistir cuando ellos se negaban. Lo rechazaron diciendo (Jn. 19, 15): No tenemos más rey que el César. Entonces finalmente los dejó, pues ellos los primeros lo habían abandonado. Por tal motivo les dijo (Mt. 23, 37): ¡Cuántas veces quise congregar a vuestros hijos y lo rehusasteis!

Qué significa: Si el grano de trigo no cae en tierra y muere? Habla de la crucifixión. Para que no se turbaran al ver que precisamente cuando los gentiles se acercaban a El se le condenaba a muerte, les dice: Esto es precisamente lo que los inducirá a venir a Mí; esto es lo que extenderá la predicación. Y luego, como no lograba del todo persuadirlos con sus palabras, los incita poniéndoles delante la experiencia y les dice: Lo mismo sucede con el trigo, que muerto es cuando fructifica. Si en las simientes sucede esto, mucho más sucederá en Mí. Pero los discípulos no entendieron sus palabras. Por lo cual el evangelista lo repite con frecuencia, para excusarlos de que luego se dispersaran. Al grano de trigo aludió también Pablo, al hablar de la resurrección. ¿Qué excusa tendrán los que no creen en la resurrección? Porque cada día podemos verla en las simientes, en las plantas y en las generaciones humanas. Se necesita que primero se corrompa la simiente para que se siga de ahí la generación. Hablando en general, cuando es Dios quien hace algo, no se necesitan más raciocinios ¿Cómo nos creó de la nada? Lo digo a los cristianos que profesan creer en las Escrituras. Pero añadiré algo más del humano raciocinio. Unos hombres son perversos; otros son buenos. De los perversos, muchos han llegado en prosperidad hasta la extrema vejez, mientras que a los buenos les ha acontecido todo lo contrario. Entonces ¿cuándo, en qué tiempo recibirá cada cual su merecido? Insistes diciendo: ¡Sí!, pero los cuerpos no resucitan. No oyen ésos a Pablo, que dice (1Co. 15, 53): Es necesario que esto corruptible se revista de inmortalidad. No habla del alma, pues el alma no es corruptible; y la resurrección es propia de quien ha muerto; y el cuerpo es el que ha muerto.

Mas ¿por qué no admites la resurrección de la carne? ¿Es acaso imposible para Dios? Afirmarlo sería el extremo de la necedad. ¿Es que no conviene? ¿Por qué no conviene que este elemento corruptible que ha padecido los trabajos y la muerte, participe de las coronas?

Si no conviniera, ni siquiera habría sido creado el cuerpo allá a los principios, ni Cristo habría tomado nuestra carne. Pero que la tomó y resucitó, oye cómo lo afirma El mismo (Lc. 24, 39): Mete acá tus dedos y mira que los espíritus no tienen huesos ni nervios. ¿Por qué resucitó así a Lázaro si mejor era resucitar sin cuerpo? ¿Por qué puso en el número de los milagros y beneficios el de la resurrección? ¿Por qué a la resucitada le proporcionó alimentos? En consecuencia, carísimos, que no os engañen los herejes. Existe la resurrección, existe el juicio. Los niegan todos los que no quieren dar cuenta de sus obras. Es necesario que la resurrección sea tal como fue la de Cristo. El es primicias y primogénito de entre los muertos.

Pero si la resurrección se reduce a una purificación del alma y a una liberación del pecado y Cristo no pecó ¿por qué resucitó? Y ¿cómo nos ha liberado si El mismo no pecó? ¿Cómo dice (Jn. 14, 30): Viene el príncipe de este mundo, pero en Mí nada tiene que hacer? Porque esto significa la impecabilidad. Según el raciocinio de los herejes, o Cristo no resucitó o para resucitar pecó antes de la resurrección. La realidad es que sí resucitó y no cometió pecado. Resucitó; y esa perversa doctrina no es sino una hija de la gloria vana. Huyamos de semejante enfermedad.

¡Las compañías perversas corrompen las buenas costumbres (1Co. 15, 33)! No es esa la doctrina de los apóstoles. Son invenciones de Marción y Valentino: ¡huyámoslas, carísimos! De nada aprovecha una vida buena con una mala doctrina; así como, al revés, de nada aprovecha una doctrina sana con una vida perversa. Esa otra doctrina la inventaron los gentiles y los herejes la cultivaron, tomándola de los filósofos giregos, lo mismo que la de la materia increada y otras muchas afirmaciones. Lo mismo que aseveraron no haber demiurgo sin previa materia, así también negaron la resurrección. Nosotros, conociendo el poder infinito de Dios, no les hagamos caso. Esto lo digo para vosotros, pero yo no rehúso entrar en batalla con ellos. Al fin y al cabo, el que está sin armas, aun cuando pelee contra otros más débiles y él sea más fuerte, fácilmente quedará vencido. Si atendéis a las Sagradas Escrituras, si cada día os preparáis al combate, yo no os aconsejaría evitar la lucha contra los herejes, sino al contrario os persuadiría que entrarais al certamen. Fuerte es la verdad. Pero como no sabéis usar las Escrituras, temo para vosotros esas batallas, no sea que ellos os venzan como a gente sin armas. Nada en verdad, nada hay más débil que aquellos que andan desamparados del Espíritu Santo.

Que ellos echen mano de la ciencia pagana, no es cosa de admirarse, sino de reírse; ya que echan mano de tan necios maestros. Estos nada cuerdo pudieron encontrar ni acerca de

Dios ni acerca de las creaturas: lo que entre nosotros sabe una pobre viuda, ellos lo ignoran. Lo ignoró Pitágoras en absoluto. Afirman que el alma se convierte en un árbol, en un pez, en un perro. Pero yo pregunto: ¿de tales maestros vas a fiarte? ¿por qué motivo? Grandes son en sus villas, cultivan su cabello en hermosos rizos, se revisten de mantos: ¡hasta ahí llega su sabiduría! Pero si los miras por dentro, son ceniza, polvo y nada tienen de sano, sino que (Sal. 5, 9): Sepulcro abierto es su garganta. Todos están repletos de inmundicia y podre, y sus doctrinas bullen de gusanos.

El primero de ellos aseguró ser el agua un dios; el siguiente, ser el fuego; otro dijo que el aire; y todos se fijaron solamente en los cuerpos materiales. Y yo pregunto: ¿a éstos los admirarás cuando ni noticia tienen de un Dios incorpóreo? Si algo alcanzaron después fue más tarde, cuando en Egipto hablaron con los nuestros. Pero en fin, para no perturbaros más aún, terminaremos aquí nuestro discurso. Porque si comenzamos a exponer sus doctrinas y lo que afirmaron de Dios y de la materia, del alma y del cuerpo, seguirás aquí una gran risotada, y no necesitarán de que los refutemos, puesto que ellos entre sí mismos se destrozan. Por ahí uno de ellos escribió un libro contra nosotros acerca de la materia, pero él mismo se contradice. En resolución, para no entreteneros más ni formar un laberinto con el discurso, dejaremos eso aparte y os diremos sólo una cosa: es necesario atender y aplicarse a la lectura de los Libros sagrados, y no entablar discusiones de palabras sin fruto alguno. Ya Pablo instruía en esto a Timoteo (2Tm. 2, 14), aunque éste poseía gran ilustración y tenía el don de hacer milagros. Obedezcamos a Pablo; y haciendo a un lado las vanidades y juegos de palabras, empeñémonos en las buenas obras. Me refiero a la caridad fraterna, a la hospitalidad y a tener mucha cuenta con la limosna. Así conseguiremos los bienes que nos están prometidos, por gracia y benignidad del Señor nuestro Jesucristo, al cual sea la gloria por los siglos de los siglos. Amén.

HOMILÍA LXVII. El que ama su vida, la pierde; el que aborrece su vida en este mundo, la guarda para la vida eterna. Quien quiera servirme que me siga (*Jn 12,25-26*)

Dulce es la vida presente y llena está de abundante placer; pero no para todos, sino solamente para quienes a ella se aferran. Si alguno alza sus ojos al Cielo y a los bienes allá preparados, al punto la despreciará y la tendrá por nada. También la belleza corporal se estima mientras no aparece otra superior; pero una vez que se ve algo más bello, entonces aquélla se desprecia. En consecuencia, si queremos fijarnos en aquella hermosura de allá arriba, en aquella belleza del reino celeste, romperemos al punto las ataduras presentes. Porque ataduras son el amor y cariño a las cosas de acá. Escucha lo que dice Cristo, persuadiéndonos lo mismo: El que ama su vida, la pierde; el que aborrece su vida en este mundo, la guarda para la vida eterna. Quien quiera servirme, que me siga; y donde Yo estoy ahí estará también mi servidor. Todo esto parece un enigma, pero no lo es, sino cosa repleta de gran sabiduría. Mas ¿cómo es eso que quien ama su vida la pierde? Es decir, quien obedece a las perversas concupiscencias y a ellas se entrega; quien les concede más de lo conveniente.

Por tal motivo, un sabio amonesta: No vayas detrás de tus pasiones. Porque de este modo perderás tu vida, puesto que te desviarás del camino que lleva a la virtud. Y al contrario: El que aborrece su vida en este mundo, la guarda. ¿Qué quiere decir: el que la aborrece? El que le resiste cuando le pide cosas dañinas. Y no dijo: El que no se fía; sino: El que aborrece. Así como a quienes odiamos no podemos ni oírlos ni verlos plácidamente, así conviene contrariar al alma enérgicamente cuando pide y exige lo que contraría la voluntad de Dios.

Cristo va ya a hablar a sus discípulos acerca de su muerte y prevé que caerán en tristeza, por lo cual trata el asunto en forma más elevada. Como si dijera: No digo Yo que si no lleváis con fortaleza mi muerte, sino si vosotros mismos no morís, no tendréis ganancia alguna. Advierte cómo mezcla en sus palabras el consuelo. Muy duro y desagradable era eso de oír serle necesario al hombre, que tantísimo ama su vida, que ha de morir. ¿Para qué voy a traer testimonios antiguos de esta verdad, cuando aún ahora encontramos a muchos que gustosos lo sufren todo con tal de disfrutar de la vida presente, aun creyendo en la futura? Y cuando contemplan los edificios, las construcciones, las invenciones, con lágrimas exclaman: ¡Cuántas cosas inventa el hombre que luego se tornan en polvo! ¡Tan grande es el anhelo de vivir!

Pues bien, rompiendo semejante atadura, dice Cristo: El que aborrece su vida en este mundo, la guarda para la vida eterna. Por lo que sigue, advierte cómo esto lo dijo para amonestarlos y quitarles el miedo: Donde Yo estoy ahí estará el que me sirve. Habla de la muerte y exige que con obras se le siga. El servidor en absoluto debe acompañar a aquel a quien sirve. Observa cuándo dice esto. Cuando aún no están perseguidos sino plenamente confiados y pensaban estar en seguro porque muchos los seguían, honraban y veneraban; cuando podían estar animosos y capaces de oír que se les decía: Tome su cruz y sígame. Como si les dijera: Estad continuamente preparados a los peligros, a la muerte, a salir de esta vida.

Tras de exponer lo que era molesto y pesado, añadió el premio. ¿Cuál es? Que lo siga, que esté junto con él. Declaraba con esto que a la muerte se seguiría la resurrección. Pues dice: Donde Yo estoy ahí estará mi servidor. Pero ¿en dónde está

Cristo? En el Cielo. Entonces, aun antes de la resurrección trasladémonos allá con el alma y el pensamiento. A quien sea mi servidor lo honrará mi Padre. ¿Por qué no dijo: lo honraré Yo? Porque aún no tenían ellos la debida opinión de El, sino que la tenían mayor acerca del Padre. ¿Cómo podían tener de El tan alto concepto cuando siquiera sabían que ni resucitaría?

Por esta razón dijo a los hijos del Zebedeo (Mc. 10, 40): No me pertenece a mí el concederlo, sino a aquellos para quienes está destinado por el Padre. Pero ¿acaso no es El quien juzga? Es que mediante esas palabras se declara genuino Hijo del Padre.

(Jn. 12, 27) Ahora mi alma está conturbada. Y ¿qué diré? ¡Padre, sálvame de esta hora! Estas palabras no son propias de quien persuade sufrir la muerte, al parecer; y sin embargo más aún son propias de quien exhorta a ello. Pues para que no dijeran que con facilidad hablaba de la muerte porque no experimentaba los humanos dolores, y que a ella nos exhortaba hallándose El fuera de peligro, demuestra aquí que, aun temiéndola, no la rehúsa por ser cosa útil. Todo esto lo habla en su carne que asumió y no en su divinidad. Por esto dice: Ahora mi alma está conturbada. Si no fuera este el sentido ¿cómo podía lógicamente seguir diciendo: ¡Padre! ¡sálvame de esta hora!? Y fue tan grande su turbación que llegó a suplicar se le librara, si es que podía escapar de la muerte.

¡Tanta es la debilidad de la humana naturaleza! Es como si dijera: Sin embargo, nada tengo que decir, pues Yo mismo pido la muerte. Mas para esto he venido a esta hora. O sea que aun cuando sintamos turbación y estemos consternados, no huyamos de la muerte. Pues Yo mismo, dice El, así de perturbado como estoy, digo que no se ha de huir: hay que llevar las cosas tal como acontecen. Yo no digo: Líbrame de esta hora, sino (Jn. 12, 28): ¡Padre! ¡glorifica tu nombre! Es decir: ¡crucifícame! Así declara cuál sea el afecto humano y que la naturaleza rehúye la muerte y quiere conservar la vida, y manifiesta que Jesús no carece de las humanas afecciones. Así como no se atribuye a pecado el tener hambre ni el dormir, tampoco es pecado el desear la vida presente.

Cristo poseyó un cuerpo exento de pecado, pero no de las naturales necesidades: de otro modo no habría sido cuerpo. Pero además con eso nos dio otra enseñanza. ¿Cuál? Que si alguna vez nos encontramos tristes y acobardados, no por eso abandonemos nuestros propósitos. ¡Padre! ¡glorifica tu nombre! Declara que muere por la verdad al llamar a tal muerte gloria de Dios. Así aconteció después de la cruz. Iba a suceder que el mundo se convirtiera y conociera a Dios y lo sirviera; es decir, no únicamente al Padre, sino también al Hijo; pero esto segundo lo calla.

Se oyó entonces una voz venida del Cielo: Ya lo he glorificado y todavía lo glorificaré. ¿Dónde lo glorificó? En todo lo que precede. Y todavía lo glorificaré después en la cruz. Y ¿qué dice Cristo? (Jn. 12, 30): No ha venido por Mí esta voz, sino por vosotros. Las turbas pensaban que se trataba de un trueno o que un ángel le había hablado. ¿Por qué pensaron eso? ¿Acaso la voz no fue clara y manifiesta? Sí, pero pronto se les escapó por ser carnales, rudos, desidiosos. Unos solamente recordaban un sonido; otros cayeron en la cuenta de que era voz articulada, pero no supieron lo que significaba. ¿Qué les dice Cristo?: No ha venido por Mí esta voz, sino por vosotros. ¿Por qué les dice esto? Atendiendo a que ellos continuamente decían que El no venía de Dios. Pero, quien es glorificado por Dios ¿cómo puede ser que no venga de Dios siendo glorificado por Dios? Tal fue el motivo de que viniera aquella voz; y también de que El dijera: No ha venido por Mí esta voz, sino por vosotros.

Es decir, no ha venido para que por ella Yo aprenda algo que ignoraba, pues conozco todo lo de mi Padre; sino por vosotros. Porque decían que le había hablado un ángel o que había sido un trueno; y no caían en la cuenta de lo que era, les dice El: Por vosotros ha venido esta voz, para que por ella os excitarais a preguntar qué fue lo que dijo. Pero ellos, atontados, ni aun así lo preguntaron, a pesar de oír que por ellos había venido la voz. Con razón aquella voz no parecía notable a quienes ignoraban por quién se decía. Por vosotros ha venido la voz. ¿Adviertes cómo las cosas que Cristo obra como hombre se verifican en bien de ellos, pero no porque el Hijo necesite recurrir a otro para hacerlas?

(Jn. 12, 31) Es la hora de la condenación de este mundo. Es la hora en que el príncipe de este mundo será arrojado fuera. ¿Cómo se compagina esto con aquello otro: Lo glorifiqué y todavía lo glorificaré? Muy bien y lógicamente. Pues dijo: Lo glorificaré. Y declarando Jesús el modo dice: El príncipe de este mundo será arrojado fuera.

¿Qué significa: es la hora de la condenación del mundo? Como si dijera: Vendrá la condenación y la venganza. ¿En qué forma? Ese príncipe mató primero al hombre pues lo encontró reo de pecado y por el pecado entró la muerte. Pero en Mí no encontró pecado. Entonces ¿por qué se me echó encima y me entregó a la muerte? ¿Por qué entró en el ánimo de Judas para darme la muerte? No me vayas a decir que fue simple disposición de Dios; porque esa muerte no fue obra del diablo, sino de la sabiduría de Dios. Explórese el pensamiento del Maligno. ¿En qué forma el mundo es condenado en mi muerte? Es como si, constituido el tribunal, se le dijera al Maligno: ¡Pase que hayas dado muerte a todos los hombres, puesto que los encontraste reos de pecado! Pero a Cristo ¿por qué lo mataste? ¿Acaso no fue eso una total injusticia? Ahora mediante Cristo todo el mundo se venga. Para que esto se vea más claro, usaré de un ejemplo. Sea que algún tirano furioso que a todos cuantos caen en sus manos los colma de males infinitos. Este tal, si entrando en batalla contra el rey lo mata injustamente, la muerte del tirano puede constituir una venganza para los demás. Supongamos un hombre que a todos los deudores les exija, los azote, los encarcele; y luego, con la misma arrogancia, ejecute eso mismo con un inocente. Pagará entonces la pena debida por lo que hizo con los otros. Porque ese inocente será para él la muerte.

Esto sucedió en el caso del Hijo de Dios. Por lo que se atrevió el diablo contra Cristo, sufrirá el castigo de lo que hizo con vosotros. Y que esto sea lo que se deja entender, óyelo: Ahora el príncipe de este mundo será echado fuera; es decir, mediante mi muerte. Y cuando yo fuere levantado de la tierra, atraeré a Mí a todos (Jn. 12, 32). Es decir, incluso a los gentiles. Y para que no diga alguno ¿cómo es eso de que será echado fuera, si lo vence? Responde: ¡No me vencerá! ¿Cómo ha de vencer a quien atrae a todos los demás?

No habla de la resurrección, sino de algo más elevado que ella, pues dice (Jn. 6, 44): A todos los atraeré a Mí. Si hubiera dicho: Resucitaré, no aparece claro que ellos lo hubieran creído. Pero cuando dice: Creerán, declara ambas cosas y confirma así que resucitará. Si hubiera permanecido muerto y fuera puro hombre, nadie habría creído en El. Los atraeré a todos a Mí. Entonces ¿por qué asevera ser el Padre quien atrae? Porque atrayendo el Hijo, también atrae el Padre. Los atraeré, dice. Los libraré como a cautivos de un tirano, que no pueden por sí mismos librarse y escapar de las manos de ese tirano que se opone. En otra parte a esto lo llama rapiña diciendo (Mt. 12. 29): No puede nadie robar los bienes de un valiente, si primero no ata a ese valiente y luego le arrebata sus bienes. Significa esto la violencia. Pues bien, lo que llama rapiña, aquí llama ahí lo atracción.

Sabiendo esto, enfervoricémonos, glorifiquemos a Dios no únicamente con nuestra fe, sino también con nuestro modo de vivir: lo contrario no sería glorificarlo, sino blasfemarlo. Porque tanto blasfema de Dios el gentil execrándolo, como el cristiano corrompiéndose. Os ruego, pues, que todo lo hagamos para glorificación de Dios. Pues dice la Escritura: ¡Ay del siervo aquel por quien el nombre de Dios es blasfemado! Y ese ¡ay! encierra toda clase de tormentos y castigos. En cambio, bienaventurado aquel por quien su nombre es glorificado. No caminemos como en tinieblas. Huyamos de todo pecado, pero sobre todo de los pecados que llevan consigo la ruina común de los demás, pues en tales pecados sobre todo es Dios blasfemado.

¿Qué perdón podemos obtener si cuando se nos ordena hacer limosna, nosotros, al revés, robamos lo ajeno? ¿Qué esperanza nos queda de salvación? Si no alimentas al hambriento serás castigado. Pero si al que anda vestido lo despojas ¿qué perdón alcanzarás? No nos cansaremos de repetir esto mismo con frecuencia. Quizá los que hoy no obedecen, obedecerán mañana; los que mañana no obedezcan, lo harán al día siguiente. Pero si hay algunos que del todo sean intratables, a lo menos nosotros seremos inocentes de eso y no sufriremos condenación, pues cumplimos con lo que era nuestro deber. Ojalá que ni nosotros tengamos que avergonzarnos de nuestras palabras, ni vosotros de vuestras obras; sino que todos podamos presentarnos confiados ante el tribunal de Cristo; y que nosotros podamos gloriarnos de vosotros y tener algún consuelo en nuestros sufrimientos, con ver que sois vosotros aprobados en Cristo Jesús, Señor nuestro, con el cual sea al Padre, juntamente con el Espíritu Santo, la gloria, por los siglos. Amén.

HOMILÍA LXVIII. La turba le replicó: Nosotros hemos aprendido en la Ley que el Cristo subsistirá para siempre. ¿Cómo, pues, dices tú que el Hijo del hombre tiene que ser levantado? ¿Quién es ese Hijo del hombre? (*Jn. 12,34*)

Es el error fácil de ser cogido y débil para defenderse aun cuando se le disfrace con mil colores en lo exterior. A la manera que quienes pintan unas paredes ya próximas a la ruina, no porque las pinten las robustecen, así quienes mienten fácilmente son refutados. Esto les aconteció a los judíos. Como Cristo les dijera: Cuando Yo fuere levantado de la tierra, atraeré a Mí a todos, le responden: Nosotros sabemos por la Ley que el Cristo subsistirá para siempre. ¿Cómo, pues, dices tú que el Hijo del hombre tiene que ser levantado? ¿Quién es ese Hijo del hombre?

Conocían, pues, que el Cristo era inmortal y tenía vida inacabable. En consecuencia, entendían lo que El les decía, puesto que en las Escrituras con frecuencia se mencionan la Pasión y la resurrección. Isaías pone ambas cosas (Is. 53, 7): Fue llevado como oveja al matadero- y lo demás que ahí sigue. David en el salmo II y en otros sitios junta ambas cosas. También el patriarca, tras de haber dicho (Gn. 49, 9): Se recuesta y duerme como león, añade: Y como cachorro de león ¿quién lo hará alzar? significando la pasión y a la vez la resurrección.

Pero los judíos, con la esperanza de reducir a Jesús al silencio y demostrarle que no era el Cristo, confiesan que el Cristo subsistirá por siempre. Pero observa con cuánta malicia. No le dijeron: Nosotros hemos aprendido que el Cristo no padecerá ni será crucificado, sino ¿qué?: Que subsistirá para siempre.

Por lo demás, esto mismo no contradecía a lo que Cristo había dicho, puesto que la Pasión no fue impedimento para la inmortalidad. Por aquí puede verse que ellos sabían muchas cosas que podían ponerse en duda y eran ambiguas; y que por consiguiente eran perversos voluntariamente. Como antes lo habían oído hablar de la muerte, como ahora oyeran que sería levantado, sospecharon que se trataba de lo mismo.

Le preguntan por tanto: ¿Quién es ese Hijo del hombre? Pero lo hacen con malicia. Como si le dijeran: No vayas a creer que nos referimos a ti, ni digas que por enemistad te contradecimos. No sabemos de quién hablas, y por eso te hacemos esta pregunta. ¿Qué hace Cristo? Les cierra la boca y les demuestra que su Pasión en nada obsta para que El subsista para siempre. Les dice (Jn. 12, 35): Todavía un poco de tiempo tenéis la luz entre vosotros. Con lo que les da a entender que su muerte no es sino un tránsito; puesto que la luz del sol no se apaga, sino que apartándose por un poco de tiempo, aparece de nuevo.

Caminad mientras tenéis luz. ¿Qué tiempo indica aquí? ¿Acaso toda la vida presente? ¿O tal vez el que falta para la crucifixión? Yo pienso que ambos. Porque a causa de su inefable bondad, muchos, aun después de la crucifixión, creyeron en El. Dice esto Jesús para excitarlos a creer, como lo había hecho cuando dijo: Todavía estoy con vosotros poco tiempo. Quien camina en las tinieblas no sabe a dónde va. ¡Oh, cuántas cosas hacen actualmente los judíos como si caminaran en tinieblas! Les parece ir por el recto camino cuando es todo lo contrario. Observan el sábado y la Ley y las prácticas acerca de los alimentos; pero no saben por dónde caminan. Por tal motivo les dice Jesús (Jn. 12, 36): Caminad en la luz para que seáis hijos de la luz; es decir, hijos míos.

Al principio dijo el evangelista (Jn. 1, 13): No nacidos de generación carnal ni del instinto ni de un plan humano, sino de Dios, es decir, del Padre. Aquí en cambio dice Jesús que El los engendra; para que entiendas que una misma es la operación del Padre y del Hijo. Después de decir esto Jesús, se retiró y se escondió de ellos. ¿Por qué ahora se esconde? No tomaron piedras contra El, no blasfemaron como en otras ocasiones lo habían hecho. ¿Por qué, pues, se esconde? Penetraba lo corazones y conocía que sus ánimos se irritaban, aunque nada dijeran. Sabía que hervían de ira y respiraban muertes. Por lo mismo no esperó a que lo pusieran por obra, sino que se escondió para apaciguarles la envidia.

Observa en qué forma lo deja entender el evangelista, pues al punto añade (Jn. 12, 37): No obstante haber hecho en presencia de ellos tan grandes milagros, no creían en El.

¿Cuáles son esos grandes milagros? Los que pasó en silencio el evangelista, como se desprende por lo que sigue. Pues habiendo Jesús alejádose de ellos y habiendo luego regresado, plácidamente les decía estas palabras: El que cree en Mí, no cree en Mí, sino en Aquel que me envió. Advierte cómo procede. Comienza por el lado humano y se refugia en el Padre y luego otra vez sublima su discurso. Pero como entiende que ellos se enfurecen, se aparta, pero comparece de nuevo y otra vez comienza humilde y por lo humano.

Preguntarás que en dónde lo hizo. Mejor pregunta en dónde no lo hizo. Mira lo que dice al principio (Jn. 5, 30): Según oigo así juzgo. Y luego, levantando su discurso (Jn. 5, 21): Así como el Padre resucita a los muertos y les da vida, así también el Hijo da la vida a quienes El quiere. Y luego: Yo no os condeno a vosotros; es otro el que os condena. Enseguida se aparta, pero reaparece. Y reaparece en Galilea, y les dice (Jn. 6, 27): Procuraos no el alimento que perece. Y como hubiera dicho de Sí grandes cosas, que había bajado del Cielo y que daba la vida eterna, otra vez se aparta. Y reaparece en la fiesta de los Tabernáculos y procede de la misma manera. Y en general verás que continuamente da variedad a su enseñanza, ya presente, ya ausente, ya con humildes, ya con sublimes palabras.

Igualmente procede aquí. Dice el evangelista: Habiendo hecho Jesús milagros tan grandes, no creyeron en El. Para que se cumpliera la palabra de Isaías que dijo (Jn. 12, 38): ¡Señor! ¿quién dará crédito a nuestro mensaje? Y el poder del Señor ¿a quién se ha revelado? Y continúa (Jn. 12, 39-41): No eran capaces de creer porque dijo Isaías: Oiremos con vuestros oídos y no entenderéis. Esto dijo Isaías, porque vio la gloria del Señor y habló de El. Pero tampoco aquí las palabras *porque* y *dijo* tienen un sentido causal, sino que significan simplemente un suceso. No es que no creyeran a causa de que ya lo había dicho Isaías, sino que Isaías díjolo porque de hecho así era que no iban a creer.

Mas ¿por qué no se expresa así el evangelista ni dice que la profecía depende de la incredulidad, sino la incredulidad de la profecía? Más aún, en lo que sigue con mayor claridad y fuerza lo afirma diciendo: Por eso no podían creer, porque dijo Isaías. Quiere aquí significar de muchos modos la veracidad de las Escrituras y que lo que han predicho se ha verificado exactamente y no de modo diverso al que predijeron. Y para que no diga alguno: ¿Para qué vino Cristo? ¿Acaso ignoraba que no creerían en El?, el evangelista cita a los profetas que de antemano lo supieron. Pero Cristo vino a pesar de todo para que el pecado de los judíos fuera inexcusable. Pues lo que el profeta predijo, lo predijo como que certísimamente sucedería; puesto que si no se hubiera de realizar certísimamente, no lo habría predicho. Y la incredulidad de los judíos era certísima, porque ellos eran incurables.

De modo que *no pudieron* equivale a no quisieron. Y no te admires. Pues también en otra parte dice (Mt. 19, 12): El que pueda comprender que comprenda. Y muchas veces pone el poder en lugar del querer. Y así dice (Jn. 7, 7): El mundo no puede odiaros a vosotros; pero a Mí me odia. Y aun en el uso común de las gentes se observa lo mismo, como cuando alguno dice: A fulano yo no lo puedo amar, llamando poder a la vehemencia del querer. Y también: Mengano no puede ser bueno. Y el profeta a su vez dice (Jr. 13, 23): ¿Acaso muda el etíope su piel o el leopardo sus manchas? Entonces este pueblo no podrá hacer el bien pues ha aprendido a obrar el mal. No se expresa así porque ellos no pueden ejercitar la virtud, sino que no pueden porque no quieren.

Esto es, pues, lo que aquí significa el evangelista: que el profeta no puede mentir, aunque no por eso era imposible que los judíos creyeran. Podía haber sucedido que aun creyendo ellos, el profeta fuera veraz; puesto que si hubieran ellos de creer, el profeta no se habría expresado así. Preguntarás ¿por qué no dijo esto mismo la Escritura? Porque tiene ella sus leyes y especiales propiedades que se le han de respetar. Dijo esto el profeta cuando vio la gloria de El. ¿De quién? Del Padre. Pero entonces ¿cómo el evangelista lo refiere al Hijo y Pablo al Espíritu Santo? No es porque confundan las personas, sino que significan la unidad en la dignidad. Pues todo lo del Padre es del Hijo y todo lo del Hijo es del Padre. También dijo muchas cosas por medio de los ángeles, pero nadie dice: Como dijo el ángel, sino ¿qué? Lo dijo Dios. Pues lo que Dios dice por medio de los ángeles es de Dios; pero no al revés: no todo lo que dice Dios lo dicen los ángeles. Aquí dice ser palabra del Espíritu Santo.

Y habló de El. ¿Qué fue lo que habló? (Is. 6, 1): Vi al Señor sentado en solio alto, etc. Llama aquí gloria a la visión, al humo, a haber oído misterios arcanos, a haber visto los serafines y el relámpago que brotaba del trono, al que no se atrevían a mirar aquellas Potestades. Y habló de El. ¿Que dijo? (Is. 6, 8.10): ¿A quién enviaré y quién irá de parte nuestra? Dije: Heme aquí: envíame. Dijo: Ve y di a ese pueblo: Escuchad bien, pero no entendáis; ved bien, pero no comprendáis.

(Jn. 12, 40) Porque cegó los ojos de ellos y endureció su corazón, no sea que vean con sus ojos y entiendan con su corazón.

He aquí otra dificultad que, si bien atendemos, no lo es. Pues así como el sol hiere los ojos enfermos, pero no porque sea eso de su naturaleza, lo mismo acontece a quienes no ponen atención a las palabras de Dios. Pues en el mismo sentido se dice que Dios endureció el corazón del Faraón; y lo mismo acontece a quienes se oponen a lo que Dios habla. Pero es un modo de hablar propio de la Escritura; lo mismo que cuando dice (Rm. 1, 28): Los entregó Dios a una mente réproba y también: Lo repartió a todas las naciones es decir, lo dejó en las manos de ellas, lo puso a su disposición.

Pone, pues, a Dios no como llevando a cabo la cosa, sino sólo significando que las cosas sucedieron así por la perversidad de los actores. Si nos abandona Dios, quedamos a merced del demonio; y puestos a merced del demonio, nos va muy malamente. Así pues, para poner temor a los oyentes dice el profeta: endureció, entregó. Que Dios no solamente no nos entregue, sino que ni siquiera nos abandone, si no queremos, oye cómo lo dice El mismo (Is. 59, 2): ¿acaso vuestros pecados no me separan de vosotros? y también (Sal. 73, 27): Los que se alejan de ti perecerán. Y Oseas dice (4,6): Te has olvidado de la Ley de tu Dios y yo me olvidaré de ti. Y Jesús en el evangelio (Lc. 13, 34): ¡Cuántas veces quise congregar a vuestros hijos y no quisisteis. Y de nuevo Isaías (Is. 50, 2): Vine y no había ningún hombre; llamé y no hubo quien me oyera.

Dice esto para declarar que somos nosotros los primeros culpables de que se nos abandone y de que perezcamos. Pues Dios no sólo no quiere abandonarnos ni castigarnos; sino que cuando lo hace, contra su voluntad lo hace. Porque dice (Ez. 18, 32): No quiero la muerte del pecador, sino que se convierta y viva. Y Cristo llora sobre la destrucción de Jerusalén; como lo hacemos nosotros con nuestros amigos. Sabiendo esto, pongamos todos los medios para no separarnos de Dios, sino empeñémonos en el cuidado de nuestra alma y en la caridad fraterna, y no destrocemos a nuestros propios miembros, pues esto es propio de los frenéticos; sino que, al revés, cuanto menos afectos a nosotros los vemos, pongamos mayor cuidado en ayudarlos. Vemos a muchos trabajados por enfermedades corporales difíciles e incurables, pero no por eso desistimos de curarlos. ¿Qué hay más doloroso que la gota y la enfermedad de las manos? Y sin embargo, no por eso cortamos esos miembros.

De ningún modo. Al revés, tomamos todos los medios para aliviarlos si podemos sanarlos.

Hagamos lo mismo con nuestros hermanos. Si sufren de una enfermedad incurable, perseveremos en medicinarlos y llevemos los unos las cargas de los otros. Así cumpliremos lo que ordena la ley de Cristo y alcanzaremos los bienes prometidos, por gracia y benignidad del Señor nuestro Jesucristo, al cual sea la gloria juntamente con el Padre y el Espíritu Santo, por los siglos de los siglos. Amén.

HOMILÍA LXIX. Sin embargo, aun entre los jefes muchos creyeron en El; pero por miedo a los fariseos no lo confesaban, para no ser expulsados de la sinagoga. Pues antepusieron el aprecio de los hombres a la gloria de Dios (*Jn 12,42-43*)

Debemos huir de todos los afectos desordenados, pero mucho más de los que son raíz de pecados abundantes. Por ejemplo, la avaricia que ya en sí misma es grave enfermedad, pero se torna mucho más grave por ser raíz y madre de todos los males. Y lo mismo es la gloria vana. Los judíos de que aquí se trata, por la gloria vana perdieron la fe. Porque dice el evangelista: Muchos de los príncipes creyeron en El, pero por miedo de los judíos no lo confesaban para no ser expulsados de la sinagoga. Es lo que Cristo anteriormente les decía (Jn. 5, 44): ¿Cómo podéis creer vosotros que captáis la gloria unos de otros y renunciáis a la gloria que viene del único Dios?

De modo que ya no eran príncipes, sino esclavos con la peor de las esclavitudes. Por otra parte, más tarde perdieron ese temor. Pues al tiempo de los apóstoles no los encontramos ya cautivos de semejante temor: príncipes y sacerdotes acabaron por creer. La gracia del Espíritu Santo vino sobre ellos y los tornó más firmes que el diamante. Pues bien, como por entonces ese temor les impidiera, oye lo que les dice Jesús (Jn. 12, 44): El que cree en Mí, no cree en Mí sino en el que me ha enviado. Como si dijera: ¿por qué teméis creer en Mí? La fe por Mí pasa a Dios, lo mismo que la incredulidad. Observa cómo constantemente declara la unidad de substancia. No dijo: Quien me cree, para que nadie fuera a pensar que solamente se refería a sus propias palabras; lo cual podría afirmarse también de los hombres. Puesto que quien cree en los apóstoles, no cree en ellos sino que le cree a Dios. Pues bien, para que entiendas que se refiere aquí a su substancia, no dice: Quien cree en mis palabras, sino: Quien cree en Mí.

Preguntarás: ¿por qué nunca dice viceversa: El que cree en el Padre, no cree en el Padre sino en Mí? Porque le habrían respondido: Creemos en el Padre; en ti no creemos, pues eran aún rudos y débiles. A los discípulos les decía: Como creéis en Dios, creed también en Mí. Pero a esos otros, al verlos más débiles e indispuestos para tales cosas, los instruye de otro modo. Les declara que no pueden creer en el Padre los que no crean en El. Y para que no pienses que habla en sentido humano, añade (Jn. 12, 45): Aquel que me ve, ve a aquel que me ha enviado.

¿Cómo es esto? ¿Acaso es cuerpo Dios? ¡De ninguna manera! Habla aquí de una visión con la mente y por aquí demuestra su consubstancialidad con el Padre. ¿Qué significa: El que cree en Mí? Es como si alguno dijera: El que toma agua del río, no toma agua del río, sino de la fuente del río... Pero, no: no es acomodado este ejemplo para la proposición enunciada. Yo he venido al mundo como luz (Jn. 12, 46). Puesto que en los Testamentos Antiguo y Nuevo así es llamado el Padre y también Jesús usa ahora de esa palabra. Pablo, enseñado por ellos, lo llama Esplendor (Hb. 1,3). Demuestra con esto la gran afinidad con el Padre, o por mejor decir que no existe diferencia en la substancia; puesto que asevera que la fe en El no queda en El, sino que recae en el Padre. Y se llama luz porque libra del error y disipa las tinieblas espirituales.

No he venido para condenar al mundo, sino para salvar al mundo. A fin de que no pensaran que por debilidad rehuía a los que lo despreciaban o los rechazaba, dijo: No he venido para condenar al mundo. Mas con el objeto de que no por esto se tornaran más desidiosos, una vez que ya han sabido que quien cree es salvo y quien no cree es castigado, observa con cuán terrible tribunal los amenaza cuando añade (Jn. 12, 48): El que me rechaza y no acoge mis palabras, tiene ya quien lo condene. Pero, Señor: Si el Padre a nadie juzga y Tú no viniste para juzgar al mundo, entonces ¿quién juzgará al que no cree?: La doctrina que yo he predicado, ésta lo condenará en el último día. Puesto que decían que El no venía de Dios les dijo eso para declararles que en ese último día no podrían alegar tal cosa; puesto que las palabras que Yo ahora digo harán entonces las veces de acusador y los convencerán y les quitarán cualquier modo de defensa. La doctrina que Yo he predicado. ¿A cuál se refiere? Porque Yo no he hablado de mi cosecha, sino que el Padre que me envió, El me entregó el mensaje que yo debía decir y anunciar (Jn. 12, 49). De modo que esto lo decía para que no les quedara de donde poder agarrarse para su defensa.

Si no es ese el sentido, entonces ¿qué más tiene Jesús que Isaías? Porque también éste dice (Is. 50, 4): El Señor me ha dado lenguaje de discípulo para que sepa cuándo se debe hablar. ¿Qué más tiene que Jeremías? (Jr. 1, 9) Porque también éste, cuando era enviado, recibía la inspiración. ¿Qué tendría más que Ezequiel, pues éste, habiendo comido el rollo, luego habló (Ez 3,1)? Por otra parte, resultaría que los que lo oyeran serían la causa de lo que El conocía. Si cuando fue enviado recibió el mandato de lo que había de decir, puedes tú lógicamente afirmar que lo ignoraba antes de ser enviado.

Pero ¿qué impiedad habrá mayor que semejantes palabras? Todo eso en el caso de que alguno lo tome en aquel sentido y no como una simple manifestación de humildad. Pablo asevera que aun los discípulos entienden (Rm. 12, 2): Cuál sea la voluntad de Dios; lo bueno y lo que le place, lo perfecto y en cambio el Hijo de Dios ¿no lo supo hasta que recibió el mandato? ¿En qué puede esto apoyarse?

¿Observas cómo El hasta aquí habla al modo humano con el fin de atraer a los judíos y cerrar la boca a los que luego vendrán? Usa de expresiones a lo humano para al menos por este camino obligarlos a huir de una interpretación meramente humana de sus palabras, sabedores de que se expresa así no porque sólo posea la naturaleza humana, sino para acomodarse a la rudeza de los oyentes.

(Jn. 12, 20) Yo sé que su mensaje es vida eterna. Por lo cual lo que Yo anuncio, según me lo confió el Padre así lo anuncio. ¿Adviertes lo humano de sus palabras? Porque quien recibe un mandato no es señor de decir lo que quiera. Y sin embargo dice de Sí mismo (Jn. 5, 21): A la manera que el Padre tiene poder para resucitar los muertos y darles vida, así también el Hijo da vida a quienes El quiere. Pero ¿acaso el Hijo tiene potestad para dar vida a quienes El quiere y no la tiene para hablar lo que El quiere? Lo que significa con esas palabras es lo siguiente: No es conforme a nuestra naturaleza que el Padre diga una cosa y Yo diga otra.

Yo sé que su mensaje es vida eterna. Dice esto para los que afirmaban ser El un engañador y que había venido para ruina. Pero cuando dice: Yo no he venido para condenar al mundo, declara no ser El la causa de la ruina de ellos. De modo que con tales palabras casi llega a testimoniar, estando ya para apartarse y no volver más a ellos, que nada ha hablado El como de Sí mismo, sino todo como mandato del Padre. Termina, pues, su discurso así en forma humilde y lo cierra como diciendo: Esta palabra os la dirijo como la postrera. ¿Cuál palabra? la palabra según me la confió mi Padre así la anuncio.

Si Yo fuera contrario a Dios, os habría hablado cosas contrarias a Él, y nada de lo que a Él agrada, para atribuirme la gloria. Mas ahora todo lo he referido al Padre para no hablar nada como de Mí mismo. Entonces ¿por qué no me creéis cuando digo que Yo he recibido mandato, con lo que rechazo fuertemente vuestra opinión errónea de ser Yo contrario de Dios? Así como no es posible que quienes han sido enviados hagan o digan lo contrario de quien los envió, hasta cumplir totalmente el mandato, así tampoco Yo puedo hacer o decir algo fuera de lo que el Padre quiere. Lo que Yo hago también lo hace el Padre, porque El está en Mí. Y el Padre no me ha dejado solo (Jn. 8, 29).

¿Adviertes de qué modo constantemente declara estar unido sin intermediario alguno a su Engendrador? Cuando dijo: No he venido de Mí mismo, no quiso negar su propio poder, sino sólo significar que no era contrario al Padre. Si los hombres son señores de sí mismos, mucho más lo será el Hijo de Dios. Y que esto sea verdad oye cómo lo dice Pablo (Flp. 2, 7): Se anonadó a sí mismo; y se entregó por nosotros. Pero, como dije antes, terrible cosa es la vanagloria. Ella hizo que los judíos no creyeran y otros creyeran en cosas erróneas y que lo que El les decía por benignidad, lo tomaran en sentido impío.

Huyamos, pues, en absoluto de esa fiera tan variada y multiforme, y que por todas partes esparce su veneno: en los dineros, en los placeres, en la belleza de los cuerpos. Y este es el motivo de que en todo procedamos con exceso y busquemos más de lo que la necesidad exige. De ahí nace el lujo en los vestidos; de ahí las greyes de esclavos; por eso hacemos a un lado la necesidad y buscamos lo superfluo en todas las cosas: casas, vestidos, comida. Domina en todo el lujo.

¿Quieres adquirir gloria y disfrutarla? Haz limosna. Entonces te alabarán los ángeles y Dios te aprobará. Acá toda la admiración se va a los orfebres y a los tejedores; y en cambio tú, oh mujer, te quedas sin gloria y sin corona y aun con frecuencia te maldicen. Si no adornaras con esos lujos tu cuerpo sino que los gastaras en los pobres, por todas partes te seguirían los aplausos y la gran alabanza. Los poseerás cuando hagas limosna a los pobres, pero mientras esos adornos los retengas para ti sola, no los poseerás. Puesto que un tesoro en la casa nunca está seguro; mientras que en las manos de los necesitados siempre está seguro.

¿Para qué adornas el cuerpo, en tanto que descuidas el alma corrompida por la impureza? ¿Por qué no pones para tu alma un cuidado igual al que pones para tu cuerpo, siendo así que debías ponerlo mayor para ella? Convendría, carísimos, que lo tuviéramos a lo menos igual. Dime: si alguno te pregunta si acaso preferirías tener tu cuerpo robusto y bello, pero cubierto con viles vestidos, o al revés, tenerlo mutilado y enfermo, pero vestido de oro ¿acaso no preferirías gozar de la integridad y belleza del cuerpo antes que de los áureos atavíos? Entonces ¿por qué en lo referente a tu alma procedes al revés, y mientras la tienes fea, deforme y negra, crees que vas a sacar algún provecho de los dorados adornos? ¿Qué locura es ésta?

Adorna tu interior y pon en tu alma los collares de la limosna. Los que pones en tu cuerpo no sirven ni para la belleza propia de él; porque ellos no lo tornan de negro en blanco, ni de disforme hermoso. Mientras que si en el alma los pones, al punto de negra la tornarás blanca; de fea y deforme, bella y hermosa. Y no es esto palabra mía, sino del Señor, que dice (Is. 1, 18): Si vuestros pecados fueren como la grana, los blanquearé como la nieve Y también (Lc. 11, 41): Haced limosna y todo será puro para vosotros. Si procedes así, oh mujer, no sólo te embellecerás a ti misma, sino también a tu marido. Pues si él ve que tú echas a un lado el lujo, ya no necesitará hacer grandes gastos y con eso también él echará a un lado el ansia de adquirir y se inclinará más a dar limosnas; y tú misma podrás más confiadamente persuadirlo de lo que conviene. En cambio, con los otros procederes, no tenéis, oh mujeres, el mismo poder. ¿Con qué boca, con qué cara exhortaréis a vuestros esposos a hacer limosna cuando gastáis la mayor parte de los ingresos en el ornato de vuestro cuerpo? Podrás hablar confiadamente a tu esposo de hacer limosnas cuando eches a un lado tus áureos ornatos.

Pero aun cuando en ese ramo nada consiguieras, tú habrás puesto lo que estaba de tu parte. Sin embargo, no puede ser que no lo doblegues cuando con tus hechos le predicas (1Co. 7, 16): ¿Qué sabes, oh mujer, si acaso salvarás a tu marido? Así como ahora tendrás que dar una doble cuenta, por ti y por él, así si dejas el lujo conseguirás una doble corona: coronada y gloriosa por siglos infinitos juntamente con tu marido, gozaréis de los bienes eternos. Ojalá a todos nos acontezca alcanzarlos, por gracia y benignidad de nuestro Señor Jesucristo, al cual sea la gloria por los siglos de los siglos. Amén.

HOMILÍA LXX. La vigilia de la fiesta pascual, conociendo Jesús que era llegada la hora de pasar de este mundo al Padre, El, que había amado a los suyos que quedaban en el mundo, los amó hasta el extremo (*Jn 13,1*)

Dice Pablo (1Co. 11, 1): Sed imitadores míos como Yo lo soy de Cristo.-Para eso Cristo tomó carne de nuestra misma materia; para enseñarnos por medio de ella el ejercicio de las virtudes.

Dice Pablo (Rm. 8, 3): En una carne semejante a la carne de pecado y como víctima del pecado ha condenado el pecado en la carne. Y Cristo mismo nos dice (Mt. 11, 29): Aprended de Mí que soy manso y humilde de corazón. Y lo enseñó no sólo con palabras, sino con las obras. Lo llamaban samaritano y poseso y embaucador y arrojaban piedras contra El. En cierta ocasión los fariseos enviaron ministros de ellos que lo aprehendieran; en otra le enviaron quienes lo tentaran y pusieran a prueba; en otras ellos personalmente lo injuriaban sin tener nada de qué acusarlo, sino más bien habiendo recibido de El beneficios frecuentes. Y a pesar de todo, no cesa de ayudarlos con palabras y obras. Y cuando cierto siervo lo abofeteó, El le dijo (Jn. 18, 23): Si hablé mal, demuéstralo; mas si hablé bien ¿por qué me golpeas?

Pero todo lo hizo con los que le ponían asechanzas. Veamos lo que ahora hace con sus discípulos; y más lo que hace con el traidor. Porque éste, que era el más aborrecible de los hombres por ser juntamente discípulo y comensal y había visto los milagros y había recibido tantos dones, procedió del modo más horrible. No trató de lapidar al Maestro, no lo colmó de injurias, sino que a traición lo entregó a sus enemigos. Pues bien, mira cómo lo trataba Jesús. Le lavó los pies para con este servicio apartarlo de tamañas perversidades. Podía haberlo secado como lo hizo con la higuera, si lo hubiera querido; podía haberlo hecho pedazos como lo hizo con las rocas y como rasgó el velo del templo. Pero no quiso apartarlo de su traición por la fuerza, sino por el propósito de la voluntad. Por esto le lavó los pies. Pero el miserable ni por esto se avergonzó.

Dice, pues, el evangelista: La vigilia de la fiesta pascual, conociendo Jesús que era llegada su hora. No es que entonces la supiera, pues cuando procedió a lo que hizo, ya lo conocía desde mucho tiempo antes. De pasar. Bellísimamente el evangelista a su muerte la llama tránsito o paso. Como hubiera amado a los suyos, los amó hasta el extremo. ¿Adviertes cómo teniendo que abandonarlos les demuestra un amor más ferviente? Porque esto significa la expresión: Habiendo amado a los suyos, los amó hasta el extremo. O sea que nada omitió de cuanto debe hacer quien fervorosamente ama.

¿Por qué no procedió así desde un principio? Les da las más señaladas muestras al fin, para aumentarles la caridad y ponerles mayores ánimos para soportar los males futuros. Y dice: A los suyos, indicando la familiaridad de trato; pues también a otros los llama suyos por razón de la creación, como cuando dice (Jn. 1, 11): Los suyos no lo acogieron. Y ¿qué significa: Que quedaban en el mundo? Porque los suyos habían muerto ya, como eran Abraham, Isaac, Jacob y otros a éstos semejantes; pero éstos ya no estaban en el mundo. ¿Observas cómo es el Dios del Antiguo y del Nuevo Testamento?

¿Qué significa: Los amó hasta el extremo? Es decir, perseveró en amarlos, lo cual, dice el evangelista, es señal de ferviente amor. Ya en otro lugar había dicho que daría su vida por sus amigos; pero esto aún no se había realizado. ¿Por qué lo hace ahora? Porque era mucho más admirable que lo hiciera cuando tanto lo exaltaban todos; y así les dejaba a los discípulos un no pequeño consuelo. Porque habían de hallarse en muy grave tristeza, les proporciona ahora una consolación igual.

(Jn. 13, 2) Y terminada la cena, como el diablo ya hubiera inspirado al corazón de Judas el propósito de entregarlo. Habla el evangelista conmovido al referir cómo lavó Jesús los pies del que tenía el propósito de traicionarlo. Demuestra la enorme perversidad del traidor el que ni la mesa común lo haya detenido, aunque suele ella, antes que otra cosa alguna, impedir la maldad; ni lo haya persuadido a permanecer con él hasta el último día, como su Maestro lo soportaba.

(Jn. 13, 3) Sabiendo Jesús que el Padre todo lo puso en sus manos, y que de Dios salió y a Dios vuelve. También aquí el evangelista habla con admiración. Como si dijera: Siendo tan grande que había salido de Dios y volvía a Dios, y que mandaba sobre todos, sin embargo llevó a cabo el lavatorio y no se desdeñó de emprender obra semejante. La expresión: Puesto en sus manos, creo que se refiere a la salvación de los fieles. Porque también dice (Mt. 11, 27): Todo lo ha puesto el Padre en mis manos, hablando de semejante entrega; lo mismo que en otro lugar dice (Jn. 17, 6): Tuyos eran y tú me los entregaste, y también (Jn. 6, 44): Nadie puede venir a Mí si mi Padre no lo atrae; y (Jn. 3, 27): Si no le es dado del Cielo. Esto es, pues, lo que quiere decir; o también que nada perdería por esta obra, puesto que salió de Dios y vuelve a Dios y todo lo posee.

Pero tú, cuando oyes eso de la entrega, no pienses nada humano, pues sólo significa que vuelve al Padre el debido honor y concordia. Así como el Padre todo lo puso en sus manos, así El lo pone en manos de su Padre. Así lo declara Pablo diciendo (1Co. 15, 24): Cuando entregue el reino a Dios Padre. Habla aquí en una forma más bien humana y demuestra una caridad inefable para con aquellos que tenía a su cuidado, enseñándoles la humildad, que es madre de todos los bienes, llamándola principio y remate de la virtud. No se puso a la ventura la expresión: Salió de Dios y vuelve a Dios, sino para que entendamos que ha llevado a cabo hazañas dignas de quien salió de Dios y vuelve a Dios y ha pisoteado toda clase de faustos.

(Jn. 13, 4) Y habiéndose levantado de la mesa, se quitó el manto. Advierte cómo demuestra su humildad no únicamente lavando los pies, sino también por este otro modo. Porque no lo hizo antes de sentarse a la mesa, sino que ya sentados todos, El se levantó. Además, no sólo les lava los pies así como así, sino que para ello se ciñó una toalla. Y ni con esto quedó contento, sino que personalmente llenó de agua un lebrillo y no ordenó a otro que lo llenara, sino que todo lo va haciendo El en persona.

Nos enseña con esto que semejante ministerio no debemos ejercerlo a la ligera; y que cuando lo emprendemos lo hemos de hacer correctamente y con toda presteza y diligencia. Pienso yo que Jesús ante todo lavó los pies del traidor; y que por esto el evangelista dijo (Jn. 13, 5): Comenzó a lavar los pies a sus discípulos; y luego añadió (Jn. 13, 6): Llegó, pues, a Simón Pedro. Y éste le dice: ¿Tú a mí me lavas los pies? Como si dijera: ¿Con esa mano con que abriste los ojos a los ciegos y limpiaste a los leprosos y resucitaste los muertos? Gran énfasis contienen estas palabras; por lo cual Pedro no tuvo necesidad de otros apelativos, sino solamente de la palabra: Tú, que todo lo significa.

Razonablemente preguntarás: ¿Por qué ninguno de los otros discípulos, excepto Pedro, lo estorbaba, cosa que da a entender grande amor y reverencia? ¿Cuál fue el motivo? Yo pienso que Jesús en primer lugar lavó los pies a Judas el traidor y enseguida se dirigió a Pedro y con esto quedaron ya todos los otros avisados. Que lavó los pies a otros antes que a Pedro es claro por la expresión: Habiendo llegado a Pedro. Pero el evangelista no se pone a acusar con violencia, como lo deja ver la palabra: Habiendo venido. Aun cuando Pedro era el primero de los discípulos, es verosímil que el traidor, a causa de su petulancia, se sentara antes que el que era jefe. Su petulancia ya quedaba manifiesta cuando metió la mano en el plato del Maestro y cuando en absoluto no se inmutó ni arrepintió con la represión.

Pedro, en cambio, a quien ya antes había Jesús reprendido, quedó entonces tan cohibido de lo que por la vehemencia de su cariño había dicho, que fue necesario ser otro el que preguntara; mientras que Judas, aun varias veces reprendido, no se inmutó.

Habiendo, pues, Jesús llegado a Pedro, Le dijo Pedro: ¡Señor! ¿Tú a mí me lavas los pies? Jesús le respondió (Jn. 13, 7): Lo que Yo hago no lo comprendes ahora. Lo comprenderás después. Es decir, comprenderás cuánta ganancia hay en esto y cuán grande enseñanza contiene y a qué grado de humildad puede llevarnos. ¿Qué hace Pedro? Todavía se lo impide y le dice

(Jn. 13, 8): No me lavarás los pies para siempre jamás. Pero ¿qué es lo que haces, oh Pedro? ¿Ya no recuerdas lo que anteriormente te fue dicho? ¿Acaso no, cuando tú le decías: ¡Dios te valga! oíste aquel:

¡Quítateme de delante! ¡Me eres tropiezo! no te arrepientes, sino que conservas tu vehemencia.

Nos responde Pedro (Mt. 16, 22): ¡No! Porque ahora se trata de una cosa inmensa y que llena de estupor. Como esto procedía del ardor de su cariño, por aquí lo coge Cristo. Y así como anteriormente con fuerza lo había increpado y le había dicho: ¡Me eres tropiezo!, así ahora le dice: Si no te lavare los pies no tendrás parte conmigo. ¿Qué hace entonces aquel apóstol fervoroso y ardiente? Le dice a Jesús (Jn. 13, 9): ¡Señor! lávame no sólo los pies, sino también las manos y la cabeza. Con vehemencia se rehúsa y con mayor vehemencia accede: ambas cosas procedían de su amor a Jesús.

¿Por qué Jesús no le explicó el motivo de su proceder, sino que le respondió con una amenaza? Porque por otro camino Pedro no habría accedido. Si Cristo le hubiera dicho: Déjame estar, pues por aquí os enseñaré la humildad, Pedro le habría infinitas veces prometido ser humilde, con tal de que el Señor no procediera a lavarlo. Y ¿qué es lo que le dice Cristo? La que más temía Pedro: el ser separado del Señor. Pedro era el que frecuentemente le había preguntado a Cristo a dónde iba (Jn. 13, 36); y por esto decía (Jn. 13, 37): Yo doy mi vida por Ti. Si habiendo oído: Lo que Yo hago tú no lo comprendes ahora. Lo comprenderás después, ni aun así desistió de su propósito, mucho menos lo habría dejado con saber cuál era el motivo del lavatorio. Por lo cual Cristo le dice: Lo sabrás después; porque conocía que Pedro, aun sabiendo el motivo, no dejaría de resistirse.

Pedro no le dijo a Jesús: Enséñame ahora el motivo a fin de que yo ya no me resista; sino que, lo que significaba mucho más, ni siquiera esperó a saber el motivo; sino que de nuevo dijo a Jesús: No me lavarás los pies. Pero cuando el Señor le amenazó accedió al punto. ¿Qué significa: Lo comprenderás después?

¿Cuándo? Cuando en mi nombre echarás los demonios; cuando me veas subir a los Cielos; cuando por el Espíritu Santo sepas que estaré sentado a la diestra del Padre: entonces comprenderás lo que he hecho.

¿Qué hace luego Cristo? Como Pedro le había respondido: ¡Señor! lávame no sólo los pies, sino también la cabeza, le dice (Jn. 13, 10-11): El que ya se ha bañado no necesita lavar más que los pies, pues ya está limpio todo. También vosotros estáis limpios, mas no todos. Porque sabía quién lo iba a traicionar. Pero ¡Señor! si todos están limpios ¿por qué les lavas los pies? Para que nosotros aprendamos a ser modestos. Por eso no lavó sino aquellos miembros que parecen ser los más menospreciados.

¿Qué significa: El que ya se ha bañado? Quiere decir el que es puro. Mas ¿acaso eran ya puros los que aún no habían sido liberados de sus pecados ni habían recibido el Espíritu Santo? ¿Cuando aún dominaba el pecado y permanecía el documento de maldición, puesto que aún no se había sacrificado la víctima? ¿Cómo puede llamarlos limpios? Para que no fueras a pensar que por haberles El dicho que estaban limpios, se hallaban libres totalmente del pecado, por esto dijo (Jn. 15, 3): Vosotros estáis ya limpios por la palabra que os he dicho. Como si les advirtiera: sólo en este sentido estáis limpios. Ya habéis recibido la luz; ya estáis libres del error de los judíos. Dice el profeta (Is. 1, 16): Lavaos, limpiaos, echad de vuestras almas la malicia. De modo que quien así está, está limpio y puro. Los apóstoles habían echado ya de sus almas toda malicia; por lo cual, conforme a la palabra del profeta, el que se ha bañado ya está limpio todo. No se refiere Jesús al baño que aquel judío se hacía con agua, sino la purificación de la conciencia.

Seamos también nosotros puros y aprendamos a hacer el bien. Buscad lo justo, dad sus derechos al oprimido; haced justicia: al huérfano; abogad por la viuda; y venid y disputemos, dice el Señor (Is. 1, 7). Con frecuencia la Sagrada Escritura menciona a las viudas y a los huérfanos. Pero nosotros, al revés, ninguna cuenta tenemos de ellos. Piensa en cuán grande remuneración nos está prometida. Dice el Señor: Si vuestros pecados fueren como la grana, blanquearán como la nieve; si fueren rojos como el carmesí, los blanquearé como la lana. La viuda no tiene quien la defienda; por lo cual mucho se preocupa Dios de ella. Pudiendo ella contraer segundas nupcias, se abstiene y tolera los trabajos por amor de Dios.

Ayudémoslas todos, hombres y mujeres, para no sufrir nunca las molestias de la viudez. Y si las sufrimos, nos prepararemos una buena ocasión para experimentar la bondad ajena. Muchas lágrimas tiene la viuda, pero puede abrir el Reino de los Cielos. No las insultemos ni les acrecentemos su desgracia, sino ayudémoslas en todas formas. Si lo hacemos, lograremos para nosotros gran seguridad en este siglo y en el venidero. Porque ellas nos ayudarán no solamente aquí, sino también allá arriba; pues nos quitarán la mayor parte de nuestros pecados en vista de los beneficios que les hayamos hecho; y nos alcanzarán que nos presentemos confiadamente ante el tribunal de Cristo. Ojalá que a todos nos acontezca conseguirlo, por gracia y benignidad del Señor nuestro Jesucristo, al cual sea la gloria por los siglos de los siglos. Amén.

HOMILÍA LXXI. Y tomó su manto y se puso de nuevo a la mesa y les dijo: ¿Entendéis lo que he hecho con vosotros?, etc. (*Jn 13,12*)

Dañoso es, por cierto, carísimos, dañoso es caer en lo profundo de los males; porque con dificultad se convierte de nuevo el alma. En consecuencia, debemos poner todos los medios para que el diablo no nos atrape desde un principio. Más fácil es no caer, que una vez caídos rehacernos. Advierte cómo una vez que Judas cayó, se le proporcionaron tantos auxilios y sin embargo ya no se levantó. Dijo Jesús (Jn. 6, 71): Uno de vosotros es un diablo; y luego (Jn. 6, 65): Pero no todos creen; y ahora (Jn. 13, 18): No lo digo por todos; y además: Yo sé a quiénes he elegido. Pero Judas no se conmovió.

Después de haberles lavado los pies, tomó su manto y se puso a la mesa y dijo: ¿Comprendéis lo que os he hecho? Ya no habla a solo Pedro sino a todos. Vosotros me llamáis Maestro y Señor, y decís bien pues lo soy (Jn. 13, 13). ¿Adviertes cómo cuando habla a los discípulos lo hace con mayor claridad respecto de Sí mismo? Así como antes les dijo: No os hagáis llamar Maestros. Porque el Maestro vuestro es uno, así acá les dice (Mt. 23, 8-9): A ninguno llaméis Padre vuestro en la tierra. Pero uno en ambos casos no se dice únicamente del Padre, sino también del Hijo. Puesto que si entonces no hablaba también de Sí mismo ¿les habría dicho: Para que seáis hijos de la luz? Y lo mismo, si al decir Maestro hablara sólo del Padre ¿cómo podía decirles ahora: Porque lo soy; y también antes: Uno es vuestro Maestro, Cristo?

Dice, pues (Jn. 13, 14-15): Entonces si Yo, siendo Señor y Maestro, lavé vuestros pies, también vosotros debéis unos a otros lavaros los pies. Porque os he dado ejemplo para que como Yo he hecho con vosotros así vosotros lo hagáis. Claro que no es lo mismo, puesto que El es Maestro y Señor y vosotros sois consiervos mutuamente. Entonces, qué significa al decir así? Es decir con el mismo empeño. Toma ejemplo de las cosas más altas, para que a lo menos hagamos las más pequeñas. Así los maestros muestran a los niños bellísimas letras para que éstos las imiten, aunque sea con imperfección.

¿Dónde están ahora los que desprecian a los siervos? ¿Dónde los que anhelan honores? Cristo lavó los pies al traidor, sacrílego y ladrón, y esto al tiempo mismo de la traición; y cuando no había esperanza alguna de enmienda, lo hizo partícipe de su mesa ¿y tú te ensoberbeces y enarcas las cejas? Dice El que mutuamente nos lavemos los pies y también lavemos los de los esclavos. Pero ¿qué hay de grande en que también lavemos los pies de los siervos? Pues para esto entre siervos y libres no hay diferencia sino de nombres; pero en aquel lavatorio la diferencia era real.

Cristo por naturaleza es Señor, y nosotros por naturaleza somos sus siervos; y sin embargo, no rehuyó Cristo ese ministerio. Ahora, en cambio, ya es cosa admirable que no abusemos de personas libres como si fueran esclavos comprados y siervos.

¿Qué podemos alegar cuando a pesar de tener delante ejemplos tan grandes de moderación y paciencia no los imitamos, sino que por modo en absoluto contrario nos ensoberbecemos y no practicamos ni lo que es menos? Dios nos ha constituido deudores, comenzando por El; y por cierto deudores en parte muy pequeña. Pues al fin y al cabo El era Señor, mientras que si nosotros hacemos lo que El nos dijo, con otros consiervos lo hacemos.

Así lo dio a entender El con decir: Pues si yo, Señor y Maestro, contraponiéndolo con Así vosotros. Lo natural parecía ser que dijera: Cuánto más vosotros que sois siervos; pero esto lo dejó a la conciencia y consideración de los oyentes. ¿Por qué lo hizo así? Porque unos habían de alcanzar un honor mayor y otros uno menor. Y así, para que no se ensoberbecieran, ni dijeran, como antes lo hicieron (Mt. 18, 1): ¿Quién es el mayor?, ni se indignaran unos contra otros, les reprime toda hinchazón diciéndoles: Por grande que tú seas, debes tener en mucho a tu hermano.

Y no dijo lo que era mucho más aún: Si Yo he lavado los pies al traidor ¿qué cosa grande hacéis vosotros si laváis los pies de vuestros compañeros? En realidad El así lo hizo, pero dejó que lo juzgaran los que lo presenciaron. Por eso decía (Mt. 5, 19): Quien enseñare y practicare, ése será llamado grande. Esto es de verdad enseñar, cuando se enseña con las obras. ¿Qué soberbia habrá que con esto no se reprima?

¿Qué arrogancia o qué hinchazón que no se humille? El que se asienta sobre los querubines lavó los pies del traidor; y en cambio tú, oh hombre, que eres tierra y ceniza y polvo ¿te hinchas y ensoberbeces? ¿De qué gehena no serás digno? Y si en realidad te ensoberbeces, te mostraré por dónde has llegado a eso: ¡ignoras lo que eres! Quien se adhiere a las cosas presentes como si fueran grandes, es de ánimo bajo y vil. No hay humildad sin magnanimidad. La soberbia no tiene otra causa vileza y sino la pusilanimidad.

Así como los niños pequeños anhelan cosas viles, como son las esferas, las ruedas, los astrágalos, y en cambio ni siquiera son capaces de concebir ni pensar cosas grandes, del mismo modo quienes ahora se dan a la virtud en nada estiman las cosas presentes ni quieren poseerlas ni anhelan tomar las de otros. Pero los que no se dan a la virtud andan aún adheridos a telas de araña, a sombras y ensueños y cosas más viles aún. En verdad, en verdad os digo (Jn. 13, 16-18): El siervo no es superior a su señor, ni el comisionado al poderdante. Dichosos seréis si practicáis estas cosas que habéis conocido. No lo digo por todos. Pero se ha de cumplir la Escritura: El que come mi pan, me armará zancadilla. Repite ahora lo que ya antes había dicho, con el objeto de exhortarlos. Pues si no es el siervo superior a su señor, ni el comisionado es mayor que su poderdante, cuando Yo he practicado todo esto, mucho conviene que más lo practiquéis vosotros.

Luego, para que nadie dijera: ¿Qué es lo que aseveras?; porque ahora no lo entendemos, añadió: No os hablo como a ignorantes, sino que anhelo que por las obras demostréis lo que se os ha dicho. Saber todos lo pueden; practicar no todos. Por lo cual dice: Dichosos seréis si practicáis estas cosas. Y os lo repito muchas veces, aunque ya lo sepáis, para induciros a practicarlo. También los judíos lo saben, pero no son dichosos pues no lo practican. No lo digo por todos. ¡Oh Dios, cuán grande paciencia! Aún no descubre al traidor, sino que encubre su crimen para darle por aquí lugar de arrepentirse. Es decir, lo descubre y no lo descubre. Pues dice: El que come mi pan, me armará zancadilla.

Aquello de: No es el siervo mayor que su señor, yo pienso que lo dijo para que si alguno sufre injuria de parte de sus siervos o de personas de más baja condición, no se perturbe, considerando el ejemplo de Judas, quien habiendo recibido infinitos beneficios, pagó con todo lo contrario. Por eso Jesús añadió enseguida: El que come mi pan; y dejando a un lado otras muchas cosas, sólo trajo al medio eso que podía reprimir y avergonzar al traidor. Como si dijera: El mismo que yo alimentaba, mi comensal.

Todo esto decía para enseñar a los apóstoles a hacer beneficios a quienes los maltrataran, aun cuando éstos fueran incurables. Y cuando afirma: No lo digo por todos, para no atemorizarlos a todos singulariza al traidor con estas palabras: El que come conmigo. Una expresión: No de todos, no designaba a nadie en particular. Por lo cual añadió Jesús: El que come mi pan, dando así a entender al mísero traidor que El sería aprehendido no porque ignorase el asunto, sino conociéndolo plenamente, cosa que muy principalmente podía cohibir al traidor. Y no dijo: Me entrega, sino: Me arma zancadilla, dando a entender el dolo y las ocultas asechanzas.

Escrito está todo esto para que no nos irritemos contra los que nos injurian, sino que los corrijamos y los lloremos. Dignos son de lágrimas no los que padecen injurias, sino los que injurian. A sí mismos se hieren el ladrón, el sicofanta y cuantos causan algún mal; y a nosotros mucho nos aprovechan si no nos vengamos. Por ejemplo: ¿te robó alguno, pero tú das gracias a Dios y lo glorificas? Por esa acción de gracias has conseguido premios sin cuento, así como el otro se ha preparado un fuego eterno. Si alguno objetara: bueno, pero si por ser yo inferior al que me injurió no pude rechazar la injuria ¿qué? Te respondo: pero pudiste irritarte y enfurecerte. Porque en nuestra mano está lanzar imprecaciones contra el que nos dañó y acabarlo a dicterios e infamarlo. Quien esto no haga, recibirá la recompensa por no haberse vengado. Pues consta que pudiéndolo hacer no lo hiciste. Quien ha sido injuriado usa de cuantas armas tiene a la mano, si no soporta la injuria, como son las maldiciones, las injurias, las asechanzas, con tal de vengarse del ofensor. Si tú no únicamente te abstienes de eso, sino que además oras por el injuriante, te habrás hecho semejante a Dios. Pues dice Cristo: Orad por los que os persiguen para que seáis semejantes a vuestro Padre que está en los Cielos. ¿Adviertes cuán grandes bienes conseguimos por las injurias que se nos hacen? Nada hay que tanto agrade a Dios como el no volver mal por mal, sino bien por mal. Se nos ordena volver al enemigo todo lo contrario, como son el auxilio, las oraciones. Así Cristo, cuando colmaba de beneficios al que lo iba a traicionar, le lavaba los pies, lo convencía de su traición pero a ocultas, lo reprendía pero mansamente, le proporcionaba servicios, mesa, beso de paz, en una palabra todo lo contrario de lo que el traidor hacía. No se arrepintió Judas, pero Cristo perseveró haciendo lo que estaba de su parte.

Pero vengamos ya a los siervos. Te instruiré con su ejemplo. Y para mayor fuerza, vayamos al Antiguo Testamento, para que así veas que nosotros no tenemos excusa alguna si no olvidamos las injurias. ¿Queréis que os presente a Moisés o que subamos aún más arriba? Porque los ejemplos cuanto son más antiguos son más aptos para persuadir. ¿Por qué? Porque entonces era más difícil la virtud. Aquéllos no tenían leyes escritas ni ejemplos de antepasados; sino que la naturaleza, sin otros auxilios, tenía que luchar y verse obligada a navegar en todas partes, sin puertos ni litorales. Por tal motivo la Escritura, alabando a Noé, no sólo lo llama varón perfecto, sino que añade: En su generación. Declara con esto que, como en aquel tiempo muchas cosas impidieron el ejercicio de la virtud, sin embargo no fue Noé inferior a otros muchos que después de él brillaron. Fue perfecto en su tiempo.

¿Quién otro fue paciente antes de Moisés? El bienaventurado y noble José; el cual, brillando en la castidad, no brilló menos en la paciencia. Fue vendido cuando a nadie había ofendido. Más aún: hubo de ejercer toda clase de ministerios y oficios de esclavo. Lo injuriaron, y no se vengó aun cuando tenía de su parte a su padre. Fue a llevar alimento a sus injuriadores al desierto. Y cuando no los encontró no se desató en maldiciones ni se regresó; y eso que ocasión tenía si hubiera querido aprovecharla. Guardó para aquellas fieras, para aquellos crueles, el afecto de hermano. Y luego, encarcelado, como se le preguntara el motivo, nada malo dijo acerca de sus hermanos, sino únicamente: Nada malo he hecho, y: Fui secuestrado del país de los hebreos. Y una vez que obtuvo el poder, los alimentó y los libró de muchos males.

Si vigilamos, la perversidad del prójimo en nada dañará a nuestra virtud. Pero sus hermanos procedieron al contrario. Lo despojaron de su túnica, intentaron matarlo, se burlaron de sus sueños aunque habían recibido de su mano los alimentos, y se empeñaban en privarlo de la vida y de la libertad. Comían ellos y se burlaban de su hermano arrojado en una cisterna y despojado de su túnica. ¿Qué puede haber peor que ferocidad semejante? ¿A cuántos asesinos no superaban con ella? Y una vez que lo sacaron de la cisterna, lo entregaron a mil muertes con venderlo a hombres bárbaros, crueles y que marchaban a regiones de bárbaros. El, en cambio, cuando fue hecho rey, no sólo no se vengó de ellos, sino que, en cuanto estaba en su mano, los disculpó de su pecado al llamar a lo sucedido providencia de Dios y no perversidad de ellos.

Lo que contra ellos hizo no fue por venganza, sino una simple simulación en favor de su hermano Benjamín. Una vez que vio cómo ellos conducían a éste su hermano, y lo defendían, dejando su disfraz, al punto rompió a llorar y los abrazó como si de ellos hubiera recibido grandes beneficios, siendo así que por poco lo privan de la vida. Y los llevó a todos a Egipto y los colmó de dones. Pues bien: ¿qué defensa tendremos nosotros, puesto que, tras de la Ley y la gracia y tan grande aumento de instrucciones espirituales y virtudes, ni siquiera imitamos a José, que vivió antes de la Ley y de la gracia? ¿Quién nos librará del castigo? Porque nada hay, nada, peor que el recuerdo de las injurias.

Bien claro lo puso aquel que debía diez mil talentos; pues, perdonada ya su deuda, se vio obligado de nuevo a pagarla: fue absuelto por la misericordia de Dios y fue obligado de nuevo por su perversidad, pues no perdonó la deuda de su consiervo. Teniendo esto en cuenta, perdonémosle al prójimo sus faltas y mejor aún hagámosle beneficios, para conseguir la misericordia divina, por gracia y benignidad del Señor nuestro Jesucristo, al cual sean la gloria y el poder por los siglos de los siglos. Amén.

HOMILÍA LXXII. En verdad, en verdad os digo: Quien recibe al que Yo envío a Mí me recibe. Y el que a Mí me recibe, recibe al que me ha enviado. (*Jn 13,20-35*).

Recompensa grande dada a quienes atienden a sus siervos y les hacen beneficios, de donde se derivan también a nosotros frutos espirituales. Porque dice el Señor (Mt. 10, 40): El que a vosotros recibe a Mí me recibe; y el que a Mí me recibe, recibe al que me envió. ¿Qué hay que pueda equipararse a esto de recibir a Cristo y al Padre? Pero ¿qué unión lógica hay entre esto y lo dicho más arriba? ¿Qué tiene que ver esto con lo que anteriormente dijo: Bienaventurados seréis si esto hiciereis; y: El que os recibe a vosotros? Pues bien, admirablemente consuenan. Advierte. Pues habían los discípulos de salir al mundo y padecer graves cosas, de dos modos los consuela: por Sí y por otros. Si ejercitáis la virtud, les dice, y conserváis mi recuerdo y meditáis en lo que he padecido y llevado a cabo, con más facilidad toleraréis los padecimientos. Pero no es esto solo, sino que además muchos os recibirán gustosos. Lo primero lo significó diciendo: Seréis felices si estas cosas hacéis; lo segundo, cuando dijo: El que a vosotros recibe a Mí me recibe. Con esto les abrió todas las casas, de modo que tuvieran un doble consuelo: el de la bondad de sus propias costumbres y el de la caridad de quienes los atenderían.

Tras de haberles dado ese precepto, puesto que debían recorrer todo el orbe, pensando en que el traidor de todo eso se privaba y que no alcanzaría tales ventajas, o sea, ni la paciencia en los trabajos ni la caridad de los que los atenderían, de nuevo se conturbó en su espíritu. Para declararlo el evangelista y al mismo tiempo anotar el motivo de la turbación, dijo (Jn. 13, 21): Habiendo dicho estas palabras Jesús, se turbó en su espíritu e hizo esta declaración: Uno de vosotros me entregará. De nuevo pone pavor a todos, pues no nombra en particular al traidor. Y ellos quedaron afligidos (Jn. 13, 22), aunque de nada malo tenían conciencia, porque tenían por más seguro el parecer de Cristo que sus propios pensamientos. Por lo cual unos a otros se miraban.

El que Cristo restringiera la traición a uno solo, disminuía el temor; pero con decir: Uno de vosotros, a todos los turbaba. ¿Qué sucedió luego? Que los demás mutuamente se miraban; pero Pedro, siempre fervoroso, hizo señas a Juan. Poco antes había sido reprendido y luego había querido impedir que Jesús le lavara los pies; y continuamente se presentaba ardiente y fervoroso, pero recibía represiones. Por lo que ahora, temeroso pero no inquieto, no se atrevió a hablar, sino que quiso echar mano del auxilio de Juan.

Vale la pena investigar por qué cuando todos andan temerosos, comenzando por el jefe Pedro, Juan, en cambio, como con alegría se recostó en el pecho de Jesús. Y no sólo esto es digno de investigarse, sino también lo que añadió. ¿Qué fue? Que lo diga de sí el evangelista: Al que amaba Jesús. ¿Por qué ningún otro afirmó de sí cosa semejante, siendo así que todos eran amados de Jesús? Fue porque Juan era más amado que los otros. Y no es cosa de maravillar que sólo él y ningún otro afirme de sí tal cosa. Lo mismo hace Pablo en su oportunidad, cuando dice: Sé que esta persona hace catorce años, y pone ahí muchas otras alabanzas de sí mismo.

¿Te parece poco el fruto de que, en cuanto oyó (Mt. 4, 21): Sígueme, al punto abandonara las redes y a su padre y siguiera a Jesús, y que él con Pedro fuera llevado al monte de la transfiguración (Mt. 17, 1), y lo mismo cuando Jesús entró en la casa de Jairo (Lc. 8, 51)? Por otra parte, él mismo refirió la gran alabanza de Pedro y no la calló, cuando Jesús le dijo (Jn. 21, 15): ¡Pedro! ¿me amas más que éstos? Y en todas partes lo presenta fervoroso y encariñado con Cristo sinceramente. Así cuando Pedro preguntó a Cristo: Y éste ¿qué? lo hizo por el gran amor que le tenía. Por eso ningún otro lo afirmó de él; ni el mismo Juan lo habría aseverado de sí mismo, sino porque el pasaje lo pedía. Si después de decir que Pedro hizo señas a Juan para que preguntara al Maestro, nada más hubiera añadido, nos habría dejado dudosos y nos habría obligado a inquirir la causa de que Pedro recurriera a él. Pero la pone el mismo Juan diciendo: Se recostó sobre el pecho de Jesús. ¿Te parece haber aprendido poco con sólo oír que se recostó y que gozaba de tan singular confianza para con el Maestro? Pero, en fin, si preguntas el motivo, te diré que todo nació del amor. Y por eso añade: Al que amaba Jesús.

Pero yo creo que hubo además otro motivo, que fue para de este modo mostrarse ajeno a la traición. Por esto procede confiadamente. Si no ¿cuál es la razón de que en ninguna otra parte lo afirme, sino en ésta, cuando Pedro le hizo señas? Para que entiendas que Pedro no se lo insinuaba como a superior, declara Juan el motivo que fue el mucho amor que Jesús le tenía. Y ¿por qué se reclinó en el pecho de Cristo? Porque aún no lo tenían en mucho; aparte de que así suavizaba la tristeza de los otros; puesto que es natural que si en sus almas andaban turbados, mucho más se les notara en sus rostros. Los alivia de la tristeza Cristo a la vez con sus palabras y con la pregunta y los invita y les concede reclinarse en su pecho.

En cuanto a Juan, observa cuán lejos está de la vanagloria, pues ni siquiera pone su nombre, sino dice: Aquel a quien amaba Jesús. Así lo hizo también Pablo diciendo: Sé yo que un hombre, hace catorce años. Entonces por primera vez Jesús reprende al traidor, pero aún no pone su nombre. ¿Cómo lo hace? (Jn. 13, 26): Es aquel a quien yo daré el bocado que voy a mojar. Es un modo de represión, ya que Judas no había respetado ni la mesa sino que comía del mismo pan. Pase que no contuviera al traidor aquella mesa común; pero ¿a quién no habría conmovido el recibir de la mano misma del Señor aquel bocado de pan?

A Judas ciertamente no lo conmovió. Por lo cual (Jn. 13, 27): Entonces entró en él Satanás, burlándose de su impudencia. Mientras el traidor estaba en el grupo de los discípulos, Satanás no se atrevió a entrar en él, sino que desde fuera lo combatía. Pero una vez que Cristo lo descubrió y lo apartó, Satanás libremente entró en él. No convenía que siendo tal y no dando esperanzas de enmienda, permaneciera en el grupo. Por tal motivo Cristo lo echó fuera; y una vez separado Judas, lo arrastró Satanás; y el traidor, habiendo abandonado a los otros, se separó de ellos. Y era ya de noche. Le dice Jesús (Jn. 13, 28): Amigo, lo que has de hacer, hazlo presto. Pero ninguno de los comensales entendió por qué se lo decía. ¡Oh, qué falta de sentido! ¿Cómo no se doblegó ni se ruborizó, sino que se apartó con la mayor impudencia? La expresión: Hazlo pronto no es de quien ordena o aconseja, sino de quien reprueba y demuestra su anhelo de que Judas se arrepienta. Pero, pues estaba tan endurecido, Jesús lo despidió. Y dice el evangelista: Ninguno de los comensales entendió.

Gran dificultad podría moverse sobre este paso; o sea ¿cómo es que preguntando los discípulos quién era el traidor, responde Jesús: Aquel a quien yo diere el bocado que voy a mojar; y sin embargo ellos nada comprendieron? A no ser que lo haya dicho tan en secreto que nadie lo oyera. Porque Juan, recostado en su pecho, le preguntaba al oído, a fin de que el traidor no quedara descubierto, y Cristo de tal modo le haya respondido que no publicó quién era ése. Y aunque Jesús enfáticamente le haya dicho: ¡Amigo! lo que has de hacer hazlo pronto, ni aun así comprendieron los discípulos de qué se trataba.

Procedió así Jesús para demostrar ser verdadero lo que había dicho a los judíos acerca de su propia muerte (Jn. 10, 18): Tengo potestad para dar mi vida y tengo potestad para recobrarla de nuevo. Y también: Nadie me la quita. Mientras El quiso conservarla, nada pudo nadie contra El; pero cuando ya lo permitió entonces les fue fácil darle muerte. Todo esto es lo que daba a entender al traidor al decirle: Lo que has de hacer, hazlo pronto. Mas ni aun entonces lo dio a conocer. Por lo cual ninguno de los comensales supo de qué se trataba, ni conoció entonces al traidor. Pues quizá lo habrían hecho pedazos los otros; quizá Pedro le habría dado muerte. Por tal motivo ninguno de los comensales comprendió nada. Pero ¿tampoco Juan? Ni aun él, pues no creía que un discípulo se arrojara a tan grande maldad. Estando ellos lejos de tan grave crimen, nada podían sospechar de los otros. De modo que así como antes había dicho (Jn. 13, 18): Uno de vosotros, pero a nadie en particular había descubierto, así ahora se pensaron que trataría de otro.

Y era ya de noche. Mas ¿por qué, oh Juan, nos indicas el tiempo? Para que comprendas la petulancia del traidor, a quien no arredró en su apasionamiento ni la hora intempestiva. Pero ni aun esta circunstancia lo delató. De manera que los otros discípulos, frenados por el temor y miedo abundante, andaban turbados y no conocían el verdadero motivo de lo que a Judas se le decía. Sospechaban que sería: Para que diera algo a los menesterosos. Porque Jesús tenía gran cuidado de los pobres, para enseñarnos a proceder nosotros del mismo modo con mucho empeño. Preguntarás: ¿Cómo es que quien ordena no llevar ni árguenas ni dinero ni aun bastón, llevaba consigo bolsa para los pobres? Es para que aprendas que aun aquel que nada tenga y vaya cargado con su cruz, debe procurar con empeño ese ministerio. Pues muchas cosas las hacía para enseñanza nuestra. Creyeron, pues, los discípulos que a eso se refería Cristo: a que Judas repartiera algo a los pobres.

Nada conmovió al traidor, ni el que hasta última hora no quisiera Jesús descubrirlo y publicarlo. Lo mismo debemos hacer nosotros. No se han de publicar los pecados de los compañeros aun cuando sean incurables. Y así Jesús no le negó el beso cuando aquél se le acercó para entregarlo, y soportó crimen tan grande, y se apresuró a soportar otro mucho más temible como era la crucifixión y la muerte sobremanera ignominiosa, y aun en ésta demostró su benignidad. Y semejante crucifixión la llama gloria, haciendo ver que nada hay tan vergonzoso ni tan ignominioso que no nos torne más esclarecidos, si por Dios lo llevamos a cabo.

Una vez que salió Judas a traicionar, dijo Jesús: Ahora es glorificado el Hijo del hombre, levantando así el ánimo de los apóstoles y persuadiéndolos a no entristecerse, sino gozarse. Por lo cual, ya desde un principio había increpado a Pedro, puesto que es gloria grande el que alguien con su muerte venza a la muerte. Es lo que El había dicho de Sí mismo: Cuando yo fuere levantado, conoceréis que Yo soy; y también: Destruid este santuario; y además: No se le dará otra señal, sino la señal del profeta Jonás. Y ¿cómo no va a ser suprema gloria el poder mayores cosas después de la muerte que antes de morir? Porque los discípulos, para hacer creíble la resurrección, operaron mayores maravillas. Si no vivió, si no era Dios ¿cómo podían los discípulos haber hecho en su nombre milagros tan grandes?

(Jn. 13, 31) Ahora es glorificado el Hijo del Hombre y Dios es glorificado en El. ¿Qué significa: Dios lo glorificó en Sí mismo? Es decir por Sí mismo y no mediante otro. Y muy presto lo glorificará, o sea, juntamente con la cruz. Como si dijera (Jn. 8, 28; 2, 19): No después de mucho tiempo ni mucho después de la resurrección, lo tornará brillante; sino que al punto y en la cruz misma aparecerán cosas notables. En efecto, el sol se oscureció, las rocas se rompieron, el velo del templo se rasgó y resucitaron muchos que ya habían muerto. El sepulcro de Jesús estaba sellado. Junto a él estaban los guardias. Y estando así cerrado con la piedra, sin embargo el cuerpo resucitó; y cuarenta días después se les dio el Espíritu Santo a los discípulos, y desde luego todos lo predicaron. Esto significa (Jn. 13, 32): Lo glorificará en Sí mismo y al punto lo glorificará. No por medio de ángeles ni por otra Potestad alguna, sino por Sí mismo. ¿Cómo lo glorificó por Sí mismo? Haciendo todo a gloria de su Hijo. Pero ¿es el caso que todo lo hizo el Hijo? ¿Adviertes cómo todas las obras del Hijo son referidas al Padre?

(Jn. 13, 33) Hijitos míos: poco tiempo estaré ya con vosotros. Me buscaréis y no me encontraréis. Y como dije a los judíos: a donde Yo voy vosotros no podéis venir; lo mismo os digo a vosotros. Tras de la cena, comienza ahora la tristeza. Cuando Judas salió no era por la tarde, sino ya de noche. Convenía, pues, ahora hacerles todas las recomendaciones, para que las guardaran en la memoria, pues muy luego vendrían los que lo iban a prender. O por mejor decir, el Espíritu Santo les sugeriría entonces todo. Y es verosímil que muchas cosas las hayan olvidado, puesto que por primera vez las oían, y hubieron de sufrir luego pruebas tan numerosas.

En efecto, ¿cómo habrían podido retener exactamente todo en la memoria hombres que, como dice otro evangelista (Lc. 22, 45), cayeron en somnolencia a causa de la tristeza; y de quienes el mismo Cristo dice (Jn. 16, 6): Mas porque os he dicho estas cosas la tristeza ha llenado vuestro corazón? Pero entonces, ¿por qué se les decían? Porque de todos modos obtenían no pequeña ganancia espiritual, para gloria de Cristo, puesto que más tarde entenderían todo claramente, recordando que ya lo habían oído de Cristo.

¿Por qué comenzó por quitarles ánimos diciendo: Poco tiempo estaré ya con vosotros? A los judíos bien estaba decirles eso por ingratos; pero a nosotros ¿por qué nos mezclas con ellos? Respóndeles: De ninguna manera os mezclo. Entonces ¿por qué dice: Como dije a los judíos? Se lo trae a la memoria porque no lo decía a causa de los males presentes, sino que de mucho antes lo tenía previsto y ellos mismos eran testigos, pues lo habían oído cuando lo dijo a los judíos. De modo que no lo dice ahora para abatirlos, sino para consolarlos y para que los inesperados trabajos no los conturben.

A donde Yo voy no podéis venir vosotros. Les declara con esto que su muerte es un paso y tránsito a cosas mejores y a sitios que no admiten cuerpos corruptibles. También lo dice para excitarles el amor a su persona y hacerlos más ardorosos. Sabéis vosotros por experiencia que cuando vemos que algunos que nos son amadísimos se apartan, entonces nos sentimos más encendidos en su cariño; sobre todo si vemos que van a una región a donde nosotros no podemos ir. De modo que dijo eso Cristo tanto para ponerles temor a los judíos, como para inflamar en su amor a los discípulos. Como si les dijera: el sitio a donde voy es tal por su naturaleza que no sólo no pueden ir ellos, pero tampoco vosotros, aun siendo amicísimos míos. Por otra parte, con esto les declara su dignidad.

Y ahora os lo digo a vosotros. ¿Por qué ahora? Es decir, en un sentido lo dije a los judíos y en otro os lo digo ahora a vosotros; o sea, que no os mezclo con ellos. ¿Cuándo lo buscaron los judíos y cuándo los discípulos? Los discípulos cuando huyeron; los judíos cuando cayeron en tremendas desgracias nunca oídas, capturada ya su ciudad y rodeándoles por todas partes la ira de Dios. De modo que a los judíos lo decía entonces a causa de su incredulidad; pero ahora os lo digo a vosotros para que no deis en una desdicha inesperada.

(Jn. 13, 34) Un mandato nuevo os doy. Siendo verosímil que ellos, tras de oír esas cosas, se perturbaran, como si fueran a quedar del todo abandonados, los consuela y los fortifica para su seguridad con lo que es la raíz de todos los bienes, o sea la caridad. Como si les dijera: ¿Os doléis de que yo me vaya? Pues si os amáis los unos a los otros, seréis más fuertes aún. Pero ¿por qué no se lo dijo con esas palabras? Porque lo hizo diciéndoles otra cosa, que era con mucho más útil. En esto conocerán que sois mis discípulos. Les significa que su grupo jamás se disolvería, una vez que les había dado la contraseña para conocerse. Y lo dijo cuando ya el traidor se había apartado de ellos. ¿Por qué llama nuevo este mandamiento? Pues ya estaba en el Antiguo Testamento. Lo hizo nuevo por el modo como lo ordenó. Puesto que lo propuso diciendo: Tal como Yo os he amado. Yo no he pagado vuestra deuda por méritos anteriores que vosotros tuvierais, les dice; sino que Yo fui el que comenzó. Pues bien, del mismo modo conviene que vosotros hagáis beneficios a vuestros amigos, sin que ellos tengan deuda alguna con vosotros. Haciendo a un lado los milagros que obrarían, les pone como distintivo la caridad.

¿Por qué motivo? Porque ella es ante todo indicio y argumento de los santos, ya que ella constituye la señal de toda santidad. Por ella, sobre todo, alcanzamos la salvación. Como si les dijera (Jn. 13, 35): en ella consiste ser mi discípulo. Por ella os alabarán todos, cuando vean que imitáis mi caridad. Pero ¿acaso no son los milagros los que sobre todo distinguen al discípulo? De ningún modo: Muchos me dirán (Mt. 7, 22): ¡Señor! acaso no en tu nombre echamos los demonios? Y cuando los discípulos se alegraban de que hasta los demonios los obedecían, les dijo (Lc. 10, 20): No os gocéis de que los demonios se os sujetan, sino de que vuestros nombres están escritos en el cielo. Fue la caridad la que atrajo al orbe, pues los milagros ya antes se daban. Aunque sin éstos tampoco aquélla hubiera podido subsistir.

La caridad los hizo desde luego buenos y virtuosos y que tuvieran un solo corazón y una sola alma. Si hubiera habido disensiones entre ellos mismos, todo se habría arruinado. Y no dijo esto Jesús únicamente para ellos sino para todos los que después habían de creer. Y aun ahora nada escandaliza tanto a los infieles como la falta de caridad. Dirás que también nos arguyen porque ya no hay milagros. Pero no ponen en eso tanta fuerza. ¿En qué manifestaron su caridad los apóstoles? ¿No ves a Pedro y Juan que nunca se separan y cómo suben al templo

(Hch. 3, 1)? ¿No ves qué actitud observa Pablo para con ellos? ¿Y todavía dudas? Dotados estuvieron de otras virtudes, pero mucho más lo estuvieron de la que es madre de todos los bienes. Ella germina en toda alma virtuosa enseguida; pero en donde hay perversidad, al punto se marchita (Mt. 24, 12): Cuando abunde la maldad, se resfriará la caridad de muchos.

Ciertamente a los gentiles no los mueven tanto los milagros como la vida virtuosa. Y nada hace tan virtuosa la vida como la caridad. A los que hacen milagros con frecuencia se les tiene como engañadores; en cambio, nunca pueden reprender una vida virtuosa. Allá cuando la predicación aún no se había extendido tanto, con todo derecho los gentiles admiraban los milagros; pero ahora conviene que seamos admirables por nuestro modo de vivir. No hay cosa que más atraiga a los gentiles que la virtud; y nada los retrae tanto como la perversidad; y nada los escandaliza tanto, y con razón. Cuando vean a un avaro, a un ladrón que ordena lo contrario de la avaricia; y al que tiene por ley amar a sus enemigos, encarnizado como una fiera contra sus semejantes, llamarán vaciedades a tales preceptos. Cuando vean a uno lleno de terror por la muerte ¿cómo van a creer en la inmortalidad? Cuando vean a los ambiciosos y a los cautivos de otras enfermedades espirituales, más bien se aferrarán en sus propios pareceres y nos tendrán a nosotros en nada.

Nosotros, ¡sí, nosotros! tenemos la culpa de que ellos permanezcan en sus errores. Han repudiado ya sus dogmas; admiran ya los nuestros; pero los repele nuestro modo de vivir. Ser virtuoso de palabra es cosa fácil, pues muchos de ellos así lo practicaban; pero exigen además las obras buenas, como una demostración. Dirás: ¡que piensen en los que nos precedieron! No les darán fe, si observan a los que ahora vivimos. Nos dicen (St. 2, 18): muéstrame tu fe en las obras. Tales buenas obras por ninguna parte aparecen. Cuando nos ven destrozar a nuestros prójimos peor que si fuéramos bestias salvajes, nos llaman ruina del universo. Esto es lo que detiene a los gentiles para no pasarse a nosotros.

En consecuencia nosotros sufriremos el castigo no solamente porque obramos mal, sino además porque por ahí el nombre de Dios es blasfemado. ¿Hasta cuándo viviremos entregados al anhelo de dineros, de placeres y de otros vicios? Por fin abstengámonos de ellos. Oye lo que dice el profeta acerca de algunos insensatos (Is. 22, 31): Comamos y bebamos; mañana moriremos. Por lo que mira a los presentes, ni siquiera eso podemos asegurar: en tal forma muchos absorben los bienes de todos. Reprendiéndolos decía el profeta (Is. 5, 8): ¿Acaso habitaréis vosotros solos la tierra?

Por todo eso, temo que nos acontezca alguna desgracia y que atraigamos sobre nosotros alguna gran venganza de parte de Dios. Para que esto no suceda, ejercitemos toda clase de virtudes, de modo que así consigamos los bienes futuros, por gracia y benignidad del Señor nuestro Jesucristo, por el cual y con el cual sea la gloria al Padre juntamente con el Espíritu Santo, ahora y siempre y por los siglos de los siglos. Amén.

HOMILÍA LXXIII. Dícele Pedro: ¡Señor! ¿a dónde vas? Le responde Jesús: A donde Yo voy tú no puedes ahora seguirme. Pero me seguirás más tarde. (*Jn 13, 36-14,7*)

Gran cosa es la caridad y más vehemente que el fuego, y tal que levanta hasta los cielos. No hay obstáculo que pueda impedir su ímpetu. Por esto el fervorosísimo Pedro, en cuanto oyó a Jesús, que decía: A donde Yo voy vosotros no podéis venir, ¿qué dice?: ¡Señor! ¿a dónde vas? Lo decía no tanto por el deseo de saber cuanto por el de seguir a Jesús. No se atrevió a decir: Yo sí voy. Sino que preguntó: ¿A dónde vas? Cristo responde no a sus palabras, sino al anhelo que Pedro sentía, como se ve por las expresiones mismas. ¿Qué le responde?: A donde Yo voy tú no puedes seguirme ahora. ¿Adviertes cómo anhelaba seguir a Cristo y que ese era el motivo de preguntar? Cuando oyó: Me seguirás más tarde, no reprimió su anhelo, a pesar de haber oído que era necesario esperar, sino que llegó hasta preguntar (Jn. 13, 37): ¿Por qué no te puedo seguir ahora? Yo doy mi vida por Ti. Habiendo ya echado de sí el temor de la traición y siendo contado entre los fieles, mientras todos callan él pregunta confiadamente. Pero ¿qué es lo que dices, oh Pedro? ¿Cristo te dice: No puedes y tú dices: Sí puedo? Aprenderás por la experiencia que tu caridad nada es sin la gracia de arriba.

Por aquí se ve que Jesús permitió la caída de Pedro para utilidad del mismo Pedro. Quería Cristo con aquellas palabras enseñarlo. Mas como Pedro persevera en su vehemencia, Cristo no lo empujó ni lo precipitó a las negaciones, sino solamente lo abandonó, para que reconociera su debilidad. Cuando Cristo dijo que sería entregado a los gentiles, Pedro le respondió (Mt. 16, 22): ¿No lo quiera el cielo! ¡Eso no será jamás! Fue corregido, pero no se enmendó. Y cuando Jesús quiso lavarle los pies, Pedro le dijo (Jn. 13, 8): No me lavarás los pies para siempre jamás. Oyendo aquí: No puedes ahora seguirme, responde: Aunque todos te negaran yo no te negaré. Viendo, pues, cómo se derrumbaba al abismo de la arrogancia pensando siempre en contradecir, finalmente Jesús lo amonesta, a fin de que ya no contradiga.

Dejando entender esto Lucas afirma que Jesús le dijo (Lc. 22, 32): Pero yo he rogado por ti para que tu fe no desfallezca,- es decir, para que no perezcas total y finalmente. Le enseñaba en todo la humildad y convencía a la humana naturaleza de que sin ella nada es ni puede. Como era la vehemencia del amor la que hacía que Pedro estuviera preparado a contradecir, lo amonesta Jesús para que sea prudente; y con el objeto de que no cayera en el mismo defecto cuando tuviera a su cargo el gobierno del orbe entero, sino que, con el recuerdo de lo que le había acontecido, tuviera más conocimiento propio.

Advierte cuán grave fue la caída. Porque no una ni dos veces cayó, sino que llegó hasta proferir en breve tiempo tres veces su negación. Todo para que aprendiera que no amaba él tanto como era amado de Jesús. Pues a Pedro, que así había caído, le pregunta después Jesús: ¿Me amas más que éstos? De modo que no cayó porque fuera frío en el amor, sino porque quedó destituido del auxilio de lo alto. Cristo acepta el cariño de Pedro, pero corta el espíritu de contradicción que de ahí le necia. Si amas, debes obedecer al amado. Ya este te dijo a ti y a tus compañeros: No puedes. ¿Por qué contradices? ¿No comprendes lo que es que Dios niegue algo? Puesto que no quieres aprenderlo en el caso actual, que no es posible lo que Yo digo que se hará, lo aprenderás en la negación, aun cuando esto te haya parecido inmensamente increíble. Tú no lo sabías. Es decir, en tu alma tenías la persuasión y conocimiento de ello. Y sin embargo, sucedió lo que no esperabas.

Yo daré mi vida por Ti. Como anteriormente había oído decir a Jesús que nadie tiene caridad mayor que la de dar la vida por sus amigos, saltó al punto, pues su anhelo era insaciable y quería llegar hasta el extremo. Por su parte Cristo, para demostrarle que a sólo El toca afirmar autoritativamente cesas semejantes, le dice (Jn. 13, 39): Antes de que el gallo cante, es decir, hoy mismo. No estaba ya lejos el día, pues Jesús les hablaba avanzada ya la noche y habían transcurrido la primera y la segunda vigilia.

(Jn. 14, 1) No se conturbe vuestro corazón. Lo dice por ser verosímil que los discípulos oyendo lo anterior se angustiaran. Si el jefe de ellos acababa de oír que antes del tercer canto del gallo negaría a Jesús, era posible que también ellos tuvieran que sufrir alguna muy grave desgracia, tal que podría llegar hasta a quebrantar voluntades diamantinas. Así pues, siendo natural que pensando ellos en esto se atemorizaran, advierte cómo Jesús los consuela: No se conturbe vuestro corazón. En primer lugar les demuestra el poder de su divinidad, pues sabe y públicamente declara qué es lo que ellos piensan.

Creéis en Dios, creed también en Mí. Como si les dijera: todos los trabajos pasarán, pues la fe en Mí y en mi Padre es más fuerte que todos los trabajos y no dejará que los males os aplasten. Luego añade (Jn. 14, 2): En la casa de mi Padre hay muchas moradas. Así como consoló a Pedro entristecido diciéndole: Me seguirás más tarde, así ahora a todos les sugiere la misma esperanza. Y para que no creyeran que la promesa se refería a solo Pedro, les dice a todos: En la casa de mi Padre hay muchas moradas. De no ser así ¿os habría dicho que voy a prepararos el lugar? Quiere decir que les espera el mismo sitio que a Pedro. Porque hay allá cantidad grande de mansiones y no puede afirmarse que ese sitio esté falto de aparejo. Y pues dijo: No podéis seguirme ahora, para que no se creyeran excluidos, añadió (Jn. 14, 3): Para que donde Yo estoy estéis también vosotros. Tan gran cuidado tengo de esto que ya lo habría realizado si no os estuviera desde antiguo preparado. Con esto les declaraba que debían tener plena confianza.

Y para que no pensaran que lo decía simplemente por atraerlos y adularlos, sino que se persuadieran de la realidad de esas cosas, añade (Jn. 14, 4): Ya conocéis el camino del sitio a donde voy. Advierte cómo les manifiesta que lo dicho no fue una cosa en vano. Lo dijo además porque él conocía que ellos anhelaban saberlo. Pedro en lo que antes dijo no pensaba en saber sino en seguir a Jesús. Pero fue reprendido. Entre tanto Cristo mostró que lo que parecía imposible era posible; y como tenía apariencias de imposible, les puso ansias de saber qué era aquello. Por tal motivo les dice: Ya sabéis el camino.

Y así como cuando dijo a Pedro: Me negarás, antes de que nadie hubiera hablado de eso, como quien conoce los corazones y los escruta, añadió en seguida: No os conturbéis, así ahora, con decirles: Sabéis, descubrió el anhelo que ellos sentían en sus corazones y les dio ocasión para preguntar. La expresión: ¿A dónde vas? la profirieron Pedro por la fuerza de su amor; Tomás por la del temor. ¡Señor! No sabemos a dónde vas (Jn. 14, 5); es decir, no sabemos a qué sitio. ¿Cómo podemos saber el camino? Advierte con cuánta reverencia le pregunta. No le dice: Dinos el sitio, sino: No sabemos a dónde vas. Era una cosa que ya todos anhelaban saber. Si los judíos cuando les dijo eso mismo quedaron suspensos, aun cuando mucho deseaban que se fuera, con mayor razón deseaban saber a dónde se iba los que nunca querían separarse de El. Temían preguntarle; y sin embargo le preguntan empujados por el cariño y la ansiedad.

Y ¿qué les dice Cristo? (Jn. 14, 6): Yo soy el camino, la verdad y la vida. Nadie va al Padre sino por Mí. ¿Por qué cuando Pedro le preguntaba no le dio al punto la respuesta diciéndole: Yo voy al Padre, pero vosotros no podéis ahora venir; sino que usó de tan gran rodeo de palabras, preguntas y respuestas? A los judíos con razón no les respondió; pero a los apóstoles ¿por qué no? A los apóstoles y a los judíos les había dicho que El había salido de Dios y volvía a Dios. Ahora lo dice con mayor claridad que antes. A los judíos no se lo dijo con tanta claridad. Pues si les hubiera dicho: No podéis venir al Padre sino por mí, habrían pensado que lo decía por soberbia; mientras que callándolo los dejó en duda.

Preguntarás: ¿Por qué a los discípulos y a Pedro les habló antes así oscuramente? Conocía tener Pedro un ánimo ardiente e inclinado a preguntar e insistir. Entonces, para evitarle preguntas, le habla oscuramente. Mas una vez que logró lo que pretendía, mediante lo oscuro del lenguaje, ahora al fin lo revela. Después de decir: A donde Yo voy no podéis venir vosotros, y también: En la casa de mi Padre hay muchas mansiones, ahora les dice: Nadie va al Padre sino por Mí. No les quiso decir esto desde el principio para no causarles mayor tristeza. Lo dice después de haberlos consolado. Con la reprensión hecha a Pedro, les quitó mucho del decaimiento, pero quedaron con el temor de que a ellos se les dijera lo mismo: y con más esto y más se contenían.

Yo soy el camino. Esto es la explicación de la frase anterior: Nadie va sino por Mí. Y la verdad y la vida. Significa que eso sucederá sin falta. Como si dijera: Siendo Yo la Verdad, ninguna falsedad saldrá de Mí. Siendo Yo además la Vida, ni aun la muerte puede impediros que entréis al Padre. O de otro modo: siendo Yo el Camino, no necesitáis de guía; siendo Yo la Verdad, no digo mentira; siendo yo la Vida, aun cuando muráis conseguiréis las promesas. Lo que les decía del camino lo comprendieron y confesaron; lo demás lo ignoraban, pero no se atrevían a preguntarle. Sin embargo, con lo del cansancio quedaron ya muy consolados. Como si les dijera: Estando en mi mano llevar al Padre, sin duda llegaréis a El. Puesto que por otro camino no se puede llegar. Habiendo dicho antes: Nadie puede venir a Mí si mi Padre: no lo atrae; y también: Yo si fuere levantado de la tierra traeré a Mí todas las cosas;-y ahora finalmente: Nadie puede ir al Padre sino por Mí, declararse igual al Padre.

Pero ¿cómo es que habiendo dicho: Sabéis a donde voy v conocéis el camino, dice ahora (Jn. 14, 7): Si me conocéis a Mí habréis conocido también a mi Padre. Ya ahora lo conocéis. Ya lo habéis visto. No se contradice. Conocían a Jesús ciertamente, pero no como era necesario que lo conocieran. Conocían a Dios, pero aún no conocían al Padre. Fue el Espíritu Santo el que viniendo después, les dio el conocimiento completo. Quiere decir: Si conocierais mi substancia y alteza, también conoceríais la del Padre.

Y ya lo conoceréis ahora y ya lo habéis visto. Dice lo primero de futuro; lo segundo, de presente. Es decir, por Mí. Llama visión al conocimiento intelectual; pues a los que vemos podemos verlos sin conocerlos; pero a los que conocemos podemos a la vez conocerlos e ignorarlos. Por lo cual dice: Y ya lo habéis visto. Como si les dijera (1Tm. 3, 16): Lo habéis visto como los ángeles ven, sus mensajeros. Su substancia no fue vista, y sin embargo, dice Jesús que fue vista: es decir, en la forma en que ellos podían verla. Habla así para que comprendas que quien a El ha conocido también ha conocido al Engendrador de El.

Veían ellos al Hijo, pero no en su propia substancia, sino revestido de carne. También en otra parte al conocimiento lo llama visión, como cuando dice (Mt. 5, 8): Bienaventurados los limpios de corazón porque ellos verán a Dios. Y los llama limpios no únicamente de fornicación sino de todo pecado, pues todo pecado mancha el alma.

Pongamos, pues, todos los medios para limpiar nuestras manchas. Las lava en primer lugar el bautismo; pero además hay muchos otros medios. Pues siendo Dios clemente, como lo es, nos abrió otras sendas para purificarnos; y de entre ellas la primera es la limosna. Por la fe y la limosna se limpian los pecados, dice la Escritura (Si. 3, 30). Pero yo me refiero a limosnas que no provengan de riquezas injustamente adquiridas; pues eso no sería limosna, sino cruel inhumanidad. Porque ¿qué utilidad puede haber en despojar a uno para vestir a otro?

Es necesario comenzar por la misericordia; de lo contrario cometemos crueldades. Aun cuando repartamos todo lo ajeno, de ello no se nos sigue ganancia alguna, como lo puso en claro Zaqueo (Lc. 19, 8), quien dice que aplacará a Dios dando el cuádruplo de lo que hubiere robado. Nosotros, en cambio, que mucho quitamos y poco damos, creemos agradar a Dios sin caer en la cuenta de que más bien lo estamos irritando. Dime: si tú llevaras al altar un sacrificio de un asno ya muerto y mal oliente ¿acaso no te lapidarían todos como a execrable e impío? Pues bien: ¿qué dirás si te demuestro que el sacrificio hecho de cosas robadas es más execrable aún? ¿qué defensa puedes tener? Supongamos un precioso regalo, pero hecho de lo robado. ¿No hiede acaso más que un asno muerto? ¿Quieres saber cuán grave sea el hedor del pecado? Oye al profeta que dice (Sal. 38, 5): Mis llagas son hedor y putridez. Tú suplicas a Dios que eche en olvido tus crímenes al mismo tiempo que con tus fraudes y rapiñas haces que continuamente los recuerde, pues le pones en el altar tu pecado.

Pero el pecado no es eso sólo, sino algo más grave, pues manchas con él las almas de los santos. El altar piedra es y se santifica; pero esas almas continuamente llevan en sí a Cristo. Y tú ¿te atreves a ofrecer en ellas oblaciones impuras? Responderás: ¡De ningún modo! Porque yo no ofrezco esa clase de dineros, sino otra. Respuesta ridícula y nugatoria. ¿Ignoras que si en la multitud de dineros cae una sola gota de injusticia a todos los mancha? Es como si alguien en una limpia fuente arroja un puñado de lodo, que vuelve inmunda toda el agua. Del mismo modo, si la rapiña entra en las riquezas, todo lo llena de hediondez.

Pero ¿qué es esto? Para entrar en la iglesia nos lavamos las manos ¿y no lavamos nuestro corazón? ¿Acaso las manos emiten palabras? Es el alma la que habla y a ella mira Dios. Si ella está manchada, de nada sirve la limpieza corporal. ¿Qué utilidad hay en que purifiques exteriormente tus manos, pero interiormente las tengas impuras? Esto es cosa grave. Esto lo echa todo a perder: que cuidamos aun con temor de cosas de nada, mientras que despreciamos las más importantes. Es cosa indiferente orar sin lavarse las manos; pero orar con la conciencia no purificada es el peor mal de todos. Oye lo que a los judíos, cuidadosos de semejante limpieza exterior, se les dijo (Jr. 4, 14): Lava de malicia tu corazón. ¿Hasta cuándo andarás ocupado en pensar en tus trabajos? ¡Ea! ¡Purifiquémonos también nosotros, no con lodo sino con agua cristalina! ¡Con la limosna y no con la avaricia! Antes abstente de la avaricia, y luego procede a hacer limosna (Sal. 37, 27). Apartémonos del mal y hagamos lo bueno.

Reprime tus manos de la rapiña y después extiéndelas para hacer limosna. Pero si con las mismas manos despojamos a unos y a otros hacemos limosnas de lo que hemos robado, no evitaremos por aquí los castigos. Pues por semejantes caminos la materia de propiciación es a la vez materia de crimen. Mejor es en absoluto no compadecerse que compadecerse de ese modo. También a Caín le hubiera sido mucho más provechoso no ofrecer ningún sacrificio. Pero si irritó a Dios fue porque ofrecía lo peor de sus haberes. Pues ¿cómo no lo irritará quien ofrece lo ajeno? Le dirá el Señor: Yo te ordené que no robes; y tú ¿vienes a honrarme con lo que robaste? ¿en qué piensas? ¿crees que en eso me deleito? Te dirá lo del profeta (Sal. 50, 21): ¿Has pensado, inicuo, que yo soy como tú? ¡Te argüiré y te pondré delante como acusación tus pecados! Lejos de nosotros que alguno vaya a oír semejante sentencia. Al revés. Ojalá que todos, tras de haber repartido limosnas de limpio origen, entremos al tálamo del Esposo con nuestras lámparas brillantes, por gracia y benignidad del Señor nuestro Jesucristo, al cual sea la gloria por los siglos de los siglos. Amén.

HOMILÍA LXXIV. Dícele Felipe: Señor, muéstranos al Padre, y eso nos basta. Le dice Jesús: Felipe: hace tanto tiempo que estoy con vosotros ¿y no me has conocido? El que me ha visto a Mí también ha visto al Padre (*Jn 14,8-9*)

Decía el profeta a los judíos (Jr. 3, 3): Tú tenías rostro de mujer descarada, puesto que tratas con todos en forma impudente. Por lo visto, tal cosa puede con todo derecho decirse no sólo de aquella ciudad, sino de todos cuantos impudentemente se oponen a la verdad. Como Felipe dijera: Muéstranos al Padre, Cristo le responde: Felipe: ¿tanto tiempo hace que estoy con vosotros y no me has conocido? Y a pesar de todo, los hay que tras de semejantes expresiones todavía separan las substancias del Padre y del Hijo; y eso que no podrás encontrar vecindad más apretada. No faltaron herejes que por ellas fueron a dar al error de Sabelio.

Por nuestra parte, dejando a un lado a unos y a otros, como opuestos impíamente a la verdad, examinamos el exacto sentido de las palabras. Felipe: hace tanto tiempo que estoy con vosotros, ¿y no me conoces? Pero ¿qué es esto? ¿Acaso eres tú el Padre por el cual yo pregunto? Responde Cristo: ¡No! Por eso no dijo: No lo has conocido; sino: No me has conocido, queriendo declarar tan sólo que no es el Hijo otra cosa sino lo que es el Padre, pero permaneciendo Hijo. ¿Por qué se atrevió Felipe a semejante pregunta? Había dicho Cristo (Jn. 14, 7): Si me conocéis a Mí, también habéis conocido al Padre. Y lo mismo había dicho varias veces a los judíos. Ahora bien, pues así los judíos como Pedro con frecuencia habían preguntado a Jesús quién era el Padre, y lo mismo había hecho Tomás, pero ninguno había recibido una respuesta clara, sino que aún ignoraban quién era, Felipe, para no parecer molesto, ni molestar a Jesús tratándolo a la manera de los judíos, en cuanto dijo: Muéstranos al Padre, añadió enseguida: Y eso nos basta. Ya no preguntamos más.

Cristo había dicho: Si me conocéis a Mí también habéis conocido a mi Padre, de modo que El por Sí mismo manifestaba al Padre. Pero Felipe invirtió el orden diciendo: Muéstranos al Padre, como si ya conociera a Cristo exactamente. Cristo no accedió, sino que lo volvió al camino, persuadiéndolo a conocer al Padre por el mismo Jesús. Felipe quería verlo con los ojos corporales, tal vez porque sabía que los profetas habían visto a Dios. Pero, oh Felipe, advierte que eso se ha dicho hablando al modo humano y craso. Por eso decía Cristo (Jn. 1, 18): A Dios nadie lo vio jamás y también (Jn. 6, 45): Todo el que oye el mensaje del Padre, viene a mí. Y luego (Jn. 5, 37): Vosotros jamás habéis oído mi voz, ni jamás habéis visto mi rostro. Y en el Antiguo Testamento (Ex. 33, 20): Nadie puede ver mi rostro y seguir viviendo. ¿Qué le responde Cristo?: Felipe: ¿tanto tiempo hace que estoy con vosotros y no me has conocido? No le dice: Y no me has visto, sino: No me has conocido. Pero, Señor: ¿es acaso a Ti a quien quiero conocer? Yo quiero ahora conocer a tu Padre y Tú me dices: no me has conocido? ¡No hay lógica en esto! Y sin embargo la hay y muy exacta. Puesto que el Hijo es una misma, cosa con el Padre, aunque permaneciendo Hijo, lógicamente Jesús manifiesta en Sí al Padre. Pero enseguida, distinguiendo las Personas, dice: El que me ha visto a Mí también ha visto al Padre, para que nadie diga que una misma Persona es Padre y es Hijo. Si el Hijo fuera al mismo tiempo Padre, no diría: Quien a Mí me ve también a El lo ve.

Mas ¿por qué no le dijo: Pides un imposible para quien es puro hombre? ¡Eso sólo a Mí me es posible! Como Felipe había dicho: Eso nos basta, como si ya lo viera, Cristo le declara que ni a El mismo lo ha conocido; pues si hubiera podido conocer a Cristo habría conocido al Padre ya. De otro modo: Ni a Mí ni al Padre puede alguno conocernos. Felipe buscaba el conocimiento mediante la vista; y como pensaba que ya conocía a Cristo, quería ver del mismo modo al Padre. Cristo le declara que ni a El mismo lo conoce.

Si alguien en estas palabras quiere entender por conocimiento la visión, no lo contradiré. Pues dice Cristo: El que me conoce, conoce también al Padre. Pero no es eso lo que quiere significar Cristo, sino demostrar su consubstancialidad con el Padre. Como si dijera: El que conozca la substancia mía, conoce por lo mismo al Padre. Instarás: pero ¿qué solución es ésa? También el que ve las creaturas conoce a Dios. Sin embargo, todos ven las creaturas y las conocen, pero a Dios no.

Investiguemos qué es lo que Felipe anhela ver. ¿Es acaso la sabiduría del Padre o su bondad? ¡De ninguna manera! Sino qué cosa es Dios en su misma substancia. A esto responde Cristo: El que me ve a Mí. Quien ve las creaturas no ve la substancia de Dios. Cristo dice: El que me ve ha visto al Padre. Si El fuera de otra substancia no lo habría aseverado.

Para usar de un lenguaje más craso, nadie que no conozca el oro puede ver en la plata la substancia del oro, puesto que es imposible conocer una naturaleza en otra distinta. De modo que con razón Cristo increpó a Felipe y le dijo: Tanto tiempo he estado con vosotros. Como si le dijera: Tantas enseñanzas has recibido, tantos milagros has visto realizados por mi autoridad propia, cosas todas privativas de la divinidad y que solamente el Padre hace, como la remisión de los pecados, la revelación de lo íntimo y secreto, las resurrecciones, la creación de los miembros hecha mediante un poco de lodo ¿y no me has conocido?

Como estaba Cristo vestido de nuestra carne, dice: No me has conocido. ¿Has visto al Padre? No busques más. En Mí lo has visto. Si me has visto ya no investigues más con vana curiosidad: en Mi mismo lo has visto. ¿No crees que yo estoy en el Padre? (Jn. 14, 10) Es decir: ¿que yo me presento en su misma substancia? Las cosas que Yo os manifiesto no son invención mía. ¿Adviertes la suma vecindad y cómo son una misma y única substancia? El Padre que mora en mí El mismo realiza las obras. Mira cómo pasa a las obras habiendo comenzado por las palabras. Lógicamente debió decir: El es quien pronuncia las palabras; pero es que toca aquí dos cosas: la doctrina y los milagros; o también quiere decir que las palabras mismas ya son obras.

Mas ¿cómo hace el Padre esas obras? Porque en otro lugar dice Cristo (Jn. 10, 37): Si no hago las obras de mi Padre, no me creáis. ¿Por qué aquí dice que es el Padre quien las hace? Es para indicar con esto que no hay intermedio entre el Padre y el Hijo.

Es decir: No procede el Padre de un modo y Yo de otro; puesto que en otra parte asevera (Jn. 5, 17): Mi Padre en todo momento trabaja y Yo también trabajo. En ese pasaje indica no haber ninguna diferencia, y aquí declara de nuevo lo mismo.

No te extrañes de que las palabras a primera vista parezcan algo rudas. Pues las dijo después de haber dicho a Felipe: ¿No crees? dando a entender que en tal forma atemperaba sus expresiones que arrastraran a Felipe a la fe. Conocía los corazones de sus discípulos. ¿Creéis que Yo estoy en el Padre y el Padre está en Mí (Jn. 14, 11)? Convenía que vosotros, en oyendo Padre e Hijo, no preguntarais más, para confesar enseguida ser ambos una sola y la misma substancia. Pero si eso no os basta para demostrar la igualdad de honor y la consubstancialidad, aprendedlo recurriendo a las obras. Aquello de: Quien me ha visto también ha visto a mi Padre, si se hubiera referido a las obras, no habría añadido ahora: A lo menos por las obras creedme.

Luego, declarando que puede no únicamente estas obras, sino otras mucho mayores que éstas, lo hace mediante una hipérbole. Porque no dice: Puedo hacer obras mayores que éstas, sino lo que es mucho más admirable: Puedo comunicar a otros el poder de hacer obras superiores a éstas (Jn. 14, 12): En verdad, en verdad os digo: El que cree en Mí hará también las obras que Yo hago; y aún mayores que éstas, porque Yo voy al Padre. Quiere decir: En vuestras manos estará en adelante hacer milagros, porque Yo ya me voy.

Una vez que hubo conseguido con su discurso lo que intentaba, dice (Jn. 14, 13): Y todo cuando pidiereis en mi nombre lo haré, para que sea glorificado el Padre en el Hijo. ¿Adviertes cómo de nuevo El es el que obra? Pues dice: Lo haré. Y no dijo: Rogaré a mi Padre, sino: Para que sea glorificado el Padre en Mí. En otra parte decía (Jn. 13, 32): Dios lo glorificará en Sí mismo. En cambio aquí dice: El glorificará al Padre. Porque así, cuando se vea que el Hijo puede grandes obras, el Engendrador será glorificado. ¿Qué significa: En mi nombre? Lo que luego los apóstoles decían (Hch. 3, 6): En nombre de Jesucristo, levántate y camina. Pues todos los milagros que ellos obraban era El quien los hacía; y la mano del Señor estaba con ellos (Hch. 11, 21). Porque dice (Jn. 14, 14): Lo haré.

¿Adviertes el poder absoluto? Los milagros que mediante otros se verifican, El los hace; ¿y no podrá hacer los que El mismo obra si no es dándole poder el Padre? ¿Quién podría afirmar tal cosa? Mas ¿por qué añade esto? Para confirmar sus palabras y manifestar que las anteriores las dijo atemperándose. Lo que sigue: Voy al Padre, significa: No perezco, en mi propia dignidad permanezco; estoy en los Cielos. Todo esto lo decía para consolarlos. Como era verosímil que sintieran en su ánimo alguna tristeza, pues no tenían aún una noción justa de la resurrección, con variadas palabras les promete que ellos comunicarán a otros esas mismas cosas y continuamente cuida de ellos y les declara que El permanecerá siempre; y no sólo que permanecerá, sino que incluso demostrará un poder aún mayor.

En consecuencia, vayamos en pos de El y tomemos nuestra cruz. Pues aun cuando ahora no amenaza ninguna persecución, pero es tiempo de otro género de muerte. Porque dice Pablo (Col. 3, 5): Mortificad vuestros miembros, que son vuestra porción terrenal Apaguemos la concupiscencia, reprimamos la ira, quitemos la envidia. Este es un sacrificio en víctima viva (Rm. 12, 1); sacrificio que no acaba en ceniza, ni se expande como el humo, ni necesita leña ni fuego ni espada. Porque tiene en sí el fuego y la espada, que es el Espíritu Santo. Usa de este cuchillo y circuncida todo lo inútil, todo lo extraño de tu corazón. Abre tus oídos que estaban cerrados. Porque las enfermedades espirituales y las perversas pasiones suelen cerrar las puertas de los oídos. El ansia de riquezas no permite oír las palabras de la limosna. La envidia, si se echa encima, aparta las enseñanzas acerca de la caridad; y cualquier otra enfermedad de ésas torna al alma perezosa para todo. Quitemos, pues, esas malas pasiones. Basta con quererlo y todas se apagan. No nos fijemos, os ruego, en que el anhelo de riquezas es una tiranía. La tiranía verdadera la constituye nuestra apatía y pereza. Muchos hay que aseveran no saber qué cosa es la plata, puesto que semejante codicia no es innata y connatural. Las inclinaciones naturales se nos infunden desde el principio. En cambio, durante mucho tiempo se ignoró lo que fueran el oro y la plata.

Entonces ¿de dónde vino semejante codicia? De la vanagloria y de la extrema indolencia. Porque de las pasiones, hay unas que son necesarias, otras connaturales, otras que no son ni lo uno ni lo otro. Por ejemplo: las que si no se satisfacen perece la vida, son necesarias y connaturales, como la del alimento, la bebida y el sueño. En cambio, el amor sensual de los cuerpos se dice connatural, pero no es necesario, puesto que muchos lo han superado y no han perecido. Por lo que mira a la codicia del dinero, ni es connatural ni necesaria, sino adventicia y superflua.

Si queremos no nos dominará. Hablando Cristo acerca de la virginidad, dice (Mt. 19, 12): El que pueda entender que entienda. Pero acerca de las riquezas no se expresa lo mismo, sino que dice (Lc. 14, 33): El que no renunciare a todo lo que posee no es digno de mí. Cristo exhorta a lo que es fácil; pero en lo que supera las fuerzas de muchos lo deja a nuestro arbitrio. Entonces ¿por qué nos privamos de toda defensa? El esclavo de pasiones vehementes no sufrirá tan graves castigos; pero el que se hace esclavo de pasiones débiles, queda sin más posible defensa.

¿Qué responderemos al Juez cuando nos diga (Mt. 25, 42): Me viste hambriento y no me diste de comer? ¿Qué excusa tendremos? ¿Objetaremos nuestra pobreza? Pero no somos más pobres que la viuda aquella que venció en generosidad a todos con los dos óbolos que dio de limosna. Dios no exige en los dones la magnitud, sino el fervor de la voluntad; lo cual forma parte de su providencia. Admiremos su bondad y ofrezcamos, en consecuencia, lo que nos sea posible. Así, tras de alcanzar grande clemencia de parte de Dios, así en esta vida como en la futura, podemos disfrutar de los bienes prometidos, por gracia y benignidad de nuestro Señor Jesucristo, al cual sea la gloria por los siglos de los siglos. Amén.

HOMILÍA LXXV. Si me amáis guardaréis mis mandamientos. Y Yo rogaré al Padre y Él os dará otro Paráclito, que estará siempre con vosotros: el Espíritu de verdad que el mundo no puede recibir porque no lo ve ni lo conoce. (*Jn 14,15-30*)

Perennemente necesitamos de las obras y no de la ostentación de las palabras. A cualquiera le es fácil hablar y prometer, pero no lo es igualmente el obrar. ¿Por qué me expreso así? Porque hay actualmente muchos que dicen amar y temer a Dios; pero Dios quiere ser amado por las obras. Por esto dijo a sus discípulos: Si me amáis guardaréis mis mandamientos. Como había dicho: Cuanto pidiereis Yo lo haré, para que no creyeran que bastaba con solo pedir, añadió: Si me amáis entonces lo haré. Y como era verosímil que al oírlo decir: Voy a mi Padre, se hubieran conturbado, les advierte: no es amar eso de conturbaros ahora, sino el poner por obra lo que os he dicho.

Yo rogaré a mi Padre y Él os dará otro Paráclito. Palabras son éstas propias de quien se humilla. Suponiendo que, pues aún no lo conocían exactamente, habrían de echar de menos su compañía estando El ausente, y sus palabras y su presencia corporal, y no tendrían ninguna consolación, ¿qué les dice?: Yo rogaré al Padre y El os dará otro Paráclito; es decir, otro como Yo. Avergüéncense los que padecen la enfermedad de terror de Sabelio y no sienten correctamente acerca del Espíritu Santo. Es cosa de maravillar cómo en este discurso el Señor de un golpe echa por tierra todas las herejías opuestas al dogma. Cuando dice Cristo otro, indica la distinción de persona; y cuando dice Paráclito, indica la consubstancialidad.

Mas ¿por qué dice: Yo rogaré al Padre? Porque si hubiera dicho: Yo lo enviaré, no le habrían dado tanto crédito. Pero ahora su empeño es que ellos crean en el Espíritu Santo. Les asegura que después se lo enviará. Recibid el Espíritu Santo (Jn. 20, 22) Aquí dice que rogará al Padre, con el objeto de que ellos creyeran y confiaran en sus palabras. Juan, refiriéndose al Espíritu Santo que Cristo enviaría, dice de Jesús (Jn. 1, 16): De cuya plenitud todos recibimos. Ahora bien: lo que ya de suyo tenía Cristo ¿cómo lo iba a recibir de otro? Dice el Bautista (Lc. 3, 16): El os bautizará en el Espíritu Santo y en fuego. Por otra parte, ¿qué habría tenido de más que los apóstoles si hubiera necesitado suplicar al Padre que diera el Espíritu Santo a otros, cuando los apóstoles con frecuencia aparecen obrando lo mismo sin ruegos previos? Además, si mediante las preces es como el Espíritu Santo es enviado por el Padre, ¿cómo es que El de por sí vuela y se posa? ¿Cómo es enviado por otro el que está presente en todas partes? ¿El que da sus dones a cada uno según quiere (1Co. 12, 11)? ¿El que autoritativamente dice (Hch. 13, 2): Separadme a Pablo y Bernabé?

Pablo y Bernabé ya se ocupaban en el ministerio de Dios; y sin embargo, con propia autoridad el Espíritu Santo los llama a una empresa suya, no para encargarles una obra distinta de las que ya ejercitaban, sino para demostrar El su autoridad. Preguntarás: entonces ¿qué significa: Yo rogaré al Padre? Es para indicarles que ya ha llegado el tiempo de la venida del Espíritu Santo. Pues una vez que el sacrificio de la cruz los purificó, vino a ellos el Espíritu Santo. ¿Por qué no vino mientras con ellos estaba Jesús? Porque aún no se había consumado el sacrificio. Pero una vez borrado el pecado, y lanzados ellos a los peligros y estando preparándose para la batalla, fue conveniente enviarles quien los ungiera para el certamen.

¿Por qué no vino el Espíritu Santo inmediatamente después de la resurrección? Para que inflamados ellos con mayores deseos, lo recibieran con más agradecimiento. Pues mientras estaba Cristo con ellos no sentían aflicción; pero una vez que se apartó, despojados de su presencia y puestos en graves temores, recibiéronlo con gran anhelo. El se queda con vosotros. Es decir que no se os apartará ni aun después de la muerte. Y para que al oír hablar del Paráclito no pensaran en una nueva encarnación, ni esperaran verlo con los ojos corporales, deshaciendo semejante opinión, les dice: Al cual el mundo no puede recibir, porque no lo puede ver. Como si les dijera: El Paráclito MÍO convivirá con vosotros como Yo, sino que habitará en vuestra alma. Esto quiere decir: Se queda con vosotros. Y aludiendo a las figuras del Antiguo Testamento lo llama Espíritu de verdad.

Y estará en vosotros. ¿Qué significa: Estará en vosotros? Lo mismo que dice Jesús (Mt. 28, 20): Yo estaré con vosotros. Pero además deja entender otra cosa: no padecerá lo que he padecido, ni se apartará. Al cual el mundo no puede recibir porque no lo ve.

¿Cómo es esto? ¿Acaso el Espíritu Santo será una cosa visible? De ninguna manera. Lo que entiende aquí es el conocimiento, porque añade: Y no lo conoce. Suele la Escritura llamar visión al conocimiento perfecto. Por ser la visión mediante los sentidos clarísima, indica por semejante visión el conocimiento perfecto. Llama aquí mundo a los perversos; y por aquí consuela a los discípulos, puesto que les trae un don eximio. Advierte cuánto ensalza la grandeza del don. Afirma ser otro como El. Añade luego que no los abandonará. Continúa diciendo que vendrá solo a vosotros como finalmente: En vine yo; y vosotros permanece.

Sin embargo, ni con todo esto los libró del temor, porque aún buscaban su compañía y estar con El. Para remediar esto les dice (Jn. 14, 18): Tampoco Yo os dejaré huérfanos: vuelvo a vosotros. Como si les dijera: No temáis, pues no os he dicho que os enviaré otro Paráclito porque os vaya a dejar solos hasta el fin. No he dicho: Permanece en nosotros, como si Yo nunca más os hubiera de ver. Yo también vuelvo a vosotros. No os dejaré huérfanos. Como al principio los llamó hijitos, ahora les dice: No os dejaré huérfanos.

Antes les dijo: A donde Yo voy vendréis; y: En la casa de mi Padre hay muchas mansiones. Pero ahora, como el tiempo va a ser largo, les da el Espíritu Santo. Mas como no recibieran suficiente consuelo con lo que les decía, porque no lo entendían, añade: No os dejaré huérfanos, que era sobre todo lo que ellos anhelaban. Mas como eso de: Vuelvo a vosotros significaba presencia, con el objeto de que no buscaran una presencia corporal como hasta entonces, advierte tú cómo no se lo dijo con entera claridad, sino oscuramente, de manera que solamente lo dejó entender.

Porque habiéndoles dicho (Jn. 14, 19): Un poquito aún y el mundo ya no me verá más, luego continuó: Pero vosotros me volveréis a ver. Como si les dijera: Volveré a vosotros, pero ya no como antes, para conversar diariamente. Y para que no dijeran: ¿Cómo es pues que dijiste a los judíos: Ya no me veréis más? les resuelve la dificultad diciendo: A vosotros únicamente. Porque así es también el Espíritu Santo. Porque Yo sigo viviendo y vosotros viviréis. La cruz no nos separará para siempre, sino que sólo me ocultará por brevísimo lapso. Pienso yo que en esto alude no sólo a la vida presente, también a sino la futura.

(Jn. 14, 20) En aquel día conoceréis que Yo estoy en mi Padre y vosotros en Mí y Yo en vosotros. En mi Padre por la consubstancialidad; en vosotros por la concordia y el auxilio divino que os daré.

Pero yo pregunto: ¿cómo es esto? ¿en qué forma pueden concertarse cosas tan contrarias? Porque la distancia entre Cristo y los discípulos es grande; o mejor dicho, es infinita. No te espantes aun cuando sean las mismísimas palabras; pues suele la Escritura usar en diversos sentidos las mismas palabras que se dicen de Dios y de los hombres. Así somos llamados hijos de Dios; pero esa expresión no tiene la misma fuerza y significado cuando se aplica a nosotros y cuando se aplica a Dios. El Hijo es llamado Imagen y gloria del Padre, lo mismo que nosotros; y sin embargo, la diferencia es mucha. También se dice (1Co. 3, 23): Vosotros sois de Cristo y Cristo es de Dios. Pero Cristo no es de Dios como nosotros somos de Cristo. ¿Qué significa, pues, la expresión? Es como si les dijera: Una vez que Yo haya resucitado, conoceréis que no estoy separado del Padre, sino que tengo su mismo poder; y que permanezco perpetuamente con vosotros, pues los hechos mismos estarán clamando el auxilio que os habré dado, así por los enemigos que habréis vencido, como por vuestra confianza en el proceder, la remoción de las dificultades y molestias, el florecimiento diario de la predicación y la obediencia de todos a las piadosas enseñanzas.

Como me ha enviado el Padre, también Yo os envío a vosotros (Jn. 20, 21). ¿Observas cómo tampoco aquí la misma proposición tiene el mismo sentido? Si la tomamos en el mismo sentido, en nada diferirían Cristo y los apóstoles. Mas ¿por qué dice: Entonces conoceréis? Porque entonces fue cuando vieron que había resucitado y conversaba con ellos. Entonces aprendieron la verdadera fe. Pues era grande la fuerza del Espíritu Santo que les enseñaba todo. Quien tiene mis mandamientos y los guarda, éste es el que me ama (Jn. 14, 21). Porque no basta con tenerlos sino que se requiere su exacto cumplimiento. ¿Por qué les repite esto con frecuencia, como cuando les dice: Si me amáis guardad mis mandamientos; y ahora: Quien tiene mis mandamientos y los guarda; y: Si alguno me ama, guardará mis enseñanzas; el que no me ama no guarda mis enseñanzas? Y pienso que lo hace a causa de la tristeza que sentían.

Como había hablado largamente acerca de la muerte diciendo (Jn. 12 ,25): El que aborrece su vida en este mundo la guarda para la vida eterna; y también (Mt. 10, 38): Si alguno no toma su cruz y me sigue no es digno de Mí; y todavía iba a añadir otras cosas más sobre lo mismo, reprendiéndolos les dice: ¿Pensáis que vuestra tristeza nace de amor? Pues bien: precisamente sería indicio del amor no entristecerse. Y como quiere lograr que no se entristezcan, en lo que sigue les repite lo mismo (Jn. 14, 28): Si me amarais os gozaríais de que voy al Padre. Ahora en cambio esa tristeza os nace de miedo. Tener temor asi de la muerte, no es propio-de quienes recuerdan mis mandamientos. Si de verdad me amarais, lo propio sería que fuerais crucificados. Porque Yo os he exhortado a no temer a quienes matan el cuerpo. A ésos es a los que el Padre y también Yo ama.

Y me revelaré a él yo mismo. (Jn. 14. 22) Entonces le dice Judas, no el Iscariote: ¿Por qué sucede esto, que te nos vas a manifestar a nosotros y no al mundo? ¿Ves cómo tienen el alma hundida por el temor? Judas estaba conmovido y perturbado y creía que volvería a ver a Jesús, pero al modo como nosotros vemos en los ensueños a los que ya murieron. Para quitarles semejante pensamiento, oye lo que les dice (Jn. 14, 23): Mi Padre y Yo vendremos a él y pondremos en El nuestra morada. Como si dijera: Así como el Padre se manifiesta a Sí mismo, así también Yo. Ni fue sólo esto. Porque lo otro: Haremos en él nuestra morada, aparta ya toda fantasmagoría: semejante cosa pertenece ya no a los ensueños.

Por mi parte, quiero que ponderes cómo ese discípulo andaba turbado y no se atrevía a decir claramente lo que anhelaba. Porque no le dijo: ¡Ay de nosotros pues tú vas a morir y luego te nos vas a aparecer al modo como se aparecen los difuntos! No le dijo nada de eso, sino ¿qué?: ¿Por qué sucede esto, que te nos vas a manifestar a nosotros y no al mundo? Les dice, pues: Yo os amo porque guardáis mis mandamientos. Para que después, cuando lo vieran no pensaran que era un fantasma, les predice esto. Para que creyeran que se les aparecería al modo que ya expliqué, les pone el motivo de ello, o sea, que ellos guardan los mandamientos de El. Y añade que en la misma forma se les aparecerá el Espíritu Santo. Si tras de convivir con El durante tanto tiempo aún no podían soportar la vista de aquella substancia y ni siquiera la entendían ¿qué habría sido si ya desde el principio así se les hubiera aparecido? Pero comió con ellos para que no lo tuvieran por un fantasma.

Si cuando lo vieron andar sobre las aguas lo juzgaron fantasma, a pesar de que veían su mismo rostro y figura y no estaba El lejos de ellos ¿qué no habría sucedido si lo hubieran visto resucitar al punto, tras de verlo aprehendido y amortajado? Tal es el motivo por el que con frecuencia les anuncia que se les aparecerá y por qué y en qué forma: para que no lo tengan por fantasma.

(Jn. 14, 24) El que no me ama no guarda mis enseñanzas. Y la doctrina que habéis oído no es mía, sino del Padre que me ha enviado. De modo que quien no guarda mis mandamientos no me ama a Mí ni a mi Padre. Si el signo del amor es guardar los mandamientos, y éstos son también del Padre, quien los guarda ama no solamente al Hijo sino también al Padre. Pero, Señor: ¿cómo tu enseñanza es tuya y no es tuya? Quiere decir: Yo no hablo nada fuera de lo que el Padre quiere que hable; y no hablo nada de Mí mismo, fuera de su voluntad.

(Jn. 14, 25) Estas cosas os he dicho estando con vosotros. Como esas cosas eran oscuras y otras no las entendían los discípulos, y en muchas andaban dudosos, para que no se conturbaran de nuevo ni dijeran: ¿De qué preceptos se trata?, les quita toda ansiedad diciendo (Jn. 14, 26): El Paráclito, el Espíritu

Santo que enviará el Padre en mi nombre, El os lo enseñará todo. Como si les dijera: Ahora se os dicen muchas cosas quizá oscuras; pero ese Maestro os aclarará todo. Con la expresión (Jn. 14, 17): El permanecerá con vosotros, les daba a entender que El se marcharía. Mas luego, para que no se entristezcan dice que mientras El permanezca con ellos y no venga el Espíritu Santo, no serán capaces de entender nada elevado y sublime.

Les habla así preparándolos para que lleven su partida con magnanimidad, ya que ella les acarreará grandes bienes. Y con frecuencia lo llama Paráclito, o sea Consolador, a causa de las tristezas que entonces los afligían oyendo tales cosas y pensando en las dificultades y luchas y en la partida de El. Y así los consuela de nuevo diciendo (Jn. 14, 27): La paz os dejo. Como si dijera: ¿Qué daño puede veniros de las mundanas perturbaciones si estáis en paz conmigo? Porque esta paz no es como la otra. La paz exterior con frecuencia es dañosa e inútil y en nada aprovecha. Yo, en cambio, os doy una paz que guardaréis entre vosotros mismos, y os hará más fuertes. Pero como de nuevo repitiera la expresión: Os dejo, que es propia de quien se ausenta y esto podía perturbarlos, nuevamente les dice: No tengáis ya más el corazón angustiado y pusilánime. ¿Adviertes cómo ellos en parte por el amor y en parte por el miedo se hallaban conturbados?

(Jn. 14, 28) Habéis oído que os dije: Me voy al Padre y vuelvo a vosotros. Si me amáis, os gozaríais en verdad de que me vaya al Padre, porque el Padre es mayor que Yo. Pero esto ¿qué consuelo o qué gozo podía proporcionarles? Entonces ¿qué es lo que les quiere decir? Nada sabían aún ellos de lo que era la resurrección ni tenían de Cristo la debida opinión; ¿ni cómo la podían tener cuando ni siquiera sabían que El había de resucitar? En cambio, del Padre tenían una gran idea. Es pues como si les dijera: Si teméis por Mí como si no pudiera defenderme; si no confiáis en que Yo después de la crucifixión pueda volver a veros, a pesar de todo eso convenía que os alegrarais oyendo que voy al Padre, pues voy a quien es mayor y desde allá puedo remediarlo todo.

Habéis oído que os dije. ¿Por qué añadió esto? Fue como decirles: De tal manera confío en la empresa llevada a cabo, que no temo predecirlo. Así os he dicho esto y lo que luego sucederá (Jn. 14, 29): Os lo he dicho antes de que suceda para que cuando suceda creáis que Yo soy. Es decir: ¿podíais acaso saberlo si Yo no os lo dijera, o podía Yo decirlo si no confiara en que sucederá? ¿Observas cómo atempera su lenguaje a la capacidad de los oyentes? Lo mismo cuando dijo: ¿Pensáis acaso que no puedo rogar a mi Padre y al punto pondría a mi disposición doce legiones de ángeles? habló conformándose con la opinión de sus oyentes. Pues nadie que esté en su juicio asevera que no pudo defenderse y que necesitó del auxilio de los ángeles. Sino que, pues lo tenían como solo hombre, dijo: Doce legiones de ángeles. Y sin embargo le bastó con una pregunta para echar por tierra al enemigo. Si alguno afirmara que el Padre es mayor en cuanto es principio del Hijo, no le contradiremos. Pero esto no hace que el Hijo sea de otra substancia. Es como si dijera: Mientras Yo estuviere acá, es justo que vosotros penséis que me encuentro en peligro; pero si voy al Padre, confiad, pues ya estaré seguro, puesto que a El nadie puede vencerlo. Pero todo eso lo decía abajándose a la rudeza de los discípulos. Como si dijera: Por mi parte, Yo confío y para nada me preocupa la muerte. Por lo cual añade: Estas cosas os he dicho antes de que sucedan. Puesto que vosotros no podéis aún comprender lo que os digo acerca de eso, os traigo el consuelo haciendo referencia al Padre, al cual vosotros llamáis grande.

Mas, apenas los ha consolado cuando de nuevo los entristece diciendo (Jn. 14, 30): Ya no me queda mucho tiempo para hablar con vosotros. ¿Por qué, Señor? Pues llega el príncipe de este mundo; pero nada puede contra Mí. Llama príncipe de este mundo al diablo y a los perversos. No porque el diablo domine en cielos y tierra, pues en ese caso todo lo habría ya destruido; sino porque domina en los hombres que se le han entregado. Por lo cual lo llama también príncipe de este siglo y sus tinieblas. Y por tinieblas entiende las obras de pecado. Entonces, oh Señor, ¿es el demonio el que te pierde? De ninguna manera, pues nada puede contra Mí. ¿Por qué pues esos hombres perversos os dan la muerte? Porque Yo así lo quiero y para que el mundo entienda que amo a mi Padre (Jn 14, 31). Dice esto para de nuevo levantarles el ánimo y que sepan que ha llegado a este término no contra su voluntad, sino porque El lo quiere y desprecia al demonio.

No le bastó con haberles dicho (Jn. 7, 33): Todavía estoy con vosotros por un breve lapso, sino que frecuentemente lo repetía, aun causándoles tristeza, hasta lograr que ellos lo aceptaran; y mientras va entremezclando más alegres razonamientos. Por tal motivo, unas veces les dice: Me voy, pero vuelvo; otras: Para que donde Yo estoy estéis también vosotros; y luego: Voy al Padre; y también: El Padre es mayor que Yo; y: Os lo he dicho antes de que suceda; y: No padezco esto por necesidad sino por amor a mi Padre; y para que ellos conozcan que lo que va a padecer no es cosa de ruina ni de daño; puesto que el Padre lo ama sobremanera y El, amado, así lo quiere.

Mientras va poniendo estos motivos de alegría, entremezcla con frecuencia lo triste, para ir ejercitando sus ánimos. Porque (Jn. 16, 7): Permanecerá en vosotros; y: Os conviene que Yo me aparte, son palabras de quien consuela. Por igual motivo echó por delante muchas cosas acerca del Espíritu Santo, como por ejemplo: Está en vosotros; el mundo no puede recibirlo; El os enseñará todas las cosas; El es el Espíritu de verdad, Espíritu Santo y Paráclito; Os conviene: todo para que no decayeran de ánimo, por pensar que quedaban del todo abandonados. Y dice:

Os conviene, declarando que el Espíritu Santo los hará hombres espirituales.

Y vemos que esto se ha realizado. Pues ellos, antes tan temerosos y llenos de miedo, habiendo recibido el Espíritu Santo se arrojaban a los peligros, a las espadas, a las bestias feroces, a los mares y en todo género de suplicios se metían. Y siendo hombres ignorantes e iletrados hablaban con tan grande confianza que conmovían a los oyentes. El Espíritu Santo de hombres de barro los tornó hombres de hierro, los dotó de alas y no permitió que cosa alguna humana los echara por tierra. Así es la gracia del Espíritu Santo: si encuentra tristeza la disuelve; destruye las malas concupiscencias; echa fuera el temor y no deja que aquel a quien ha fortificado proceda ya a lo humano; sino que como si ya estuviera trasladado a los Cielos, hace que todo lo contemple a la luz de allá arriba.

Por esto ninguno de los fieles decía poseer nada como suyo, sino que todos perseveraban en la oración, con alegría y sencillez de corazón (Hch. 4, 32; 2, 46). Pues esto sobre todo requiere el Espíritu Santo; porque su fruto es paz, gozo, fe, mansedumbre (Ga. 5, 22-23). Dirás que, sin embargo, con frecuencia padecen tristezas los hombres espirituales. Sí, pero es una tristeza más dulce que el gozo. Caín se contristó, pero con tristeza de este mundo. Pablo también se contristó, pero con tristeza según Dios. Pues todo lo espiritual tiene grandísimo fruto; todo lo mundano tiene daño gravísimo.

En consecuencia, atraigamos a nosotros el auxilio inexpugnable del Espíritu Santo, mediante la observancia de los mandamientos, y en nada seremos inferiores a los ángeles. Pues aun ellos, aunque incorpóreos, no son tan buenos por su naturaleza, ya que de otro modo ningún ser incorpóreo sería malo; sino que, para lo bueno y lo malo, la causa está en el libre albedrío. Tal fue el motivo de que aun entre los incorpóreos se encontraran quienes fueron peores que los hombres y aun que los brutos animales; y entre los que tienen cuerpo se hallaran muchos mejores que quienes no lo tienen.

Todos los justos, aun habitando en la tierra, aun viviendo en este mundo al modo de peregrinos, se ejercitaron en buenas obras: vivieron como peregrinos del mundo y como ciudadanos del Cielo. No digas, pues: Estoy revestido de carne; no puedo vencer ni entregarme a semejante trabajo de virtud. No acuses a tu Creador. Si la carne nos hace imposible la virtud, nosotros tenemos la culpa; pues el coro de los santos demuestra que no la torna imposible. La naturaleza de la carne no impidió a Pablo llegar a ser lo que fue; ni a Pedro recibir las llaves del Reino de los Cielos. Enoc llevando su cuerpo fue transportado y no se le vio más. También Elías fue arrebatado en su carne. Abraham, Isaac, Jacob en su carne resplandecieron. José revestido de su carne venció a la mujer impúdica.

Más aún: la carne aun cuando le eches en torno una cadena, en nada te dañará. Dice Pablo (2Tm. 2, 9): Aunque yo estoy encadenado, pero la palabra de Dios no está atada. Mas ¿qué digo ataduras ni cadenas? Añade el claustro de la cárcel, y ni así te será todo eso impedimento para la virtud. Así lo enseña Pablo. Vínculo y atadura del alma no es hierro, sino el temor, la codicia de dineros y las demás infinitas enfermedades del espíritu. Estas pasiones atan el cuerpo, aun cuando éste ande suelto. Dirás que nacen del mismo cuerpo. Vana cavilación y disculpa es eso. Si nacieran del mismo cuerpo todos las sufrirían. Pues así como no podemos evitar el cansancio, el sueño, el hambre, la sed, porque son necesidades naturales, así también aquellas otras, si fueran naturales, a nadie dejarían libre de su tiranía. Pero si muchos escapan de ellas, es claro que tales vicios proceden del alma.

Rompamos, pues, esas cadenas y no acusaremos al cuerpo, sino sujetémoslo al alma, para que obligado a obedecer, consigamos los bienes eternos, por gracia y benignidad de nuestro Señor Jesucristo, al cual sea la gloria por los siglos de los siglos. Amén.

HOMILÍA LXXVI. Levantaos; vamos de aquí. Yo soy la vid verdadera; vosotros sois los sarmientos y mi Padre es el viñador (*Jn 14,31 Jn. 15,1*)

La ignorancia vuelve al alma tímida y débil; así como la instrucción en los dogmas celestiales la hace magnánima y la levanta muy alto. Es porque si no se la instruye en los dogmas, será miedosa, no por su naturaleza, sino por determinación de su voluntad. Cuando yo veo a un hombre valiente que ahora se atreve, ahora se acobarda, no puedo decir que se trata de un defecto natural, pues lo natural no cambia. Y cuando veo a algunos ahora miedosos y enseguida atrevidos, procedo de igual modo; es decir que todo lo atribuyo al libre albedrío.

Los discípulos eran sobremanera tímidos antes de que fueran instruidos en los dogmas como convenía, y antes de recibir el Espíritu Santo. En cambio, después fueron más audaces que los leones. Pedro, quien no había antes soportado las amenazas de una criada, después, crucificado cabeza abajo, azotado y expuesto a mil peligros, no callaba; sino que como si todo eso lo padeciera en sueños, así de libremente predicaba. Pero esto no fue antes de la crucifixión del Señor. Por esto Cristo dice: Levantaos, vamos de aquí. Yo pregunto ¿por qué lo dice? ¿Ignoraba acaso la hora en que Judas llegaría? ¿Temía acaso que Judas se presentara y aprehendiera a sus discípulos; y que antes de terminar El aquella instrucción, los esbirros se echaran encima? ¡Lejos tal cosa! ¡Eso no dice ni de lejos con su dignidad! Entonces, si no temía ¿por qué saca de ahí a los suyos, y una vez terminado su discurso los lleva al huerto sabido y conocido de Judas?

Pero aun en el caso de que Judas se presentara, podía El cegar los ojos de los esbirros, como lo hizo luego, no estando presente Judas. Entonces ¿por qué sale del cenáculo? Lo hace para dar un respiro a sus discípulos. Pues es verosímil que éstos, por hallarse en un sitio tan público, temblaran y temieran, tanto por el sitio como por ser ya de noche. La noche había avanzado, y ellos no podían atender al Maestro, teniendo constantemente el pensamiento y el ánimo ocupados en los que los habían de acometer, sobre todo habiendo ya Jesús declarado que los males estaban inminentes.

Les dijo: Todavía un poco y ya no estaré con vosotros; y luego: Viene el príncipe de este mundo. Habiendo oído esto, y habiéndose turbado como si enseguida hubieran de ser aprehendidos, los lleva Cristo a otro lugar, con el objeto de que, creyéndose ellos ya en sitio seguro, finalmente escucharan sin temor. Por lo cual les dice: Levantaos, vamos de aquí. Luego añadió: Yo soy la vid, vosotros sois los sarmientos. ¿Qué quiere dar a entender con esta parábola? Que no puede tener vida quien no escucha sus palabras; y que los milagros que luego ellos harían provendrían del poder suyo.

Mi Padre es el viñador. ¿Cómo es eso? ¿Necesita el Hijo de auxilio? ¡Lejos tal cosa! La parábola no indica eso. Observa cuán exactamente va Cristo siguiéndola. No dice que la raíz goce de los cuidados del viñador, sino los sarmientos. La raíz aquí no se menciona; pero se asevera que los sarmientos nada podrán hacer sin el auxilio de su poder; y que por lo mismo deben permanecer unidos a El mediante la fe los discípulos, como los sarmientos a la vid. Todo sarmiento que en Mí no produce fruto lo cortará el Padre (Jn. 15, 2). Alude aquí al momento de vivir, y a que nadie puede sin buenas obras estar unido a El.

Y a todo el que produce fruto lo limpia. Es decir, procura que lleve fruto abundante. Ciertamente, antes que los sarmientos es la raíz la que necesita cuidado. Débesele cavar en torno y quitarle los impedimentos. Pero para nada trata aquí de la raíz, sino solamente de los sarmientos, con lo cual demuestra que se basta a Sí mismo; mientras que los discípulos necesitan de grandes cuidados, aun estando dotados de virtud. Por eso dice que al sarmiento que lleva fruto lo limpia. Al que no produce fruto alguno no lo mantiene en la vid ni puede El permanecer en él; y al que produce torna más fruto lo fructífero.

Podría decirse que esto se refiere a las fatigas y trabajos que luego iban a venir. Pues lo limpiará quiere decir que lo podará, con lo que producirá mayor fruto. Declárase con esto que la tentación los torna más fuertes. Y para que no preguntaran a quiénes se refería, ni tampoco dejarlos solícitos, les dice:

(Jn. 15, 3) Y vosotros estáis purificados por la fe en la doctrina que os he enseñado. ¿Adviertes cómo aquí se muestra viñador cuidadoso de los sarmientos? Dice, pues, que El los ha purificado a pesar de que antes dijo que eso lo hizo el Padre; pero es que en esto no hay entre el Padre y el Hijo diferencia. Conviene que además vosotros pongáis la purificación la parte en que se debe. Y para declararles que todo eso lo llevó a cabo sin la cooperación de ellos, dice (Jn. 15, 4): Así como el sarmiento no puede llevar fruto por sí mismo, así tampoco el que en Mí no permanece. Y con el objeto de que no quedaran separados de El por el temor, les conforta los ánimos y los une a Sí mismo y les concede la buena esperanza. Pues la raíz permanece; y el ser separado o arrancado de la vid es cosa no de ella sino de los mismos sarmientos. Y mezclando lo suave y lo amargo, y partiendo de ambas cosas, nos exige primeramente que nosotros hagamos lo que nos toca.

(Jn. 15, 5) Quien permanece en Mí y Yo en él. ¿Adviertes cómo concurre a la purificación el Hijo no menos que el Padre?

El Padre purifica y Cristo contiene en Sí. Y el permanecer unido a la raíz es causa de que el sarmiento produzca fruto. El sarmiento no podado, aunque produzca fruto, pero no da todo lo que debía; mas el que no permanece en la vid, ningún fruto produce. Ya se demostró antes que purificar es también obra del Hijo; y el permanecer unido a la raíz es cosa del Padre, que engendra esa raíz.

¿Notas cómo todo es común al Padre y al Hijo, así el purificar como el gozar el sarmiento del jugo de la raíz? Gran mal es no poder hacer nada; pero no para aquí el castigo, sino que va mucho más allá. Pues dice (Jn. 15, 6): Será echado fuera y ya no se le cultivará; y se secará. Es decir, que si algo tenía de la raíz, lo perderá: si alguna gracia y favor poseía, se le despojará y juntamente quedará sin auxilios y sin vida. Y ¿en qué acabará?: Será arrojado al fuego. No le sucede eso al que permanece en la vid. Declara luego qué sea el permanecer en la vid y dice (Jn. 15, 7): Si mi doctrina permanece en vosotros. ¿Ves cómo con toda razón dije anteriormente que El busca la demostración del amor mediante las obras?

Porque habiendo dicho (Jn. 14, 14-15): Yo haré cuanto vosotros pidáis, añadió: Si permaneciereis en mí y mi doctrina permaneciere en vosotros, pedid cuanto queráis y se os concederá. Dijo esto para indicar que quienes les ponían asechanzas irían al fuego, pero ellos fructificarían. Pasado ya el miedo que sentían por los enemigos, tras de haber demostrado a los discípulos que ellos eran inexpugnables, añadió Jesús (Jn. 15, 8): En esto es glorificado mi Padre, en que fructifiquéis abundantemente, como corresponde a discípulos míos. Por aquí hace creíble su discurso, pues si redunda en gloria del Padre el que ellos fructifiquen, El no descuidará su gloria propia. Y os haréis mis discípulos. ¿Adviertes cómo aquel que lleva fruto ése es su discípulo? ¿Qué significa: En esto es glorificado mi Padre?

Quiere decir que el Padre se goza de que permanecéis en Mí, cuando dais fruto.

(Jn. 15, 9) Como me amó el Padre, así os amo Yo. Ahora habla Cristo en forma más humana; puesto que semejante expresión tiene su propia fuerza, tomada como dicha a hombres. Puesto que quien quiso morir, quien en tal forma colmó de honores a los siervos, a los enemigos y a los adversarios ¿cuán grande amor no demuestra al hacer eso? Como si les dijera: Pues Yo os amo, tened confianza. Si es gloria del Padre que fructifiquéis, no temáis mal alguno. Y nuevamente, para no hacer que desmayen de ánimo, mira cómo los une consigo: Permaneced en mi amor.

Mas ¿cómo podremos hacerlo?: Si guardáis mis mandamientos permaneceréis en mi amor, como Yo he guardado los mandamientos de mi Padre y permanezco en su amor (Jn. 15, 10). Otra vez el discurso procede al modo humano, puesto que el Legislador no está sujeto a preceptos. ¿Ves cómo lo que yo constantemente digo aparece aquí de nuevo a causa de la rudeza de los oyentes? Pues muchas cosas las dice Jesús acomodándose a ellos, y por todos los medios les demuestra que están seguros y que sus enemigos perecerán; y que todo cuanto tienen lo tienen del Hijo; y que si viven sin pecado, nadie los vencerá. Advierte cómo habla con ellos con plena autoridad, pues no les dice: Permaneced en el amor del Padre, sino: En mi amor. Y para que no dijeran: Nos has hecho enemigos de todos, y ahora nos abandonas y te vas, les declara que El no se les aparta, sino que si quieren los tendrá unidos a Sí como el sarmiento lo está a la vid. Y para que no, por el contrario, por excesiva confianza, se tornen perezosos, les declara que semejante bien, si se dan a la desidia, no será permanente ni inmóvil. Y para no atribuirse todo a Sí mismo y con esto causarles una más grave caída, les dice: En esto es glorificado el Padre. En todas partes les demuestra su amor y el del Padre. De modo que no eran gloria del Padre las cosas de los judíos sino los dones que ellos iban a recibir. Y para que no dijeran: ya perdimos todo lo paterno y hemos quedado sin nada y abandonados, les dice: Miradme a Mí: Soy amado del Padre, y sin embargo tengo que padecer todo lo que ahora acontece. De modo que no os abandono porque no os ame. Si yo recibo la muerte, pero no la tomo como indicio de que el Padre no me ame, tampoco vosotros debéis turbaros. Si permanecéis en mi amor, estos males en nada podrán dañaros por lo que hace al amor.

Siendo, pues, el amor algo muy grande e invencible, y no consistiendo en solas palabras, manifestémoslo en las obras. Jesús nos reconcilió consigo, siendo nosotros sus enemigos. En consecuencia nosotros, hechos ya sus amigos, debemos permanecer siéndolo. El comenzó la obra, nosotros a lo menos vayamos tras El. El no nos ama para propio provecho, pues de nada necesita; amémoslo nosotros a lo menos por propia utilidad. El nos amó cuando éramos sus enemigos; nosotros amémoslo a El, que es nuestro amigo.

Mas sucede que procedemos al contrario. Pues diariamente por culpa nuestra es blasfemado su nombre a causa de las rapiñas y de la avaricia. Quizá alguno de vosotros me diga: diariamente nos hablas de la avaricia. Ojalá pudiera yo hacerlo también todas las noches. Ojalá pudiera hacerlo siguiéndoos al foro y a la mesa. Ojalá pudieran las esposas, los amigos, los criados, los hijos, los siervos, los agricultores, los vecinos y aun el pavimento mismo y el piso lanzar continuamente semejantes voces, para así descansar nosotros un poco de nuestra obligación.

Porque esta enfermedad tiene invadido al orbe todo y se ha apoderado de todos los ánimos: ¡tiranía en verdad grande la de las riquezas! Cristo nos redimió y nosotros nos esclavizamos a las riquezas. A un Señor predicamos y a otro obedecemos. Y a éste en todo lo que nos ordena diligentemente procedemos: por éste nos olvidamos de nuestro linaje, de la amistad, de las leyes de la naturaleza y de todo. Nadie hay que mire al Cielo; nadie que piense en las cosas futuras. Llegará un tiempo en que ya no habrá utilidad en estas palabras, pues dice la Escritura: En el infierno ¿quién te confesará? Amable es el oro y nos proporciona grandes placeres y grandes honores. Sí, pero no tantos como el Cielo. Muchos aborrecen al rico y le huyen; mientras que al virtuoso lo respetan y ensalzan. Me objetarás que al pobre, aun cuando sea virtuoso, lo burlan, Sí, pero no son los que de verdad son hombres, sino los que están locos, y por lo mismo se han de despreciar. Si rebuznaran en contra nuestra los asnos y nos gritaran los grajos; y por otra parte nos ensalzaran los sobrios y prudentes, todos en forma alguna rechazaríamos las alabanzas de éstos para volvernos hacia el ruido y clamor de los irracionales.

Quienes admiran las cosas presentes son como los grajos y aún peores que los asnos. Si un rey terreno te alaba, para nada te preocupas del vulgo, aun cuando todos te burlen; y alabándote el Rey del universo ¿todavía anhelas los aplausos y encomios de los escarabajos y de los cínifes? Porque no son otra cosa tales hombres si con Dios se les compara; y aun son más viles que esos animalejos.

¿Hasta cuándo nos revolcaremos en el cieno? ¿Hasta cuándo dejaremos de buscar como espectadores y encomiadores nuestros a los parásitos y dados a la gula? Tales hombres pueden encomiar a jugadores, a ebrios, a glotones; pero en cambio qué sea la virtud y qué el vicio no son capaces de imaginarlo ni en sueños.

Si alguno se burla de ti porque no sabes trazar los surcos en el barbecho, no lo llevarás a mal. Por el contrario, te burlarás tú de quien te reprenda por semejante impericia. Pero cuando quieres ejercitar la virtud ¿te atendrás al juicio y harás tus espectadores a quienes en absoluto la ignoran? Por esto nunca llegamos a lograr ese ejercicio y arte; porque ponemos nuestro interés no en manos de hombres peritos, sino de ignorantes. Ahora bien: tales hombres no lo examinan según las reglas del arte, sino según su ignorancia.

En consecuencia, os ruego, despreciemos el juicio del vulgo. O mejor aún, no ambicionemos las alabanzas ni los dineros ni los haberes. No tengamos la pobreza como un mal. La pobreza es maestra de la prudencia, de la paciencia y de todas las virtudes. En pobreza vivió el pobre Lázaro y recibió la corona. Jacob no pedía a Dios sino su pan. José, puesto en extrema pobreza, no solamente era esclavo, sino además cautivo; pero precisamente por esto más lo encomiamos. No lo admiramos tanto cuando distribuye el grano, como cuando vive encarcelado; no lo ensalzamos más ceñido con la diadema, como ceñido con la cadena; no lo encumbramos más cuando se asienta en su solio que cuando es acometido de asechanzas y vendido.

Pensando todas estas cosas, y también las coronas que para estos certámenes están preparadas, no alabemos las riquezas, los honores, los placeres, el poder, sino la pobreza, las cadenas, las ataduras, la paciencia, todo lo que se emplea para adquirir la virtud. Al fin y al cabo, el término de aquellas cosas está repleto de tumultos y perturbaciones y todas se acaban con la vida. En cambio, el fruto de estas otras son el cielo y los bienes celestiales, que ni el ojo vio, ni el oído oyó. Ojalá nos acontezca a todos alcanzarlos por gracia y benignidad del Señor nuestro Jesucristo, al cual sea la gloria por los siglos de los siglos. Amén.

HOMILÍA LXXVII. Esto os digo a fin de que mi gozo esté en vosotros y vuestro gozo sea colmado. Este es el mandamiento mío: que os améis los unos a los otros tal como Yo os he amado (Jn 15,11-12)

Todos los bienes entonces tienen su recompensa cuando han obtenido su finalidad; pero si se interceptan y estorban, sobreviene el naufragio. Así como la nave cargada de infinitas riquezas, si no llega al puerto, sino que en mitad de los mares naufraga, ningún provecho produce de su larga travesía, sino que tanto es mayor la desgracia cuanto mayores fueron los trabajos sufridos, así les sucede a las almas que descaecen antes de obtener el fin cuando se han lanzado en mitad de los certámenes. Por lo cual Pablo afirma que alcanzan gloria, honra y paz los que con paciencia ejercitan las buenas obras (Rm. 2, 7). Esto mismo deja ahora entender Cristo a los discípulos. Cristo los había acogido y de ello se alegraban; pero luego la Pasión y las conversaciones sobre cosas tristes tenían que interrumpir aquel gozo, y una vez que con muchas razones los había consolado, les dice: Esto os digo a fin de que mi gozo esté en vosotros y vuestro gozo sea colmado. Es decir: no os apartéis de mí ni desistáis de la empresa. Os habéis alegrado en mí abundantemente, pero luego ha venido la tristeza. Yo ahora la echo fuera para que al fin venga el gozo. Les manifiesta así que los acontecimientos presentes no eran dignos de llanto, sino más bien de alegría. Como si les dijera: Yo os he visto turbados, pero no por eso os desprecié ni os dije: ¿Por qué no permanecéis con ánimo noble y esforzado? Al contrario, os he hablado cosas que podían consolaros. Y deseo conservaros perpetuamente en este cariño. Oísteis acerca del reino y os alegrasteis. Pues bien, ahora os he dicho estas cosas para que vuestro gozo sea colmado. Este es el mandamiento mío: que os améis los unos a los otros tal como Yo os he amado. Advierte cómo el amor de Dios está enlazado con el nuestro y como vinculado con una cadena. Por lo cual Jesús unas veces lo llama un solo precepto y otras dos. Es que quien no ha abrazado el uno no puede poseer el otro.

Unas veces dice (Mt. 22, 40): En esto se resumen la Ley y los profetas Otras dice (Mt. 7, 12): Todo cuanto quisiereis que con vosotros hagan los hombres, hacedlo también vosotros con ellos. Porque esta es la Ley y los profetas. Y también (Rm. 13, 10): La plenitud de la Ley es la caridad. Es lo mismo que dice aquí Jesús. Si ese permanecer en El depende de la caridad, y la caridad depende de la guarda de los mandamientos, y el mandamiento es que nos amemos los unos a los otros, entonces permanecer en Dios se consigue mediante el amor mutuo. Y no indica únicamente el amor, sino también el modo de amar, cuando dice: Como Yo os he amado. Les declara de nuevo que el apartarse de ellos no nace de repugnancia, sino de cariño. Como si les dijera: precisamente porque ese es el motivo, debía yo ser más admirado, pues entrego mi vida por vosotros. Sin embargo, en realidad, nada de eso les dice, sino que ya antes al describir al excelentísimo Pastor, y ahora aquí cuando los amonesta y les manifiesta la grandeza de su caridad, sencillamente se da a conocer tal como es.

¿Por qué continuamente ensalza la caridad? Por ser ella el sello de sus discípulos y la que alimenta la virtud. Pablo, que la había experimentado como verdadero discípulo de Cristo, habla del mismo modo de ella (Jn. 15, 14-15): Vosotros sois mis amigos. Ya no os llamaré siervos, porque el siervo no sabe los secretos de su señor. A vosotros os he llamado amigos, porque os he dado a conocer todo lo que mi Padre me confió. Pero entonces ¿por qué dice (Jn. 16, 12): Tengo todavía muchas cosas que deciros, pero no podéis ahora comprenderlas? Cuando dice: todo lo que he oído sólo quiere decir que no ha tomado nada ajeno, sino únicamente lo que oyó del Padre. Y como sobre todo se tiene por muy íntima amistad la comunicación de los secretos arcanos, también, les dice, se os ha concedido esta gracia. Al decir todo, entiende todo lo que convenía que ellos oyeran.

Pone luego otra señal no vulgar de amistad. ¿Cuál es? Les dice (Jn. 15, 16): No me elegisteis vosotros a Mí, sino que Yo os elegí a vosotros. Yo ardientemente he buscado vuestra amistad. Y no se contentó con eso, sino que añadió: Y os puse, es decir, os planté (usando la metáfora de la vid), para que recorráis la tierra y deis fruto, un fruto que permanezca. Y si el fruto ha de permanecer, mucho más vosotros. Como si les dijera: No me he contentado con amaros en modo tan alto, sino que os he concedido grandes beneficios para que se propaguen por todo el mundo vuestros sarmientos.

¿Adviertes de cuántas maneras les manifiesta su amor? Les da a conocer sus arcanos secretos, es el primero en buscar la amistad de ellos, les hace grandes beneficios; y todo lo que padeció, por ellos lo padeció. Por este modo les declara que permanecerá perpetuamente con ellos y que también ellos perpetuamente fructificarán. Porque para fructificar necesitan de su auxilio. De suerte que cuanto pidiereis al Padre en mi nombre os lo otorgue. A aquel a quien se le pide le toca hacer lo que se le pide. Entonces, si es al Padre a quien se le pide ¿por qué es el Hijo quien lo hace? Para que conozcas que el Hijo no es menor que el Padre.

Esto os ordeno (Jn. 15, 17): Amaos los unos a los otros: Como si les dijera: Esto no os lo digo por reprenderos; o sea, lo de que Yo daré mi vida, pues fui el primero en buscar vuestra amistad; sino para atraeros a la amistad. Luego, como resultaba duro y no tolerable el sufrir de muchos persecuciones y reprimendas, aparte de que esto podía echar por tierra aun a un hombre magnánimo, Jesús, tras de haber expuesto primero bastantes razones, finalmente acomete también ésta. Y eso después de haberles suavizado el ánimo y haberles abundantemente demostrado que todo era para su bien, lo mismo que las demás cosas que ya les había manifestado. Pues así como les dijo no ser motivo de pena, sino incluso de gozo, que El fuera a su Padre, ya que no lo hacía por abandonarlos, sino porque mucho los amaba, así ahora les declara que no hay por qué dolerse sino alegrarse. Advierte en qué forma lo demuestra.

Pues no les dijo: Ya sé yo que eso de sufrir es cosa molesta, pero soportadlo por amor a Mí, pues por Mí lo sufrís. En aquellos momentos, esto no los habría consolado suficientemente. Por lo cual Jesús deja ese motivo y les propone otro. ¿Cuál es? Que semejante cosa sería señal y prueba de la anterior virtud; de modo que, al contrario, sería cosa de dolerse, no el que ahora fuerais motivo de odio, sino el que fuerais amados.

Esto es lo que deja entender cuando dice (Jn. 15, 19): Si fuerais del mundo, el mundo amaría lo que es suyo. Es decir: si fuerais amados del mundo daríais testimonio de perversidad. Pero como con aquellas palabras aún nada aprovecharan, prosigue (Jn. 15, 20): No es el siervo mayor que su Señor. Si a Mí me han perseguido, también os perseguirán a vosotros. Con lo que sobre todo da a entender que ellos serán sus imitadores. Mientras Cristo vivió en carne mortal, peleaban contra El; pero una vez que fue llevado al Cielo, se luchó contra sus discípulos.

Y como ellos se perturbaran pensando tener que luchar con un pueblo tan numeroso, siendo ellos tan pocos, les levanta el ánimo diciéndoles que esa es sobre todo la causa de alegrarse: el que todos los otros los aborrezcan. Como si les dijera: Así seréis compañeros míos en los sufrimientos. De modo que conviene que no os conturbéis, ya que no sois mejores que Yo; pues como dije: No es el siervo de mejor condición que su Señor.

Síguese un tercer consuelo: que juntamente con ellos será injuriado el Padre. Les dice (Jn. 15, 21): Todo esto harán con vosotros por causa de mi nombre, porque no conocen al que me ha enviado. O sea que también a El lo injurian en eso. Además, declarando indignos a ésos de todo perdón, pone otro motivo de consuelo con estas palabras (Jn. 15, 22): Si Yo no hubiera venido y no les hubiera hablado, no tendrían pecado; con lo cual hace manifiesto que procederán injustamente contra El y contra los discípulos. Luego, como si éstos le dijeran: ¿Entonces por qué nos arrojaste a semejantes males? ¿Acaso no preveías las guerras y odios?, añade respondiendo (Jn. 15, 23): El que me odia a Mí, odia también a mi Padre. No es pequeño el castigo que de antemano les anuncia. Puesto que continuamente alegaban que por amor al Padre lo perseguían. Con lo dicho les quita El toda defensa. No les queda ya excusa alguna. El los adoctrinó con sus palabras y los confirmó con palabras y obras, conforme a la Ley de Moisés; y El mismo a quien tal hace y dice, si sus palabras llevan a la piedad y están apoyadas en grandes milagros, ordena que se le obedezca como a El mismo en persona.

Pero no sólo se refirió Jesús a sus milagros, sino a que eran tales cuales nunca ningún otro llevó a cabo (Jn. 15, 24). Y testigos de esto eran los mismos judíos, pues decían (Mt. 9, 33): Jamás se vio cosa parecida en Israel; y también (Jn. 9, 32): Nunca jamás se oyó decir que alguien abrió los ojos a un ciego de nacimiento. Y lo mismo fue cuando lo de Lázaro. Y se podrían citar muchos milagros y también el modo de verificarlos, pues todo ahí era nuevo y estupendo. Entonces ¿por qué dices que a ti y a nosotros nos perseguirán?: Porque no sois de este mundo. Si fuerais de este mundo, el mundo amaría lo que es suyo.

Les trae desde luego a la memoria las palabras que ya había El dicho a sus hermanos; aunque allá las dijo más cautamente para no ofenderlos, mientras que acá lo revela todo. Pero ¿cómo se demuestra que por causa de El se nos persigue? Por lo que conmigo han hecho, les dice. ¿Cuál de mis palabras o de mis obras que pudieron acusar no utilizaron para no recibirme? Y como esto mismo fuera para nosotros increíble y admirable, añade la razón: es a saber, la perversidad de ellos. Y no se contentó con eso, sino que adujo al profeta (Sal. 35, 19; 69, 4), haciendo ver que éste, ya de antiguo, había anunciado y había dicho (Jn. 15, 25): Me odiaron gratuitamente.

Lo mismo hace Pablo. Pues como muchos se admiraran de la incredulidad de los judíos, les pone delante los profetas que ya antiguamente predijeron eso y pusieron el motivo de semejante incredulidad, que fue la arrogancia y perversidad de los mismos judíos. Pero entonces, Señor, si no obedecieron tus palabras, tampoco creerán en las nuestras; y si a Ti te persiguieron, también nos perseguirán a nosotros; y si presenciaron milagros tales como nadie nunca los hizo iguales; y si escucharon discursos como nunca se habían escuchado; y todo eso de nada sirvió, sino que odiaron a tu Padre y también a Ti ¿cómo podremos ser testigos fidedignos? ¿cuál de nuestros conciudadanos nos prestará oídos?

Para que semejantes pensamientos no los perturbaran, advierte el consuelo que les da. Cuando viniera el Paráclito que Yo os enviaré desde el Padre, el Espíritu de la verdad que procede del Padre, El dará testimonio de Mí. Y también vosotros daréis testimonio, ya que desde el principio estáis conmigo (Jn. 15, 26-27). El será fidedigno, puesto que será Espíritu de la verdad. Por tal motivo no lo llama Espíritu Santo, sino Espíritu de la verdad. Que procede del Padre quiere decir que todo lo conoce con exactitud, lo cual afirma también el mismo Cristo de Sí: Yo sé de dónde vengo y a dónde voy, lo dice hablando de la verdad.

Al cual Yo enviaré (Jn. 8, 14). De modo que no lo envía el Padre solo, sino juntamente lo envía el Hijo. Y también vosotros seréis fidedignos, pues habéis estado conmigo y no oísteis la doctrina de boca de otro. Los mismos apóstoles más tarde lo aseveran y dicen (Hch. 10, 41): Los que con El comimos y bebimos. Y que no les dijera eso únicamente por adulación, lo testifica el mismo Espíritu.

(Jn. 16, 1) Estas cosas os digo para que no desfallezcáis, cuando veáis que muchos no creen y que vosotros soportáis duros trabajos. (Jn. 16, 2) Os echarán de las sinagogas. Ya habían decretado los judíos que si alguno confesaba a Cristo, fuera arrojado de la sinagoga.

Llega ya la hora en que todo el que os dé muerte crea que rinde un servicio a Dios. Tramarán vuestra muerte como quien piadosamente procede y agradando a Dios. Luego nuevamente los consuela diciendo (Jn. 16, 3): Y esto lo harán porque no han conocido ni al Padre ni a Mí. Os sirve de suficiente consuelo que lo sufriréis por el Padre y por Mí. De modo que les trae a la memoria aquella bienaventuranza que profirió allá a los principios (Mt. 5, 11-12): Seréis bienaventurados cuando os insultaren y persiguieren y dijeren falsamente todo género de maldad contra vosotros, por causa mía. Gózaos y alegraos porque vuestra recompensa será grande en los Cielos.

(Jn. 16, 4) Esto os he dicho para que cuando llegue la hora de estos sufrimientos, os acordéis de esto que Yo os predije; y así también todo lo demás lo tengáis por digno de fe. No podréis decir que Yo por adulación o por conseguir vuestro favor he dicho estas cosas, ni que mis palabras eran falaces. Si alguien quisiera engañaros, no os haría estas predicciones que podrían aterrorizaros. Os las he predicho para que no os tomen de repente y os conturben; y también no podáis decir que Yo no supe de antemano lo futuro. Acordaos, pues, de que os lo predije. Los judíos constantemente propalaban como causa de perseguir a los apóstoles el mal que éstos hacían, por lo cual los echaban fuera como a gente perniciosa. Pero esto ya no perturbaba a los discípulos, pues habían oído que así sucedería y sabían el motivo por el que padecían, motivo que era suficiente para levantarles el ánimo. Por esto en todas partes lo presenta Jesús diciendo: No me han conocido; y por mi causa lo harán; y por mi nombre sufrirán los discípulos y por mi Padre; y también: Yo el primero he padecido; y además: al hacer eso los perseguidores obran con injusticia.

Pues bien, al tiempo de las pruebas y tentaciones, meditemos estas cosas, sobre todo cuando algo padezcamos de parte de los malos. Atendamos a nuestro jefe y consumador de nuestra fe; ya que lo sufrimos de parte de los perversos, lo sufrimos por la virtud y por Cristo (Hb. 12, 2). Si esto meditamos, todo nos será fácil y tolerable. Si cualquiera se gloría de lo que ha sufrido por aquellos a quienes ama, ¿qué pena puede sentir por sus males aquel que los sufre por Dios? Cristo, por amor nuestro, a la cruz, cosa llena de oprobio, la llama gloria; pues mucho más debemos nosotros estimarla así (Jn. 13, 31).

Si de este modo podemos despreciar los sufrimientos, mucho más podremos después despreciar los dineros y la avaricia. De modo que es conveniente, cuando habemos de sufrir alguna cosa pesada, que pensemos no únicamente en el trabajo, sino además en las coronas. Así como los mercaderes piensan no sólo en los peligros del mar, sino también en las ganancias, así conviene que nosotros pensemos en el Cielo y tengamos la confianza según Dios. Si las riquezas te parecen agradables, piensa que Cristo no las quiere, y al punto dejarán de agradarte. Lo mismo, si te es molesto hacer limosna a los pobres, no pienses únicamente en lo que das, sino levanta tu ánimo rápidamente de la siembra a la cosecha. Si te parece duro abstenerte del amor a la mujer ajena, medita en la corona que esto te adquiere, y fácilmente apartarás el fuego y soportarás el trabajo. Dura cosa es la virtud, pero rodeémosla de las grandes promesas de bienes futuros. Los buenos tienen por hermosa la virtud por sí misma, haciendo a un lado las demás consideraciones, y por eso la ejercitan; y proceden en eso correctamente, no atendiendo a la recompensa sino al beneplácito divino. Estiman sobremanera la continencia no para evitar el castigo, sino porque ella es un mandato de Dios.

Mas, si alguno es más débil, piense en los premios. Y lo mismo procedamos respecto de la limosna y compadezcámonos de nuestros conciudadanos, y no los despreciemos al verlos muertos por el hambre. ¿Cómo no ha de ser absurdo estar nosotros sentados a la mesa riendo y entre placeres, mientras escuchamos a otros que lloran en las calles y ni siquiera los miramos, sino que se lo tomamos a mal y los llamamos mentirosos? ¿Qué dices, oh hombre? ¿Hay acaso alguno que por un pan teja mentiras? Pues bien, de éstos en especial debes moverte a compasión, si dices que sí los hay. A éstos sobre todo hay que librarlos de su necesidad. Y si nada quieres darles, a lo menos no los cargues de injurias. Si no quieres librarlos del naufragio, a lo menos no los precipites al abismo. Cuando rechazas a quien te pide, considera lo que tú podrás conseguir cuando ruegas a Dios. Porque El dice (Mt. 7, 2): Con la medida que midiereis seréis medidos. Considera cómo ese pobre a quien rechazaste se aparta con la cabeza inclinada, llorando y llevando una doble herida: la de la pobreza y la de la injuria. Si piensas que pedir limosna es una maldición, piensa también cuán grave tempestad se levanta en el alma de quien pide y no recibe y ha de apartarse cargado de injurias.

¿Hasta cuándo seremos semejantes a las fieras? ¿hasta cuándo, a causa de nuestra avaricia, despreciaremos nuestra propia naturaleza? Muchos de vosotros ahora lloráis. Pero yo deseo que no únicamente ahora, sino perpetuamente obtenga ella de vosotros esa misericordia. Piensa en aquel día en que nos presentaremos ante el tribunal de Cristo y cómo necesitaremos entonces de misericordia. ¿Qué será cuando nos diga: por un pan o por un óbolo suscitasteis en estos tan horrible tempestad? ¿Qué responderemos? ¿qué defensa hallaremos? Y que El nos presentará así en público, óyelo con sus mismas palabras (Mt. 25, 45): Cuando no lo hicisteis con uno de estos pequeñuelos tampoco conmigo lo hicisteis.

Porque no serán entonces ellos quienes nos lo dirán, sino el mismo Cristo quien nos lo reprochará. El rico Epulón vio a Lázaro, pero Lázaro nada le dijo. Fue Abraham quien habló en favor de Lázaro. Lo mismo sucederá con los pobres que ahora despreciamos. No los veremos extendiendo su mano, con míseros vestidos, sino ya puestos en descanso. Y seremos nosotros quienes nos vestiremos de sus hábitos; y ojalá sea solamente de sus hábitos y no, lo que es cosa más grave, nos revista el castigo. Porque el rico Epulón ahí no anhelaba saciarse de las migajas, sino que sufría el fuego y era horriblemente atormentado; y le dijeron (Lc. 16, 25): Recibiste bienes en tu vida y Lázaro, al contrario, sus males.

No pensemos que las riquezas son alguna cosa grande, puesto que nos servirán de viático que nos llevará al suplicio si no nos cuidamos; así como si nos cuidamos, la pobreza será para nosotros un complemento de quietud y de gozo. Si la llevamos con acciones de gracias, lavaremos nuestros pecados y lograremos ante Dios grande confianza. En conclusión: no busquemos siempre y en todo el descanso, sino emprendamos los trabajos de la virtud. Cortemos lo superfluo y no busquemos más. Todo lo que poseemos démoslo a los pobres. ¿Qué excusa podemos alegar cuando Cristo nos promete el Cielo y nosotros en cambio ni siquiera un pan le suministramos; y eso que El hace nacer cada día el sol para ti?

El pone a tu servicio todas las criaturas y tú en cambio no le suministras ni siquiera un vestido, ni lo alojas bajo tu techo. Pero ¿qué digo el sol y las demás creaturas? Te ha dado su cuerpo y su sangre preciosa, ¿y tú no le das ni siquiera de beber? Dirás que ya le diste una vez. Pero eso no es misericordia. Mientras teniendo tú algo que dar no lo dieres, todavía no has cumplido con El. También las vírgenes necias tenían sus lámparas y tenían su aceite, pero no era suficiente en cantidad. Convenía que dieras de lo tuyo y no fueras tan parco en dar. Ahora, en cambio, cuando no das de lo tuyo, sino de lo que a Dios pertenece ¿por qué eres tan corto en dar, tan tenaz en retener? ¿Queréis que os exponga el motivo de semejante inhumanidad? Los que por avaricia amontonan riquezas, son siempre lentos para dar; porque quien ha aprendido ese modo de amontonar ganancias, no sabe gastar. Mas ¿cómo se convertirá quien así se halla dispuesto para la rapiña? El que anda arrebatando lo ajeno ¿cómo podrá dar de lo suyo? El perro que ya se acostumbró a devorar carne no puede en adelante ser guardián del rebaño. Por tal motivo los pastores a tales perros los matan. Pues bien, nosotros, para que eso no nos acontezca, abstengámonos de semejante alimento. Se alimentan de carne quienes causan la muerte por hambre al necesitado.

¿No adviertes cómo Dios todas las cosas las hizo comunes para todos? Si permitió que hubiera pobres fue en gracia de los ricos, para que éstos pudieran mediante la limosna redimir sus pecados. Pero tú te vuelves inhumano y cruel. Por donde se ve que si tuvieras esa potestad en cosas mayores, cometerías cantidad de asesinatos y habrías privado de la luz del día y de la vida a todos. Para que esto no sucediera, cortó el Señor, mediante esa tendencia insaciable, el camino para aquello.

Si os molestáis con estas cosas, mucho más me molesta a mí el verlas. ¿Hasta cuándo serás tú rico y el otro será pobre? Hasta la tarde de la vida. Más allá es imposible. Tan corta es la existencia de acá. Todo lo futuro está ya a las puertas y todo lo hemos de juzgar como el breve tiempo de una hora. ¿Qué necesidad tienes de una despensa rebosante, ni de rebaños de criados y de administradores? ¿Por qué, en vez de eso, no te apañas miles de pregoneros tuyos mediante la limosna? La despensa repleta sin lanzar voces atrae a cantidad de ladrones; en cambio la despensa dedicada a los pobres sube hasta Dios, suaviza la vida presente, libra de todos los pecados y logra gloria ante Dios y honra ante los hombres.

¿Por qué, pues, te privas de bienes tan numerosos y grandes? Más que a los pobres a ti mismo te beneficias, puesto que a ellos tú les proporcionas bienes de la vida presente, y en cambio te apañas la gloria futura y la confianza ante Dios. Ojalá todos la consigamos por gracia y benignidad de nuestro Señor Jesucristo, al cual sean la gloria y el poder por los siglos de los siglos. Amén.

HOMILÍA LXXVIII. No os dije esto al principio, porque estaba Yo con vosotros. Mas ahora me voy al que me envió y ninguno de vosotros ya me pregunta ¿a dónde vas? Pero porque os digo esto la tristeza, llenó vuestro corazón (*Jn 16,5-6*)

Grande es la fuerza de la tristeza y necesitamos de fortaleza grande para resistir generosamente esta enfermedad del ánimo, y para sacar de ella la utilidad que engendra y echar a un lado lo que tiene de superfluo. Porque ciertamente no deja de tener alguna utilidad. Buena es la tristeza, pero sólo cuando es por nuestros pecados o por los pecados ajenos; pero cuando caemos en humanas desgracias, la tristeza es inútil. Y como a los discípulos, que aún eran imperfectos, los combatía la tristeza, observa en qué forma la corrige Cristo, aun echando mano de la represión.

Infinitas veces le habían preguntado anteriormente, como cuando Pedro le dijo (Jn. 13, 36): Señor ¿a dónde vas? Y Tomás también le dijo (Jn. 14, 5.8): No sabemos a dónde vas ¿y cómo podemos saber el camino? Y Felipe: Muéstranos al Padre. Mas cuando oyeron: Os echarán de las sinagogas y seréis objeto de odio; y también: El que os dé muerte pensará que hace un servicio a Dios, hasta tal punto decayeron de ánimo, que no podían hablar ni decir nada. Reprendiéndolos por esto, les dijo: No os dije esto al principio porque estaba Yo con vosotros. Pero ahora voy al que me envió y ninguno de vosotros me pregunta: ¿A dónde vas? Pero porque os dije esto la tristeza llenó vuestro corazón. Cierto que una tristeza excesiva es cosa dura; dura, lo repito, y tal que prepara el camino a la muerte. Por lo cual Pablo decía (2Co. 2, 7): Para que ése (el adúltero de Corinto) no sea absorbido por una tristeza excesiva.

No os dije esto desde el principio. ¿Por qué no se lo dijo desde el principio? Para que nadie pensara que hablaba y opinaba por lo que ordinariamente sucede. Entonces ¿por qué ahora acomete un asunto tan difícil? Como si les dijera: Ya lo sabía Yo desde el principio; de modo que no callaba porque no lo supiera, sino: Porque estaba Yo con vosotros. Se expresa al modo humano. Es decir: Porque entonces vosotros estabais en seguridad y podíais preguntar cuanto quisierais: aparte de que entonces la guerra toda era en contra mía. De manera que resultaba superfluo deciros esto al principio. Pero... ¿en verdad nada les dijo? ¿Acaso no los reunió a todos los doce y les decía (Mt. 10, 18.17): Seréis conducidos a la presencia de los gobernantes y os azotarán en las sinagogas?

Entonces ¿por qué ahora les dice: No os dije esto desde el principio? Porque aun cuando entonces les predijo azotes y destierros, no les declaró que los enemigos estarían decididos a darle muerte y que llegarían hasta a pensar que semejante asesinato era un acto del culto divino. Semejante cosa podía amedrentarlos en aquel tiempo, en especial si se les había de tener por impíos y dañinos. Además, entonces les predecía lo que padecerían de parte de los gentiles. Ahora, en cambio, añade lo tocante a los judíos y con mayor vehemencia, y les manifiesta que semejantes sufrimientos están ya a la puerta.

Mas ahora me voy al que me envió y ninguno de vosotros ya me pregunta: ¿A dónde vas? Pero porque os digo esto la tristeza ha llenado vuestro corazón. No pequeño consuelo era para ellos eso mismo de saber que Jesús conocía la gran tristeza en que se hallaban. Al fin y al cabo, estaban espantados por la angustia de la partida de Jesús y la vecindad de los males que los amenazaban y que no sabían si podrían tolerar. Mas ¿por qué no les declaró eso hasta después de que hubieran recibido el Espíritu Santo? Para que conozcas que ya estaban suficientemente fuertes en la virtud. Si no se echaron atrás ahora, cuando aún no habían recibido el Espíritu Santo, aun estando oprimidos por la tristeza, piensa cuáles van a ser una vez llenos de la gracia. Por otra parte, si ellos en esa ocasión de venido ya el Espíritu Santo hubieran aceptado los padecimientos que se les proponían, todo lo atribuiríamos al Espíritu Santo. Ahora, en cambio, les pertenece todo el fruto y dan testimonio de que todo procedió de su amor a Cristo, pues estaban en su ánimo aún sin aquella virtud del Espíritu Santo.

(Jn. 16, 7) Con todo, os digo la verdad. Advierte cómo de nuevo los consuela. Como si les dijera: Yo no hablo por agradar, sino que tenéis que oír lo que os conviene aun cuando por eso os entristezcáis. Anheláis que Yo esté con vosotros; pero la conveniencia pide otra cosa. Porque es propio de quien cuida los intereses de alguno, el no dejarse influir por los amigos cuando éstos quieren apartarlo de lo que a tales intereses conviene. Si Yo no me voy no vendrá el Paráclito. ¿Qué dirán a esto los que no opinan correctamente acerca del Espíritu Santo? ¿Será conveniente que se vaya el Señor y venga el siervo? Por otra parte ¿adviertes cuán grande es la dignidad del Espíritu Santo?

Mas si Yo me fuere os lo enviaré. ¿Qué utilidad hay en esto? (Jn. 16, 8): Cuando El viniere argüirá al mundo y lo convencerá? O sea, que no os perseguirán impunemente, si El viene. Las obras ya realizadas por Jesús eran suficientes para cerrar la boca a los perseguidores; pero cuando se realicen las demás y la enseñanza sea más perfecta y los milagros más estupendos, con mayor razón serán condenados, al ver tantas y tan grandes maravillas hechas en mi nombre. Esto da una más clara prueba de la realidad de la resurrección. Ahora pueden decir de Jesús que es el hijo del artesano cuyo padre y madre conocimos. Mas cuando vean acabada la muerte, quitada la perversidad y que la naturaleza que anteriormente claudicaba ahora camina correctamente, y que son echados los demonios y que se da abundantemente el Espíritu Santo, y que todo ello se verifica a la invocación de mi nombre ¿qué dirán? Mi Padre dio testimonio de Mí; y lo dará también el Espíritu Santo. Ya lo hizo desde un principio, pero también lo hará ahora.

(Jn. 16, 9) Y argüirá al mundo de pecado. Quiere decir que se le quitará toda excusa y demostrará que los crímenes de ellos no merecen perdón. Y de justicia, por cuanto me voy al Padre y ya no me veréis más (Jn. 16, 10). O sea, que he llevado una vida irreprensible; y es indicio de ello que me voy al Padre. Pues continuamente lo acusaban de que no venía de Dios, y por eso lo llamaban pecador e impío, afirma aquí que les quitará esa ocasión de acusarlo. Si ese juzgar que Yo no vengo de Dios me muestra como transgresor, una vez que el Espíritu Santo, a Mí que voy al Padre me manifieste no estar allá por un tiempo sino para permanecer allá para siempre (porque esto significa: Ya no me veréis más), ¿qué podrán aquéllos decir?

Advierte las dos cosas con que deshace esa opinión perversa. Porque no es propio de un pecador hacer milagros, ya que eso no está en su poder; ni tampoco es propio de un pecador el venir de Dios. Y de condenación, porque el príncipe de este mundo está ya condenado (Jn. 16, 11). De nuevo habla de la justicia, pues ha vencido al adversario, cosa que un pecador no puede hacer ni tampoco un justo de entre los hombres. Como si dijera: Sabrán los que en lo futuro pisotearán a ese príncipe, que ya ha sido vencido por Mí y verán clara mi resurrección: cosas ambas que son propias de quien condena. Porque El no ha podido detenerme en el sepulcro.

Pues decían que Yo era impostor y poseso, se verá que todo eran afirmaciones fútiles. Porque yo no habría podido encadenar a ese príncipe si Yo fuera reo de pecado. Pero ahora condenado está y arrojado fuera. Tengo todavía muchas cosas que deciros, pero no podéis ahora comprenderlas (Jn. 16, 12). En consecuencia, os conviene que Yo me vaya, pues una vez que me hubiere ido, entonces las comprenderéis. Pero ¿cómo es esto?

¿Acaso el Espíritu Santo es mayor que Tú, oh Señor? Puesto que ahora no comprendemos esas cosas y El nos tornará idóneos para entenderlas. ¿Acaso es mayor y más perfecto y más perfecta su eficacia? ¡De ningún modo!

Por eso dice Cristo (Jn. 16, 13-15): Nada hablará de su cosecha, sino que transmitirá el mensaje que reciba, y os anunciará lo que ha de venir. El me glorificará, porque recibirá mi mensaje y os lo comunicará. Todo cuanto tiene el Padre es mío. Habiéndoles dicho (Jn. 14, 26): El os enseñará y os traerá a la memoria y os consolará en los trabajos (como El no lo hizo) ; y también (Jn. 16, 7): Os conviene que Yo me vaya para que El venga; y además (Jn. 16, 12): Ahora no los podéis comprender, pero entonces sí podréis; y (Jn. 16, 13): El os llevará a toda verdad; con el objeto de que no por oír estas cosas pensaran ser mayor el Espíritu Santo que Jesús, y así cayeran en extrema impiedad, les dice ahora: El transmitirá mi mensaje.

O sea, que dirá lo mismo que Yo he dicho. Al añadir (Jn. 14, 10): No hablará de su cosecha, significa que el Espíritu Santo nada dirá contrario a lo que El enseñó, ni otra cosa ajena, sino mi mensaje.

Así como hablando de sí mismo dijo: Yo nada digo de mí mismo, o sea, nada sino lo que oí del Padre, y no otra cosa ni propia ni ajena, sino eso, lo mismo ha de entenderse del Espíritu Santo. La expresión: De mi cosecha significa de lo que yo conozco, de mi conocimiento. Porque una misma es la ciencia del Espíritu Santo y la mía. Y os anunciará lo que ha de venir. Así les levanta el ánimo, puesto que ninguna cosa anhela tanto el género humano como conocer lo futuro. Por ese anhelo movidos, con frecuencia los discípulos interrogaban a Jesús: Señor ¿a dónde vas?; y también: ¿cuál es el camino? Para librarlos de semejante cuidado y preocupación, les dice: El os dirá de antemano todo, para que no caigáis por incautos. El me glorificará. ¿Cómo? Porque hará las obras en mi nombre. Después de la venida del

Espíritu Santo los discípulos iban a obrar mayores milagros; por esto les declara Jesús su igualdad con el Espíritu Santo diciendo: El me glorificará.

¿Qué significa: Toda verdad? Porque Jesús testifica que el Espíritu Santo nos llevará a toda verdad (Jn. 16, 13). Jesús, por estar revestido de carne y para no parecer que hablaba magníficamente de Sí mismo, y porque los discípulos aún no entendían lo de la resurrección, y eran aún un tanto imperfectos; y también a causa de los judíos, para que no pareciera que se le castigaba como a transgresor de la Ley, no hablaba sino pocas cosas altas de Sí mismo, ni tampoco se apartaba abiertamente de la Ley.

Ahora, estando ya separados los discípulos de los judíos, y colocados fuera de ellos; y habiendo muchos de creer y de purificarse de sus pecados; y habiendo otros que hablaran acerca de El, con toda razón no se expresaba grandemente acerca de Sí mismo ni decía cosas altas. De modo que, les dice, no proviene de ignorancia mía el no decir lo que sería necesario decir, sino de la rudeza de los oyentes. Por eso habiendo dicho: Os llevará a toda verdad, añadió: No hablará de su cosecha. Que el Espíritu Santo no necesite de enseñanza, oye cómo lo dice Pablo (1Co. 2, 11): Así las cosas de Dios nadie las conoce sino el Espíritu de Dios. Como el espíritu del hombre conoce las cosas del hombre sin que otro se las enseñe, así el Espíritu de Dios. Recibirá mi mensaje, es decir, hablará cosas que con las mías consuenan. Todo cuanto tiene el Padre es mío. Puesto que esas cosas son mías y el Espíritu Santo transmitirá el mensaje del Padre, digo hablará de lo mío.

¿Por qué no vino el Espíritu Santo antes de que Cristo se fuera? Puesto que aún no se había abolido la maldición, ni se había borrado el pecado, sino que todos eran aún reos de castigo, por tal causa el Espíritu Santo no había venido. Conviene, dice, primero quitar la enemistad y reconciliarse con Dios y después recibir ese Don. Y ¿por qué dice: Yo lo enviaré? Es decir, Yo os prepararé para recibirlo (Jn. 16, 7). Puesto que ¿cómo podría ser enviado el que está en todas partes? Por lo demás, manifiesta aquí la distinción de Personas. Por dos motivos habla así: porque ellos con dificultad podían separarse de El, los persuade a que se adhieran al Espíritu Santo y lo reverencien. Podía Jesús hacer esas cosas por sí mismo; pero deja que el Espíritu Santo obre los milagros para que los discípulos le reconozcan su dignidad. Si el Padre pudo crear lo que existe y el Hijo hace lo mismo que el Padre para que reconozcan su poder, igualmente lo hace el Espíritu Santo.

Por tal motivo se encarnó el Hijo y reservó para el Espíritu Santo la operación de los milagros, para cerrar la boca de quienes tomaran lo que es argumento de inefable bondad para ocasión de impiedad. Cuando dicen que el Hijo se encarnó porque era inferior al Padre, les respondemos: ¿Y qué decir del Espíritu Santo? Porque éste no se encarnó y sin embargo no afirmaréis que es mayor que el Hijo ni que el Hijo es inferior a El. Por esto para el bautismo se invoca la Trinidad. El Padre puede hacerlo todo, y lo mismo el Hijo, y lo mismo el Espíritu Santo. Mas como esto nadie lo pone en duda respecto del Padre, la duda anda entre el Hijo y el Espíritu Santo. Por tal motivo en la iniciación se invoca para el bautismo a la Trinidad, a fin de que por la común entrega de los bienes inefables conozcamos la igual dignidad de las divinas Personas. Que el Hijo pueda por sí mismo lo que en el bautismo puede juntamente con el Padre, y que el Espíritu Santo pueda lo mismo, oye cómo claramente se dijo.

Porque a los judíos les decía Jesús (Mc. 2, 10): Para que conozcáis que el Hijo del hombre tiene en la tierra poder de perdonar los pecados, y luego (Jn. 12, 36): Para que seáis hijos de la luz; y además (Jn. 10, 28): Yo les doy la vida eterna; y más adelante (Jn. 10, 10): Para que tengan vida y la tengan más abundante. Pues bien: veamos cómo el Espíritu Santo obra esto mismo. ¿En dónde? (1Co. 12, 7): A cada cual se da la manifestación del Espíritu para utilidad. Quien esto obra mucho más perdona los pecados. Y luego (Jn. 6, 63): El Espíritu es el que da vida. Y también (Rm. 8, 11): Vivificará vuestros cuerpos morales por obra del Espíritu que habita en vosotros. Y: El Espíritu es vida por la justicia. Además (Gal. 5, 18): Si sois conducidos por el Espíritu ya no estáis bajo la Ley. Y (Rm. 8, 15): Porque no habéis recibido Espíritu servil para recaer en el temor, sino que habéis recibido espíritu filial.

Por otra parte, los que entonces obraban milagros los hacían por virtud del Espíritu Santo que había venido. Escribiendo Pablo a los de Corinto les decía (1Co. 6, 11): Pero fuisteis lavados, fuisteis santificados, fuisteis justificados en el nombre de nuestro Señor Jesucristo y en el Espíritu de Dios Habiendo, pues, oído muchas cosas acerca del Padre y habiendo visto al Hijo obrar infinitas cosas, pero no habiendo hasta aquel momento sabido nada claramente acerca del Espíritu Santo, éste obró milagros y así dio un conocimiento perfecto de Sí.

Mas, como ya dije, para que no por esto se le tuviera por mayor, dijo Jesús: Transmitirá el mensaje que reciba y os anunciará lo que ha de venir. Si esto no fuera así ¿cómo no sería absurdo que hasta entonces lo oyera y que lo oyera a través de los discípulos? Pues según vosotros, oh herejes, ni aun entonces lo iba a saber, sino para ayudar a los discípulos. Pero ¿qué habría más inexacto que decir semejante cosa? Por otra parte, ¿en qué iba a poder ayudar a los discípulos, cuando ya todo lo había dicho por los profetas? Puesto que si había de hablar para disolver la Ley o acerca de Cristo, de su divinidad, de su encarnación, todo eso ya estaba dicho. ¿Qué podía decir El en adelante con mayor claridad?

Y os anunciará lo que ha de venir. Sobre todo con esto de clara Cristo la dignidad del Espíritu Santo, puesto que sobre todo es propio de Dios predecir lo futuro. Ahora bien, si eso lo ha de saber de otros el Espíritu Santo, nada tiene más que los profetas. Pero Jesús con lo dicho declara el exactísimo conocimiento que tiene en Dios, sin poder hablar cosa distinta.

La expresión: Recibirá mi mensaje quiere decir: De la gracia que vino a mi carne; o también, del conocimiento que Yo mismo tengo. Y esto no porque lo necesite o lo sepa por otro, sino porque es uno y único y el mismo conocimiento.

Mas ¿por qué Jesús se expresó así y no de otro modo? Porque los discípulos aún no tenían conocimiento del Espíritu Santo convenientemente. De manera que Jesús una sola cosa cuida: que sea creído y lo acepten y no se escandalicen. Como les había dicho (Mt. 23, 10): Uno es vuestro Maestro, para que no creyeran que si aceptaban al Espíritu Santo sería ya no creer en Cristo, les dice: Una y única es mi doctrina y la suya. De las cosas que Yo habría de hablar de esas mismas hablará El. No penséis que se os dirán cosas ajenas, pues son las mismas mías y celebran mi gloria. Pues la voluntad del Padre y del Hijo y del Espíritu Santo es única.

Y Cristo anhela que de modo semejante nosotros seamos uno, pues dice (Jn. 17, 11): Que sean uno como Tú y Yo somos uno. Nada hay como la unión y concordia: por ella el que es uno se multiplica. Si están concordes dos o diez, ya cada uno de ellos no es uno, sino que cada cual será el décuplo y encontrará en los diez al uno y en el uno a los diez. Si tienen un enemigo lo vencerán como a quien tiene que pelear no con uno sino con diez, pues será acometido no por uno sino por diez. ¿Está uno necesitado? Pues bien, no estará en penuria, puesto que abunda con lo que tienen los más de ellos, o sea los otros nueve, y ese uno necesitado cubre su necesidad, que viene a ser la menor parte, pues la otra mayor toca a los otros.

Cada uno de ellos cuenta con veinte manos, veinte ojos y otros tantos pies. No ve únicamente con sus propios ojos, sino además con los de los otros; ni es llevado únicamente por sus dos pies ni trabaja únicamente con sus dos manos, sino también con las ajenas. Tiene diez almas, puesto que él no es el único que cuida de la suya, sino también los otros. Y lo mismo sucedería si fueran un centenar; y así el poder iría creciendo.

¿Has observado la excelencia de la caridad, y cómo a quien es solo uno lo torna múltiple y lo hace invencible? ¿Has visto cómo el que es uno puede estar a la vez en Persia y en Roma? Lo que no puede la naturaleza, lo puede la caridad: una parte de él estaría aquí, y otra estará en otra parte. O mejor dicho, estará todo aquí y todo allá. Pues si tiene mil o dos mil amigos, considera cuán grande poder alcanzará. Porque es cosa de maravillar que uno se convierta en mil. Entonces ¿por qué no adquirimos para nosotros semejante poder tan grande y con esto permanecemos seguros? Esto es más excelente que cualquier principado y que cualesquiera riquezas. Esto es más excelente que toda salud y aún mejor que la luz y que la vida. Esto es motivo de alegría. ¿Hasta cuándo circunscribiremos nuestro amor a uno o dos? Comprende esto, atendiendo a lo contrario.

Supongamos a un hombre que no tiene un solo amigo, cosa que sería el colmo de la locura (pues sólo el fatuo dirá: Yo no tengo amigos, según afirma el Sabio. Semejante hombre ¿qué género de vida llevará? Aun cuando sea riquísimo, aun cuando abunde en haberes y delicias, aun cuando posea bienes sin cuento, será un pobre destituido de los demás y abandonado. No sucede esto entre amigos. Pues aun cuando sean pobres, serán más opulentos que los ricos; y lo que uno no se atreva a decir en favor propio, lo dirá por él su amigo; y lo que por sí no puede llevar a cabo, lo llevará mediante otro, y aun mucho más hará de lo que pensaba; y de este modo la amistad será para nosotros motivo de gozo y de seguridad. Nada malo puede acontecer a quien anda rodeado de tantos guardias, pues ni aun los guardias que rodean al rey son tan vigilantes y diligentes como los amigos.

Porque aquéllos hacen guardia por necesidad y miedo, mientras que los amigos la hacen por benevolencia y cariño; y la fuerza del amor es mucho más recia que la del temor. El rey teme a veces a sus guardias; el amigo confía en sus amigos más que en sí mismo, y apoyado en ellos no teme las asechanzas de nadie.

En consecuencia, procurémonos estas riquezas: el pobre para tener consuelo; el rico para tener seguras sus riquezas; el príncipe para poder mandar estando seguro; el súbdito para tener benévolo al príncipe. Esto es ocasión de benevolencia; esto es ocasión de mansedumbre. Entre las fieras son más irritables y feroces aquellas que no forman rebaño. Por igual motivo habitamos los hombres en ciudades, y tenemos foro para convivir unos con otros. Lo mismo ordena Pablo diciendo (Hb. 10,25): No desatendáis vuestras asambleas. Nada hay peor que la soledad y la privación de la compañía y convivencia.

Preguntarás: entonces ¿qué pensar de los monjes y de los que habitan allá en las cumbres de las montañas? Digo que tampoco ellos carecen de amigos. Huyen del tumulto de las plazas, pero tienen muchos compañeros unidos con el vínculo de la caridad: precisamente para tenerlos se apartaron a esas montañas. Como las disputas por los negocios engendran cantidad de querellas, ellos, apartándose de los negocios, cultivan cuidadosísimamente la caridad. Instarás: pero si alguno vive solo, ¿puede tener infinitos amigos? Respondo que por mi parte querría yo, si se pudiera, que todos vivieran juntos. Digo que sin embargo y a pesar de eso, permanece firme la amistad. Porque no es el lugar lo que hace a los amigos. Ellos tienen muchos que los alaban y no sólo los alaban, sino que los aman. En compensación, ellos ruegan por todo el universo, que es la más grande prueba de caridad.

Por igual motivo nosotros en la celebración de los misterios nos damos el abrazo de caridad, para que siendo muchos nos hagamos uno; y hacemos oraciones comunes por los no iniciados, por los enfermos, por los frutos de la tierra, por la tierra y el mar. ¿Adviertes la fuerza de la caridad en las oraciones, en la celebración de los misterios, en las exhortaciones? Esta caridad es la causa de todos los bienes. Si la cultivamos con fervor, administraremos bien los bienes presentes y conseguiremos el Reino de los Cielos. Ojalá todos lo alcancemos, por gracia y benignidad de nuestro Señor Jesucristo, por el cual y con el cual sea al Padre la gloria juntamente con el Espíritu Santo, por los siglos de los siglos. Amén.

HOMILÍA LXXIX. Dentro de poco ya no me veréis, y dentro de otro poco me volveréis a ver, porque voy al Padre. Comentaban, pues, entre sí algunos de sus discípulos: ¿Qué es esto que dice?: Dentro de poco, etc. (*Jn 16,16-33*)

Nada suele hacer decaer el ánimo tanto, cuando ya se duele y se encuentra triste, como el repetir con frecuencia palabras de tristeza. Entonces ¿por qué Cristo, habiendo dicho: Me voy; y: Ya no me veréis más, repite con frecuencia lo mismo diciendo: Dentro de poco ya no me veréis; y también: Voy al que me envió? Les levantó el ánimo hablándoles del Espíritu Santo y ahora de nuevo los aflige. ¿Por qué lo hace? Es para explorar el ánimo de ellos y mejor probarlo y acostumbrarlo a oír cosas aflictivas, y con esto lleven su partida con generosidad y fortaleza. Habiéndolo ya considerado en las palabras, más fácilmente soportarán después la realidad.

Si alguno examina con cuidado, verá que esto mismo es un consuelo, pues dice que va al Padre. Significa con esto que al parecer su muerte no es sino un traslado. También les da otro consuelo. Porque no dijo únicamente: Dentro de poco ya no me veréis, sino que añadió: Y dentro de otro poco me veréis, indicando que volvería y que la separación no era larga y que luego su convivencia con ellos sería perpetua. Cierto que ellos no entendieron esto. Por lo cual razonablemente se admirará alguno de que habiendo oído esto con frecuencia, dudaran aún como si nada hubieran oído.

¿Por qué no lo entendieron? Pienso yo que fue a causa de la tristeza, que les quitaba el recuerdo de cuanto Jesús les iba diciendo; o también por la oscuridad de las sentencias con que parecía aseverar cosas entre sí contrarias, no siéndolo. Como si le dijeran: Si te veremos ¿a dónde vas? Y si te vas ¿cómo te veremos? Por eso dicen: No sabemos qué es lo que dice. Entendían que se marcharía, pero ignoraban que poco después volvería. Por lo cual El los reprende, pues no atinan con lo dicho.

Queriendo inculcarles con fuerza la enseñanza acerca de la muerte ¿qué les dice? (Jn. 16, 20): En verdad, en verdad os digo: vosotros lloraréis y os lamentaréis, mientras el mundo se regocijará. Fácilmente eran llevados a creer que Jesús no moriría, porque ellos no querían que muriera; y así andaban dudosos y no sabían qué podía significar eso de: Dentro de poco. Y El les dice: Lloraréis y os lamentaréis, pero vuestra tristeza se trocará en gozo. Y tras de asegurarles que después de la tristeza vendrá el gozo y que la pena dará a luz la alegría y que el dolor será breve, recurre a un ejemplo popular. Y ¿qué dice? (Jn. 16, 21): La mujer al dar a luz se acongoja. Con frecuencia usaron los profetas de esta parábola, comparando la tristeza con los dolores de parto. Quiere decir el Señor: Os invadirán dolores como de parto, pero los dolores de parto son causa de alegría. Reafirma así la verdad de la futura resurrección, y declara que el partir de este mundo es equivalente a salir del vientre a la espléndida luz. Como si dijera: No os admiréis de que por medio de los dolores os conduzca Yo a cosas útiles, pues también las madres, mediante esos dolores, llegan a ser madres.

Pero además indica aquí un misterio, o sea, que además El ha destruido el dolor de la muerte y ha cuidado de engendrar al hombre nuevo. No dijo únicamente que la tristeza sería pasajera, sino que ni siquiera la menciona: tan grande era el gozo que iba a venir. Esto sucederá con los santos. La mujer no se goza porque ha venido al mundo un hombre, sino porque a ella le ha nacido un hijo. Y es claro, pues si por lo primero se alegrara, entonces nada impediría que incluso las que no dan a luz se gozaran de que otras parieran.

¿Por qué habló así Jesús? Porque tomó el ejemplo únicamente para aclarar que el dolor es temporal, pero el gozo es perpetuo; y que la muerte es un traslado a la vida; y que de esos dolores, como de parto, se sigue un fruto grande. Y no dijo: Porque ha nacido un niño; sino: Porque ha nacido un hombre. Con lo cual parece dar a entender su propia resurrección; y que al dar así a luz no engendraría para la muerte, sino para el reino. Por esto no dijo: Le ha nacido un niño; sino: Porque ha nacido un hombre en el mundo.

(Jn. 16, 22-23) También vosotros tenéis ahora tristeza. Pero os volveré a ver y vuestra tristeza se tornará en gozo. Y para indicar que El ya no morirá, dice: Y nadie os quitará vuestro gozo. En aquel día nada tendréis ya que preguntarme. Nuevamente confirma con estas palabras que viene de Dios. Entonces conoceréis todas las cosas. Pero ¿qué significa: Ya nada tendréis que preguntarme? Es decir, no necesitaréis intermediarios, pues os bastará con sólo proferir mi nombre para que lo recibáis todo. En verdad, en verdad os digo: Si algo pidiereis al Padre en mi nombre, os lo otorgará. Declara aquí el poder de su nombre, puesto que sin ser visto, sin ser rogado, con solo su nombre los hace admirablemente agradables ante el Padre. ¿Cuándo sucedió esto? Cuando dicen (Jn. 16, 24): Mira, Señor, sus amenazas y otorga a tus siervos predicar tu palabra con entera libertad y hacer milagros en tu nombre. Y se sacudió el sitio en donde estaban! Hasta ahora no habéis pedido nada en mi nombre. De nuevo les declara ser conveniente que El se vaya, puesto que hasta entonces nada habían pedido; pero después alcanzarán todo cuanto pidieren. Porque no debéis pensar que por no estar Yo con vosotros en adelante, ya habéis sido abandonados por Mí: mi nombre os aumentará la confianza. Ahora bien, como esas expresiones fueran un tanto oscuras, les dice (Jn. 16, 25): Os he dicho todo esto en enigmas. Llega la hora en que ya no os hablaré en enigmas. Llegará un tiempo en que todos entenderéis todo con claridad; es decir, el tiempo de la resurrección. Entonces claramente os hablaré de mi Padre. Porque después, durante cuarenta días (Hc. 1, 3-4) convivió con ellos y conversaba con ellos y con ellos comía y les exponía lo pertinente al Reino de Dios.

Como si les dijera: Ahora, aturdidos por el temor, no atendéis a lo que se os dice; pero después, viéndome resucitado y conviviendo con vosotros, podréis con toda seguridad saberlo todo, pues el Padre os amará porque vuestra fe en mí será más firme. Y yo rogaré al Padre (Jn. 16, 26). Es decir: os basta el amor que me tenéis como patrocinador. Porque vosotros me habéis amado y habéis creído que vine enviado de Dios. Salí del Padre y vine al mundo. De nuevo dejo el mundo y voy al Padre (Jn. 16, 27-28).

Puesto que lo dicho sobre la resurrección los había consolado no poco; y lo mismo el oírle que había salido del Padre y volvía al Padre, con frecuencia les repite la misma idea. Con esto les prometía dos cosas: una, que tendrían ya fe correcta acerca de El; otra, que ya estarían seguros. Por lo mismo, cuando decía (Jn. 16, 17): Dentro de poco ya no me veréis, y dentro de otro poco me veréis, lógicamente ignoraban ellos qué era lo que decía; pero ahora ya no lo ignoran.

¿Qué significa: Ya no me preguntaréis? Es decir: ya no me interrogaréis diciendo: Muéstranos al Padre; ni tampoco: ¿A dónde vas?, pues estaréis llenos de todo conocimiento y el Padre os amará como Yo os amo. Esto sobre todo les dio buena esperanza: saben que serán amigos del Padre. Por lo cual le dicen (Jn. 16, 30): Ahora conocemos que todo lo sabes. ¿Adviertes cómo les respondía según la disposición de sus ánimos? Y no necesitas tú que nadie te pregunte. Es decir: antes de que nos oigas, ves ya lo que nos conturba; y así nos has confortado diciéndonos: El Padre os ama, porque vosotros me habéis amado. Tras de tantas y tantas cosas, finalmente exclaman: Ahora conocemos. ¿Observas cuán rudos eran todavía? Luego, puesto que ellos, como quien da las gracias, han dicho: Ahora conocemos, El les dice: Todavía necesitáis otras muchas cosas para llegar a la perfección. Todavía no habéis llegado. Por eso ahora me dejaréis en manos de mis enemigos y se apoderará de vosotros un miedo tan grande que ni siquiera podréis apartaros en grupo. Pero Yo no sufriré por eso daño alguno. ¿Notas cómo de nuevo atempera su discurso?

Los reprende porque continuamente necesitan de indulgencia. Pues habiendo ellos dicho (Jn. 16, 29): Ahora sí que hablas abiertamente y no en enigmas; y también: por eso hemos creído en Ti, les declara que aun ahora, cuando creen, no creen todavía, y que no se fía de sus palabras. Dice esto refiriéndose a un tiempo posterior. La expresión (Jn. 16, 32): El Padre está conmigo de nuevo la lanza por ellos, pues continuamente se esforzaba en que lo entendieran. Luego, para manifestar que con lo que va diciendo aún no les ha comunicado un conocimiento perfecto; pero al mismo tiempo evitar que se guíen por humanos raciocinios (puesto que era verosímil que hubieran pensado al modo humano y temieran no tener de parte de El ningún auxilio), les dice (Jn. 16, 33): Esto os he dicho a fin de que en Mí tengáis paz. Es decir, para que no me echéis de vuestros ánimos, sino que me recibáis. De modo que nadie tome esto como un dogma, pues fue dicho únicamente para consuelo y cariño nuestro.

Como si les dijera: No padeceréis perpetuamente tales cosas, sino que vuestras penas al fin tendrán su término. Pero mientras estéis en el mundo, tendréis que andar entre sufrimientos, no sólo ahora que yo soy entregado, sino también después. Pero levantad vuestros ánimos, pues nada grave sufriréis. Una vez que el Maestro haya vencido a los enemigos, ya no deben contristarse los discípulos. Pero yo pregunto: ¡Señor! ¿cómo has vencido al mundo? Dije ya que Yo he echado fuera al príncipe de este mundo; y vosotros lo conoceréis más adelante, cuando todos cedan ante vosotros y os obedezcan.

Pues bien, también nosotros podemos vencer, si queremos mirar al caudillo de nuestra fe, y caminar por el camino que El desbrozó. De este modo ni aun ante la muerte nos vencerá. Pero dirás: ¿cómo es eso? ¿Acaso no moriremos? Porque ese sería el modo de constarnos que no nos ha vencido la muerte. Respondo que el luchador no se torna esclarecido cuando no lucha contra el enemigo, sino cuando lucha y no es vencido. No somos mortales a causa de la lucha, sino inmortales a causa de la victoria. Mortales seremos si perpetuamente permanecemos en la muerte.

Así como a un viviente no lo llamamos inmortal por el hecho de que tenga muy larga vida, aun cuando antes de morir viva por larguísimo lapso, así tampoco llamaremos mortal a quien después de morir ha de resucitar. Dime, te ruego, si alguno se ruborizara por algún tiempo, ¿podríamos afirmar que perpetuamente vive ruborizado? ¡De ningún modo! puesto que no tiene eso perpetuamente. Y si alguno palidece, ¿afirmaremos que sufre de ictericia? ¡De ningún modo, puesto que se trata de un accidente pasajero! Pues igualmente no llames mortal a quien por breve tiempo ha estado muerto. Porque en este caso a quienes duermen podríamos llamarlos muertos, ya que están, por decirlo así, como muertos y sin actividades.

Insistes: pero es que la muerte corrompe el cuerpo. ¿Qué tiene qué ver eso? Porque no mueren para permanecer en la corrupción, sino para mejorarse tales cuerpos. Venzamos, pues, al mundo, corramos a la inmortalidad, sigamos a nuestro Rey, levantémosle un trofeo, despreciemos los placeres. No se necesitan grandes trabajos: traslademos nuestra alma a los Cielos y con eso ya está vencido el mundo. Si no lo codicias, ya está vencido. Si lo burlas, ya lo venciste. Huéspedes somos y peregrinos: en consecuencia, no nos dolamos de ninguna cosa triste. Si nacido en floreciente patria y de nobles antepasados, transmigraras a una región lejana en donde de nadie fueras conocido ni tuvieras hijos ni riquezas; y allá recibieras de alguien alguna injuria, la sentirías no menos que si estuvieras en tu patria. Pero sabiendo que vivías en una región extranjera y extraña, te persuadirías de que todo lo habías de soportar con facilidad: hambres, sed y cualquiera otra cosa. Pues bien, hazte ahora la misma cuenta.

Eres peregrino y extranjero; y en consecuencia, que nada te turbe, como quien vive en una patria extraña. Al fin y al cabo tienes una ciudad cuyo artífice y Creador es Dios; y la presente peregrinación es corta. Quien acá guste, que azote, que injurie, que cargue de afrentas. Vivimos en tierra extraña: ¡míseramente vivimos! Lo grave sería padecer eso allá en la patria entre los conciudadanos: ¡eso sí sería infamia enorme y gravísima pérdida! Pero si alguno estuviera en donde no hubiera conocidos, todo lo llevaría con facilidad. La injuria se estima como más grave según la voluntad del que la infiere. Por ejemplo, si alguien injuria a un Prefecto, sabiendo quién es, la injuria sería amarga; pero si lo injuria creyendo que se trata de un particular, entonces parecerá que la injuria ni siquiera toca a la persona del Prefecto. Pues bien: pensemos así. Ya que esos que nos injurian ni siquiera saben quiénes somos, o sea, que somos ciudadanos del Cielo, inscritos en la patria celeste, y entre los coros de los querubines.

En consecuencia, no nos dolamos ni tengamos la injuria como injuria. Si supieran ellos quiénes somos, ciertamente no nos molestarían.

Dirás: pero es que nos tienen por pobres y miserables. Pues bien, no lo tomemos a injuria. Dime: si alguno que va de camino tiene que esperar a sus criados por algún tiempo en un mesón; y un hostelero u otro caminante cualquiera desconocido lo maldice e injuria ¿acaso no despreciaría la ignominia y aún se deleitaría pensando en lo equivocados que andan ellos? ¿No se alegraría como si fuera otro el injuriado? Pues procedamos nosotros igualmente. Al fin y al cabo en hospedería estamos, en espera de otros compañeros de viaje. Cuando ya nos reunamos todos, entonces los injuriantes caerán en la cuenta de a quién injuriaron. Entonces, bajando la cabeza, nos dirán: ¡Este es el que nosotros hicimos objeto de burlas!

Consolémonos, pues, con estas dos cosas: con que nosotros no recibimos la injuria; y con que, al fin de cuentas, si queremos vengarnos, serán ellos los que sufran gravísimos castigos. Pero... ¡no, que no haya nadie tan cruel e inhumano! Dirás: ¿y si es de nuestros parientes de quienes recibimos la injuria? ¡Molesta cosa sería! Pero por mi parte respondo que más bien sería cosa de nada y levísima. ¿Por qué? Porque no toleramos de igual modo que nos injurien los extraños a que lo hagan los que amamos.

Con frecuencia repetimos esto para exhortar a quienes sufren injurias: ¡mira que es tu hermano el que te ofendió! Llévalo con magnanimidad; es tu padre; es tu tío. Pues si respetas el nombre de padre o de hermano, te voy a señalar un pariente más próximo aún. Pues no sólo somos hermanos entre nosotros mismos, sino miembros de un mismo cuerpo. Entonces, si respetamos el nombre de hermano, mucho más debemos respetar a un miembro nuestro. ¿No has oído aquel refrán seglar que dice: Al amigo hay que soportarlo con todas sus deficiencias? ¿No has oído a Pablo que dice: Llevan los unos las cargas de los otros? ¿No habéis visto lo que hacen quienes aman? Puesto que no puedo tomar ejemplos de entre vosotros, me veo obligado a recurrir a ese otro. Lo mismo hace Pablo cuando dice (Hb. 12, 9): Además, teníamos a nuestros padres naturales que nos corregían y los respetábamos. Y más oportunamente podemos aducir lo que escribe a los romanos: A la manera como entregasteis vuestros miembros como esclavos a la impureza y al desorden para cometer la iniquidad, así ahora entregad vuestros miembros como esclavos a la justicia para la santidad. Pues bien, por nuestra parte nosotros continuamos confiadamente aplicando ese ejemplo.

¿No has visto a los amantes que andan inflamados por las prostitutas cuántas miserias soportan? Son abofeteados, azotados, burlados, sufren a las prostitutas corrompidas, querellosas, insultantes. Y sin embargo, apenas ven algo más suave y blando que eso, y todo lo tienen por felicidad, olvidando lo anterior. Todo les parece próspero, ya sea que les venga la pobreza, la enfermedad u otra cosa semejante. Juzgan miserable o feliz su vida según como se porta con ellos la amante. Nada saben de la gloria humana, ni de la ignominia; sino que si se les injuria, lo llevan con facilidad, buscando siempre aquel placer, si van bien con la amante. Si ésta los afrenta, si los escupe, creen que reciben un baño de rosas. Pero ¿qué maravilla es que así sientan acerca de ella? Su casa les parece la más espléndida de todas aun cuando sea de adobes y amenace ruina. Mas ¿para qué referirme a las paredes? Con sólo ver el sitio en donde la amante suele estar se inflaman. Permitidme que a este propósito repita las palabras del apóstol: Así como entregasteis vuestros miembros como esclavos a la impureza y al desorden para cometer la iniquidad, así ahora entregad vuestros miembros como esclavos a la justicia para la santidad. Lo mismo digo yo: Así como a esas rameras habéis amado, así amémonos unos a otros y ya no pensaremos que sufrimos de los demás nada pesado. Más aún: ¡no nos amemos a nosotros con ese amor, sino a Dios!

¿Sentisteis escalofrío porque os he pedido tan grande amor a Dios cuanto es el que mostráis a una prostituta? Pues yo lo siento de que ni siquiera ese amor le demostremos. Y si os place, aunque el asunto es molesto en gran manera, considerémoslo. La amante a su amante nada bueno le promete, sino vergüenza, ignominia, injurias, porque esto es lo que trae consigo el trato con las prostitutas. Deja en ridículo, torna desvergonzado e infame. En cambio Dios promete el Cielo y los bienes celestiales; nos hace hijos suyos y hermanos de su Hijo Unigénito; te da mientras vives bienes incontables, y ya muerto te da la resurrección y tantos otros bienes incontables que ni siquiera los puedes abarcar con el entendimiento, y nos torna honorables y respetables. La prostituta obliga a dilapidarlo todo como en una vorágine, y para en ruina. Dios, en cambio, ordena sembrar Cielo y se cosecha el céntuplo y además la vida eterna. La prostituta abusa del amante como de un esclavo y es más cruel que cualquier tirano. Dios en cambio dice (Jn. 15, 15): Ya no os llamaré siervos, sino amigos.

¿Has advertido de un lado la grandeza de males y de otra la grandeza de bienes? ¿Qué más? Muchos por la amante se desvelan, y si ella algo les manda la obedecen con toda presteza, y abandonan padre, madre, amigos, dineros, defensores, todos sus intereses y los dejan que se arruinen; y en cambio, por amor a Dios, o mejor dicho por nuestro propio interés, con frecuencia no queremos emplear ni la tercera parte de nuestros bienes, sino que despreciamos al hambriento y cuando vemos al desnudo pasamos de largo y ni siquiera nos dignamos hablarle. Los amantes de que tratamos, si ven a la criada de la amante, aun cuando sea una bárbara, se detienen en mitad del ahora y le hablan con semblante blando y risueño y se alargan en pláticas. Por la amante desprecian la vida, a los príncipes, el reino (lo saben bien cuantos han experimentado semejante enfermedad), y cuidan más de estar bien con ella que los manda que con todos los demás que a ellos les sirven. ¿Acaso, pues, no nos esperan justamente la gehena y suplicios sin número?

Vigilemos y ofrezcamos en servicio de Dios siquiera tanto cuanto ésos ofrecen a la prostituta, o a lo menos la mitad o la tercera parte. Quizá de nuevo habéis sentido escalofrío. También yo lo he sentido. Pero yo anhelo que os horroricéis no únicamente de las palabras, sino también de las obras. Lo que sucede es que aquí os conmovéis, pero una vez allá fuera, todo lo olvidamos. ¿Qué ventaja se saca de esto? Si allá con la amante se han de gastar dineros, nadie llora la pobreza, sino que aún se toman a rédito, a pesar de haber sido engañados muchas veces; acá, en cambio, si nombramos la limosna, al punto se nos objetan los hijos, la esposa, la casa, el cuidado de los haberes familiares y mil otras excusas. Dirás que allá se encuentra el placer. Precisamente de eso me duelo y eso me atormenta. Pues ¿qué si os demuestro que hay acá mayores placeres? Porque allá con la amante frecuentemente disminuyen el placer no sólo la vergüenza, la injuria, el gasto, sino además las riñas y enemistades, mientras que acá nada de eso existe.

Yo pregunto: ¿qué deleite puede haber igual al de estar esperando el Reino de los Cielos, el esplendor de los santos, la vida sin término? Objetarás: sí, pero tales cosas las esperamos, mientras que aquel otro placer ya lo experimentamos. ¿Cómo lo experimentas? ¿quieres que te demuestre cómo también de estas otras hay ya experiencia? Piensa con cuán grande libertad procedes y cómo a nadie temes, ni a enemigos ni a sicofantas, ni a quienes ponen asechanzas, ni a émulos ni a rivales, ni a envidiosos, ni pobrezas, ni enfermedades, ni cosa alguna humana, mientras ejercitas la virtud.

En cambio en aquellas otras cosas de la amante, aun cuando infinitas sucedan a tu gusto y las riquezas te lleguen como derivadas de una fuente, sin embargo, las batallas de los rivales y las asechanzas hacen que la vida de tales amantes que así en el lodo se revuelcan, sea la más infeliz de todas. Para conseguir el placer de esa mujercilla despreciable y desgastada, se hace necesario andar moviendo querellas, cosa más dura que mil muertes y más intolerable que cualquier suplicio.

Acá, en la virtud, nada de eso hay, pues dice Pablo (Gal. 5, 22): Los frutos del Espíritu Santo son caridad, gozo, paz. Nada de guerras, nada de gastos inoportunos ni de oprobios tras de los gastos. Si das un óbolo, un pan, un vaso de agua fresca, se te agradece mucho y no te causa dolor ni tristeza, sino que, al revés, todo te vuelve honorable y te da mayor libertad; aparte de que te libra de toda vergüenza. Pues ¿qué excusa tendremos, qué perdón si omitimos este ejercicio de virtud y nos damos voluntariamente a esas otras cosas y nos arrojamos al horno de fuego ardiente?

Por lo mismo, exhorto a quienes sufran de semejante enfermedad a que se arrepientan y tornen a la salud y no desesperen. También el hijo pródigo cayó en pecados y peores; pero, pues regresó a la casa paterna, fue restituido a su prístino honor y apareció más brillante que su hermano, aquel que siempre se había portado bien. Imitémoslo; y vueltos al Padre, aunque sea tarde, salgamos de esa esclavitud y entremos en la libertad, para gozar del Reino de los Cielos, por gracia y benignidad del Señor nuestro Jesucristo, con el cual sea la gloria al Padre juntamente con el Espíritu Santo, por los siglos de los siglos. Amén.

HOMILÍA LXXX. Después de estos discursos, levantados los ojos al Cielo, dijo Jesús: Padre, ha llegado la hora. Glorifica a tu Hijo a fin de que tu Hijo te glorifique a ti (*Jn 17,1*)

El que hiciere y enseñare, dice el Señor, ése será grande en el reino de los cielos. Y con razón. Ser virtuoso de palabras es cosa fácil; pero el practicar la virtud es cosa propia de un ánimo fuerte y generoso. Por tal motivo Cristo, tratando de la paciencia, se pone a Sí mismo como ejemplo y nos manda imitarlo. Y así El, después de su exhortación, se torna a la oración y nos enseña que en la hora de la tentación dejemos a un lado todo lo demás y recurramos a Dios.

Tras de haber dicho: En el mundo tendréis tribulación, con lo que excitó los ánimos de los discípulos, luego los levanta por medio de la oración. Ellos lo tenían aún por solo hombre; por lo cual procede así para el bien de ellos, como allá cuando la resurrección de Lázaro. Y pone el motivo (Jn, 11, 42): Lo he dicho por la turba que me rodea para que crean que Tú me has enviado. Dirás que en aquella ocasión razonablemente lo hizo; pero delante de sus discípulos ¿qué razón había? También delante de los discípulos fue razonable que procediera así. Porque ellos, más que nadie, necesitaban ser confirmados en la fe, puesto que, tras de tantas y tan grandes maravillas, hasta este momento vienen a decir (Jn. 16, 30): Ahora conocemos que Tú todo lo sabes.

Por lo demás, el evangelista a esta acción de Jesús no la llama oración; sino que dice: Elevados los ojos al Cielo, con lo que insinúa que más bien fue aquello un coloquio con el Padre. Y no te burles si en otro sitio la llama oración y te muestra a Jesús ya puesto de rodillas, ya levantando los ojos al cielo. Por todo esto se nos instruye sobre la importancia de perseverar en la oración; y que, puestos en pie, levantemos los ojos, no únicamente los corporales, sino los de la mente; y puestos de rodillas, tengamos el corazón contrito.

Porque Cristo vino no únicamente para manifestarse, sino además para enseñarnos el camino de las virtudes inefables. Y conviene que quien es maestro enseñe no con las palabras solamente, sino además con las obras. Escuchemos, pues, lo que ahora dice: Padre, ha llegado la hora. Glorifica a tu Hijo, a fin de que tu Hijo te glorifique a Ti. Declara una vez más que no va involuntariamente a la cruz. ¿Cómo iba a ir contra su voluntad cuando El mismo ruega que ya se realice la crucifixión y a ésta la llama gloria no sólo del crucificado sino también del Padre?

Y así sucedió: no solamente el Hijo sino también el Padre fue glorificado. Antes de la cruz ni los judíos lo conocían, pues dice (Is. 1, 3): Israel no me conoció. Pero después de la cruz todo el mundo corre hacia El. Enseguida pone el modo de esa glorificación y en qué forma lo glorificará (Jn. 17, 2): Y conforme al poder que le has dado sobre todos los hombres, para que todo lo que le has dado no perezca. Porque en hacer siempre el bien, en eso consiste la gloria de Dios. ¿Qué significa: Conforme al poder que le has dado sobre todos los hombres? Deja entender que la predicación no estará circunscrita a sólo los judíos, sino que recorrerá todo el orbe; con lo cual establece los fundamentos y comienzos de la vocación de los gentiles. Pues antes les había dicho a los apóstoles (Mt. 10, 5): No vayáis a los gentiles pero más tarde les iba a decir (Mt. 28, 19): Id y enseñad a todas las gentes. Aquí les manifiesta ser esa la voluntad del Padre. Cosa era que mucho escandalizaba a los judíos y también a los discípulos; y ni aun más tarde llevaban con tranquilidad que se les mezclara con los gentiles, hasta que en esto los instruyó el Espíritu Santo: en gran manera desagradaba eso a los judíos. Por ejemplo, aun después de la solemnísima venida del Espíritu Santo, cuando Pedro regresó a Jerusalén, con dificultad pudo escapar a la acusación de haber entrado a los gentiles, y hubo de explicar la visión de la sábana.

¿Qué significa: Le has dado potestad sobre todos los hombres? Lo preguntaré a los herejes. ¿Cuándo recibió esa potestad? ¿Antes o después de crearlos? Porque El mismo aseguró después de la crucifixión y resurrección (Mt. 28, 18): Se me ha dado toda potestad. Id, pues, y enseñad a todas las gentes. ¿De modo que no tenía El potestad sobre sus obras? Pero es el caso que El fue quien los creó: ¿y no tuvo potestad sobre ellos una vez que los hubo formado? Desde el principio de los tiempos se muestra haciendo El todas las obras; y por cierto a unos, como pecadores, los castiga; a otros los enmienda para que se conviertan. Pues dice (Gn. 18, 17): No ocultaré a mi siervo Abraham lo que voy a hacer y a otros, que proceden correctamente, los honra. ¿O es que antes tenía esa potestad, pero luego la perdió y ahora de nuevo la ha recuperado?

Pero ¿cuál de los demonios se ha atrevido jamás a decir semejante cosa? Y si tenía el mismo poder antiguamente y ahora (pues dice (Jn. 5, 21): Así como el Padre tiene poder para resucitar los muertos y darles vida, así también el Hijo da vida a quienes El quiere), entonces ¿qué sentido tiene lo que ahora dice? Los iba a enviar a los gentiles. Y para que no pensaran que se trataba de una innovación, tras de haberles dicho (Mt.15, 24): No he sido enviado sino a las ovejas que perecieron de la casa de Israel, les demuestra ahora ser voluntad del Padre que vayan a los gentiles. Si esto lo dice en una forma excesivamente humilde y humana, no es de extrañarse; pues de este modo paulatinamente los iba instruyendo, lo mismo que a los que luego llegarían; y como ya tengo dicho, con ese abajarse en sus expresiones daba a entender que se atemperaba a la rudeza de sus oyentes.

¿Qué significa: Sobre todos los hombres? Es un hecho que no todos creyeron; pero por lo que a El tocaba, todos creyeron. Si no obedecían a la predicación, no era culpa del Maestro, sino de los que recibían el mensaje. *Para que a todos los que le diste El les dé la vida eterna.* No te admires de que aquí también se exprese en forma más humana. Procede así por los motivos que ya he enumerado y siempre cuidando de no expresarse acerca de Sí mismo en forma grandilocuente, cosa que habría ofendido a los oyentes, pues no concebían de El aún nada grande.

No procede así el evangelista cuando habla por su cuenta, sino que usa un estilo más levantado, diciendo, por ejemplo (Jn. 1, 3): *Todo fue hecho por El y sin El nada fue hecho;* y también (Jn. 1, 4): *El era la Vida;* y además (Jn. 1, 9): *Era Luz;* y luego (Jn. 1, 11): *Vino a los suyos.* Y no vino porque El no tuviera potestad si de otro no la recibía, sino: *Para dar potestad a otros de llegar a ser hijos de Dios.* A su vez Pablo lo llama igual a Dios (Flp. 2, 6); pero Jesús en forma más humana hace su petición así (Jn. 17, 3): *Para que a todos los que le diste les dé la vida eterna. Y esta es la vida eterna: que te conozcan a Ti, el único verdadero Dios, y al que enviaste, Jesucristo.* Dice: *El único Dios verdadero,* para diferenciarlo de los que no son dioses. Los apóstoles iban a ser enviados a todas las naciones. Y si no lo aceptaban así como Dios verdadero, sino que lo rechazaban por sólo ese motivo de ser Hijo del Dios verdadero, por el mismo caso negarían que era Dios. Porque dice El (Jn. 5, 44): *No buscáis la gloria que viene del único Dios que es verdadero.*

Entonces ¿no será Dios Hijo? Pero si es Dios Hijo y de sólo el Padre, es manifiesto ser verdadero Hijo del único verdadero Dios. Pues ¿qué? ¿Acaso cuando Pablo dice (1Co. 9, 6): *O sólo yo y Bernabé* por eso sólo suprime a Bernabé? ¡De ningún modo! Lo pone para diferenciarse de los demás. Por otra parte, si el Hijo no es Dios ¿cómo será la verdad? Porque verdadero y verdad apenas difieren. Yo pregunto: de quien no sea verdadero hombre ¿qué diremos que es? ¿Acaso no negaremos que es hombre? Pues bien, del mismo modo: si el Hijo no es verdadero Dios ¿cómo es

Dios? ¿Cómo nos hace dioses e hijos, no siendo El Dios verdadero?

Pero de esto ya hemos tratado con mayor cuidado en otra parte. Prosigamos pues y vayamos adelante. Yo te he glorificado sobre la tierra (Jn. 17, 4). Con exactitud dijo: Sobre la tierra; porque en el Cielo ya estaba glorificado, pues tenía su gloria natural y era adorado por los ángeles. De modo que no habla Jesús de la gloria propia de la divina substancia, pues ésta perfectamente la posee plena del Padre, aun cuando nadie lo glorifique; sino de la que acá se le da con la humana adoración. De modo que la expresión: Glorifícame, así ha de entenderse. Y para que veas que a esa gloria se refiere, oye lo que sigue: He cumplido la obra que Tú me encomendaste que hiciera.

Por cierto que esa obra estaba apenas comenzada y ni aun comenzada. Entonces ¿por qué dice: He cumplido? Quiere decir o que El por su parte ha hecho cuanto debía; o también asevera como pasado lo que es aún futuro; o mejor aún entiéndase que ya todo está hecho, pues ha sido puesta la raíz de todos los bienes, de la que necesariamente se seguirán los frutos, y que El ayudaría a los que luego vendrían y los uniría con los anteriores. Continúa hablando en cuanto hombre: Que me encomendaste. Pues si hubiera permanecido oyendo y aprendiendo, eso sería muy inferior a su gloria. Mas por muchas razones es claro que se abajó a eso, como cuando dice Pablo que en tanto grado nos amó que se entregó a Sí mismo por nosotros (Ef. 5, 2). Y también (Flp. 2, 7): Se anonadó a Sí mismo tomando la forma de esclavo. Y también (Jn. 15, 9): Así como me amó mi Padre, así os he amado a vosotros.

(Jn. 17, 5) Ahora glorifícame, oh Padre, en Ti mismo con la gloria que en Ti tuve, antes de la creación del mundo. ¿Dónde está esa gloria? Pasa que ante los hombres no la tuviera, a causa de haberse encarnado. Pero ante Dios ¿por qué quiere ser glorificado? ¿Qué sentido tiene lo que aquí dice? Habla de la encarnación, pues la humana naturaleza suya aún no estaba glorificada, ni había alcanzado la incorrupción, ni participaba aún del solio real. Por esto no dijo sobre la tierra, sino: En Ti. De esta gloria participaremos nosotros, cada cual según su medida, si somos vigilantes. Por lo cual dice Pablo (Rm. 8, 17): Ahora con El sufrimos, para ser después glorificados.

En consecuencia, dignos son de infinitas lágrimas aquellos que, estándoles prometida gloria tan grande, a sí mismos se engañan por pereza y somnolencia. Aun cuando no existiera la gehena, serían sin embargo los más míseros, pues pudiendo reinar con el Hijo de Dios, y disfrutar de la gloria, se privan a sí mismos de bienes tan grandes. Si fuera necesario dejarse hacer pedazos, sufrir mil muertes, entregar diariamente a los padecimientos mil almas y otros tantos cuerpos que tuviéramos ¿acaso no deberíamos pasar por todo eso para alcanzar gloria tan grande? Pero ahora es el caso que ni siquiera despreciamos las riquezas, riquezas que luego, aun contra nuestra voluntad, tendremos que abandonar. No despreciamos las riquezas que en males sin cuento nos enredan y que acá se quedarán y ni siquiera son nuestras; puesto que andamos administrando lo que pertenece a nuestros padres. Cuando se presente la gehena, el gusano aquel que nunca muere, el fuego inextinguible y el rechinar de dientes ¿cómo podremos soportarlos? ¿Hasta cuándo abriremos los ojos y dejaremos de consumirnos en vanas querellas diarias, en guerras y palabras vacías? ¿Hasta cuándo estaremos alimentando este vaso terrenal, engrosando este cuerpo, descuidando el alma y las cosas que son necesarias, y en cambio andando solícitos de las inútiles y superfluas? Construimos sepulcros magníficos, compramos espléndidas mansiones, arrastramos con nosotros variadas greyes de esclavos, escogemos diversos administradores y los ponemos al frente de los campos, las casas, los dineros; y añadimos prefectos de administradores; y en cambio ningún cuidado nos tomamos del alma y la tenemos abandonada.

¿Hasta cuándo se acabará esto? ¿Acaso no henchimos sólo un vientre? ¿Acaso no nos envuelve un solo cuerpo? ¿A qué viene el estruendo de tantas cosas? ¿Con qué objeto traemos dividida y distraída el alma que Dios nos dio en tantas ocupaciones, y nos procuramos tan dura esclavitud? Pues quien de muchos necesita, esclavo es de muchos aun cuando al parecer sea él quien de ellos dispone. El amo es un esclavo de los siervos y sufre un nuevo género de esclavitud. Esclavo es que no se atreve a presentarse sin sus servidores en el foro ni en los baños ni al salir al campo, mientras que los siervos sin el amo por todas partes se espacian. Mientras tanto, el que parece señor, si no están presentes los siervos, no se atreve a salir de su casa y le parece ridículo salir sin ellos.

Quizá algunos se ríen de nosotros porque decimos estas cosas; pero ellos son dignos de muchas lágrimas. Para demostrarles que aquello es una esclavitud, gustoso les preguntaría yo: ¿necesitarías tú de quien te llevara el alimento o la bebida a la boca? ¿Acaso semejante servicio no lo tendrías por digno de llorarse? Y ¿qué si constantemente necesitaras de quien te ayudara a caminar? ¿No te parecería ser el más mísero de todos? Pues bien, eso mismo deberías ahora sentir. Pues no importa que sean hombres o que sean animales los que te llevan. Pregunto yo: ¿No es acaso en esto en lo que los ángeles se diferencian de nosotros, en que no necesitan de tantas cosas como nosotros necesitamos? En consecuencia, cuanto de menos cosas necesitamos tanto más nos acercamos a ellos. Cuanto de más cosas necesitamos tanto más nos inclinamos a esta vida perecedera. Y para que veas ser esto verdad, pregunta a los ancianos cuál género de vida piensan que es más feliz: ¿aquella durante la cual estaban cautivos de todas esas cosas, o esta otra en la que ya son superiores a todas ellas?

Nos referimos a los ancianos, porque los que aún andan ebrios de juventud, no sienten el peso de la dicha esclavitud. ¿Qué les sucede a quienes padecen de fiebre? ¿Cuándo se tienen por felices? ¿Cuándo oprimidos por la sed beben sin medida y necesitan de muchas cosas, o cuando vueltos a la salud ya no sufren la sed? ¿Adviertes cómo el necesitar de muchas cosas es ser miserable, y andar lejos de la virtud es mísera servidumbre y cadena de las pasiones? Entonces ¿por qué voluntariamente aumentamos nuestra miseria? Dime, te ruego: si pudieras vivir cómodamente sin techo y sin paredes ¿no lo preferirías? Entonces ¿por qué acrecientas semejantes señales de debilidad? ¿Acaso no llamamos feliz a Adán porque de nada necesitaba, ni de casa ni de vestidos?

Responderás que así es, pero que ahora todo eso lo necesitamos. Mas ¿para qué aumentarnos la necesidad? Muchos hay que se privan aun de las cosas necesarias, como son los criados, los dineros, las casas. Pues ¿qué excusa tendremos nosotros, que nos excedemos de lo necesario? Tanto más te tornas esclavo cuanto de más cosas te rodeas. Porque cuanto de más cosas necesitas, tanto más pierdes de tu libertad. Verdadera libertad es no necesitar de nada. Menor libertad el necesitar de unas pocas solamente, como es la libertad de los ángeles y la de aquellos que los imitan.

Pondera, pues, cuán grande alabanza merece el ejercitar este género de libertad, viviendo en el cuerpo. Así lo escribía Pablo a los corintios: Yo os lo querría ahorrar; y también (1Co. 7, 28): para que tales hombres no sufran tribulación de la carne. Por tal motivo las riquezas se llaman utilizables, para que usemos de ellas en lo necesario; y no para que las guardemos enterradas: esto no sería poseerlas, sino ser poseídos de ellas. Y si queremos considerar en qué forma las acumulamos y no las usamos para lo que es necesario, encontraremos que hemos invertido el orden y son ellas las que nos poseen y no nosotros a ellas.

Librémonos de semejante pesada servidumbre para que finalmente seamos de verdad libres. ¿Con qué objeto andamos procurándonos variadas y diferentes formas de cadenas? ¿No te basta con las ataduras de tu propia naturaleza, con las necesidades que impone la vida y la multitud de cosas que te rodean, sino que tú mismo tejes otras redes y te encadenas con semejantes peales? Mas por ese camino ¿cuándo conseguirás el cielo y podrás, así sobrecargado, subir a aquellas grandes alturas? En verdad que habría que preferir romper semejantes ligaduras y presentarse en aquella celestial ciudad. ¡Hay de suyo tantos otros impedimentos! Pues bien, para superarlos abracémonos con la pobreza. Así conseguiremos la vida eterna, por gracia y benignidad del Señor nuestro Jesucristo, al cual sea la gloria por los siglos de los siglos. Amén.

HOMILÍA LXXXI. Manifesté tu nombre a los hombres que me diste del mundo. Tuyos eran y me los diste; y han observado tu palabra (*Jn 17,6-7*)

Ángel del gran consejo es llamado el Hijo de Dios, así por las demás cosas que enseñó como en especial porque anunció el Padre a los hombres, como ahora lo declara El mismo (Is. 9, 6): Manifesté tu nombre a los hombres. Después de aseverar que había llevado a cabo la obra que el Padre le encomendó, dice luego cuál fue esa obra. Cierto que el nombre del Padre ya era conocido, pues dice Isaías: juraste por el Dios verdadero (Is. 65,16). Mas, como ya varias veces lo tengo dicho y ahora lo repito, era conocido solamente de los judíos y aun no de todos ellos. Pero aquí Jesús se refiere a los gentiles. Significa además que ahora lo conocen como Padre. Porque no es lo mismo conocerlo como Creador a saber que tiene un Hijo.

Lo manifesté con palabras y con hechos. A los que me diste del mundo. Así como antes había dicho (Jn. 6, 68): Nadie viene a Mí si no se le da ese don; y también: Si mi Padre no lo atrae, así ahora dice: A los que me diste. Dijo que El era el camino (Jn. 14, 6). Por todo lo cual es manifiesto que aquí significa dos cosas: que El no es contrario a la voluntad del Padre y que la voluntad del Padre es que crean en el Hijo. Tuyos eran y me los diste. Quiere con esto enseñarnos que el Padre lo ama sobremanera. Pero que El no haya necesitado recibirlos de otro es claro, porque fue El quien los creó y es El quien cuida de ellos. Entonces ¿cómo los recibió? Ya dije que lo que quiere significar es su concordia con el Padre. Mas si alguno prefiere considerar esa expresión en un modo humano, como ya se dijo, entonces ya no serán en adelante posesión del Padre.

Pues si cuando el Padre los poseía no eran del Hijo, es claro que cuando los cedió al Hijo, también se despojó del dominio sobre ellos. Pero de tal interpretación se sigue un absurdo aún mucho mayor; puesto que cuando pertenecían al Padre fueron imperfectos; y cuando vinieron al poder del Hijo entonces fueron perfectos. Ahora bien, el solo decir tales cosas es ya una ridiculez. En conclusión: ¿qué quiere significar aquí Jesús? Que fue voluntad del Padre que creyeran en el Hijo. Y han observado tu palabra. Ahora han conocido que cuanto me has dado de Ti viene (Jn. 17, 7). ¿En qué forma han observado tu palabra? Creyendo en Mí y no en los judíos. Puesto que quien cree en El (Jn. 3, 33): Da testimonio de que Dios es veraz.- Algunos interpretan de este modo: Ahora conocí que todo cuanto me diste viene de Ti. Pero sin razón se interpreta de esa manera. Porque ¿cómo podía ignorar el Hijo las cosas que eran de su Padre? Lo que El dice se refiere a sus discípulos. Como si dijera: Desde que les declaré estas cosas todas que Tú me diste, conocieron que venían de Ti. Entre Tú y Yo nada hay extraño ni exclusivo mío; pues lo exclusivo indica que hay otras muchas cosas que son extrañas.

De modo que ellos han conocido que cuantas cosas les enseñé son enseñanza y doctrina tuya.

Y ¿cómo lo conocieron? Por mis palabras, pues Yo así los adoctrinaba. Pero no sólo conocieron eso, sino también que Yo vine de Ti. Por todo el evangelio cuidó Jesús de enseñarnos esto. Y ahora Yo ruego por ellos (Jn. 17, 9). ¿Qué dices? ¿Enseñas al Padre como si Él fuera ignorante? ¿Hablas como hablaría un hombre necio? Entonces ¿qué significa esa distinción? ¿Ves por aquí cómo no hay otro motivo de que niegue sino el que los discípulos conozcan cuánto los ama? Puesto que quien no sólo pone lo que es de su parte, sino que llama a otro para que le ayude a lo mismo, indudablemente demuestra un muy crecido amor. ¿Qué es, pues, lo que significa esa expresión: Ruego por ellos? Es como si dijera: No ruego por todo el mundo, sino por éstos que tú me has dado.

Con frecuencia usa la fórmula: Los que me diste, para que acaben de entender que esa fue la voluntad del Padre. Luego, como muchas veces había dicho (Jn. 17, 10): Tuyos son y Tú me los diste, para quitar la errónea opinión de que su dominio sobre ellos era cosa reciente y que acababa de recibirlos ¿qué dice?: Todas mis cosas son tuyas y las tuyas mías. Y en ellos soy Yo glorificado. Para que al oír: Tú me los diste no fueran a pensar que quedaban fuera de la potestad y jurisdicción del Padre, o que antes lo estaban de la del Hijo, deshizo ambos errores con eso que declaró. Y es como si dijera: No vayas a creer, cuando oyes: Me los diste, que ya son extraños al Padre (pues todas mis cosas son de mi Padre); ni tampoco al oír: Tuyos eran pienses que antes no me pertenecían, (pues todo lo del Padre es mío). De manera que esa expresión: Me los diste no tiene sino un sentido acomodaticio, puesto que cuanto tiene el Padre es del Hijo y cuanto tiene el Hijo es del Padre.

Esto no puede asegurarse del Hijo en cuanto hombre, sino en cuanto es Dios y más que hombre. Porque es de todos sabido que todo cuanto tiene como menor, le pertenece también como mayor; pero no al contrario. Pero en el caso presente se da una plena conversión, lo cual indica la igualdad con el Padre. Esto mismo declaró en otra parte diciendo: Todas las cosas de mi Padre son mías, hablando del conocimiento. Las expresiones: Me los diste y otras semejantes, significan que Jesús no tomó lo ajeno cuando tomó a sus discípulos, sino que los tomó como propiedad suya que eran. Añade la causa y demostración de esto diciendo: Y Yo he sido glorificado en ellos. Es decir, tengo potestad sobre ellos; o también, me glorificarán al creer en Ti y en Mí; y nos glorificarán igualmente.

Si Cristo no fuera igualmente glorificado por ellos, entonces ya no sería verdad que todas las cosas del Padre son suyas. Pues nadie es glorificado por aquello sobre lo que no tiene potestad. Pero ¿cómo ha sido glorificado igualmente? En que todos igualmente dan su vida por El como por el Padre y lo predican a la par del Padre; y del mismo modo que afirman que todo lo hacen en el nombre del Padre, aseguran igualmente que lo hacen en el nombre del Hijo. Yo ya no estoy en el mundo, mientras que ellos quedan en el mundo (Jn. 17, 11). Es decir: aun cuando ya no se me vea en carne, sin embargo soy por ellos glorificado.

¿Por qué con frecuencia dice: Yo ya no estoy en el mundo; y Yo los abandono y me voy; y Yo te los encomiendo; y mientras he estado en el mundo Yo los guardaba? Si alguno lo tomara a la letra se seguirían muchos absurdos. ¿Cómo es que El ya no está en el mundo y que saliendo del mundo los encomienda a otro? Tales expresiones son propias de quien únicamente fuera puro hombre que va a separarse de los discípulos para siempre.

¿Adviertes cómo dice muchas cosas hablando al modo humano y acomodándose a lo que ellos podían comprender, puesto que ellos pensaban estar más seguros estando El presente? Por tal motivo dice (Jn. 14, 28): Mientras estaba con ellos Yo los cuidé. Pero ¿cómo es que en otra parte dice: Vuelvo a vosotros; y también: Estoy con vosotros hasta la consumación de los siglos? ¿Cómo dice ahora estas cosas como quien ha de separarse? Ya expliqué cómo habla acomodándose a los pensamientos y juicios de ellos; y con el objeto de darles un respiro con oír que les hablaba así y que los encomienda al Padre. Y porque aun habiéndoles dicho muchas palabras de consuelo, aún no se habían persuadido, ahora finalmente habla El con su Padre, mostrando el amor que les tiene. Como si dijera: Padre: puesto que me llamas a Ti, ponlos en seguridad.

Porque Yo en ellos voy a Ti. ¿Qué dices? ¿Acaso no los puedes guardar Tú mismo? Sí puedo. Entonces ¿por qué te expresas de esa manera? Para que mi gozo sea pleno en ellos (Jn. 17, 13). Es decir, para que no se perturben, pues aún son un tanto imperfectos. Con estas palabras demuestra que todo cuanto dijo en esa forma, lo hizo para gozo y tranquilidad de ellos. Si no fuera por ese motivo sus palabras parecerían contradecirse. Yo ya no estoy en el mundo, mientras que ellos quedan en el mundo. Así pensaban ellos. De modo que por de pronto se atempera a su rudeza. Pues si hubiera dicho: Yo los guardo, no le habrían dado crédito. Por eso dice: Padre santo, guárdalos en tu nombre; es decir con tu auxilio.

(Jn. 17, 12) Mientras estaba Yo con ellos, Yo los guardé en tu nombre. De nuevo habla en cuanto hombre y como profeta, pues no aparece en parte alguna que hiciera algo en el nombre de Dios. A los que me diste Yo los guardé; y no ha perecido ninguno de ellos excepto el hijo de la perdición, para que se cumpliera la Escritura. ¿Cómo es que en otra parte dice (Jn. 6, 39): De todos los que me diste, no perderé a ninguno de ellos? La realidad es que no sólo ése pereció, sino muchos otros después de él.

¿Cómo, pues, dice: No perderé? Es decir, en cuanto está de mi parte no perderé. En otra parte lo dijo más claramente (Jn. 6, 37): No lo echaré fuera: no se perderá por culpa mía, o porque yo lo empuje a la ruina o lo abandone. Si ellos espontáneamente se apartan, Yo no los forzaré.

(Jn. 17, 13) Mas ahora Yo voy a Ti. ¿Adviertes cómo su discurso está hecho al modo humano? En consecuencia, si por este modo de hablar quisiera alguno disminuir al Hijo, disminuirá también al Padre. Observa cómo ya desde el principio, unas cosas las dice como enseñando y explicando y otras como imponiendo preceptos. Unas veces enseña, como cuando dice: No ruego por el mundo; otras poniendo precepto, como cuando dice: Yo los guardé hasta ahora y nadie pereció; y tú guárdalos; y también: Eran tuyos y Tú me los diste; y luego: Mientras estaba con ellos Yo los guardaba. Pues bien, todas esas dificultades se resuelven respondiendo que tales cosas las decía para acomodarse a la rudeza de sus oyentes.

Cuando dijo: Ninguno ha perecido excepto el hijo de la perdición, añadió: Para que se cumpliera la Escritura. ¿A qué Escritura se refiere? A la que había profetizado muchas cosas acerca de El. En realidad ése no pereció para que se cumpliera la Escritura. Acerca de esto ya anteriormente lo explicamos con amplitud, pues éste es un modo de hablar que usa la Escritura, la cual suele poner como causa de lo que luego sucede lo que se ha dicho, no siéndolo. Por lo cual es necesario examinarlo todo cuidadosamente: el modo de expresarse y quién es el que habla y la materia de que se trata y las leyes que sigue la Sagrada Escritura. En una palabra, todo, si no queremos sacar conclusiones absurdas. Por tal motivo dice Pablo (1Co. 14, 20): Hermanos, no seáis niños en el entendimiento.

Pero las Escrituras no se han de leer únicamente para entenderlas, sino para ordenar correctamente nuestro modo de vivir. Los niños no suelen estimar lo que es de gran precio, sino que admiran lo que nada vale. Gozosos se fijan en los carros, caballos, aurigas y ruedas hechas de barro; pero si ven al rey sentado en su carro de oro y los corceles albos al yugo y el sumo ornato, ni siquiera se fijan en eso. También las niñas adornan sus muñecas fingidas; pero si ven a las doncellas principales, ni siquiera tornan a ellas su vista. Y nosotros en muchas cosas procedemos del mismo modo.

Aun ahora, muchos hombres hay que cuando oyen hablar de las cosas del Cielo ni siquiera ponen atención; y en cambio, a la manera de niños, se les van todos sus anhelos a los objetos de barro y admiran las riquezas terrenas y a ellas se apegan y estiman en mucho las glorias y placeres de la vida presente. Pero todas estas cosas, como las de los niños, son pueriles: otras hay que son causa de vida, de gloria verdadera y de descanso. Pero ellos, a la manera de los niños, si se ven privados de aquéllas, rompen en llanto; mientras que de estas otras ni siquiera saben desearlas: así proceden muchos que parecen hombres.

Por tal motivo dijo Pablo (1Co. 14, 20): No seáis niños en el entendimiento. Yo te pregunto: ¿amas los dineros y no amas las riquezas que permanecen, sino estos dijes y juguetes de niños? Si ves que alguno admira una moneda de plomo y se lanza a recogerla, lo juzgas pobre y miserabilísimo; y en cambio tú, cuando amontonas cosas de menos precio aún ¿te cuentas entre los ricos? ¿No es esto algo irracional? Llamemos rico al que desprecia todos los bienes presentes. Cierto es que nadie querrá despreciar estas cosas viles, digo el oro, la plata y las demás vanidades, si no está poseído del amor de cosas mayores: ¡cierto, nadie! Tampoco desprecia nadie la moneda de plomo si no posee la de oro.

Cuando veas a un hombre que recorre todas las tierras, no pienses que lo hace sino para conocer mundos más amplios. También el labrador desprecia un poco de grano cuando espera una cosecha abundante y mayor. Pues si cuando la esperanza es aún incierta despreciamos lo que a la mano tenemos, mucho mejor debemos hacerlo cuando la esperanza es segura. Por lo cual os ruego, os suplico que no nos castiguemos a nosotros mismos, ni nos privemos de los tesoros del Cielo por poseer acá un poco de cieno y llevemos nuestra nave al puerto cargada de inútiles cañas y pajas.

Reprenda el que quiera la frecuencia de nuestras admoniciones; llámenos vanos charlatanes y fastidiosos y pesados: no por eso desistiremos de amonestaros con frecuencia acerca de estas cosas, y de repetir lo dicho por el profeta (Dn. 4, 27): Redime tus pecados con obras de limosna y misericordia para con los pobres, para que sea larga tu ventura. Tampoco lo hagas hoy pero luego mañana lo dejes. Tu cuerpo necesita del cotidiano alimento y lo mismo tu alma. Y aún mucho más el alma. Si no da limosna, cada día se torna más débil y deforme. No despreciemos al que anda pereciendo y ya casi ahogado. Tu alma cada día recibe heridas que le causan la codicia, la ira, la desidia, las querellas, las venganzas, la envidia. Es necesario aportarle remedios; y no es poca medicina la limosna, sino tal que puede aplicarse a todas las heridas.

Dice el Señor (Lc. 11, 41): Haced limosna y tendréis manera de purificarlo todo. Haced limosna, pero no de la rapiña. Lo que es de rapiña si se da de limosna de nada sirve, aun cuando lo des a los pobres. Limosna es el don que no lleva consigo ninguna iniquidad: ésta es la que todo lo purifica; ésta es mejor que el ayuno y que dormir en el suelo por penitencia. Aunque estas obras sean más laboriosas y molestas, la limosna es de mayor ganancia, pues ilumina el alma, la alienta y la hermosea.

No fortalece tanto el óleo a los atletas, como alienta este óleo de la limosna a los atletas de la piedad. Unjámonos pues con él en nuestras manos para que luego las tendamos valientes contra el enemigo. Quien piensa en compadecer a los necesitados, pronto se abstendrá de la avaricia. Quien persevera en dar a los pobres, al punto depone la ira y jamás se ensoberbece. A la manera que el médico que con frecuencia cura las heridas más fácilmente humilla su ánimo viendo lo que es la humana naturaleza, por lo que contempla en las ajenas calamidades, así nosotros, si nos entregamos a auxiliar a los pobres, más fácilmente seremos virtuosos y recapacitaremos y no admiraremos las riquezas, ni bien alguno de la vida presente lo tendremos por grande, sino que todo lo despreciaremos. Así levantados en alto a los Cielos, fácilmente conseguiremos los bienes eternos, por gracia y benignidad de nuestro Señor Jesucristo, con el cual sea la gloria al Padre juntamente con el Espíritu Santo, por los siglos de los siglos. Amén.

HOMILÍA LXXXII. Yo les he comunicado tu palabra, pero el mundo los aborrece porque no son del mundo, como tampoco yo soy del mundo (*Jn 17,14*)

Cuando los malvados nos molestan y se burlan de nosotros porque cultivamos la virtud, no lo llevemos a mal. Así es la virtud por su misma naturaleza: suele en todas partes engendrar odio de parte de los malos; porque ellos envidian a los de buen vivir; y pensando que detraerlos es una defensa, puesto que ellos siguen caminos contrarios, toman todos los medios para poner en su modo de vivir mancha y defecto. No nos acongojemos por eso, pues al fin y al cabo es una señal de nuestra virtud. Por esto dice Cristo (Jn. 15, 19): Si fuerais del mundo, el mundo amaría lo que es suyo.- Y en otra parte dice (Lc. 6, 26): ¡Ay de vosotros cuando os bendigan los hombres!

Por igual motivo dice aquí: Yo les he comunicado tu palabra, pero el mundo los aborrece. Pone luego la razón de que sean dignos de tan grande cuidado de parte del Padre, pues continúa aseverando que el mundo los aborrece por causa del Padre y de su propia palabra; de modo que son plenamente dignos de la providencia del Padre. No te pido que los saques del mundo, sino que los preserves del Maligno (Jn. 17, 15). Explica lo que ya dijo y lo torna más claro; y declara el mucho cuidado que tiene de sus discípulos, pues con tanta diligencia los recomienda al Padre.

El les había dicho que cuanto pidieran al Padre, todo lo concedería el Padre. Entonces ¿por qué aquí ruega por ellos? Como ya dije, lo hace no por otro motivo, sino para demostrarles su cariño. No son del mundo, como tampoco Yo soy del mundo (Jn. 17, 16). ¿Por qué, pues, en otro sitio dijo (Jn. 17, 6): Los que me diste del mundo tuyos eran? Es porque ahí habla de la naturaleza, mientras que acá se refiere a las obras perversas. Grandemente encomia a los discípulos afirmando desde luego que no son del mundo; además que el Padre a El se los dio; en tercer lugar, que han guardado la palabra del Padre y que por eso el mundo los aborrece.

No te conturbe lo que añade: Como Yo no soy del mundo. Esa partícula como no significa igualdad exacta. Cuando ella se dice del Padre y del Hijo sí indica una igualdad plena a causa de la unidad de substancia. Pero cuando se dice de El y de nosotros, entraña una enorme diferencia; porque hay entre ambas naturalezas, la suya y la nuestra, una enorme diferencia. ¿Cómo se le van a comparar los apóstoles, puesto que El (1P. 2, 22): No cometió pecado ni en su boca se encontró dolo?

¿Qué significa entonces: No son del mundo? Quiere decir que miran a otra parte, que nada tienen de común con lo terreno, que han sido hechos ciudadanos del Cielo. Y les demuestra su cariño alabándolos ante el Padre y recomendándolos a su Engendrador. Y cuando dijo: Guárdalos, no rogaba únicamente que los librara de los peligros, sino que perseveraran en la fe. Por lo mismo añade (Jn. 17, 17): Conságralos en la verdad. O sea hazlos santos por el don del Espíritu Santo y los dogmas correctos. Es como cuando dijo (Jn. 15, 3): Ya vosotros estáis purificados por la fe en la doctrina que os he enseñado. Y lo mismo dice ahora: enséñalos, adoctrínalos en la verdad. Pero antes dijo que esto lo hace el Espíritu Santo. Entonces ¿por qué ahora se lo pide al Padre? Para que una vez más conozcas la igualdad. El conocimiento correcto de los dogmas acerca a Dios y santifica las almas. Y no te admires de que diga que son santificados por la palabra. Cierto que aquí se refiere a la doctrina, como lo insinúa diciendo: Tu palabra es la verdad. Es decir, que en ella nada hay de mentira, puesto que es en absoluto necesario que se cumpla todo lo que ella ha dicho. Y que no habla figuradamente ni de cosas materiales, lo manifiesta; como también lo dijo Pablo acerca de la Iglesia: La santificó con su doctrina (Ef. 5,26).

Suele la palabra divina operar la purificación. Pero a mí me parece que la palabra conságralos tiene además otro sentido; o sea: sepáralos para la predicación de la doctrina, cosa que por lo que sigue queda manifiesta. Pues dice (Jn. 17, 17): Como me enviaste Tú al mundo, Yo también los envío al mundo. Lo mismo dice Pablo (2Co. 5, 19): Nos confió a nosotros el ministerio de la reconciliación. Pues para lo que Cristo se fue al Padre, para eso los apóstoles conquistaron el mundo. La partícula como no significa igualdad entre El y los apóstoles (¿en qué otra forma podían ellos ser enviados, hombres como eran?), sino que acostumbra Cristo hablar de lo futuro como ya sucedido.

(Jn. 19, 19) Por ellos Yo me consagro a Mí mismo, para que también ellos sean consagrados en tu verdad. ¿Qué significa: Me consagro a Mí mismo? Es decir, te me ofrezco en sacrificio. Porque todos los sacrificios se dicen santos; y hablando con profundidad, son cosas santas y consagradas a Dios. Antiguamente el sacrificio estaba figurado en la oveja; pero ahora ya no es la figura, sino la realidad. Por lo cual dice Cristo: Para que sean consagrados en tu verdad. Yo te los consagro y los hago oblación tuya. Lo dice en referencia a Sí mismo, como cabeza o también porque ellos mismos serán inmolados.

Dice Pablo (Rm. 12, 1): Ofreced vuestros cuerpos como víctima viviente, santa; y el profeta (Sal. 44, 22): Se nos trata como ovejas de matadero. De modo que sin muerte los constituye hostia y oblación. Y que al decir me consagro indicara su propia inmolación, es claro por lo que sigue (Jn. 17, 20): No ruego únicamente por éstos, sino también por los que han de creer en Mí por su predicación. Puesto que moría por ellos (pues dijo: Yo por ellos me consagro a Mí mismo), para que no se pensara que moría únicamente por los apóstoles, añadió: No ruego solamente por éstos, sino también por los que han de creer en Mí por su predicación.

Así les infunde nuevamente ánimos con aseverar que habrá muchos discípulos. Una vez que extendió a todos en común lo que los discípulos tenían como especial y propio, de nuevo los consuela con declararles que son ellos causa de salvación para muchos. Luego, tras de hablarles así de su salvación y de que serán consagrados por la fe y el sacrificio, finalmente se refiere a la concordia y caridad; y termina su discurso con lo mismo con que lo había comenzado. Antes dijo (Jn. 13, 34): Os doy un mandamiento nuevo; y ahora dice (Jn. 17, 21): A fin de que sean uno como Tú, Padre, en Mí y Yo en Ti. De nuevo esa partícula como no significa aquí una igualdad perfecta, pues no podían los apóstoles ser uno con semejante unidad; sino en cuanto es posible al hombre, como cuando les dijo: Sed misericordiosos como lo es vuestro Padre que está en los cielos.

¿Qué significa: Sean uno en nosotros? Es decir, por la fe en nosotros. Puesto que no hay cosa que así perturbe como la discusión, procura Jesús que sean uno. ¿Pero qué? ¿Acaso lo consiguió? preguntarás. Sí, en verdad. Pues todos los que creyeron por la predicación de los apóstoles se hicieron uno, aun cuando algunos se hayan vuelto disidentes; cosa que no se le ocultó a Jesús, sino que El mismo la predijo; y dio a entender que esto sucedería por la humana desidia.

Para que el mundo crea que Tú me enviaste. Es lo mismo que dijo al principio: En esto conocerán todos que sois mis discípulos, si os amáis los unos a los otros. Mas ¿cómo será este el medio para que crean? Porque El es Dios de paz. De modo que si guardan lo que de los discípulos aprendieron, los que luego vengan conocerán por los discípulos al Maestro. Pero si andan con mutuas querellas, no darán testimonio de ser discípulos del Dios de paz. Si Yo no soy Dios de paz, no confesarán que Tú me enviaste. ¿Observas cómo hasta el fin demuestra su concordia con el Padre?

Yo les he comunicado la gloria que Tú me diste (Jn. 17, 22); o sea, por la doctrina y los milagros, para que sean concordes. Porque esta es la gloria: que seamos uno, la cual es mayor que los milagros. Así como admiramos a Dios porque en esa substancia no hay disensión alguna, ninguna querella, y esta es una gloria suprema, así que también ellos, dice, sean por esta unión glorificados. Preguntarás: ¿por qué ruega al Padre que les dé esa glorificación, siendo así que al mismo tiempo asegura ser El quien se la concede? Puesto que ya hable de los milagros, ya de la concordia, ya de la paz, se ve luego ser El quien lo concede. Respondo que pedía por consolarlos.

(Jn. 17, 23) Yo en ellos y Tú en mí. ¿Cómo los glorificó? Viniendo a ellos y trayendo consigo al Padre, para que los junte en unidad. No hay otro lugar en que se exprese así. No fueron ellos glorificados porque el Padre vino a ellos, sino porque Cristo juntamente con el Padre vino a ellos e hizo ahí su mansión. Refutó así de una parte la opinión de Arrio y de otra la de Sabelio. Para que alcancen la unidad perfecta y conozca el mundo que Tú me has enviado (Jn. 14, 23). Con frecuencia repite esto para demostrar que más atrae la unión que los milagros; pues así como las querellas dividen, así la concordia une. Y Yo los he amado como Tú me amaste. Otra vez la partícula como significa al modo de, como los hombres pueden ser amados. Y la señal de su amor es que dio su vida por ellos.

Habiéndoles ya asegurado que estarían seguros y no serían destruidos y que serían consagrados y que muchos por su predicación creerían en El y que gozarían de grande glorificación y que no sólo El los había amado, sino también el Padre, finalmente les habla de lo que les sucederá después de que salgan de esta vida, o sea, del premio y de las coronas que les están preparadas. Porque dice (Jn. 17, 24): Padre, quiero que los que me diste donde estoy Yo estén ellos conmigo. Esto es lo que ellos continuamente inquirirían diciéndole: ¿A dónde te vas? Pero, Señor: ¿qué es lo que dices? ¿Eso lo recibes por fuerza de tu petición y no lo tienes aún? Entonces ¿por qué les decias: Os sentaréis sobre doce tronos (Mt. 19, 28)? ¿Cómo les prometías aun cosas mayores? Advierte por aquí que se expresa de ese modo atemperándose. Si no fuera así ¿cómo dijo a Pedro (Jn. 13, 36): Me seguirás después? Claro es que se lo decía para una mayor confirmación en el amor.

Para que contemplen la gloria que Tú me diste. Es este un nuevo argumento de la concordia con su Padre, más elevado aún que los otros (pues dice: Antes de la creación del mundo), pero siempre contiene cierta atemperación, puesto que añade: Que Tú me diste. Si no es esto así, entonces yo con gusto preguntaría a los contrarios: El que da, ciertamente da a quien ya existe. Entonces ¿el Padre dio la gloria al Hijo después de haberlo engendrado, mientras que antes de dársela lo tuvo destituido de ella? Pero semejante cosa ¿quién puede razonablemente apoyarla? ¿Adviertes cómo por aquí me diste se ha de entender cuando me engendraste?

Mas ¿por qué no dijo: para que participen, sino: Para que contemplen la gloria? Deja entender que éste es el pleno y omnímodo descanso: contemplar al Hijo de Dios. Esto es lo que glorifica a los discípulos, como también lo dijo Pablo (2Co. 3, 18):

Contemplando la gloria sin velo. Así como los que contemplan los rayos solares gozando de un aire tenuísimo, reciben de semejante vista placer, así sucederá entonces. O por mejor decir, nos producirá un gozo mucho más intenso. También declara que eso no es cosa de las que se ven, sino una substancia escalofriante y tremenda.

(Jn. 17, 25) Padre justo, el mundo no te ha conocido, pero yo te he conocido. Paréceme que aquí declara con pesar que no lo han querido reconocer, siendo El tan bueno y justo. Como los judíos afirmaban conocer a Dios pero no conocer a Jesús, a esto se refiere El cuando dice: Me amaste antes de la creación del mundo, con lo que se defiende de la acusación de los judíos. Puesto que quien fue glorificado, quien fue amado antes de la creación del mundo, quien quiso tenerlos como testigos de su glorificación ¿cómo podría ser contrario al Padre? Es como si dijera que no es verdad eso que aseguran los judíos: que te conocen y que Yo no te conozco. Es todo lo contrario. Yo te conozco y ellos no te conocen.

Y éstos han conocido que Tú me has enviado. ¿Adviertes cómo aquí deja entender a los que decían que El no venía de Dios y todo lo reducían a esto? Yo les he manifestado tu nombre y se lo manifestaré (Jn. 17, 26). Pero ¿cómo es entonces que dijiste que el perfecto conocimiento venía del Espíritu Santo? Sí, nos responde; porque todo lo suyo es mío. Para que el amor con que me amaste permanezca en ellos y también Yo permanezca en ellos. Pues si llegan a conocer quién eres, verán entonces que Yo no estoy separado de Ti, sino que soy en gran manera amado de Ti, como verdadero Hijo unido a Ti. Los que esto crean, como es necesario creerlo, guardarán la fe en Mí y la firme caridad. Si ellos aman como se debe, Yo permaneceré en ellos. ¿Adviertes cuán óptimamente termina, es a saber, con la caridad, madre de todos los bienes?

Creamos, pues, en Dios; amemos a Dios, para que no se diga de nosotros (Tit. 1, 16): Profesan conocer a Dios, pero con las obras lo niegan.- Y también (1Tm. 5, 8): Ha negado la fe y es peor que el infiel. Cuando el infiel presta auxilio a sus criados, a sus parientes, a los extraños, y tú en cambio ni siquiera de tus allegados te cuidas ¿qué defensa tendrás, puesto que Dios es blasfemado e injuriado? Observa cuántas ocasiones de hacer el bien nos ha dado Dios. Nos dice: Compadécete de éste porque es tu consanguíneo; de este otro, porque es tu amigo; de aquel otro, porque es tu vecino; del de más allá, porque es tu conciudadano; del de acullá porque es del humano linaje. Pero si nada de esto te doblega, sino que rompes por sobre todos los vínculos, oye a Pablo que dice que eres peor que un infiel. Puesto que el infiel, sin haber oído predicar de la limosna, ni de las cosas del Cielo, sin embargo es más humano que tú. Por el contrario, tú, a quien se le ordena amar a los enemigos, miras a tus allegados como si fueran enemigos; y te cuidas más de guardar tus dineros que del bien corporal de los otros.

Por cierto que tus dineros así gastados nada padecerán; pero si procedes al revés, entonces el pobre perecerá despreciado. Pues ¿qué locura es esta de conservar los dineros y despreciar a los parientes? ¿Por dónde te acometió y se acrecentó semejante codicia? ¿De dónde te nació tan grande crueldad y tan inhumana? Si alguno mira el universo todo como si se hallara presente a un espectáculo... o, si te parece mejor, contemplemos una ciudad. Digo que si alguno levantado a un altísimo asiento pudiera contemplar y abarcar el conjunto de las cosas humanas, mira cuán grandes necedades encontraría que reprender, cuántas lágrimas derramaría, cuán abundantemente se reiría, cuán enorme odio concebiría. Porque hacemos cosas que son dignas de risa, de cólera, de lágrimas y de odio. Uno se dedica a dar de comer a sus perros con el objeto de cazar fieras, y él mismo se torna feroz. El otro cría asnos y toros para acarrear piedra, mientras descuida a los hombres que perecen de hambre. Aquél gasta sumas inmensas de oro en fabricarse de piedra estatuas de hombres, mientras que a los que son hombres de verdad, pero andan hechos como de piedra a causa de la desgracia, los desprecia. Otro se dedica a recoger planchas de oro y miserablemente adorna con ellas las paredes de su casa, y aunque ve desnudos los pechos de los hombres, no se compadece. Otro se ocupa de añadir a sus múltiples vestidos, otros nuevos y selectos, mientras el pobre no tiene un trapo para cubrir la desnudez de su cuerpo.

También en los tribunales se devoran unos a otros. Hay quien derrocha en prostitutas y parásitos sus haberes y hay quien los derrocha en bailarines y mimos. Y el de más allá lo hace en edificios espléndidos; y el de más allá en comprar predios y casas. Hay quien se ocupa en ir contando las usuras de sus dineros. Y uno hace contratos que redundan en muertes, y ni siquiera descansa de noche, siempre vigilando para causar daños a otros. Apenas amanece y uno se marcha al lucro injusto; otro a pagos lascivos; otro al peculado. Total: gran cuidado en lo prohibido y superfluo y descuido en gran lo necesario.

Los que juzgan sólo tienen de jueces el nombre, pero en la realidad son ladrones y asesinos. Si alguno examina los litigios y testamentos, encontrará también en éstos infinitos crímenes, fraudes, hurtos, asechanzas. Y en esto gastamos todo nuestro descanso. Pero de las cosas espirituales no se tiene cuidado ninguno; ¡todos frecuentan la iglesia, pero nada más por curiosidad! Sin embargo, no es eso lo que anhelamos, sino que necesitamos un ánimo puro y buenas obras. Si todo el día lo gastas en tratos de avaro, y cuando entras en la iglesia apenas recitas algunas palabras, no has aplacado a Dios, sino que mucho lo has irritado. Si quieres de verdad aplacarlo, muéstrale tus buenas obras: date cuenta de la cantidad de desgracias, mira benigno a los desnudos, a los hambrientos, a los que han sufrido injusticia. Dios te ha abierto muchos caminos para que demuestres tu benevolencia y humanidad.

No nos engañemos viviendo inútilmente y para nada; ni tampoco despreciemos a los demás por el hecho de que nosotros ahora gozarnos de salud. Pensemos en el tiempo en que tal vez estuvimos enfermos y llegados al último extremo, y cómo casi morimos de terror ante lo futuro, y temblemos de ir a dar en lo mismo y en iguales temores; y con esto mejoremos nuestra conducta, porque ahora somos reos de infinitos pecados. Los que se asientan como jueces se parecen a los perros, a los leones; los que tratan en el ahora, a las zorras. Los que se entregan al descanso no lo gozan como conviene, sino que gastan todo su tiempo en el teatro y otras perversiones semejantes.

Y nadie hay que procure la enmienda; pero en cambio hay muchos que envidian y muerden a semejantes hombres, sólo porque ellos no pueden hacer lo mismo. De manera que también ellos han de ser castigados, aun cuando nada hagan positivamente de malo. Dice Pablo: No sólo hacen estas cosas, sino que aplauden a quienes tales acciones perpetran Tienen el ánimo igualmente corrompido. Por donde se ve que el castigo sólo depende de la voluntad y de la intención. Todos los días digo esto y no dejaré de decirlo. Si algunos hacen caso, será una ganancia; si nadie atiende, atenderéis cuando ya en eso no haya utilidad alguna; y entonces vosotros mismos os culparéis. Pero nosotros no tendremos en ello culpa alguna.

Mas no ¡lejos tal cosa! ¡que no vayamos a tener nosotros sino esta defensa! Al contrario, ojalá seáis vosotros nuestra gloria ante el tribunal de Cristo, para que juntos disfrutemos de aquellos bienes, por gracia y benignidad de nuestro Señor Jesucristo, con el cual sea la gloria al Padre en unión con el Espíritu Santo, por los siglos de los siglos. Amén.

HOMILÍA XXXLIII. Dicho esto, salió Jesús con sus discípulos al otro lado del torrente Cedrón, donde había un huerto, en el que entró Jesús acompañado de sus discípulos (*Jn 18,1*)

Cosa escalofriante y llena de terror es la muerte; pero no para quienes están compenetrados con la sabiduría celestial. El que nada conoce con claridad acerca de lo futuro, y juzga que sólo se trata de una descomposición y término de la vida, con razón se escalofría y se horroriza, como si fuera a dar en la nada. Pero nosotros, que por gracia de Dios hemos conocido los ocultos misterios de su sabiduría y pensamos que la muerte no es sino una transmigración, lógicamente no debemos temer. Al contrario, conviene que tengamos buen ánimo y nos regocijemos, pues vamos desde esta vida pasajera a otra mejor y más espléndida y que no tiene acabamiento.

Cristo, enseñándonos esto con sus obras, se llegó a su Padre no violentado por la necesidad, sino voluntariamente. Dice el evangelista: Dicho esto, salió Jesús con sus discípulos al otro lado del torrente Cedrón, donde había un huerto, en el que entró Jesús acompañado de sus discípulos. También Judas que lo entregaba conocía aquel lugar, pues con frecuencia se reunía ahí Jesús con sus discípulos (Jn. 18, 2). Camina a la media noche para el torrente y se apresura al sitio conocido del traidor, ahorrándoles trabajo a los que le ponían asechanzas, ahorrándoles todo sudor; y demostrando a los discípulos que iba gustoso al sitio aquel. Esto podía ser para ellos un consuelo. En cuanto a El, se encerró en el huerto como en una cárcel.

Habiendo dicho esto. ¿Cómo es eso? ¿Qué es lo que ha dicho? Oró al Padre, suplicó al Padre. Entonces, oh evangelista, ¿por qué no dices que habiendo terminado su oración fue al sitio aquel? Porque no fue propiamente una oración, sino un coloquio que hizo por razón y en bien de los discípulos. Y los discípulos entraron al huerto. Hasta tal punto los había librado del terror, que no se resistieron, sino que entraron al huerto. Pero ¿qué movió a Judas para presentarse allá? ¿Cómo supo que era allá a donde se debía ir? Consta por aquí que Jesús con frecuencia pasaba las noches al aire libre. Pues si las pasara bajo techado, Judas no habría ido a buscarlo a un sitio desierto, sino a su casa, para prenderlo mientras durmiera.

Mas, para que en oyendo huerto no vayas a pensar que Jesús se escondía, el evangelista añadió: Judas conocía aquel lugar; ni sólo eso, sino además: pues con frecuencia se reunía ahí Jesús con sus discípulos. De modo que muchas veces se reunía ahí con ellos, para tratar aparte de asuntos indispensables que no convenía que otros oyeran. Esto lo hace siempre en los montes, en los huertos, siempre buscando un sitio alejado de los tumultos, con el objeto de que no se interrumpiera a sus oyentes mientras escuchaban.

(Jn. 18, 3) Judas, pues, tomó los de la cohorte y los esbirros proporcionados por los sumos sacerdotes y los fariseos, y se llegó allá. Los fariseos con frecuencia habían enviado quienes aprehendieran a Jesús y no habían podido. Por donde se ve claro que El voluntariamente se entregó. ¿Cómo persuadieron a la cohorte para que ayudara en esto? Se trataba de soldados dispuestos para todo mediante el dinero. Jesús, conociendo todo lo que iba a suceder, salió al encuentro de ellos y les dijo: ¿A quién buscáis? De manera que no fue por la llegada de ellos por lo que se dio cuenta, sino que, con ánimo tranquilo, sabiéndolo todo, dijo e hizo cuanto dijo e hizo.

¿Por qué se presentan con armas para prenderlo? Temían a sus seguidores y por esto emprendieron su hazaña en altas horas de la noche. Jesús les salió al encuentro y les dijo (Jn. 18, 4): ¿A quién buscáis? Respondieron (Jn. 18, 5): a Jesús el Nazareno.

¿Adviertes el invicto poder y cómo puesto en medio de ellos los cegó? Que esto no sucediera a causa de las tinieblas de la noche, lo indicó el evangelista diciendo: que llevaban lámparas. Pero, aun sin lámparas, por su voz podía Jesús ser conocido. Pues aun cuando ellos no la conocieran ¿cómo pudo desconocerla Judas, quien con frecuencia estaba con él? Judas andaba entre ellos y sin embargo no lo conocía mejor que ellos. Más aún, como ellos cayó también de espaldas en tierra. Hizo esto Jesús para demostrar que estando El en medio de ellos no sólo no lo aprehendían, pero ni siquiera podían verlo si El no quería.

Segunda vez les dice (Jn. 18, 7): ¿A quién buscáis? ¡Oh necedad! Con una palabra los echó por tierra, pero ni así reflexionaron ni se arrepintieron, aun experimentando tan gran poder, sino que de nuevo acometen lo mismo. Pero Jesús, habiendo hecho lo que a El le convenía, finalmente se entregó a ellos y les dijo (Jn. 18, 8): Ya os he dicho que Yo soy. Y Judas estaba con ellos, el traidor (Jn. 18, 5). Advierte la moderación del evangelista, pues no maldice al traidor, sino que solamente narra el suceso. Únicamente anhela mostrar que todo aconteció permitiéndolo Jesús. Luego, para que no dijera alguno que Cristo con mostrárseles y salirles al encuentro, los incitó a prenderlo, una vez que hizo Jesús demostración de todo lo que podía aterrorizarlos, ya que ellos perseveraban en su maldad y no daban oportunidad alguna para excusarlos, por último se entregó diciéndoles: Si pues me buscáis a Mí, dejad marchar a éstos. Demostró de este modo, hasta en sus últimos momentos, la bondad para con sus discípulos. Como si dijera a los esbirros: si el asunto es conmigo, no os metáis con éstos. Mirad que Yo mismo me entrego.

Para que se cumpliera la palabra que había dicho (Jn. 18, 9): De los que me diste no he perdido a ninguno. No habla aquí de la muerte temporal sino de la eterna; pero el evangelista lo entiende incluso de la muerte temporal. Es cosa digna de admiración cómo no los aprehendieron al punto y les dieron muerte, sobre todo habiéndolos Pedro excitado con haber herido al siervo del pontífice. ¿Qué poder los detuvo? No otro sino la fuerza misma que los había derribado por tierra. Lo da a entender el evangelista cuando, al decir que eso no fue por voluntad de los esbirros, sino por el poder y mandato del Señor que era aprehendido, añadió (Jn. 17, 12): Para que se cumpliera la palabra había dicho: ninguno de que ellos pereció.

En oyendo Pedro aquella palabra y confiado en lo que acababa de ver, se arroja contra los soldados armados que se echaban encima. Preguntarás: ¿cómo pudo ser que quien había recibido el mandato de no tener bolsas ni dos túnicas, tuviera ahí una espada? Yo pienso que, temeroso de lo que iba a suceder, se habría provisto de antemano. Y si preguntas: ¿cómo es que quien había recibido el mandato de no dar una bofetada hace aquí el oficio de homicida, sobre todo habiéndosele ordenado no vengarse?, respondo que aquí no se vengó a sí mismo sino al Maestro. Aparte de que aún no era varón perfecto y consumado en la virtud ni los otros discípulos. Si quieres contemplarlo ya perfecto y virtuoso, lo verás después azotado y de mil modos cargado de males y sin embargo para nada irritado.

Por su parte, Jesús también en esta ocasión hizo un milagro para enseñarte juntamente que aun a quienes nos hieren se ha de hacerles el bien; y también para revelarnos su virtud. Restituyó la oreja al siervo, y dijo a Pedro (Mt. 26, 52): Cuantos empuñan la, espada, a espada perecerán. Así como cuando el lavatorio de los pies, dirimió la cuestión con una amenaza, lo mismo hace aquí. Y el evangelista pone el nombre del siervo porque se trata de una acción grande, pues no sólo hace Jesús una curación, sino que cura al que poco después lo herirá con una bofetada; y es una acción tal que por este medio apagó la guerra que tenía que levantarse contra los discípulos. Puso pues el evangelista su nombre, para que pudieran los que entonces Jo leyeran investigar y conocer la verdad.

No sin motivo dice que fue la oreja derecha, sino, según yo creo, para declarar así el ímpetu del apóstol que tiró el golpe casi a la cabeza. Pero Jesús no únicamente lo reprime con sus palabras, sino que además lo consuela con estas otras (Jn. 18, 11): El cáliz que me dio mi Padre ¿Yo no lo he de beber? Indica así que el suceso no se ha de atribuir al poder de los esbirros, sino a una permisión de El; y declara no ser contrario al Padre, sino que, al revés, lo obedece hasta la muerte.

(Jn. 18, 12-13) Luego prendieron a Jesús y lo ataron. Y lo condujeron a Anás. ¿Por qué a Anás? Alegres proclamaban el suceso, como si levantaran un trofeo. Porque era suegro de Caifás. Y era este Caifás el que había dado el consejo (Jn. 18, 14): Es preferible que muera un hombre solo por el pueblo. ¿Por qué de nuevo nos recuerda el evangelista esta profecía? Para significarnos que todo sucedió por nuestra salvación. Y que era tan alta la excelencia de esta verdad que aún los enemigos la ensalzaban. Y para que nadie, al oír lo de las ataduras se perturbara, recuerda esta profecía, pues la muerte de Jesús era salvación del orbe todo.

(Jn. 18, 15) Seguían a Jesús Simón Pedro y otro discípulo. ¿Quién es ese otro discípulo? El que escribió estas cosas. ¿Por qué no se nombra a sí mismo? Cuando se recostó en el pecho de Jesús con razón ocultó su nombre; pero ahora ¿por qué hace lo mismo? Por la misma causa. Porque aquí refiere una hazaña preclara; o sea, que habiendo huido todos, él seguía a Jesús. Por tal motivo calla su nombre; y pone primero el de Pedro. Luego se ve obligado a recordarse a sí mismo. Todo para que sepas que él, más cuidadosamente que los otros, refiere lo que sucedió en el palacio, pues se encontraba presente allá dentro. Advierte cómo omite su propia alabanza. Y para que nadie preguntara cómo fue que apartados todos los demás él penetró más adentro que el mismo Pedro, añadió: Porque era conocido del pontífice. Lo hace a fin de que nadie se admire de haber él seguido a Jesús hasta ahí, ni alaba su fortaleza.

En cambio, sí es muy de admirar que Pedro, siendo miedoso, mientras los demás se apartaban, se entró hasta el patio del palacio. Que se entrara hasta ahí fue obra del amor; que no avanzara más adentro fue obra del temor y pavor. Y el evangelista escribió esto preparando ya una excusa a las negaciones. Respecto de sí mismo no da gran importancia a ser conocido del pontífice. Y pues dijo haber entrado él solo con Jesús, para que no pensaras que era una gran hazaña, puso el motivo. Por lo que sigue deja entender que también Pedro habría penetrado más al interior si se le hubiera dado licencia. Puesto que habiendo él salido y dicho a la portera que dejara entrar a Pedro, éste al punto entró.

¿Por qué no lo introdujo él personalmente? Porque no se apartaba de Cristo y lo iba siguiendo. Y así ordenó a la mujer que lo introdujera. Y ¿qué dice la mujer? (Jn. 18, 17): ¿Acaso no eres también tú de los discípulos de este hombre? Pedro le contestó: ¡No soy!

¿Qué dices, oh Pedro? ¿No afirmabas hace poco que si fuera necesario dar la vida tú la darías por El? ¿Qué ha sucedido para que no puedas soportar ni siquiera la pregunta de una portera? ¿Fue acaso un soldado el que te preguntaba? ¿Era alguno de los que aprehendieron a Jesús? No, sino una vil portera que no hacía ásperamente la pregunta. Porque nadie dijo: ¿Eres tú discípulo de ese criminal embaucador? Sino solamente: De este hombre, palabra más propia de quien se compadece. Sin embargo, Pedro no la pudo soportar.

La portera dice: ¿Acaso no tú también? Porque Juan ya estaba dentro: tan suavemente se expresaba aquella mujer. Pero Pedro no se daba cuenta de esto ni lo entendía, ni en la primera, ni en la segunda ni en la tercera vez; sino hasta que cantó el gallo. Y aun entonces no lo comprendió hasta que Cristo lo miró amargamente. Y permanecía de pie calentándose al lado de los siervos del pontífice. Y Cristo estaba prisionero y atado allá en el interior. No decimos esto acusando a Pedro, sino para mostrar la verdad de lo que Cristo había dicho.

(Jn. 18, 19) Y el príncipe de los sacerdotes preguntó a Cristo acerca de sus discípulos y de su doctrina. ¡Oh perversidad! Ahora quiere saber eso, tras de haberlo oído predicar y públicamente enseñar en el templo. Como no tenían de qué acusarlo, le preguntan acerca de sus discípulos. Quizá le preguntaba en dónde estaban y por qué los había reunido y qué pretendía y de qué trataba con ellos. Se lo preguntaba para poder argüirlo de sedicioso y novador; y como si fuera de sus discípulos nadie más creyera en El; y como si formara una escuela perversa. ¿Qué le contesta Cristo? Refutándolo le dice (Jn. 18, 20): Yo públicamente he hablado al mundo, y no en privado ni a solos mis discípulos. Yo he enseñado en el templo. Pero, oh Señor, ¿nada has dicho en secreto? Sí había hablado así. Pero no como ellos creían por temor o porque armara una sedición, sino porque lo que entonces decía estaba por encima de lo que la multitud podía captar. ¿Por qué me preguntas? Pregunta a los que me han oído (Jn. 18, 21). No es respuesta de arrogante, sino de quien confía en la verdad de lo que ha dicho. Lo que dijo al principio (Jn. 5, 31): Si Yo doy testimonio de mí mismo, mi testimonio no es fidedigno, lo deja entender ahora, queriendo poner un testimonio fidedigno. Cuando se le pregunta acerca de sus discípulos, en calidad de discípulos suyos ¿qué dice? ¿A mí me preguntas acerca de los míos? Pregunta a mis enemigos, a los maquinadores de asechanzas que me ataron: ¡ellos que hablen! Es esta una firme demostración de la verdad: invocar como testigos de lo que se ha dicho a los adversarios. ¿Qué hace el sumo sacerdote? Cuando convenía instituir una investigación, no lo hace. Pero uno de los esbirros que ahí estaban le dio una bofetada (Jn. 18, 22), por haber respondido así. ¿Qué petulancia habrá mayor? ¡Horrorízate, oh cielo! ¡tiembla, oh tierra! ¡Tan grande es la paciencia del Señor! ¡tan criminal la perversidad de los siervos!

Pero ¿qué es lo que había dicho Jesús? Puesto que no contestó: ¿Por qué me lo preguntas? como si no quisiera responder, sino para quitar toda ocasión a la maldad. Y luego, herido por esa causa, cuando podía removerlo todo y arruinarlo y destrozarlo, nada de eso hizo; sino que pronunció unas palabras capaces de amansar cualquier procacidad y fiereza (Jn. 18, 23): Si hablé mal, demuéstralo; mas, si bien, ¿por qué me hieres? ¿Adviertes este juicio lleno de alboroto, de ira, de apasionamiento? Dolosamente preguntaba el príncipe de los sacerdotes; correctamente y como convenía le responde Cristo. ¿Cuál debía ser la consecuencia? O refutar a Cristo o asentir a lo que decía. Sin embargo, se procede de modo diverso, pues el criado lo golpea. De modo que aquello no era juicio, sino violencia y tumulto.

Y como nada más encontraron, lo remiten atado a Caifás. Y Simón Pedro estaba de pie y se calentaba (Jn. 18, 25). ¡Ay! ¡en cuán profunda somnolencia estaba envuelto aquel hombre fervoroso y atrevido hasta la locura, cuando la prisión del Salvador! Y no se conmovía, sino que permanecía al calor de la lumbre. Para que aprendas cuán grande es la debilidad de la humana naturaleza cuando Dios nos abandona. Y otra vez preguntado, otra vez niega a Cristo. Luego (Jn. 18, 26): Uno de los siervos del sumo sacerdote, pariente de aquel a quien Pedro cortó la oreja, indignado por la negación de Pedro, le dijo: ¿Acaso no te vi yo en el huerto con él? Pero ni lo del huerto le trajo a la memoria a Pedro lo que allá había sucedido, ni el amor que allá había demostrado a Cristo con sus palabras, sino que el temor lo hizo olvidarse de todo.

Mas ¿por qué los evangelistas están concordes en escribir esto? No lo hacen por acusar al condiscípulo, sino para enseñarnos cuán malo es no entregarse totalmente a Dios, sino confiar en sí mismo. Por tu parte, admira la providencia del Maestro; pues aun prisionero y atado cuidadosamente ayuda al discípulo, levantándolo de su caída con la mirada y llevándolo al dolor y lágrimas de arrepentimiento. Llevan, pues, a Jesús de Caifás a Pilato. Sucedió esto para que la multitud de los jueces demostrara, aun contra su voluntad, que la verdad había sido explorada. Amanecía ya. Jesús fue llevado a Caifás antes de que cantara el gallo, y por la mañana fue conducido a Pilato. Con esto declara el evangelista que, aunque fue preguntado Jesús continuamente desde la media noche, por Caifás, de nada malo se le pudo convencer. Por lo cual Caifás lo remitió a Pilato. Pero omite el evangelista las demás cosas y deja que otros las refieran, en tanto que él sigue su narración.

Advierte cuán ridículos aparecen los judíos. Una vez aprehendido el inocente, no entran con armas al pretorio, para no contaminarse. Pero ¿qué contaminación podía haber en entrar al pretorio, lugar en donde se condenaba a los criminales? Ellos, que pagaban el diezmo de la menta y el anís, no creían contaminarse dando injustamente la muerte al inocente; y en cambio creían contaminarse si entraban al pretorio.

¿Por qué no le dieron muerte ellos mismos, sino que lo entregaron a Pilato? Mucho tiempo hacía que habían perdido el mando y el poder, y estaban en todo sujetos a los romanos. Por otra parte, temían ser castigados si Pilato los acusaba. ¿Qué significa: Para poder comer la Pascua? Cristo la había celebrado ya el primer día de los ázimos. Tal vez el evangelista llama Pascua al conjunto de la solemnidad; o tal vez los judíos la celebraban en ese día, mientras que Cristo la habría celebrado el día antes, guardando su muerte para el día de la *Parasceve*, que era cuando antiguamente se celebraba la Pascua. Pero ellos, al mismo tiempo que van armados, cosa no lícita en ese día, y mientras asesinan, observan cuidadosamente lo tocante al lugar y llaman afuera a Pilato.

Salió, pues, fuera, y les dijo (Jn. 18, 29): ¿Qué acusación traéis contra este hombre? ¿Adviertes cuán lejos está de la envidia y ambición de los judíos? Viendo a Jesús atado y presentado por tales hombres, sin embargo no pensó que el motivo de acusarlo fuera tan evidente; por lo cual se puso a interrogarlos, diciendo ser cosa absurda que ellos le pidieran castigar a Jesús, arrebatándole el derecho de juzgarlo y sin formarle juicio alguno. ¿Qué responden ellos? (Jn. 18, 30): Si no fuera éste un malhechor no te lo hubiéramos entregado. ¡Oh necedad! ¿Por qué no confesáis el crimen, sino que lo envolvéis en sombras? ¿Por qué no declaráis qué es lo mal hecho? Observa cómo constantemente rehúyen el recto camino de acusar, y nada tienen que decir. Anás lo interrogó acerca de su doctrina; y después de haberlo oído lo remitió a Caifás. Este, a su vez, como lo interrogara y nada encontrara, lo remitió a Pilato. Pilato investiga: ¿Qué acusación traéis contra este hombre? Y tampoco tienen nada que responderle, sino que solamente lanzan algunas conjeturas.

Dudoso Pilato, les replica (Jn. 18, 31-32): Tomadlo vosotros y juzgadlo según vuestra Ley. Le dijeron los judíos: A nosotros no nos es permitido dar muerte a nadie. Lo decían: para que se cumpliera la palabra de Jesús cuando señaló el género de muerte con que había de morir. Pero ¿cómo lo significaban al decir: No nos es permitido dar muerte a nadie? Lo afirma el evangelista: o bien porque moriría no únicamente por ellos, sino también por los gentiles; o porque a ellos no les estaba permitido poner a nadie en la cruz. Si dicen: No nos está permitido dar muerte a nadie, quieren decir que en ese tiempo no podían. Porque ciertamente dieron muerte y la daban de otros modos, como lo prueba la forma en que mataron a Esteban lapidándolo. Pero ellos lo que anhelaban era que Jesús fuera crucificado para gloriarse de haberle dado ellos semejante género de muerte.

Por su parte Pilato, para librarse pronto de la molestia, no dejó el juicio para más tarde, sino que entró e interrogó a Jesús: ¿Eres tú el rey de los judíos? Respondióle Jesús: ¿Dices esto por tu cuenta o bien otros te lo han dicho de Mí? ¿Por qué hace Cristo semejante pregunta? Para dejar al descubierto la perversa intención de los judíos. Ya la conocía Pilato por noticias de muchos. Y como ellos nada tenían que oponer a Jesús, para que la discusión no se alargara, Pilato trae al medio lo que continuamente los judíos achacaban a Cristo. Y como les había dicho Pilato: Juzgadle según vuestra Ley, ellos, para demostrarle que el crimen de Jesús no era judaico, le dicen: A nosotros no nos es lícito dar muerte a nadie. Como quien dice: No ha pecado contra nuestra Ley, sino que es un criminal del fuero común.

(Jn. 18, 33-34) Teniendo en cuenta esto Pilato, como si él mismo estuviera en peligro, le pregunta a Jesús: ¿Eres tú el rey de los judíos? De modo que no pregunta Jesús a Pilato porque ignore, sino queriendo que el propio Pilato acuse a los judíos; y así le dice: ¿Acaso otros te lo han dicho de Mí? Entonces Pilato lo declara diciendo (Jn. 18, 35): ¿Soy yo acaso judío? Tu nación y los sumos sacerdotes te han entregado a mí: ¿qué has hecho? Quería de este modo excusarse. Luego, como le había preguntado a Jesús: ¿Eres tú el rey de los judíos?, Jesús le responde declarándole: eso tú lo oíste de los judíos. ¿Pero por qué no instituyes una cuidadosa investigación? Te dijeron que soy malhechor. Pregúntales cuál es el mal que Yo he hecho. ¿Por qué no lo haces, sino que simplemente expones la acusación? ¿Lo dices por tu cuenta u otros te lo dijeron?

Pilato, como no pudiera responder al punto a lo que le dijeron, simplemente alega el rumor de la turba. Le dice: Te entregaron a mí. Es, pues, necesario que yo te pregunte qué es lo que has hecho. ¿Qué responde Cristo? (Jn. 18, 36): Mi reino no es de este mundo. Pilato no era tan perverso, y Jesús trata de elevarle sus pensamientos. No era como los judíos, y por lo mismo trata de declararle que El no es simple hombre sino Dios e Hijo de Dios. ¿Qué le dice? Si mi reino fuera de este mundo, mis siervos lucharían para que no fuese entregado a los judíos. Con esto le quita a Pilato el temor que hasta entonces lo molestaba de que El anhelara hacerse tirano.

Pero ¿en realidad el reino de Cristo no es de este mundo? Lo es, por cierto. Entonces, Señor, ¿cómo afirmas que no es? No lo es porque no impere en este mundo, sino porque también impera en el cielo; pero allá su imperio no es humano, sino mucho más alto y espléndido. Mas si ese imperio suyo es muy superior a los imperios humanos ¿cómo es que ha sido apresado? Porque él voluntariamente lo quiso. Esto no lo oculta Jesús en aquellos momentos, sino ¿qué dice a Pilato?: Si fuera de este mundo mis siervos lucharían para que Yo no fuera entregado. Declara por aquí la debilidad de los reinos humanos que dependen del poder de los siervos, mientras que el reino celeste por sí mismo se mantiene, se basta a sí mismo y de nadie necesita.

Toman de aquí ocasión los herejes, y asientan que este mundo no pertenece al Creador. Mas ¿cómo se entiende entonces lo que dijo el evangelista (Jn. 1, 11): Vino a los suyos? ¿Y lo otro (Jn. 17, 14): Ellos no son del mundo, como yo tampoco soy del mundo? Pues bien, en el mismo sentido afirma que su reino no es de este mundo; no porque prive al mundo de su providencia y poder, sino declarando, como ya dije, que no es transitorio ni humano. ¿Qué dice entonces Pilato? (Jn. 18, 37)¿Luego tú eres rey? Respondió Jesús: Tú lo dices. Yo soy rey. Yo para esto he nacido. Pero si ha nacido rey, también tiene por nacimiento todo lo demás y nada tiene que haya recibido de otro. De modo que cuando oyes (Jn. 5, 26): Así como el Padre tiene vida en sí mismo, así dio al Hijo tener vida, no entiendas otra cosa sino la generación; e igualmente en los demás pasajes. Yo para esto he venido, para dar testimonio de la verdad. O sea, para enseñar eso mismo a todos y persuadirlo.

Por tu parte, carísimo, cuando ves al Señor atado, traído y llevado, ya no aprecies en nada las cosas presentes. Pues ¿cómo no sería absurdo que cuando Cristo por ti ha sufrido tantas y tan graves cosas, tú no puedas soportar ni siquiera unas cuantas palabras? Al revés: El es escupido y tú te adornas de vestidos y anillos; y si no gozas delante de todos de estimación ya piensas que la vida no puede vivirse. El es acometido con oprobios, sufre dicterios, golpes vergonzosos en sus mejillas, y tú quieres andar siempre en honores y no portas en ti los vituperios de Cristo.

¿No oyes a Pablo que dice (1Co. 11, 1): Sed imitadores míos como yo lo soy de Cristo? En consecuencia, cuando alguno te burle, acuérdate de tu Señor, al cual adoraban por burla y con palabras y obras lo infamaban y le mostraban suma descortesía. Y El no sólo no se vengaba, sino que procedía todo al contrario, con mansedumbre y clemencia. Pues imitémoslo: así podremos librarnos de toda ignominia. No recibe injuria quien es objeto de dicterios, sino quien se abate y se duele y da peso a semejantes ofensas y con esto hace que ellas lo puncen y muerdan. Si no la tomaras a mal, no recibirías la injuria. Semejantes incidentes no resultan pesados por el lado del que injuria, sino del que recibe la injuria.

¿Por qué te dueles? Si el otro injustamente te injurió no te indignes, sino más bien conviene que compadezcas. Y si fue justamente, con mayor razón debes quedar en paz. Así como si alguien te alabara de rico siendo tú pobre, sus alabanzas para nada te ayudarían, y más bien las tomarías a broma, así también, si el que te injuria dice de ti falsedades, nada tienen que ver contigo. Y si la conciencia te reprende, no te turben las palabras, sino procura corregir tu vida. Me refiero a las verdaderas injurias. Porque si lo que se te echa en cara es la pobreza o lo plebeyo, ríete de eso; puesto que no es injuria del que lo oye, sino del que lo dice, ya que nada entiende de la virtud.

Pero dirás: cuando tales cosas se afirman delante de muchos que ignoran la verdad, la llaga se torna insoportable. Pues yo digo que precisamente entonces es más tolerable, por estar presente la multitud de testigos que te alaban y aprueban, mientras reprueban y burlan al injuriante. Para con los prudentes es admirable aquel que calla y no el que se venga. Y si ninguno de los presentes es razonable, con mayor razón debes reírte de ellos, para que después te goces allá arriba en la reunión de los seres celestiales. Pues allá arriba todos te alabarán, te aplaudirán, aprobarán tu conducta. Un solo ángel vale por todo el universo. Mas ¿para qué me refiero a los ángeles, cuando el Señor de los ángeles te alabará?

Ejercitémonos en estos pensamientos. Al fin y al cabo, no recibe daño el que es injuriado, si calla; mientras que le sucederá lo contrario si se venga. Si recibir las injurias callando fuera daño, no habría dicho Cristo: A quien te abofetea en la mejilla derecha preséntale también la izquierda. Si dice falsedades compadezcámoslo, pues atrae sobre sí el castigo debido a los que injurian y no es digno de leer las Escrituras. Porque: Al pecador dijo Dios: ¿Qué tienes tú que recitar mis preceptos por tu boca? Te sientas a hablar contra tu hermano. Y si dice verdades, también es digno de compasión. El fariseo del evangelio también decía verdades, pero en nada dañó al que lo oía, antes le ayudó; mientras que él se privó de infinitos bienes y por haber hecho aquella acusación se hundió.

De manera que el injuriante por ambos caminos es castigado, pero no lo eres tú. Si vigilas, doblemente ganas: por tu silencio te haces propicio a Dios y te vuelves más modesto y tomas de ahí ocasión para enmendarte y de no hacer caso de las glorias humanas. Porque nosotros por esto nos dolemos: porque muchos andan tras de la fama. Si queremos razonar conoceremos así bien la nada de las cosas humanas. Pues bien, aprendamos. Caigamos en la cuenta de nuestros defectos, y poco a poco corrijámoslos. Este mes uno; al siguiente, otro; al tercero, igualmente propongamos corregirnos. Subiendo así de grada en grada, llegaremos al Cielo por la escala de Jacob.

Yo pienso que esa escala de la visión, nos indica el ascenso por la virtud. Por ella podemos subir de la tierra al Cielo, no por gradas materiales que caen bajo el dominio de los sentidos, sino con la enmienda de las costumbres. Emprendamos esta peregrinación, esta ascensión, para que, habiendo alcanzado el Cielo, gocemos allá de todos los bienes, por gracia y benignidad de nuestro Señor Jesucristo, al cual sea la gloria por los siglos de los siglos. Amén.

HOMILÍA LXXXIV. Yo para esto he nacido y para esto he venido al mundo, para dar testimonio de la verdad. Todo el que es discípulo de la verdad me escucha y oye mi voz (*Jn 18,37*)

Admirable cosa es la paciencia, pues al alma, liberada de las tempestades que suscitan los espíritus malignos, la establece en un puerto tranquilo. Cristo nos la enseñó y nos la enseña, sobre todo ahora que es llevado y traído para juicio. Llevado a Anás, respondió con gran mansedumbre; y al criado que lo hirió, le contestó de un modo capaz de reprimir toda soberbia. Desde ahí fue llevado a Caifás y luego a Pilato, gastándose en eso toda la noche; y en todas partes y ocasiones se presentó con gran mansedumbre.

Cuando lo acusaron de facineroso, cosa que no le podían probar, El, de pie, lo toleró todo en silencio. Cuando se le preguntó acerca del reino, le respondió a Pilato, pero adoctrinándolo y levantándole sus pensamientos a cosas mayores. Mas ¿por qué Pilato no examina a Jesús delante de los judíos sino en el interior del pretorio? Porque tenía gran estima de Jesús y quería examinar la causa cuidadosamente, lejos del tumulto. Cuando le preguntó: ¿Qué has hecho? Jesús nada le responde; en cambio, sí le responde acerca del reino. Le dice: Mi reino no es de este mundo, que era lo que más anhelaba saber el presidente. Como si le dijera: En verdad soy rey, pero no como tú lo sospechas, sino rey mucho más espléndido. Por aquí y por lo que sigue le declara no haber hecho nada malo. Pues quien asegura: Yo para esto he nacido y a esto vine, para dar testimonio de la verdad, claramente dice no haber hecho nada malo.

Y cuando dice: Todo el que es discípulo de la verdad oye mi voz, invita a Pilato y lo persuade a oír sus palabras. Como si le dijera: Si alguno es veraz y anhela la verdad, sin duda me escuchará. Con estas pocas palabras lo excita hasta el punto de que Pilato le pregunta (Jn. 18, 38): ¿Qué es la verdad? Pero mientras lo insta y oprime lo urgente del momento. Pues advierte que semejante pregunta necesitaba tiempo para responderse, mientras que a él lo urgía el ansia de librarlo del furor de los judíos. Por tal motivo salió afuera. Y ¿qué les dice?: Yo no encuentro en él delito alguno. Observa cuán prudentemente lo hace. Porque no dijo: Puesto que ha pecado, es digno de muerte, pero ceded a la solemnidad. Sino que primero lo declaró libre de toda culpa; y hasta después, a mayor abundamiento, les ruega que si no quieren dejarlo libre como a inocente, a lo menos por la solemnidad lo perdonen como a pecador. Por tal motivo añade (Jn. 18, 39-40): Tenéis vosotros la costumbre de que en la Pascua se os dé libre un prisionero. Luego, como quien suplica, dice: ¿Queréis, pues, que os suelte al rey de los judíos? Vociferaron todos: No a ése, sino a Barrabás. ¡Oh mentes execrables! ¡Dejan libres a criminales como ellos y de sus mismas costumbres y en cambio ordenan castigar al que es inocente! ¡Antigua era en ellos semejante costumbre! Pero tú considera la benignidad del Señor.

Y ordenó Pilato que lo azotaron, quizá para salvarlo, una vez aplacado así el furor de los judíos. Como por los medios anteriores no logró arrancárselo de las manos, esperando que con esto otro terminara el daño, ordenó que lo azotaran y permitió que le vistieran la clámide y le pusieran la corona, a fin de amansar con esto la ira de los judíos. Por igual motivo, una vez coronado, lo sacó hacia ellos, para que viendo los ultrajes que se le habían inferido, reprimieran los judíos sus furores y vomitaran todo el veneno. Mas ¿por qué sin mandato del pretor los soldados hicieron todo esto? Para congraciarse con los judíos. También sin órdenes de él, durante la noche fueron al huerto: con ese motivo y para recibir la paga se atrevieron a todo. Y en medio de tantas y tan crueles injurias, Jesús permanecía callado, como lo estuvo también cuando nada respondió a Pilato, que lo interrogaba.

Pero tú no te contentes con oír estas cosas, sino tenías constantemente presentes, viendo al que es rey de la tierra y de los ángeles burlado por los soldados con palabras y con obras; y cómo todo lo tolera en silencio, y procura imitarlo de verdad. Como oyeron los soldados que Pilato lo había llamado rey de los judíos, lo revistieron de un paramento risible. Y Pilato lo sacó afuera y dijo (Jn. 19, 4-5): No encuentro en él delito alguno. Salió, pues, Jesús llevando su corona; pero ni aun así se aplacó el furor de los judíos, sino que clamaban (Jn. 19, 6): ¡Crucifícalo, crucifícalo! Como viera Pilato que en vano intentaba todos los caminos, les dijo: ¡Tomadlo allá y crucificadlo! Por aquí se ve que las afrentas anteriores fueron una concesión hecha a la ira de los judíos.

Dice Pilato: Yo no encuentro en él delito alguno. Observa de cuántos modos lo justifica el juez y con cuánta frecuencia rechaza los crímenes que se le achacan. Pero nada podía alejar de la presa aquellos perros. Las expresiones: Tomadlo allá vosotros y crucificadlo son propias de quien está ya fastidiado y de quien finalmente los empuja a una cosa ilícita. Los judíos lo habían llevado al juez para que condenado por su sentencia quedara perdido por ellos. Pero sucedió lo contrario, que por sentencia del juez fue absuelto. Entonces ellos, puestos en vergüenza por ese modo, respondieron al juez (Jn. 19, 7): Nosotros tenemos una Ley, y según la Ley debe morir, pues se ha hecho Hijo de Dios.

Pero entonces, ¿por qué cuando el juez dijo: Tomadlo allá vosotros y según vuestra ley juzgadlo, le respondisteis: A nosotros no nos es lícito dar la muerte a nadie; y en cambio ahora acudís a vuestra ley? Advierte además la acusación: Pues se ha hecho Hijo de Dios. Pero decidme: ¿Es cosa de recriminar a quien hace obras de Hijo de Dios el que a Sí mismo se llame Hijo de Dios? ¿Qué hacía mientras Cristo? En tanto que ellos así dialogaban, él hacía verdadero el dicho del profeta (Is. 53, 7-8): No abrirá su boca. En su humildad fue arrebatado del juicio; El callaba. Cuando Pilato les oyó decir que Jesús se hacía Hijo de Dios, temió; y con el miedo de que fuera verdad lo que decían, tembló de parecer que obraba con injusticia. En cambio los judíos, aun sabiendo ser eso verdad por la doctrina y las obras, no temblaron sino que lo llevaron a la muerte, por los mismos motivos por los que debían adorarlo.

Pilato ya no le pregunta: ¿Qué has hecho? Conmovido por el temor cuida de interrogarlo sobre cosas más altas y le dice: ¿Eres tú el Cristo? Pero Jesús nada le respondió. Ya había oído Pilato decir: Yo para esto nací y para esto he venido; y también: Mi reino no es de este mundo. Era pues su deber oponerse a los judíos y arrancarles a Cristo de sus manos. Pero no lo hizo, sino que se dejó llevar del impulso de los judíos. Estos, una vez refutados en todo, se acogen a la acusación de un crimen político y dicen a Pilato (Jn. 19, 12): Quien se proclama rey se rebela contra el César. Convenía por lo tanto examinar también este capítulo con diligencia y ver si anhelaba Cristo convertirse en tirano y echar del trono al César. Pero Pilato no lo examina acerca de eso; y por lo mismo tampoco Cristo le responde, pues sabía que el pretor inútilmente preguntaba.

Por lo demás no quería Cristo, estando en pie el testimonio de sus obras, vencer con el de sus palabras ni defenderse por este medio, demostrando con esto que voluntariamente se encontraba en aquel paso. Como El callaba, Pilato le dice (Jn. 19, 10): ¿No sabes que tengo poder para crucificarte? ¿Adviertes cómo a sí mismo de antemano se condena? Pues si todo está en tu mano ¿por qué no lo das libre, ya que no has encontrado en El crimen alguno? Pronunciada así la sentencia contra sí mismo, finalmente le dice Cristo (Jn. 19, 11): El que me entregó a ti tiene más grave pecado, con lo que avisaba al pretor que tampoco él estaba libre de pecado.

Luego, reprimiéndole su arrogancia y soberbia, le añadió: No tendrías potestad si no se te hubiera dado. Le declaraba así que todo iba sucediendo, no según el curso natural de las cosas, sino de un modo misterioso. Y para que Pilato al oír: Si no se te hubiera dado, no se creyera libre de crimen, añade Cristo: El que me entregó a ti tiene mayor pecado. Dirás: pero si se le había dado poder, ni él ni los judíos eran reos de pecado. Vanamente te expresas

así; porque aquí la palabra dado es lo mismo que concedido. Como si dijera: Han permitido que esto sucediera, mas no por eso vosotros quedáis sin culpa. Aterrorizó Jesús a Pilato con semejantes palabras, y al mismo tiempo El claramente se justificó. Por lo cual Pilato intentó librarlo.

Mas los judíos de nuevo clamaban (Jn. 19, 12): Si dejas libre a éste, no eres amigo del César. Puesto que con presentar infracciones contra la ley de ellos nada habían aprovechado, astutamente acuden a las leyes civiles y dicen: Todo el que se hace rey se rebela contra el César. Pero ¿en dónde apareció

Cristo anhelando ser rey? ¿cómo podéis comprobarlo? ¿Por la púrpura? ¿por la diadema, por el vestido, por los soldados? ¿Acaso no andaba siempre con solo los doce discípulos? ¿Acaso no usaba de alimentos, vestido, habitación más humildes que todos? Pero ¡oh impudentes! ¡oh miedo inmotivado! Pilato, temeroso del peligro si en eso del reino se descuidaba, salió como quien va a examinar las acusaciones (porque esto da a entender el evangelista cuando dice que se sentó al tribunal); pero luego, sin instituir examen alguno, puso a Jesús en manos de los judíos, creyendo que así los doblegaría.

Que éste fuera su pensamiento, óyelo por sus palabras (Jn. 19, 14-15): ¡He aquí a vuestro rey! Y como ellos clamaran: ¡Crucifícalo! todavía les dijo: ¿A vuestro rey he de crucificar? Pero ellos gritaban: No tenemos otro rey que el César. Espontáneamente se sujetaron al castigo. Por eso Dios los entregó a sus enemigos, ya que ellos primero se habían sustraído a su providencia y protección; y pues de común consentimiento negaron a su rey, permitió Dios que por sus mismos votos se arruinaran.

Todo el curso de lo que se había ido ventilando debía haberles calmado la ira; pero temían que si Jesús quedaba libre de nuevo congregaría al pueblo; de manera que ponían todos los medios para que eso no sucediera. Grave cosa es la ambición; grave y tal que puede perder las almas. Por tal motivo ellos nunca dieron oídos a Jesús. Pilato con oírlo, por solas sus palabras se inclina a dejarlo ir libre; pero ellos instan y claman: ¡Crucifícalo! ¿Por qué tenían tan gran empeño en darle muerte?

¡Muerte ignominiosa era aquella! Temerosos por lo mismo de que su memoria perdurara en lo futuro, cuidan de que se le aplique este suplicio ignominioso, sin caer en la cuenta de que la verdad precisamente por los obstáculos más resplandece y se alza. Y que esto fuera lo que sospechaban, oye cómo lo dicen: Nosotros hemos oído aquel engañador que dijo: Después de tres días resucitaré. Por tal motivo todo lo agitaban y revolvían con el objeto de borrar en lo futuro todo recuerdo de Jesús. Y gritaban repetidas veces: ¡Crucifícalo! Los príncipes habían corrompido a la turba desordenada.

Por nuestra parte, no únicamente leamos estas cosas, sino llevemos en nuestro pensamiento la corona de espinas, la clámide, la caña hueca, las bofetadas, los golpes dados en los ojos, los salivazos y las burlas. Tales cosas, si frecuentemente las meditamos, pueden apagar toda la ira. Aun cuando se burlen de nosotros, aun cuando suframos injusticias, repitamos muchas veces (Jn. 13, 16): No es el siervo más que su señor. Traigamos a la memoria lo que los judíos rabiosos le decían a Jesús (Jn. 8, 48; Lc. 11, 15): Eres poseso, eres samaritano; en nombre de Beelzebul arroja los demonios. Todo esto lo sufrió El para que sigamos sus huellas, soportando las afrentas, que es la cosa que duele a más las almas.

En realidad El no sólo padeció estas cosas, sino que puso todos los medios para librar del castigo preparado a quienes las perpetraron y maquinaron. Así les envió para su salvación a los apóstoles. Y a éstos les oímos que les dicen a los judíos: Sabemos que procedisteis por ignorancia (Hch. 3, 17) y así los atraen a penitencia. Imitemos estas cosas. Nada hay que aplaque a Dios como el amar a los enemigos y hacer bien a los que nos dañan. Cuando alguno te molesta, no te fijes en él, sino en el demonio que es quien lo mueve, e irrítate grandemente contra éste. En cambio al que éste ha movido, compadécelo. Si la mentira viene del demonio, mucho más proviene de él irritarse sin motivo. Cuando veas al que de ti se burla, piensa que es el demonio quien lo incita, puesto que semejantes burlas no son propias de cristianos.

Ciertamente aquel a quien se le ha ordenado llorar y ha oído aquella palabra (Lc. 6, 25): ¡Ay de vosotros los que reís a carcajadas! ese tal, cuando echa injurias a la cara o se burla o se irrita, no es digno de injurias sino de lágrimas. También Cristo se conmovió pensando en Judas. Cuidemos de poner por obra estas cosas. Si no lo hacemos, en vano hemos venido a este mundo, o mejor dicho, para nuestra desgracia. No puede la fe sin obras introducir al Cielo. Al revés, puede servir para mayor condenación de quienes viven desordenadamente.

Dice Cristo (Lc. 12, 47): Quien conoce la voluntad de su señor y no la cumple, será reciamente, abundantemente azotado. Y también (Jn. 15, 22): Si Yo no hubiera venido y no les hubiera hablado, no tendrían pecado. Pues bien, ¿qué excusa tendremos los que habitando en los palacios reales, penetrando en el santuario, hechos partícipes de los misterios que redimen de los pecados, somos peores que los gentiles que no disfrutan de ninguna de esas cosas? Si los paganos por la gloria vana dieron tantas muestras de alta sabiduría y virtudes, mucho más conveniente es que nosotros por la voluntad de Dios ejercitemos toda clase de virtud.

Pero ahora, ni siquiera despreciamos los dineros cuando esos paganos con frecuencia despreciaron la vida; y en las guerras ofrecieron a la insania de los demonios a sus propios hijos, y para honrarlos pasaron por sobre lo que pedía la humana naturaleza. Nosotros ni siquiera despreciamos la plata por Cristo, ni deponemos la ira para agradar a Dios, sino que nos ponemos furiosos y en nada diferimos de los delirantes atacados de la fiebre. Pues así como éstos, a causa de su enfermedad están ardiendo, así nosotros como ahogados por un fuego, nunca logramos contener la codicia, sino que acrecentamos la avaricia y la cólera.

Por tal motivo me avergüenzo y me admiro sobre manera cuando veo entre los gentiles gentes que desprecian las riquezas, mientras que acá entre nosotros todos andamos enloquecidos por la codicia. Pues aun cuando veamos entre vosotros a algunos que las desprecian, pero esos tales son por otra parte víctimas de otros vicios, como son la ira y la envidia: cosa difícil es encontrar quienes limpiamente ejerciten todas las virtudes. Y la razón es que no cuidamos de tomar los remedios que nos ofrecen las Sagradas Escrituras, ni atendemos a su lectura con el corazón contrito y con lágrimas, sino que cuando tenemos algún descanso las leemos, pero muy ligero, y de por encima.

Por tal motivo, y habiendo entrado ya en el alma todo un aluvión de cosas seculares, éste la inunda y arrastra consigo y destruye el fruto que se haya podido conseguir. No puede ser que quien tiene una llaga y le aplica la medicina, pero no la liga cuidadosamente sino que deja que el remedio se caiga y expone su úlcera al agua y al polvo, al calor y a otros incontables elementos, capaces de exacerbar la llaga, aproveche algo. Y no acontece tal cosa por falta de eficacia del remedio, sino por la desidia del enfermo. Y es lo que suele acontecernos cuando apenas si atendemos un poco a las divinas palabras, mientras que, por el contrario, continuamente nos damos a los negocios del siglo. La simiente queda ahogada y no produce fruto.

Para que esto no suceda, abramos siquiera un poquito los ojos y levantémoslos al cielo; y de ahí abajémoslos luego a los sepulcros y a las tumbas de los muertos. La misma muerte nos espera a todos y la misma necesidad de salir de este mundo se nos echa encima, quizá incluso antes de que llegue la noche. Preparémonos para semejante partida, puesto que necesitamos abundante viático; porque allá al otro lado hay grandes calores, mucho bochorno y gran soledad. Allá no se puede demorar en la hospedería ni comprar en la plaza: todo hay que llevarlo preparado desde acá. Oye lo que dicen las vírgenes prudentes del evangelio (Mt. 25, 9): Id a los vendedores. Oye lo que dice Abraham (Lc. 16, 26): Grande abismo hay entre vosotros y nosotros. Escucha lo que clama Ezequiel en referencia a ese día último (Ez. 14, 14): Ni Noé, ni Job, ni Daniel librarán a sus hijos.

Pero... ¡lejos de nosotros que vayamos a oír tales palabras!; sino que habiendo apañado acá todo el viático necesario para la vida eterna, ojalá contemplemos al Señor nuestro Jesucristo, con el cual sean al Padre, juntamente con el Espíritu Santo, la gloria, el poder y el honor, ahora y siempre y por los siglos de los siglos. Amén.

HOMILÍA LXXXV. Entonces se lo entregó para que fuera crucificado. Ellos se apoderaron de Jesús. Y llevando El su cruz salió hacia el lugar llamado de la calavera, que en hebreo se denomina Gólgota. Y ahí lo crucificaron (*Jn. 19,16*)

La Prosperidad fácilmente puede derribar y echar por tierra a quienes no ponen atención. Así, los judíos que al principio gozaban del favor y auxilio de Dios, después anhelaron un reino al modo de los gentiles; y también en el desierto, tras del maná, suspiraban por las cebollas de Egipto. Pues bien, lo mismo aconteció acá a los judíos: rehusaron el Reino de Cristo y aclamaron para sí como rey al César. En consecuencia, Dios les dio un rey tal como ellos lo querían.

Pilato, habiendo escuchado aquellos clamores, les entregó a Jesús para que lo crucificaran: ¡cosa excesivamente injusta! Debía Pilato haber averiguado si era verdad que Jesús anhelaba el reino. Pero llevado únicamente del miedo, sentenció conforme a lo que ya Cristo le había amonestado que no creyera, cuando le dijo: Mi reino no es de este mundo. Pero él se entregó totalmente en manos de los que lo rodeaban y no quiso levantar más alto sus pensamientos. Debía al menos haberlo espantado el sueño de su mujer. Mas con nada de eso se mejoró. No alzó sus miradas al Cielo, sino que les entregó a Jesús.

Los judíos, como a reo ya condenado, le pusieron sobre los hombros la cruz. Ellos abominaban de aquel madero y no querían ni aun tocarlo. Lo mismo había sucedido con la figura, pues Isaac cargó sobre sí la leña para el sacrificio. Sólo que en su caso, todo se redujo a la determinación que Abraham tenía en su voluntad, porque sólo se trataba de una figura. En cambio, acá se llega hasta la ejecución, pues era ya la verdad.

Y llegó al sitio llamado de la calavera. Afirman algunos haber muerto ahí Adán y estar ahí sepultado; y que en consecuencia Jesús levantó el trofeo de victoria en el mismo sitio en donde había reinado la muerte, puesto que Jesús cargaba con la cruz, trofeo contra la tiranía de la muerte, y a la manera de los vencedores llevaba El sobre sus hombros el símbolo de la victoria.

¿Qué importa que los judíos ordenaran la crucifixión con otros intentos? Lo crucificaron juntamente con otros dos, ladrones, y así, sin quererlo cumplieron con una profecía. Lo que ellos practicaban como una injuria, eso mismo servía a la verdad, para que conozcas cuán grande es la fuerza de ésta. Porque ya antiguamente el profeta había predicho (Is. 53, 12): Y fue contado entre los malhechores. Quiso el demonio oscurecer el hecho, pero no pudo. Tres fueron los crucificados, pero solamente Jesús resplandeció: todo para que veas que fue su poder el que realizó la obra entera. Ya puestos los tres en las cruces, sucedieron varios prodigios; pero a ninguno de ellos le fueron atribuidos, sino sólo a Jesús: tan débiles eran las maquinaciones del demonio y todas retacharon sobre su cabeza.

Pues de los dos ladrones, por lo menos uno alcanzó la salvación. De manera que aquello no sólo no quitó nada a la gloria de Cristo crucificado, sino que le añadió no poco; ya que no fue menor milagro el convertir al ladrón que estaba en la cruz y darle entrada al paraíso, que el mover las rocas.

(Jn. 19, 19) Y Pilato escribió el rótulo, tanto para vengarse de los judíos como para justificar a Cristo. Lo habían ellos condenado como criminal, y procuraban confirmar eso mediante la compañía de los ladrones. Pues bien, para que nadie más tarde acusara a Pilato de malvado o débil, cerrándoles la boca, lo mismo que a cuantos quisieran acusarlo después; y declarando cómo ellos se habían levantado contra su propio rey, puso aquel título, como se hace con las inscripciones en los trofeos; y fue un título tal que emitiera de sí una clara voz y proclamara la victoria del reino de Cristo, aunque no toda la amplitud de su reino.

Y lo declaró no en un solo idioma, sino en tres. Y pues parecía creíble que a causa de la solemnidad habría muchos hombres de otros países mezclados con los judíos, para que nadie ignorase su defensa, hizo manifiesto en todos los idiomas el furor de los judíos. Pero los judíos, aun viéndolo crucificado, lo odiaban. ¡Oh judíos! ¿en qué os dañaba Cristo? ¡En nada! Si se trataba de un simple mortal que era débil y moriría ¿por qué temblabais de unas letras que afirmaban ser rey de los judíos? Y ¿qué es lo que le dicen a Pilato?: Escribe que él se llamaba así a Sí mismo; pues tal como está el título, parece como si fuera sentencia común de todos; mientras que con añadir que él se llamaba así a Sí mismo quedará declarada su petulancia y soberbia. Pero Pilato persistió en lo que había escrito y no cambió de parecer.

Y no fue esto pequeña providencia, sino muy grande. Porque el leño de la cruz luego fue enterrado y a causa del miedo nadie se atrevió a desenterrarlo; aparte de que los fieles andaban ocupados en otras cosas más urgentes. Y sin embargo, iba a suceder que tiempo más adelante se buscara la cruz y se encontraran las tres cruces; y para que no se ignorara cuál había sido en la que estuvo el Señor, se la reconociera en primer lugar por estar en medio de las otras dos, y en segundo lugar por el rótulo, ya que las cruces de los ladrones ninguno tenían.

Los soldados se dividieron los vestidos del Señor, pero no la túnica. Advierte de nuevo cómo por medio de las maldades de aquellos hombres se iban cumpliendo en todas sus partes las profecías. Pues también esto estaba predicho ya de antiguo. Tres eran los crucificados, pero sólo en Cristo se cumplían las profecías. ¿Por qué los soldados no procedieron lo mismo con los otros dos crucificados, sino sólo con Jesús? Considera además lo exacto de las profecías. Pues no dice el profeta solamente qué fue lo que los soldados se repartieron, sino también qué fue lo que no se repartieron: se dividieron los otros vestidos, pero no la túnica, sino que ésta la sortearon.

Y no sin motivo se anota (Jn. 19, 23): Tejida de arriba abajo en una pieza. Hay quienes asientan que se trata de una alegoría, pues el crucificado no era simple hombre, sino que poseía la divinidad. Otros aseveran que el evangelista hace referencia a cierto género de vestidos. Como en Palestina tejen sus vestidos cosiendo dos paños, Juan, para significar que la túnica de Jesús no era de esta clase, escribió: Tejida de arriba abajo en una pieza. A mí me parece que lo dice para indicar la pobreza de la túnica, y que, como en las demás cosas, también en el vestido cuidó Jesús de la pobreza.

Y esto hicieron los soldados (Jn. 19, 24).

Por su parte el crucificado encomienda su Madre al discípulo, para enseñarnos que hasta el último aliento hemos de procurar principalmente el cuidado de nuestros padres. Cuando su Madre inoportunamente se le acercó, le dijo El (Jn. 2, 4): ¿Qué nos va a ti y a mí, Mujer?; y más tarde (Mt. 12, 48): ¿Quién es mi madre? En cambio, ahora le muestra sumo amor y la deja encargada al discípulo amado. Nuevamente Juan oculta su propio nombre. Si hubiera querido gloriarse, habría indicado el motivo de ser especialmente amado, motivo que sin duda debió ser grande y admirable. Pero ¿por qué nada dijo Jesús a Juan y no lo consoló en su tristeza? Porque el tiempo aquel no era tiempo de consuelos. Por lo demás no era de poca monta el que se le concediera aquel honor y recibiera así el premio de su constancia. Considera además cómo Jesús estando crucificado, procede en todo sin perturbarse. Habla al discípulo acerca de su madre; llena y cumple las profecías; da al ladrón la buena esperanza; y todo esto tras de habérsele visto antes de la crucifixión sudar sangre y entrar en agonía y temor.

¿Por qué sucede esto? Nada hay dudoso, nada no claro. Allá se manifestó la debilidad de la naturaleza humana, acá la grandeza de su poder. Y con ambas cosas nos amonesta que aun cuando nos sintamos perturbados antes de que descarguen sobre nosotros los males, no por eso los hemos de rehuir; y que una vez puestos en la lucha y certamen, juzguemos que todo es cosa fácil y ligera. Y en consecuencia no temamos la muerte. Tiene la naturaleza un amor innato a la vida; pero está en nuestra mano o romper ese vínculo y disminuir ese amor o, al revés, apretarlo hacerlo más y más vehemente.

Así como tiene el hombre la fuerte inclinación al coito, pero si nos damos a la virtud podemos cohibir su tiranía, lo mismo sucede con la vida. Pues así como la concupiscencia de la carne se ha puesto en el hombre con miras a la conservación de la especie, y es Dios quien ha instituido la propagación del género humano; y sin embargo, no por eso nos ha impedido seguir un más alto y perfecto camino, como es el de la continencia, del mismo modo ha puesto en nosotros el amor a la vida y ha prohibido el suicidio, pero sin impedirnos el desprecio de la vida presente.

Sabiendo esto, conviene usar de moderación y no arrojarnos espontáneamente a la muerte, aun cuando miles de males nos opriman; pero tampoco, si la tempestad nos arrebata por motivos que Dios aprueba, debemos temer ni temblar ni rehusarnos a morir, sino confiadamente hacerles frente y anteponer a la vida presente aquella otra futura. Estaban junto a la cruz las mujeres (Jn. 19, 25). Entonces el sexo más débil aparece ser el más fuerte: ¡así se invertían entonces todos los valores! Y Jesús, encomendando a su Madre, dijo (Jn. 19, 26): He ahí a tu hijo. ¡Válgame el Cielo! ¡cuán grande honor se le concede al discípulo! Teniendo Jesús ya que partirse, la encomienda al discípulo, y a éste le dice (Jn. 19, 27): He ahí a tu Madre. Lo dijo, y así los unió en común caridad. Y como esto entendiera el discípulo, la tomó consigo.

Mas ¿por qué el evangelista no hizo mención de ninguna otra mujer siendo así que se hallaba presente otra? Para enseñarnos que debemos anteponer el cuidado de nuestra madre. Así como a los padres, si impiden el bien espiritual incluso se les ha de desconocer, así cuando no lo impiden se les ha de prestar todo servicio y se les ha de anteponer a otras personas, puesto que ellos nos engendraron, nos educaron y por nosotros afrontaron infinitos padecimientos. Por aquí reprimió Cristo el error de Marción. Pues si Cristo no hubiera nacido según la carne, no habría tenido madre. Pero entonces ¿por qué tan especial providencia y cuidado tiene de ella?

En seguida, consciente Jesús de que todo quedaba cumplido... (Jn. 19, 28). Es decir que nada faltaba ya a la economía de la Encarnación. Pues continuamente procuraba hacer ver que era aquel un nuevo género de muerte, puesto que todo estaba en manos del mismo que moría. La muerte no se llegó a su cuerpo antes de que El se lo permitiera; pero quería antes cumplir todo lo que estaba de El profetizado. Por esto había dicho (Jn. 10, 18): Tengo potestad para entregar mi vida y tengo potestad para volver a tomarla. Consciente, pues, de que todo estaba cumplido, dijo: Tengo sed. Y también cumplió una en esto profecía.

Por tu parte, considera el ánimo de los que se encontraban presentes. En consecuencia, aun cuando tengamos infinitos enemigos y hayamos padecido de ellos intolerables padecimientos, si vemos que se les condena a muerte, los lloramos. Pero aquí los enemigos de Cristo no se conmovieron en su favor ni se amansaron a pesar de verlo cómo sufría; sino que se volvieron más feroces y se les acrecentó la cólera y le ofrecieron vinagre en una esponja para que lo bebiera. Se lo daban como se les da a los condenados a muerte, pues para eso se les acerca la caña con la bebida.

Como lo hubiera gustado Jesús, dijo (Jn. 19, 30): Todo está consumado. ¿Adviertes cómo en todo procede sin perturbarse y siendo totalmente dueño de Sí? Lo mismo se ve en lo que sigue. Pues consumado así todo, habiendo inclinado la cabeza entregó su espíritu; es decir, expiró. No expiró después de haber inclinado la cabeza. Sucedió lo contrario. No inclinó la cabeza después que hubo expirado, como solemos nosotros hacerlo, sino que después de haber inclinado la cabeza expiró. Con todos esos pormenores declaró el evangelista ser Cristo el Señor de todos. Pero los judíos, que se tragaban el camello y colaban el mosquito, tras de haberse atrevido a crimen tan grave y horrendo, entraron en consulta acerca de aquel día (Jn. 19, 31): Los judíos, viendo que era la Parasceve, para que no quedaran en la cruz los cuerpos, rogaron a Pilato que se les quebrantaran las piernas.

¿Observas cuán fuerte es la verdad? A causa de los empeños de los judíos se cumple otra profecía, se realiza otra predicción. Porque habiendo ido los soldados, quebraron las piernas de los otros dos, pero no las de Cristo. Lo que hicieron fue por darles gusto a los judíos: así le traspasaron el costado con una lanza y causaron al cadáver una injuria. ¡Oh hazaña criminal! ¡oh crimen execrable! Pero, carísimo, no te conturbes, no pierdas el ánimo. Con lo que ellos, por mala voluntad hacían, con eso defendían la verdad. Porque estaba profetizado (Jn. 19, 37; Za. 12, 10): Mirarán al que traspasaron. Ni sólo esto, sino que semejante suceso sirvió de prueba a los que más tarde no querían creer, como le sucedió a Tomás, y a otros como él.

Por otra parte, ahí se llevaba a cabo un inefable misterio. Porque: Manó sangre y agua. No sin motivo y razón brotaron estas fuentes, pues de ambas se constituye la Iglesia. Lo saben los ya iniciados que han sido regenerados con el agua y son alimentados con la carne y sangre. De ahí tomaron su principio nuestros misterios; para que cuando te acerques al cáliz tremendo, de tal manera te llegues, como si hubieras de beber del costado mismo del Salvador. Y el que vio dio testimonio. Y su testimonio es fidedigno (Jn. 19, 35). Quiere decir que no lo oyó de otros, sino que personalmente estuvo presente y lo vio y su testimonio es verdadero. Y con razón. Narra la injuria hecha al cadáver, cosa que no es tan grande ni tan admirable como para que la pongas en duda. El evangelista, cerrando la boca a los herejes y prediciendo misterios futuros y considerando los tesoros en ellos encerrados, va pormenorizando todo lo sucedido.

Y se cumplió la profecía que dijo (Jn. 19, 36; Ex. 12, 46; Nm. 9, 12): No le será quebrantado ninguno de sus huesos. Pues aunque esto se dijo del cordero pascual de los judíos, sin embargo ese cordero era figura que precedía a la verdad, y figura que ahora acá se realizó. Por esto el evangelista adujo el testimonio del profeta. Y como poniéndose a sí mismo por testigo no parecía fidedigno, trae al medio a Moisés para asegurar que no fue acaso el suceso, sino que antiguamente se predijo en la Escritura. Esto significaba la predicción: No le será quebrantado ninguno de sus huesos. Y luego el evangelista hace por sí mismo fidedigno al profeta, como si dijera: Esto he dicho para que conozcáis la gran afinidad que existe entre la figura y la realidad. ¿Adviertes el sumo cuidado que pone para que se dé fe a ese hecho que de suyo parece torpe y vergonzoso? Ser así injuriado el cadáver era mucho peor que ser crucificado. Y sin embargo, dice, lo he referido, y lo he referido con grandes pormenores para que creáis (Jn. 19, 35). En consecuencia, que nadie le niegue fe ni por vergüenza dañe nuestra piedad. Lo que parece suma injuria, es lo más venerado de nuestros bienes.

(Jn .19, 38) Después de esto llegó José de Arimatea, que era discípulo. No por cierto de los doce, pero sí quizá de los setenta. Pensando que con la crucifixión se habría aplacado ya el furor de los judíos, se acercaron sin temor y cuidaron de los funerales. Y José se acercó a Pilato y le pidió el cadáver, y Pilato se lo concedió.

¿Por qué se lo iba a negar? A José le ayudó también Nicodemo, y lo sepultaron con magnificencia. Todavía lo tenían por puro hombre. Y llevaron aromas tales que pudieran conservar incorrupto el cadáver por mucho tiempo, para que no se descompusiera rápidamente. Mostraban con esto que aún no pensaban de El gran cosa, aunque sí le tenían muy grande cariño.

¿Por qué no se acercó ninguno de los doce? Ni Juan, ni Pedro ni otro alguno de los notables. Tampoco esto lo calla el evangelista. Si alguno lo achacara a temor de los judíos, también aquellos dos temían. De uno de ellos dice Juan que: era discípulo oculto por miedo a los judíos. Y no dirás que éste se acercó y procedió así porque despreciara el miedo, sino que, aunque temeroso, se acercó. Juan mismo, que había estado presente y había visto a Jesús expirar, no les ayudó para nada. Entonces ¿qué diremos? Yo pienso que el de Arimatea era uno de los más insignes, como se desprende de la solemnidad del funeral e incluso conocido de Pilato; y que por tal motivo alcanzó del pretor lo que pedía y dio sepultura a Jesús, no como a un ajusticiado, sino como era costumbre sepultar entre los judíos a un varón grande y admirable.

Y como el tiempo les urgía (pues sin duda entre que Jesús murió a la hora de nona y fueron ellos a ver a Pilato y luego a descolgar el cuerpo de la cruz, se iba llegando a la tarde en que ya no se podía hacer nada), colocaron el cadáver en un sepulcro cercano. Y fue providencia de Dios que se le depositara en un sepulcro nuevo en donde nadie antes había sido sepultado: todo para que no se fuera a creer que el resucitado era otro, colocado ahí juntamente con El; y para que los discípulos fácilmente pudieran acercarse y ver lo sucedido, ya que el sitio estaba cercano; y para que fueran testigos de la resurrección no sólo ellos, sino también los enemigos.

Que se sellara el sepulcro y que se pusieran guardias ante él, era testimonio de que en realidad había sido sepultado. Así cuidó Cristo de que quedaran bien claras las pruebas de haber sido sepultado, lo mismo que de su resurrección. Los discípulos cuidan de comprobar su muerte. Por lo demás el mismo Jesús iba a confirmar su resurrección en el tiempo siguiente. En cambio, si su muerte hubiera quedado dudosa y no perfectamente manifiesta, esto habría luego puesto sombras en lo de la resurrección. Pero no sólo por esos motivos fue sepultado ahí cerca, sino para que se demostrara ser falso el rumor de que había sido ocultamente robado el cuerpo de Cristo.

(Jn .20, 1) El primer día de la semana, o sea, el domingo, muy de mañana, aún oscuro, María Magdalena fue al sepulcro y vio que la losa había sido removida del sepulcro. Pues Jesús había resucitado, quedando la losa y los sellos intactos. Pero como convenía que también los demás tuvieran certeza del hecho, después de la resurrección se abrió el sepulcro y de este modo se confirmó lo que había sucedido. Y movió a María Magdalena a ir al sepulcro el grande amor que tenía sobremanera a Jesús. Y como ya había pasado el sábado, no se quedó quieta, sino que muy de mañana fue allá, buscando algún consuelo en aquel sitio. Y vio el lugar y la losa removida, pero no entró, no inspeccionó, sino que corrió en busca de los discípulos, llena de ardoroso anhelo. Lo primero que quería saber era qué habría sucedido con el cadáver: así lo demuestra en su prisa y en sus palabras.

(Jn. 20, 2) Han quitado a mi Señor y no sé en dónde lo pusieron. Observa cómo aún no tiene idea clara de la resurrección, puesto que pensaba que el cadáver había sido llevado a otra parte. Y sin embargo, todo lo comunica a los discípulos. El evangelista no defraudó a esta mujer de tan excelsa alabanza, ni le pareció indecoroso el que de ella, que había ido de noche al sepulcro, recibieran ellos las primeras noticias. Hasta tal punto brilla en todo su veracidad. Habiendo, pues, ella ido y anunciado esto a los discípulos, en cuanto éstos la oyeron al punto corrieron al sepulcro y vieron los lienzos ahí colocados, lo cual ya era una señal de la resurrección. Puesto que si alguno hubiera trasladado el cadáver no lo habría previamente desnudado y si los ladrones lo hubieran robado, tampoco se habrían cuidado de quitarle los lienzos, doblarlos y colocarlos en tal determinado lugar, sino que se habrían llevado el cadáver como estaba en el sepulcro.

Por esto Juan se adelantó a decir que había sido sepultado con abundante mirra, la cual adhiere los lienzos al cuerpo no menos que el plomo; para que cuando oigas decir que los lienzos estaban puestos aparte, no soportes a quienes afirmen haber sido hurtado el cadáver. No habría sido tan necio el ladrón como para cuidarse tanto de una cosa superflua. ¿Por qué habría abandonado ahí los lienzos, ni cómo, si los dejara, podía ocultarse? Porque para disponerlos así era necesario tardarse bastante, y tardándose habría sido aprehendido.

¿Por qué estaban los lienzos puestos aparte del sudario? Para que por aquí entiendas que no fue hecho atropelladamente y a toda prisa eso de que los lienzos estuvieran separados y aparte del sudario, y éste doblado: todo fue para que creyeran en la resurrección. Hasta después de eso es cuando Cristo se les aparece; o sea, cuando ya tienen las pruebas por lo que han visto. Advierte cuán lejos está el evangelista del fausto y cómo testifica el cuidadoso examen llevado a cabo por Pedro. Pues habiendo él llegado antes al sepulcro y habiendo visto los lienzos así colocados, ya nada más investigó, sino que se apartó enseguida. En cambio, el fervoroso Pedro entró al sepulcro y lo investigó todo con diligencia y vio algunas cosas más que Juan; y enseguida llamó a éste a contemplar semejante espectáculo. De manera que habiendo entrado en pos de Pedro, Juan vio los lienzos y el sudario depositados cada cual en su sitio. Por cierto que el haberlos separado y haberlos doblado y colocado aparte, era propio de alguno que había procedido con cuidado y no apresurado.

Y tú, cuando oyes que Cristo resucitó desnudo, deja ya ese lujo en los funerales.

¿De qué sirven esos gastos superfluos y necios, que a los dolientes les causan grave daño y al difunto no le acarrean ninguna ganancia, o por mejor decir le traen gran detrimento? El lujo en las sepulturas con frecuencia ha sido causa de que los ladrones arrojen de ellas el cadáver y lo dejen desnudo e insepulto. ¡Oh gloria vana! ¡cuán grave tiranía del lujo en medio del duelo! ¡cuán grave y manifiesta demencia! Muchos hay que, con el objeto de que por dos razones les sean inútiles a los ladrones esas cosas, rasgan las delicadas sábanas y las empapan en abundantes aromas, y así entierran al difunto. Pero éstas ¿no son cosas de locos? ¿No son propias de dementes? ¡Mostrar tan gran aparato y al punto inutilizarlo! Alegarás que lo hacen con el objeto de que todo aquel fausto quede seguro con el difunto. Pero ¿acaso si los ladrones no lo hurtan, tampoco lo consumirá la polilla y los gusanos? Y si lo perdonan los gusanos y la carcoma ¿acaso no lo destrozan el tiempo y la podredumbre?

Pero, en fin, supongamos que ni los gusanos, ni la carcoma, ni el tiempo ni otra cosa alguna lo destrocen, sino que el cadáver permanezca intacto hasta la resurrección y que todo ese lujo se conserve nuevo, reciente, suave: ¿qué bienes se les derivan de eso a los difuntos, puesto que los cuerpos han de resucitar desnudos, mientras semejante lujo queda en el sepulcro y para nada les ayuda en la cuenta que tienen que dar? Preguntarás: entonces ¿por qué se usó con Cristo? No confundas esto con las cosas humanas, pues también la prostituta ungió los pies sagrados. Pero si hemos de entrar en esa materia, desde luego has de saber que aquéllos nada sabían aún de la resurrección, por lo cual dijo el evangelista que dispusieron el cadáver: Como era costumbre de los judíos sepultar. No eran de los doce los que así sepultaban a Cristo; y sin embargo, no era excesivo el honor que tributaban a Cristo. Los doce no lo honraban de esa manera, sino sufriendo por El degüellos y muertes y peligros. El de Arimatea y Nicodemo algún honor era; pero mucho menor era que el que los discípulos en la forma dicha le tributaban.

Por lo demás, como ya dije, aquí ahora tratamos de los hombres, mientras que allá en aquel sepulcro aquellos lujos eran tributados a Dios. Y para que veas que El de nada de eso se cuidó, óyelo que dice (Mt. 25, 35): Me visteis hambriento y no me disteis de comer; sediento y no me disteis de beber; desnudo y no me vestisteis. Pero en parte alguna dice: Me visteis muerto y no me sepultasteis. Y no lo digo prohibiendo la sepultura ¡lejos tal cosa! sino para cortar el lujo y excesiva pompa.

Dirás que el afecto, el dolor, la compasión con el difunto piden esas cosas. No es eso compasión, sino ostentación y vana gloria. Si quieres compadecerte voy a mostrarte otro modo de funerales; y a enseñarte en qué forma podrás cubrirlo con vestiduras que con él resucitarán, y lo tornarán resplandeciente: vestidos que no consumen ni el tiempo ni los gusanos, ni los roban los ladrones. ¿Cuáles son esos vestidos? Los lienzos de la limosna. Estos resucitarán con él, y él llevará el sello de la limosna. Con semejantes lienzos brillarán entonces cuando oigan que se les dice: Estuve hambriento y me alimentasteis. Esos los harán distinguidos y hermosos y los pondrán en seguro.

En cambio, los gastos que ahora se hacen no son sino gastos para las arañas y mesa para los gusanos. No digo esto prohibiendo los funerales, sino prohibiendo los excesos: basta con cubrir el cuerpo y no entregarlo desnudo a la tierra. Si a los vivos se les ordena no poseer sino su vestido, mucho más a los muertos; puesto que el muerto no necesita de vestidos tanto como el que vive. Mientras vivimos el frío y el pudor exigen que nos vistamos, pero los muertos ya no necesitan de eso. Se hace únicamente para que en los funerales no esté el cuerpo enteramente desnudo. Al fin y al cabo el primero y bellísimo cobertor es la tierra; cobertor aptísimo dada la naturaleza de nuestro cuerpo. Pues si acá, en donde tantas necesidades existen, no debemos buscar nada superfluo, mucho más inoportuno será el lujo ahí en donde no existen tan graves necesidades.

Instarás diciendo que los espectadores se reirán. No conviene cuidarse de quienes tan locamente se ríen. En cambio, muchos otros habrá, que se admirarán y alabarán nuestra virtud. No es esa parvedad en los gastos lo digno de risa, sino lo que nosotros hacemos llorando, gimiendo enterrándonos juntamente con los que mueren. Esto sí que es digno de risa y de castigo. Mostrarnos virtuosos en eso y en la modestia de los lienzos mortuorios nos alcanza alabanzas y coronas, y todos nos aplaudirán; y admirarán la virtud de Cristo y dirán: ¡Ah, cuán grande es el poder de Cristo! Ha persuadido a los que mueren de que la muerte no es muerte, puesto que no proceden como quien atiende a personas que perecen, sino solamente transmigran y van delante de nosotros a un sitio mejor. El los ha persuadido de que este cuerpo perecedero y terreno se vestirá de la incorrupción, lienzo más precioso que las telas de seda y oro.

Esto será lo que digan si nos ven proceder así virtuosamente. En cambio, si nos ven quebrantados y que vamos rodeados de coros de plañideras y afeminados, entonces se burlarán y se reirán de nosotros y nos acusarán de infinitas cosas, insultándonos; y murmurarán de semejantes gastos inútiles y cosas superfinas.

Todos los oímos acusarnos de eso; y tienen razón. Porque ¿qué excusa tendremos cuando al cuerpo que se corrompe en gusanos y podre así lo adornamos, y en cambio a Cristo sediento lo despreciamos y lo mismo cuando pasa desnudo y pidiendo hospedaje? Echemos ya a un lado esos vanos cuidados y sepultemos a nuestros difuntos en la forma que conviene a nosotros mismos y a la gloria de Dios. Hagamos en sufragio de ellos muchas limosnas y aprontémosles este excelente viático.

Si la memoria de quienes han sido excelentes varones es útil para los vivos (pues dice la Escritura (2R. 19, 34): Protegeré a esta ciudad por Mí y por mi siervo David), mucho más lo será la limosna. Esta, ésta es, lo repito, la que resucitó a los muertos cuando las viudas rodearon al apóstol y le mostraban las limosnas que les había hecho su compañera Dorkás (Hch. 9, 39). Cuando alguno esté a punto de muerte, que su pariente más cercano prepare los funerales y persuada al enfermo de que en su testamento deje algo para los pobres de Cristo. Mándelo con semejantes lienzos al sepulcro. Si los reyes, cuando designan a sus herederos, dejan una parte de los bienes asegurada para sus familiares, quien deja a Cristo de coheredero con sus hijos piensa cuán grande benevolencia se atrae para sí y para todos. ¡Esos son bellos funerales! ¡Estos aprovechan a los vivos y a los difuntos!

Si en esta forma disponemos nuestros funerales, el día de la resurrección estaremos resplandecientes; pero si por andar ahora atendiendo al cuerpo desatendemos al alma, padeceremos entonces muy graves consecuencias y suscitaremos grandes burlas. Porque no es pequeña ignominia salir de este mundo desnudo de virtudes. No aparece tan deshonrado un cadáver insepulto y abandonado, como un alma desnuda de las virtudes. Pues bien, a ésta sobre todo vistámosla, a ésta adornémosla continuamente. Si sucede que durante la vida la hemos descuidado, a lo menos a la hora de la muerte seamos sabios y procuremos por medio de la limosna ser ayudados de nuestros prójimos. Multiplicados así nuestros mutuos auxilios, tendremos grande confianza, por gracia y benignidad de nuestro Señor Jesucristo, con el cual sean al Padre, en unión del Espíritu Santo, la gloria, el poder y el honor, ahora y siempre y por los siglos de los siglos. Amén.

HOMILÍA LXXXVI. Tras de esto los discípulos se volvieron a su morada. Pero María permanecía junto al sepulcro, afuera, llorando (*Jn 20,10-11*)

El linaje de las mujeres es inclinado a la compasión. Lo digo para que no te admires de que María llore amargamente junto al sepulcro, cosa que no hace Pedro. Pues dice el evangelio: Tras de esto los discípulos se volvieron a su morada. Pero María permanecía junto al sepulcro, afuera, llorando. Es que ella era débil de naturaleza y aún no tenía ideas claras acerca de la resurrección, como los discípulos; los cuales, después de ver los lienzos, creyeron y se marcharon conmovidos en su interior. Mas ¿por qué no se fueron inmediatamente a Galilea, como se les había ordenado antes de la Pasión? Quizá esperaban a que se reunieran los demás. Por otra parte andaban muy perplejos. En fin, éstos se fueron a su morada, pero María permaneció en aquel sitio. Como ya dije, sentía gran consuelo con la sola vista del sepulcro. ¿La ves cómo para mayor consuelo se inclina a contemplar el sitio en donde había estado el cadáver? De lo cual recibió una no pequeña recompensa, por su mucha diligencia. Lo que no vieron los discípulos fue ella la primera en contemplarlo: es decir, a unos ángeles sentados uno a los pies y el otro a la cabecera, revestidos de blancas vestiduras: de manera que el vestido mismo demostraba el gozo y la alegría. No teniendo aún María pensamientos tan levantados que por los sudarios conjeturara la resurrección, sucede algo más. Ve a unos ángeles sentados, vestidos de fiesta. De modo que aquella vista le levantó el ánimo y la consoló.

Sin embargo, nada le dicen de la resurrección, sino que poco a poco es ella conducida al conocimiento de esta verdad. Vio visiones festivas y no acostumbradas. Vio las vestiduras resplandecientes y oyó la voz que la consolaba.

¿Qué le dice esa voz? (Jn. 20, 13): ¡Mujer! ¿por qué lloras? Por aquí, como una puerta que se abre fue introducida al discurso sobre la resurrección. Por el hecho mismo de estar los ángeles sentados quedaba inducida a interrogarlos, puesto que parecían estar conscientes de lo sucedido. Por lo mismo no se sientan juntos sino un tanto separados.

Como no parecía verosímil que ella se atreviera a preguntar, ellos, con su modo de estar sentados y con la pregunta que le hacen la invitan a dialogar. ¿Qué dice ella? Fervorosa y amante, les declara: Se han llevado a mi Señor y no sé en dónde lo han puesto. ¿Qué dices? ¿Aún no piensas en la resurrección, sino que imaginas aún la sepultura? ¿Adviertes cómo todavía no había recibido las sublimes enseñanzas? Dicho esto se volvió para mirar a sus espaldas. ¿Qué conexión tiene esto?

¿Conversando con los ángeles y cuando ellos aún le están hablando, pero nada le han descubierto, les vuelve las espaldas? (Jn. 20, 14)

Yo pienso que mientras ella respondía a los ángeles, Cristo apareció allá detrás; y los ángeles quedaron estupefactos; y que ellos mismos, a la vista del Señor, al punto por la postura y el aspecto y la inclinación de cabeza, dejaron entender que veían al Señor, lo que hizo que María se volviera para mirar a sus espaldas. Sin duda a ellos Jesús así se les dejó ver; pero no a

María, para no atemorizarla desde luego; sino que se le mostró en hábito de hombre del pueblo y con vestidos más ordinarios. Esto parece claro, puesto que ella juzgó que era el hortelano. En forma tan humilde no era posible elevar a María repentinamente a pensamientos más sublimes; de manera que Jesús procedió poco a poco.

Desde luego, le preguntó otra vez (Jn. 20, 15): ¡Mujer! ¿por qué lloras? ¿a quién buscas? Esto manifiesta haber conocido Jesús que ella quería interrogarlo, y de este modo la indujo a responderle. Y como María así lo entendiera, no interpuso el nombre de Jesús, sino que como si ya el aparecido supiera por quién preguntaba, ella le dice: Si tú te lo llevaste dime en dónde lo pusiste, y yo lo recobraré. Nuevamente dice puesto, llevado, como tratando de un cadáver.

Es como si le dijera: si por temor de los judíos lo sacaste de aquí, dímelo, y yo lo recobraré. ¡Grande benevolencia, grande cariño el de esta mujer! Y sin embargo, aún no comprende el misterio sublime. Por tal motivo Jesús, ya no por el sentido de la vista, sino además por el del oído se le da a conocer. Así como para los judíos aun estando presente unas veces era conocido y otras desconocido, así procedió ahora; de modo que cuando hablaba era conocido solamente cuando El quería. Cuando les dijo a los judíos: ¿A quién buscáis? no fue conocido ni por el rostro ni por la voz, hasta que El quiso.

Lo mismo sucede aquí. Y no hizo Jesús sino llamarla simplemente por su nombre, como si la reprendiese por pensar así de quien estaba vivo. Mas ¿cómo es que el evangelista dice (Jn. 20, 16): Ella volviéndose a El, ya que Cristo estaba hablando con ella? Yo pienso que ella cuando dijo: En dónde lo pusiste se volvió hacia los ángeles, para preguntarles por qué estaban estupefactos; y que fue en ese momento cuando Cristo la llamó hacia sí y se le dio a conocer por la voz. Pues cuando El la llamó por su nombre: ¡María! ella lo reconoció. Así que el conocimiento le vino por la voz y no por la vista.

Y si preguntas de dónde consta que los ángeles se quedaron estupefactos y que por eso la mujer se volvió hacia ellos, lo mismo podrías preguntar de dónde consta que ella lo palpó y lo adoró cayendo en tierra. Porque así como esto consta por lo que El le dijo (Jn. 20, 17): No me toques, así lo otro consta por el hecho de decir que ella se volvió hacia su espalda. ¿Por qué le dijo Cristo: No me toques? Dicen algunos que ella le suplicaba cierta gracia espiritual, pues había oído a los discípulos decir de El (Jn. 14, 3.16): Si me fuere a mi Padre Yo le rogaré y El os dará otro Consolador. Pero ¿cómo pudo oír ella tal cosa de Jesús, pues no estaba con los discípulos? Por otra parte tales imaginaciones andan muy lejos del sentido de este pasaje. ¿Cómo pedía ella semejante gracia cuando Jesús aún no subía a su Padre? Entonces ¿cuál es el sentido? Yo pienso que se trata de que ella anhelaba entretenerse más en conversar con Jesús, y conversar con El como anteriormente lo hacía; y que a causa del gozo no acababa de elevar sus pensamientos, a pesar de que Jesús estaba, según la carne, en un estado mucho mejor.

Corrigiéndole, pues, el pensamiento y la excesiva libertad de hablar con El (pues vemos que ni con los discípulos conversa así), la levanta en sus ideas a fin de que lo trate con más reverencia. Si le hubiera dicho: No te acerques a Mí como antes, pues ya las cosas han cambiado y en adelante ya no conversaré con vosotros del mismo modo, esto habría parecido fausto y arrogancia. En cambio con decirle: Aún no he subido a mi Padre, significa lo mismo, pero con mayor suavidad. La expresión: Aún no he subido, declara que El tiende y se apresura a ir al Padre. Ahora bien, a quien ha de subir allá y no estará ya más con los hombres, no convenía en adelante tratarlo del mismo modo que antes.

Que éste sea el sentido, lo declara lo que sigue: Ve a decir a mis hermanos: Subo a mi Padre y vuestro Padre, a mi Dios y vuestro Dios. Ciertamente no iba a subir al punto, sino después de cuarenta días. Entonces ¿por qué dice esto? Para levantarle el pensamiento y persuadirla de que El subiría a los Cielos. Lo de: a mi Padre y vuestro Padre, a mi Dios y vuestro Dios, lo dice en referencia a la encarnación. Igualmente lo de subir lo dice como cosa propia de la carne. Habla de este modo a María porque ella aún no elevaba sus pensamientos. Entonces Dios ¿de un modo es Padre de Jesús y de otro lo es nuestro? Sí, por cierto. Pues si de un modo es Padre de los justos y de otro lo es de los pecadores, mucho más lo será de diferente manera de Dios Hijo y de nosotros.

Cuando dijo: Di a mis hermanos, para que nadie fuera a imaginar una exacta igualdad, indicó El mismo la diferencia. El tenía que asentarse en el solio paterno, mientras que a los demás sólo se nos concede estar presentes. De modo que aun cuando según la substancia de su carne se hizo hermano nuestro, pero en el honor inmensamente se diferencia y es indecible cuánto difiere. Y María se marchó a comunicar esto con los discípulos (Jn. 20, 18). Tanto vale la constancia y perseverancia en el bien obrar.

Pero los discípulos ¿por qué no se dolieron de que Jesús tenía que separarse? ¿Por qué no exclamaron como anteriormente lo habían hecho? Porque entonces lo lloraban porque iba a morir, mientras que ahora, cuando El ya había resucitado ¿por qué habían de dolerse? María les comunicó la visión y las palabras de Jesús, cosas que podían consolarlos. Y como era verosímil que ellos al oír aquellas cosas o no creyeran a la mujer o que si le daban fe llevarían a sentimiento que no se les hubiera aparecido a ellos primeramente, aunque les prometía que se les aparecería en Galilea, para que pensando en esto segundo no llevaran a mal lo anterior, no quiso el Señor dejar pasar ni siquiera un solo día sin notificárselo; además de que habiéndoles ya infundido el anhelo de verlo con la noticia de la resurrección y la narración de María, estando ya ellos encendidos en aquel anhelo, que se les acrecentaba por el temor que tenían de los judíos, finalmente llegada la noche se presentó ante ellos, y por cierto de un modo admirable.

¿Por qué se les apareció en la noche? Porque era creíble que en esa hora sobre todo tuvieran temor. Pero lo que causa admiración es que no lo tuvieran por fantasma. Pues al fin y al cabo, entró estando cerradas las puertas y repentinamente. A la verdad, ya María adelantándose les había puesto grande fe; aparte de que El les mostró un rostro resplandeciente y suave. No se presentó durante el día, para que todos estuvieran congregados, pues andaban llenos de temor. No llamó a la puerta, sino que repentinamente se puso en medio de ellos y les presentó sus manos y su costado, y juntamente con sus palabras y el tono de su voz les sosegó los oleajes de sus pensamientos, y les dijo (Jn. 20, 19): ¡Paz a vosotros! O sea: no os perturbéis. Así les trajo a la memoria lo que ya antes de la crucifixión les había dicho (Jn. 14, 27): Mi paz os dejo; y también (Jn. 16, 33): En mí tened paz; en el mundo tendréis tribulaciones.

Se gozaron los discípulos al ver al Señor (Jn. 20, 20). ¿Observas cómo con los hechos se confirman las palabras? Pues lo que les dijo antes de la crucifixión (Jn. 16, 22): De nuevo os veré y se alegrará vuestro corazón y vuestro gozo nadie os lo arrebatará, ahora se cumple en los hechos. Todo el conjunto los llevó a una fe firmísima. Y como de parte de los judíos tenían una guerra interminable, les repite muchas veces: La paz a vosotros, dándoles un consuelo equivalente que los compensara de la guerra. Fue esta la primera palabra que habló después de la resurrección, por lo cual también Pablo en todas partes repite: Gracia a vosotros y paz. A las mujeres les anuncia alegría porque estaban tristes; y fue esta la primera alegría que tuvieron.

Congruentemente anuncia a los hombres la paz a causa de la guerra, y a las mujeres alegría a causa de la tristeza.

Consolados ya todos, les proclama los preclaros frutos de la cruz que consisten en la paz. Y pues todos los obstáculos quedan ya removidos, Cristo establece una victoria brillante y queda llevado a cabo todo con toda perfección. Luego les dice (Jn. 20, 21): Así como me envió mi Padre, así os envío Yo a vosotros. Ya no tendréis dificultad alguna, tanto por lo que Yo he obrado, como por la autoridad mía con que os envío. Por eso les dice esas palabras y les levanta el ánimo y hace sumamente creíbles sus palabras, con tal de que ellos se decidan a tomar la empresa que El les propone. Ya no ruega al Padre, sino que con su propia autoridad los envía y les comunica el poder. Porque (Jn. 20, 22-23): Sopló sobre ellos y les dijo: Recibid el Espíritu Santo. A quienes perdonéis los pecados les quedan perdonados. Y a quienes se los retuviereis les quedan retenidos. Así como el rey, cuando envía sus prefectos les da potestad de encarcelar y de librar de las prisiones, así Cristo al enviar a los apóstoles les da esa potestad.

Mas ¿por qué dijo (Jn. 16, 7): Si Yo no me fuere El no vendrá; y en cambio ahora les da el Espíritu Santo? Hay quienes afirman que en realidad no les dio el Espíritu Santo, sino que con haber soplado sobre ellos los hizo idóneos para recibirlo. Si Daniel con la vista de un ángel quedó fuera de sí ¿qué no habrían sufrido los apóstoles si hubieran recibido gracia tan grande, sin que primeramente Cristo los hubiera preparado como a quienes aún eran discípulos? Y por lo mismo no les dijo: Ya habéis recibido, sino: Recibid el Espíritu Santo.

Sin embargo, no andará fuera de la verdad el que sostenga que entonces recibieron ellos cierto poder espiritual y gracia, pero no tal que resucitaran los muertos e hicieran otros milagros, sino solamente perdonaran los pecados; pues los carismas del Espíritu Santo son muy varios. Por lo cual Cristo añadió: A quienes les perdonareis los pecados les quedan perdonados, declarando así el género de gracia que se les comunicaba. Ahí mismo, a los cuarenta días, recibieron la gracia de hacer milagros. Por lo cual dice Cristo (Hch. 1, 8): Recibiréis la virtud del Espíritu Santo, que vendrá a vosotros; y seréis mis testigos tanto en Jerusalén como en toda Judea.

Testigos fueron por los milagros, porque la gracia del Espíritu Santo es un don inefable y múltiple. Y se verificó así, para que entiendas que se trata de un don del Padre y del Hijo y del Espíritu Santo y de un solo poder; pues las operaciones que parecen ser del Padre se encuentra que son las mismas del Hijo y del Espíritu Santo. Pero entonces ¿cómo es que nadie viene al Hijo si el Padre no lo atrae (Jn. 6, 44)? Sí, pero se demuestra que esto mismo también lo hace el Hijo, porque dice (Jn. 14, 6): Yo soy el camino. Nadie viene al Padre sino por Mí. Y puedes ver que esto mismo lo hace el Espíritu Santo, pues dice Pablo (1Co. 12, 3): Nadie puede confesar: Jesús es el Señor, sino por el Espíritu Santo. Y con frecuencia se asegura que los apóstoles fueron concedidos a la Iglesia: unas veces por el Padre, otras que por el Hijo y otras que por el Espíritu Santo; y vemos que la distribución de las gracias (1Co. 12, 4) es obra del Padre y del Hijo y del Espíritu Santo.

Pongamos pues todos los medios para tener en nosotros al Espíritu Santo y ayudemos con mucho empeño a la gracia de hacer buenas obras que se nos ha concedido. Porque la gracia sacerdotal es grande. Dice el Señor: A quienes perdonareis los pecados les quedan perdonados. Por lo cual dijo Pablo (Hb. 31, 17): Obedeced a vuestros pastores y mostradles sumisión, para que los tengáis en grande honor. Cuida tú de tus intereses; y si los manejas correctamente, no tienes por qué cuidar de los ajenos. En cambio el sacerdote, si correctamente ordena su vida, pero no cuida con diligencia de la tuya y de la de los otros que tiene a su cuidado encomendados, irá a la gehena juntamente con los pecadores y malvados. Con frecuencia se arruina no por lo personal, sino por lo ajeno, si no pone todo lo que está de su parte.

En consecuencia, cayendo nosotros en la cuenta de tan grave peligro, mostrémosles una gran benevolencia, como lo dejó entender Pablo al decir: Pues ellos velan por vuestras almas; y no sencillamente, sino como quien ha de dar cuenta de ellas. Por lo mismo debemos tenerles gran reverencia. Si los insultáis lo mismo que a los demás, mal andarán vuestras cosas. Puesto que mientras el patrón de la nave tiene buen ánimo, en seguridad están los pasajeros. Pero si procede míseramente porque éstos lo injurian y hostilizan, no puede estar atento ni ejercitar su arte, y contra su propia voluntad los arrojará a males sin cuento.

Lo mismo es con el sacerdote. Si goza entre vosotros de los debidos honores, podrá administrar de modo correcto también vuestros intereses espirituales; pero si le causáis tristezas, dejará caer las manos y os expondréis juntamente con él a ser absorbidos por las olas, aun cuando él sea de ánimo alentado. Piensa en lo que dijo Jesús a los judíos (Mt. 23, 2-3): En la cátedra de Moisés se asentaron los escribas y fariseos. Haced, pues, todo lo que os dijeren. Claro es que ahora ya no hay que decir que en la cátedra de Moisés se asentaron los sacerdotes, sino en la cátedra de Cristo, puesto que de él recibieron la doctrina que enseñan. Por lo cual dice Pablo: Traemos un mensaje en nombre de Cristo, como si Dios os exhortara por medio de nosotros (2Co. 5, 20).

¿No advertís cómo todos se sujetan a los príncipes seculares? Y con frecuencia lo hacen quienes son superiores a ellos en nobleza, en costumbres, en prudencia. Pero por reverencia al que los constituyó príncipes no piensan en tal superioridad, sino que acatan las órdenes reales, sea quien fuere el que en aquella dignidad fue constituido. Pues bien, en donde es el hombre quien constituye en dignidad, tan gran temor reverencial existe; pero acá en donde Dios es quien constituye, nosotros despreciamos al que El ha constituido y lo injuriamos y lo cubrimos de infinitas afrentas; y siendo así que se nos prohíbe juzgar a nuestros hermanos, nosotros aguzamos nuestras lenguas contra el sacerdote. Pero ¿cómo puede esto merecer perdón, pues no vemos la viga en nuestro ojo y andamos escrutando amargamente la paja en el ajeno?

¿Ignoras que te preparas un juicio más duro cuando así juzgas? Y no digo esto porque yo apruebe a quienes indignamente desempeñan el sacerdocio. A tales hombres yo en absoluto los deploro y lamento. Pero no por eso han de ser juzgados por los súbditos; y mucho menos por los que son más rudos y sencillos. Aun cuando su vida aparezca difamada, tú atiende a ti mismo y no recibirás daño alguno del ministerio que Dios les ha encomendado. Si cuidó El de que una asna emitiera palabras y por medio de un adivino impartió sus bendiciones espirituales; si por la boca de un animal irracional y por la lengua impura de Balam obró en favor de los judíos pecadores, mucho más lo hará en favor vuestro, que vivís con buenas costumbres, aun cuando los sacerdotes fueran en sumo grado criminales: él llevará a cabo su obra y enviará al Espíritu Santo.

Al fin y al cabo, no es por su pureza por lo que la mente pura atrae al Espíritu Santo, sino que todo ahí lo hace la gracia. Pues dice Pablo (1Co. 3, 22-23): Todo es por vosotros: Sea Pablo, sea Apolo, sea Cefas. Todo lo que el sacerdote ha recibido es don de solo Dios; y por más que adelante en la humana virtud, siempre se mostrará inferior a semejante gracia. No digo esto para que nos entreguemos a una vida de ocio, sino para que si alguna vez algunos de vuestros propósitos espirituales proceden con negligencia, vosotros no os procuréis por eso un daño espiritual.

Pero ¿qué digo un sacerdote? Ni el ángel, ni el arcángel en lo que Dios les ha encomendado pueden hacer algo por sí mismos: el Padre y el Hijo y el Espíritu Santo son los que todo lo administran. El sacerdote apenas presta su lengua y alarga su mano. Pues no habría sido justo que por la maldad ajena, los que han abrazado la fe recibieran daño en los sacramentos de nuestra salvación.

Pensando todo esto, tengamos temor de Dios y veneremos a sus sacerdotes y tributémosles todo honor, para que tanto por nuestras buenas obras como por el respeto que les habremos mostrado, recibamos de Dios la recompensa, por gracia y benignidad de nuestro Señor Jesucristo, con el cual sea al Padre juntamente con el Espíritu Santo, la gloria, el poder y el honor, ahora y siempre y por los siglos de los siglos. Amén.

HOMILÍA LXXXVII. Pero Tomás, uno de los doce, el apellidado Dídimo, no estaba con ellos cuando vino Jesús. Dijéronle, pues, los otros discípulos: Hemos visto al Señor. Mas él dijo: Si no viere no creeré, etc. (*Jn 20,24-25*)

Así como el creer con simplicidad y sin motivo es propio de la ligereza, así el andar investigando y examinando con exceso es propio de una cabeza muy dura. Y de esto se acusa a Tomás. Pues como los apóstoles le dijeran: Hemos visto al Señor, él no les creyó. No únicamente a ellos no les dio fe, sino que pensó ser la resurrección de los muertos cosa imposible. Porque no dijo: Yo no os creo, sino: Si no meto mi mano no creo.

¿Cómo es que estando ya todos juntos sólo él estaba ausente? Es verosímil que aún no regresara de la dispersión precedente. Pero tú cuando ves al discípulo que no cree, fíjate en la clemencia del Señor, y cómo por sola una alma manifiesta las llagas que recibió; y acude a la salvación de sola ella, aun teniendo Tomás un ánimo más cerrado que otros. Y esta fue la causa de que buscara la fe por el testimonio del más craso de los sentidos y ni a sus ojos diera su asentimiento. Porque no dijo únicamente si no veo, sino además: Si no palpo, si no toco; temiendo que lo que viera se redujera a simple fantasía.

Los discípulos que le anunciaban la resurrección y también el Señor que había prometido resucitar eran fidedignos. Y sin embargo, aun habiendo él exigido muchas más pruebas, Cristo no se las negó. Mas ¿por qué no se le apareció inmediatamente, sino hasta ocho días después (Jn. 20, 26)? Para que instruido y enseñado por los otros discípulos, cobrara mayor anhelo y quedara para lo futuro más confirmado. ¿Cómo supo que a Cristo le había sido abierto el costado? Lo oyó de los otros discípulos. Entonces ¿por qué una cosa sí la creyó y otra no? Porque lo segundo sobre todo era admirable. Advierte además con cuánto amor a la verdad hablan los apóstoles y no ocultan sus propios defectos ni los ajenos, sino que escriben sumamente apegados a lo que era verdad.

Se presenta de nuevo Jesús y no espera a que Tomás le niegue ni a oír lo que quería decirle; sino que cuando Tomás aún nada decía se le adelanta y le llena sus anhelos, dándole a entender que estaba presente cuando Tomás decía lo que les dijo a los discípulos; puesto que usó de sus mismas palabras y con vehemencia lo increpa y lo instruye para adelante. Pues habiéndole dicho (Jn. 20, 27): Trae acá tu dedo y mira mis manos; y mete tu mano en mi costado, añadió: Y no seas incrédulo sino fiel.

¿Adviertes cómo Tomás dudaba por falta de fe? Pero esto sucedió antes de que recibieran el Espíritu Santo. Después de recibido ya no procedieron así, pues habían llegado a la perfección.

Y no lo increpó únicamente de esa manera, sino también en lo que luego añadió. Como el apóstol, una vez certificado del hecho, se arrepintiera y exclamara (Jn. 20, 28): ¡Señor mío y Dios mío! Jesús le dijo (Jn. 20, 29): Porque me viste has creído.

Bienaventurados los que no vieron y creyeron. Esto es lo propio de la fe: dar su asentimiento a lo que no se ha visto. Es pues fe la seguridad de las cosas que se esperan, la demostración de las que no se ven (Hb. 11, 1). De modo que por aquí llama bienaventurados no sólo a los discípulos, sino además a los que luego habían de creer.

Dirás que los discípulos vieron y creyeron. Pero ellos no anduvieron en esas inquisiciones, sino que por aquello de los lienzos al punto creyeron en la resurrección y antes de ver el cuerpo resucitado tuvieron fe plena. De modo que si alguno llegara a decir: Yo hubiera querido vivir en aquel tiempo y ver a Cristo haciendo milagros, ese tal que reflexione en aquellas palabras: Bienaventurados los que no vieron y creyeron. Lo que sí tenemos que investigar es cómo un cuerpo incorruptible conservó las cicatrices de los clavos y pudo ser palpado por manos mortales.

Pero no te burles. Fue cosa propia de Cristo, que así se abajaba. Su cuerpo tan tenue, tan leve que entró en el cenáculo estando cerradas las puertas, ciertamente carecía de espesor; pero con el objeto de que se le diera fe a la resurrección, se mostró tangible. Y para que conocieran que era el mismo que había sido crucificado y que no resucitaba otro en su lugar, resucitó con las señales de la cruz; y por eso mismo comía con los discípulos. Y esto sobre todo exaltaban en su predicación los apóstoles, diciendo (Hch. 10, 41): Nosotros, los que con El comimos y bebimos? Así como antes de la crucifixión lo vemos andando sobre las olas y sin embargo no afirmamos que su cuerpo sea de naturaleza distinta de la nuestra, así cuando después de la resurrección lo vemos con las cicatrices, no por eso decimos que su cuerpo sea corruptible. El se muestra en esa forma por el bien de los discípulos. Muchos otros milagros hizo ciertamente Jesús (Jn. 20, 30). Lo dice el evangelista porque él ha referido muchos menos milagros que los otros; aunque tampoco esos otros habían referido todos los milagros obrados por Jesús, sino solamente los necesarios para que creyeran los oyentes. Y después continúa (Jn. 21, 25): Si se escribieron todos, creo yo que ni en todo el mundo cabrían los libros que se habían de escribir. Consta por aquí que los evangelistas no escribían por lucimiento, sino para utilidad. Quienes pasaron en silencio tantas cosas ¿cómo puede ser que escribieran por jactancia? Pero entonces ¿por qué no refieren todos los milagros? Sobre todo porque son muchísimos y además porque no pensaban que quienes no creyeran con los referidos creerían si se les refirieran muchos más; y en cambio quienes con esos creyeran necesitaban de otros para ya no su fe.

Yo pienso que aquí el evangelista se refiere a los milagros verificados después de la resurrección. Por lo cual dice: En presencia de sus discípulos. Así como antes de la resurrección fueron necesarios muchos milagros para que creyeran ser Jesús el Hijo de Dios, así después de la resurrección fueron necesarios para que se persuadieran de que había resucitado. Por eso dijo el evangelista: En presencia de sus discípulos, pues con solos ellos había conversado después de la resurrección. Por eso dijo Jesús (Jn. 14, 19): El mundo ya no me ve. Y para que entiendas que los milagros fueron en bien de los discípulos, continuó (Jn. 20, 31): Y para que creyendo tengáis vida eterna en su nombre. Hablaba en general a toda la naturaleza humana; y para que se vea que lo hace no en bien de aquel en quien se cree, sino de nosotros mismos, como un don excelente. En su nombre. Es decir por su medio; puesto que El es la vida.

Después de estos sucesos, se manifestó de nuevo a sus discípulos junto al lago de Tiberíades (Jn. 21, 1). ¿Adviertes cómo ya no está con ellos frecuentemente ni como antes? Porque se apareció por la noche y luego se desvaneció. Después de ocho días, otra vez se apareció y nuevamente desapareció. Luego fue junto al lago, con grande estupor.

¿Qué significa: Se manifestó? Queda por aquí claro que sólo por bondad suya era visto, pues su cuerpo era ya incorruptible e inmortal. ¿Por qué el evangelista notó el lugar? Para hacer ver que ya en gran parte Cristo los había librado del miedo, hasta el punto de que se atrevían a salir de su casa y andar por todas partes. Ya no estaban encerrados en el cenáculo, sino que habían ido a Galilea para evitar el peligro de los judíos.

Fue, pues, a pescar Simón Pedro. No estando ya Jesús con ellos continuamente y sin que se les hubiera dado aún el Espíritu Santo ni tuvieran encargo alguno particular ni especial ocupación, habían vuelto a ejercer su arte de pescadores. (Jn. 21, 2) Se hallaban reunidos Simón Pedro y Tomás, el apellidado Dídimo y Natanael, el de Caná de Galilea y los hijos del Zebedeo y otros dos de los discípulos. No teniendo, pues, ocupación fija, salieron a pescar. Y lo hacían de noche a causa del temor. También Lucas lo afirma, aunque no a este mismo propósito, sino a otro.

Los otros discípulos los acompañaban, pues vivían siempre unidos y anhelaban tratar con pescadores y plácidamente disfrutar de semejante descanso. Se ponen al trabajo; y como les fuera mal, se les presentó Jesús, pero sin dárseles a conocer al punto sino hasta que emprendieron el diálogo. Les dice El (Jn. 21, 5): ¿Tenéis algo que comer? Todavía les habla al modo humano y como si les fuera a comprar algo. Como le respondieron que nada tenían, les ordenó echar la red a la diestra; y habiéndola echado cogieron pesca.

Pedro y Juan, en cuanto lo conocieron, procedieron cada cual conforme a su carácter. El primero, más fervoroso; el otro más levantado de pensamiento. Aquel más activo; éste más perspicaz. Por eso fue Juan el primero en reconocer a Jesús; pero Pedro fue el primero en ir hacia El. Ni eran pequeñas las señales. ¿Cuáles eran? En primer lugar que fue grande la cantidad de peces que cogieron. En segundo lugar, que no se rompió la red.

En tercer lugar que aun antes de bajar de la barca vieron las brasas y pez puesto encima y el pan. Pues no hacía Cristo estas cosas de materia preexistente, como por cierta providencia las hacía antes de la crucifixión. Pedro, en cuanto lo conoció, todo lo hizo a un lado: peces y redes. Y se ciñó la túnica. ¿Observas a la vez su reverencia y su anhelo? Estaban distantes unos doscientos codos; pero no pudo esperarse a llegar a Jesús en la nave, sino que se fue a él a nado. ¿Qué les dice Jesús? (Jn. 21, 12): ¡Venid, almorzad! Y ninguno de ellos osaba preguntarle. No se portaban ya con la acostumbrada familiaridad y libertad, ni se le acercaban para suplicarle algo; sino que con reverencia grande y temor y silencio, permanecían sentados y en espera.

Pues sabían que era el Señor. Por esto no le preguntaban: ¿quién eres tú?: Viéndolo en esta otra forma llena de majestad, estaban en exceso conmovidos y querían preguntarle algo acerca de ella. Pero porque temían y porque sabían que era el mismo y no otro, se abstuvieron y se dedicaban a comer aquel alimento que Jesús con mayor poder había creado. Por su parte Jesús ahora no levanta sus ojos al Cielo ni da aquellas señales humanas, demostrando con esto que las había dado en aquel otro tiempo porque se había atemperado.

Indicó el evangelista que Jesús no solía ya convivir con ellos con frecuencia ni como antes, diciendo (Jn. 21, 14): Con ésta era ya la tercera vez que se les aparecía, después de resucitado de entre los muertos. Y les ordenó traer de los peces, para demostrarles que no se trataba de un fantasma en lo que habían visto. Pero aquí no dice el evangelista que comiera con ellos. En cambio Lucas en otro sitio dice (Hch. 1, 4): Y comiendo con ellos. ¿Cómo fuera eso? No podemos decirlo porque tales cosas sucedían de un modo maravilloso en gran manera. Jesús lo permitía no porque la naturaleza después de la resurrección necesitase alimentos sino por benevolencia y para demostrar la verdad de la resurrección.

Oyendo estas cosas, quizá sentisteis fervor y llamasteis bienaventurados a los que con Jesús estaban y también a los que con El estarán en la futura general resurrección. Pues bien, pongamos todos los medios para ir a contemplar aquel rostro admirable. Pues si ahora con oír estas cosas nos inflamamos en fervor y hubiéramos querido vivir en aquellos días en que El andaba acá en la tierra y oír su voz y haber visto su rostro y habérnosle acercado y haberlo palpado y haberle servido, piensa lo que será contemplarlo no ya en cuerpo mortal ni procediendo como hombre, sino cercado de ángeles y en cuerpo inmortal y viéndolo gozar de aquella felicidad que supera todo discurso.

Hagamos, pues, todo lo posible para no quedar excluidos de gloria semejante. Nada hay difícil si queremos; nada laborioso si atendemos. Pues dice Pablo (2Tm. 2, 12): Si pacientemente sufrimos, también con El reinaremos. ¿Qué significa: Si sufrimos? Es decir, si toleramos los trabajos, aflicciones y persecuciones; si vamos por la senda estrecha. La senda estrecha es naturalmente laboriosa; pero con el propósito de la voluntad se toma leve, teniendo en cuenta la esperanza de los bienes futuros. (2Co. 4, 17-18) Porque este peso pasajero y leve de nuestras tribulaciones nos produce un eterno caudal de gloria en una medida que sobrepasa toda medida. Y así no vamos al alcance de las cosas que se ven, pues las cosas que se ven son efímeras, mas las que no se ven son eternas. Llevemos nuestras miradas al Cielo y continuamente imaginémoslo y contemplemos de este modo las cosas de allá arriba. Si continuamente nos ocupamos en esto, ya no nos atraerán las cosas dulces de esta vida, ni llevaremos pesadamente las amargas y tristes; sino que de unas y otras nos reiremos y nada podrá sujetarnos a esclavitud ni tampoco ensoberbecernos, con tal de que con el anhelo tendamos siempre a esas regiones y consideremos la caridad y amor que allí reina. Pero ¿qué digo que no nos doleremos de los males presentes? Ni siquiera les dirigiremos una mirada. Porque así es el amor. A quienes amamos, cuando están ausentes a diario nos los imaginamos; porque la fuerza del amor es muy grande. De todas las cosas se aparta y ata al alma a la cosa que amamos. Si así amáramos a Cristo, todas las cosas de acá nos parecerían sombras y ensueños. Y también nosotros diríamos (Rm. 8, 35): ¿Quién nos separará del amor a Cristo? ¿la tribulación o la angustia? No mencionó el apóstol los haberes, los dineros, la hermosura corporal (puesto que tales cosas son tan bajas y tan risibles), sino las que parecen más pesadas, como son el hambre, las persecuciones y la muerte. Todo eso El lo despreció como si fuera nada; mientras nosotros por causa del dinero nos apartamos del Señor, que es nuestra vida y nuestra luz.

Pablo no anteponía al amor de Cristo ni aun la muerte, ni la vida, ni lo presente, ni lo futuro, ni creatura alguna. Nosotros, en cambio, si vemos un poquito de oro nos inflamamos de codicia y conculcamos las leyes de Cristo... Si no es posible soportar estas palabras, mucho menos lo es soportar los hechos. Lo grave del caso es que nos horrorizamos de oírlo y no nos horrorizamos de hacerlo; sino que fácilmente juramos, perjuramos, robamos, nos damos a la usura, descuidamos la continencia, abandonamos la oración fervorosa, quebrantamos la mayor parte de los mandamientos; y por causa de los dineros no nos cuidamos de ninguno de los demás, que son miembros nuestros.

Porque quien ama la riqueza causa innumerables males al prójimo y a sí mismo. Fácilmente se irrita, se querella, acude al hado, jura y perjura; y ni siquiera observará los diez mandamientos de la Ley Antigua, porque quien ama el oro no puede amar a su prójimo. Pero a nosotros se nos ordena amar incluso a nuestros enemigos por amor al Reino de los Cielos. Y si guardando únicamente los preceptos de la Ley Antigua no podemos entrar al Reino de los Cielos, si nuestra justicia no supera la de los judíos; los que traspasamos incluso esa Ley ¿qué excusa o qué defensa tendremos? Quien ama el dinero, no sólo no amará al enemigo, sino que tendrá a los amigos como enemigos.

Pero ¿qué digo a los amigos? Los que aman el dinero a veces se olvidan aun de la ley natural. Ese tal nada sabe de parentescos ni de amistades; no respeta las edades, no tiene amigos, sino que de todos es enemigo. Pero sobre todo lo es de sí mismo, no únicamente porque pierde su alma, sino porque se atormenta con mil inquietudes, trabajos, incomodidades y tristezas. Acomete viajes, peligros, asechanzas y cualquier otra cosa con tal de tener consigo lo que es raíz de todos los males, y abundar en oro.

¿Qué habrá más duro que semejante enfermedad? El se priva del alimento y de todo placer (cosa en que mucho cae el hombre), y aun de la gloria y del honor. El que ama las riquezas sospecha de muchos y tiene muchos acusadores, envidiosos y calumniadores y quienes le pongan asechanzas. Lo aborrecen aquellos a quienes hace injusticia a causa de lo que los ha hecho sufrir; y aquellos a quienes aún no ha dañado, pues temen no les acontezca cosa igual; y movidos de compasión para con los que han sufrido la injusticia, se ponen de su parte y luchan por ellos. Y también se convierten en enemigos suyos los potentados y los magnates, pues se indignan y enojan contra ellos como contra hombres de inferior condición.

Mas ¿para qué me refiero a hombres? Quien tiene a Dios por enemigo ¿qué esperanza le queda para adelante? ¿qué consuelo, qué descanso? Nunca podrá tener consuelo ni esperanza ni descanso quien ama las riquezas: será siempre un siervo, un guardián, pero nunca un dueño. Como continuamente está empeñado en amontonar más y más nunca quiere gastar en nada, sino que ahorra sus mismos gastos y así será el más pobre de todos los pobres, puesto que no puede reprimir sus codicias. Los dineros no son para que los tengamos en custodia, sino para usar de ellos. Si queremos conservarlos enterrados para otros ¿habrá alguien más mísero que nosotros, pues nos fatigamos corriendo a todas partes para adquirirlos y luego los guardamos enterrados y les quitamos su uso natural y común? Porque hay otra enfermedad no menos grave que ésta. Puesto que los avaros entierran sus dineros en el suelo; pero estos otros enfermos los entierran en el vientre, en los placeres, en la embriaguez; y se añaden a sí mismos el otro suplicio de la iniquidad y la lascivia.

Hay también quienes se gozan en despilfarrar el dinero en parásitos, aduladores, juegos y prostitutas y en otros gastos parecidos; y se preparan así infinitos caminos para la gehena, una vez que ya han abandonado la recta y establecida senda que conduce a los Cielos. Ahora bien, el que semejante senda emprende alcanza no sólo una ganancia mayor que esos otros, sino además también mayor placer. Quien dilapida en prostitutas, se torna ridículo y acaba deshonrado y tiene muchas guerras y breves placeres. O mejor dicho, ni siquiera breves; pues por mucho que gaste en afeminados, nunca éstos le quedarán agradecidos. Porque dice el Sabio (Pr. 23, 27): Fosa profunda es la prostituta y pozo estrecho la mujer extraña.

Por otra parte, petulante es el linaje de las mujeres y Salomón comparó su cariño a la gehena; y es tal que solamente se aparta cuando ve al amante ya despojado de todo. O mejor dicho, ni aun entonces cesa, sino que más aún se engalla y se desata en injurias contra el caído y lo muestra risible y lo colma de tantos males que ni siquiera podemos describirlos. No es así el placer de los que van por el camino de la salvación. Desde luego este tal no padece rivalidades, sino que todos se gozan con él y dan saltos de júbilo: lo mismo quienes lo ven que prósperamente pasa la vida, como también él.

No hay ahí ira ni tristeza ni vergüenza ni oprimen el alma los oprobios; sino que reina una alegría de conciencia grande y grande esperanza de los bienes futuros, gloria grande y abundante esplendor y más benevolencia de parte de Dios y más seguridad. No hay ahí precipicios, ni temor alguno, sino un tranquilísimo puerto y una plena serenidad en el ambiente. De modo que en conclusión, pensando todo esto y comparando placeres con placeres, elijamos los mejores, para que así al mismo tiempo consigamos los bienes futuros, por gracia y benignidad de nuestro Señor Jesucristo, al cual sean la gloria y el poder por los siglos de los siglos. Amén.

HOMILÍA LVXXXIII. Cuando hubieron almorzado, dice Jesús a Simón Pedro: Simón, hijo de Juan ¿me amas más que éstos? Respóndele: Sí Señor, tú sabes que te amo (*Jn 21,15*)

Muchas cosas hay que pueden alcanzarnos confianza ante Dios y hacernos ante El brillantes y espléndidos; pero lo que sobre todo lo demás de modo especialísimo nos concilia la benevolencia de allá arriba es el cuidado y caridad con el prójimo; y esto es lo que Cristo exige a Pedro. Porque, una vez que acabaron de almorzar, dice Jesús a Simón Pedro: Simón, hijo de Juan, ¿me amas más que éstos? Respóndele: Sí, Señor, Tú sabes que te amo. Dícele Jesús: Apacienta mis ovejas. Mas ¿por qué dejando a un lado otras cosas le pregunta acerca de ésta? Era Pedro el más sobresaliente entre los apóstoles, era la boca de los discípulos, era la cabeza del grupo. Por esto Pablo fue a verlo antes que a otros. Además le demostraba Jesús con esto que así convenía para adelante, o sea que borradas ya las negaciones procediera con mayor confianza. Por lo cual le entrega la prefectura de los hermanos; y no hace mención da las negaciones ni lo reprende por ellas. Solamente le dice: Si me amas encárgate de la prefectura de los hermanos. Demuestra ahora aquel ferviente amor que siempre me manifestaste y del cual te gloriabas: esa vida que tú asegurabas que darías por mí, dala por mis ovejas.

Una y dos veces preguntado, Pedro llamó como testigo de su amor al Señor mismo, que conoce los secretos de los corazones. Pero interrogado por tercera vez, se conturbó y sintió timidez a causa de sus anteriores negaciones; porque en aquella ocasión afirmó con tanta vehemencia su fidelidad y sin embargo cayó vencido. Por lo cual nuevamente recurre al testimonio de Jesús. Pues cuando le dice (Jn. 21, 17): Tú todo lo conoces, entiende tanto lo presente como lo futuro. ¿Adviertes cuánto ha mejorado, cuánto más modesto se presenta y no contradice con arrogancia como anteriormente?

Se turbó como si a sí mismo se preguntara: ¿Acaso pensando yo que lo amo, quizá en verdad no lo amo? Puesto que anteriormente, pensando yo de mí cosas grandes y afirmándolas, al fin fui vencido. Tres veces Jesús le pregunta, y por tres veces le ordena declarar lo mismo, para demostrar con eso la gran estima que tiene de sus ovejas y que cuidarlas será el más grande argumento de cariño para con El. Y habiendo Pedro confesado el amor que le tenía, Jesús le predice el martirio que sufrirá; con lo cual le declara que no le había preguntado porque desconfiara de su cariño, sino, al revés, por lo mucho que en él confiaba.

Y para ponernos un ejemplo de amor y enseñarnos con qué clase de cariño se le debía amar, le dice (Jn. 21, 18): Cuando eras joven te ceñías tú mismo e ibas a donde querías. Pero cuando seas anciano, extenderás tus manos y otro te ceñirá y te conducirá a donde no quieres. Esto era lo que Pedro anhelaba y quería, y así se lo había manifestado a Jesús. Pues habiéndole dicho con frecuencia (Jn. 13, 37): Yo doy mi vida por Ti- y también (Mt. 26, 35): Aunque sea necesario morir contigo no te negaré, ahora Jesús le concede su deseo. Pero entonces ¿qué sentido tiene la frase: A donde no quieres? Le significa Jesús la disposición de la carne y su actitud necesaria delante de la muerte; y deja entender que el alma contra su voluntad se separa del cuerpo.

De manera que aun cuando la voluntad racional se había fortalecido y estaba constante y firme, sin embargo la naturaleza seguía siendo débil. Nadie, en efecto, deja sin dolor su cuerpo, habiéndolo así dispuesto Dios como ya en otras ocasiones lo hemos dicho, para que no sucediera que muchos se suicidaran. Pues si dentro de semejante disposición divina, todavía el diablo ha logrado el suicidio y ha empujado a muchos a despeñarse en el abismo, si ese deseo de vivir no estuviera injerto y connaturalizado en el alma respecto del cuerpo, muchos más, sin duda, aun por ligeras tristezas, se habrían dado la muerte.

De modo que la expresión: A donde tú no quieres, sólo designa el natural apego a la vida. Pero ¿por qué habiendo dicho Jesús: Cuando eras más joven, añadió luego: Pero cuando seas anciano? Quiere decir Jesús con esto que Pedro entonces no era ni demasiado joven ni demasiado anciano, sino que estaba en la plena flor de su edad. Y ¿por qué le menciona así su vida anterior? Para darle a entender que en efecto así de libre había vivido. Como si le dijera: En las cosas del siglo el joven es útil, el anciano es inútil; pero en las mías no es así, sino al contrario: en la ancianidad es cuando hay mayor fortaleza y más prontitud y en nada impide la edad.

No le decía esto para ponerle terror, sino para excitar su fervor; pues conocía su cariño y que por su natural era prontamente arrastrado a obrar. Juntamente le da a entender el modo de su muerte futura. Puesto que Pedro constantemente anhelaba acometer por Cristo los peligros, le dice ahora que confíe: En tal forma colmaré tus deseos que lo que no sufriste en tu juventud lo padecerás en tu ancianidad. Y el evangelista, por su parte, levantando el ánimo de sus oyentes, añadió (Jn. 21, 19): Esto lo dijo para indicarle con qué género de muerte glorificaría a Dios. Y no dijo moriría, sino: glorificaría a Dios, para que entiendas que padecer por Cristo es una gloria y un honor.

Y dicho esto, le ordenó: ¡Sígúeme! demostrándole así su gran cariño y el cuidado que de él tenía. Y si alguno pregunta: ¿por qué entonces fue Santiago quien recibió el episcopado de Jerusalén y su trono? le responderé que Pedro no fue constituido doctor para sentarse en el trono de Jerusalén, sino para el universo todo.

(Jn. 21, 20-21) Se volvió Pedro, y vio que lo iba siguiendo aquel discípulo a quien amaba Jesús, el que en la cena se reclinó en su pecho; y dijo: ¡Señor! y éste ¿qué? ¿Por qué motivo el evangelista menciona aquí el haberse reclinado en el pecho de Jesús? No lo hace sin causa, sino para declarar cuán grande confianza había recobrado Pedro después de las negaciones. Pues el mismo que en la cena no se atrevía a preguntar, sino que hacía señas a otro para que preguntara, ahora recibe la prefectura de los hermanos. Ahora no sólo no encomienda a otro lo que le interesa, sino que personalmente interroga al Maestro sobre la suerte del otro: callando Juan, habla él.

Por otra parte, aquí deja ver Pedro el cariño que le tenía a Juan, pues entrañablemente lo amaba, como se ve por lo que sigue. Y a través de todo el evangelio se trasluce este cariño, lo mismo que en los Hechos de los Apóstoles. Como Cristo había predicho a Pedro grandes cosas y le había encomendado el orbe y le había profetizado el martirio y le había mostrado mayor amor que a los otros, queriendo Pedro tener por compañero en todo a Juan, pregunta: Y éste ¿qué? ¿Acaso no nos acompañará en el mismo camino? Así como allá cuando él no se atrevía a preguntar echó a Juan por delante, así ahora le paga en la misma moneda; pues pensando que Juan quería preguntarle a Jesús acerca de su suerte futura pero que no se animaba, Pedro pregunta en su lugar.

¿Qué le contesta Cristo? (Jn. 21, 22): Si yo quiero que éste quede así hasta que yo vuelva ¿a ti qué? Como Pedro hizo la pregunta con crecido afecto, pues no quería ser separado de Juan, Cristo, para demostrarle que por más grande que fuera su amor a Juan, de ninguna manera se igualaba al que El mismo le tenía, le dice: Si yo quiero que éste quede así ¿a ti qué?, enseñándonos en esta forma a no preocuparnos ni andar investigando más allá de lo que quiere su divino beneplácito. Respondió Jesús a Pedro, porque éste constantemente se mostraba ardiente e inclinado a semejantes preguntas, y así reprimió su excesivo fervor y le enseñó a no investigar demasiado.

(Jn. 21, 23) Corrió, pues, entre los hermanos el rumor, es decir, entre los discípulos, de que aquél no morirá. Mas no le dijo Jesús: No morirá, sino: Si quiero hacerlo quedar así hasta que Yo vuelva ¿a ti qué? Como si le dijera: No pienses, Pedro, que Yo tengo un mismo modo de providencia para con todos. Procedía así Jesús para cortar de raíz aquel inoportuno afecto de Pedro. Pues había de tener el cuidado de todo el orbe, no convenía que en esa forma se lo uniera, ya que de eso se seguiría en lo futuro gran detrimento al universo. Fue pues, como si le dijera: Ya tienes tu empresa señalada. En ella ocúpate y llévala a cabo, y para ella lucha y combate. Si yo quiero que este otro quede aquí ¿a ti qué? Tú atiende a lo tuyo y pon en ello tu solicitud.

Considera aquí cuán ajeno estaba el evangelista de ensoberbecerse. Pues habiendo referido la opinión de los discípulos, al punto la corrige, como si éstos no hubieran comprendido bien lo que dijo Cristo. Porque añade: No dijo Jesús: no morirá, sino: Si quiero hacerle quedar. Este es el discípulo que da fe de estas cosas y las ha escrito (Jn. 21, 24). Y sabemos que su testimonio es fidedigno. ¿Por qué, no haciéndolo ningún otro, solamente Juan declara esto y ya por segunda vez da testimonio de sí mismo y parece salir al encuentro y adelantarse a sus oyentes? ¿Cuál es el motivo? Se dice que fue el último de los discípulos en escribir, moviéndolo Dios; y por esto con frecuencia recuerda el cariño de Jesús, dejando así entrever la causa de haberse puesto a escribir. Y con frecuencia lo recuerda para dar fuerza y fe a su narración y hacer ver que fue ése el motivo que lo condujo a redactar.

Como si dijera: Yo sé que es verdadero lo que se dice; de modo que si muchos no llegan a creer por otros motivos, a lo menos por éste deben dar su asentimiento.

¿Por cuál? Por lo que enseguida añade (Jn. 21, 25): Hay todavía otras muchas cosas que realizó Jesús, que si se redactaran, creo yo que ni en todo el mundo cabrían los libros que se habrían de escribir. Por donde se ve que yo no he escrito para conquistarme favores. Pues yo, que pudiendo decir tantas cosas, ni siquiera he dicho tantas como dijeron los otros evangelistas, sino que muchas las pasé en silencio, y traje al medio las asechanzas de los judíos y sus lapidaciones, odios, injurias y oprobios, y referí cómo tuvieron a Jesús por endemoniado y lo llamaron engañador, evidentemente no he hablado por agradar. Pues quien hablara para agradar convenía en absoluto que procediera de un modo contrario, o sea, ocultando lo penoso y refiriendo lo glorioso y brillante.

Habiendo, pues, escrito el evangelista lo que certísimamente le constaba como verdadero, no rehúsa presentar su propio testimonio, invitando a examinar y explorar cosa por cosa. Es costumbre general que cuando nos parece que referimos algo verdaderísimo, no rehusemos nuestro testimonio. Pues bien, si nosotros así procedemos, mucho más podía hacerlo Juan, que escribía movido por el Espíritu Santo. Si nosotros así procedemos, con mucha mayor razón los apóstoles procedían así y decían (Hch. 5, 32): De estos hechos nosotros somos testigos, así como también el Espíritu Santo que otorgó Dios a los que son dóciles?

Juan había estado presente a todo; no había abandonado a Cristo en la cruz; Jesús le había encomendado su Madre: señales todas del amor que Cristo le tenía y de que Juan conocía con exactitud todas las cosas. Y si afirma que tan admirables milagros se verificaron, no te admires, sino que, pensando en el poder inefable del que los realizaba, recibe el dicho del discípulo como fidedigno. Pues así como a nosotros nos es fácil hablar, así lo era para Jesús, y aún mucho más, el hacer cuanto quisiera. Le bastaba con sólo su querer, y al punto se verificaba todo.

Atendamos, pues, con diligencia a sus palabras y no cesemos de explicarlas e interpretarlas, puesto que de revolverlas con frecuencia algún bien conseguimos. Así podremos purificar nuestras vidas y arrancar de nuestro campo las espinas. Porque espinas son molestas y sin fruto el pecado y las preocupaciones seculares. Así como la espina que no se saca, punza en todas partes al que la lleva, así los negocios del siglo, como quiera que los emprendas, dañan al que los emprende. No así las cosas espirituales, sino que se parecen a piedras preciosas, que como quiera que las manejes deleitan los ojos.

Por ejemplo: hace alguno limosna, y no sólo se nutre con la esperanza de los bienes futuros, sino que se alegra con los bienes de esta vida, y anda siempre lleno de confianza en Dios. Vence una mala pasión; y antes de llegar al reino celestial ya desde acá obtiene provecho, puesto que es celebrado y ensalzado por todos los demás y por la propia conciencia. Y cada una de las buenas obras es de la misma naturaleza; así como, por el contrario, los malos procederes, aun antes de la gehena y ya desde acá atormentan la conciencia. Si pecas y piensas luego en lo futuro, aun cuando nadie te castigue por entonces, andas lleno de temor y temblando. Y si piensas en lo presente, hallas muchos enemigos y vives siempre en sospechas y no puedes ver ya de frente a quienes te causan daño; pero ni aun a los que en nada te dañan. Porque no recibimos de los pecados tanto placer cuanta es la tristeza, pues nuestra conciencia reclama en contra, y en lo exterior nos reprueban los demás hombres, y Dios queda irritado, y nos espera con sus fauces abiertas la gehena, y no hay descanso en los pensamientos. Cosa pesada es, cosa pesada y laboriosa el pecado; y más pesada que el plomo. Quien la carga, no puede ni levantar un poco los ojos, por insensible que sea. Acab, aunque era sumamente impío, porque sentía ese peso caminaba cabizbajo, adolorido, miserable (1R. 21, 27). Por eso se vistió de saco y lloraba con abundancia. Imitémoslo en esto, y si como él nos dolemos y echamos lejos nuestros pecados, como Zaqueo (Lc. 19, 9), también nosotros alcanzaremos perdón. Como suele suceder en las hinchazones y fístulas, que si no se detiene el mal humor que está molestando en la llaga, en vano se emplean remedios, pues el mal sigue continuamente adelante, así sucede en nosotros si no apartamos nuestras manos de la avaricia y reprimimos ese mal humor: si no hacemos limosnas, en vano pondremos otros remedios. Pues aun cuando éstos curen algo del mal, la avaricia, echándose encima, todo lo arruina y echa por el suelo y causa una llaga peor que la precedente.

Cesemos, pues, ya de robar y ésa será una forma de compasión. Pero si a nosotros mismos nos arrojamos al precipicio ¿cómo podremos tener ni un respiro? Si uno anda levantando al caído (cosa que hace la limosna); y otro lo empuja con violencia a caer (cosa que hace la avaricia), no se seguirá de ahí otro resultado, sino el destrozar al hombre. Para que esto no nos acontezca y no suceda que empujándonos al abismo la avaricia, la limosna desaparezca y nos abandone, procuremos nosotros mismos tornarnos ligeros y volar a lo alto; para que libres de males y llevados a la perfección mediante las buenas obras, consigamos los bienes eternos, por gracia y bondad del Señor nuestro Jesucristo, por el cual sea al Padre juntamente con el Espíritu Santo, la gloria, el honor y el poder, ahora y siempre y por los siglos de los siglos. Amén.

Made in United States
North Haven, CT
27 April 2025

68355428R00486